全国高等农林院校“十二五”规划教材
教育部农林经济管理特色专业建设点项目系列教材

林业政策学

柯水发　主编

中国林业出版社

内容提要

本书是全国高等农林院校“十二五”规划教材，同时也是教育部农林经济管理特色专业建设点项目系列教材。本书共分3篇12章，其中第1～4章为林业政策总论，主要介绍了什么是林业政策学、什么是林业政策、林业政策系统及其运行、林业政策研究及分析方法、林业政策发展史。第5～9章为林业政策各论，分别介绍了森林资源培育经营政策、林业资源保护政策、森林资源利用政策、森林资源流通贸易政策，以及林业重点工程建设政策等。第10～12章为林业政策保障篇，分别从组织及产权制度保障、资金保障和法律保障等方面介绍了林政管理、林业组织及产权制度安排、林业投融资体系，以及林业立法和执法体系等。书后还另附有新中国成立以来的林政大事记。

本书可作为全国高等院校农林经济管理类本科专业的教学用书和研究生的教学参考书，也可作为林业职业教育、成人教育以及相关科技人员的培训参考用书。

图书在版编目（CIP）数据

林业政策学/柯水发主编．—北京：中国林业出版社，2013．7
全国高等农林院校“十二五”规划教材　教育部农林经济管理特色专业建设点项目系列教材
ISBN 978-7-5038-7113-9

Ⅰ．①林…　Ⅱ．①柯…　Ⅲ．①林业政策—中国—高等学校—教材　Ⅳ．①F326．20

中国版本图书馆CIP数据核字（2013）第151440号

中国林业出版社·教材出版中心

责任编辑　许　玮　牛玉莲
电　　话　83282720　83220109　　**传　　真**　83220109

出版发行　中国林业出版社（100009　北京西城区德内大街刘海胡同7号）
E-mail：jiaocaipublic@163.com　　电话：（010）83224477
http://lycb.forestry.gov.cn
经　　销　新华书店
印　　刷　中国农业出版社印刷厂
版　　次　2013年7月第1版
印　　次　2013年7月第1次印刷
开　　本　700mm×1000mm　1/16
印　　张　34
字　　数　666千字
定　　价　58.00元

教育部农林经济管理特色专业建设点项目系列教材编委会

《林业政策学》编写人员

主　　编：柯水发（中国人民大学农业与农村发展学院）
副 主 编：李红勋（北京林业大学经济管理学院）
崔海兴（中国人民大学农业与农村发展学院）
王玉芳（东北林业大学经济管理学院）
李兰英（浙江农林大学经济管理学院）
参编人员：（按拼音排序）
程宝栋（北京林业大学经济管理学院）
戴永务（福建农林大学经济管理学院）
贺　超（北京林业大学经济管理学院）
姜雪梅（北京林业大学经济管理学院）
李小勇（北京林业大学经济管理学院）
李彧挥（中国人民大学农业与农村发展学院）
骆耀峰（西北农林科技大学经济管理学院）
缪东玲（北京林业大学经济管理学院）
秦　涛（北京林业大学经济管理学院）
谢　屹（北京林业大学经济管理学院）
杨桂红（北京林业大学经济管理学院）
曾杰杰（南京林业大学经济管理学院）
张得才（浙江农林大学经济管理学院）
张连刚（西南林业大学经济管理学院）
赵铁珍（国家林业局经济发展研究中心）
周建华（北京林业大学经济管理学院）
周　莉（北京林业大学经济管理学院）

序

人才培养是高等学校的重要使命之一，居于首要地位。人才培养质量对国家经济建设、政治建设、文化建设、社会建设、生态建设及创新发展能力至关重要。高校人才培养质量涉及教学过程中的各个环节,如教学方法、教学手段、课程设置等,其中也包括教材建设。教材是体现教学内容和教学方法的基本载体，是教师进行教学活动的主要依据；教材质量的高低，直接关系到高校教学效果和高等技术人才培养的优劣。加强教材建设是目前高校教学改革和专业建设的重要内容，也是高等学校的一项长远的、具有战略意义的基本建设任务。当今科学技术呈现出既高度综合又高度分化的发展趋势，社会经济和行业的快速发展对人才各项素质和能力也不断提出新的要求。为了确保人才培养始终处于科学技术发展的前沿，教材只有保持其先进性，才能培养出富有时代气息的现代人才。

21 世纪以来，人类社会在步入全面可持续发展阶段的同时，也面临着更为复杂的多种全球化和区域层面如气候变化、资源短缺、环境污染、生态恶化、贫困与饥饿等问题。林业在实现社会经济、人与自然和谐持续发展目标中居于基础和特殊地位。林业主体功能、发展方式、发展阶段和内容都已发生了重大转变，林业经济管理学科内容体系也与其他相关和新兴学科内容进一步发生深度的融合与交叉。学科的理论创新与技术突破把林业整体从传统阶段推向现代阶段，各国普遍更加重视林业的发展，大幅度增加对林业的投入。林业行业自身持续健康快速发展也产生了大量科学技术方面需求，其中对林业经济管理人才的知识、技能和素质提出了全新的要求。由于我国高等教育体制改革相对滞后于社会经济整体以及行业与部门改革进程，许多专业的学科理论体系发展滞后于相关行业的改革实践发展，尤其是教材建设更为落后，导致学科专业人才培养缺乏适用的教材，影响了人才培养的质量。农林经济管理学科主要专业课程的教材要么是 20 世纪 90 年代末编写的，要么没有系统的教材，主要使用各院校承担相应课程教师的自编讲义并配合有关教学参考书进行授课。虽然课程体系已经根据社会经济需求变化进行及时调整，但普遍缺乏合适的教材，教材内容落后于实践，教材中一些基本理论问题没有实质性突破。

为了进一步提升高等学校人才培养的时代适应性和质量水平，教育部自“十一五”开始择优重点建设 3000 个左右特色专业，目标是“适应国家经济、科技、社会发展对高素质人才的需求，引导不同类型高校根据自己的办学定位，发挥已有的专业优势，办出专业特色，推进高校专业建设与人才培养紧密结合国家经济社会发展需求，为同类型高校相关专业建设和改革起到示范和带动作用”，“是优化专业结构，提高人才培养素质，办出专业特色的重要举措”。北京林业大学农林经济管理学科是北京市重点学科，林业经济管理学科是国家重点（培养）学科，农林经济管理专业于 2007 年被列为首批国家级特色专业建设点之一并获得建设项目资助。建设项目的重要组成内容之一就是根据农林经济管理专业人才需求的发展趋势，修订和新编专业的系列教材。学校和学院高度重视教材建设，组成了专门编委会，决定联合有关行业院校，对本专业主要核心课程的教材进行全面修订或重新编写，具体包括：《林业经济学》《技术经济学》《林业政策学》《林产品国际贸易》《林业管理学》《森林资源与环境经济学》《林业统计学》《环境与贸易》《林业地理学》等。本项目系列教材编写，遵循科学性与研究性、实用性与针对性、前瞻性与学术性等三大原则，力求系统、全面地反映近年来中国林业经济管理的理论创新与实践成果以及国外相关的研究前沿。希望通过本项目系列教材建设，不仅能为中国林业发展培养高级经济管理人才提供教学素材，并通过科学研究来解决林业发展中的重大问题，探索中国林业发展的规律，为国家和地方林业发展提供科学的决策依据；也希望能促使林业经济管理专业实现“以特色标志水平、以特色证明质量、以特色显示活力”，形成该专业建设内容的相关参考规范，发挥推广和示范的作用，引导国内同类型专业更好地适应经济社会发展的需要。

本系列教材的编写人员虽然是北京林业大学经济管理学院和相关兄弟院校中长期从事相关课程教学与科研工作的一线教师，但在学术上可能还有不尽完善之处，一些问题在学术界可能也有不同观点。我们欢迎广大高校教师对本系列教材的不妥之处提出宝贵意见和建议，教材编写组的各位专家及时根据教学实践和各方面反馈意见，继续总结研究，及时进行修订，以使这套教材在农林经济管理学科建设与人才培养中发挥更大的作用。

教育部农林经济管理特色专业建设点项目系列教材编委会

2012 年 11 月

前　言

本书是全国高等农林院校“十二五”规划教材，同时也是教育部农林经济管理特色专业建设点项目系列教材。教材内容根据农林经济管理专业的特点和林业政策学课程教学大纲的要求编撰。

本书共分3篇12章，其中第一章至第四章为林业政策学总论，主要介绍了什么是林业政策学和林业政策、林业政策系统运行、林业政策研究与分析方法，以及中国林业政策史。第五章至第九章为林业政策各论，分别介绍了森林资源培育经营政策、林业资源保护政策、森林资源采伐利用及产业政策、林产品流通贸易政策，以及林业重点工程建设政策等。第十章至第十二章为林业政策保障篇，分别从组织及产权制度保障、资金保障和法律保障介绍了林政管理、林业组织与林业产权、林业投资与融资，以及林业立法与执法等。书后还附有新中国成立以来的林政大事记。

本书具有如下特点：（1）新颖性。本书吸收了林业政策实践的新内容、新知识和新观点，并介绍了国内外林业政策前沿动态，在篇章安排上也较新颖。（2）系统性。本书较全面系统地总结了林业政策及相关法律法规体系。（3）规范性。本书采取了较为规范的写作模式，在各主要章节，分别对政策概念、政策沿革、国内外政策现状进行了介绍，另在每章后附有名词解释、思考与讨论、案例分析、课外阅读、参考文献等内容。（4）实用性。内容充实，信息量大，贴近政策实践，具有较强的实用性。

本书可作为全国高等院校农林经济管理类本科专业的教学用书和研究生的教学参考书，也可作为林业职业教育、成人教育的培训参考书；还可供各级林业行政管理人员作为理论学习和实践操作参考用书，以及农林领域各类研究人员的参考读物，对林业领域相关人才培养和科学研究具有积极的意义。

本书由柯水发副教授担任主编，李红勋教授、崔海兴副教授、王玉芳副教授和李兰英副教授担任副主编，相关人员参与了本书的编写，北京林业大学经管学院农林经济管理专业2008级和2009级学生参与了本书相关资料的搜集与整理工作，王庭秦、赵可可、李彪、刘娟、陈章纯等研究生参与了本书的书稿整理和校对。全书由柯水发负责组稿和统稿。

本书在编写过程中，搜集、查阅并参考了大量前人的相关研究成果，在此向所有前辈和广大同仁致以诚挚的敬意和谢意！同时，由于时间仓促，编者能力有限，书中难免有错漏谬误之处，请批评指正！

《林业政策学》编写组

2012年12月

目　录

第二篇 林业政策各论

第三篇　林业政策保障篇

第一篇

林业政策学总论

- 导论
- 林业政策系统运行
- 林业政策研究与分析方法
- 中国林业政策史

本篇包括第一章至第四章，主要介绍什么是林业政策学和林业政策，林业政策系统运行，林业政策研究与分析方法，以及中国林业政策史。

第一章　导　论

第一节　关于林业政策学

一、林业政策学的界定

林业政策的最初出现可以说是一般政策向林业领域的延伸，体现为政策学的一般原理如何在林业领域中的具体应用，因此，林业政策学属于上层建筑的范畴，它是研究林业政策与法规如何适应国民经济发展，调整林业生产和生态建设领域内各种社会关系，保护、促进和发展林业生产力，促进林业可持续发展的一门学科。林业政策学（简称林政学）是林业科学体系中的一门重要学科。但对林政学的定义，由于各国的社会、政治、经济制度关系的不同，各国学者对该学科的见解不尽相同，因此对林业政策内涵的界定也各不相同。

在我国，林政学作为一门学科，并没有形成一个完整的学科体系，其学科地位尚未受到足够的重视。然而，西方国家对林政学的研究较早，其重视程度要高于中国。西方国家对林政学内涵的界定，大致有三种代表性的解释。

第一种观点是以日本学者为代表的"林业政策"说。如日本学者盒谷勉在其《林政学》一书中，认为林政学是研究林业政策的学问，凡属林业政策的知识经过系统整理成为一个完整体系即为林政学；日本北海道大学小关隆棋教授认为林政学是以经济政策学中的林业政策为主要研究对象，是制定林业政策的学问。

第二种观点认为林政学应包括林业政策和林业行政管理两个部分。如美国学者 P. F. Graves 认为林政学应包括林业政策与管理，阐述一国林业的施政和讨论管理的效能，评述有关林业制度的得失等；美国耶鲁大学森林资源政策荣誉教授 A. C. Worren 认为林政学是关于如何利用森林资源，以便达到社会期望的原则的学问；我国台湾学者李顺卿和焦国模也持这种观点。焦国模认为，所谓林政学应该包括林业政策学和林业行政学，凡与林业政策和林业行政有关的规章、法令制度等均属于林政学研究的范围。

第三种观点认为林政学不仅应包括林业政策、林业行政管理，还应当包括林业法规。我国学者持这种观点。如刘平康先生认为，林业政策学是以林业法规为准绳，以林业政策为引导，以科学的管理方法为手段，以期达到林业经营目的的科学。编者认为，从我国的具体情况出发，考虑我国现实的社会、政治、经济、森林资源状况和生态环境等因素，我国学者所持观点最符合我国林政管理的实际，最能够反映我国林政管理活动的整个过程和全貌。也就是说，一个完整的林业政策学体系应当由以下三个部分组成。

第一，林业政策。这是林业政策学研究的核心所在，也是林业政策学成为一门独立的分支学科受到人们承认的一个主要根据。林业政策具有导向、协调和控制等诸多功能，它不仅为林业建设提出了明确的发展目标，而且还为实现这些目标制订了行为规范和行为准则，并通过平衡不同地区之间、不同所有制之间、不同利益群体之间的关系，保证林业生产、经营活动能够协调有序地发展。林业政策中所涉及的内容，既与林业科学、林业经济学、森林资源管理学等有直接的、密不可分的联系，实际上就是对这些技术学科的综合概括和规范，同时又与这些应用技术科学有一定的区别。应用技术科学是从专业技术的角度对林业问题进行分析以求得解决办法，它主要是通过充分调动“物”的积极性，使物质要素之间实现科学合理的搭配，提高物质生产率水平。而林业政策则是从行为规范的角度规定人们在某一个林业问题上应当怎样做，它是通过影响（既调动，又抑制）“人”的积极性来对林业生产起作用，通过思想教育、市场机制、监督管理、政策引导、法律约束等途径，动员社会力量投入到林业行业中。同时，好的政策还可以调动科学技术的积极性加速其向现实林业生产力的转化。所以，林业技术科学和林业政策，两者在促进林业发展的重要性方面，不可偏废。

第二，林业法规。林业法规是具有立法权力的国家机关，制定的针对林业特定的规范性文件的表现形式，它要依靠国家的强制力来保障实施，它是林业行为规范的最高形式，具有较强的稳定性。因此，谈及林政管理、林业政策，就绝不能游离于林业法规之外。我国现行林业法规体系的核心是 1984 年第六届全国人民代表大会颁布的《中华人民共和国森林法》（以下简称《森林法》）及《中华人民共和国森林法实施细则》，除此之外，各省、自治区、直辖市还根据本地区的具体情况制定了相应的地方性法规，以使森林法的实施更具可操作性。如福建省从 1993 年以来，陆续颁布了《福建省森林法实施办法》《福建省实施〈中华人民共和国野生动物保护法〉办法》《福建省林木林地权属争议处理办法》《福建省沿海防护林条例》等十几个地方性林业法规。基本法律与地方性法规、单行法规等相互配合，构成了我国森林法规制度的完整体系。从世界上所有林业比较发达国家的林业发展进程来看，森林法的制定及其实施，对恢复森林资源，促进林业发展有着重要的意义。例如：瑞典在本国森林资源破坏殆尽的 20 世纪初期，即 1903 年颁布了《森林法》，林业秩序由此步入法制轨道，林业生产得到迅速的发展；日本也是森林法制定得比较早的国家之一，第二次世界大战后，根据战后的森林资源状况重新颁布了森林法并保证加以贯彻实施，到20世纪50年代中后期，战争期间被破坏的森林就基本上得到了恢复。除此而外，英国、美国等国家也均有这种经历和过程。可见，规范林业生产活动，促进林业事业发展，在很大程度上有赖于一个完整的、严密的林业法规体系的建立并得以贯彻执行。

第三，林业行政管理。林业政策学作为一门决策科学，如果其原理、程序等仅停留在理论上、书面上，那么，它的存在就没有任何意义，因此，林业政策学应面向现实的林业行政管理系统、林业生产经营者以及林业的发展状况，也就是说应当面向现实的林业生产经营活动。一部林业法规，只有在林业实践中加以贯彻执行，才能收到“以法治林”的效果，才可能逐步实现立法者的意图，同样，一项林业政策，只有落实到林业实践中去，才能知道这项政策是否具有准确性和针对性，是否有需要调整和修改的地方，反过来也只有深入实践，决策者才会知道应当制定怎样的政策，应当怎样因地制宜、因事制宜，甚至因人制宜地加以落实，等等。因此，从这个意义上来说，林业行政管理是林业政策、林业法规的载体。林业政策和林业法规的具体内容和有关规定都将经由林业行政管理活动体现出来。

综上所述，结合我国的具体国情，本书将林业政策学界定为：是研究林业政策、林业法规的基本原理和具体内容以及林业行政管理活动在林业生产经营过程中的具体应用，以引导和规范林业生产经营活动，调节各种林业生产关系，推动林业生产力的发展，促进林业可持续发展的一门综合性学科。

二、林业政策学发展历程

林政学学科的创立，最早是在19世纪初由法国提出来的，到了19世纪末，已基本形成相当于现在的林业政策学的学科体系，其代表著作有勒鲁编著的《林政学》。他把林业政策学分为以下两个部分，分别确定其定义：①科学的林业政策学，相当于林业的经济理论，旨在探讨森林及林业在国家和国家经济中所占经济地位的科学；②狭义的林业政策学，相当于林业的经济政策，是为了使森林及林业完全适应社会公益需求，国家对林业所采取的对策。

1964年，美国学者P. F. Graces编写了一本《林业政策学讲义》(*Forest Policy and Administration*)，认为林业政策学应该包括林业政策和管理，阐述一国林业的施政与管理效能，评述有关林业制度的得失等。

1970年，美国耶鲁大学森林资源政策荣誉教授A. C. Worren所著的《森林资源政策原理》（*Principles of Forest Policy*）一书，联系美国现实的社会、政治、经济、技术、生态环境和娱乐，从政策的目标、手段和过程三个方面，对森林资源政策原理进行了系统的分析论证，具有一定的代表性。加拿大不列颠哥伦比亚大学（UBC）林学院的林业政策学家 Peter H. Pearse 教授，从 1985 年开始主持一项林业经济与政策分析（缩写为 FEPA）的研究项目，得到加拿大林业部的支持。他聘请了各大学和科研单位的有关专家学者，组成该项目的工作班子，负责领导和具体组织该项目的研究活动；每年出版研究简报和学术论文，为林业行政管理部门制定计划和决策提供科学依据，有的研究成果已成为加拿大哥伦比亚省林业部门计划和决策的主要文件。

1984 年由欧洲林业委员会几位退休官员参加撰写的一部名叫《森林政策》（*Forest Policy*）的专著，其副题是"献给资源开发事业"（A Contribution to Resource Development）。这本书比较全面而深刻地论述了与林业政策有关的重要问题，诸如，林业政策与有关部门政策的协调问题；森林的生产功能、服务功能及林业政策的社会性；与森林保护、木材利用和农村林业经营方式有关的林业政策问题；林业政策的制订和实施以及有关的法规、制度和管理工作等。

日本对林业政策学的研究也比较重视，最初有关森林政策的教材是本多静六于 1895 年编写的《林政学》。1908 年出版了小出房吉的《森林政策》。1973 年日本地球社出版了岛田锦藏的《林政学概要》和盒谷勉的《林政学》两本书，确立了林业政策学作为一门独立学科的地位。日本学者岛田锦藏认为，林业政策学是研究森林与林业在国民经济及社会文化中所占地位的学问。日本北海道大学的小关隆棋教授认为，林业政策学是以经济政策学中的林业政策为主要的研究对象，是制定林业政策的学问。日本人盒谷勉也认为林业政策学是研究林业政策的学问，凡属于林业政策的知识通过系统的整理成为一个完整体系即林业政策学。以上两位学者对林业政策学所认定的范围较窄，属于狭义的林业政策学。

中国林业政策学的学科体系建立较晚，但是有些林业政策思想的形成却很早，可以追溯到中国古代的先秦诸子学说中。如"四时教令"的产生和山林的"以时禁发"、"以时种植"及保护幼兽、幼鸟等政策主张；法家学说中提出"重视林业赋税、林产品利用，并对林业科技实行重赏重罚的政策。管子还对河堤造林、边境造林和"列树表道"的公路林管理等提出一系列见解。道家学派提出了"减轻人民的林业赋税"的思想。中国古代的林业政策思想为后来中国林业政策学的思想体系的形成奠定了很好的思想基础。

根据相关的历史资料，在中国，台湾对林业政策学的研究较早。较有代表性的是台湾的李顺卿和焦国模所撰写的林业政策学教科书。1960 年台湾正中书局出版了李顺卿编写的《林业政策学》，李顺卿认为林业政策学系统综合林业政策学和林业行政学的内容，主要讲述林业经营的原则与林业管理方法。1980 年台湾商务印书馆又推出了焦国模编写的《林业政策学》，这本书的内容比较完整，它的整个体系可以分为四个部分：①绪论，讨论林业政策学的地位及与林业的关系。②林业政策之拟定与实施，讲述林业政策制订的原则、过程、有关的因子和评定方法。③我国之林政，叙述我国林政史，台湾的林业施政等。④林业法规，解释台湾现行的森林法和林业法规。上述这些林业政策学的研究专著，其内容除了一般性原则外，其具体内容基本上都是针对当时当地的社会经济条件及其林业发展的现状，因此，有一定的借鉴意义，但不能全部搬用或硬套。

我国大陆老一辈林学家中也有不少是从事林业政策学的教学与研究工作的，如20世纪40年代四川大学李相符就是知名的林业政策学家。四五十年代我国的《林学概论》的教科书中，曾有介绍一些林业政策学的知识，但不系统。1983年北京林业大学林经系谭荣照编写了一本《林业政策与法规》（油印本），书中介绍了一些林业政策和林业管理的基本知识，也未把它当作一门独立的学科来看待。1953年北京林学院的朱江户率先在我国开设了“林业政策管理学”。1986年由张建国倡导，福建林学院林经系把林业政策学作为一门独立的课程设置，并聘请刘平康任教。张建国说：“林政问题是一个国家林业管理水平的标志。林政是集行政、技术、经济管理于一体的既有行政管理问题，又有法制设定与实施问题。它可以通过比较林业政策学的研究，吸取外国的先进经验，同时对本国的林政进行历史的考察，以认识其发展现状并预测今后林政的发展。”刘平康根据教学的需要，编写了一本《林业政策学》讲义（油印本），对这门学科的建设做了一些开创性的工作。刘平康认为，林业政策学应该是以林业的方针政策引导林业建设顺应自然规律和经济规律的发展，它是林业生产实践过程中林政管理的理论概括和科学总结。

此外，1988年，林迎星在《林业政策学的若干思索》一文中，对林业政策学的发展历程、研究对象和特征进行了探讨。1990年，刘风彪在《关于我国林业政策学有关问题的初步探讨》一文中，对林业政策过程、林业政策制订的特点和林业政策的体系和研究方法进行了初步的探讨。1992年，北京林业大学廖士义、温亚利在《论林业政策研究之要义》一文中提出：研究林业政策的学科是林业政策学，简称林业政策学。它的对象范围，包括林业政策和林政管理（forest policy and administration）这样两个既有区别又紧密联系的科学范畴。孙国青（1994）认为林业政策学是社会科学与自然科学的综合性学科。狭义地讲，一般只认为林业政策学是林政管理学，它是研究林政管理的规律和特点，有效地实行以法治林的科学，它主要研究林业经济政策、林业经济关系以及社会关系等学问。1998年，柳建闽在《林业政策学概念及其关系分析》一文中，对林业政策学概论、林业政策学研究对象以及林业政策与林业法规的区别与联系进行了分析。

1991—1998年，我国大陆陆续出版了一些相关教材，如1991年柴恒忠、李清盛主编的《林政管理》；1993年，王一军主编的《林政管理学》；1994年，孙国青、荆野主编的《林业政策学》；1995年，施荫森、刘家顺主编的《林业政策学》；1998年，马天乐主编的《林业政策与林政管理》；2007年，刘德钦主编的《林政管理》；2007年，吴铁雄等翻译出版了日本学者堺正纮所著的《森林政策学》；2010 年，刘德钦主编的《林政管理》。

各个国家林业政策学的研究，依据具体的国情和林情，各有其不同的侧重点。在我国，针对林业政策学理论体系开展研究的成果并不多。从广义上讲，林业系统各级林业干部都在研究林业政策学，特别是林业部门的政策研究机构做了大量工作。然而，他们大多数是出于工作上的需要，局限在一定的工作实务上，很少对林业政策学进行深入、系统的理论研究。另外，林业经济理论界的一些学者也对林业政策问题进行了部分的、零散的研究，然而至今，在中国仍就尚未形成一个系统而完整的林业政策学的学科体系，林业政策学的理论研究滞后于实践的发展。林业政策学在我国仍是一门崭新的学科，尚待广大林业工作者共同努力，并肩探索，不断丰富其研究内容，完善其学科体系。

三、林业政策学的研究对象、研究任务及学科特征

林业政策学是一门综合性的应用科学，它不同于研究林业发展一般规律的林业经济理论科学，也区别于林业软科学领域中的其他分支科学，如林业技术经济学、森林资源经济学、林业规划经济学等。作为一门独立的学科体系，林业政策学必须要有自己的特殊研究对象和研究领域，有自身的系统结构、研究方法和研究的特殊性。

（一）林业政策学的研究对象

林业政策学是研究林业政策方面一般规律的科学，研究如何将政策活动的一般规律同林业的特点相结合，研究林业政策的发生和发展规律，研究其制定和实施的规律，内容涉及林业政策制定和实施的基本理论、原则、程序和方法；它是林业软科学中的新兴学科。

具体而言，林业政策学的研究对象包括林业政策、林业法规和林业行政管理。林业行政管理应该有别于林业经济管理、林业企业管理，它的中心任务是研究如何提高林业系统行政效率的问题；而林业政策法规则以发展林业生产力，提高林业的综合效益（包括直接效益和间接效益）为己任。这三部分之间密切联系，相互影响、相互制约，共同构成完整的林业政策学的学科体系。实际上，没有良好的林业行政管理，再好的林业政策法规也会落空或没有被完全执行；而没有科学的、正确的林业政策法规或者林业政策法规有偏差，只能使林业行政管理空转或低效。因此，既要有高效率的、职能齐全的林业行政管理，又要有科学的、正确的林业政策法规体系来开发其职能，启动其运转，引导其方向，才能达到为林业生产建设服务、使林业走上可持续发展道路的最终目标。

林业政策学的研究对象决定了林业政策学的具体研究范畴可以集中在以下几个方面：

（1）林业政策学要研究林业政策的特点。林业政策学发展成一门独立的学科是因为一般政策科学不能将其研究重点放在像林业这样的特殊产业上来。林业政策有其自身的特点，正因如此，林业政策学才区别于其他政策学。

（2）林业政策是以党和国家指导和规范林业发展的行动准则的形式出现的。在制定和实施每一项林业政策时，都要涉及各种复杂的因素。林业政策学要研究林业建设方针对林业政策的指导作用，要研究在林业政策制定过程中如何正确处理各种内外部关系，研究林业政策目标的确定及如何实现这些目标，研究林业政策系统运行的规律及其系统分析方法。林业政策学还要研究各种具体政策的目标、现状及存在的主要问题并提出改进的方向。

（3）林业政策是随着林业的发展而产生和发展起来的。林业政策学为了指导林业政策实践，就必须善于从林业政策的历史沿革中总结其运行的规律，总结历史经验和教训。林业是一个开放系统，林业政策学还要对各国林业政策进行比较分析，以使我们能够成功地借鉴其他国家的经验，促进我国林业的健康发展，增强我国林业在国际经济舞台上的应变能力。

（4）林业政策学即是以林业政策为研究对象，其研究领域涉及林业政策发挥作用的各个林业生产领域。凡是需要政策指导的整个林业生产及其各个环节都有其一般矛盾和特殊矛盾，都有需要解决的问题，都有其自身发展变化的规律，都需要制定相应的政策，都有其政策发展的历史与现实，都有政策制定和实施的相关规律，都需要开展相应的研究。

（5）林业政策系统是由林业建设方针、总政策、基本政策和具体政策组成的有机整体，有的以宏观领域为主，有的以微观领域为主。林业政策学既要研究宏观政策，也要研究微观政策，更要研究两大政策领域之间的有机联系；要研究方针与政策的关系，总政策、基本政策和具体政策的有机联系。

（6）林业政策活动是林业政策理论赖以产生的实践基础，又是林业政策理论指导的领域。政策作用的对象是客观的，政策本身的内容规定是主观的。林业政策学的研究领域又不能不带有自己的特殊性。政策体现着统治阶级的意志，体现着国家的意志，属于意识形态的范畴。林业政策学研究的领域，属于指导林业发展的主观方面。它致力于揭示林业政策的主观指导如何切合客观实际的规律性的东西，这种规律属于指导性规律，它体现在用观念形态表现出来的一系列概念、原理、原则和方法上。揭示这种规律，离不开对长期林业政策实践经验的总结与提炼。衡量成功与否的唯一标准就是主观指导和客观实际是否相符合。如果主观指导和客观实际相符合，促进了林业的发展，则说明揭示是成功的；反之，则是不成功的。只有掌握林业政策的特点、地位和作用，只有掌握其产生和运动过程，掌握其与客观环境和外部事物的联系，才能知道它的规律，才能科学地制定和实施林业政策。这些都是林业政策学需要认真研究和解决的问题。

（二）林业政策学的研究任务

林业政策学的最根本任务是研究林业如何发展才能满足人类社会发展的需要，通过林政管理来达到创造有利于人类社会生存和发展的生态平衡的理想环境，同时解决木材、林产品和其他森林开发产品的生产问题，是林业政策学研究的根本目的。

林业政策是以森林为研究对象，是经营森林的行为准则。林业政策学的具体研究任务是研究林业发展的总目标、方针和任务；研究林业生产过程的体系结构和各环节之间的相互关系；研究林业组织管理的总体原则和提高管理效率的根本措施；研究各项具体政策；研究和制定保护、培育及合理利用森林资源、加速国土绿化、发挥森林蓄水保土、调节气候、改善环境和提供林产品的作用，适应国民经济和人民生活需要的措施。林业政策学的具体研究内容，会随着不同国家、不同时期的不同政治经济任务以及林业发展本身的特点而有所不同。此外，如何调动林业生产者的积极性，保护生产者的合法权益，成为落实林业政策的关键。林业政策研究既要为落实已经出台的政策措施服务，又要保持一定的超前性，为制定进一步发展的林业措施做准备。

林业政策，是国家依社会经济实际需要和客观可能，对林业部门、林业生产经营活动制订的行为准则。林业政策学的研究内容，可以简单地分为两大类：一类是宏观的林业政策研究，即对牵涉整个国民经济或林业部门本身的带全局性的政策制订和执行的研究；一类是对微观林业政策的制订和执行的研究，主要指对具体的林区、具体的企业、具体的问题的政策研究。宏观政策包含了微观政策，决定着具体问题的处理方向；微观政策是宏观政策的反映，体现了宏观政策与具体问题的密切关系。

就目前而言，今后一段时期林业政策学的研究重点将主要体现在以下方面：某一林业政策评价研究；林业政策过程研究；林业政策设计及优化；林业法规修订；林业立法、普法与执法研究；林业行政管理改革研究；林业改革与发展战略研究；林业政策分析方法研究；林业政策体系研究；林业政策及行政效率研究；其他林业政策热点话题研究。

（三）林业政策学的学科特征

把握一门学科的主要特征，有助于我们对这门学科的认识理解和展开研究。林业政策学是从政策学和行政学中分离出来，又与林学等相结合而成为一门综合性的学科。其主要特征体现在：

1. 综合性

林业政策学是行政学、政策学、林学及有关科学相融合成的一门科学，因此具有高度的综合性，它贯穿林业科技、经济原则、法律规范、行政措施之间，糅合各门科学的知识于一身。这就决定了林业政策学研究者需要广博的知识，必须精通行政学、政策学的基本原理；熟悉林业科学，了解现实的林业行政管理的全部过程和林业再生产的各个环节；了解我国林业的现状、问题和发展趋势，以及国家对林业建设的重大决策等。

2. 阶级性

研究上层建筑领域的学科都具有阶级性，林业政策学也不例外。不同性质的国家的林业政策学，其知识体系有些共同之处，但具体内容都带有鲜明的阶级性。我国是社会主义国家，生产资料公有制占主导地位，决定了林业行政管理和林业政策必然是社会主义性质的。这个特性决定了我们研究中国的林业政策学不能偏离社会主义的大方向。

3. 专业性

林业政策学是政策科学体系中专门研究林业政策的科学，具有较强的专业性。林业政策学的研究领域不仅仅局限于林业部门内的活动，它涉及与林业生产经营活动相关的所有部门或地区，甚至国与国之间的活动。制定和实施林业政策的目的就是为了妥善处理好社会团体、个人围绕林业的发展所发生的各种关系。林业政策学是一门专业政策学，而不是部门政策学。

4. 实践性

林业政策学是务实的，它所面向的是现实的林业行政管理系统，林业生产经营者以及林业的发展状况都具有很强的实践性。因而，它又是一门应用科学。林业政策学的实践性还在于它的知识体系本身来自林业工作实践，是林业活动知识经验的理论概括与总结。这一特征决定了林业政策学不仅要为林业生产建设服务，解决林业发展中的实际问题，而且还要扎根于林业工作实践，随着林业工作实践的发展不断丰富和更新自身的内容。

（四）林业政策学的研究方法

林业政策学既要运用林业生产的技术知识，又要运用林业经济理论和社会学知识；既要研究林木系列产业的各项政策，又要研究非林木系列产业的各项政策；既要研究森林资源培育、保护的政策，又要研究森林资源开发和加工利用的政策；既要研究生产领域的政策，又要研究流通领域和分配领域的政策；既要研究微观政策，又要研究宏观政策。要使林业持续、稳定、协调发展，必须综合运用各有关学科的基础理论和林业科学的专门理论来指导政策的制定和实施。因此，林业政策学的研究方法应该是一种综合的方法体系，采用唯物主义的辩证方法，应用系统论的观点，将林业政策学的理论与林业发展的实践相联系。

四、林业政策学与相关学科的关系

林业政策学既是一门独立的专门性学科，又是一门综合性的学科。林业政策学与其他相关学科既有明显的区别，又与其他相关学科有着密切的联系。弄清林业政策学与其他相关学科的关系，有助于更好地理解林业政策学的学科特点和发展规律及其研究的重点等。

（一）林业政策学与林业经济管理学的关系

林业政策学与林业经济管理学之间，相互联系，既有共同点，又有明显的区别。

1. 共同点及联系

林业政策学与林业经济管理学都属于社会学科的范畴，都是为促进同一部门经济关系和物质生产的巩固、发展，以及提高经济效益服务的，具有共同的目的性和出发点。同时，二者之间还有着密切的联系，表现为一定的林业政策、法律、法规、规章为林业经济管理学指明研究方向，决定林业经济管理工作的基本原则，指导企业、生产经营者在处理企业与国家，企业与企业，集体与集体，企业、集体与个人之间的林业经济关系时，必须以党和国家的林业方针政策、法律、法规为依据。同时，林业经济管理学研究林业经济发展客观规律，为党和国家制定和调整林业产业政策、技术政策、行政法规、管理规章制度等提供理论依据，促进林政管理体系的完善。

2. 区别

林业政策学和林业经济管理学的区别表现在：林业政策学和林业经济管理学各有自己的研究领域和研究方法，二者不能混为一谈。林业政策学主要是研究林业行为，包括林业经济行为、林业行政行为等与社会的关系。任何行为都会对林业产生一定社会后果，必然受到社会的调整与控制。所以，林业政策学侧重于研究林业行为的社会后果及其调整与宏观控制的方式和手段。林业经济管理学侧重研究林业经济过程的组织与各种生产要素的配置，以及生产关系如何适应生产力发展的要求。

（二）林业政策学与经济法学的关系

1. 共同点及联系

林业政策学与经济法学，都是社会上层建筑的重要组成部分。在我国，林业政策、法规和其他经济法规，都是为维护社会经济秩序，依法保护法人、公民合法权益的重要手段和武器，具有共同的目的性。林业政策学和经济法学、民法学有着密切的联系，表现在以下几个方面：

第一，党和国家的林业方针政策和林业行政法规，既是林业政策学的基本内容，有些具有普遍社会意义的政策、原则，同时也是经济法研究的内容。林业行政法规、规章采用的基本原则必须与国家基本法规和有关经济法规保持一致。

第二，林业行政法规、规章调整国家林业主管部门在行使林业管理职能过程中同其他机关、社会组织和公民个人之间的管理关系，涉及有关权利和义务，包括山林财产关系、技术、经济、教育、市场、交通等方面的行政管理关系、因而与民法、经济法等方面存在一定的联系。

第三，一般地说，经济法与行政法在历史上也有密切的联系。当经济法的概念尚未产生以前，林业经济活动管理被作为行政管理的一部分，即使在经济法独立出来后，两者仍存在某些渗透关系。

2．区别

林业政策学与经济法学的区别表现在以下两个方面：

第一，林业政策、法规、规章与经济法的产生渠道不同。林业政策、法规、规章既可以由党中央、国务院制定产生，也可以由国务院林业行政主管部门、地方人民政府及其所属林业主管部门制定产生。同时，制定的程序不十分严格。经济法一般经全国人民代表大会或其常务委员会讨论通过，具有严格的立法程序。

第二，适用和调整的对象不同。林业政策、法规、规章，部门性的法规、规章，只适用林业部门调整有关林业事项方面的权利、义务关系。经济法律部门中的基本法，适用于国民经济各个部门。

（三）林业政策学与林学的关系

林业政策学也可说是林学的一个分支，它所研究的对象与林业的建设方针，林业的各项政策，造林学、森林保护学、森林经理学及森林管理学、林产品市场学都息息相关。随着现代科学的发展，研究越来越深入，为了解决林政管理上的理论问题与实践问题，需要高度的科学综合，林业政策学就是在这种自然科学与社会科学发展的总的趋势下发展起来的。

1．共同点及联系

林业政策学和林学具有共同的目的性，即促进林业生产建设的发展和林业技术的进步，达到合理利用森林资源，实现森林永续利用的目的。林业政策学和林学还存在相互联系，主要表现为林业政策、法规、规章为林业技术措施的贯彻、实施进行组织，提供法律规范。同时，林学各学科揭示的林学技术规律，为林业行政主管部门制定林业技术政策、法规、规章，提供科学依据，从不同角度达到共同促进林业的发展。

2．区别

林业政策学和林学的区别点表现在以下两个方面：

第一，林业政策学是研究一定社会制度下的国家对林业生产建设，对森林资源的保护利用所采取的政策和管理制度，是社会性学科。林学是研究以林业生产建设过程中各种技术措施为内容及其活动规律的学科，包括树木良种的选育，森林的经营、保护和采伐利用等技术方面的自然学科。

第二，实施的方法和手段不同。林政管理实施的方法，主要是通过宣传教育、调查研究和行政调控等方法；实施手段表现为：①行政权力手段。把代表国家的管理意志制定为林业政策、法令、法规、规章等规范性文件的形式，强制人们遵守执行。②经济手段。通过经济管理、经济杠杆、经济合同等形式，对经济活动进行干预、限制和约束，调节各方面的经济关系。③法律手段。对违反林业法律、法规、规章情节轻微的行为，依法实施林业行政处罚。

林业技术措施的实施，主要通过调查、试验、设计、试制、成果鉴定、现场操作等方法和手段，以达到其目的。

（四）林业政策学与其他学科的关系

1. 林业政策学与政策学的关系

政策学是研究政策这一特殊社会现象的本质、功能及其产生和发展规律的一门科学。它是对社会各种政策的共同规律作出的高度概括，是指导各种政策制定和实施的一般理论和方法。林业政策学研究的是林业政策的特殊规律及其运行，是政策学在林业领域里的延伸和拓展。它必然要接受政策学的指导，政策学又不能代替各门具体的政策科学。而林业政策学的不断完善也会充实政策学的内容。林业政策学和政策学是个别和一般、个性和共性的关系。

2. 林业政策学与法学的关系

法学是以法律作为自己的研究对象。随着人类社会的文明与进步，从人治走上法治，因此法学的研究范围已逐渐扩大，门类划分也渐趋于细致。森林法已列为法学的研究范围，林业政策学与森林法、经济法、刑法的关系尤为密切。当林业政策比较成熟时，一般把它制定成为林业法规，也必须动用法律这个工具促使它得到强制推行。因此，林业政策学与法学的关系也十分密切。同时，法律化、制度化是提高林业行政效率的重要途径。

3. 林业政策学与行政学的关系

行政学是研究行政管理运动规律的科学。它的中心任务是研究如何提高行政管理效能，是一门应用性很强的科学。国家行政管理属于上层建筑，作为行使国家权利的一种管理，凡国家疆界之内、权利所及，都属于行政管理范围，国家可通过行政机构对经济、政治、文化、社会生活等各种国家事务进行管理，行政管理是国家的职能之一。林业政策学是从行政学中分离出来的，与林业科学相结合的一门学科，属于行政管理的范畴。林业政策学的研究必须遵循经济学原则，以行政学、政策学的一般原理作为指导，应用林业科学的研究成果。

4．林业政策学与马克思主义哲学及政治经济学的关系

马克思主义哲学是一门关于自然、社会、思维的一般发展规律的科学，它为我国的林业政策学提供了科学的世界观和方法论，是林业政策学的理论基础。脱离了它的指导，林业政策学的研究必将陷入唯心主义和形而上学的泥坑。马克思政治经济学是一门研究人类社会各个历史时期的生产关系的本质及其运动规律的学科。作为上层建筑的林业政策学，同样是由经济基础决定的，有什么样的经济基础就有什么样的林业政策学。因此，学习和掌握政治经济学理论，是研究林业政策学的前提。

5．林业政策学与林业社会学的关系

林业社会学是研究林业领域社会现象和社会问题的综合性学科，其重点在于从社会学的角度提出更好的林业社会发展模式，并为这一模式的实现提出相应的政策。林业政策学虽然也研究林业社会发展政策问题，但其着眼点在于如何调整各社会集团之间的相互关系。两者在研究范围上兼容交叉，关系密切，而在研究重点上却明显不同，不能相互取代。

6．林业政策学与森林资源经济学的关系

森林资源经济学是研究森林资源再生产过程中各种经济问题及其规律性的科学。属于林业经济学中的森林资源部分的特写和细化，是资源经济学的一般原理在林业领域的运用与发展，它为制定林业政策特别是森林资源政策提供了理论基础，而林业政策反过来又会对森林资源再生产产生重要的指导作用。由于林业生产经营活动的核心或者说特殊本质是经营森林资源，因此，有关森林资源的政策也将在林业政策中占有足够重要的地位。

7．林业政策学与林业规划经济学的关系

林业规划是对未来时期林业发展所做的安排和部署。林业规划经济学是研究林业规划活动规律的一门科学。制定科学的林业规划必须遵循林业政策的要求，林业政策又是林业规划付诸实施的保证手段。林业政策的制定也要考虑林业规划的特殊性质，使政策目标和林业规划的目标相互协调。

此外，林业政策学与森林美学、环境保护学、心理学、行为科学、领导科学、决策学以及其他社会科学都有着密切的联系，这都是在林业政策研究和实践中必须充分注意的。

第二节　关于林业和森林

一、关于林业

（一）林业的界定

关于林业有一些不同的理解和界定。下面着重介绍两种典型的界定：

邱俊齐主编的《林业经济学》将林业界定为：在人和生物圈中，通过先进的科学技术和管理手段，从事培育、保护、利用森林资源，充分发挥森林的多种效益，且能持续经营森林资源，促进人口、经济、社会、环境和资源协调发展的基础性产业和社会公益性产业。

著名林业经济学家张建国在《现代林业论》中认为：林业是为经营森林而组织起来的，具有保护性资源（生态环境）经营和木材、林产品生产的双重职能，并以三大效益（生态、经济、社会）的功能形态集其于森林资源一身的公益事业和基础产业。

综合上述两种界定，本书定义林业的内涵为：是以森林资源、森林生态系统为基础，从事培育、保护、经营、开发、利用森林资源，以满足人们的生态服务需求和林产品需求，促进人口、经济、社会、环境和资源协调、持续和科学发展，集生态、经济和社会三大效益于一体的社会公益事业和国民经济基础产业。

（二）林业的特点

1. 林业是具有三种产业属性的产业体系

森林的培育、保护和管理即森林营造业，具有种植业性质，属第一产业；森林的开发与利用即森林采伐与木材运输业和林产工业，是工业的组成部分，属第二产业；森林提供的生态效益、社会效益以及森林旅游、林区社会服务业等，具有为其他产业服务的性质，属第三产业。

2. 林业生产周期的层次性和复杂性

一个完整的林业生产周期具有明显的层次性、阶段性和复杂性。除生产周期较长外，森林还包含许多物种，不同产品的若干中周期、短周期紧紧地交织在一起。在林业生产周期中，森林生产周期是基础，没有它的存在，也就谈不到其他物种和产品的生产周期，林业的这一特点决定了生产经营内容的多样性。

3. 林业生产经营活动的风险性

森林资源产品自然再生产的连续性和经济再生产的间歇性紧紧交织在一起。林业经营活动的主要对象是有生命的生物资源，除自身的生物性特点所决定的季节性、地域性外，在其生长发育过程中，还受到各种自然灾害、社会因素和人为因素的破坏和干扰，林业生产经营活动带有较大的风险性。

4. 初期培育森林的经济依赖性

农民在从事生产项目决策时要考虑机会成本。首先将立足点放在能否解决当前物质利益的前提下，再考虑是否从事包括林业在内的生产项目，特别是初始培育森林乃是一项一次性投资大、收益慢的生产过程，再加上林业生产的风险性大、农民收入水平低的现状，决定了在初始培育森林时，在农民身上表现出较大的经济依赖性。

5．林业是为社会提供林产品和生态服务的特殊行业

林业生产的物质基础是森林，它是自然界功能最完善的资源库、基因库、蓄水库和能源库，对改善陆地生态环境，维护生态系统相对平衡起着重要作用。同时，它作为人类发展不可缺少的重要自然资源的供给者，对社会经济的可持续发展，特别是发展中国家摆脱贫困具有极其重要的战略意义。

（三）新中国林业定位的演变

定位，简言之即确定一个合理的位置和角色。林业的定位是确定林业在与社会及经济发展的互动关系中所要承担的责任和职能，所扮演的角色，所发挥的作用，以及明确林业在这些互动关系中所处的位置。它是基于对林业的合理认识，对林业进行的合理规划和设计。林业定位是发展林业事业必须首先明确和解决的问题。

从新中国成立到现在，我国林业发展经历了不同的发展阶段。在不同的发展阶段，林业发展的基本任务和社会对林业发展的认识和定位也不同。综合起来，在新中国的林业发展史上，曾对林业作过三次明确的定位：

第一次定位是在 20 世纪 50 年代到 70 年代末期，即计划经济时期。在传统林业经营思想的指导下，形成了以木材生产为中心的建设格局，林业的首要任务是生产木材。这一阶段有其特定的历史背景和原因：一是经济发展必须依靠林业提供木材，以保证国家工业、建筑、军事用材的需要；二是打破国际经济封锁，恢复和发展经济所必须的。在当时的情况下，很大程度上仅把森林看作是一种经济资源，把林业当作是国民经济的一项基础产业，同时也把林业部门作为一个产业部门来对待。为了配合国家发展总目标，逐步实现国家工业化，林业定位改变优先照顾农业的做法，高度重视对工业发展的贡献，使林业成为其他行业提供原料的物质生产部门。当时生产木材是国家建设对林业的主导需求，林业被定位为是国民经济的基础产业，形成了以木材生产为中心的林业建设指导思想。

第二次定位是在 20 世纪 70 年代末期到 90 年代后期，是我国林业发展较快的时期，生态建设日益受到重视。以三北防护林体系建设工程实施为标志，我国林业进入了木材生产与生态建设并重的发展阶段。这一时期，我国林业在生产木材的同时，逐步加强了对森林资源的保护，开展了大规模的植树造林活动，陆续启动了一批林业生态建设工程。同时，对林业作出了“既是重要的基础产业，又是重要的社会公益事业”的判断和定位，提出了建设比较完备的林业生态体系和比较发达的林业产业体系的奋斗目标。但由于林业体制的惯性和木材需求居高不下等原因，林业仍然没有脱离以生产木材为主的轨道。

第三次定位是在 20 世纪末期至今。随着国民经济和社会的发展，人们对林业的认识越来越深刻，林业迎来了历史性转变的重大机遇。以六大工程的确立和实施为标志，我国林业建设进入了以可持续发展理论为指导，坚持三大效益兼顾，生态效益优先，充分发挥森林的多种功能，促进国民经济和社会的可持续发展的新阶段。森林在生态环境建设中的主体地位以及在可持续发展中的关键地位越来越受到关注，保护和发展森林资源，改善生态环境成为国家对林业的主导需求，因而国家对林业进行了重新定位，即森林是陆地生态系统的主体，林业是生态环境建设的主体，是从事维护国土生态安全，促进经济社会持续发展，以向社会提供森林生态服务为主的行业，承担着培育、管护和发展森林资源，保护生物多样性、森林景观、森林文化遗产，提供多种林产品和多种森林生态服务的根本任务，肩负着优化生态环境和促进经济发展的双重使命。把林业行业定位从原来的物质资料生产部门调整为以生态公益性、社会性为基础的重要社会公益事业和基础产业。

中国林业定位的演变，体现了人们对林业认识的不断深化，也反映着经济社会发展不同时期对林业主导要求的改变。第一次定位，主要集中在森林的经济性利用上。特别是在新中国成立初期，百废待兴，国家经济建设急需大量木材，同时也是依靠资源经济搞原始积累的必然过程。第二次的定位，虽然我们开始注重生态建设，并采取了一系列行动，取得了很大的成绩。但人们对森林的认识远未形成全社会的共识，国家财力也难以拿出太多的资金用于生态建设。生态环境的不断恶化，成为社会主义现代化建设的严重制约因素。第三次定位，经济社会的发展也深刻改变着人们传统的生存和生产方式，对森林资源作为生活和生产原料的单一经济需求，逐步发展为提供林产品、保护生物多样性、保护自然文化遗产、发展森林文化等多样化需求。最大限度地发挥林业在改善生态环境中的作用，上升为经济社会发展对林业的首要需求。森林作为陆地生态系统的主体，林业作为生态建设的主体，是实现经济社会可持续发展的重要基础。

（四）新时期林业的地位和使命

林业是一项社会公益事业和基础产业，在生态建设中具有主体地位，在国民经济和社会发展中具有基础地位。具体体现为：

1. 林业在国土保安和改善生态环境中的主体地位

环境与发展是当今国际社会普遍关注的焦点问题。保护生态环境，实现可持续发展，直接关系到人类的前途命运。当日趋恶化的环境对人类社会发展构成严重威胁的时候，人们首先把希望的目光移向林业，移向陆地生态系统的主体——森林。1992 年在巴西里约热内卢召开的联合国环境与发展大会，又一次将森林摆到十分重要的位置。中国政府作为国际社会的重要成员，认真履行环境与发展的义务和责任，加紧落实后续行动，率先制定了《中国 21 世纪议程》，并把科教兴国和可持续发展列为国家的长期发展战略。为了全力保护整个生命支持系统和生态系统的完整性，我国正在建设的六大林业重点生态工程，已经发挥了巨大的生态效益。实践表明，林业作为环境建设的主体，是改善生态环境的主体。

2．林业在国民经济和社会发展中的基础地位

林业是国民经济的基础产业，为国家的经济建设与发展以及人民的生活提供必需的木材及其他林副产品，此外，森林在生长过程中，能够涵养水源，保持水土，防护农田水利，从而对农业生产的发展有着极其重要的作用。林业与国民经济各部门均有密切的联系，林业在国民经济中的地位，是由它所提供的产品、效能及其对社会再生产的作用决定的。因此，作为国民经济的基础产业，林业的基础性地位与作为公益事业的主体性地位是相辅相成的。

3．新时期林业发展的地位

2003 年，《中共中央国务院关于加快林业发展的决定》颁布后，中央果断结束了长期以来我国林业以木材生产为中心的发展模式，提出了“三生态”林业的可持续发展战略，即确立以生态建设为主的林业可持续发展道路；建立以森林植被为主体的国土生态安全体系；建设山川秀美的生态文明社会。

在林业地位方面，明确指出：“林业是一项重要的公益事业和基础产业”，“在贯彻可持续发展战略中，要赋予林业以重要地位；在生态建设中，要赋予林业以首要地位；在西部大开发中，要赋予林业以基础地位，在应对气候变化中，要赋予林业以特殊地位。”

4．新时期中国林业的新使命

林业在国家建设全局中的地位越来越重要，作用越来越突出，任务越来越繁重。主要体现在：①作为生产生态产品的主体部门，要在维护国土生态安全、促进经济与生态协调发展方面发挥重要作用；②作为实现人与自然和谐的关键和纽带，要在构建社会主义和谐社会中发挥重要作用；③作为重要的基础产业，要在我国经济可持续发展和新农村建设中发挥重要作用；④作为生态文化发展的源泉和主要阵地，要在现代生态文明建设中发挥重要作用；⑤作为国际政治热点领域，要在维护国家权益、树立良好国际形象和环境外交方面发挥重要作用。

我国的基本国情和林情，决定了林业发展必须把保护和培育森林资源、维护国土生态安全放在首要位置；把发展现代林业作为应对气候变化、减排增汇的重要途径；依靠科技进步，大幅度提高木材自给率和综合利用率，成为我国解决木材供给不足的必由之路；大力发展可再生的林业生物质能源，可以在缓解能源危机中发挥重要作用；大力发展木本粮油生产，对于确保国家粮油安全大有作为；林业机械化和信息化，要成为现代林业的有力支撑；要为现代林业的改革和发展，提供理论指导、政策支持和制度保障。

二、关于森林

(一)森林与森林资源的界定

1. 何谓森林

俄国林学家 G.F. 莫罗佐夫于 1903 年提出森林是林木、伴生植物、动物及其与环境的综合体。森林群落学、地植物学、植被学称为森林植物群落，生态学称为森林生态系统。在林业建设上，森林是可再生的一种自然资源，具有经济、生态和社会三大效益。

联合国粮农组织（FAO）定义森林为：“凡生长着任何大小林木为主体的植物群落。不论采伐与否，但具有生产木材或其他林产品的能力，并能影响气候和水文状况，或能庇护家畜和野兽的土地称为森林。”

美国 1970 年出版的《林学・林产工业和林产品术语词典》中对森林的概念有三种解释：第一是从生态学的观点来看，“森林是一种生态系统，它是或疏或密地互相连接的树木和其他木本植物占优势植物的群落。”第二是从营造和经营的观点来看，“森林是为了生产木材和其他产品，或是为了间接的有效利用，保护环境和游览区所经营的土地。”第三是从法律的观点来看，“根据森林法规命令宣布为森林的一定范围的土地称为森林。”

前苏联大百科丛书（1955 年版）对森林的解释为：“森林是由树冠彼此连接着的许多树木组成的，它是植物群落的基本类型之一。”

森林除提供木材及林产品等社会效益外，还包括林地和林中的动、植物以及环境因子等社会公益性的效益。所以森林的概念应理解为：以林木为主体，具有一定面积、空间和密度，在林木之间，林木与各种生物（植物、动物和微生物）之间，以及各环境因子之间，相互影响，并能够影响周围环境的森林植物群落。我国法律上规定的“森林”，是指具有法定含义的森林概念，包括竹林。森林按其起源不同，分人工林与天然林；按其用途不同，分为用材林、防护林、经济林、薪炭林和特种用途林；按所有制不同分为国有林、集体林以及个人所有的林木。

从国内外关于森林的定义中可以看到森林有以下特点：①森林作为一种植物群落，乃是具有一定面积的集生的林木以及与之共同作用的植物、动物、微生物及土壤、气候等的总体。②森林是与土地连在一起的，以乔、灌木覆盖着的土地称为森林，具有明显的土地基础性，所以，森林的数量标志包括面积、蓄积两个方面。③森林不仅生产木材和其他林产品，而且具有环境保护等其他效益特征。④森林是有一定标准的，世界森林系指郁闭度在 0.2 以上的郁闭林。我国曾经规定森林面积是指郁闭度在 0.3 以上的乔木林地面积（现在也执行国际的 0.2 标准），国家特别规定的灌木林地，以及农田林网、村旁、路旁、水旁、宅旁树木的占地面积也列为森林面积。疏林、灌木林、未成林、造林地等都不能算森林。

2．何谓森林资源

对“资源”和“森林”认识不同，使人们对“森林资源”的概念也有许多不同理解。有的把森林资源与森林基本视为等同概念；有的从资源观点认为森林即为森林资源；而越来越多的人认为，森林是一种资源，但森林资源不仅仅指森林，它是与其他资源相比具有明显不同特征的、有更广含义的一种自然资源。同时，我们应根据社会的不同需要，来认识森林资源。

日本 1970 年出版的《林业百科事典》对“森林资源”的解释是“所谓资源是构成自然界的物质，是供人类生活的本源。

1987 年出版的《苏联林业经济学》一书，从狭义的角度提出森林资源是指林木蓄积量和非木材产品（即森林副产利用所得的产品）。广义的森林资源是指森林经营活动的对象，包括被森林覆盖的土地和预定为森林覆盖的土地。

2000 年 1 月 29 日发布的《中华人民共和国森林法实施条例》中规定:“森林资源，包括森林、林木、林地以及依托森林、林木、林地生存的野生动物、植物和微生物。森林，包括乔木林和竹林。林木，包括树木和竹子。林地，包括郁闭度 0.2 以上的乔木林地以及竹林地、灌木林地、疏林地、采伐迹地、火烧迹地、未成林造林地、苗圃地和县级以上人民政府规划的宜林地。”因此，从国内外对森林资源的定义中不难看出，森林资源的含义要比森林的概念广泛得多。

森林资源和土地、地下资源、水产资源、水资源等都属于天然资源。但森林资源不同于其他天然资源，其特征有三点：第一，森林资源是一种可以再生的资源。森林资源不同于矿产资源。矿产资源一经开发挖掘，资源就会越挖越少，乃至枯竭，这是矿产资源的不可再生性所决定的。而森林资源可以通过科学地经营管理，达到永续利用。第二，森林资源虽是可以再生产的资源，自然力在森林的再生产中的作用力很大，加之林木生长的周期很长，故不能把森林当作农作物那样的概念去理解和经营，当前，世界森林资源中，天然林仍占大多数。第三，在效用上，森林作为林产资源，可以直接利用林产品。森林还有水源涵养、护士固沙等国土保安作用，从这个意义上讲，森林又是国土保安的资源。此外，森林在观赏和卫生保健作用方面也日益受到人们的重视。由此可见，从狭义来看，森林资源是提供林产品的生产性资源；从广义来看，森林资源是生产、保安、卫生方面的资源。

3．森林资源的分类

森林资源可以按照不同的角度进行分类：①按森林资源的起源可分为天然林资源和人工林资源；②按森林与社会经济活动的关系可划分为商品林和公益林；③按其产品形态可划分为物质形态资源和非物质形态资源（图 1-1）。

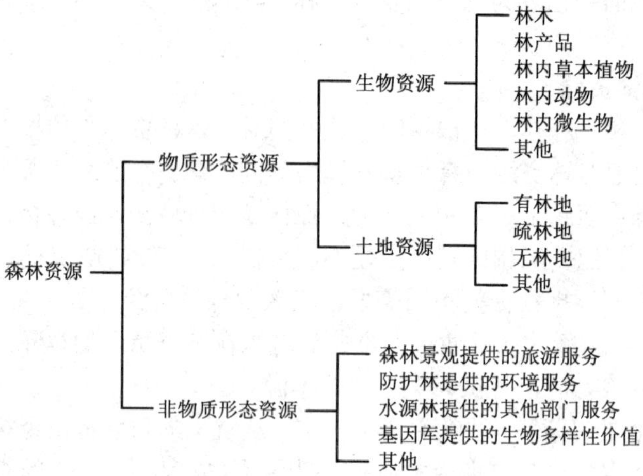

图 1-1 森林资源按产品形态的分类

（二）森林的功能

森林是地球上陆地生态系统的主体，是人类赖以生存的基础资源，同时森林具有维护地球生命、改善人类生存环境的生态价值。森林的功能主要体现为：

（1）森林给人类源源不断地提供木材产品和林副产品。木材产品主要包括原木、锯材、纸浆材、人造板材等；林副产品主要包括森林植物的叶、花、果、茎、树皮、树脂、树胶、树液等和经济林，以及森林动物与微生物提供的各种产品等。为人类提供这些产品无疑是森林的重要功能。

（2）森林是生态平衡的主要调节器。森林可以使无机物转变成有机物，把太阳能转化为化学能，是生物和非生物之间的物质和能量交换的重要纽带，对保持生态系统的整体功能起着中枢和杠杆作用。可以说没有森林就没有生态平衡。

（3）森林能够有效地遏制土地荒漠化和沙尘暴。森林能够有效地遏制土地荒漠化和沙尘暴。专家研究表明，在同等的气候条件下，林草植被盖度达到40%以上，风沙活动就不显著；林草植被盖度在15%～40%，会有局部的风沙活动；林草植被盖度低于15%，沙尘活动就比较频繁。

（4）森林能够有效地涵养水源和防止水土流失。由于森林凭借庞大的林冠、深厚的枯枝落叶层和发达的根系，起到良好的蓄水保土和减轻地表侵蚀的作用。据测算，500 hm^2森林所蓄的水量相当于100×10^4 m^3的小水库。

（5）森林能够有效地保护生物多样性。目前地球上大约500万～3 000万种生物中，有一半以上在森林中栖息繁衍。

（6）森林能够有效地缓解“温室效应”。由于近代人类大量使用石化燃料，使大气中二氧化碳、甲烷等温室气体浓度不断升高，引起地球上的“温室效应”。

每公顷森林平均每年可吸收 20～40 t 二氧化碳，同时放出 15～30 t 氧气。

（7）森林能够有效地净化空气和降低噪声。据有关专家研究介绍，每公顷森林平均每年能吸收多达 700 kg 的二氧化硫，可减轻工业酸雨的危害；城市中路旁的林带可以阻挡沙尘，滞尘率高达 70%～90%，同时林带还有降低噪声的作用，噪声经过 30 m 宽的林带可减低 6～8 dB。清洁优美宁静的环境不仅有益于人们的身心健康，而且可以明显地提高人们的学习和工作效率。在人们的视野中有 25%的绿色时，人的精神就会感到舒畅。

（三）中国森林资源现状

我国从 1949—2009 年，先后共完成了 7 次全国性森林资源清查（表 1-1）。第七次全国森林资源清查于 2004 年开始，到 2008 年结束，历时 5 年。根据第七次全国森林资源清查（2004—2008 年）结果：全国森林面积 $1.95\times10^8 hm^2$，森林覆盖率 20.36%，活立木总蓄积 $149.13\times10^8 m^3$，森林蓄积 $137.21\times10^8 m^3$；天然林面积 $1.2\times10^8 hm^2$，天然林蓄积 $114.02\times10^8 m^3$；人工林保存面积 $0.62\times10^8 hm^2$，蓄积 $19.61\times10^8 m^3$，人工林面积继续保持世界首位。

表 1-1　历次全国森林资源清查结果（主要指标状况）

清查期限	活立木总蓄积（$\times10^8 m^3$）	森林面积（$\times10^8 hm^2$）	森林蓄积（$\times10^8 m^3$）	森林覆盖率（%）	调查期内森林覆盖率年增长率（%）
第一次清查（1973—1976 年）	9.53	0.122	8.66	12.7	—
第二次清查（1977—1981 年）	10.26	0.115	9.03	12.0	-0.140
第三次清查（1984—1988 年）	10.57	0.125	9.14	12.98	0.196
第四次清查（1989—1993 年）	11.79	0.134	10.14	13.92	0.188
第五次清查（1994—1998 年）	12.49	0.159	11.27	16.55	0.526
第六次清查（1999—2003 年）	13.62	0.175	12.46	18.21	0.332
第七次清查（2004—2008 年）	14.92	0.195	13.72	20.36	0.430

资料来源：历次森林资源清查数据

（四）中国森林资源分布情况

长期以来，中国森林资源由于受人为活动和自然灾害等因素的影响以及中国各区域不同的自然地理状况的差异，其地理分布极不均衡。第七次清查结果显示：大部分森林资源集中分布在主要江河流域和山地丘陵地带。从地域分布来看，森林资源分布总的趋势是东南部多、西北部少；在东北、西南边远省（自治区、直辖市）及东南、华南丘陵山地森林资源分布多，而辽阔的西北地区、内蒙古中西部，西藏大部，以及人口稠密经济发达的华北、中原及长江、黄河下游地区，森林资源分布较少。按林区分布，我国林区主要有东北内蒙古林区、西南高山林区、东南低山丘陵林区、西北高山林区和热带林区五大林区。5个主要林区森林资源分布见表1-2。五大林区的土地面积占国土面积的四成，森林面积占全国的七成以上，森林蓄积占全国的九成以上。森林覆盖率以东北及内蒙古林区最高，西南高山林区最低；森林面积以东南低山丘陵林区最多，西北高山林区最少；森林蓄积以西南高山林区最多，西北高山林区最少。

表1-2 5个主要林区森林资源分布

主要林区	森林覆盖率（%）	森林面积（$\times 10^4 hm^2$）	占全国比例（%）	森林蓄积（$\times 10^4 m^3$）	占全国比例（%）
东北及内蒙古林区	67.10	3 590.09	16.68	321 269.48	24.04
东南低山丘陵林区	51.97	5 780.65	28.86	256 458.50	19.19
西南高山林区	23.00	4 348.02	20.20	509 024.38	38.09
西北高山林区	39.14	508.86	2.36	53 093.23	3.97
热带林区	44.57	1 180.37	5.48	86 260.91	6.46

资料来源：国家林业局森林资源管理司，2010

第三节 关于政策与林业政策

一、关于政策

（一）政策的界定与内涵

政策（policy）是从政治（politics）一词派生出来的。"政"是指国家大事，"治"是指管理国家的策略。19世纪80年代以来的马克思主义经典著作中，政策和策略的科学概念和通用术语逐步形成，而且，在多数情况下，两者并没有严格区别。关于政策的一般概念，有各种各样的说法，在中外政策科学方面的文献报道中有数十种之多，至今并没有一致公认的定义。

西方学者对政策的定义差异较大，公共政策的首创者之一、美国政策学家伍德罗·威尔逊（Woodrow Wilson）的政策定义是：政策是由政治家即具有立法权者制定的而由行政人员执行的法律法规。政策科学的倡导者和创立者，哈罗德·拉斯韦尔（Harald D. Lasswell）与亚伯拉罕·卡普兰（A. Kplan）认为：政策是"一种含有目标、价值与策略的大型计划"。托马斯·戴伊（Thomas R. Dye）认为："凡是政府决定做的或不做的事情就是公共政策"。西方学者的定义虽不相同，但大体可以分为政策"法律法规派"和"政府行为派"。西方政策内涵的表述是：第一，政策是由政府或其他权威人士所制定的法律、计划；第二，政策是由一系列活动组成的过程；第三，政策具有明确的目标性；第四，政策是对社会做的权威性价值分配。

中国古代没有政策一词，“政”和“策”两个字是分开使用的。“政”通常指政治、政务，其本义是规范和控制的意思。如“政者，正也”(《说文解字》)；“政以正民”(《左传·桓公二年》)；“建邦之六典，四曰政典，以平邦国，以正百官，以均万民”(《周礼·天官》)。“政”的这些含义相当于今天说的管理国家事务，治理民众的意思。古代的“策”字是计谋、策略、谋划的意思。《礼记·仲尼燕居》：“策，谋也。”《吕氏春秋·简选》：“策，谋求也。”中国古代典籍中的“方策”“对策”“良策”中的策都有谋略、计谋、谋划的意思。另外，我国古代还有一些词的意思比较接近今天所说的“政策”一词，一是“策书”。《释名》注：“策书教令于上，所以驱策诸下也。”相当于今天的政令、文件的意思。二是“策画”。《文选·晋记总论》注：“每与谋策画，多善。”三是“策略”。《人物志·接识》：“术谋之人，以思谟为度，故能成策略之奇。”英文中最初也没有“政策”(policy)一词，只有“政治”(politics)，源于古希腊语的“poiteke”，意思是关于城邦的学问。随着欧洲社会政治和政治学的发展，从politics一词逐渐演变出policy一词，具有策略、谋略、权谋等含义。它被用来指称政党或政府为达到某一特定的目标所采取的行动。日本明治维新期间，随着日本全面的接受西方文化，policy一词传入日本，日本人从他们所使用的汉字中选择了与policy含义相近的“政”和“策”加以联用，译为“政策”，以后又传入中国。中国人写文章公开使用“政策”一词的，一般认为是梁启超，他在1899年写的《戊戌政变记》中说，“按中国之大患在于教育不兴，人才不足，皇上政策首注重于学校教育之中可谓得其本矣。”但也有人认为是由西方人翻译过来的。据孙光的《政策科学》，英国传教士李提摩太在1895年曾给清朝政府呈送了一份《新政策》，要求清政府设置新政部，聘请英美等国人士来主管新政。总之，大约在19世纪末20世纪初，政策一词就在我国的政治和社会生活中逐渐流行起来。

在我国，对政策的界定也存在着较大的差异。据上海辞书出版社1979年出版的《辞海》，政策定义为“国家、政党为实现一定历史时期的任务和目标而规定的行动依据和准则”；中国人民大学出版社1992年出版的《政策科学导论》定义为“党和政府用以规范、引导有关机关团体和个人行动的准则或指南”。林德金认为：“政策是管理部门为了使社会或社会中的一个区域向正确方向发展而提出的法令、措施、条例、计划、方案、规划或项目”(《政策研究方法论》)。林水波、张世贤认为：公共政策是指“政府选择作为或不作为的行为”(《公共政策学》)。孙光认为：“政策是国家和政党为了实现一定的总目标而确定的行动准则，它表现为对人们的利益进行分配和调节的政治措施和复杂过程”(《政策科学》)。王福生认为：政策可以解释为“人们为实现某一目标而确定的行为准则和谋略”，“简言之，政策就是治党治国的规则和方略”(《政策学研究》)。张金马认为：“党和政府用以规范、引导有关机构团体和个人行为的准则或指南。其表现形式有法律、规章、行政命令、政府首脑的书面或口头声明和指示以及行动计划与策略等”(《政策科学导论》)。伍启元认为：“公共政策是政府所采取对公私行动的指引”(《公共政策》)。综合我国学者的分析，可以看出，大陆学者过于强调政党和政府的政策主体地位，忽略了社会政治团体的主体性；过于强调政策的目标取向而忽略了政策的过程特点。台湾学者的研究在一定程度上忽略了政党占主导地位的国家政策过程，忽视了对政党的指导作用的强调。因此，相对而言比较全面和规范的定义是“政策是国家、政党或其他政治团体在特定时期为实现或服务于一定社会政治、经济、文化目标所采取的政治行为或规定的行为准则，它是一系列谋略、法令、措施、办法和条例的总称”(陈振明，1998)。

根据政策的不同定义，可以归纳出政策的内涵：①政策主体。任何政策都有特定的主体，即政策是由国家或政府、政党及其他政治集团或团体所制定及执行。政策体现了政策主体的意志，它与个人、企业等所做出的决定不同，具有法定的权威性。②目标取向。一定的政策总是要实现一定的目标，具有明确的方向性。同时，政策又在特定的历史时期内起作用，具有时效性，政策不是无意识或偶然性的行为，目标指向明确。③活动过程。政策是主体服务于特定目标而采取的一系列活动，是与谋略、措施、办法、规定密切相关的一系列政治行为。毛泽东指出：“政策是革命政党一切实际行动的出发点，并且表现于行动的过程和归宿。一个革命政党的任何行动都是实行政策，不是实行正确的政策，就是实行错误的政策；不是自觉地，就是盲目地实行某种政策。”(毛泽东选集，1991)。④行为规范。政策是一种行为准则或行为规范，政策总有具体的作用对象或客体，它规定对象应做什么和不应做什么；规定哪些行为受鼓励，哪些行为被禁止。政策规定常带有强制性，它必须为政策对象所遵守。行为规范和准则使政策具有可操作性，从而实现特定的社会目标。在同一社会里，制约着人们行为的规范和准则大体有三种：伦理道德、政策和法律。伦理道德是软规范，法律是硬规范，政策则是一种中性规范。

(二)政策的性质

对于政策的性质，可以从以下三方面来认识：

1. 政策属于社会上层建筑范畴

一个社会的上层建筑是相对于其经济基础而言的。社会的经济基础是该社会占统治地位的生产关系各方面的总和，它决定了该社会的基本性质和面貌。社会的上层建筑是在经济基础上建立起来的社会上层结构，它又由两部分构成：一部分是实体部分，即国家政权结构，军队、警察、法庭、监狱等；另一部分是其意识形态部分，即政治思想、法律科学、教育、文化、哲学、宗教、文学等政策作为社会意识形态的一种现象，它是属于上层建筑范畴的。在上层建筑意识形态中，政治思想是灵魂、核心，它制定和规定意识形态的其他方面的方向，政策也参与了这一制定和规定。因而，在上层建筑的意识形态中政策也属核心部分。

政策作为意识形态中的核心部分，一方面是由于它直接体现了政治思想，因而它毫无疑义地属于核心地位；另一方面政策也是经济的一种集中体现，而经济利益是社会中最根本的东西，作为经济利益一种集中的体现者——政策，是处在核心地位。当然，还必须看到政策和党的路线、方针一样，同属政治范畴，因而，在研究政策的时候，绝不能脱离社会的政治来谈论所谓的“纯政策”，任何政策都具有不同程度的政治色彩。

2．政策是阶级意志的集中体现，同时又是社会利益的集中反映

政策也是阶级意志的集中体现，具有鲜明的阶级性。在阶级社会发展的不同阶段上，不同阶级总是试图从自身利益出发，按照自己的意志控制和影响社会政治、经济、文化等活动，从而提出了不同的政治主张和政治措施。这些政治主张与措施便构成本阶级的政策体系。因此，不同阶级的利益差别和对立直接地、集中地表现为各阶级政策上的差别与对立。统治阶级与被统治阶级在社会生活中所处的地位不同，因此，他们之间不可能有共同的政治主张，在同一问题上也不可能奉行相同的政策。现阶段中国共产党代表工人阶级和广大劳动人民的愿望和要求，通过总结建国以来正反两方面的经验，将这种“共同意志”概括为我国社会主义初级阶段的基本路线即总政策；领导和团结全国各族人民，以经济建设为中心，坚持四项基本原则，坚持改革开放，自力更生，艰苦奋斗，为把我国建设成为富强、民主、文明的社会主义现代化国家而奋斗。

政策除了其阶级性之外，还有其一般社会性即整个社会利益的集中体现的一面。在社会生活方面，党和国家首要的任务是调整阶级关系，以维护本阶级的利益，但也担负着管理社会的一般职责，执行由一切社会的性质产生的各种公共事务。因此，党和国家通过政策实现其领导，所执行的政策不再单单是一个阶级共同利益的集中体现，而且要反映整个社会的共同利益的要求。在这种情况下，政策成了促进人类文明、进步、发展的重要杠杆，如产业政策、技术政策、环境保护政策等，它们的一般社会性的特点是十分明显的。“社会主义现代化建设是我们当前最大的政治”。工人阶级的意志与社会发展的要求是一致的，工人阶级及劳动人民的利益与全社会的利益是一致的，所以，在社会主义条件下，政策的社会性更为突出。

3．社会发展规律决定政策的基本性质

政策的本质除了受阶级利益决定外，还受社会发展的客观规律所决定。马克思主义认为，社会发展也是一个自然的历史过程，有其客观的、必然的、不依人的意志为转移的发展规律。这一规律，不仅决定着社会发展的一般进程，而且也决定着人们的思想、意识、行为，决定着人们对社会客体的认识和改造。政策，本质上是对社会认识的结果，必须基于对社会发展规律的认识和再认识。所以，一个政策的性质是好还是坏，既不能由人们主观上的好恶来判断，也不能根据这一政策本身所许诺的多少美好东西来判定，而是要根据其是否符合社会的发展规律来决定。这是经过实践检验过的科学真理。

众所周知，客观规律是不以人们的意志为转移的，违背了它，就必然受到惩罚，而认识和掌握了它，按照客观规律办事，就会取得成功。因此，人们在制定政策时，都要以客观实际情况为依据，按客观规律办事，以尽量减少工作上的失误。一种政策是好还是不好，要根据是否符合客观规律来衡量。

二、林业政策的内涵、特性和作用

（一）林业政策界定

《中国林业辞典》（1994）定义林业政策的内涵如下：林业政策是指导整个林业事业的策略原则。国家在一定时期的总目标下，为了保护和合理利用森林资源，促进和调节林业事业的发展，所制订的林业工作应遵循的基本原则和措施。林业是我国国民经济的重要组成部分，党和国家十分重视林业建设，把植树造林、绿化祖国定为基本国策，构成我国总的社会政治和经济政策体系的组成部分。

在我国学术界，不同的专家、学者从不同的侧重点定义了林业政策的内涵。杨晓林（2005）认为，我国的林政管理是依照国家的林业法规和林业政策对林业主要生产经营活动进行管理。因此，林政管理与党和国家林业政策法规密切相关。李兰英（2004）指出，林业政策是指党和国家在特定时期为实现或服务于一定的林业发展目标所采取的政治行为或规定的行为准则，它是一系列谋略、法令、措施、办法、方法和条例等的总称。按制定层次和效力范围可分为国家政策和地方政策。国家政策是地方政策的出发点和制定依据，地方政策往往根据国家政策和地方的实际需要来制定。李兆奎（2005）认为，党和国家的林业政策是在一定历史条件下，依据经济发展的实际需要和现实可能制定的，切实有效的政策必须是在充分进行调查研究、广泛听取各方面意见的基础上做出的，其目的是指导林业生产实践，保证林业生产建设事业的健康发展。

张涛（2000）在研究国际林业政策时指出，林业政策主要根据各国的自然、经济条件、森林资源状况、国民经济发展状况及趋势以及世界其他国家对林产品的需要情况等制定，因不同国家的社会制度和国情特点而异。由于社会经济情况或其他条件的变化，同一个国家在不同时期的林业政策也常有相应的调整。但一切林业政策都应有严格的连续性和稳定性，由于林业生长周期长，林业政策必须相对稳定，才能使经营者乐于不断投入资金和人力，否则森林资源就有可能因经营者得不到长期经营的保证和林政管理松弛而遭到破坏。

陈根长（2001）认为，林业政策在运行过程中包含制定、执行、评估、监控和终结等环节，然后进入新一轮的运行过程。在这个过程中，信息、咨询、决策、执行和监控等子系统不断参与作用，为政策有效运行提供支持，以确保林业政策发挥应有的作用，实现林业政策目标。其中制定环节起到了关键性作用。

综合上述界定，我们可以得出：林业政策是指党和国家在特定时期为实现或服务于一定的林业发展目标所采取的政治行为或规定的行为准则，是国家经济政策的组成部分，体现了政府在林业方面的施政目标，是一系列谋略、法令、措施、办法、方法和条例等的总称。各级林业部门根据林业政策指导、干预和影响林业的发展方向，协调解决林业发展过程中存在的问题。有些政策还可以法律形式固定下来，成为国家的法规，在执行过程中具有强制性。

当前，我国林业政策的总目标是保护森林、发展林业，实现森林资源的永续利用，提高国土的森林覆盖率，发挥森林资源的多种功能，保持林业的生态效益、经济效益和社会效益相统一，促进我国林业和生态环境事业持续、快速、健康的发展。

（二）林业政策与林业法规的联系

林业法规规定和调整与森林资源有关的各种关系。它与林业政策既有联系又有区别。正确理解林业政策与林业法规之间的辩证关系，对在实际工作中正确贯彻林业政策和严格依法治林，具有重要的意义。

林业政策与林业法规之间的密切联系主要表现在：①党的林业政策是制定林业法规的基本依据。制定林业法规必须以党的林业政策为基本依据，这是由党在国家生活中的地位及党的林业政策在林业建设中的作用决定的。中国共产党是我国社会主义事业的领导核心，而党的领导主要是通过党的路线、方针、政策来实现的，因此，国家机关制定林业法规必须以党的政策为基本依据。②林业法规是林业政策的定型化和法律化。林业发展过程中出现的许多问题，需要人们在实践中逐步认识，解决这些问题也往往需要进行必要的探索，不可能立即制定出定型的法律加以解决。对这些问题，党和国家机关可以先通过制定各种政策来加以规范或进行处理；然后，对那些经过实践的检验，证明是正确的、行之有效的政策规定，国家机关可以通过一定的立法程序将其制定为林业法规，使之定型化和法律化，从而以国家强制力来保证其更有效的贯彻实施。③实施林业法规必须以党的林业政策为指导。林业法规要依据党的林业政策制定，但是林业法规并不能包含全部林业政策的内容，只是一部分林业政策的法律化。因此，只有深刻领会和掌握党的林业政策，才能正确地理解林业法规立法原意和准确地把握其精神实质。形势是不断发展的，林业建设的情况是不断变化的，林业法规实施过程中必然会遇到各种新问题。林业政策比林业法规更具有灵活性，能够比较及时地反映不同时期林业建设的客观要求。以林业政策指导林业法规的实施，才能既保持林业法规的稳定性和权威性，又充分发挥林业法规在依法治林中的作用。

林业政策与林业法规虽然在本质上是一致的，但它们毕竟属于不同的社会现象。两者之间的主要区别：①制定的主体不尽相同。林业政策的制定主体包括党的组织和国家机关，而林业法规的制定主体只能是具有立法权力的国家机关。②表现形式不同。林业政策的表现形式是多样的，可以通过决定、指示、会议决议、通知、报刊社论、口号和标语等多种方式，而林业法规采取特定的规范性文件的表现形式。③实施的方式不同。林业政策的实施主要通过宣传、号召、动员和说服教育等方式，林业政策具有的一定约束力主要表现为对违反者给予批评教育或者纪律处分；林业法规是依靠国家强制力保证实施的，对违反者，不仅可以给予行政处分和行政处罚，严重的可以给予刑事处罚。④内容的广泛性不同。林业政策的内容比林业法规更为广泛，林业法规所调整的社会关系，都在林业政策所调整的范围内。没有一部林业法规不体现林业政策，但却有许多林业政策的内容还没有成为林业法规。一般来说，违反林业法规的必然同时也违反林业政策，而违反林业政策的则不一定违反林业法规。⑤稳定程度不同。林业政策是根据党和国家在一定时期的中心任务及林业工作的实际制定的。一方面，林业政策应当根据不同时期的需要进行必要的调整；另一方面，有些政策比较原则，要求人们在贯彻执行过程中加以具体化。所以，林业政策一般具有一定的灵活性。林业法规往往是由比较成熟的并有必要上升为法规的林业政策制定而成的，是党的林业政策的定型化和法律化，因而具有较强的稳定性。

（三）林业政策的作用

林业政策的作用是指林业政策在实施过程中为实现政策目标所发挥的功效。主要体现在：

1. 导向功能

政策作为人们思想和行为的规范和准则，对人们的行为和事物的发展方向具有引导作用。在政策的导向下，社会生活中的各种复杂的、多面的、相互冲突的、漫无目的的行为，能被有效地纳入到统一的明确的目标上来，从而按照既定的目标有序前进。在林业建设的实践中，我们就是要依靠林业政策的导向功能，指导人们充分认识林业在社会、经济以及生态建设中的重要地位，调动人们投身于林业建设的积极性，依靠全社会的力量促进林业的发展；同时在林业的内部，促使人们按照国家社会经济发展的总体目标从事林业的经营，以改善林业的经营结构，达到林业协调稳定发展的目的。

2．管理功能

林业政策是指导人们行动的行为规范，那么，它也就是党和国家对林业的一种管理措施。它通过激励、调节等手段实现其管理作用。党的十一届三中全会以来，党和国家推行了稳定山林权的林业政策，调动了人们的造林、育林、营林的积极性，使林业生产与经营有所起色，这一点足以证明林业政策的激励作用。同时，在林业经济运行中，在林业经济主体之间，在林业经济各环节之间，都可能出现各种矛盾和问题。对此，党和政府通过制定和实施林业政策直接或间接地调节着林业经济运行中的各种关系。例如，党和政府关于以营林为基础的政策对于调整培育森林和采伐利用森林之间的关系具有有效的管理作用。

3．调控功能

林业政策的调控功能是指它在对各种利益关系、利益矛盾进行调节和控制中所起的作用。林业政策是政府对林业发展进行宏观调控的重要杠杆和基本手段。通过控制功能，明确在林业工作中哪些行为受到保护和鼓励，哪些行为受到限制和禁止，从而制止非正当行为，惩罚违法犯罪行为，实现林业经济的正常、健康地运行。在市场经济条件下，林业的产业政策、财政金融政策、结构调整政策等，都对林业的发展具有重要的宏观调控作用。它都直接或间接地作用于从事林业生产的主体，产生规范和约束作用。

4．分配功能

政策的一个本质作用是创造和分配社会公共利益。现阶段我国的分配原则是效率优先，兼顾公平。如果说效率主要是由市场机制自动实现的话，那么公平则主要依赖于政府的政策调节。林业是一个“天生劣质”，比较利益低的产业，完全依靠市场机制进行分配，林业难于发展，林农难于获益。因此要制定有利于林业发展的倾斜的林业政策，以调动、发挥和保护林农的林业生产积极性，使林农的收入和生活水平与国民经济的发展比较协调一致地同步增长。

综上所述，党和国家制定和实施林业政策，通过发挥林业政策的导向、管理、调控与分配作用，以达到社会、生态与经济三大效益目标，大大促进了林业的发展。

（四）林业政策的特性

林业政策作为党和国家组织、领导和管理林业经济活动所采取的重要措施，它既是一种策略和手段，又是一种行为规范和准则。同时还是一个时期林业经营指导思想的体现。林业政策既具有政策的一般特性，又具有由林业本身的特殊性所决定的一些独特的性质，主要体现在以下几个方面：

1．针对性与系统性的统一

林业政策是党和国家以及各级林业管理部门针对林业生产与建设中不断

出现的问题与矛盾而制定的。因此，林业政策具有很强的针对性。这种针对性首先体现在林业政策只适用于林业这一特殊行业，而不适用其他行业。其次，林业政策是针对林业社会实践活动中产生的矛盾和问题及时提出相应对策，既不是解决过去存在过的或未来可能发生的问题，也不追求能够解决一切问题的“灵丹妙药”，而是“对症下药”。当然，林业政策的针对性并不等于林业政策是杂乱无章，无规律可循的。因为，林业政策不仅具有针对性，而且具有系统性。按照政策系统理论，林业政策是由相互依存、相互作用的不同层次和不同侧面的具体林业政策组成。以纵向政策体系为例，有高层次政策、中层次政策以及低层次政策。我国林业高层次的政策是党和国家关于林业建设总的奋斗目标以及为实现这一目标而制定的林业建设方针，这是指导林业各方面工作的根本行动准则；中层次政策是指某一方面林业工作的基本政策，例如我国在营林、森林保护、植树造林、林政管理以及林产品贸易各方面都有相应的基本政策；低层次政策就是指指导林业各项具体工作的具体政策，例如在植树造林方面规定了封山育林政策、“谁种谁有”政策等。政策的层次性，要求人们在制定和执行林业政策时不仅要注意其针对性，而且不能忘记政策还具有系统性。既要“对症下药”，又要根据总方针、总政策制定完善配套的一系列林业政策。

2．有一定的层次性和相关性

按照系统理论，任何事物无不处在一定的层次之中，任何事物也无不包含许多层次。从林业社会这个大系统看，林业政策呈多层次多侧面的结构状态，而且政策的各层次、各侧面间不是孤立的，是有着内在的必然联系，呈现出层次性和相关性相结合的特点。

高层次的政策是指导全局带方向性、原则性的行动准则，其作用范围较大，为低层次政策指明了方向，提出了任务，具有较大的稳定性。低层次政策是指导局部的行为准则，其作用范围小，是高层次政策的具体化，为高层次政策服务，层次越低，政策内容规定越具体，可变性越大。我国林业最高层次的行动准则是党的基本路线和林业发展规划纲要，它规定了我国林业建设的方向，总的奋斗目标及实现这一目标的基本途径；其次是森林法及其所规定的林业建设方针，它是指导现阶段各方面工作最根本的行动准则；再次，是指导某一方面工作的基本方针政策，如营林、森工、加工利用、自然保护、林业科技、林政管理等各方面都有自己的基本方针政策；再下一层次就是指导各项具体工作的具体政策。从高层政策到低层政策，构成了我国纵向的政策体系。政策的层次性，要求人们必须建立科学的层次观念，在制定和执行具体政策时，不能忘记总方针、总目标、总政策，在做出指导全局的战略决策时，同时要制定贯彻执行的具体政策措施，不能忽视政策体系的完善，要注意配套。

一个国家的林业政策，从横向看，又是多侧面的。整个林业各个侧面的政策，有它自己特定的服务对象和作用范围，具有相对的独立性，但是彼此之间又是相互联系、相互制约、相互作用、相互补充，具有一种相互关联的性质。林业政策与土地政策、农牧业政策、水利政策、环境保护政策、矿业政策、工商财税政策以及教育政策等均息息相关。因而，在制定与执行林业政策过程中应结合其他相关政策，以避免重复与冲突，以利于林业政策的切实贯彻，促进林业的发展。其次，林业政策的相关性还表现在林业政策之间的联系。例如，党和国家在培育森林和利用森林方面颁布了一系列的具体政策，这些具体政策之间是相互依存、相互作用、相互制约与相互补充的。可见，整个国家林业政策是一个由多侧面构成的复杂的有机统一整体。因此，在制定和执行林业政策过程中必须树立协调发展的观念，必须用全面、系统的观点，从宏观和微观上来研究和制定政策，提高政策决策的科学水平，使整个林业各方面协调发展。

3．变动性与稳定性（连续性）的统一

政策的变动性与稳定性是政策发展与完善过程的一种辩证关系，政策的稳定性实际上是政策变动性的特殊表现，稳定的政策也包含了稳定发展与灵活调整的内容，将政策的稳定性与灵活性结合在一起，以应对社会条件的发展变化给政策带来的各种冲击，这是保证政策稳定性的一个重要手段。政策是一种动态过程，这是政策的一个固有属性，在现代社会中，在政治、经济、科学技术飞速发展，各种问题不断出现与变化的社会条件下，没有任何一种政策可以长期固定不变地存在下去。新中国成立以来，我国林业政策的几度反复或多或少地说明了这个问题。政策的变动性可以使人们认识和把握这种特性，使政策不断地根据变化了的条件得到补充、调整或修正，以达到最佳的效果。同时，政策又是一种解决社会问题的过程，而社会问题的解决从来不是一朝一夕就能完成的事情，政策的制定和执行都需要有一个相当的时间与过程。在这个时间和过程的范围内，在其所服务的任务未完成之前，政策必然需要具有相对的稳定性。因此，政策的稳定性也是林业政策的一个重要特征。政策稳定与一个国家政治稳定、经济稳定和社会稳定紧密地联系在一起，如果政策长期不稳定或变化过快，人们在心理上和行为上都难以适应这些变化，势必影响人民群众对政府和政策的信任。在林业政策的制定与执行方面，我们更应该强调林业政策的稳定性以及由林业政策的变动性与稳定性派生出来的连续性，因为林业生产周期的长期性以及与之相伴随的自然力的独立作用是林业生产在自身方面的决定性条件，如果我们忽视林业生产这一自然特性，频繁地变动林业政策或使林业政策之间缺乏继承性、一致性，势必影响整个林业生产的正常进行，从而导致社会、经济以及生态方面的一系列难以挽回的恶果。

4．有坚定的原则性和较大的伸缩性

由于林业的发展关系到林业用地的合理利用，关系到林业职工的生活和数千万农户的收入，而且还关系到整个国民经济和社会发展对生态环境和林产品的需要，在林业发展的重大问题上林业政策必须有坚定的原则性。同时，由于林业生产经营活动在时间、空间、效用、结构等方面有明显的多样性和经营弹性，林业政策又具有一定的灵活性（伸缩性）。党和国家在研究、制定和贯彻一定的林业政策时，都表现出坚定不移的原则性，以维护其政策的严肃性。这种原则性直接表现在它毫不动摇地体现党和国家的指挥意志，毫不动摇地把保护森林发展林业作为宗旨，为林业经济利益服务，毫不动摇地要求人们去贯彻执行它。但是林业政策又是一种策略和手段，它不提供如何处理林业建设中各种具体问题的具体办法和具体措施，而只为解决各种具体林业问题提供政策界限，即为人们的行为提供伸缩性比较大的行为模式，这一点与林业法律规范（如森林法）比较，显得更加突出。法律规范对于人们应做什么，能做什么，不能做什么，违反法律规范之后应负什么样的法律责任，规定的都比较明确和具体，这就可以为人们的行为提供具体的行为模式。当然，林业政策的伸缩性是一般的说法，因为林业政策有总政策和具体政策之分，总政策的伸缩性更强一些，各种具体政策的伸缩性就不那么强。比如，林业建设要以营林为基础，这一基本政策只是提出处理培育森林与采伐森林之间关系的原则性要求，它不提供如何搞好以营林为基础、更新跟上采伐、采育结合等的具体办法和措施。解决森林资源再生产过程中的各种具体问题，需要根据这一基本方针制定相应的法规、条例，还需要实行包括经济、科技、教育在内的其他措施和办法。

5. 有明显的阶段性

林业政策阶段性是指，它在不同的历史时期有不同的内容。由于在不同的历史时期内，林业实践的具体内容不同，林业发展过程中包含的矛盾不同，各种林业经济关系的变化趋势不同，如此等等，便构成了林业政策阶段性的客观基础。政策制定者总是根据林业发展规律的要求，经常调整、修订、完善自己的政策，以维护林业经济增长，适应社会对林业的需要。比如，新中国成立初期，鉴于森林资源少、林业基础薄弱，党和国家制定了“普遍护林、重点造林、合理采伐利用木材”的基本政策。“大跃进”及三年调整时期，林业建设遭受严重破坏，为全面贯彻国民经济调整方针，提出了以营林为基础的基本方针，同时党中央颁布了关于确定林权、保护山林和发展林业的若干政策规定。粉碎“四人帮”以后，林业进入了一个振兴时期，国家针对林业建设的拨乱反正和恢复发展的需要，将造林绿化定为基本国策，同时做出了加强林业法制，稳定山权、林权、保护森林，发展林业等一系列重大决策。新的历史时期，根据党的社会主义初级阶段基本路线和十四大确立的社会主义市场经济体制，又提出加快林业改革，转换经营机制，更快地增资源、增活力、增效益的基本政策。除此而外，各种具体政策的阶段性就更加突出。但需要指出，承认政策的阶段性与提供保持政策的稳定性是不矛盾的。稳定性是指一定阶段内的稳定和阶段间的连续性；阶段性内部又包含着稳定性。只有适当保持政策的稳定性，才会有政策的阶段性，同时，只有在政策阶段性的基础上保持改革的稳定性，才是有意义的，否则就成了墨守成规，导致政策的僵化。当然，在实践中硬性规定某些政策若干年不变的做法也是值得商榷的。

6．林业政策的社会性和群众性

林业生产周期长，森林的经济效益和生态效益的充分发挥，都需要经历一定的时间，而林业经营的面积需要不断的投入人力、物力和财力等社会生产要素，因此林业政策如何调动千家万户对集资办林业的兴趣和关注，成为林业政策成功与否的凝结点。林业生产都是在广阔的国土上进行的，森林又具有最广的社会公益效能，所以林业政策必须体现广大人民群众的利益，并依靠广大群众去实施。植树造林、绿化祖国是全体公民的义务和全国各行业的职责。正确的林业政策应当充分调动广大人民群众保护森林、发展林业的积极性。

（五）林业政策的结构与分类

1．林业政策的结构

林业政策是一系列行为准则的总和，而任何一项林业政策都不是孤立的、单一的，众多的林业政策之间既独立又联系，形成一个完整的政策系统。在这一系统内，既有高层次林业政策、亚层次林业政策以及低层次林业政策之分，又有宏观林业政策、中观林业政策以及微观林业政策之别；还有长期性政策、短期性政策、阶段性政策以及临时性政策等。总之，从不同的角度，可以将林业政策分为不同的种类，但基本上分为政策的纵向结构和横向结构。

林业政策的纵向结构是指林业政策是由林业基本政策和林业具体政策组成的。林业基本政策是依据一定历史时期林业的主要矛盾而制定的。它规定着林业建设的行动方向和根本任务，对具体政策起指导和统帅作用。林业具体政策是指党和国家在一定历史时期为实现一定任务而规定的某一方面的具体行动准则。具体政策规定处理具体问题的原则，它必须与基本政策的精神保持一致，不得与基本政策的精神相违背，我国的林业建设实行以营林为基础，普遍护林、大力造林、采育结合，永续利用的方针。为了实现总的方针政策，党和国家在营林、护林、植树造林、采伐利用以及林产品贸易各个具体方面制定了一系列相应的具体政策。

林业政策的横向结构是指林业政策是由相互依存、相互制约的各方面政策组成的有机整体，每个政策必须与其他政策相配套才能发生作用，任何一个政策的变化都会影响其他组成部分，都要影响到整体的作用。因此，制定一项政策绝不能与其他政策乃至整个政策系统相抵触，在林业政策的实施过程中也应特别注意各政策之间的协调关系，共同实现政策系统的总体目标。

对林业政策进行系统分析后，我们可以认识到，林业政策是一个相互作用、相互制约的整体。在这有机的整体中，又可以进一步从不同的侧面和角度剖析林业政策系统，从而形成不同种类的政策。而不同种类的划分，对于制定和实施林业政策，加深对林业政策系统功能的认识都非常重要。

2. 林业政策的分类

（1）根据所调整的社会关系的重要程度及地位不同划分

① 林业基本政策 林业基本政策即总政策，也称基本方针，是依据一定历史时期林业的主要矛盾而制定的，它规定着林业建设的行动方向和根本任务，对具体政策起指导和统帅作用。

② 林业具体政策 是指党和国家在一定历史时期为实现一定任务而规定的某一方面的具体行动准则。具体政策规定处理具体问题的原则，它必须与基本政策的精神保持一致，不得与基本政策的精神相违背。

（2）按照政策所调整的林业社会关系所处的领域不同划分

① 林政管理政策 即林业行政管理政策，是国家对林业管理（包括林业立法）的全过程实行计划、组织、指挥、协调、控制和监督等职能所规定的政策，是指国家对各级政府林政机关、林业主管部门在林业管理过程中规定的行为准则。林业行政管理政策又是林业经济政策及其他政策得以贯彻的保证。

② 林业经济政策 是指国家在林业经济领域方面所规定的政策，是调整林业的社会经济关系、经济活动的规范和准则。在林业政策体系中，经济政策内容繁多而又具体。林业经济政策自成体系，从产业上看，大体上可分为营林政策、森林工业政策、林产工业政策、林产品贸易政策以及第三产业政策，而每一产业政策下面，又可分为若干项分政策，如营林政策可分为种苗政策、植树造林政策、森林经营政策等。从经济活动内容来看，每一产业的经济政策则还包括生产政策、流通政策、消费政策、分配政策等若干项内容。一个完整的林业经济政策，通常要包含着这四项内容。

③ 林业科技政策 是国家在一定时期的林业建设总目标下，为了促进和调节林业科学技术发展、林业科技工作所应该遵循的基本原则。现阶段我国林业科技政策主要内容：一是确定林业科学技术在林业发展中的地位和作用问题，二是制定林业科学技术发展的战略、方向和基本方针，三是调整林业科学技术的内部结构，四是改革林业科技管理体制。

④ 林业文教政策 是国家对林业文化教育事业的规划、发展方向所制定的指导原则。这一方面政策不仅关系林业经济建设的成就，而且关系林业的精神文明建设的发展。从建设具有中国特色的社会主义现代化林业的要求来看，文教事业在林业发展中具有举足轻重的地位和作用。

（3）按照政策对调整对象所起作用的性质不同划分

① 目的型和手段型政策 目的型政策是为实现林业目标而制定的带有方向性的政策，一般综合性、概括性较强，如以营林为根本方针的林业政策、森林永续利用政策等。手段型政策则是下一级服务于上一级的政策，它较为具体、针对性强，往往是为特定的目的型政策配套，如植树造林政策、经济扶持政策等。

② 改造型和调整型政策 这是按政策与管理体制的关系划分的。改造型政策具有改变管理体制功能的政策，它是针对现行管理体制的弊端提出来的。调整型政策指的是在本质上不改变现行体制的基础上，对管理系统运行的某些环节和某些方面施加影响、进行控制的政策。

③ 对策型和引导型政策 对策型政策是为解决林业中出现的随机干扰现象，其目的是减少和消除干扰，它具有战术性、灵活性的特点。引导型政策则立足于现实、面对未来，在对林业的发展方向和趋势进行调查和预测的基础上，为引导林业发展而制定的政策，它具有战略性、长期性的特点。

④ 直接型和间接型政策 直接型政策是对特定的因素（如产业、行业、企业、公司）有直接效果的政策，它具有速效性。间接型政策是对非特定的因素发生的一般的、普遍的、具有相同效果的政策。前者如营林政策、林产工业政策等；后者如劳动政策、资金政策、价格政策、投资政策等。

（4）根据林业政策制定的机关和实施范围不同划分

① 中共中央、国务院以及国家林业主管部门制定的林业政策 这类政策是由党中央、全国人民代表大会、中央人民政府（国务院）及其主管林业部门制定的，是我国林业政策系统中最高层次、有效力、适用范围最广的林业政策。其他林业政策不得与此相抵触，一般情况下，它是针对我国林业普遍存在的问题制定的。因此，在全国林业范围内发挥指导和约束作用。国家林业政策是地方林业政策的出发点和制定依据。

② 各级地方政府制定的林业政策 这类政策是各级地方政府为了更好地贯彻执行全国性方针政策，联系本行政区域内的林业实际情况，制定的适用于本行政区域内的林业政策，也是全国性林业政策的补充，是国家林业政策系统的重要组成部分。在制定地方性政策时，往往需要根据国家林业政策和地方的实际需要来制定。各级政府及林业主管部门务必使本地区林业政策与中央统一政策的内容和要求相一致，不能与中央的林业政策基本精神相抵触。

此外，基层行政单位、林业企业单位或林业经营联合体等基层组织，根据本地生活习惯、地理、经济条件等特点，以全国性林业政策和上级各级政府的政策为依据制订的乡规民约等也越来越发挥着作用。

③ 国家制定的关于少数民族地区的林业政策 我国众多的少数民族都聚居于边远地区和山区，森林资源丰富，但大多数少数民族地区文化、卫生、科教都较落后，各少数民族还具有自己独特的生产与生活传统和风俗习惯。为了加快发展少数民族地区的林业建设，党和国家针对少数民族地区林业发展的特点，制定了一些适用于少数民族地区林业生产与经营的法规与政策，并赋予民族自治地方政府制定变通或补充规定的权力，但必须与中央及各级政府制定的林业政策精神相一致，并必须报省、自治区或者全国人民代表大会常务委员会批准后方能执行。

（5）其他不同分类

① 按森林资源的构成可分为森林政策、林木政策、林地政策、动植物政策、微生物政策等。

② 按森林资源经营利用的过程可分为森林资源生产政策、森林资源经营政策、森林资源流通政策、森林资源贸易政策、森林资源利用政策、森林资源保护政策等。

③ 按业务性质可分为森林资源培育政策、森林资源分类经营政策、森林资源产权（权属）政策、森林资源采伐政策、森林资源产业政策、森林资源生态效益补偿政策、森林资源投资政策、森林资源税费政策、森林资源金融政策、森林资源组织及管理政策等。

④ 按森林资源的所有制类型可分为公有森林资源政策和非公有森林资源政策等。

⑤ 按森林资源配置手段可分为森林资源市场政策和森林资源行政政策。

以上的林业政策分类，是在林业政策体系这个整体下，从不同的角度不同的层次进行划分的。此外，根据特殊需要，还可依据其他不同标志进行许多其他分类。各种具体林业政策相互依存、互相作用、互相交叉、互相渗透、相互影响，共同构成完整的林业政策体系。

（柯水发　王玉芳　吴铁雄）

一、名词解释

林业　森林资源　政策　林业政策　林业政策学

二、思考与讨论

1. 林政学发展经历了哪几个阶段？
2. 林政学的研究对象和研究任务是什么？
3. 如何理解林业政策学与其他学科之间的关系？
4. 中国林业的定位与使命是什么？
5. 中国森林资源的特点是什么？
6. 林业政策有哪些功能和特性？
7. 林业政策有哪些分类？

三、课外阅读材料

国家林业局. 2011 中国林业发展报告. 北京：中国林业出版社，2011.

谢明. 公共政策导论. 北京：中国人民大学出版社，2004.

［日］堺正纮．森林政策学．吴铁雄，等译．北京：中国林业出版社，2007.

刘德钦．林政管理学．北京：经济科学出版社，2010.

四、本章主要参考文献

[1]堺正纮．森林政策学[M]．吴铁雄，等译．北京：中国林业出版社，2007.

[2]《中国21世纪议程林业行动计划》编写组．中国林业可持续发展的战略与对策[J]．世界林业研究，1995：3-6.

[3]柴恒忠，李清盛．林政管理[M]．北京：中国农业出版社，1991.

[4]陈根长．关于林业政策调整和机制转轨问题[J]．林业经济，2001（1）：11-17.

[5]陈根长．中国林业政策的回顾与展望[J]．中国林业，2000（1）：15-17.

[6]陈庆云．公共政策分析[M]．北京：经济出版社，2001.

[7]陈嵘．中国森林史料[M]．北京：中国林业出版社，1983.

[8]陈文君．中国林业政策发展阶段及趋势分析[D]．北京林业大学学士学位论文，2007，6.

[9]陈振明．政策科学[M]．北京：中国人民大学出版社，1998.

[10]陈振明．公共政策分析[M]．北京：中国人民大学出版社，2003.

[11]国家林业局．中国林业与生态建设状况公报[N]．人民日报，2008-01-22（3版）.

[12]贾治邦．拓展三大功能构建三大体系——论推进现代林业建设[J]．林业经济，2007（8）：3-7.

[13]江泽慧．林业与经济社会可持续发展．http://www.china001.com/ show_hdr.php?xname＝PPDDMV0&dname＝TV5AD41&xpos＝90.

[14]焦国模．林业政策学[M]．台北：商务印书馆，1981.

[15]孔凡斌．中国社会林业政策法律体系研究[M]．北京：中国林业出版社，2004.

[16]李学术．林业政策法律法规实用全书[M]．北京：中国农业大学出版社，2000.

[17]李延涛．实用林政管理[M]．长沙：湖南科学技术出版社，1993.

[18]廖士义，温亚力．论林业政策研究之要义[N]．北京林业大学学报，1992，14（1）：1-6.

[19]林迎星．林业政策学的若干思索[J]．林业经济问题，1988（4）：45-47，58.

[20]刘德钦．林政管理[M]．上海：上海交通大学出版社，2007.

[21]刘德钦．林政管理学[M]．北京：经济科学出版社，2010.

[22]刘风彪．关于我国林业政策学有关问题的初步探讨[J]．林业经济，1990（4）：53-55.

[23]刘平康．论林业政策[J]．福建论坛（经济社会版），1990（1）：16-17.

[24]刘平康．林业政策学[M]．哈尔滨：东北林业大学出版社，1989.

[25]柳建闽．林业政策学概念及其关系分析[J]．林业经济问题，1998（2）：45-49，64.

[26]马天乐．林业政策与林政管理[M]．北京：中国林业出版社，1998.

[27]南京林业大学．中国林业辞典[M]．上海：上海科学技术出版社，1994.

[28]邱俊齐．林业经济学[M]．北京：中国林业出版社，1998.

[29]施荫森，刘家森．林业政策学[M]．哈尔滨：东北林业大学出版社，1995.

[30]孙国青，荆野．林业政策学[M]．哈尔滨：黑龙江科学技术出版社，1994.
[31]王一军．林政管理学[M]．北京：海洋出版社，1993.
[32]伍启元．公共政策[M]．香港：商务印书馆，1989.
[33]谢明．公共政策导论[M]．北京：中国人民大学出版社，2004.
[34]盐谷勉，唐广仪．林业政策学[M]．张慧忱，译．成都：四川科学技术出版社，1989.
[35]张国庆．现代公共政策导论[M]．北京：北京大学出版社，2001.
[36]张建国，林迎星．社会林业论[M]．北京：中国林业出版社，2002.
[37]张建国，吴静和．现代林业论[M]．北京：中国林业出版社，2002.
[38]张建国，余建辉．生态林业论[M]．北京：中国林业出版社，2002.
[39]张建国．中国林业经济学[M]．北京：中国林业出版社，1993.
[40]张金马．政策科学导论[M]．北京：中国人民大学出版社，1996.
[41]张力．林业政策与法规[M]．北京：中国林业出版社，2003.
[42]周生贤．中国林业的历史性转变[M]．北京：中国林业出版社，2002.
[43]周训芳．林业法学[M]．北京：中国林业出版社，2003.
[44]祝列克．五大转变——中国林业发展的历史性抉择[J]．林业经济，2002（12）：4.

第二章　林业政策系统运行

第一节　林业政策系统

政策不能是孤立的、零散的、非系统的，它必须构成一个完整的体系，才能有效地发挥作用。林业政策也不例外。林业政策体系包含两层含义，一是各种政策构成一个完整的体系；二是单项政策也是一个系统。

一、各种林业政策构成一个完整的体系

一个国家在一定时期内往往存在着许许多多的林业政策，虽然这些政策在形式上多种多样，在内容上相互区别，但各林业政策之间的关系密切。在我国，各种林业政策之间的密切联系是基于以下两点：其一，政策的指导思想、理论基础和历史使命的同一性，即在本质上把多样的林业政策联结成为一个整体；其二，政策所调整的各种林业经济关系、各种林业问题是相互联系、相互制约的。解决某一种矛盾或问题，往往需要从不同方面采取不同政策和措施，从而形成彼此关联、协调一致的林业政策体系。

从横向看，林业管理系统某个问题或某一方面的政策，是林业政策体系中的组成部分，或叫子系统政策。它与大系统的政策是协调一致的，绝不能与之相抵触，否则，这个政策根本得不到批准与贯彻，或者这个政策虽有效，但破坏了整个大系统政策的功能，总的效果是不良的。

从纵向看，林业管理系统的每一项政策总是与过去同一系统的各项政策有着密切的关系，后一项政策总是前一项政策某种形式的继续。如果它是对过去政策的补充和发展，它不应与过去政策相悖，相反应该重申过去政策的有效性；如果它是纠正过去政策的失误，那么它要明确地否定过去，宣布过去政策全部或局部失效。

林业政策的系统性，使各项政策成为一个有机的整体，互相协调与支持，从而产生“系统效应”，使政策发挥更大的作用。

二、单项林业政策也是一个系统

从政策的形成过程来看，单项政策也是一个系统，它由政策环境、政策目

标、政策主体、政策客体、政策内容、政策形式和政策过程等几个部分组成，相应地回答“在什么背景下制定政策”、“为什么要制定政策”、“谁来制定政策”、“政策作用于谁”、“制定什么样的政策”、“怎样让人们知道政策”、“政策如何运行”等问题。

1. 政策环境

政策环境是指林业政策生成、运行、发生作用的过程中一切内外部条件的总和。通常具有复杂多样性、差异性、动态性和不可复制性。政策环境通常包括外部宏观、中观环境和内部微观环境，包括自然环境、经济环境、政治环境、文化环境、技术环境和其他社会环境等。

2. 政策目标

制定政策时，应考虑为什么要制定这一政策？这就牵涉政策的目标。政策目标是政策所要达到的结果。它既是政策制定的出发点，又是政策实施所指向的终点，因而目标贯穿于整个政策的研究和制定的过程之中，决定着政策的方向和性质。如果没有政策目标，政策内容就失去了方向和存在的价值；如果政策目标不明确，政策执行就会产生盲目性。

3. 政策主体

政策主体是直接或间接地参与政策制定、执行、评估和监控的个人、团体或组织，是公共政策的制定者和实施者，也是政策利益的代表者。我国林业政策的主体包括立法机关、政党和国家行政机关、团体和个人。

4. 政策客体

政策客体与政策主体是相对的，是指政策指向、作用和变更的对象。我国林业政策的政策客体包括几个层次：一是森林资源，政府通过制定和执行一定的林业政策来扩充林业资源的总量，并对林业资源进行有效配置，从而实现森林资源的可持续经营；二是林业发展过程中的各类问题，任何林业政策的制定和实施总是源于某些林业问题的存在和解决；三是从事林业经营管理活动的各类行为主体，可以是机构、团体或个人。林业政策的最终目的是引导、规范、激励或约束各类主体的林业生产经营管理行为。

5. 政策内容

政策内容也称政策手段，是实现政策目标的各种措施和方法的集合，是回答“制定什么样政策”的问题，它是政策系统的核心部分，或曰“主要构件”，充分反映了政策的本质，一种政策究竟是什么样的政策，它维护什么样的利益，看其内容一目了然。人们通常理解的政策，主要是指政策内容。政策问题的解决与否和解决程度如何，主要取决于政策内容是否具体明确和能否有效地实现政策目标。

6. 政策形式

政策形式即政策的具体表现形式。在我国政策表现方式有三种：法律形式、规划和计划形式、文件形式，这三种形式各有各的特点，缺一不可。一般来说，长期政策应用法律形式固定下来，中期政策用规划、计划（包括方案、项目）的方式下达，而短期或临时的政策主要用文件形式传达。当然，有些政策并没有特定的文字表现形式，而是以党和政府的态度表现出来。

7. 政策过程

林业政策过程包括制定、执行、监督、评估和终结等环节。政策的制订系统，是林业政策的首环，包括制订政策的指导思想、依据、前提和基础，并有特定的程序和方法。政策的实施系统，是林业政策的中环，包括实施的原则、方法、程序以及监督和反馈。政策系统的末环是政策的终止，主要研究林业政策的修订、停止和转化。

在林业政策动态系统的每一个环节上，都要进行特定的政策研究。政策研究的组织机构、组织方法，以及政策研究人员的修养、政策执行者的理论水平，这是政策动态系统运行的保证，为政策制订和实施的科学性、有效性服务。可见，林业政策系统实际上由林业政策的咨询子系统、监督子系统和反馈子系统复合而成。同时，政策评价子系统也是林业政策动态系统的组成部分。它包括政策目标评价、方案评价和效果评价，是按既定的政策标准和目标，评定不同政策方案的优劣。政策评价的前提是进行政策分析。政策分析就是进行政策仿真、政策模拟。政策实践并把评价结果数量化，政策的选优和组配也是林业政策学研究的具体内容。

综上可见，各种政策构成一个完整的体系，而单个政策的目标、内容、形式、主体、客体和过程又构成了一个有机的系统。虽然这个系统中所有的细节未必在每项政策中都充分体现，但其中的主要过程都是不可跨越的。只有完整地按程序进行，政策方能收到预期效果。

第二节　林业政策制定

林业政策制定的含义，有广义和狭义之分。狭义的林业政策制定是指党和国家根据国民经济和社会发展的需要，对重大林业问题所作的决策。它是国家林业管理行为中的一项重要活动，关系到林业发展战略目标的实现程度。因此，各级林业主管部门都非常重视林业政策制定。林业政策制定，从广义上讲，不仅包含制定新的林业政策，也包含对原有林业政策的修改、废止。

一个政策的出台，要做广泛细致的调查研究工作，听取各方面的意见和建议，收集各种信息资料，并在汇总分类整理分析的基础上，制定政策。并且最好经过局部地区有代表性的试行，总结经验，寻找不足，进行反馈分析，调整和完善后再进行推广。推广中仍要不断反馈完善。任何一个环节的差池，都可能导致政策失误。所以，政策制定中的调查系统、研究系统、反馈分析系统等决定了政策的内涵、构成和机理。林业政策制定是一个很复杂的工作，涉及许多技术细节。林业政策制定过程，是特定工作程序和工作机制运转过程。过程层次越多，分析的细节越多，需要注意的问题也越多。政策制定要求系统、全面、科学、有效。

林业政策制定必须以马列主义、毛泽东思想、邓小平理论和“三个代表”重要思想和科学发展观为指导，以党在现阶段的路线、方针、政策为依据，在宪法和法律规定的范围内，遵循自然规律和经济规律，从我国的国情出发，充分考虑我国的自然生态条件、森林资源状况、国民经济现状及发展趋势、人民生活需要以及世界各国林产品供需情况等，力求正确、科学和切实可行。

林业政策制定过程是一个集调查研究、规划设计、统筹决策等于一体的综合性过程，一般应当经过提出问题、调查研究、方案起草、方案论证、征求意见、讨论审议、批准公布等程序。按照正确的原则和程序制定林业政策，可以使林业政策更加全面、科学、合理并切合实际，从而最大限度地减少和防止政策失误。

一、林业政策制定主体

林业政策制定主体，主要包括党中央、国务院、国务院林业主管部门和地方党委、人民政府及林业主管部门等。党中央在宏观上领导和部署关系全国和全局的工作，制定相应的政策，其中包括制定全国性的重要林业政策。国务院依据党中央的政策制定全国性的林业政策。国务院林业主管部门依据党中央和国务院的政策制定具体、可操作性强的林业政策，指导全国的林业工作。各地党委、地方人民政府及其林业主管部门，依据党和国家的林业政策，结合本地区林业工作实际，制定在本地区贯彻实施的更为具体、操作性更强的林业政策。根据需要，制定林业政策的机关既可以单独制定和发布政策文件，也可以由若干有关机关共同制定、联合发布政策文件。党和国家重要的林业政策，通常由中共中央和国务院联合发布，如《中共中央国务院关于加快林业发展的决定》。一些涉及若干部门的林业政策，通常由国务院林业主管部门和其他主管部门共同制定、联合发布。但是，下级党组织和国家机关制定的政策不得与上级的相应政策相抵触，并不得超越其职权范围。下级党组织和国家机关制定的政策在发布前，通常应经过上级党组织或者国家机关的批准或者备案。当前，党和政府是我国林业政策制定主体，在我国林业政策制定过程中起着决定性作用。以农民为代表的其他体制外主体包括个人、社区和第三部门组织等并没有真正被包容进政策制定过程，没有真正成为林业政策制定主体，而是林业政策的被动参与者，这反映了我国的林业政策制定具有较强的精英色彩。在根本意义上，这种精英决策模式是由我国宏观的政治和经济体制所决定的。正如谢庆奎

（1991）所指出“中国政府体制是一种按照产品经济的设想建立起来的，与集中管理的计划经济体制相适应的党、政、军、经济、文化合一的中央集权体制。这种体制以社会政治经济文化高度统一的结构为基础，以中国共产党为领导核心，以中央集权和计划管理为模式”。总之，政府在林业政策制定过程中发挥了极其重要的作用。

二、林业政策目标的确定

林业政策的基础是正确确定和明确理解目标是什么，也就是说，林业政策希望获得或完成什么成果。目标上的失误会导致政策的失败，对林业社会实践会造成严重的后果。因此，全面地分析林业政策问题，并确定正确的林业政策目标，是林业政策制定的首要任务。

（一）林业政策目标及其特点

林业政策作为林业管理活动的手段，它必须适应人们共同从事林业生产建设活动的需要，发挥一定组织管理的职能作用。因此，政策就是要把人们组织起来进行共同活动，把每一个人的行为统一于一个共同的目标之下，使个体目标服从共同目标。只有大家都按照共同目标的要求来统一行动，才能保证整个林业经济活动有节奏有成效地进行，从而达到预期的结果。可见目标是在政策所产生的一系列活动过程中形成的。共同目标决定着人们共同活动的方向，规定着人们的基本任务，成为人们的行动纲领。如果没有一个方向一致的共同目标来指导每个人的行动，那么，人们的行动就会无所适从，甚至相互抵消，进行许多无效的劳动，而且这种劳动的规模越大，发生冲突和浪费的可能性也就越大。因此，任何一项林业政策的制定，都必须要有一个明确的目标，以便对林业进行有效的管理。

林业政策的目标极少是单独存在或孤立的，它经常与其他更概括或更具体的目标有关。例如，国家发展政策可能包括政治制度、经济制度、科学技术、文化教育、人口与就业、国民收入与分配等方面的目标，这些政策目标都比较概括，但对林业有间接的影响，而范围相对比较窄、比较详细的林业政策目标必须与之一致和和谐。

除此而外，林业政策目标本身是若干具体目标的集合。具体政策目标的多少，与林业政策制定者所要解决的问题多少有关，需要解决的问题越多，政策目标也就越多，反之亦然。同时，林业政策目标有大目标和小目标，最终目标和阶段目标之分。小目标、阶段目标往往又是实现大目标、最终目标的阶梯和手段。各具体林业政策目标在重要程度上的差异有时是客观决定的，即各具体目标之间在客观上就有轻重缓急之分；有时则是林业政策决策者主观意志、价值取向决定的。当然，后者应力求减少和尽量避免。

林业政策目标还有数量规定性。这种数量规定性即林业政策目标的水平，它表示林业政策目标与林业现实状态的差异程度。林业政策的目标水平越高，两者差异越大，实现目标的难度也越大；两者的差异越小，林业政策的目标水平越低，实现政策目标亦就越容易。由于林业政策目标有数量规定性，所以在现实生活中，许多林业政策目标是用数量化的指标来表示，如森林覆盖率、森林生长量及蓄积量、有林地面积、木材产量、林业产值水平及增长率、林业劳动生产率等。

（二）林业政策目标的构成

笼统地说，林业政策目标通常是用概括或抽象的语言表述的，常常只表明政策制定者或决策者期望的意图，如扩大森林面积、提高森林覆盖率、实行大地园林化、在合理利用和持续产出的条件下管理林地、增加林产品产量、保护野生动植物资源等。这样的目标虽为林业政策提供了一个框架，但对于有关政策系统内其他因素（如立法、组织、工作计划及预算）的决策和行动，所提供的依据不够具体。应该用更具体的，乃至定量的目标对此加以补充。也就是说，确定政策目标时必须进一步制定具体目标，使其清楚地表明需要采取的行动，或者从确定目标一开始就必须问："这一目标的意义何在？要实现这一目标需要做些什么？"对这些问题的回答才能使目标更具体化。所谓目标的构成，就是指将目标具体化的过程，即对林业政策的更具体的目标作出分析和决策。

所以，林业政策目标的构成包括一系列不同的层次，在每一个连续的层次上，目标被限定、被具体化了。具体如下：①总体目标。它是指一项政策总体或长期的目标，也称为长期目标或发展目标。②直接目标。总体目标或长期目标分解而成，这些直接目标与总体目标相一致，并促使总体目标的实现。③具体目标，也叫具体工作目标。它是指将直接目标进一步分解为目标，它概括的范围更具体。具体目标的实现能促进直接目标的实现，从而实现政策的总体目标。

目标构成的目的是明确目标，而不是确定重点或计划怎样实现这些目标。所以，直接目标和具体目标的排列顺序并不表明其优先地位和重要性，也不能说明实现它们的先后顺序。同时必须认识到任何一个目标，无论它是在目标结构的哪一层，都可能与其他目标相互影响、相互联系。也就是说，目标构成中所描述的每一个目标都不是孤立的，而是与其他的有关目标相互联系或相互影响。

（三）确定林业政策目标的基本原则

林业政策目标既受国家一定时期的自然、技术、经济、社会等客观条件的制约，又受林业政策制定者特别是领导人的胆识、理论修养、价值观念以及所采用的决策手段等因素的影响。因此，为了科学合理地确定林业政策目标，应该坚持一些基本原则。

1. 合理性原则

合理性原则包含两个方面，一是林业政策目标要符合林业发展的规律性，即客观合理性。因为在林业经济活动中，起作用的既有一般的经济规律，又有林业领域中的特殊规律。林业政策目标能否实现和实现的程度，在很大程度上取决于其能否反映林业经济发展的规律性。因此，确定林业政策目标必须防止凭主观臆断提出脱离实际的目标。二是林业政策目标要符合林业政策制定者所代表的阶级利益和社会共同利益，因为任何政策目标都是阶级利益、愿望的体现，这种意义的合理性可称为主观合理性。

2. 可行性原则

即在确定林业政策目标时，既要考虑主客观的需要，又要考虑其可能性，使政策目标与现实条件相适应。辩证唯物主义认为，只有在一定的物质条件下，人们的主观能动性才可能真正发挥作用。不顾客观条件的许可，超越现实的可能或把将来具有可行性的东西勉强拿到现实中做，都是不能成功的。林业政策目标的实现，不仅受自然、技术、经济、资源的制约，而且受整个社会经济、政治制度等因素的影响，因此，林业政策目标的确定要以一定现实条件为基础。

3. 综合性原则

前面已述林业政策目标有数量规定性，即可用数量化的指标来表示，所以，也可以说林业政策目标是由各方面指标组成的，它才能综合反映林业的经济效益、社会效益和生态效益，单一指标是无法构成政策的目标。例如，林业部门常用森林覆盖率作为发展林业的政策目标，可是森林覆盖率却缺乏综合性，它并不能全面地反映林业生产力发展水平，以此确定一个时期林业发展的政策目标，显然是不准确的。发展林业的目的是为了最大限度地发挥森林的经济功能和生态功能，满足全社会日益增长的物质和文化的需要，而达到这一目的标志是包括森林覆盖率在内，还有其他如林产品产量、产值、利润、科技水平、劳动生产率等一系列指标。尽管森林覆盖率有其重要意义，但只有各种林业生产水平的提高，才能获得林业整体效益的增长。所以，确定林业政策的目标，要把握林业目标综合性原则。

4. 协调性原则

林业政策的相关性必然要求各林业政策目标之间、林业政策目标与国民经济总目标之间保持协调一致。林业政策目标是由具体目标组成的目标系统，各具体目标之间有相互促进的一面，又有相互矛盾的一面，所以，在确定林业政策目标时，要根据各目标的轻重缓急，给各目标以恰当的地位，尽量避免各具体目标之间的冲突，达到整体效益的优化。

任意扩大某一目标的重要性，将其置于不恰当的地位，必然对其他目标的实现产生不良影响。如过去我国林业政策目标过多地强调林业适应国民经济的发展，忽视了林业自身的发展。在林业中过分地强调以林为主，把用材林放在不恰当的位置上等，都是不合适的。

5. 清晰、明确的原则

这是对林业政策目标表达形式上的要求。政策的目标是人们努力的方向和行动的指南，选择和确定目标一定要准确，既要能作定量分析，又要能作定性分析，充分地、如实地体现政策的基本内涵。如果一个政策目标不明确，就会使人无所适从，或者各自按照自己的理解行事，这样就不能保障实现目标的要求。所以，确定林业政策目标务必要有科学的标准，切忌含含糊糊、模棱两可、似是而非。

（四）我国当前林业政策的目标取向——可持续林业理念

我国林业政策的总目标是保护森林、发展林业，实现森林资源可持续经营和林业可持续发展，提高国土的森林覆盖率，发挥森林资源的多种功能，保持林业的生态效益、经济效益和社会效益相统一，促进我国林业和生态环境事业持续、快速、健康地发展。

20 世纪 70 年代末以来，尤其是进入 90 年代，林业发展问题引起了世界各国的普遍关注。1991 年 9 月在巴黎召开了主题为“森林——未来的遗产”的第 10 届世界林业大会。与会专家认为，森林除了具有经济作用外，它的生态作用不仅是在防风固沙、保持水土等方面，更重要的是森林关系着整个人类的生存和可持续发展。而 1992 年在巴西召开的联合国环境与发展大会更是肯定了林业在环境发展中的主导地位，认为目前世界范围内的环境与发展之间的矛盾，在很大程度上是森林保护与开发之间的矛盾。在这种意义上，林学家 Jean Claude Mereier 将可持续林业视为一种全球性的挑战（1994）。由此，森林问题成为国际环境政治的一个中心问题，其发展主题转向了对可持续发展的关注。

在联合国环境与发展大会之后，鉴于森林在气候变化、防治荒漠化和保护生物多样性等方面的重要作用，越来越多的国家认识到必须将环境问题置于制定林业政策和发展战略的核心，林业从而成为全球可持续发展问题的焦点。具体来讲，可持续林业是指在以林业生产的稳定、持续、均衡、协调发展为总目标的前提下，既要保证林业物质生产的持续增长，即森林资源的永续利用，又要维持并不断改善社会对森林生态环境不断增加的福利性需求；既要满足当代人类和经济增长对林业的需要，更要考虑子孙后代对森林环境和林业物质生产的需求的延续。从这个定义可以看出，持续林业的重点在于体现了公平性、和谐性及高效性原则，即在林业的发展过程中，不仅要兼顾眼前利益和长远利益，还要达到经济、生态和社会目标的有机统一和协调发展，同时提高林业的整体生产力和效率。

基于联合国环境与发展大会提出的 21 世纪议程和林业可持续发展战略，许多国家开始制定和实施以可持续森林管理为主要内容的国家林业行动计划。具体以我国来说，我国制定了《中国 21 世纪议程》（以下简称《议程》）。《议程》指出，我国是一个发展中国家，面临着发展经济和保护环境的双重任务。具体来讲，作为一个发展中国家，提高生产力、增强综合国力和不断提高人民生活水平，是我国经济和社会发展的首要课题。同时，我国的人口基数大，人均资源少，在这样的条件下进行现代化建设，使得本来就已短缺的资源和脆弱的环境面临更大的压力。为此，我国强调经济发展必须与环境保护相协调，并进一步制定了《中国 21 世纪议程林业行动计划》，把可持续发展作为林业发展的战略目标，这对于国家经济和社会的长远发展来说，意义重大。在这种意义上，可持续林业成为了我国林业发展的指导理念。

三、林业政策制定的原则和程序

（一）林业政策制定的原则

林业政策制定是一项既具体复杂又非常严肃的工作，在林业政策制定的过程中应特别强调林业政策的制定原则。它是党和国家在制定、修改或废止林业政策时制定该项政策意图的概括，它指导着林业政策的制定工作，并贯穿于林业政策制定的全过程。我国林业政策的制定原则，是由我国林业政策的性质以及我国林业发展的客观要求所决定的。主要归纳为以下几点：

1．现阶段林业政策制定的指导思想

当前我国林业政策的主要目标是积极培育、保护和合理开发利用森林资源；调整林业产业结构，改变传统经营模式，改善生态环境，使森林资源得到充分合理的利用和积极有效的保护。林业发展的目标也就是林业政策制定的指导思想。因此，在制定林业政策时，一方面修改或废止那些与指导思想相违背或与生产力发展不相适应的各项林业政策；另一方面制定符合林业发展目标要求的林业政策，确保使我国的林业上一个新台阶。此外，在制定林业政策时，不仅要以林业发展目标为指导思想，而且要注意与我国经济发展总目标的协调统一，把林业问题纳入国民经济大系统中去认识。这样，才能确保制定出来的林业政策的正确性与可行性。

2．实事求是，从林业客观实际出发

实事求是，从实际出发，是马克思主义的精髓，林业政策制定也必须贯彻这一原则。林业政策制定是制定者有目的、有意识的主观活动，其能否正确反映林业实际发展的状况和客观要求，相当程度上依赖于制定者对客观现实的了解和认识。因此，对林业政策制定者而言，实事求是，从林业客观实际出发尤为重要。那么，如何做到从林业客观实际出发？第一，要清楚地了解我国的具体国情和林情；第二，掌握现阶段我国林业发展的特点；第三，加强调查研究，善于总结经验。只有这样，才有可能及时而正确地制定好林业政策。

3．原则性和灵活性相结合

原则性，就是党和国家关于林业的基本方针和政策。灵活性，就是结合实际情况乃至各地区的情况选择实施政策所必需的和许可的措施。原则性与灵活性相结合是马克思主义的一个基本思想，也是林业政策制定必须坚持的一项基本原则。在制定林业政策过程中，既要求符合党和国家关于林业的基本方针和政策，又要结合林业本身的特点，各地区林业发展的现状，寻求切实有效的具体措施，只有这样，才能有效发挥林业政策的作用。在原则性和灵活性的相互关系中，原则性是前提和基础，灵活性是实现原则性的条件和保障。

4．稳定性与适应性的统一

政策的特性决定其必须具有相对的稳定性，如果政策多变，就会丧失其权威性，使人们失去对它的信任，尤其对于生产周期长、破坏容易、恢复难的林业而言，更应强调政策的稳定性和持续性。这就要求林业政策制定者从客观实际出发，运用一定的科学方法，制定出真正反映人民群众利益的政策。但是，政策的稳定性不是无条件的、绝对的。在林业发展的不同时期或在同一时期的不同阶段，林业实践中会出现各种变化的矛盾与问题，为了及时解决这些矛盾和问题，林业政策就必须不断地重新制定、修改或废止。一味强调政策的稳定性而拒绝政策的变化不仅不能反映人民群众的利益，而且会因此捆住手脚，无法工作，甚至会损害群众的利益。不过，这种变化，决不是随意中断。要处理好稳定性与变化性的统一，就必须保持政策的连续性。在修改、补充或制定新的林业政策时，应保持与原有政策的继承关系。因此，在制定林业政策过程中务必要处理好稳定性与变化性的关系，做到稳定性与适应性的统一。

（二）林业政策制定的程序

林业政策制定是一个综合性的调查研究、规划设计、预测和决策的过程。研究和掌握政策制定的技术性程序，可以帮助我们认识林业政策制定过程的客观规律，明确整个制定过程都要经过哪些基本步骤，以及每个步骤的具体要求，避免急于求成和粗制滥造的错误，从而增强按基本程序制定林业政策的自觉性，以保证制定出的政策的科学性和可行性。过去林业上曾出现政策决策失误，一定程度上与没有按科学决策程序办事有关。根据林业政策的特性以及我国林业政策制定的惯例，林业政策制定的程序，是指党和国家在调查研究的基础上认识到林业经济运行中某一方面需要借助于政策手段进行调整之后，从制定新政策，到政策颁布的全部过程。

根据我国林业的长期实践，在制定政策的过程中，大体上应遵循下列四个步骤：

1．提出问题，确定目标

林业政策是为解决林业发展中的矛盾和问题而制定的，制定政策首先要考虑解决这些矛盾和问题要达到的目标。

就政策本身来说，问题是指应该或可能达到的状况同现实状况之间的差距；目标是指在一定的实际状况下，考虑到需要和可能需要争取达到的状况。因此，问题是相对于目标的差距，目标是问题要解决的程度，两者是互相联系的。

在林业发展中，存在着各种各样的问题，然而并非所有的问题都是林业政策问题。林业政策问题只是那些关系林业发展全局的、关键性的重大问题，或在某一领域、某一方面起决定作用的主要问题、主要矛盾，这是林业政策问题的基本规定，或称为林业政策问题的本质。林业政策制定的水平如何，首先就是看能否发现、抓准有价值的问题及其关键和实质。林业发展中真正的问题没有抓住，或者抓得不准，便不可能制定出好政策，因为政策提出的解决办法和措施，只有对实际问题有很强的针对性，才能真正发挥其作用和功能。

提出问题包括：一是要在诸多问题中找出需要通过制定政策来解决的带有全局性的关键问题；二是要弄清问题的性质、范围、程度以及它的价值和影响等；三是要找准问题产生的原因，包括客观原因和主观原因、主要原因和次要原因、直接原因和间接原因等。问题明确后，就是要为所准备制定的政策确定具体、明确的目标，即政策要达到的结果。林业政策目标的确定要以党和国家的总政策和林业建设总任务为依据，要体现广大人民群众的利益、意志和要求，同时要全面考虑需要和可能。例如，中共中央、国务院《关于保护森林发展林业若干问题的决定》（中发[1981]20号文件），指出了林业面临的突出问题及其产生的原因，根据新时期我国林业改革的形势和任务，确定了政策目标“迅速扭转林业面临的严重局面，坚持制止乱砍滥伐，切实保护现有森林，严格控制采伐，降低资源消耗，进一步落实林业政策，充分调动各方面的积极性，大力开展植树造林，使林业建设逐步走上健康发展的轨道”，并相应地做出了八项二十五条的政策规定。实践证明，这一政策的制定和实施，有效地调动了广大群众的积极性，使林业生产力水平有较大提高，林业逐步向好的方向发展。

2．拟定政策方案

拟定政策方案又称政策方案设计，是指在政策目标既定的条件下，寻求解决问题实现政策目标的途径和办法。调查研究是探索解决问题的途径和办法，正式拟定政策方案的前提和基础。林业领域里的问题千变万化、错综复杂，可能会有多种多样的发展变化及其无限的展开方式，要比较完整、准确地认识问题，首先就要做调查研究，了解问题，明确问题存在的范围。在对问题的历史和现状进行调查研究的基础上，还要搞好预测分析，这是政策方案正式拟定前必不可少的一步。从一定意义上讲，拟定林业政策方案也就是对林业问题调查研究的基础上，预测问题的未来发展状态及变化趋势，并根据问题的未来发展状态和变化趋势，确立具体对策措施的过程。

经过调查研究和预测分析，就可以正式拟定和设计林业政策方案了。政策方案设计的方法与设计步骤密切相关，即不同的形式下方案设计的步骤会存在或大或小的差异。无论怎样，任何方案设计都离不开正确的方法。常见的政策方案设计方法有如下几种情形：

第一，由经验提出和设计方案。即在模仿和综合的基础上设计政策方案。模仿就是在设计方案时，参考过去同类或类似问题的解决办法和思路，并结合目前所要解决问题的具体情况，进行相应的调整，从而提出政策方案的过程。而综合则是对解决此类问题的相关措施、信息等，经过一系列的舍弃、保留，并进行相应的组织，最终形成并提出政策方案的做法。

这种设计方法适宜于具有可参考的政策问题的方案设计，也就是说它较适合于曾经是、现在又是政策问题的解决。

第二，由政策目标提出和设计方案。这是一种方案设计的有效方法。它可与上一种方法共同应用于同一政策问题的方案设计过程中。其基本思想是：根据政策目标体系的基本要求，以及各分目标、子目标的具体要求，分别制定出与之相应的具体政策方案。这些具有不同作用的各个方案便构成实现政策目标体系的方案群。其设计的基本形式是：如果要实现政策目标 A，则要采取 B 方案；而要实现政策目标 C，则须制定方案 D 和 E 等。

这种方法适合于政策目标明确，目标间独立性强的政策问题的方案设计。其最大优点在于能保证政策目标的充分实现。

第三，根据政策时期设计方案。主要是从政策执行的长期性出发，在政策执行阶段划分基础上，根据不同阶段所解决政策问题的针对性，适时地提出各个阶段不同的政策方案，从而逐渐解决政策问题。这种方法较适宜于难以在短期内解决、须分步骤实施的政策方案的制定。

第四，由政策约束提出和设计方案。应包括两个方面：一是从现有政策方案所需的具体资源状况出发，并在预测其在政策期限内变动的基础上，提出和设计方案。二是从政策方案的环境约束出发，寻求和设计方案。即根据法律政策，社会习惯等约束的要求，去设计与之符合的政策方案。这种方法所得出的方案操作性较强。同时这种方法也可与其他设计方法结合使用。

这几种设计方法，有时是政策设计的独立方法，有时则需要将其进行有机的结合而运用于政策方案的设计中。

3. 政策方案论证

经过拟定和筛选出来的政策方案，还要对其进行可行性论证，才能确定政策方案的正确性，以便从中选择最佳方案。

制定林业政策是为了解决一定的林业问题，而林业问题解决的程度取决于政策必须具备政治上、经济上以及技术上的可行性。政治可行性是指此项政策可为林业发展服务，一项政策方案如果违背社会特定的价值观念和林业客观经济规律，那么即便是被批准了而成为林业政策，也很难在实际中加以实施。所以政治上的可行性是对政策方案论证的最基本、最重要的论证内容。

经济可行性是指此项政策的可用资源为林业带来经济效益的可能性。这里的资源是广义的，包括光、热、水、土、气、生物等各种自然资源、人文资源、国内资源、国外资源等。某项政策方案是否可行与对资源需求的可靠程度是成正比的，如果没有为政策目标服务的资源，那再好的政策也不可能收到应有的经济效果。

技术可行性是指实现政策目标所需要的科技条件，如果缺乏解决政策中相关问题的科学技术和方法，或没有得到政策目标的技术水平，那么这项政策的可行性就有缺陷。比如，为了解决林业“两危”问题，某地区拟定一项科技兴林政策，但本系统科技人员不足，技术服务体系不健全，科技成果转化率低，显然这项政策是难以实现的。

尽管用以判定这三种可行性的数据来源各不相同，但它们之间是有联系的，并且都是必需的，其中一个不成立，问题就得不到圆满解决，所以对政策方案的三种可行性论证，必须注意其内容的完整性。

在对政策方案进行可行性论证时，还要注意不能仅仅就方案本身论证方案，还应对拟定方案所依据的信息资料的完备性和可靠性作出分析，特别是对政策方案所依据的关键信息资料，要逐项审查。如果可靠性、完备性较好，则对政策方案论证的正确性就有更大的把握；如果发现有相当的差距，就应留有余地或事先拟定预防措施，以备不测情况的发生。另外，林业上有些问题，特别是林业改革过程中产生的政策问题，需要打破常规，投入全新的政策措施和手段来解决。

在这种情况下，如果一味强调政策方案本身的可行性，那么这些政策问题就可能成为一道道不可逾越的关卡，甚至会把认识清楚这些问题可能性都丧失。因此，在林业政策方案论证时，要处理好政策方案本身的可行性与创新性的关系，不能因为富于创新的理论和方法“不合常理”而把它视为异端，更不能把建立在这一理论和方法基础上的政策方案视为异端。

由于林业生产的特殊性，所需解决的林业政策问题是十分复杂的。在拟定政策方案中很难做到万无一失，尤其是那些没有实践经验的政策方案，即使采用了科学分析方法，经过了可行性论证，但也仍难以保证没有失误。因此除了进行方案可行性论证外，还有必要通过某种方式的试验，来考察它的实际效果。例如，把论证过的方案放到一定的实际环境中进行实践，或者运用模型模拟的方法进行试验，根据实践、试验结果对方案再进行评价和修改等。这样，工作做的越仔细，政策方案的可靠性就越大。

总之，通过政策方案论证，要明确各种政策方案本身的利弊得失，或有意向地选择出最佳方案；综合其中某些方案的优点，形成新的政策方案，以供政策决策者作出抉择。

4. 政策方案的确认和批准

林业政策制定机关即政策决策者，对已经过论证的政策方案只可能有两种选择：从中选定一种方案而否定另外的其他方案，或者搁置所有方案从而再重新设计方案。

政策方案的确认，具体包括政策方案目标的确认、政策方案措施和手段的确认以及政策方案边界范围的确认等三方面内容。政策方案目标的确认就是政策决策者审查政策方案目标是否适宜；政策方案措施和手段的确认就是通过分析政策方案的目标与措施、手段是否匹配以及措施和手段是否可行；政策方案边界范围的确认就是看政策方案本身界定的这一政策在什么时间、什么地方、对什么人或事物适用是否得当。经过对政策方案上述三方面的确认，政策方案就选定了。

通过可行性论证和确认的政策方案，已经是基本成熟的政策模型了，但还需经过下面几个具体步骤：①向有关领导和专家征求技术性意见；②向与这项政策有关的人或代表阐明政策并征求意见；③征求有关部门意见；④将政策提请上级主管机关批准。政策的批准是整个政策制定活动的最后一个环节。政策一经批准，即可颁布实行，就变成人们的行动准则，从而产生政策效力。

四、林业政策的筛选

（一）林业政策筛选的目的和筛选标准

政策分析人员对林业政策方案按照一定的标准排出相应的优先顺序，这一过程称为林业政策筛选，其目的就是从各个角度对不同政策方案进行对比权衡，摆明政策的效益和损失，以供政策决策者进行决断，这一环节是必要的。因为决策者本身精力有限，不可能细致分析每一方案的优劣，需要分析人员的帮助。分析人员的筛选从客观角度入手，摆出各方案的优点和不足，受先入之见影响小，尤其对于集体决策更是关键。政策筛选必须注意“什么样的政策是好的”这样一个标准问题。林业政策筛选的基本标准是用尽可能少的政策投入达到政策目标，即政策投入产出的效果要好。根据政策目标的性质不同，林业政策筛选的标准也不同。通常采用的筛选标准主要有以下几个：

1. 是否更有利于缓和供求矛盾

在当前林业供求不平衡、多数林产品和服务供不应求的情况下，采取一些抑制需求、刺激供给的政策是十分必要的。对于这些政策，衡量其优劣重要标准就是看哪种方案更有利于缓解供需矛盾。这类林业政策如明令禁止木材用于某些用途，提高木材价格，对代用木材给予补贴、造林投资和补贴等。

2. 是否有利于改善生态环境

在当前全球关注气候变化的背景下，改善生态环境成为了林业发展的首要任务。任何一项林业政策，若不能使环境得到改善，甚至以损害环境效益为代价，即使其他好处再多，也不是一项好政策。在其他效益没有显著区别的情况下，宜选择对生态环境更有利的政策方案。

3. 是否有利于增强林业综合实力

尽管林业的发展离不开国家的扶持，但林业自身实力的增强更是十分必要的。凡是提高林业对国家依赖程度的政策都是较差的政策。

4. 是否有利于林业经营主体生活的改善

林业政策能否真正得到积极的贯彻实施，关键在于能否给林业劳动者带来经济上的实惠。绿起来必须使群众富起来，两者互相作用：绿起来富不起来，绿不能持久；富起来，绿不起来，富不长远。

5. 是否有较高的政策效益

每一政策方案都有它的投入和预期的产出。投入是指实施这一政策的各种支出，产出是实现政策目标所带来的综合效益。产出与投入的对比反映一定的政策投入所达到的效益水平。一般政策效益高的方案应优先选择。两种政策方案相比，可用增量对比，即新增效益与追加投入相对比。

（二）林业政策的筛选方法

林业政策的筛选方法可分为静态法和动态法两类。静态法适用于政策作用的对象在政策作用期内各方面所发生的变化较易预测、效果较直观的政策方案；变化的方向、程度具有明确的相关关系，各方面的变化呈相对稳定状态的政策方案。该方法的基本思想是在各种政策方案中直接筛选出最符合筛选标准的方案。动态法适用于政策对象的变化较难预测、效果不够直观的政策方案，其基本思想是通过建立动态模拟模型，将各种政策方案的长期影响表现出来，以对比筛选。具体可有以下几种方法：

1. 逐项比较法

该法适用于方案较少的情况，尤其是对于两个方案的选优更为适用。通过不同方面的政策效果的对比和投入的对比，给决策者一个较清晰的说明。优点是分析较直观，不足是缺少综合判断。

2. 综合评价法

该法适用于多个方案对比选优。其基本思想是将各个方案中达到某项政策目标者作为目标值，其他方案该项目标实际值与应达目标值之比为达标系数，将每个方案各项目标的达标系数加权平均得到总达标程度系数，并按该系数的大小将各个方案加以排序供决策者选择。该方法的优点是全面反映政策方案的优劣，其不足是计算较烦琐，且需要与决策者沟通才能避免权重失当。

3．损益分析法

该法适用于政策性投入有限，只追求满意方案，不必求最优方案的情况。其基本思想是将各个方案总达标程度系数与投入数进行对比，选择每单位政策投入，达标系数较大的方案。按单位投入的达标系数排序是该方法的显著特征。

无论采用何种方法，都要注意与决策者相互沟通，以最大限度地提高政策的符合目的度、可行度，降低其耗费度。

第三节 林业政策的实施

林业政策实施是从林业政策制定出台后，林业管理组织机构贯彻、落实林业政策的全部活动或整个过程。林业政策实施是非常重要的，政策只有付诸实施，才能发挥其作用，调节林业经济运行，不断地促进林业的发展。如果没有林业政策实施，那么再好的林业政策也只能是纸上谈兵，没有任何实际意义。

在政策执行方面，由于执行者的素质影响着对政策的理解，从而会产生不同的执行结果。在正确政策的前提下，政策的执行可产生理解正确、科学执行有效带来理想结果和理解错误、执行有偏差带来恶果两种情况。如果政策本身是错误的，执行后一般也是错误有害的。除此之外，政策执行机构、研究人员、智囊组织的素质水平、政策实施的保障条件等因素在很大程度上会影响政策的实施。政策执行同样是一个很复杂的问题，同样涉及许多技术上的细节问题。

一、林业政策实施的机构

一项政策方案出台后，要靠一定的政策执行机构或人员来执行，这就是政策执行的主体。政策执行的主体并不一定就是政策制定的主体，对此我们要有清醒的认识。就当前我国林业政策执行的主体来看，随着林业发展和社会公众生活的进一步密切，近年来林业政策执行主体呈现了多元化的发展趋势。具体来说，主要包括两类：体制内林业政策执行主体和体制外林业政策执行主体。前者包括政府各级林业行政管理部门和国有林业企业，后者主要包括公民个人、社区、第三部门组织等。

（一）政府各级林业行政管理部门

林业政策实施的机构是林业管理组织机构，它是组织、领导和管理林业工作的专门机构，也是代表同级人民政府主管林业的职能机构。林业管理组织机构有责任和义务组织、贯彻、落实党的林业政策。我国的林业管理组织机构，由国家林业局以及各省（自治区、直辖市）、地（市、自治州）、县（自治县）

林业主管部门组成。

国家林业局是主管全国林业工作的国务院直属机构。它既是国家林业决策机构，又是国家林业政策的执行机构。它的主要职责是，贯彻执行党和国家的林业方针、政策、法令，动员和依靠全国各族人民植树造林、封山育林、护林防火、林木行政管理，对各省、自治区、直辖市的林业工作进行指导。县级以上地方人民政府的林业行政管理机构，既是本级林业政策的决策机构，又是上级林业部门的政策执行机构，其在林业政策执行中的主要职责是，主管本地区的林业工作，贯彻落实党和国家的林业方针、政策、法令，对本地区森林资源的培育、保护和利用进行组织、管理和监督。稳定而健全的林业管理组织机构，是贯彻落实党的林业政策的组织保证。

（二）国有林业企业

国有林业企业是我国林业政策执行的重要主体。以国有林场为例，国有林场是保护和培育森林资源的基地，是全民所有制的企事业单位，直接受政府各级林业管理部门领导。其主要职责是：负责辖区范围内国有森林资源及野生动植物资源的保护，做好森林防火、病虫鼠害防治、制止乱砍滥伐、乱捕滥挖野生动植物等工作；依法设立自然保护区，对辖区范围内的珍贵树木、濒危物种进行保护和科学研究；依法设立林区森林公安机关，负责维护辖区社会治安秩序，保护辖区内的森林资源及野生动植物资源；负责辖区范围内的森林经营管理和林政管理，对森林资源的保护、利用、更新进行监督管理，组织森林资源清查，建立资源档案，掌握资源变化情况；负责辖区范围内宜林荒山荒地的绿化，为国土保安和生态公益事业积极组织植树造林；依法对辖区范围内森林及其他野生动植物资源进行科学合理的开发利用，为社会提供丰富的林产品。从总体上看，国有林业企业在我国的林业发展中依然占有相当大的比重，掌握着大量资源并发挥着举足轻重的作用。同时，在新的时代背景下，国有林业的改革已势在必行。

（三）私人

这里主要指以个体存在的公众以及私营企业等。近年来，私人在我国的林业发展中发挥着越来越大的作用。以“3·12”植树节为例，1981 年，全国人大通过了《关于开展全民义务植树运动的决议》，吸引社会对林业发展的积极参与，把植树造林、绿化祖国、改善生态环境作为一项基本国策。除了义务植树外，退耕还林还草也是一个社会公众积极参与植树造林活动的典型案例。同时，自国家政策放开以来，近年来也有个人或私营企业承包国家林地和集体林地以获取经济效益的情况，代表性的个人是陕西省定边县海子梁乡治沙英雄石光银。所有这些表明，私人已成为我国林业发展和林业政策执行的重要力量。

（四）社区

社区主要以居住地为单位构成一个地域性较强的人群联合体。在某种意义上，社区是当地居民组成的一个特殊的利益群体。在我国的林业发展中，由于社区居住地对环境质量、林业产品或者其他森林资源的高度依赖性和敏感性，所以社区尤其是与森林密切相关的社区会自然地表达对林业发展和林业政策的关注，并试图参与和影响林业政策过程。由此可见，社区对林业发展和林业政策的影响和参与，主要是与社区自身的直接利益相关的。在范围上，主要局限于社区相关的地域范围内。在我国的林业发展中，社区对林业发展的影响愈来愈大，已成为林业发展不可分割的一部分。以社区林场为例，我国南方集体林区在20世纪60年代开始兴办乡村林场，70年代达到高峰，社区在我国林业政策执行过程中有重要地位。

（五）第三部门

第三部门是相对第一部门（政府）、第二部门（营利部门）而言的，因此又被称为非营利部门（亦有称社会部门、志愿部门或人群服务部门的）。其目的是通过自主组织和自主努力来实现一定的社会目的和社会利益。例如国外的绿色和平组织，长期致力于环境的保护和发展运动。在我国的环境保护领域尤其是林业发展领域，第三部门组织依然处于发展的初期，现在比较活跃的有自然之友、中国野生动物保护协会、中国环境文化促进会、中国环境科学学会、未来绿色青年领袖协会、绿色江河、北京地球村环境文化中心等。第三部门组织在我国的林业发展中日益兴起。第三部门组织的发展壮大是社会发展的必然趋势，其在林业发展领域的作用也将进一步增强。

二、林业政策的实施范围和要求

（一）林业政策的实施范围

林业政策的实施范围，是指林业政策的效力范围，即政策作用的领域。林业政策作为政府组织、调节、控制林业活动的行为规范和准则，在约束各类从事有关林业活动的社会行为方面起着重要作用。因此，凡与森林资源的培育、保护、利用有关的林业生产、流通、分配、消费及林业科技、教育等活动均应遵守执行林业政策，这些领域均是林业政策的实施范围。

（二）林业政策的实施要求

林业政策实施的要求与林业政策实施过程中的特点相关，因此，要在把握林业政策实施特点的基础上，理解林业政策实施的要求。

1．林业政策实施具有很强的目的性

要求林业政策实施必须严格服从政策的目标，实际上，组织实施林业政策的过程，就是国家对林业调整、控制、干预，以便实现既定的林业政策目标的过程。如果说制定林业政策目标是林业政策管理活动的起点的话，那么，实施政策、实现既定的政策目标就是政策活动的终点。实施林业政策是一种目的性很强的活动，它的整个过程和一切活动都是为了实现政策的目标。

2．林业政策实施带有时效性

政策实施必须做到迅速、准确，高效、及时地实现政策的目标是对政策实施的起码要求。党和国家的各项林业政策，都是为适应一定的形势需要而制定的，及时地实施这些政策，有利于指导和调节新形势下的林业生产活动。如果不按时传达政策，甚至将政策束之高阁，就不能及时贯彻政策，再好的政策也没有作用。

3．林业政策实施具有灵活性

林业政策实施是把政策目标具体化的过程，这就要求林业政策实施过程中要因时因地因人因事制宜，具体问题具体分析，切忌千篇一律的“一刀切”。一般而言，重大的林业政策是根据国情、林情，确定我国林业发展的战略目标、方针、步骤和措施的，具有高度的原则性，那么，在贯彻这些政策时，必须严格按照这些政策的精神去做，并结合具体情况具体处理，结合自身的特点做出具体的安排，以保证政策的具体贯彻落实。

4．林业政策实施必须具有准确性

为了保证政策的效力，必须使林业政策的基本精神准确地直接与群众见面。政策是用来约束人们社会行为的，因此，政策必须使人正确了解掌握，这样，政策实施中就必须切忌贯彻走样、层层“偷工减料”，或任意“层层加码”，认真、迅速地贯彻林业政策，是实施政策中的一大要求。

5．林业政策实施必须规范化

政策作为一个独立的调整社会关系的规范体系，在约束社会之前，首先应当约束自己。这不仅指政策内容的规范化，也指政策实施过程的规范化。林业政策的实施应当按照政策管理部门的规定，将其整个实施过程程序化，即政策制定、发布、执行、监督、反馈的全过程程序化。

三、林业政策实施的步骤

为了保证林业政策得以实施，一般来讲，林业管理组织机构通常分两步进行，即实施前的准备阶段和实施阶段。

（一）实施前的准备阶段

林业政策的性质决定了林业政策在制定后不能立即投入实质性的实施过

程，而应该在付诸实施前做好扎实的准备工作，以保证政策实施的质量。这种准备工作包括思想准备、组织准备和物质准备。

1. 思想准备

在某项林业政策付诸实施之前，组织实施政策的部门及人员要首先理解和接受该项政策，对各方面情况有足够的估计，在这个基础上，要作广泛深入的宣传动员工作，要采取适当的方法向一切有关人员和群众宣讲为什么要贯彻落实这项林业政策，实施林业政策所要达到的目标是什么，达到目标的方法、措施和步骤是什么，这样使有关人员和广大群众真正理解实施这项政策的重要性和意义，才能充分调动广大群众拥护政策、执行政策的积极性。

2. 组织准备

在组织实施林业政策之前，要考虑实施的组织机构是否完善，人力条件是否充足。只有具备这些条件，才能使政策内容通过组织贯彻下去，使政策的具体精神通过组织机构落实下来。我国林业政策实施的组织系统和我国经济政策实施的组织系统一样，是按“条”、“块”设置的。一方面，林业部门管理采取条条垂直联系，例如国家林业局到省一级的林业厅、到地区和区县的林业局等；另一方面，各地方政府与其林业行政管理部门保持平面联系。这种“条块”结合的形式有时会产生“双重领导”的状况，会造成林业政策实施中的一些矛盾，因此，需要在实施林业政策的过程中加以协调。责、权、利有机结合的组织系统，是落实林业政策的有力保证。

3. 物质准备

要贯彻实施任何一项林业政策，都离不开一定的物质基础。执行政策必须有经费上的准备，对于所需资金必须事先筹措并制订出使用计划，做到有钱会用。执行政策有时还必须有一定的设备条件，对此也要有所准备。在进行物质准备时，应本着适当、节约和预防的原则，不能准备不足，更不可过于浪费。

（二）实施阶段

实施阶段是林业政策的具体内容通过一系列的过程落实到具体的执行者，并督促其实现林业政策的要求。它包括传达—指挥—沟通—控制—协调几个阶段。

1. 传达

在充分有效的准备工作之后，就要按照政策的实施对象和范围，正确、及时地传达政策。这一传达行为具有政策效力，从传达之日起被传达者就应实施该项政策。

2. 指挥

指挥是政策实施的主要环节之一，它是林业管理组织机构的领导在实施政策的过程中，按照既定的政策目标，在政策对下属和群众所进行的动员和指导活动实施过程中，指挥的作用很重要。在具体实施该项政策过程中，为了避免可能出现的混乱或不一致，应由林业管理组织机构按照该项政策的目标和具体要求，对群众进行统一指挥，以保证政策得以迅速有效地实现。有效的指挥，可以鼓动、宣传教育群众，使政策按既定目标迅速有效地实现。

3．沟通

即林业政策传递。政府的林业政策制定之后，就要按照政策的实施范围及时传达政策，使政策尽快落实；同时，政策的执行情况，落实效果又要及时反馈给有关政策部门，这都需要传递，需要沟通。有效的沟通，可以保证政策实施过程中的统一指挥、统一行动，提高政策的实施效果。在政策沟通中最应注意的问题是要准确无误、及时高效，而不是在政策传递中失真、虚假或者延误政策传递。

4．控制

在政策实施过程中，有些因素是事先无法全部掌握的，有时会有偏离政策轨道之举。为了确保政策实施的全部过程沿着既定方向进行，并能适应组织环境的变化，就必须对政策实施过程进行有效控制。对政策实施过程控制，是指在政策实施过程中，直接对政策执行进行观察、检查并纠正偏差要有效地实行政策控制，首先要统一认识、统一思想，在政策控制的过程中，还应当做到组织机构健全、办事程序明确、信息传递畅通、考核标准完善、纠正错误迅速。整个政策控制活动必须坚持系统、客观、适时、灵活、经济的原则。

5．协调

协调是指在组织实施林业政策过程中，为了有效地实现政策的目标，将政策实施中的各项活动加以调节，规范各级林业管理组织机构和经济组织活动的过程。重大的林业政策往往不是一个部门或单一林业系统独立实现的，而是在多部门、多系统、多行业中共同去实现，这就需要协调。尤其在我国“条块”结合的形式下，往往会产生“双重领导”的状况，如省林业厅，既要受国家林业局的领导又受同级地方政府领导，当部门管理机构系统制定的政策与地方政府制定的政策发生冲突时，就需要在组织实施政策过程中加以协调。这种协调在于解决由于上下级之间、条块之间、部门之间等认识和利益不完全一致、环境和资源差别等常常产生政策目标方案和政策执行上的矛盾。通过协调，才能发现问题，寻找对策，才能真正实现政策的目标，维护林业政策的权威性和严肃性，使各项政策与党和国家的总方针、总政策保持一致。

四、林业政策实施的方法

林业政策实施的方法是指能够保证林业政策的实施过程朝着林业政策预定的目标发展，实现政策预期要求的专门方式、手段和措施的总和。林业政策实施方法很多，有行政的、经济的、法律的、思想教育的方法，综合运用这些方法，就可以使不同层次的林业政策在实施过程中协调一致，以实现林业政策的总目标。

（一）行政方法

行政方法是指在林业政策实施过程中，依靠行政组织、运用行政手段，按照行政方式来组织落实各项政策要求的方法。这里的林业行政组织等同于林业政策的实施机构，即林业管理组织机构，每一级行政组织和每一个领导职务都有严格的职责和权力范围。行政手段是指各行政决议、命令、决定、纪律、指令性计划等。行政方法主要是以行政的强制、直接左右人们行为的一种方式。

行政方法具有直接性、单一性和强制性的特征，采用这种方法可以使政策传递比较迅速、落实比较快。在实施林业政策过程中，行政方法是一种常见的有效的重要方法。但必须注意，行政方法不等于强迫命令。要科学地运用行政方法，而不能滥用这一方法。

（二）经济方法

经济方法是通过经济组织的各种活动和经济手段的运用，来实现林业政策目标的方法。林业政策是国家经济政策系统中的一个子系统。林业是国民经济的一个重要产业部门，林业系统内的森工企业、国有林场等都是实行独立经济核算、自负盈亏、自主经营的经济组织，经济效益成为林业政策的一个重要目标。充分发挥这些经济组织的作用，从林业再生产过程的客观经济规律出发，组织落实各项林业政策，会取得良好的效果。运用各种经济手段是贯彻林业政策的有效措施。运用各种经济手段，就是要借助财政、金融、汇率、价格和经济管制等手段来贯彻林业政策。

经济方法是一种实施林业政策的有效方法，但要注意两个问题：第一，经济方法选择标准问题。对于同一政策目标，有多种可供选择的经济方法，其选择标准就是看哪种方法对实现政策目标的积极影响程度最大。第二，经济方法组合问题。在实践中，为实现某一经济政策目标往往必须与一个包含多种经济手段的手段体系相对应，这就是经济方法组合问题。为实现既定的林业政策目标，要使多种经济方法相互配合，并寻找最佳组合。

（三）法律方法

市场经济就是法制经济。在现代社会中，各项工作离不开法律手段。林业政策的实施也是如此。这就是在实施林业政策过程中，借助林业法规、法律手段来实现政策目标的方法。林业政策，尤其是重大的、有关林业发展战略和带有全局性问题的林业政策，借助法律的程序颁布，就具有了国家意志的属性，这样的政策也就具有了权威性、强制性和稳定性。政策在贯彻实施中，就可以借助法律方法，要求公民必须遵守，并强制其实施。

法律方法对保证重大林业政策的实施、维护政策的权威性、严肃性具有重要作用。但是，法律方法不能代替经济方法和行政方法，随着依法治国进程的加快和人们法治意识的增强，法律方法的作用范围会更大。

（四）思想教育方法

思想教育方法是指通过一定精神、道德、信仰的宣传、教育、引导、激发人们的干劲，改变人们的行为，使之为实现组织目标而努力。通过宣传教育，加深人们对已制定的各种林业法令、方针、政策、规章制度等的理解，提升思想认识水平，转变思想观念，达到规范林业经济行为的效果。思想教育的基本方法包括：说服教育、以理服人的方法；言传身教、典型示范的方法；面对面教育的方法，如学习、讨论以及听报告、参观访问、现场调研等。在森林防火、动物保护等具体林业工作实践中，思想教育方法是一种常见的林业政策实施办法。实践中，思想教育方法要注意将思想教育与其他管理方法相结合，对说而不服、屡教不改者要采取适当的行政、法律及经济方法来约束。

在林业政策的实施过程中，还有其他一些实施方法，但主要是以上四种方法。这些方法互相补充、互相作用，共同构成了林业政策实施的方法体系，综合运用这些方法，才能更好地实现林业政策的总目标。

第四节　林业政策的检查与监督

一、林业政策实施情况的检查与监督

（一）林业政策实施情况的检查与监督意义

所谓林业政策实施情况的检查和监督，是指对政策实施过程中的各项活动进行了解、检查、分析和处理，以便检查政策的贯彻执行情况，发现存在的问题，及时处理各种偏差。在组织实施林业政策过程中，检查、监督政策落实情况是非常重要的环节。及时检查和监督政策的执行情况，具有以下重要意义：第一，对林业政策实施情况进行检查与监督，可以促进各项政策的贯彻落实，以实现政策的既定目标；第二，对林业政策实施情况的检查与监督，可以督促林业政策实施机构和实施人员提高政策水平和工作效率，提高其执行政策的自觉性；第三，对林业政策实施情况的检查与监督，可以及时发现问题，及时纠正偏差，提高林业政策的效力。

（二）林业政策实施情况的检查与监督程序

检查和监督政策实施情况，具有控制政策目标实现的重要职能，也是保证政策达到预期效果的重要手段。对林业政策实施情况的检查与监督可以采取多种形式，一般是由政策管理机构组织有关人员，对政策实施的程序、步骤、方法和过程进行调查和了解，检查政策的执行情况和执行中存在的问题，发现偏差后，及时分析产生的原因，提出反馈的意见，供政策制定部门参考。

为了保证林业政策得到及时、准确、高效地贯彻实施，防止出现偏差，最大程度地减少和防止因失误带来的损失，必须对林业政策贯彻实施的整个过程进行检查和监督。检查和监督政策执行情况的程序是：检查政策落实情况→比较政策目标→发现偏差→分析原因→反馈→达到预期目标。检查监督工作应当由具有较高政策水平的人员负责，必须从实际出发，真实反映意见和执行情况，发现问题能及时反馈。要加强检查监督的专门机构的职能，完善检查监督机制，充分发挥群众监督、舆论监督的作用。通过检查监督，及时发现问题，采取措施纠正偏差，同时坚决制止“上有政策，下有对策”的做法，保证林业政策的正确贯彻实施。

在进行检查与监督过程中应注意：第一，检查、监督的机构和人员，必须是掌握政策、充分理解政策、具有较高政策水平者，其工作的出发点和归宿都是为了实现既定的政策目标；第二，检查与监督政策实施情况必须从实际出发，倾听各方面的意见，尤其是群众的呼声，真实地反映政策执行的结果；第三，发现问题后及时反馈有关部门，使政策及时得到调整，发挥政策规范社会行为的作用。

（三）检查和监督林业政策实施情况的标准

一项林业政策付诸实施一段时间后，要对政策的实施情况进行检查，通过全面的检查，对政策的后果进行科学地检验，以便将政策的评估结果及时反馈给政策制定部门，采取必要的措施，进行正确的调查决策，更好发挥政策的作用。作为检验林业政策的标准有很多，但最重要的有以下两条：

1. 有利于林业生产力的发展

政策的价值依存于它的实施结果，林业政策的价值就在于它的实施结果能促进林业生产力的发展。这是当前检验和评估林业政策的首要标准。一切有利于生产力发展的东西，就是符合人民根本利益的，因而也是社会主义所要求的一切不利于生产力发展的东西，都是违背科学社会主义的，是社会主义所不允许的。因此，发展生产力是社会主义社会的根本任务，是否有利于生产力的发展是检验一切理论、路线、方针、政策是否正确的根本标准，也是检验林业政策正确与否的根本标准。

林业是以森林资源为基础，培育、保护、管理、开发和利用森林资源，充分发挥森林的三大效益的综合产业和社会公益事业部门，它是国民经济的基础产业之一。在我国经济改革和发展的宏观环境下，林业的现状与国民经济发展是很不适应的，它主要表现在以下方面：森林资源培育薄弱落后，影响林业生产健康协调发展；林业产业结构落后，行业经济效益很低；森林资源管理、林业科技教育和林业基础建设还很薄弱；林业企业组织结构不合理等。

上述问题，从总体上看，是林业生产力水平不高的反映。因此，林业的各项政策都是为了提高林业生产力水平，发展林业经济，使林业产业尽快适应国民经济发展的需要。从政策的实施结构看，有利于促进林业生产力水平提高的政策就是好的政策、正确的政策；反之，则是坏的政策、错误的政策。在检验和评估林业政策时，应以是否促进林业生产力发展作为其根本标准。当然，林业生产力包括林业的经济生产力、生态环境服务生产力和森林文化生产力等。

2. 有利于林业政策基本目标的实现

林业政策基本目标，是党和国家依据一定历史时期的路线、方针，结合林业经济的实际可能所制定的林业预期发展目标。林业政策基本目标是针对我国的国情、林情，经过科学的预测和客观分析、严密论证之后制定出来的。它指出了我国林业的发展方向，规定了实现总目标的步骤、手段和措施，表明了林业发展的最终目的。在我国建立社会主义市场经济体制的新的历史时期，林业政策的基本目标是坚持发展森林资源，增强林业活力；加快林业改革步伐，促进林业上一个新台阶；调整林业产业结构，改变传统的经营模式；把造林绿化同国土整治、改善生态环境、保障农牧业生产密切结合，使林业资源得到充分合理的利用和积极有效的保护。

林业政策基本目标的实现，需要各种具体林业政策的实施。每项政策的内容不同，任务不同，但互相衔接，每项政策都对下一项政策的实现有一定的影响，都对政策基本目标的实现有促进作用。在政策实施过程中，凡是有利于林业政策基本目标实现的政策，就是正确的政策；反之，就是不正确的政策，需要调整和纠正的政策。

二、我国林业政策的监督体系

政策监督是指政策监督主体从一定的制度、法规的依据出发对政策系统的运行包括政策的制定、执行与评估及终结活动进行监督和督促的行为。有效的监督是政策得以进行的有效保证，与所有的政策一样，林业政策同样需要强有力的监督体系作保证。

（一）我国林业政策监督体系的发展

新中国成立以来，在我国林业政策的发展过程中，林业政策的监督体系虽有所发展，但一直没有系统化和规范化。以森林资源监督为例，1989年，林业部成立了森林资源监督机构，对森林资源实行采伐总量、运输总量、销售总量限额控制和监督检查，可以说这是我国林业政策监督体系建设的里程碑。2003 年 11 月，国家林业局在成立 14 个森林资源监督专员办事处（专员办）的基础上，成立了国家林业局森林资源监督管理办公室，初步建立了森林资源监督体系，在森林资源管理相关政策的监督上实现了除港澳台地区外的全覆盖。截至 2005 年年底，国家先后颁布了 60 多项森林培育、营造利用、资源监测的技术标准、规程和规范，基本形成了配套的调查监测制度，逐步形成了以国家森林资源连续清查为主体，以专项核（检）查为补充，以地方森林资源规划设计调查为辐射的全国森林资源监测体系。2008 年 1 月 1 日我国正式实施《森林资源监督工作管理办法》，该办法对森林资源监督机构的重要地位、机构性质、工作职责、工作方式等进行了明确和规范，为专员办开展森林资源监督工作提供了行为准则。目前，全国已经建立各级森林资源监督机构约 800 个，全国各级森林资源监督系统共有监督干部 3 200 多人，森林资源监督人员 3 000 余人，已经初步建立起一支森林资源监督队伍和监督网络，森林资源监督体系进一步完善。

（二）林业政策监督体系存在的问题

1. 林业政策监督体系中社会监督缺失

有效的监督是政策得以顺利实施的重要保证。我国单主体制定林业政策的现状导致了社会监督的缺失。目前我国林业政策监督力量主要是体制内的监督力量，即林业部门内部监督，如审计监督、会计监督等，而没有充分地将社会内部监督力量包容进来。权力集中在少数部门和个人手中，难免会导致监督的失衡，无法调动社会力量参与林业监督和林业发展的积极性，使监督流于形式、监督效率下降。具体来讲，社会监督包括人民群众和各种群众组织等多方面的监督，是对政府的政策执行活动实施监督的一个极为重要的方面，因为广大人民群众生活在社会的各个领域，对政策执行过程中出现的问题具有直接、全面的感受，他们是人口中的多数，社会上发生的一切政策执行阻滞现象，都很难瞒过他们的眼睛。所以，离开了人民群众和各社会群众组织的监督，其他的监督就会耳不聪、目不明，其监督效率也会大大削弱。但我国目前的社会监督依然存在着不少问题。在我国的许多地方，特别是广大的农村地区，人民群众对作为政策执行者的党政官员实施监督的言路常常是堵塞不通的，有的投诉即使是被接受了，其结果也往往或是议而不决、或是石沉大海、或是相互踢皮球，有些地方的信访办形同虚设，成了摆设。社会监督的缺失和弱化是影响我国公共政策执行效率的一大原因，也是我国林业政策监督体系所面临的一个现实问题。

2．林业政策监督体系中权力机关有权无力

我国林业政策制定主要是国家制定全国统一执行，中央政府作为最高上级拥有权力，但其与执行的地方基层政府和基层单位空间上距离远，制定的政策时间上周期长，制定主体虽然站得高，看得远，但有时难看细看清。所以对执行主体的日常监督就不多，只能看表面翻材料，再则有时下级执行主体把自己隐藏深、捂盖严、外露少，只报喜不报忧，使得上级不知全情实情，导致监督失效。

3．林业政策监督体系中法治建设尚未完善

在我国的法律体系中，我国尚未出台一部系统地规定政策监督的单行法律法规，法律体系不够健全。颁布的一些条例虽然细化了各种违法行为的认定，但处理细节没有说明，具体情形没有明确。如目前我国根据《中华人民共和国森林法实施条例》和国家有关规定，制定并实施的《森林资源监督工作管理办法》明确了专员办拥有对相关林业违法问题提出处理意见和建议的权力，该办法在一定程度上完善了森林资源监督工作法制建设，但这种对违法违纪行为的处理取决于专员办的判断，使处理仍然具有主观性。另外，监督使用法律手段较少，行政手段较多。在监督工作中对违法违规问题的处理经常受到人为干预，监督工作应付了事，很少对问题追查到底，责任追究不到位，重检查、轻处理落实，效果不理想。

4．林业政策监督体系中监督方式单一防范功能差

长期以来林业政策监督总是当问题积累严重时，才对突出问题采取运动式、专项式进行治理。如对最终结果检查多，对全方位监控及林业专向资金使用的跟踪监督少；专项性检查多，日常监督少；集中性和非连续性的事后监督检查多，事前、事中监督少。这就导致很多违规行为形成既成事实后才被发现，给国家和人民的利益造成不可挽回的损失。

三、完善我国林业政策监督体系建设的方向

（一）林业政策制定过程多元化

自 20 世纪 70 年代以来，世界范围内的林业政策都发生了重大转变，即由政府制定和全国统一执行的林业政策转向鼓励社会公众，尤其是乡村社区参与制定和执行林业政策。同时，政府的治理范式强调社会治理中政府与其他治理主体之间的伙伴关系和协同作用。这种转变能极大调动社会公众的监督意识和积极性。目前我国的林业政策目标提出了对社会公众福利的追求，但林业政策的制定、执行与监督、评估过程依然缺少社会公众的有效参与，从而导致我国林业政策有效性的下降和监督体系的不完善。《我国林业政策过程》一书中指出我国应实行多主体林业政策制定过程，并强调了多政策主体间地位平等，书

中给出了多主体林业政策制定过程中林业主体间关系。但基于我国实际，政府作为政策中心，政府与其他政策主体间很难达到绝对平等。因此，我国林业政策过程应发展为以体制内（官方）政府为主、体制外（非官方）多主体为辅共同参与制定的林业政策过程。

（二）林业政策监督法制化体系建设

1. 制定相关法律

要在划清各机关等监督主体的职责的基础上，尽快制定和颁布政策监督方面的单行法律法规，从法律上确定监督的地位，增强监督在社会主义市场经济执法监督体系中的地位。通过法律程序明确监督机构的职权、责任、监督程序、监督方法、当事人的权利义务、违反法律责任等方面的问题，同时制订监督各环节的行政法规及其实施细则，为坚持依法行政、提高监督工作的权威性和严肃性创造良好的法制条件，从根本上解决执法的随意性，真正把政策监督活动纳入法制化的轨道，建立健全比较系统完整的林业政策监督法律体系。

2. 完善执法部门执法

各级执法部门应与纪检监察和公安司法部门保持密切联系，建立健全联合办案制度，严格执行责任追究制，首问责任制。抓好各类林政案件的督察督办，做好案件查处结果的跟踪监督，对违法犯罪责任人处理要切实做到有法必依，执法必严，违法必究，充分发挥处罚措施的震慑作用和监督的预防功能。另外，要建立强有力的执法队伍，如森林资源监督管理办公室应当加强对森林资源监督专员办的思想、业务、作风和廉政建设，严格考核工作实绩，检查内部管理制度和岗位责任制度落实情况。

（三）林业政策社会监督公开化

1. 建立完善政务公开制度

加强公告监管，建立信息披露制度，其中制度建设的一个重要内容应是明确向社会公开的具体内容，原则上凡是能够公开的都要公开，包括制度制定、资金分配、职责划分、项目评审、资金使用效果、查出的违规行为等，这是改变暗箱操作、防止有人从中渔利的唯一有效做法。应制定相关公开条例，明确规定监督查出的问题除军事机密外一律公开，提高监督的实效。

2. 建立社会监督投诉及保障渠道

我国社会监督一般都是层层上访，上访过程中会遇到层层权力机关，当影响到权力机关的利益时，人民群众的监督言路就会堵塞不通，部分群众因监督举报也往往受到权力机关的排挤与刁难。因此，要探索建立社会监督投诉及保障渠道，并对群众举报认真取证，一查到底，做到件件有落实。

3. 加强舆论媒体监督

舆论媒体监督不仅是防止腐败的一种行之有效的形式，而且能有效地监督政策的制定、执行与评估及终结活动。德国的舆论监督力量非常大，被称为“第四种权力”。我们要大力发展舆论监督，使其成为我国林业政策监督中的“第四种权力”，支持新闻媒体广泛介入，通过内部反映和公开报道，发挥好媒体监督的作用。

政策的监督是政策过程中的一个非常重要的环节，有效的监督是政策实施的有效保证。目前我国的林业政策监督体系还不完善，在监督主体、监督方式以及监督法律依据方面存在不足。从政策制定角度发展多主体林业政策过程，从法律依据角度制定相关法律体系，从监督主体及方式角度发展社会监督的力量提高林业政策执行的透明度都将有利于我国林业政策监督体系的完善。

第五节　林业政策绩效评估

一、政策评估理论体系

公共政策评估是依据一定的标准和程序，对公共政策的效益、效率、效果及价值进行检测和评价的一种活动行为。公共政策评估的意义体现在：公共政策评估是提供政策运行信息的重要手段，是进行政策调整、提出政策建议的重要依据，是检验政策结果的必要途径，是重新配置政策资源的基本前提，是构建良好公共关系的有效策略。

公共政策评估可分为：正式评估和非正式评估；内部评估和外部评估；事前评估、执行评估和事后评估。正式评估指事先制定完整的评估方案，并严格按规定的程序和内容执行，并由确定的评估者进行的评估。它在政策评估中占有主导地位，其结论是政府部门评价政策的主要依据。非正式评估指对评估者、评估形式、评估内容没有严格规定，对评估的最后结论也不作严格要求，人们根据自己掌握的情况对政策作出评鉴的评估。内部评估是由行政机构内部的评估者所完成的评估。它可分为由操作人员自己实施的评估和由专职人员实施的评估。外部评估是由行政机构以外的评估者所完成的评估。它可以是由行政机构委托营利性和非营利性的研究机构、学术团体、专业性的咨询机构、大专院校进行的，也可以是由投资或立法机构组织的或由报纸、电视、民间团体等其他各种外部评估者自己组织的。事前评估（预评估）是在政策执行之前进行的一种带有预测性质的评估，包含三个方面：对政策实施对象发展趋势的预测、对政策可行性的评估、对政策效果的评估。执行评估（过程评估）是对在执行过程中的政策事实情况的评估，就是具体分析政策在实际执行过程中的情况，以确定政策是否得到严格地贯彻执行。事后评估（结果评估）是政策执行完成后对政策效果的评估，是最主要的一种评估方式。旨在鉴定政策对所确认问题达到的解决程度和影响程度，辨识政策效果的成因，强化和扩大政策的效果。

公共政策评估的步骤通常包括：①评估筹划，包括明确评估目的、选定评估对象、制定评估计划和筹备评估条件等；②评估实施，包括搜集评估信息、分析评估信息和开展具体评估等；③评估总结，包括总结评估过程、撰写评估报告、完善评估报告、提交评估报告、公布评估结果等。

影响公共政策评估的主要影响因素有：公共政策目标的不确定性；公共政策影响的广泛性；公共政策资源的混合和公共政策行为的重叠；有关机构和人员的抵制；评估资料和经费欠缺；评估结论不被重视。

二、我国林业政策评估体系及特点

政策科学作为一门独立的学科在我国是 20 世纪 80 年代以后才开始出现的。随着改革开放的深化，社会主义市场经济体制的确立，人们逐渐认识到政策科学对经济发展、行政效能的重要性，政策评估也日益受到党和政府的重视。我国在中央一级所制定的基本政策方面，包括政策的制定、执行、评估已经基本上比较规范。如我国的金融制度改革、医疗制度改革和国有企业改革等一系列重大公共政策都是在经过无数次的认真调查、研究，及时反馈信息，对以往相关政策进行综合评估的基础上才得以形成。实践证明，政策评估符合我国渐进式决策模式的需要，有助于决策科学化、民主化的实现。但我国的林业政策评估依然处于发展的初期阶段，还没有形成一套完整的、科学的政策评估体系。尤其是在基层的林业政策执行中，往往只注重政策执行，而很少对政策的实施进行评估。具体来讲，当前我国林业政策评估存在如下特点：

第一，缺乏正式的林业政策评估组织。目前我国各级政府设有政策研究室，负责政策调研和评估等工作。林业政策评估在中央一级比较规范，在地方上，林业政策的评估机构参差不齐或根本没有，而且，这些评估机构在林业政策过程中，能否发挥作用及其发挥作用的大小很大程度上取决于领导者的个人素质。林业政策评估组织的缺失是我国林业政策评估面对的突出问题。因此，建立正式的林业政策评估机构是我国林业深入发展、提高林业政策有效性的重要任务。

第二，缺乏正确的政策评估机制。由于没有建立科学的公共政策评估机制，导致林业政策评估工作主观随意性很大，评价目的消极。主要表现为：在政策评估中，以形式取代实质，使评估工作徒有虚名，流于形式；借评估使效果不佳、绩效不良的政策合理化，以掩盖自己政策举措失当；借评估以推卸或转移自己应负的责任等。因此，林业政策评估机制的缺失，使得政策评估不能真正有效地发挥作用。

第三，缺少正确的评价标准和评价方法。就我国的林业政策评估而言，从事政策研究的专家学者大多数都是研究社会科学出身的，很少有人兼备自然科学和社会科学知识，其知识结构和思维方式比较单一，难以兼有思辨和公理化思维方式的长处。因此，他们在进行政策评估时不可避免地倾向于用价值判断代替事实分析，用定性结论取代定量分析，评价标准和评价方法选择不当，这往往会影响政策评估的准确性。

第四，最重要的一点，当前的林业政策评估忽视了公众对政策评估的重要作用。随着经济和社会发展，经济和社会主体的自主性和自我治理意识逐渐增强，他们有参与政策过程、表达愿望和要求的想法。在现实生活中，我们常常能听到群众对有关公共政策的评议。其内容上至党和国家的根本政策，下至某个城市、乡镇的环保、治安、交通、绿化、水电气等各层次各方面的具体政策。林业政策也不例外，尤其是林区的社会公众对林业政策更为关注。但是，社会公众这种非正式的评估没有被真正纳入林业政策的评估范畴，社会的愿望和要求无法进入到林业政策过程中去。这是我国目前林业政策评估应该特别加以关注的重点。

三、林业政策绩效评估

林业政策对促进林业经济发展起直接而又十分关键的作用，其绩效好坏是林业政策制定者、执行者、监督者以及广大林区居民和社会共同关注的重点。林业政策绩效评价有利于改善政策设计、决策和实施效果，也有利于调整和优化林业产业结构，促进林业发展。

（一）林业政策绩效

林业政策是为实现一定的林业发展和环境改善目标而由政府部门设计并推行的行动准则、方案等。林业政策释放于经济运行体系之中，对经济活动产生影响。这种直接的或间接的、强烈的或较弱的影响，都不同程度地改变林业及其他产业的经济总量和林业各部门之间，林业与其他产业之间数量结构的对比关系以及环境的质量，这就是林业政策实施以后的作用结果即林业政策绩效。林业政策绩效和一般的经济政策绩效一样，也可以分为直接绩效和间接绩效。林业政策的直接绩效是指某一林业政策实施后，所实现的政策目标的程度，是相对于特定的某一林业政策目标而言的。比如，林业的税费政策的实施，如果完全达到了该政策中规定的目标要求，就可以说这一政策的直接绩效为百分之百。林业政策的间接绩效是指林业政策实施后，除了产生直接绩效外，其作用还会波及其他产业系统，乃至整个社会经济系统，产生外在性效益。即某一特定林业政策对整个社会经济系统其他方面产生的相对于其目标之外的影响。

（二）林业政策绩效的特点

1．林业政策绩效具有时效性

林业政策的时效性是指任何一项林业政策总是在特定的时期内发挥作用的，这就决定了不受时间维度约束的林业政策绩效是不存在的。从林业政策制定实施和产生对林业经济运行结果之间的时间上的相互关系，可把林业政策绩效的时效性分为三种情况：①超前绩效（相对于林业政策正式发布实施而言）。是指由于某种原因，比如说信息的传递（泄密就是表现之一），使政策在制定以后，正式实施以前，其基本意图已经被某些政策作用对象，比如说某些市场主体所了解。于是这些市场主体主动地预先作出反应，产生了超前绩效。这里的超前是市场主体获取有关信息在先，从而反应在先，先行实现的绩效。②同步绩效。是指某项林业政策一经实施立即产生实施结果，使得某项政策目标是否能够实现可以马上被获知，于是可以根据实施的结果去进一步调整政策手段、政策措施。大量的林业政策一般在经历一个时滞以后才开始奏效，或者说，才能够看到其绩效。③滞后绩效。是指一项林业政策自制定发布实施之始至它在林业经济运行系统中产生了某种程度的影响，一般会经过一个周期。也就是说，林业政策绩效的产生滞后于政策发布实施之日一个时期。关于林业政策绩效的滞后性是林业政策研究中被广泛注意的问题，产生滞后绩效的原因主要是由于社会信息传递系统的不完善、政策作用对象缺乏对政策的灵敏反应甚至消极抵抗、政策本身的复杂性和难操作性等原因造成的。一般来说，一个政策出台到最终实现政策目标，在此期间会导致一些与政策有关的中间变量的变化。参考中间变量的变化，能相应地在实施过程中对政策实施手段、实施环节和最终目标做必要的微调，对于减少政策实施可能会带来的对林业经济运行的巨大冲击是大有稗益的。相反，如果政策措施实施以后，政策目标不经过中间变量过渡，而直接实现则会造成在某种情况下不能及时纠正业已发现的政策错误，特别是推行了被认为是错误的政策的时候，其危害是明显的。时滞的存在特别是渐进式的时滞的存在，为政策的实施提供了进行调整的机会，这有利于政策目标实现的优化。

2．林业政策的绩效具有关联性

每一项林业政策都不可能孤立地发挥作用，在一个复杂的经济运行系统中，一个政府实施各种林业政策所要实现的是一个体现社会进步的多元的目标体系。每一项目标的实现都有一套相应的林业政策，就一个社会而言，林业政策是以一种群体状态同时出现的。在这一群体中，每一项政策都是在与其他政策发生关联的情况下发挥作用的。根据林业政策关联性的表现形式，可把其绩效的关联性归纳成两个方面，其一是林业政策绩效的互逆关联性（表现出负的间接绩效），其二为绩效的协同关联性（表现出正的间接绩效）。绩效的互逆关联性，是指林业政策实施过程中，不同政策绩效之间相互抵消而削弱效果的特性，比如我国同时实行以生态效益为中心的生态林业政策和追求林业经济增长为主要目标的木材生产政策，虽然木材生产政策可以增加短期的林业经济增长，但是在一定程度上抵消了生态林业建设的政策效果，实际上在刺激林业经济扩张，破坏林业生态时，也同时抑制了林业经济的进一步扩张。政策绩效的协同性是指林业政策受多方面因素的制约，一项政策绩效的实现往往是多元经济目标的综合，因此，在存在协同性的情况下，很难区分绩效的间接目标中多少是林业政策本身带来的。

（三）林业政策绩效评估应遵循的基本原则

林业政策评价指标的选择和内容体系的确定，直接关系到绩效评价的质量。为了得到一个科学、准确的评价结果，在选择评价指标和构建评价体系时，应该遵循以下原则：

1．目标一致性原则

每一项林业政策的实施都有一定的目的，绩效评价的指标和体系必须能够反映该项林业政策目标的实现程度。因此，评价指标的选择应从林业政策的绩效目标出发，以构建相应的评价体系。

2．全面系统性和简明实用性相结合原则

林业政策的影响非常复杂，所设计的评价指标必须涵盖所有的考评要点，全面而系统地反映林业政策的评价要求。这就要求对评价对象的全过程（即投入、运作、产出、结果）都进行考察，设立指标。但是无论是从操作技术或是人力物力上看，都不可能对每一项指标都进行准确细致的评价。因此，绩效评价指标数量不是越多越好，指标体系必须简明实用。在完备性的基础上，选择最具代表性指标，尽量做到简单明了。

3．可操作性原则

在构建指标体系时，要考虑实现条件及可操作性，在合理成本的基础上，对某些指标进行取舍，对于那些难以获得甚至无法获得，或是数据精确度难以保证的指标，在考评体系中尽量少用或暂时不用，保证数据的可采集性。评价指标和方法必须含义明确，具有可比性和较强的现实意义。

4．发展性原则

政策、市场、科技、社会等各方面因素都处在一个不断变化的环境中，使得林业政策的影响随着时间而有所变化，而且绩效评价工作本身就是一个不断发展完善的过程，这些都要求评价指标体系必须是可发展的，必须随着绩效评价工作水平的提高以及公众对政府政策信息的认知需求而不断更新。

（四）林业政策绩效评估的主要内容

1. 林业政策目标实现程度评估

从结构上来说，政策目标既具有定性描述性的内容，又具有一些数量化的指标，这是分析政策目标实现情况必须予以考虑的因素。在此基础之上，评价内容主要包括以下两个方面：①数量化指标的实现情况。总体上看，林业政策数量化指标主要包括森林覆盖率、有林地面积、木材产量、公益林与商品林结构、林业产值、生态环境状况、生物多样化等。这些指标在林业政策实施的各个时期目标的实现的程度，一般通过用实际数据和目标数据进行对比确定。②非数量化指标的实现情况。非数量化指标是指政府从产业政策的角度对地方林业和整个区域发展所作的功能定位，以及对产业内部进行的结构安排和技术层次定位。由于二者在各项产业政策中几乎都没有数量化规定，因此对它们实现程度的描述就相对显得困难一些。但是，仍然可以尝试用指标要素与现实状态对比的办法来进行直观描述。

2. 林业政策成本评估

对林业政策目标实现程度的评价主要考察政策的配置效率（如果目标本身是有效率的，那么目标的实现程度越高则说明配置效率越高），从一般行政管理和林业运行的角度看，林业政策成本分析则着重于从相对的方面对政策绩效进行考察。在这里，把林业政策成本主要分为三大方面：①决策成本。决策成本分为决策过程成本和决策外在成本两个方面。决策过程成本是政府制定林业产业政策的过程所支付的人力、物力、财力、时间和技术资源在价值上的一个总体现。决策的外在成本是由于决策的实施可能和事实上给受政策影响者造成的效用损失。②林业政策实施成本。其主要内容可以划分为：宣传推广支出，这种支出有的表现为有精确数字的财政费用支出；有的表现为无形或难以计算的支出，例如，新闻机构、政府部门和其他事业性机构在宣传、接待等方面的非预算性支出等；扶持性支出，如退耕还林政策实施中的扶持资金等；优惠政策导致的税收等财政收入减少，常规性机构人员等事业费支出增加，新增加的专设事业主管服务机构的日常事业费支出。③机会成本。由于实施某一林业政策目标而不得不放弃其他可供选择的最佳目标所产生的收益。比如我国实施的退耕、退草还林政策，在实施此政策的过程中就必须放弃许多与该政策相抵触的项目，如牧场开发受到限制等。

3. 林业政策相关社会效果评估

林业政策在取得了促进林业持续快速增长、推动林业产业结构升级和林业产业结构合理化同时，还带来一些相关社会效果。这些效果有助于从一些侧面来进一步评价林业政策的绩效。首先，林业的发展在很大程度上缓解了经济发展过程中的环境压力，也在很大程度上实现了改善环境质量的目的，为经济可持续发展提供了可靠的保证。其次，林业的发展给其他相关产业带来变化，如旅游业的发展，从林业相关产业的发展也可在一定程度上评价林业政策的实施效果。再次，从社会经济结构变化的角度考察林业政策绩效。如消费结构变化，如西北某地区，在三北防护林政策实施前后，当地居民在消费中用于免受沙尘天气危害发生的费用变化，反映此政策的绩效。

（五）林业政策绩效评估指标体系

指标的设计是绩效评价的核心内容，但从现有的文献来看，在评价内容上还存在比较大的差异，没有形成被广泛接受和使用的绩效评价体系。目前，对我国林业政策的绩效评价体系主要有生态效益评价指标、社会效益评价指标、经济效益评价指标和成本-效益评价指标4个方面（表2-1）。也有学者将成本-效益评价指标归入经济效益评价指标内。

表2-1　我国林业政策绩效评价体系的主要内容

生态效益评价指标	社会效益评价指标	经济效益评价指标	成本-效益评价指标
①造林绩效，森林或林地面积和蓄积变化，林草覆盖率，耕地、湿地、保护区等面积； ②森林涵养水源能力，水土流失面积； ③生物多样性； ④森林（包括树木、水质、土壤等）质量等级； ⑤净化空气效益；释放氧气量，对温室气体或其他有毒有害物质的吸收量； ⑥公众对生态环境改善的满意度和认可度； ⑦其他指标	①林业就业人数、结构； ②社会公益事业（养老保险、基础建设、教育培养、退休工资等）； ③受益人群和贫困人口数量变化； ④公众的生态意识水平，对于林业部门和人员的满意度，消费结构变化，政策的落实程度； ⑤自然灾害（森林火灾、沙尘暴、病虫害等）发生次数、受害面积等； ⑥林业生产方式的变化； ⑦社会资金吸收率； ⑧其他指标	①区域产业结构以及林业内部产业结构的发展； ②各种林产品和林业产值变化，如森林采伐量等； ③政策带动的其他产业的发展，如花卉业、森林旅游业等； ④人均、家庭、企业以及各级政策的收入和收入结构； ⑤企业数量和质量的变化； ⑥森林管护、病虫害防治成本； ⑦其他指标	①投入资金的结构和总额； ②财政支出绩效评价，即投资收益或损失率，投资回收期等； ③林业政策的不同成本评价（包括决策成本、实施成本、机会成本等），成本的总和与结构，在政策运行各个阶段成本比例和效益； ④预算执行率、奖金到位率、实际支出率、资源的配置效率等； ⑤其他指标

资料来源：肖泽忱，布仁仓，胡远满．对我国林业政策绩效评价体系的思考．西北林学院学报，2009，24（3）：224-228.

第六节　林业政策反馈与调整

一、林业政策实施的反馈

1．反馈的含义

林业政策实施的反馈是指及时了解林业政策执行的效果，并用它作参考来调整或改进未来新的政策。反馈过程实际上是实施政策中的成果控制过程。这种控制与政策实施过程控制有所不同，它是一种事后控制，不是为了保证现行政策的圆满执行（尽管它具有这种作用），而是为了有利于未来政策的“再制定”。政策实施的反馈，可以检查政策的实施情况，衡量政策实施结果与政策目标有无偏差，及时纠正或消除偏差，调整政策使之更符合实际，为新政策的再制定提供参考依据。从这个角度说，反馈的内容不是政策实施后的全部结果或一般结果，而是那些足以影响政策修订或新政策制定的那一部分结果。

2．反馈的意义

实施政策是为了达到政策的预期目标，在实施政策之后必然会有实施结果，对其结果进行检查、测定和评价，衡量与预期政策目标是否存在偏差，以此来判断政策是否需要执行，还是应当作某种修改或停止执行。对实施中出现的问题和矛盾，及时采取措施，解决在萌芽之中，并根据反馈的信息，使政策目标更加明确，政策措施方案更加完善，新制定的政策更加有效。这就是反馈的功能和作用。可以说，反馈的灵敏、正确和及时有力，是政策具有充沛生命力的标志。

3．反馈的种类

（1）正反馈与负反馈

正反馈是指有利于政策进一步发展的那种反馈，负反馈则是指足以延缓、削弱政策决策过程的那种反馈。在政策实施的反馈信息中，应注意判断信息对政策再制定的作用和影响。

（2）大反馈与小反馈

当一项政策彻底执行后所得到的反馈叫大反馈，而政策形成或部分执行中所获得的及时修改输入的反馈叫小反馈。政策实施的大反馈固然重要，但实施过程中的小反馈也不能忽视，尤其在一些重大政策的实施中，及时了解情况，发现矛盾，进行小反馈来修订既定目标，对政策的实施很有意义。实际上，从政策实施的程序上看：决策→执行→反馈→再决策→再执行→再反馈，反馈本身就是一项连续性的工作。

4．反馈在政策分析框架中的位置

从图 2-1 中可知，反馈是联结输出和输入的环节，它将经过“转换”后所制定的政策，在付诸实施后所产生的实际效果的一部分，又回送到“输入”的一端，加入到制定政策的根据或者决策政策的诸因素之中，从而影响现有政策的修订或新政策的出台。因此，反馈的位置是十分重要的，建立一个高级而灵敏的反馈机制也是十分重要的。

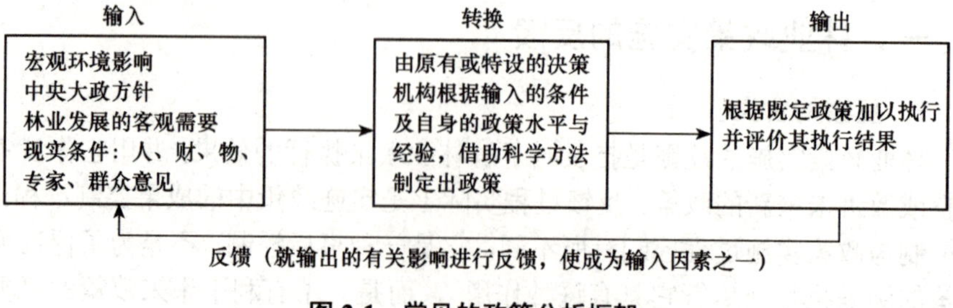

图 2-1　常见的政策分析框架

二、林业政策调整

在林业政策实施过程中，政策失误或执行过程中的偏差是难免的，关键是要及时发现、迅速查清原因及造成的后果，并能采取有效的补救措施。林业政策调整，就是根据实际需要，修改、补充或重新制定林业政策的过程。政策调整一般分三种情况。

1．原有林业政策失误所引起的政策调整

失误对于任何人、任何事都是难免的。在科学技术飞速发展的今天，人们对客观规律的认识逐步加深，这就越来越要求人们在改造客观世界的行动前制订出全套规划和严密论证的政策方案，希望一次实现目标，这种提高制定政策自觉性和科学性的要求是完全合理的。但是在经济发展过程中，很多随机的不确定因素大量出现，又由于人类认识的历史局限性和制定者本身素质上的差异，特别是制定政策是一项存在“未知数”很多的复杂工作。因此，一些政策的制定中不免存在失误。在实施过程中发现原定的政策是错误的，首先要迅速查清错误的原因，根据原因及时采取措施，调整原有政策。一般地说，在政策实施中，越是及时检查出错误，及时反馈给政策制定部门，造成的损失就越小，失误的后果就越轻。对原有的政策目标、实施方案、组织、人选、认识、思想方法等一切制订和实施政策有关方面进行检查，查明问题所在，发挥应变能力，依靠群众的智慧，修改、补充或新制定林业政策，这样就会转危为安，转败为胜。

2．客观环境变化所引起的政策调整

一项经过充分酝酿和科学论证的林业政策，出台运行后，其社会、经济、政治形势发生了重大变化，原有的情况和政策措施已经不能适用了，此时就要重新修订政策内容。例如，在我国要建设社会主义市场经济体制，相应的经济发展战略思想、战略目标或战略方针就要以此为中心来设计，那么，原来建立在有计划经济基础上的林业政策也要作相应的调整，与之相适应的政策操作手段和措施也要相应变化。

3．政策实施过程中的偏差所引起的政策调整

有些林业政策本身没有问题，原有的政策目标是正确的，而在政策执行中产生了偏差，这就要求采取新的政策措施（即调整原有的政策措施）来纠正偏差，改进实施情况，使之达到或接近政策原定目标。产生政策实施过程中的偏差有两方面原因：政策实施主体方面的原因和政策实施客体方面的原因。

作为政策实施主体而言，包括政策实施的机构和人员两个方面。政策实施机构的设置合理与否、组织结构完善与否、权责利益统一与否、政策传递灵通与否等都直接作用于政策实施。而对实施政策的人员来说，其自身素质、工作能力、工作态度，对政策的理解程度等，都对政策实施效果产生影响。作为政策实施客体，主要指林业系统内的企事业单位及林农。对于广大的林业职工和林农来说，组织的程度、每个人受教育程度、知识水平、政策水平、承受能力都不一样，这些都将影响政策的实施效果。同时，每个林业企事业单位所处的自然环境、文化环境、经济技术环境，直至工作环境都不一样，其对政策的实施情况的影响也不一样。针对政策实施中的偏差，主要是调整政策的具体措施，并根据具体情况的需要，作出具体的安排。

在政策中应引起注意的是：有时由于小修正而打乱整个组织实施工作，或者由于反复修正，导致执行者无所适从，从而对政策的稳定性不抱信任态度，影响今后新政策的实施效果。这就可能会产生比不进行修正政策所带来的损失更大更严重。因此，在考虑对政策方案进行修正时，应当多方面权衡利弊，避免草率从事。

（柯水发　李兰英）

一、名词解释

政策系统　政策过程　政策制定　政策执行　政策评估　政策调整

二、思考与讨论

1. 林业政策系统的构成要素包括哪些？
2. 林业政策运行过程包括哪些？
3. 科学的林业政策制定包括哪些步骤？
4. 林业政策实施过程中出现“上有政策，下有对策”的主要原因是什么？
5. 如何完善我国的林业政策检查监督体系？
6. 林业政策绩效的评估方法有哪些？
7. 林业政策调整的主要动因有哪些？

三、课外阅读材料

马爱国．我国的林业政策过程：由单主体政策过程向多主体政策过程的转变．北京：中国人民大学出版社，2003．

陈振明．公共政策学：政策分析的方法、理论和技术．北京：中国人民大学出版社，2004．

李兰英，刘德弟，程云行，等．林业政策系统运行问题探讨．浙江林学院学报，2004，21（1）：84-88．

四、案例分析

治沙英雄石光银的苦恼

从1984年治沙到现在，石光银治理的荒沙有20万亩①，造下的林子值3 000多万元，成了全国唯一享有“治沙英雄”称号的人。可他却一直乐不起来：因为他是个负债千万元的大“负”翁。

1984年，国家出台政策，“允许个人承包荒沙，所造林木谁造归谁所有”。在毛乌素沙漠南部的陕北榆林市定边县，石光银辞掉乡农场场长的职务，承包了当地6万多亩荒沙进行治理。根据承包协议，治理完成后，林木效益双方二八分成。

历尽千辛万苦，石光银的林子一天天长大，沙漠逐渐变成了绿洲。按照当时的合同规定，林木效益的80%该归石光银所有。1998年，定边县林业部门实地核查估算出，石光银最早承包的6万亩沙地里的林木总价值3 086万元。现在，流沙治住了，石光银也该从他的“绿色银行”里提钱了吧？可就在这时，石光银才发现，根据国家政策，他一分钱也取不出来：树木国家不让砍，林子国家也不收。为治沙植树，石光银先后已经借贷了700多万元，原打算到1989年就能把部分树木间伐一些，一为还债，二为发展。可国家有严格的限额采伐审批程序，石光银始终没有拿到采伐指标，一棵树也砍不得。到了1998年，林业部门甚至不再接收他的申请，因为从这一年开始，石光银种下的这片林子被国家划成了生态林。既然是生态林，不能砍，那能不能把已经有生态效益的6万亩林子交给国家，由国家对他十几年来的造林费用作一些补偿？石光银为此去找县林业局，可县里也帮不上石光银：因为国家还没有收的政策，不知道该怎么收，即便收了，以后每年的管护费谁来出？

更让石光银苦恼的是，这几年，国家有关林业的优惠政策一个接一个，但石光银却一个都靠不上：1998年，国家启动了天然林保护工程，每亩人工造林投资为300元；2000年，国家出台了退耕还林政策，规定每亩退耕地补助粮食100 kg，现金20元；2001年，国家启动了三北防护林第四期工程，每亩人工造林投资为200元。只要享受其中一项政策，石光银这些年治理荒沙22万亩，最少也能获得1 000多万元补偿。可是，因为造林在先，政策在后，石光银三次都是希望落空。

（资料来源：http://news.sina.com.cn/c/2003-08-04/0738498946s.shtml）

讨论题：

1．上述案例反映了我国林业政策过程中存在哪些问题？

2．你有何良策帮助治沙英雄石光银摆脱苦恼，走出困境？

五、主要参考文献

[1]陈钦．公益林补偿政策评价研究[J]．福建农林大学学报（哲学社会科学版），2006，9（3）：29-33．

[2]陈振明．政策科学[M]．北京：中国人民大学出版社，1998．

---

① 1亩＝1/15 hm^2。

[3]董会梅，丁森林．我国林业政策监督体系分析及对策[J]．林业资源管理，2008（4）：9-11，23．

[4]樊华．退耕还林工程试点综合效益评价研究[D]．吉林大学硕士学位论文，2004．

[5]樊喜斌，刘红梅，王克强，等．林业财政支出绩效评价指标体系研究[J]．林业经济，2006（9）：43-46．

[6]冯洁．中国林业政策评价研究[D]．福建农林大学硕士学位论文，2007．

[7]胡伟．政府过程[M]．杭州：浙江人民出版社，1998．

[8]黄渝祥，刘俊．政策、法规的选择与评价方法——20世纪90年代以来的费用-效益分析[J]．当代财经，2005（8）：52-55．

[9]景彦勤．解析与构建林业支出项目绩效评价指标体系[J]．绿色财会，2006（8）：3-5．

[10]李兰英，刘德弟，程云行，等．林业政策系统运行问题探讨[J]．浙江林学院学报，2004，21（1）：84-88．

[11]林明民．演变中的世界林业政策[J]．中国软科学，1995（10）：125-128．

[12]刘璨．我国南方集体林区主要林业制度安排及绩效分析[J]．管理世界，2005（9）：79-87．

[13]刘东生，高岚．我国森林资源监督管理的理论与实践研究[M]．北京：中国林业出版社，2011．

[14]刘伦武，刘伟平．试论林业政策绩效评价[J]．林业经济问题，2004，24（6）：347-350．

[15]刘平康．论林业政策[J]．福建论坛（经济社会版），1990（1）：16-17．

[16]马爱国．我国的林业政策过程：由单主体政策过程向多主体政策过程的转变[M]．北京：中国人民大学出版社，2003．

[17]万志芳，耿玉德．试论林业政策方案设计的基本程序[J]．林业建设，1997（3）：33-35．

[18]王红英，曹建华．退耕还林工程绩效评价及后续管理研究——以江西省为例[J]．江西社会科学，2007（5）：251-254．

[19]王新清．集体林权制度改革绩效与配套改革问题[J]．林业经济，2006（6）：15-18．

[20]肖泽忱，布仁仓，胡远满．对我国林业政策绩效评价体系的思考[J]．西北林学院学报，2009，24（3）：224-228．

[21]徐卫南，陈狄炯，郎崇伟．林业政策负效应[J]．浙江林业科技，2000，20（3）：12-16．

[22]张德刚，廖晓翠．林业公共政策制定过程中的利益集团博弈分析[J]．商业经济，2009（2）：7-8．

[23]张蕾，周洪．西部开发实施的林业政策评价[J]．西北林学院学报，2003，18（1）：59-62．

[24]张玉波，马克，张春锋，等．关于林业政策负效应原因的系统分析[J]．林业经济，1992（3）：24-27．

[25]周莉．我国林业财政支出的效率研究[D]．北京林业大学博士学位论文，2007．

第三章　林业政策研究与分析方法

第一节　林业政策研究者与研究组织

林业政策研究指的是林业政策研究者、林业政策研究组织、政府部门研究机构为了给决策者提供解决公共问题的有效信息、政策方案或具体操作手段而运用多学科的系统知识进行的科学规划、分析和预测活动。林业政策研究主要是由一些官方、半官方和非官方的研究机构或研究组织来承担的。作为政策研究的主体，独立的政策研究者有其自身的目标定位和运作方式，专门的政策研究组织也有其自身的发展目标和运行体制。

一、林业政策研究者

林业政策研究者一般是指那些独立于林业决策部门和政策研究组织之外的，依靠其自身所掌握的丰富的专业知识和科学的分析方法，专门从事林业政策规划、分析和预测的人员。

（一）林业政策研究者的构成来源

林业政策研究者一般包括专职政策研究人员和兼职政策研究人员两种类型。其来源主要包括如下几个方面：对林业政策研究尤其是对政策过程有研究的大学教师，他们主要从事个人的研究并且要为争取得到有关机构给予的项目基金展开一定的竞争；曾经或目前在和林业相关的独立的研究机构和思想库从事专业性研究工作的人员，他们属专业性的政策研究工作者；曾经或目前在政府、政府代理机构和公共团体内部从事与林业相关的政策研究工作和情报信息分析工作的人员；自由职业的政策咨询人员，即根据签署的合同和所付的酬劳从事政策研究的社会人员。

（二）林业政策研究者出现的意义

林业政策研究者的出现，对于林业政策科学和林业政策实践都具有重大的意义和深远的影响：①是林业政策研究范式发生深刻变化的重要标志；②是林业政策研究队伍健全的重要标志；③是林业政策研究职业化的重要标志。

（三）林业政策研究者的研究内容

政策研究人员具有许多共同的关注内容：①各类林业问题以及这些问题与林业政策之间的关系；②各类林业政策的具体内容；③决策者或政策制定者做了些什么和没有做什么；④林业政策实施的结果及其形成的影响。

（四）林业政策研究者应具备的素质

林业政策研究者应当具备：政治头脑、总体观念、创新意识、洞察力、着眼于未来并且较为系统地掌握一些常识、专业知识、自然科学知识和社会科学知识等。

二、林业政策研究组织

（一）林业政策研究组织的特征、宗旨和类型

1．林业政策研究组织的特征

林业政策研究组织具有如下特征：①从组织功用看，林业政策研究组织以改进林业政策制定为目标，包括对政策制定系统的功能与组织机构进行改进，从而为产出高质量的政策方案服务；②从人员及其知识结构看，林业政策研究组织是由具有林业及政策研究知识背景的学者和具有丰富实践经验的政治活动家等组成的智囊型的群体；③从体制构成看，林业政策研究组织实行学科分类与课题研究相结合的管理体制；④从组织运行看，林业政策研究组织坚持研究、教学（包括培训）、开发（包括咨询）三位一体；坚持基础研究与应用研究并重，描述性研究与解释性研究并重；⑤从价值追求和道德要求看，林业政策研究组织强调要坚持实事求是；⑥从组织环境看，林业政策研究组织必须尽可能地与政策制定者和执行者保持良好的合作关系。

2．林业政策研究组织的宗旨

改进政策制定、实现林业政策决策的科学化与民主化是林业政策研究组织的最终目标。围绕这一目标，政策研究组织的宗旨可以概括为以下几个方面：帮助决策者发现问题、确定目标；为决策者拟制、评估备选政策方案；对政策执行情况进行检测和反馈，构建分析模型和相关理论，发现林业决策过程中诸因素之间的因果联系或相关性。

3．林业政策研究组织的类型

就其性质而言，主要有以下几种类型：官方的林业政策研究组织（如国家林业局经济发展研究中心）；半官方的林业政策研究组织（如林业科学研究院）；

民间的林业政策研究组织。

（二）林业政策研究组织的体制和作用

1．林业政策研究组织的体制

政策研究组织大都建立了一套卓有成效的组织及领导体制，林业政策研究组织也不例外，大致有如下几种模式：

（1）直线型

管理权限比较集中的组织及领导模式，强调下级为上级负责。

（2）职能型

更强调对专业职能的分工与管理。规模较大的研究机构大多采取这种形式。

（3）直线参谋型

这一模式综合了直线型与职能型两种形式的优点，既保证了集中又保证了分散的专业管理作用。许多大型研究机构采取这种组织形式。

（4）双重领导型

即把对事务性管理与对学术和咨询的管理区分开来。在职能设置上，各政策研究组织都很注重内部组织的合理化以及外部组织的灵活性。内部管理体制一般采取理事会领导下的经理负责制；对外组织体系主要负责对外交流工作，包括开展对外学术交流，定期或不定期地组织专题讨论会等。

2．林业政策研究组织的作用

（1）作为咨询性林业参政机构，政策研究组织向决策者如国家及各地方林业局等提供政策建议。

（2）作为知识的积累者和创造者，林业政策研究组织为林业政策研究提供了新的思想和观念。

（3）作为评估性机构，林业政策研究组织提供有关林业政策评估结果的信息。

（4）作为人才成长、储备的机构，林业政策研究组织源源不断地向政府输送高质量的官员和专家。

（5）作为宣传性机构，林业政策研究组织可以通过宣传来传播其思想和观点。

三、新中国成立以来热点林业政策研究演进

新中国成立以来，随着国民经济和林业经济的发展变化，林业政策及其实践也随之不断演进。

新中国成立后的20世纪50年代至70年代末，林业政策研究的重点是：木材生产和利用政策、营林政策、森林资源管理政策、林业产业政策、林业所有制等。

20世纪80年代前后，特别是十一届三中全会召开以来，我国林业发展的形势发生了巨大变化，林业政策调整的力度加大，林业政策急需研究。林业政策研究主要集中在：林业“三定（稳定山权、划定自留山、确定林业生产责任

制)”、林业的经济扶持、造林育林与绿化、林业产业、林业分类经营、森林资源管理、木材综合利用、林业生态建设、林业科教和研究、林业产权制度、企业改革以及林业对外开放等方面。80年代初期，全国兴起的农村联产承包责任制改革，加快了林业改革步伐，集体林区林业产权的政策理论研究盛行一时（王幼臣，1984；管立基，1985；杨钟，1986；中国林业经济学会，1984；柴恒中，1987；魏殿生，1987；王长富，1987；雍文涛，1987）；林价理论研究为林业资金政策的改革奠定了基础（周学安，1980；李维伦，1980；孔繁文，1980；刘平康等，1981；张通，1982）；80年代中后期，社会主义商品经济制度确立，林业经济体制改革成为主旋律（高山等，1984；王殿文，1985；杨钟，1985；王立新，1985；李开平，1987）；商品林业兴起，林业集约经营，多种经营，增加经济效益的林业活动活跃，商品林业经营形式的改革试点成为研究的热门，大力营造人工用材林的技术和经济扶持政策成为重点（王幼臣，1987）；南方集体林区木材流通体制全面改革（张建国，1979；王幼臣等，1985；林业部政策研究室，1986）；在60年代的政策基础上，进行林业收费政策改革，1988年在全国建立和完善了林业基金制度，林业基金政策理论研究随之进行，提出了许多重要的理论思考和政策建议（张永利，1987；赵鸣骥，1988；蒋凤起，1988；陈根长，1989；李祖贻，1989；曲折，1989；孔繁文，1986、1990）；林业十大重点生态工程建设全面展开，国家制定了一系列的经济扶持政策；一些行之有效的林业政策上升为法律法规。这期间，理论界开展了林业资金、国有和集体林区深化改革的专门政策研究和探讨（陈锡文，1980；赵鸣骥，1983；王殿文，1985；刘东生，1988；何群，1989）。

20世纪90年代前后，“两个体系（建立比较完备的林业生态体系和比较发达的林业产业体系）”林业发展战略明确；随着国有企业改革的深入，国有林区“两危（资源危机和经济危困）”现象严重，林业企业经营管理为林业界所关注，林业森工企业改革、林业资源资产化经营管理的政策分析研究报道逐渐多了起来，国家对国有重点林区实行优惠的财政税收政策，相应开展了国有森林资源资产评估的理论和政策研究（李周，1988；王前进，1988；孔繁文，1990；楼韩燕，1990；余玉香，1990）；与此同时，林业发展战略的理论研究异常活跃，出现了现代林业、生态林业、分工林业、乡村社会林业、中国社会林业理论（王长富，1987；雍文涛，1987；张建国、吴静和，1994；王涛，1997；董智勇，1997；徐国祯，1998；侯元兆等，1999；江泽慧等，2000）。1992年开始的国家财政体制改革，林业长期积累的经济和资源危机充分暴露出来，林业税费负担以及林业投资机制问题日益尖锐，林业税费和投资政策改革成为研究的焦点之一（贵州省林业厅等联合调查组，1990；国家林业局调研组，1999；张晓静，1999；张小倩，1999；朱妙生，2000）；国家对重点国有林区继续实施优惠的税收减免政策，对全国林业行业也给予了税收政策扶持；林业生态补偿政策问题被提到重要的位置，理论研究广泛开展，取得了巨大进展（侯秋安 等，1997；陈根长，1998；林进 等，1998；中国林学会，1998）；林业分类经营理论上升到国家政策理论基础地位，林业分类经营政策浮出水面；1998 年的特大洪水，“西部大开发”国家发展战略的实施，林业的生态建设主体地位得以确立，林业生态论占据林业战略理论的主导地位，林业建设的重点向西部和主要江河流域生态战略地带转移，自然资源保护成为林业政策研究的重点，天然林保护工程以及“退耕还林（草）”工程政策问题成为世纪之交的热点（林言，1999；达凤全，1999；国家林业局调研组，1999；郭坤赤，1999）；林业生态补偿制度的技术和政策研究步伐加快；紧跟世界潮流，可持续林业理论成为 20 世纪 90 年代中国林业研究的亮点，与之相对应的可持续林业发展技术政策研究也在逐步探索之中（张守攻 等，2001）。

1997 年开始，中国开始了中国社会林业工程的系统研究。中国社会林业工程（王涛，1997）研究注重对全国林业、社会、经济、法律等领域的相关资料的全面收集，将理论研究建立在可靠的事实基础之上。在理论研究方面，采用先进的社会科学与自然科学交叉进行的方法，从多个视角重新研究林业发展的战略性问题，取得了阶段性成果。主要表现在对全国林业进行社会林业工程学的类型区划，并提出了可靠的评价指标体系和具体的评价方法。在研究方法上，突破了过去社会林业研究的不足，社会林业工程研究着眼于全局，立足于基层，在全国 33 个省级单位建立长期的跟踪研究协作点，并依托协作点，建立了数百个重点县作为研究和实施的样点。中国社会林业工程研究已经取得了阶段性成果，提出了社会林业工程实施类型划分的指标体系，并进行了区域类型的初步划分，研究了社会林业不同工程区技术与发展模式。这项富于创新意义的研究，为中国林业发展战略的研究增添了新内涵。

进入 21 世纪后，林业在经济社会发展中的地位和作用越来越突出，发达的林业已成为国家文明、社会进步的重要标志。森林既是林业可持续发展的基础，也是一个国家经济、生态和社会可持续发展的重要物质条件，在解决人类面临的环境和经济问题时（如生物多样性锐减、气候变化、能源危机等）扮演着重要的角色。世界主要发达国家都已进入森林可持续经营与林业可持续发展阶段，我国及其他发展中国家还有很长的路要走。加快林业建设，实现森林可持续经营，修复生态系统、改善生态环境，发挥森林在应对气候变化中的作用，发展林木生物质能源，是历史赋予林业光荣而艰巨的任务。

当前林业政策研究的重点主要在于：六大林业重点工程管理政策、现代林业政策理论体系、生态文明政策、林权改革政策、生态效益补偿政策、分类经营政策、林业生物质能源政策、森林碳汇贸易政策、生物多样性保护政策、森林认证政策、林业产业政策、林业投融资政策、林业科技服务政策、应对气候变化的林业行动政策等。

第二节 林业政策研究程序、研究视角及资料搜集

一、林业政策研究的基本程序

林业政策研究是根据特定的林业任务，广泛搜集积累相关资料，运用科学的分析研究方法，对所研究的林业政策进行分析，掌握该林业政策与其周围事物的联系，了解其政策制定的现状并预测未来发展方向。

作为一种特定的科学活动，林业政策研究有其自身的规律，通常将林业政策研究分为选择研究政策、制定研究计划、资料搜集、资料的审核与整理、政策的分析与预测、政策研究的成果评估、政策研究的实施与应用七个程序。

（一）选择研究政策

研究政策的选择是林业政策研究的第一个环节，其实质是对林业政策研究角度的选择、论证和优选的一个决策过程，在研究活动中具有重要意义。

林业政策的选择是进行研究工作的基础，既为研究工作指明了方向，同时本身也是研究对象。选择的林业政策是否具有明确的方向性，是否能够代表所针对的利益群体并满足其信息需求，直接关系到研究工作的经济效益和社会效果。林业政策的选择应该在理论和事实依据的基础上，符合社会发展的客观需要，坚持林业可持续发展的要求，有针对性地对林业发展中产生的问题做具体分析和研究。

（二）制定研究计划

制定全面而系统的研究计划是有条不紊地进行研究工作的保证。研究计划主要包括以下几个方面：

1．林业政策研究的目的

是指该林业政策研究主要解决什么问题，用简洁而清晰的文字阐明政策研究的来源、意义、研究的背景、服务的对象、针对的问题、可能取得的效益等，使林业政策研究人员能准确地把握研究工作的目标和努力方向。

2．林业政策研究大纲

具体包括政策研究对象、研究范围、研究深度、研究方式以及研究人员的分工和研究实施的步骤。由于林业政策的研究多需要走入林区调研、深入林农，因此研究的范围较为广泛，详实的林业政策研究大纲，有利于提高政策研究的效率，提高政策研究的科学性。

3．林业政策研究方法和技术路线

分析和预测的方法多种多样，林业政策的研究需要根据实际搜集资料的特征、研究目标的要求，制定可行的研究方法和技术路线，使政策研究顺利开展。

4. 预计成果形式

初步确定研究成果的表现形式，如综述、林业政策评估报告、数据手册、专题报告等。

5. 组织分工

林业政策的研究一般需要政策制定前的调研、政策制定的利益者分析、政策评估、政策实施效果评价等，林业政策的实施面较广，政策效果评价的周期性长，因此在实施研究前，应根据成员的知识结构、经验和能力进行明确的分工，保证各个环节的合作与联系。

6. 完成时间和实施步骤

为保证林业政策研究计划的顺利完成，便于执行和检查，应按照研究程序拟定实施步骤。

7. 其他

除以上六项以外，林业政策研究的人员、调研经费、技术、设备等条件，都要在计划中提出。

（三）搜集资料

资料搜集是对具体信息进行分析研究、对未来状况进行预测的前提，是整个政策正确与否、结论是否有效的关键。资料可以来源于印刷型信息源、缩微型信息源、声像型信息源、实物信息源。具体包括《中国林业统计年鉴》《中国林业年鉴》、相关林业政府工作文件、林业机构网站以及林业政策文献资料。除了上述资料外，还有根据实际的研究问题通过实地调查所收集的一手资料。

（四）审核与整理资料

由于林业政策信息来源的广泛性、渠道的多样性，其真实性和可靠性也很难保证，因此必须对搜集到的资料进行审核与整理。审核信息是否具有价值一般从信息的可靠性、先进性和适用性三个方面着手。整理信息是对信息的初加工，从形式和内容两个方面对信息进行整理，便于政策研究工作中对信息的利用。

（五）政策分析与预测

林业政策的分析是整个政策研究的核心，是对大量信息进行系统的分析研究，其方法基本包括逻辑方法和数学方法两类。逻辑方法主要包括分析与综合法、类比和抽样法、归纳比较法等，这些方法的运用确保了研究的客观性、合理性和科学性；数学方法为研究工作提供了推理的工具，只有运用数学方法才能在信息的分析和预测中进行定量分析和深入的研究，从量的关系上揭示研究对象的本质和运动规律。具体方法将在后面的章节中予以详细说明。

（六）政策研究成果评估

政策研究的成果评估是对林业政策的价值和使用价值进行衡量和判断。研究成果的评估能发现此项林业政策研究对生态建设、经济建设及林业发展的价值和意义，有利于扩大其社会影响，充分发挥林业政策的综合效益。

（七）政策研究成果的实施与应用

林业政策的研究成果的应用主要体现在为各级领导和决策部门进行决策提供有益的参考，并使研究成果中可转化为下一步政策的内容得以实施，使从事林业事业的各利益主体，如政府、各类团体、森林经营主体（如国有森工企业、林场、林农等）、林业企业等，可以在林业经营管理中谋求合理的利益并达到可持续的平衡状态，从而促进整个林业系统和社会的进步与发展。

二、林业政策研究视角

（一）政治学视角

政治学是研究社会政治现象及其规律的学科，一般把它描绘成探讨人们如何为一个社会进行权威性价值分配的问题。林业政策作为一种普遍且重要的社会现象也是政治学关注和研究的对象。西方的政治学研究可以分为 3 个大的阶段：传统政治学时期、行为主义政治学时期和后行为主义政治学时期。由于政治学研究方法的多样性，因此从政治学的视角对林业政策进行研究的路径也是多种多样的。最根本的，我们用的还是马克思主义唯物辩证法。在这个根本思想和方法论指导下，坚持全面系统的观点、开放联系的观点、重点的观点、发展运动的观点等，它构成社会主义林业政策学的重要方法论体系。

（二）管理学视角

管理是指按照一定的计划和步骤，服从一定的指挥和原则，从而使个人和各个方面的活动协调一致，以便用最小的代价实现既定目标的活动。管理科学是研究管理理论、方法和管理实践活动的一般规律的科学，它以运筹学、信息科学、系统科学、管理经济学和社会心理学等为基础，内容包括公共管理和企业管理，其理论核心是改进管理决策。管理科学对政策研究的最大贡献是决策科学。由于林业政策从总体上是对林业行为与原则的规范，只有通过管理，才能将林业政策的目标变为现实。

（三）经济学视角

经济学是研究人类经济行为尤其是经济选择行为以及经济政策的一门学

科。从稀缺性的角度看待人类行为，它要解决任何一个社会和个人都面临的选择和资源配置问题。经济学通常分为宏观经济学和微观经济学：前者运用总量分析方法研究整个国民经济活动的总量及其变化；后者则以单个经济单位的局部经济活动作为考察对象，运用个体分析方法研究个别企业、个别消费者在市场中的经济行为。林业政策学的经济学视角就是采用经济学的理论假定、概念框架、分析方法及技术来看待林业政策问题。

（四）社会学视角

社会学简单说来就是研究社会现象的科学，主要研究构成社会结构的单位和适应社会结构的人类行为的变化。社会结构是指任何一种有选择的、周期的、有规律的和通过各种社会控制来调节的社会相互作用的模式。社会学对林业政策分析的主要贡献在于它对林业社会问题、林业政策变革所进行的研究。社会学对林业政策研究的另一大贡献在于微观的实证研究方法。

（五）伦理学视角

伦理学也称“道德哲学”，是一门研究各类社会道德现象，揭示道德的本质、发展规律和社会作用的理论学科。它以道德问题和道德判断作为研究对象，包括道德活动现象、道德意识现象和道德规范现象。伦理学可分为规范伦理学和非规范伦理学两大类：规范伦理学包括一般的规范伦理学原理和应用伦理学；非规范伦理学包括描述伦理学和元伦理学。伦理学对林业政策研究的影响表现在两个方面：一是强调林业政策研究中对政策实施群体的价值分析；二是林业政策研究本身的伦理规范，这包括政策决策者的行为标准、政策研究者的职业道德要求、政策执行者的道德规范等。

三、林业政策研究资料搜集的主要方法

（一）问卷法

问卷法（questionnaire）是一种书面形式的自陈法，可获取个人背景、信念、态度意见、知识水平、倾向，或对事件的看法、认识等方法的资料。林业政策的实施往往受众面较广，调研难度大，因此，针对不同的政策研究，如何选取调查样本，就变成了在采用问卷法进行资料收集前一定要解决的问题。问卷法具体包括：

1．邮寄问卷法

邮寄问卷是指研究者把印制好的问卷装入信封，通过邮局寄给被调查者，待被调查者填答好以后再将问卷寄回调查机构或调查者。在此种方式中调查者与被调查者无法面对面沟通，所以要求问卷上问题尽量简化、问题说明尽量详

细。在寄给被调查者问卷时，一般应该同时附上已写好回邮地址和收信人且贴好足够邮资的信封，以便被调查者将填答好的问卷顺利寄回。

2. 电话问卷法

根据调查目的要求设计并印制好电话访问的问卷表。挑选和培训一组访问员。随机抽取一组电话号码作为调查样本；注意此时应留有一组预备号码，用以在正式抽中的被访者不在家或拒绝合作时替补。在电话中，根据访问问卷的内容进行询问，同时记录下被访者的回答。电话访谈同时也是作为林业政策实地调研后对数据真实性进行抽样调查的有效形式。

3. 个别发送问卷

在进行实地林业政策实施效果的调研中，研究者一般深入政策实施所在地，将问卷印制好以后，依据所抽取的样本，将问卷逐个发送到被调查者手中。同时讲明调查的意义和要求，请他们合作填答，并约定收取的时间、地点和方式。

4. 集中填答问卷

先通过某种形式将被调查者集中起来，每人发一份问卷；接着由研究者统一讲解调查的主要目的、要求、问卷的填答方法等事项；然后请被调查者当场填答问卷；填答完毕后再统一将问卷收回。

5. 邮件问卷法

随着网络的发展和普及，通过邮件地址发送问卷进行调查的方法应用得越来越广泛。此种方法与邮寄问卷法的问卷设计要求相类似。但是，这类方法回收率相对较低。此外，随着网络时代的发展，网络问卷调查法也日渐流行。

（二）访谈法

访谈法（interview）又称晤谈法，是指通过访员和受访人面对面地交谈来了解受访人的心理和行为的心理学基本研究方法。因研究问题的性质、目的或对象的不同，访谈法具有不同的形式。根据访谈进程的标准化程度，可将它分为结构型访谈和非结构型访谈。访谈法运用面广，能够简单而迅速地收集多方面的工作分析资料，因而深受人们的青睐。具体包括：结构访谈、半结构访谈、无结构访谈、个别访谈、焦点群体访谈、集体访谈。

访谈法也是林业政策资料搜集的常用方法之一。如研究集体林权政策的实施效果，研究者深入政策实施地，采用访谈法对林农进行调查，通过受访者的心理变化及语言表达了解政策实施对林农的影响。

（三）观察法

观察法（observation）是研究者通过对事物或现象仔细观看和认真考查，以获得第一手资料的方法。按观察情形分类可分为：自然观察法和标准情形观察法；按观察结构分类可分为：结构式观察法和非结构式观察法。

对于一些林业政策如天然林保护工程等，研究者对政策实施效果的检验可以深入工程区认真考察，以方便获取更深入的资料。

（四）文献法

文献法也称历史文献法，就是搜集和分析研究各种现存的有关文献资料，从中选取信息，以达到某种调查研究目的的方法。它所要解决的是如何在浩如烟海的文献群中选取适用于课题的资料，并对这些资料进行恰当分析和使用。国内外有大量学者对林业政策在制定、执行、监测、调整等各个环节做了大量研究，同时《中国林业统计年鉴》《中国林业年鉴》、森林资源清查数据等相关文献也提供了大量与林业政策相关的数据，因此，用文献法获取林业政策研究的资料具有高效、准确、方便等特点。具体包括：系统检索法、追溯检索法、浏览检索法。

（五）网络信息资源搜集法

网络信息资源实际上是数字型信息，也是一种文献信息资源。网络信息资源的易操作性特点，使网络信息资源的搜集成为分析研究的一个重要来源。搜集途径有两种：①通过网络数据库进行搜索：如万方数据库、中国知网等；②直接访问各种网站，如国家林业局网站 http://www.forestry.gov.cn/。

四、林业政策研究资料的整理方法

在政策研究过程中，我们采用了一种或多种收集资料的方法，可以收集到大量的定性资料和定量资料。但是，这些资料仅仅是一种比较粗糙的原始素材。若要把这些原始素材中潜在的有用信息挖掘出来，就需要对资料进行科学的整理，从而使所收集资料的全部信息都释放出来。在资料的整理阶段，我们需要有正确的方法论作指导，要善于运用辩证的和逻辑的思维方式，以及统计学的方法和其他量化手段，运用定性或定量研究的方法，从资料中抽取有科学意义的信息。

（一）林业政策研究资料整理的一般原则

1．真实性原则

林业资料的数据量较大，整理的资料必须是确实发生过的客观事实，不能弄虚作假，更不能主观杜撰，否则会得出错误结论。

2．准确性原则

整理后的资料，事实要准确，特别是数据要准确。但在实际操作中，还应当从实际出发，以能说明问题为原则，因为有些问题，若是单纯追求精确的话，反而将问题复杂化。

3. 完整性原则

在整理资料时，应尽可能地保证资料的完整性。力求全面地反映研究对象的全貌；反之，很可能以偏盖全，使研究价值降低或失去研究价值。

4. 统一性原则

对指标的定义、取值、计算方法和计算单位等都要有统一的解释和标准，从而加强数据和结果的可比性。

5. 简明性原则

整理的资料要尽可能简单、明确，并使它系统化、条理化，以集中的方式反映研究对象总体的情况。

6. 新颖性原则

在整理资料时，要尽可能从新的角度来审视资料，组合资料，尽可能地打破旧有的观念，要有创新意识，在新的组合和新的视角下发现新情况、新问题，从而使研究结果有创新。

（二）林业政策研究资料的整理方法

1. 定性资料整理和定量资料整理

（1）定性资料

定性资料是指文字资料。其主要来源是访谈、观察的记录以及文字形式叙述的文献资料，一般包括文献调查的资料、历史资料、汇报材料、总结报告、访谈记录、问卷答案等。这些资料是调查研究中定性分析的依据。整理文字资料的一般程序包括对文字资料进行审核、分析和汇编三个步骤。

（2）定量资料

定量资料是指对各种林业政策资料和信息进行量化，建立数学模型，并运用各种计算方法进行计量和分析。包括确定性的定量分析技术和随机性分析两种整理方法。

① 确定型的定量分析技术　确定型是指那些可用于只有一种势态，并在做出可接受的假定之后其变量、限制条件、不同的选择都是已知的、确定的，按一定的统计置信度可以预见的方法或技术。线性规划、排队论、马尔柯夫分析、统筹法等可列入这类技术之中。如林业资源的分配，可利用经济学和统计学的原理进行损益分析，确定最佳的资源分配方案。

② 随机性分析　随机分析技术是应用于不确定型或风险决策的分析方法及技术。当存在一个以上的态势，并且需要估计和确定每一种可能的状态时，就要碰到随机模型问题。这时还要计算在每一种态势下用每一种决策选择所得的输出结果。因而可供选择的方案的数量将很大，这时可以用数学、统计推论和概率论等学科的方法，在可以接受的假定条件下减少不确性。动态规划，计算机模拟，随机库存论，取样、回归、指数平滑、决策树、贝叶斯定理、损益

分析等可列入随机分析技术之中。

2．形式整理和内容整理

从整个林业政策研究的过程来看，资料整理属于信息的初加工，包括形式整理和内容整理两个层次。

（1）形式整理

就是将众多林业政策信息进行形式上的排序。基本上不涉及信息的具体内容，而只凭借某一外在依据，进行分门别类的处理，是一种粗线条的信息初级组织。形式整理的方法很多，常见的方法有按信息载体分类整理（如《中国林业统计年鉴》上的资料、林业组织网上的资料等）、按使用方向分类整理、按内容线索或部分要点分类整理（如天然林保护工程相关政策、退耕还林工程政策等）。

（2）内容整理

是在形式整理的基础上进一步深化，从内容角度对信息进行再处理。通常包括资料内容的理解、揭示和按内容细分归类三个阶段。内容整理通常包括分类整理，即对所有的相关政策资料根据内容进行分类、归类整理；数据整理，对搜集到的有关数据进行分类整理，比较、鉴别、换算、数据统计、制作图表等；观点整理，将各种观点集中整理，将相同观点和相近观点进行合并和归纳。

第三节　林业政策分析概述

一、林业政策分析原则、意义和特点

（一）林业政策分析原则

1．统筹兼顾原则

林业政策分析要统筹兼顾经济效益、社会效益和生态效益，分析相关问题，综合权衡利弊。

2．全面性与重要性相结合原则

林业政策分析要坚持全面性与重要性相结合的原则，既要全面反映林业政策状况，又要突出其重要方面。

3．独立性原则

确立独立的林业政策评价机制不仅有利于提高政策分析结论的客观性和可操作性，而且有利于建立健全合理的决策咨询和执行监督的体制与机制。

4．方法先进性原则

林业政策分析是由多个工作环节组成的系统工程，要尽量采用先进的手段和方法，以提高工作效率。

5. 全面性原则

林业政策分析应全面涵盖可持续发展战略目标的内涵，经济发展、社会发展、资源的保有和利用水平、森林生态、林业从业人员素质等可持续发展战略的主要构成要素都应得到反映。

6. 科学性原则

林业政策分析应具有清晰的层次结构，并能够以科学准确的方法进行测定。

7. 实用性原则

林业政策评价指标的设置要简单明了、容易理解，数据容易搜集，最好是利用现有的林业统计资料。

（二）林业政策分析的意义和特点

1. 林业政策分析的意义

（1）科学的林业政策分析，会加速林业政策制定上科学代替政策权力的进程

林业政策学的建立和完善，有助于提高林业决策的科学性。政策科学的成长进一步加深了用科学代替政治权力的过程，并加快了代替的速度。政策权力中科学成分的多少是衡量人类文明进步水平的标志之一。对林业政策进行科学的分析，无疑会加速在林业政策制定上科学代替政治权力的进程，在林业经济中具有重大意义。

（2）科学的林业政策分析可以减少林业危机

没有进行分析的林业政策，或者由于缺乏必要的分析手段而不得不用“试误法”来分析的林业政策，极易给林业乃至社会造成危机。国有林区林业“两危”，森林资源培育落后都是林业政策不科学的后果。当今科学已有突飞猛进的发展，再也不能忽视政策分析的作用了。

（3）政策分析有助于更有效地利用森林资源

目前，森林资源无论从总量上还是从结构上看都不足以满足社会的需要，解决的根本方法是开源，但在短时期内供给不会显著增加的情况下，使目前有限的森林资源发挥最大的经济效益、生态效益和社会效益就是林业界面临的巨大任务，通过政策分析，有助于科学制定和完善林业政策，有利于发挥林业政策的激励、指导和行为规范作用，进而提升森林资源的利用效率和利用效果。这也是林业政策分析发挥重要作用的领域。

（4）林业政策分析具有重要的现实意义

林业经济体制的改革离不开政策分析，对林业的重视程度，林业技术进步、林业产业结构的调整等政策的出台都需要经过慎重的分析和选择。林业政策分析有助于加强宏观控制，增强微观活力。政策分析是介于宏观经济和微观经济之间的桥梁。它可以协调宏观和微观经济的目标和利益，改变“一放就乱、一统就死”的局面，使科学的经济运行机制真正运转起来。林业政策领域中存在的政策摇摆、政出多门，

甚至是互相矛盾的现象，给林业发展带来了许多不利影响，有的甚至造成了严重后果。这恰恰是缺乏对林业政策的系统分析造成的，必须尽快加以克服。

林业政策分析是落实林业发展长远规划和短期规划的必要保证。要实现林业规划的目标，不仅应从提高科学技术水平，而且还要从加强林业政策分析，制定有效的林业政策上下功夫。只有这样，才能确保林业稳定、迅速发展。

2．林业政策分析的特点

林业政策分析涉及全部林业经济科学知识，它跨越了环境知识、管理知识等多个领域。

（1）综合性

林业政策分析是林业政策学和系统分析相结合的产物。政策分析既不是单纯的政策科学，也不是单纯的系统分析，它是政策的系统方法，它既属于社会科学领域，也属于自然科学领域。政策和分析两者不可偏废，缺一不可。政策是分析的目的和归宿，分析是政策制定、选择和执行的手段。这种综合性是政策分析的最大特点，综合性还表现为分析内容、分析方法的综合。

（2）可行性

可行性是政策分析又一极其重要的特点，经过政策分析后所选择的结果应是政治、经济和技术上可行的最优方案。政治可行性：指政策选择被决策者或当事人在政治上接受的可能性，比如靠向农民摊派来筹集更多的造林经费在政治上就不具有可行性。经济可行性：指可用资源（包括自然资源、人力和资本）的可能性，集中使用部分土地、人力和资金营造速生丰产林就具有一定的经济可行性。技术可行性：是指达到系统的科技目标和达到目标的科学手段的可能性。

（3）经济性

林业政策分析的第三个特点是其经济性。林业政策的最终目的是满足社会对林产品和森林服务的需求。不论是哪一方面的需求，都必须讲求投入产出效果。

实现经济合理性是林业政策分析的主要目的之一，在某些情况下，甚至是唯一的目的。值得注意的是，在很多情况下，林业政策分析的目的不仅是达到经济合理，而且要满足社会对环境的需求，有时甚至以后者为前提，再达到经济合理。例如在自然保护区内开展森林旅游服务就是如此，必须本着有利于（至少是不损害）自然资源和物种保护的原则开发其旅游服务功能。

二、林业政策分析的步骤

林业政策分析过程包括：确定分析对象、政策目标确立、确认备选方案、实施结果预测、方案比较分析、政策效果评估七项。林业政策分析的具体步骤与方法见表 3-1。

表 3-1 林业政策分析的具体步骤与方法

分析过程	具体步骤	方法
确定分析对象	确定林业政策的评价对象；明确林业政策评价的目的，确定政策分析的基本方向；明确林业政策的执行效果	边界分析法 多角度分析法 类别分析法 层次分析法 头脑风暴法 假设分析法 综摄类比法 伦理分析法
建立目标	根据国情、林情和政策分析用途建立政策目标	价值分析法 政治分析法 多目标分析方法（如层次分析法）
确认备选方案	根据政策分析目标，确定具体的评价方案	方案搜寻方法：如头脑风暴法，文献评论法，快速调查法，类比法等 方案设计和创造方法：如系统综合分析法、情景分析法、联想法等 方案筛选方法：如比较法，综合归并法，效益分析法，敏感度分析法等
实施结果预测	预测实施该项林业政策对各方利益群体带来的影响	回归分析法 德尔菲法 情景描述法（脚本写作法） 运筹博弈
方案比较分析	考虑多种方案，将备选方案与现状的出入程度以及重要性作分析，选择最优方案	可行性分析包括： 技术可行性 经济可行性 政治可行性 行政可行性
政策效果评估	在林业政策实施后对相关变化做记录，对政策目标是否能够完成和政策是否继续实施、修改或终止进行定量和定性分析	成本效益（效能）分析法 前后对比法 对象评定法 专家判断法 自评法

三、林业政策分析中应处理好的三大关系

林业政策分析中应该处理好的关系很多，如经济效益和生态效益，当前利益和长远利益，营林、采运与加工，生产和流通等关系，这些关系如何处理的一般原则和方法在林业经济学中已有阐述。在此，将集中从分析角度看应处理好三大关系：确定性与不确定性的关系，定性与定量的关系，宏观与微观的关系。

（一）确定性与不确定性的关系

林业政策的目标是为了促进林业的健康发展，“发展”二字说明林业政策是为未来制定的。“未来”可以很遥远的，也可能是最近几年。涉及到未来，就有可能出现不确定性。对于一项政策，如果它的未来仅有一种发展可能的话，即其未来只有一种势态，则这项政策是确定性的。如果它的未来有多个发展势态，

则这项政策就是不确定性的。不确定性又分为两种情况：一种是已知未来的这些势态及其发生的概率，这种不确定性称为风险，对其所做的分析就叫做风险分析；另一种是已知未来可能发生的势态，但不知其发生的概率，这种不确定性就是完全的不确定性了。一般所指的不确定性分析就是指后一种不确定性，其分析方法就是讨论“最坏”情况，如果“最坏”情况不出期望的范围，政策就是可行的。

政策的目标是尽可能地引导所希望的结果出现。尽管政策分析中必然存在不确定性，但是政策分析的结果应当是确定的，至少是部分确定的。结果完全不确定的政策分析是没有意义的。如何正确地处理确定性和不确定性是政策分析的难点，要给出一个有确定成分的结果就必须掌握大量信息，因此，信息搜集、加工与处理，对于消除不确定性尤为重要。

（二）定性分析和定量分析的关系

在林业政策分析中，两者同等重要，缺一不可。定性分析指出政策的目标并提出方案和措施。定量分析则提出实现这些目标的具体方法，并检验由定性方法提出的方案和措施。比如说，定性分析指出了政策的目标是充分利用林地资源，并提出适度经营、实现人力与自然力的有效结合作为政策措施，定量分析则制订出不同林地条件下的经营集约度以及不可经营方式和土地等级区间，并对每一类立地条件下的最佳经营方式进行验证。政策分析离不开定性和定量方法。

（三）宏观与微观的关系

微观政策是宏观政策的基础。政策分析既包括宏观政策分析，也包括微观政策分析。

在我国的传统思想中，政策的概念被认为只适用于政府一级，属于宏观。事实上，政策既包括国家和省（自治区、直辖市）的政策，也包括县（市）、区、企业和乡镇的政策。政策研究是宏观政策和微观政策的结合研究。当然，由于两者各有其特点，宏观政策偏重于定性分析，而微观政策偏重于定量分析。在宏观政策中，经济因素只是政策考虑的一方面，有时还不一定是主要方面，而微观政策中，经济则应是政策考虑的主要方面。

四、林业政策分析中的实证研究、价值研究和规范研究

政策分析中有三个相互关联的基本范畴——实证研究、价值研究和规范研究。实证研究回答“是什么”“是怎样”“为什么是这样”的问题；价值研究回答“为谁”“为什么目的”“应优先考虑什么”“喜欢怎样”的问题；规范研究回答“应该是什么”和“应该怎样”的问题。把握三者的关系，掌握研究的界

限对做好林业政策分析工作很有益处。

（一）林业政策分析中的实证研究

1. 实证研究的基本含义

实证研究是对事物、事件、关系和相互作用等进行的描述、观察、计数、度量和推理。它所回答的问题是：是什么、在何时、到什么程度、有多少、是什么引起的等。实证研究是从实践到认识，所使用的方法就是调查研究、观察和实验。实证研究中，实事求是是最重要的，要注意排除各种主观臆想。在政策研究者看来，引入概率的概念是很确切的。概率若相当高，在科学的范围内能予以肯定。

2. 实证研究的重要意义

林业政策分析最终落脚到应该怎么办上去，但是要想知道应该怎么办，必须首先知道过去和现实怎么办、效果如何，后面的问题实质上是实证研究需要解答的问题。实证研究是正确提出政策问题的基本条件。只有对林业经济的运行方式及相应的行为方式进行客观、细致、深入的研究，才能发现其存在的问题，才能分析出产生这些问题的原因。

实证研究是拟制政策方案的必要参照。为了制定政策，必须拟定政策方案。只有对以往的政策及其实施过程进行正确的实证研究，才能拟制出符合林业经济运行方式的政策方案，这样的政策方案才是具有实际意义的。若实证研究失当或缺乏必要的实证研究，只是从规范角度想当然地设计政策方案，就极有可能出现政策失误。

实证研究又是检验政策、调整政策的必要环节。一项林业政策，不论制定得多么周密，也往往会因各种原因特别是实施环境的变化而出现某种不适应。实证研究可以发现这种不适应或者说能对适应程度做出分析和判断，从而检验政策的正确性，并对不正确的政策提出调整建议。

3. 实证研究使用的工具和方法

进行实证研究，也要用到定量和定性两种工具。定性分析主要是进行描述、观察和讨论，定量分析主要是进行计数、度量、推理和计算置信度。

各种统计分析方法都为此提供了有力的帮助，在林业政策的实证研究中，由于林业政策本身具有目标多样性、影响的长期性等特点，多元统计分析、时间序列分析等具有较大的适用性。

最易为理论和实践工作者所忽略的，就是推理和可信度的定量计算。不能凭领导者的想当然来推理，要对推理的可能性进行验证，否则，会出现问题。推理有三种形式：逻辑推理、概率推理和模糊推理。逻辑推理是概率为 100% 的概率推理。逻辑代数、概率论和数理统计，模糊数学为此提供了方法论基础。实证研究的定量分析中，应注意推理、判断和结论可信度的判断，即在多大程度上是可信的。

人们通过大量的事实总结出的推理、判断和结论也只是在有限的事实的基础上做出的，都没有 100%的把握。人们只能通过统计分析说明这个结论对下一个同类的事实仍然成立的可能性是多少。只要这种可能性超过可接受的范围，比如 80%或 90%，就可以接受这样的结论。对可信度的研究是判断和结论有效进而用于推理也有效的保证。

（二）林业政策分析中的价值研究

1. 价值研究的含义

价值研究回答的问题是：为谁、为什么目的、应优先考虑什么等。其基本目的是：确认某个目标是否值得争取，采取的手段能否被接受以及改进系统的结果是否良好。价值研究中的价值与政治经济学中讨论的价值完全不同。这里的价值指的是一个系统的偏好和原则。价值是一个人生活或一个系统运行的目的，这个目的就是他们希望得到的东西。价值观在一定的客观现实基础上决定了人类各种行动和行为。价值研究所做出的基本判断是："该系统的偏好是……'或'经过考虑系统的偏好是……"

2. 价值研究对政策分析的作用

只有把握住林业系统的价值观，才能制定出有效的林业政策。在人们普遍意识到环境的重要意义，对森林的生态效益有了共识之后，森林保护的政策才更能有效实施。如日本沿海渔民发现减少毁林，使沿海水面因泥沙减少造成的污染有所缓解，鱼群又回游这一事实后，就自动与林木经营者协商以求保护森林。

价值研究能够帮助人们取得共识，达到一致意见。林区人们认为靠山吃山是应该的，林业系统工作者则认为吃山必须养山，两者的价值观不统一，保护森林与繁荣山区经济的目标就不易统一。通过价值研究，讲清养山为了更好地吃山，不养山会坐吃山空的道理，使大家取得共识，就会使其接受保护与合理利用的林业政策。

价值研究有助于判断问题。如乱砍滥伐和盗伐林木都造成森林的破坏，甚至前者的危害更广，程度更严重。但是由于两者与人们心中的价值观冲突程度不同，乱砍滥伐的制止就不太有力，不易得到群众的配合。必须通过价值研究，使人们树立全面的、整体的价值观。

价值研究有助于摆脱政策制定上的困难。虽然在短时期内，一个系统的价值观应该是相对稳定的，但是政策的制定不能回避价值研究，若问题出在价值观失当上，政策将如何应付呢？如相当长一个时期，计划经济被认为是社会主义的制度性特征，许多政策因此不能出台。正是经过长期的价值研究，才把计划归入运行层次而与制度层次范畴区别开来。要制订不符合现行价值的政策，且已知该价值观不正确，就必须通过价值研究，潜移默化地说服、宣传，使人们抛弃错误的价值观。

3. 价值研究的方法

林业观（林业的价值观）反映的是人们对林业的地位、作用等的基本看法，因此不宜采用定量方法进行研究和反映，主要宜采用定性方法，较好的研究方法是德尔菲法。通过问卷调查社会各阶层、林业系统内外的人士对林业相关问题的看法。在问卷设计中要讲究艺术，不能过于简单。如对人们关于林业地位的看法进行调查，不宜提这样的问题："你认为林业的地位：A. 非常重要；B. 重要；C. 比较重要；D. 不重要"。结果得出百分之多少的人认为重要和比较重要。这样的价值研究意义不大，研究这样的问题必须细致进行。首先，要对表达林业地位的指标和标准进行实证研究。其次，要对被调查者的自然简历和工作性质进行调查，即问卷上要有体现。最后，要将林业与其他主要生产经营活动一同列出，要被调查者对它们的重要程度进行排列。这样比简单地问一个问题就可以得到更多的信息，进一步通过分析就可以得出不同团体对林业的看法，进而可以明确宣传的对象，以利于政策的解释。

（三）林业政策分析中的规范研究

1. 规范研究的含义

规范研究回答的问题是：应该是什么、应该怎样做。规范研究属于认识的范畴，它主要是应用演绎推理的方法，从抽象的普遍原则出发，得出特定问题的结论。规范研究的结果只有在未来的实践中才可得到检验，而在目前只能由政策分析进行评价。规范研究的基本判断是："如果在特定的条件下采取规定的行动，就会以某种确定的概率获得某种结果。"从科学研究方法论的角度上说，政策分析本身就属于规范研究。

2. 规范研究的意义

规范研究可以明确制定政策的基本方向。通过实证研究和价值研究，提出要解决的政策问题。而通过规范研究就可以明确总的指导思想，为制定政策指明方向。比如通过实证研究发现更新方式不科学，通过价值研究明确了好的更新方式体现在什么方面，通过规范研究指出应结合具体条件选择合适的更新方式。进而可以制定"下放更新选择权"，"将更新方式带来的效果与更新者利益挂钩"或"由上级制定不同更新方式计划"等政策方案。

规范研究可以发现和修改不适应需要的旧规范。当某些原有规范适用的客观条件或主观条件（指价值观）发生新的不可逆转的变化时，这些规范的存在就会制约事物的发展，就应予以取消，并建立起相应的新规范。比如"应该对社会经济生活的各个方面进行尽可能详细的计划安排"是一种规范，它适用于面临严峻的经济政策形势这样的客观条件和计划经济是社会主义经济的本质特征这样一种价值观。当这两种情况变化以后，前面的规范相应就应取消。

规范研究可以提出解决问题的不同政策方案。规范研究不仅限于明确总的方向，而且要拟制出不同政策方案。一般而言，规范研究所提出的政策方案不一定就被确定为政策，但是在规范研究中没有提出的政策方案都不可能成为政策。规范研究是政策出台的必要条件。

3. 规范研究的方法

规范研究与实证研究方法不同，主要采用演绎推理方法。在林业政策的规范研究中，具体主要有以下几种方法。

（1）经验研究法

基本思想是通过总结以往林业政策实践过程中成功的经验和失败的教训，提出问题、分析原因、寻找差距、制定新的规范。调整林业产业结构政策在研究过程中采用的就是这种研究方法。

（2）存同求异法

基本思想是林业作为社会的有机组成部分，必然受一般政策规范的影响。在由一般到林业这一特殊产业的演绎推理中，与其他产业共同之处采用类似的规范、林业产业自身的特殊性和特殊规律则要求有不同的规范。这种研究方法是对比分析林业与其他行业的异同，建立林业政策规范。林业产业扶持政策，如减免产品税、多种经营贴息贷款等采用的就是这种方法。

（3）国际借鉴法

基本思想是借鉴林业发达国家及发展中国家在林业政策上的成功经验和失败教训，结合我国国情、林情具体制定有关林业政策。推动林纸结合，大力营造工业人工林等政策主要是借鉴国外成功经验的结果。

以上三种研究方法各有侧重，但并不是截然对立的，实际工作中是相互渗透的，应该结合运用。

第四节 林业政策分析的主要方法

一、林业政策的系统分析

尽管系统分析与政策科学或政策分析几乎是同时产生的，但是，政策科学是在运筹学和系统分析的基础上形成和发展起来的。因而，系统分析事实上成为政策科学的一个重要组成部分。目前，系统分析作为一种一般的科学方法论，已被各国所认可和采用，广泛运用于研究领域之中，特别是在解决有风险和不确定的经济社会政策的制定以及公共决策系统的改进上。随着应用数学以及运筹学的进一步发展，高容量、多功能的电子计算机的出现，系统方法自身及应用范围不断深化和扩展，它构成了政策研究以及政策分析的主导性或基础性的方法。

系统分析或系统方法，就其本质而言，是一种根据客观事物所具有的系统特征，从事物的整体出发，着眼于整体与部分，整体与结构及层次，结构与功能、系统与环境等的相互联系和相互作用，求得优化的整体目标的现代科学方法以及政策分析方法。根据系统的本质及其基本特征，可以将系统分析的内容相对地划分为系统的整体分析、结构分析、层次分析、相关分析和环境分析等几个方面。

1. 整体分析

系统的性质、功能与运行规律不同于它的各个组成部分在独立状态时的性质、功能和运动规律，它们只有在整体意义上才能显示出来。用整体分析方法进行林业政策研究的核心是：从全局出发，从林业政策系统、子系统、单元、要素之间以及它们与周围环境之间的相互关系和相互作用中，探求林业政策系统整体的本质和规律，提高整体效应，追求整体目标的优化。因此，整体及其目标的优化是整体分析的主要内容。面对一些复杂的、较大的系统时，要求我们把系统分解为一组相互关联的子系统，在整体的指导下，协调各个系统的目标，从而达到系统所要求的总目标，即通过求局部最优化得到的局部解，经过协调而达到整体的最优解。

2. 结构分析

所谓系统的结构是指系统内部诸要素的排列组合方式。结构分析是寻求系统合理结构的途径和方法，其目标是找出林业政策系统构成上的整体性、环境适应性、相关性和层次性等特征，使系统的组成要素及其相互关系在分布上达到最优结合和最优输出。人们提出了如下两个公式来表达结构分析的基本原理：

$$\mathrm{E}^{**}=\max(\min)P(X,R,C)$$

$$P\rightarrow G$$

$$P\rightarrow O$$

$$Sopt=\max(\min)\{\mathrm{S/E}^{**}\}$$

其中：X是系统组成要素的集合；R是系统组成要素的相关关系的集合；C是系统要素及其相互关联在各层次上的可能分布形式；P是X、R、C的结合效果函数；“$P\rightarrow$”表示这个函数对应于某种条件，例如$P\rightarrow G$表示P函数对应于系统目标集的条件，$P\rightarrow O$表示P函数对应于环境因素约束集的条件；E表示P函数在2个对应条件下所能达到的最优结合效果；$Sopt$的关系式表示具有最佳结合效果的结构中能给出最大输出的系统。结构分析的任务就是寻求X、R、C之间最优结合形式，使系统在稳定条件下结合效果最优，系统输出最大。

3. 层次分析

系统论认为，任何复杂的系统都具有一定的结构层次，它既指等级性，又指侧面性，是系统稳定性和连续性的重要保证，也是系统发挥其最佳功能的前提条件之一。20世纪70年代，运筹学家萨蒂提出了层次分析法，其基本思路在于：通过把系统中所有因素都先列出来，找出它们相应的隶属关系，然后按高低分层组织起来，形成一个多层次的分析结构模型。在每一层次中可按一定的规则，对同层次的要素相对重要性进行比较，决定它们的先后次序。在此基础上，进一步算出各层次要素对于总体目标的组合权重，从而得出不同方案的权值，为选择最优方案提供依据。

由于林业绩效及其影响因素的复杂性，现在的科研水平还难以对政策的绩效作全面完整地评价，因此，常采用层次分析法。该方法的优点是将复杂的问题简单化，突出重点，减少工作量的同时能够比较好地反映政策的绩效。但是，目前层次分析法在权重的选择上还没能形成一个被广泛接受和使用的规范，很多权重都是依照专家建议和以往经验而主观判定和选择的，往往忽略了地域环境、时间效应等因素的影响。权重分配是否准确，在很大程度上影响到评价结果的准确性和科学性。

层次分析法的层次结构大致由三部分组成。最高层为目标层，有总目标和分目标；中间层为准则层，列出实现总目标所要采取的各种准则；最低层是方案层或措施层，列出所要选用的各种行动方案、措施和手段等。

4．相关分析

系统论告诉我们，构成系统的各个子系统、单元和要素之间以及它们与环境之间是相互联系和相互作用的，这一特征叫做系统的相关性（有机关联性）。相关分析要求我们在林业政策研究过程，尤其是问题界定、目标选择和方案规划中，充分注意到各种问题及问题的各个方面之间、各个目标之间、各个方案之间、子目标与总目标之间的相互关系，注意政策目标和方案与社会、经济和政治环境之间的相互联系和相互作用，考虑各种因素对政策执行的效果可能产生的影响，从而设计出较优的林业政策方案。常见的相关分析方法有关联度分析法和相关性统计回归分析法等。

5．环境分析

环境是指系统之外的所有其他事物或存在，即系统发生、发展及运行的生态条件或背景。要确定系统及其问题的边界和约束条件，必须对环境做出分析，系统分析的许多资料也来源于环境，因此，环境分析是林业政策系统分析中一项不可或缺的工作。环境分析涉及的内容很广，包括自然环境分析或物理技术环境分析、社会经济环境分析、文化心理环境分析等。在系统分析中，要对环境加以因时、因地、因人的分析，找出相关的环境因素，确定其影响的范围和程度，以便在方案的制定和执行中予以考虑，这正是环境分析的任务与目的。常见的环境分析方法有SWOT分析方法、PEST分析方法或利益相关者分析法等。

二、林业政策的历史、比较、矛盾及个案分析方法

（一）林业政策的历史分析

研究林业政策必须坚持历史的观点。任何一个政策问题都不是孤立的，而是一个复杂的系统和矛盾群体，是会不断发展变化的；同时，每一项政策也都是一个过程，有其产生、发展和消亡的历史。因此对林业政策的研究就不能仅限于对当前情况的分析，否则就难以把握政策变化的原因，更谈不上对政策的改进。研究一项林业政策的历史过程，首先必须研究该政策产生的历史条件，随着政策的发展，还要研究政策实施的历史条件以及政策变动乃至终结的历史条件。其次要研究前后政策之间的联系，也就是说要对现行政策与过去的同类政策进行历史的比较，从中找出一些经验性的东西，为更好地贯彻落实现行政策服务。最后要深入研究该项政策或该政策的某个阶段的具体脉络，更多地以描述性的语言来记录政策的历史。

（二）林业政策的比较分析

在科学研究中，比较方法是“理性方法的主要条件之一”。第二次世界大战后，西方政治学界兴起了比较政治学的研究，并取得了丰富的成果。比较政治学的成功启发了公共政策的研究，比较公共政策作为一种新的研究取向越来越受到人们的重视。“比较公共政策是人们日常生活的一部分。”把社会问题提上政策议程要比较，拟订的政策方案要比较，执行和评估方案中也要进行前后比较以及预期与实际效果的比较等等。当然，这都是些技术层面的比较，严格意义上的比较林业政策是对林业政策进行跨国的比较研究。这种比较所关注的内容是不同国家的政府所采取林业政策的具体内容、原因、方式及其影响。根据比较主体的异同及研究目的是求同还是求异，可以分为同上求同、同上求异、异上求同、异上求异、同上就异同、异上就异同六种类型。

（三）林业政策的矛盾分析

矛盾分析法作为唯物辩证法认识事物和分析问题的根本方法，在我国的政策分析和政策实践中得到广泛的应用，其要点主要体现在三个方面：

其一，矛盾的普遍性和特殊性的辨证关系要求我们在普遍性原理的指导下，具体地分析矛盾的特殊性。分析林业政策问题、制定和执行林业政策，必须坚持具体问题具体分析，反对不同具体情况的“一刀切”，反对把马克思主义当作教条的错误思想和做法；必须遵循从特殊到普遍，再由普遍到特殊的认识规律；同时要学会“一般号召和个别指导相结合”、“从群众中来，到群众中去”、“解剖麻雀”等科学的工作方法。

其二，主要矛盾和次要矛盾的辩证关系要求我们在分析林业政策问题、制定和执行林业政策时首先要善于抓住重点，抓住关键，集中主要力量去解决主要矛盾，同时又要学会统筹兼顾，恰当地处理次要矛盾，学会“弹钢琴”。既要防止不分主次，“眉毛胡子一把抓”；又要防止只抓中心，不顾其他，“单打一”。

其三，矛盾的主、次方面的辩证关系要求我们在分析林业政策问题时、制定和执行林业政策时要善于抓住重点，分清事物的主流和支流，坚持两点论和重点论的统一。

（四）林业政策的个案分析

个案分析或个案研究是比较研究的基础，大到一个国家、一个领域的公共政策，小到一个政策活动或政策现象，都可以进行个案研究。林业政策个案研究有助于人们更好地了解林业政策，而研究案例“可以被用于阐释如何做出适当的、典型的或者值得效仿的决策”，把案例用于教学能够帮助学生获得专业性的政策分析技能，有助于学生评价。个案研究的步骤一般包括：①明确个案研究的目的和内容；②制定研究计划；③实施个案研究（如收集资料、访谈、观察、测量等）；④整理分析材料，形成结论；⑤起草个案研究报告。

三、几种常用的林业政策分析方法

（一）政策问题和政策方案界定方法

政策问题界定方法主要用：边界分析法；多角度分析法；类别分析法；层次分析法；头脑风暴法；假设分析；综摄类比法；伦理分析法。下面重点介绍头脑风暴法、假设分析和综摄类比法等。

1．头脑风暴法

头脑风暴法是一种专家会议法，是用来产生有助于查明和概念化问题的思想、目标和策略的方法。它可以用来产生大量解决问题的办法。通过召集一定数量的专家（通常在10～15人）一起开会研究，共同对某一问题做出集体判断。

在林业政策分析中，使用头脑风暴法的优点在于：第一，它能发挥一组专家的共同智慧，产生专家智能互补效应；第二，它使专家交流信息，相互启发产生“思维共振”，爆发出更多的创造性的思维火花；第三，专家团比个人成员单独思考提供的备选方案更多、更全面。

头脑风暴法的组织程序如下：确认要讨论的政策问题；准备会场；组织人员；宣布主题；头脑风暴；整理政策问题和政策方案；会后评价。

2．假设分析

假设分析是一种用来对有关政策问题冲突性看法进行创造性综合的技术。它是问题构造中一种最具有综合性的方法，因为它包含了其他的程序（方法）的应用，并可以侧重于团体、个人或兼而有之。假设分析的最重要的特征是：它是明确地设计用来处理结构不良的问题，即那些政策分析者、政策制定者及其他政策作用者不知如何在定义上达成一致的问题。

假设分析包含如下五种程序：①利害关系人的认定；②提出假设；③质疑假设；④汇集假设；⑤综合假设。假设分析被设计用来克服政策分析的四个局限：①政策分析常常假定有单一的决策者，这个决策者有明确的价值偏好顺序，这些价值可以在一个单一的时间上被认识；②政策分析不能系统明确地考虑各种关于问题的本质及其解决办法的相互冲突的观点；③大部分政策分析是在组织内部进行的，组织的“自我封闭”特征使得分析者难以或不能对流行的问题看法产生质疑。④用来评估问题及其解决办法的充分性标准往往只涉及表面的特征，而不涉及那些构成问题概念化基础的基本假定。

3．综摄类比法

类比是一种提高对类似或相似问题认识的方法。综摄法指对类似性的广泛研究，它有助于分析者在构造政策问题时创造性地运用类比方法。综摄法基于这样的假定，即对于问题之间相同或相似关系的认识将极大地增进分析者解决问题的技艺。在构造问题的过程中，分析者可进行以下四种类比：①个人类比，在构造这种类比时，分析者将自己设想为如政策参与者（如政策制定者或利益团体）一样经历同样的问题情境。个人类比在揭示同一个问题情境的政治含义方面是非常重要的。②直接类比，在构造这种类比时，分析者寻找 2 个或 2 个以上的问题情境之间的相似关系。例如在林改政策效果分析时，分析者可能从林改政策前后变化构造直接的类比。③符号类比，在构造这种类比时，分析者试图发现一个既定的问题情境与某些符号过程的类似关系。例如，符号类比经常取之于各种伺服机制（如恒温器和自动化驾驶）和政策过程之间。在每个案例中，采纳的类似过程被视为来自于环境的不断反馈的结果。④幻想类比，在构成这种类比时，分析者完全自由地探索问题情境与某些想象的状况之间的相似性。例如，天然林资源保护工程政策在制定前就可使用幻想类比来构造对木材调减后可能出现的问题。

综摄法取决于个别分析者或群体能否构造适当的类比。评估问题概念化好坏的主要标准是比较的合理性，即特定问题情境与另一个被用来类比的情境的相似程度。

4．情景分析法（脚本分析法）

情景分析法又称脚本法或者前景描述法，是假定某种现象或某种趋势将持续到未来的前提下，对预测对象可能出现的情况或引起的后果做出预测的方法。通常用来对预测对象的未来发展做出种种设想或预计，是一种直观的定性预测方法。通过情景分析法可以为决策提供政策方案。

脚本以一系列假设为依据，是对作为分析对象的政策在设想中将要实现的政策系统、政策环境和政策前景所作的描述和预测。作为林业政策分析中的一种有用的创造性思维方法，脚本法能为研究者展现关于未来的洞见或信息，让研究者弄清某项特殊政策的潜在结果；可以帮助分析者更好地处理问题的各个方面，以辨别出一种可能状况中的各种因素关系，并消除不相干的因素。情景分析方法具有如下特点：定性分析加定量分析；需要主观想象力；承认结果的多样性。

5. 德尔菲法

德尔菲法是“二次世界大战”后（1948 年）由兰德公司发展起来的，它以希腊阿波罗神所在地德尔菲（特尔斐）命名。德尔菲法最初被应用于军事战略问题上，后来逐步扩展到教育、科技、市场、住房、预算、交通运输、医疗卫生、生活质量、信息处理、研究与开发、空间探索等领域。该技术的初期使用强调的是通过专家来证实建立在经验数据基础上的预测，60 年代以后也被应用于价值方面问题的预测。现在，德尔菲成为人们最常用的预测方法之一。也有人说，它是 120 余种预测方法中使用率最高的一种。传统的德尔菲法采用函询调查的形式，向与预测问题有关的专家分别提出问题，使专家在彼此不见面的情况下发表对政策问题的主张和意见。

该方法适用于林业政策实施结果的预测，主要有以下步骤：①分析者依据所研究的林业政策的范围，提出一个讨论题目的清单；②选择被询问的对象代表各种相互冲突的观点；③问卷调查。专家小组成员可以彼此互不知道，可以公开地表明自己的立场和观点；④反馈问卷调查结果给专家们，专家们根据他人的意见，做出各自新的判断；⑤组织相关者面对面讨论，更直接地表述自己的意见；⑥完成可能包含各种不同观点的论证报告。最后得到一个认识比较一致且可靠性也较大的政策方案。

6. 可行性比较方法

可行性分析包括技术可行性、经济可行性、政治可行性和行政可行性。

① 技术可行性 标准测量备选方案或项目的结果能否达成预期的目标。这一标准包含着两层含义，一是现有的技术或方法能否使得目标的实现成为可能；二是备选方案（在技术上）能够在多大程度上实现政策目标。

② 经济可行性 公共政策大都具有经济上的效果或需要经济上的投入，因而经济可行性的评估就构成一个重要的绩效标准。经济可行性既指一项政策方案的执行能获得财经资源的充分支持，又指方案或项目的执行能取得令人满意的经济效益或效率，又主要测量方案或项目的成本和利益。经济可行性的具体标准有投入产出之比（O/I）、生产力（productivity）

或效率（efficiency）盈利率或获利性（profitability）。评估经济可行性有 2 个基本方法：成本-利益分析或损益分析，成本-效能分析（或称成本-有效性分析）。

③ 政治可行性　一项政策方案或项目必须具有政治上的可行性或政治生命力。如果一项政策方案或项目得不到立法者、政府官员、利益团体以及民众的支持，那么它就很少有被采纳的机会。即使被采纳了，执行成功的机会也很小。这就使得政治可行性成为一个重要的绩效标准。美国政策学家邓恩等人将政治可行性细分为：可接受性、回应性、合法性、公正性等。

④ 行政可行性　也称行政或管理的可操作性（operability）。行政可行性涉及的问题主要有：行政管理系统能否将一个政策方案或项目加以具体化，执行者有多大的授权及控制力，目标群体的配合程度如何，有没有足够的人力物力以保证政策的执行，有没有备选的执行方法等。行政可行性标准可以细分为权威、体制承诺、执行人员的能力、目标群体的支持和财政资源等方面。

7. 利益相关者及博弈分析方法

利益相关者（stakeholder）一词最早是 1963 年由斯坦福研究所的一些学者提出的，他们对利益相关者的定义是“对企业来说存在这样一些利益群体，如果没有他们的支持，企业就无法生存”。博弈是指利害关系对立的各方按照一定的规则行动，每方都使自己获胜而根据他方所采取的策略或手段来确定自己的对策的活动或行为。运筹博弈是由人参与的模拟活动，博弈的局中人（参与者）通过扮演各种角色来相互影响，从而模拟个人、团队或社会经济部门的行为。林业政策的实施也需要公众参与，因此使公众参与和利益相关者理论逐渐结合起来。由于一个政策执行情况的好坏在很大程度上取决于各利益主体作用发挥的情况。任何一类利益主体都会发挥各自的作用，因为他们各自利益追求的重点是不同的，这也就决定了在政策分析过程中各利益相关者会采取不同的博弈策略和博弈行为。

8. 政策敏感性分析方法

当人们已经对政策问题制定出政策方法后，与政策问题相关的某些因素稍加变动，最优策略就会变化。这时就需要确定其中最敏感的某些因素，并可通过计算概率进行灵敏度分析。政策敏感性主要与下列三种因素有关：其一，政策受众的规模。一般来说，政策受众的规模越大，政策的敏感性越高。其二，政策效应的显现时间。政策效果显现得越快，政策的敏感性越高。其三，政策所针对的资源类型。涉及政策受众偏好排序高的政策，敏感性就高，如工资政策或税收政策的变化敏感性就高。基于上述分析，政策制定中必须重视政策的敏感性分析的研究，只有这样才能保证政策的质量与目标的实现。如果一项政策是长期政策，不易控制政策质量，为了保证政策目标的实现，那么在政策制定中必须设定一些敏感性指标，只有这样政策质量才能得到最大程度的关注。

敏感性高不见得就是好政策，但是一直不敏感（惰性）的政策，肯定是坏政策。

（二）政策效果评价方法

随着科学技术的进步，各种新的评价方法不断涌现，丰富了政策效果评价的实践活动。评价方法可以从多种角度进行划分，从事物的质和量的角度，可划分为定性分析和定量分析；从方法论角度，可以划分为经验分析方法和演绎推理方法；从评价所涉及的工具，可以划分为传统方法和现代方法；从表现形式上来讲，可以划分为评议法和指标法；从是否考虑时间因素的角度，可以划分为静态评价法和动态评价法；从评价指标上来看，可以分为单因素评价法和多因素评价法。下面重点介绍几种评价方法。

1．成本效益分析法

成本-效益分析是对在整个政策运行过程中所投入的成本和所取得的收益进行对比分析的一种方法。利用成本-效益分析法对政策效果进行评价时，可借助于成本效用曲线，如图 3-1 所示。通常使用的评价准则有三条：①效益相等时，成本越小的方案越优。如图 3-1 所示，当效益达到 $E2$ 时，方案甲与方案乙的效益一致，此时成本为 $C0$，当成本小于 $C0$ 时，方案甲优于方案乙；当成本大于 $C0$ 时，方案乙优于方案甲。②成本相等时，效益越大的方案越优。这时以效益为变量。当成本为 $C1$ 时，乙方案无效，甲方案最优；当成本等于 $C0$ 时，甲、乙取得相同效益，从长远看，采用乙方案较优。③效益与成本的比率越大越好。如图 3-2 所示，当效益与成本均不限定时，可采取效益与成本差最大值。横轴 x 表示不同的选择系统，纵轴 y 表示效益和成本。两条成本效益曲线相交于 P、Q 两点，在 P 点以下 Q 点以上成本均大于效益，不予考虑。仅在 P、Q 两点间寻求效益对成本超过的最大值。图中 $X0$ 处，效益对成本的超额最大，或者说效益与成本的比率最大。

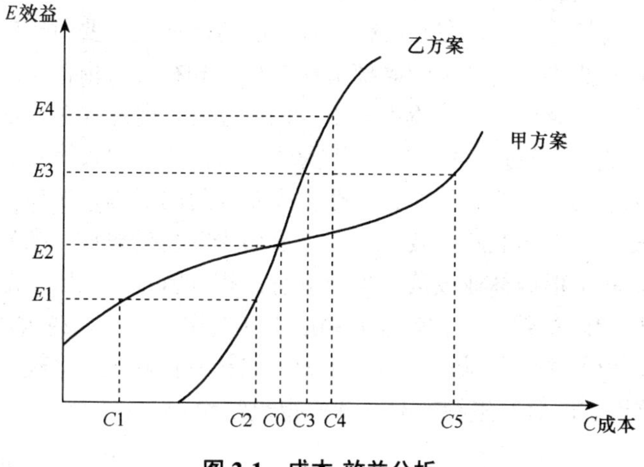

图 3-1　成本-效益分析

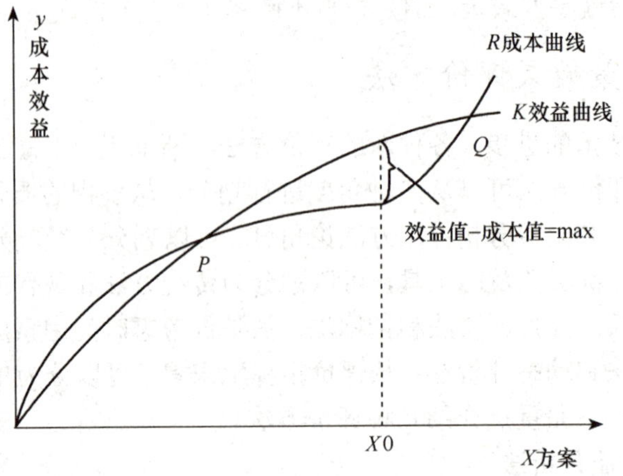

图 3-2 基于成本–效益分析的方案选择

任何政策都是旨在推行某种改革、重组某种资源或解决某个特定的问题，任何政策的实施都是有成本的，林业政策也不例外。成本分析是林业政策分析的核心，是基于折现的效益和费用大小来判断和评价项目、计划或投资的资源配置效率的一种方法框架。林业政策的成本和效益比企业的投资效益复杂得多，林业政策成本包括间接成本、直接成本、机会成本、边际成本。当林业政策效益不能用货币来衡量时，则要进行指标化或者指数化，林业政策效益有直接的、有间接的；有短期的、有长期的；有有形的、有无形的；有货币化的、有非货币化的，要综合分析这些效益，因此林业政策的效益要比企业的投资效益复杂得多。

成本–效益分析的一个重要衍生体是费用，即在不确定项目的货币价值的情况下，把费用和特定的项目输出水平值进行对照测算。林业政策费用（成本）应当包括：①决策制定费用，它是决策主体从提出问题到林业政策出台生效过程的投入。②衔接成本，即在新旧林业政策的衔接期间所要付出的代价。③摩擦损失，新的林业政策所产生的摩擦造成的损失和社会价值浪费。政策对象在追求自身利益最大化时，当政策不利于自己利益时，用各种手段抵制和削弱政策运行效率，从而导致投入的加大。④操作费用，即林业政策实际执行部门在实施政策中因宣传、解释、传达、监控及成立专门的机构、配备专门人员操作等所消耗的资源。当林业政策效益不能用货币来衡量的时候，则要进行指标化或者指数化，就是根据林业政策对象所具有的指标特征，提出一定的指数进行社会测量。林业政策效益（有效性）和成本（费用）的比率越大越好。因此，我们可以在评价某个具体的政策时，比如天然林保护政策，比较该政策的费用（成本）和政策实施后产生的效益，从而得出结论。

2. 成本-效能分析

成本-效能分析（或称成本-有效性分析）方法是根据方案或项目的预期结果的成本与效能，来评估每个方案或项目的效果。许多公共政策大都需要成本（而成本往往可以计算），但无法计算利益。在这种情况下，可以采用成本-效能分析方法来衡量方案达成目标的有效性程度。

在政策分析的实践中，成本-效能分析有多种形式：一是分析者可以计算要达到完全有效性（100%实现方案目标）程度需要多少成本。假设制造原子弹有三个方案：第一个方案要花100亿美元，第二个要花120亿美元，第三个要花140亿美元，三种方案的成功率可能相似，那么，分析者或决策者理所当然要选择第一种方案。二是分析者只计算达到某一有效程度的成本。例如减少空气污染，官员们知道不能100%加以消除，只想减少空气污染的70%，那么，在这种情况下，分析者将计算和比较消除空气污染 70%的各种不同方案的成本，而选择较优方案。三是分析者可以分析在不同有效性程度情况下成本的差异。假设政府农业部门决定消灭某种危及农作物的害虫，消灭干净（100%的有效性）当然是最好的，但它们的成本要花100万元；如果只消灭4/5（有效性程度80%），则成本只需要50万元。这就产生了要消灭干净还是只消灭4/5的选择问题。四是分析者在成本固定的情况下，比较具有各种有效性程度的方案。假设政府决定改善城市的交通状况，但立法机关在预算中只批准一定数量的资金，在这种情况下，政府的成本（费用）是固定的。若作成本-效能分析，则只分析固定成本条件下各种不同有效性程度的方案。

3. 投入产出分析方法

投入产出分析，又称“部门平衡”法，或称“产业联系”分析，是由美国经济学家瓦·列昂捷夫（Wassily. W. L. Leontief）在20世纪30年代最早提出来的。它主要通过编制投入产出表及建立相应的数学模型，反映经济系统各个部门（产业间）的关系。林业的投入产出模型，对运用投入产出方法分析林业问题进行了新的探索，为定量分析林业在国民经济中的地位和作用提供了工具；有助于分析林业内部产业结构，预测重大产业政策对林业的影响；有助于评估林业现代化水平；有助于确定林业建设方向和重点，为各级政府部门及时、准确地实施政策提供操作依据。

投入产出模型分类包括：一是静态投入产出模型，主要分析、研究某一个时期的再生产过程，按照不同的计量单位，可以分为实物型和价值型；二是动态投入产出模型，分析、研究若干时期的再生产过程，并研究各个时期再生产过程的相互联系。

4. 前后对比法

前后对比法是对政策执行前后的有关情况进行对比。这种方法具体可分为四种方式：

简单“前-后”对比分析，如图 3-3 所示。这种方式是将政策执行前和政策执行后的两种情况进行对比，图中（A_1-A_2）便是政策的效果。这种方式简便明了，但无法明确该项政策效果，即（A_1-A_2）是由政策本身引起的，或是其他因素所造成的。

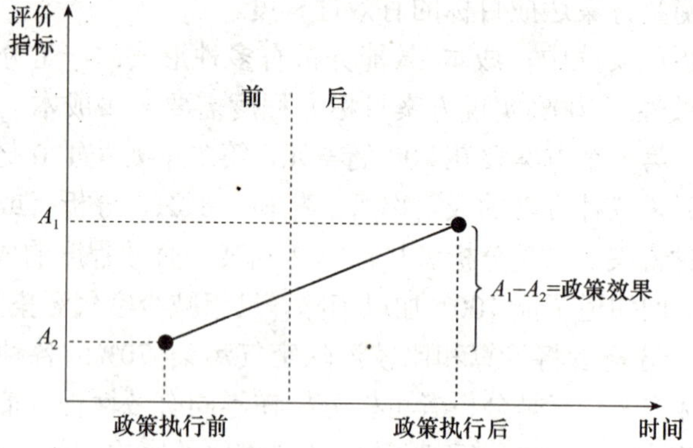

图 3-3 “前-后”对比分析

“投射-实施后”对比分析，如图 3-4 所示。这种方式是将政策执行前的趋向线 O_1O_2 投射到政策执行后的某一个时点 A_1 上，并将 A_1 与政策执行后的实际情况 A_2 对比，以确定政策的效果（A_2-A_1）。这种方式更加准确，比前一种方式更进一步。但困难在于如何详尽地收集政策执行前的相关资料、数据，以建立起政策执行前的趋向线。

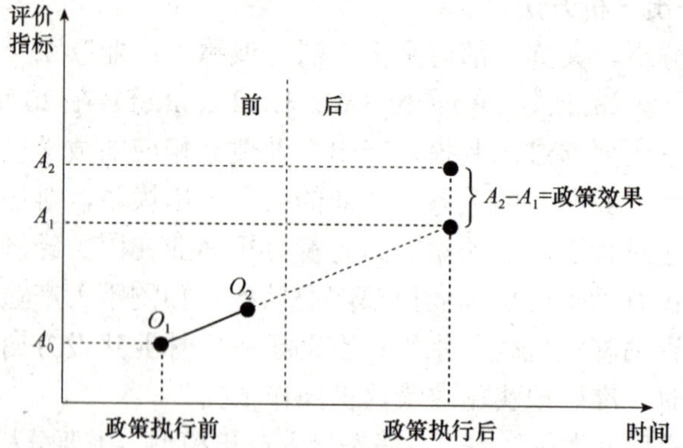

图 3-4 “投射-实施后”对比分析

“有-无”政策对比分析，如图 3-5 所示。“有-无”政策对比分析是在政策执行前和政策执行后这 2 个时点上，分别就有政策和无政策 2 种情况进行前后对比，然后再比较 2 个对比的结果，以确定政策效果。图中，A_1 和 B_1 分别表示执行前有政策和无政策 2 种情况，A_2 和 B_2 分别表示政策执行后有政策和无

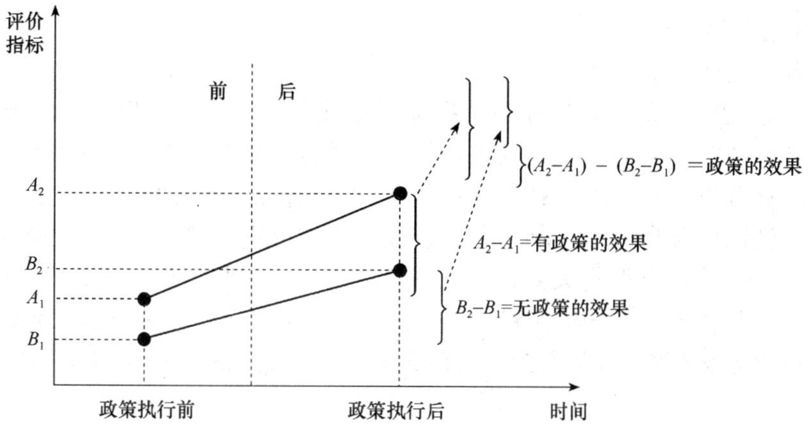

图 3-5　“有-无”政策对比分析

政策 2 种情况。（A_2-A_1）为有政策条件下的变化结果，（B_2-B_1）为无政策条件下的变化结果，则[（A_2-A_1）－（B_2-B_1）]便是政策的实际效果。其优点是可以在评估中对不同政策目标或其他政策要素的情况进行比较，较精确地测量出一项政策的效果。

“控制对象-实验对象”对比分析，如图 3-6 所示。该种方式是社会实验法在政策评估中的具体运用。评估者将政策执行前后同一评估对象分为两组，一组为实验组，对其施加政策影响；一组为控制组，不对其施加政策影响。然后比较这两组在政策执行之后的情况，以确定政策的效果。图中，A_1 和 B_1 分别为政策执行前实验组和控制组的情况，A_2 和 B_2 分别为政策执行后两组的情况，（A_2-B_2）即是政策的效果。这种分析方式排除了非政策因素的影响，所得到的政策效果较为准确，但却要求政策执行部门的大力支持和配合。

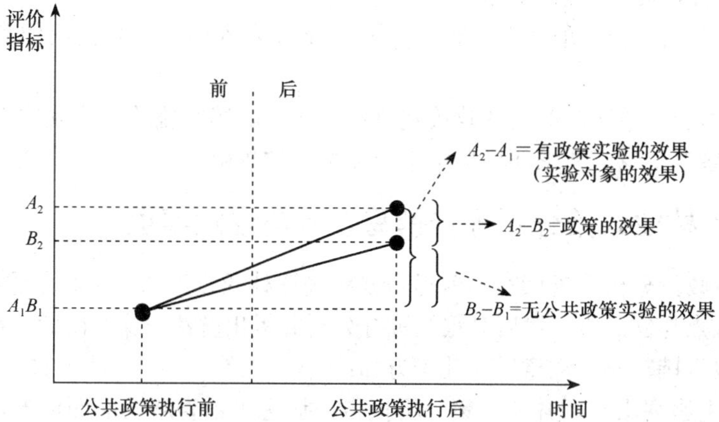

图 3-6　“控制对象-实验对象”对比分析

5. 多元统计分析方法

多元统计分析是从经典统计学中发展起来的一个分支，是一种综合分析方法，它能够在多个对象和多个指标互相关联的情况下分析它们的统计规律。林业政策的制定、执行及政策绩效，通常是受多种因素影响和制约的，多元统计分析方法很适合林业政策科学研究的特点。多元统计分析方法主要包括线性回归分析方法、判别分析方法、聚类分析方法、主成分分析方法、因子分析方法、典型相关分析方法以及最小二乘回归分析方法等。

在林业政策效果评价实践中，往往不是采用某一种评价方法，而是采用多种评价方法相结合，从而为林业政策效果评价提供更为全面和准确的评价结果。

第五节　林业政策分析报告的撰写

一、林业政策分析报告的框架与内容

一般而言，林业政策分析报告的框架与内容通常包括：

① 执行概要　扼要地陈述问题的症结，有关问题解决的政策选择，以及政策实施的具体步骤。

② 问题提出　言简意赅地指出问题是什么，问题的历史背景如何，通常问题是如何解决的，以及政策选择的必要性和重要性。

③ 政策选择的合法性论证　阐明为什么需要林业政策来解决问题，林业政策的政治环境提供了哪些制度保障。

④ 政策制定的合理性论证　通过事实和数据资料，实证地解释政策选择背后的理性内涵或行动逻辑。

⑤ 政策执行的可行性论证　分别论证政策执行中的政治组织和技术可行性。

⑥ 关于问题解决的具体政策建议　系统地陈述实施政策建议的步骤。

⑦ 参考文献　要求严格按学术论文发表的规范。

二、林业政策分析报告撰写技术与注意事项

林业政策分析报告撰写的前提是要明确该林业政策的目标和主题，选择一定的切入点与立足点，然后对政策进行分析并提出解决方案。因此，在林业政策分析报告撰写时要注意以下几个方面：

① 主题突出　写林业政策分析报告，切忌平铺直叙，面面俱到，切忌简单的罗列堆积材料，要有针对性的选择切入点对该林业政策进行分析，研究其政策制定的合理性、执行的合理性以及存在的问题和解决措施。

② 内容真实　林业政策分析报告不是文学作品，因此所反映的内容、事实必须是客观事物的原貌，绝不可以想象、虚构，更不可以弄虚作假。

③ 数据确切　林业政策分析报告的数据多源于农户的实地调查，只有真实地处理所搜集的数据才能很好的反映问题所在。在林业政策分析报告中，运用一些具体数字来说明政策的可行性以及执行效果，精确的数据要比空洞的叙述更具有说服力。

④ 符合党的方针政策　反映林业相关的新问题，政策分析报告通常是以反映政策执行过程中存在的问题及解决措施为优势。因此，要写好政策分析报告，就要深入领会党的方针政策，只有顺应时代的背景；政策的执行才更有效果。

（柯水发　姜雪梅　陈章纯）

一、名词解释

政策研究者　政策研究组织　林业政策分析　系统分析　实证研究　价值研究　规范研究　比较研究　个案研究　层次分析法　德尔菲法

二、思考与讨论

1. 做一名合格的林业政策研究者应具备哪些基本素质和能力？
2. 如何培育和发展多样化的林业政策研究组织？
3. 林业政策研究的基本程序是什么？
4. 林业政策研究可以有哪些研究视角？
5. 林业政策研究资料搜集和整理方法有哪些？
6. 林业政策分析的原则和特点是什么？
7. 林业政策分析的步骤有哪些？
8. 林业政策分析模型设计应遵循哪些基本原则？
9. 掌握并运用几种常见的林业政策分析方法分析某一现行林业政策问题。
10. 如何撰写林业政策分析报告？

三、课外阅读材料

贺卫，王浣尘．试论公共政策研究中的模型方法．中国软科学，2000（1）：32-34．

陈振明．公共政策学：政策分析的方法、理论和技术．北京：中国人民大学出版社，2004．

肖春苗．中国民间政策研究组织的发展与完善．四川农业大学学报，2007，25（2）：139-144．

四、案例分析

辽宁省清原县集体林权制度改革活跃了农村经济

辽宁省清原满族自治县全力推进集体林权制度改革，通过对山林的确权到户，鼓励农民发展多种经济，活跃了农村经济。初步形成资源得保护、产业得发展、农民得实惠的良好局面。

清原县集体林总面积 348 万亩，其中：应参改面积 320 万亩，涉及 14 个乡镇，188 个行政村，从 2006 年开始到目前为止，已经完成林改总面积 316 万亩，占应改面积的 98.75%。完成林改村 186 个占 99%。全县参改农户 6.63 万户，占总农户 6.88 万户的 96.4%，参改人口 22.8 万人，占农业总人口 24 万的 95%，户均林地面积 55.6 亩，人均面积 13.9 亩，签订各类林改合同 9 万余份。

到目前为止，清原林地经济发展势头良好，已经初步形成了以红松、核桃楸为主的百万亩坚果经济林和以林下参、山野菜为主的百万亩森林食品和药品基地。林改后全县发展林下产业 10 万余亩，营造红松果材林 3 万余亩，栽植大果榛子 1 000 余亩；累计发展各种药材 52 万亩，其中林下参 39 万亩，龙胆草、五味子、细辛、地龙骨等中药材 13 万亩，农民年人均收入达 1 600 元，占人均收入的 40%左右。

农民素质和经营积极性明显提高。农民通过林改取得了林地使用权，但在林地上开发什么项目和怎么开发心里都没有底。县政府就以现代林业示范村建设为契机，建立林地经济示范户 42 户，设立现代林业示范村 33 个，开办林地经济产业培训班 30 次，培训人员 2 000 多人次，发放林地经济简报 5 万余份，组织参观现代林业示范村 6 次，利用以点带面，以户带村，以村带县的方式，激发了农民开发林地的热情，逐步走出一条“靠山养山、养山富民”的发展模式。

（资源来源：辽宁省清原县政府网站）

讨论题：

1. 集体林权制度改革前后清原县在林业生产上发生了哪些变化？
2. 分析案例，试述集体林权改革对经济效益、生态效益和社会效益的影响。
3. 试用层次分析法评价清原县集体林权改革的综合效益。

五、主要参考文献

[1][美]卡尔·帕顿，大卫·沙维奇．公共政策分析和规划的初步方法[M]．北京：华夏出版社，2002.

[2][美]威廉·邓恩．公共政策分析导论[M]．北京：中国人民大学出版社，2002.

[3]陈庆云．公共政策分析[M]．北京：中国经济出版社，1996.

[4]陈振明．公共政策分析[M]．北京：中国人民大学出版社，2002.

[5]陈振明．公共政策学：政策分析的方法、理论和技术[M]．北京：中国人民大学出版社，2004.

[6]贺卫，王浣尘．试论公共政策研究中的模型方法[J]．中国软科学，2000（1)：32-34.

[7]林德金，陈洪，刘珠江．政策研究方法论[M]．延吉：延边大学出版社，1989.

[8]马克思，恩格斯．马克思恩格斯全集（第2卷）[M]．北京：人民出版社，1957.
[9]宁骚．公共政策学[M]．北京：高等教育出版社，2003.
[10]钱再见．公共政策学新编[M]．上海：华东师范大学出版社，2006.
[11]王春福．试论政策评估和政策评价的区别[J]．理论探究，1992（3）：46-48.
[12]王俊中．论林业政策研究[J]．林业工作研究，1996（8）：28-34.
[13]张国庆．现代公共政策导论[M]．北京：北京大学出版社，1997.
[14]张金马．政策科学导论[M]．北京：中国人民大学出版社，1992.

第四章　中国林业政策史

第一节　中国林政发展史

中国的林政随中国历史进程而不断演进和发展。中国林政发展史大概经历了如下几个时期：古代林政、近代林政和现代林政。

一、古代林政

（一）古代林政发端时期

约 180 万年前至公元前 2070 年夏代建立，中国的先民处于原始社会，当时林政处于发端时期。那时的森林动植物资源极为丰富，加之人口稀少，人类与森林处于和谐相处的平衡状态。根据现代研究推测远古时期中国森林最多时的森林覆盖率高达 64%，主要分布于中国的“东南半壁”。中国古代原始的森林利用时期至古代林业形成的漫长岁月，可上溯至旧石器时代。如从已发现的山西芮城西侯度旧石器时代遗址（180 万年前）中发现有烧骨遗物，说明当时人类活动中已有了火，而火的使用是森林开发的前兆。随着火的使用和农业的发明，人类利用与破坏森林的程度越来越强，放火毁林烧山以开辟农田。自黄帝轩辕直至夏代的数百年间是毁林较为严重的时期。至旧石器时代中晚期，人们为取得衣食而驱赶并猎取野兽时，已有意识地放火烧林。10 万年前陕西省大荔县大荔人遗址、25 600～27 200 年前山西省襄汾县丁村人遗址、18 445～19 285 年前北京周口店山顶洞人遗址等，都反映了上述原始森林的利用情况。

中国古代原始林业大约产生于 8 000～9 000 年前的新石器时代。公元前 5000—前 3300 年，浙江余姚河姆渡人已在从事农耕、捕鱼、纺织的同时，从事伐木、木器制造及漆的利用等。在该处出土的文物中，除角锛柄、木斧柄、骨锯齿状物及木桨外，已有架空居住的木结构干栏式建筑，有的构件已采用榫卯加工技术。公元前 4800—前 4300 年，属仰韶文化的陕西西安半坡遗址中有初具民族风格的木构建筑，并有伐木石斧、木质葬具及榛、栗等种子。公元前 3300—前 2600 年的浙江吴兴县钱山漾遗址中有毛核桃及酸枣等植物种子，有的学者认为这是人工种植果树的证明。遗址中还发现竹器200余件，木器多种，反映了当时竹、木器的制造水平。

新石器时代晚期（前3000—前2000年），随着原始农业的形成和发展，已广泛使用木器作为生产工具。《史记》载：“黄帝之孙颛顼静渊而有谋，养材以任地。”说明当时对山林管理、利用的水平均有所提高。舜时产生了第一代林业职官——虞，其主要任务是放火烧林。相传虞舜时期，洪水为患，禹在治理洪水的同时对国土进行了一次大规模的治理，对古代林业的发展具有深远影响。

（二）古代林政奠基时期

从夏朝建立至秦朝统一中国（前2070—前221年），是我国奴隶社会向封建社会过渡的时期，先后经过了夏、商、西周、春秋、战国等朝代。林政管理经过发展初步形成体系，可谓奠基时期。

到夏、商、周时期，青铜器出现，社会分工进一步深化，黄河、长江流域人口繁衍，城邑不断增多，促进了大规模的森林开发。夏的活动地区主要集中于黄河中下游，人口约100万。南方荆楚地区依附于夏王朝的苗族各部，多以林产品为主要进贡物资。夏桀之际，周人先祖公刘开始开发秦岭北部森林。商的活动区域有所扩大，人口增长到200余万人。商代殷王祖甲时期，周太王之长子太伯、次子仲雍赴吴地（今江苏常熟无锡一带）率民开垦林地，发展农业。到西周初期人口增加到300余万人，活动区域、城的密度都有增加，邦国进一步减少。周王朝建立后，奴隶制进入鼎盛时期，在黄河、长江流域进行了更大规模的森林开发，其势力所及，北至今黑龙江、吉林等省，南至广东五岭之南，均有向周王朝进贡林产品的史实。此时对森林的开发利用，除采伐木材用于建造宗庙、宫室、木棺外，林地还被辟为良田或用作狩猎苑囿。春秋后期人口达450万人。统治地区已达长江中下游乃至华南一带。战国末期人口达2 000万人，森林资源受到很大的破坏。据资料分析，1 800多年间，森林覆盖率大约由60%下降到46%。至少到春秋战国时期，黄河水已不再清澈。但由于那时毕竟人少，森林资源仍然很丰富，尤其是山地和人口稀少的边远地区。为了节制森林的破坏，更有效地利用山林资源，林政管理进一步加强，也形成了森林资源保护的传统。周初《逸固书·大聚》中记载“春三月山林不登斧，以成草木之长”，《周礼·山虞》中对于采伐林木作出了严格规定：“仲冬斩阳木，仲夏斩阴木。”《礼记》中有“木不中伐，不予于市”，“禁禁其欲伐者，止止其方伐者”，“树木方盛，乃命虞人入山入木，勿有斩者”的记载。《能见辑览》中记载：周文王讨伐崇国，下令行作战中“无伐木，……违者不赦”。《管子》中记载：“山林梁泽以时禁发”，“山泽救于火，在非采伐季节严禁伐大木，斩大山”，“苟有动封山者，罪死不赦”，说明已知晓山林的保护。

夏商周三代的林地和森林所有制，基本上属于奴隶制国家所有，到春秋战国时期才开始出现林地交易。公元前913年周共王时的卫鼎铭文是最早的林地买卖契约。林地私有制的出现，意味着森林开发和利用的进一步强化，但也预示了滥伐森林的发生。人工植树在当时已有多种形式：社前植树夏代已有记述；墓地植树、边境造林、庭园植树及行道树种植等至周代而相沿成习；同时，果林、桑林、漆林等经济林木的人工经营也初见端倪，还开始认识到了树木有保持水土的作用。铜制斧、锛、刀、锯等至周代已成为森林采伐的常用工具。木材运输则水、陆并举，已使用木排。此时木舟的制造和利用也渐发达。《周易·系辞》载有："舟楫之利，以济不通，致远以利天下。"《国语》记载：周代"列树以表道"，说明当时已经种植行道树。另据战国时成书的《周礼》记载，当时山林政令、林木贡赋、边境造林、春季山林防火、森林采伐运输等均已有专人负责。天子封禅的山即为"封山"、"禁山"，山上的土石草木都属神圣不可侵犯。这种基于王权观念的封山法令后一直延续于整个封建社会，只是因朝代不同，其封禁范围不同而已。

在林业政策上，一方面，继续焚烧山林开辟农田，采伐木材，以满足人们生活需要。另一方面，鼓励植树；加强森林保护，以时禁发山林；制定森林防火和采伐的法令；对国家缴纳一定的林产品贡赋。自西周以来，都设立专门的林业职官来管理山林。战国初年魏国李悝、秦国商鞅等主张以农桑为国本，以商业、手工业为末业的思想对恢复由于种种原因而被破坏的森林，虽起过一定作用，但同时也由于它对手工业和商业的抑制，妨碍了林业商品经济的发展。在这种情况下，管子把林业看成治国的根本大计之一，提出"十年之计，莫如树木"；他认为衡量一个国家实力要"行其山泽，观其桑麻"，主张国有森林应按时开放，根据林木和林木需要的不同，收取不同的租金，并强调发展林产品加工等，对后世林业的发展有较大影响。战国中期，秦朝商鞅认为，森林面积必须占全国土地的一定比例。

先秦诸子学说包含着丰富的生态保护和林业建设思想，并由此奠定了我国两千年封建社会林业政策法令的思想基础。阴阳家重视生态平衡和森林资源的可持续利用；道家崇尚道法自然；儒家强调生态伦理；法家主张植树造林并依法管理；墨家倡导节用。各家虽有相悖之处，但也有相融共通的基本点，即都主张对森林资源的保护，强调人与自然的和谐共处。

（三）古代林政形成时期

秦汉魏晋南北朝至隋唐（前221—公元907年），是中国封建社会的成长和发展时期。人口大致从2 000万人增至8 300万人。统治区域进一步扩大，社会生产力水平有较大提高。森林资源继续消耗，前后1 128年间，森林覆盖率由46%下降为33%。大面积毁林主要集中于长江以北的北部中国。由于森林资源的减少，各种自然灾害也越发严重。林业生产和科学技术都得到发展。司马迁写道："山居千章之材，安邑千树枣，燕秦千树栗，蜀汉江陵千树橘，淮北常山已南河济之间千树楸，陈夏千亩漆，齐鲁千亩桑麻，渭川千亩竹，此其人皆与千户侯等。"(《史记·货殖列传》) 可知西汉时经济林发展的情景。林业科技方面，西汉时期氾胜之著《氾胜之书》，刘宋时期戴凯之作《竹谱》，北魏时期贾思勰著《齐民要术》，唐朝的郭橐驼著《种树书》，陆羽著《茶经》等，都是有名的著作。这一时期突出的林业政策有：

（1）各代都实行以农桑为本的政策

一方面开禁山泽，毁林开荒，鼓励垦殖以发展农业；另一方面又劝民种树，植树造林，发展桑枣茶等经济树木。"种树"在古代是"种植"的意思，主要指农作物，也包括桑、果、榆等经济树木。如《汉书·贾山传》记载：秦始皇在全国大修驰道，"道广五十步，三丈而树，厚筑其外，隐以金锥，树以青松"开了广泛栽植行道树的先例。他下令焚书，但留下种树之书不烧。西汉文帝、景帝多次下诏"劝农种树"。王莽也下令百姓在城里宅旁种树，不种的罚款。隋文帝命令分配给高级官吏"永业田"，劝种桑、榆、枣。隋炀帝开运河，下诏百姓于河渠两旁遍植垂柳，栽一株赏缣一匹，群众争植护岸树。

（2）某些山林的封禁保护政策

秦始皇东登泰山时，下令"无伐草木"；各代对五岳、寺庙、墓地周围的森林禁止采伐和破坏，还有森林防火的规定。

（3）关于土地制度

北魏孝文帝于太和九年（485 年）在土地制度上进行改革，实行"均田制"。其内容为，根据人丁多少分别授露田（农地）和桑田（又称永业田，即林地）。规定永业田只能植树，且可以继承。这项制度对林业发展起到积极作用。均田制的荒废对于林业也有破坏作用。这种政策在后来一直延续到唐德宗年间（780 年），实行了 300 年时间。

（4）在税收方面

汉代山林税收时征时免，唐代对林产品采取免税制。征收山林税收，有利于保护、管理山林的一面。但国家从山林中取多予少，是一大缺陷。

（5）林业官制进一步完善

掌山林政令、林业赋税、陵墓和街道植树、皇家园林的职官都很齐备。在秦、汉时期的三公九卿中，三公之首的丞相协助天子总揽林政；九卿中的少府掌山林和渔业等。西汉时大司农、少府掌管征敛赋税；将作大将，"掌修作宗庙、路寝、宫室、陵园木土之功，并树桐梓之类列于道侧"(《后汉书·百官志·将作大匠》)；水衡都尉、上林苑令，管理皇家林苑。三国、两晋、南北朝时期社会动荡，林业官制虽极不稳定，但也都有设置，或袭汉制，或仿周制。隋朝在前代基础上重新厘定中央官制，由五省中的尚书省辖六部，工部领虞曹（司），掌林业政令、森林保护及田猎等；九寺中的司农寺，掌征收赋税、劝民农桑，其属上林署掌皇家林苑园囿；五监中的将作监，掌土木建筑、百工及林木采伐。隋代掌管农林的部门为九寺之一的司农寺；唐初沿袭隋制，后改由工部下属的虞部“掌京城街巷种植，山泽苑囿，草木薪炭，供顿田猎。”（《唐书·职官》）

（6）林业商品经济曾有较大发展

汉时司马迁提出“农而食之，虞而出之，工而成之，商而通之”，把林与农、工、商并列。公元前 81 年汉昭帝（始元六年）关于盐铁的辩论中涉及林业所有制、林业赋税、林产品价格等一系列林业经济政策问题，对后世影响较大。至南北朝，贾思勰在其所撰《齐民要术》中，从封建地主经济角度设计了地主庄园生产、交易和消费的模式，其中突出了林业经济。

（四）古代林政发展时期

五代宋辽金夏元明至清代前期（907—1840 年），是我国封建社会的继续发展和衰老期。人口由五代时的 3 000 万人增长到清代道光二十年（1840 年）的 41 281 万余人。五代十国时期，经济文化的重心从黄河流域转移到长江流域，以淮河、秦岭为界，南方人口开始超过北方。清代前期人口发展很快，由康熙时期的 8 000 万人左右增加到道光二十年的 41 281 万人，形成人口发展的高峰。森林覆盖率大约由 33%下降到 17%。森林破坏的地区重点是长江流域、珠江流域和西南地区的天然林，中原地区已基本上无林可采。与此相应，生态环境日益恶化。到明清时期，黄河、长江流域的水旱灾害已很严重，北方旱灾更为突出。这一时期的林业政策突出体现于以下几个方面：

（1）农垦政策的加强

宋代在南方开垦大量农田。清代，由于人口过快增长，农业的发展主要依靠与山林争地以扩大耕亩，为安抚流民，对此清政府不得不采取鼓励政策。长江流域棚民大量出现，毁林开荒，加上燃料、建筑材料等均以木材消耗为主，故各地森林大量消失，由此所引起的生态后果极为严重。

（2）局部地区森林的封禁和保护

明代在京城周围设禁猎区，对皇陵树木严禁破坏。清代前期，满族统治者为保护祖宗的发祥地，把东北划为“四禁”地区，森林得到较好的保护。

（3）植树造林

《宋史·太祖本记》记载：宋太祖“课民种树”，央河两岸广植榆、柳护堤。元世祖忽必烈重视种树，倡导在大路两旁普遍栽植行道树，深受意大利旅行家马可·波罗的赞赏。《明史·食货志》载：洪武二十四年（1391 年），明太祖发布植桑枣树诏令，号令南京臣民在钟山种植桐、棕、漆树。清代，永定河、黄河、长江等河流经常泛滥，为此，清代皇帝多提倡河堤植树，虽不能从根本上解决问题，但却促进了人工林的发展，当时人工林的发展主要以经济林为主。

（4）林业法令

各代都曾颁布加强护林植树的诏令或法律。地方上的山林保护，主要依靠乡规民约，表现在明清时期护林碑大量出现。它们所起的作用显然是相当有限的。

（5）提倡农林教育

宋代的“农师”制；清代官修农书等。

（6）赋税政策

清代的林业税赋分两种：一种是各省上缴中央政府的林产品贡赋；一种是各地税关征收的木税。所收木税主要解决国家财政，供统治者消耗，而用于林业建设的则少得可怜。

（7）林业官制

宋、元时期加强中央集权，实行木材统一管理，严禁私人贩运木材。明清时期的官制基本沿袭汉、唐官制，由户部及工部主管林业。从清中央机构来看，只有管采伐、管收税、管围场、管皇家园林的官，但是并没有专门管理山林，治理荒山，负责造林绿化的官职。山林管理由地方官负责，但没有多少地方官会照顾到林业问题。因此，总体上说，这一时期的林业政策仍然是十分粗放的。

二、近代林政

中国近代，包括晚清和民国两个阶段（1840—1949 年）。鸦片战争以后，中国社会一步步沦落为半殖民地半封建社会，中国历史走向近代。全国人口从 1840 年的 41 281 万人缓慢增至 1949 年的 54 167 万人。与以往相比，由于增加了帝国主义掠夺和近代的战争毁林 2 个新因素，致使森林资源破坏达到有史以来的最高峰，覆盖率大约由 17%下降为 12.5%，生态环境继续恶化。

（一）森林资源锐减

从 1840—1949 年这 100 年间，森林资源的锐减，其原因除历届政府管理不善外，主要是随着中国沦为半封建半殖民地社会，当时的中国政府和列强签订的一系列不平等条约，帝国主义对中国森林资源逐渐加剧掠夺和破坏，使森林资源遭受严重损失。如先后在 1858 年和 1860 年（清咸丰八年和十年）被迫与沙俄签订的《中俄瑷珲条约》和《中俄北京条约》，使中国东北地区的大片土地被掠夺，沙俄强行割去中国领土逾 $100\times10^4\ m^2$，其中包括森林面积 $5\,471\times10^4\ hm^2$，夺走黑龙江以北乌苏里江以东大面积茂密的森林。沙俄在八国联军攻战中国时，单独出兵东三省，修建铁路，垄断东北林业，仅 20 多年时间，中东铁路两侧 25～50 km 范围内和鸭绿江右岸森林即已砍伐殆尽。1895 年（清光绪二一年），清政府被迫与日本签订的《马关条约》又使台湾全岛以及澎湖列岛和辽东半岛遭割让，其中森林面积约 $215\times10^4\ hm^2$。1858 年（清咸丰八年）签订的《中法天津条约》和 1896 年（清光绪二十二年）签订的《中俄密约》，允许法国在云南南部、沙俄在大小兴安岭修筑铁路，也使两侧森林受到极大破坏。1904年日俄战争后，日本夺取沙俄在东北的特权，独占了鸭绿江右岸的森林资源。自1931年起，在东北沦为日本殖民地的14年间，共有约1×10^8 m^3的木材被掠夺。1937年后日本发动全面侵华战争期间，全国森林面积约减少10%以上。

此外，战争和火灾所造成的森林破坏也是非常严重的。如咸丰十年（1860年）清军在安徽太湖、罗山一带放火烧太平军军营，火借风势，烧毁大面积森林。同时，森林大火频发。如光绪十九年（1893年），绥远乌拉山森林发生大火灾，烧时达半年之久，数十里森林化为灰烬。

（二）林政和林业经营

鸦片战争以后，尤其是19世纪末叶起，朝野不少有识之士面临民族危机，受西方科学思想的影响，为了救亡图存，大力主张振兴实业，其中包括林业。孙中山的林业思想也在此时达到了新的高度。同时，一批林学家也提出了发展林业的理论。

从清朝末期开始，开始设置林业管理机构如光绪二十四年（1898年）以后，清政府设立了农工商总局，其中设农务司，林业由农务司掌管。尽管晚清政府投入林业的经费很少，而林业捐税却名目繁多，但具有现代意义的林业毕竟产生萌芽，为日后林业的独立发展奠定了基础。

戊戌变法（1898年）前后，在振兴实业的口号下，在开始选派留学生出国学习林业、传播国外林业科学知识的同时，也对林业官制进行了改革，如在各地设置劝业道，提倡荒山造林等。辛亥革命后，历届政府从中央到地方均设林政部门。民国政府在1914年（民国三年）9月1日颁布《狩猎法》，同年11月3日颁布《森林法》，是我国近代史上第一部比较完整的《森林法》，共6章32条。1915年6月30日公布了《森林法实施细则》，并于此后陆续发表《造林奖励条例》《国有林区伐木查验规程》。1921年（民国十年）9月24日，公布了《狩猎法实施细则》。1932年又重新修改并发布《森林法》，内容为10章77条。1945年对森林法又作了修改。一些省份也制订本省的森林法规。1915年3月31日，民国政府规定清明节为植树节。孙中山先生逝世后，1928年4月7日民国政府下令改3月12日为“总理逝世纪念植树日”即植树节，开展植树造林活动。但是以上这些法规、条例，由于国民党政府在政治、经济上的原因，大部分未能贯彻实施，基本流于形式，收效甚微。

这一时期的森林经营除外商直接投资外，还有中外合资、官办、官商合办、官僚资本、集资经营及私人资本等，既有以造林为主的垦殖公司、树艺公司，也有以采伐制材为主的伐木业和制材业。1878年，在上海董家渡有华商开办小型机器锯木厂，是制材机械化的开端。1898年俄国人于东北境内修筑中东铁路后，始有铁路运材。自此，森林工业有了机械化的因素。但在当时条件下，机械化的进程缓慢。在各种林业经营形式中，私人资本经营的造林、采伐、制材、造纸等企业及民间自发的植树造林活动占有较大比重。光绪年间广东嘉应（今梅县）杨亮生集股成立自西公司种植橙、橘、松、杉、竹等林木；华侨何麟书于海南岛创立琼安公司引种南洋橡胶苗木，为民族资本经营林业嚆矢。此后私人经营的采伐业、制材业和造纸业也逐渐增多。

民间自发造林在此时也蓬勃发展。如有北方风沙旱涝地区榆林、靖边一带农民种植的旱柳、沙柳防护林带，吉林扶余，辽宁康平的杨、榆树农田防护林等。南方各省实行林粮间作，以培育松、杉、竹等为主；一些山区农家种植杉木，待女儿出嫁时伐木为资，称“女儿杉”，相沿成习。清末将领左宗棠在甘肃、新疆境内的道路造林，民国冯玉祥在河南、北京、泰安等地植树造林均驰名于世。此外，公有林有 1916 年江苏省营造的教育林，面积 18 万亩，植树近 7 万株；国有林有 1941—1943 年间林业机构营造的经济林木近 400 万株，水源林 3 万余亩。

（三）革命根据地的林业建设

1928 年以后，中国共产党在各革命根据地实行土地改革、调整林木所有制的同时，大力提倡群众植树造林，绿化荒山；1928 年，毛泽东于江西永新倡导造林；1932 年，中华苏维埃政府公布《植树造林》决议；1938—1942 年，陕甘宁边区政府发动群众植树 260 万株；1943—1946 年在陕北张家畔荒滩植树 500 余万株。

第二次国内革命战争时期，在中国共产党领导下的革命根据地的人民民主政权，对山林管理非常重视，许多关于森林管理的重要法规应运而生。据不完全统计，仅陕甘宁边区人民政府从 1937—1948 年，就公布了与森林相关的法令、条例共 100 余件。1928 年 12 月，《井冈山土地法》中规定，“茶场、柴山，按照分田的办法，以乡为单位，平均分配耕种使用，竹林山归苏维埃政府所有，但农民经苏维埃政府允许后，才得享用竹木”。1931 年 11 月《中华苏维埃土地法》规定，森林、大山一律由苏维埃政府管理。1932 年 3 月，中国红色政权发布了关于林业的第一个专门决议：《对植树运动的决议》，随即传达贯彻，造林季节每人植树 10 棵，绿化附近的荒山秃岭。1934 年，中华苏维埃共和国人民委员会颁布了《保护山林条例》。抗日战争和解放战争时期，随着战争和生产形势的发展，各边区政府陆续颁布有关政策、法令，保护林木，奖励植树造林，各级政府作了传达贯彻，收到效果，各地群众性的植树造林活动由小到大，蓬勃开展起来。1947 年 9 月 13 日，中共中央发布《中国土地法大纲》，明确指出“禁止任何人为着妨碍公平分配之目的而任意砍伐树木的行为”。1949 年 9 月 20 日，中国人民政治协商会议通过的《共同纲领》第三十四条规定：“保护森林，并有计划地发展林业。”1949 年 6 月 19 日，还公布了《东北解放区森林保护暂行条例》。这些有关保护森林的规定，在人民民主政权的各个地区发挥良好作用，而且为中华人民共和国成立以后制定若干保护森林的法规奠定了比较好的基础。

近代的林业政策突出体现在以下几方面：①由于战乱，林政多变而混乱。②林政思想有较大的进步，西方林业思想逐渐渗透到我国，并与传统的林业思想相结合，推动了林业的发展，林业科学、教育在艰苦的环境中缓慢前进，中国林业逐渐地由传统向现代化过渡。③制定并颁布了《森林法》及《森林法实施细则》。民国时期，中国第一部《森林法》诞生，期间经过两次修订，并发挥了一定作用。④设立有专门管理林业的机构。⑤在林业的正式制度不断发展的同时，出现了林业的非正式制度，如关于林业的乡规民约（大多是以护林碑的形式出现的），反映出人民对森林效益的认识更加全面，对盗伐林木、破坏风水者极为痛恨，处罚办法相当具体，同时，要求采取措施以保护森林树木的愿望非常强烈。⑥出现林产品的国际贸易。据海关记录，从清同治七年（1868年）起，中国开始进口木材，并逐年增加。

三、现代林政

1949年至今，中国迈入社会主义革命和建设时期，林业走过了一段曲折发展的道路。由于人口、经济、政策等原因，森林资源增长缓慢，前30年继续减少，后20年才出现增长。人口由建国初的5.4亿人增加至20世纪末的12.9亿人，是我国人口增长最快的时期。生态环境局部治理而整体恶化。水土流失、洪旱、沙漠化等生态灾害仍相当严重。同时，中国林业有了显著的发展。人工造林速度和规模均居世界第一，截至2000年底，各类保护区面积占国土总面积的12.44%。到20世纪末，中国政府实施了对林业和生态发展有决定意义的“退耕还林工程”和“天然林保护工程”。

经过50多年的努力，我国初步形成了由法律、行政法规、部门规章和地方性法规、地方政府规章构成的林业法律法规体系，为林业建设提供了有力的法制保障，中国林业逐步走上依法治林的轨道。新中国成立以来的主要林业政策文件见表4-1。

表4-1　新中国成立以来的主要林业政策文件

日　期	发布单位	文件题名
1950-05-16	政务院	关于全国林业工作指示
1950-06-15	政务院、中央军委	关于各级部队不得自行采伐森林的通知
1951-02-02	政务院	关于一九五一年农林生产的决定
1951-03-17	政务院	关于春季禁止烧荒、烧垦，禁止森林火灾的指示
1951-04-21	政务院	关于适当处理林权，明确管理保护责任的指示

（续）

日　期	发布单位	文件题名
1951-08-13	政务院	关于节约木材的指示
1952-03-04	中共中央	关于防止森林火灾问题给各级党委的指示
1952-03-04	政务院	关于严防森林火灾的指示
1953-09-20	政务院	关于发动群众开展造林、育林、护林工作的指示
1954-12-20	国务院	关于进一步加强木材市场管理的指示
1956-04-18	中共中央、国务院	关于加强护林防火工作的紧急指示
1956-06-05	国务院	关于保护和发展竹林的通知
1956-11-20	国务院	关于新辟和移植桑园、茶园、果园和其他经济林减免农业税的决定
1957-04-07	中共中央、国务院	关于在全国大规模造林的指示
1957-04-08	国务院	关于加强护林防火工作的指示
1958-09-13	中共中央	关于采集植物种子绿化沙漠的指示
1960-04-07	国务院	关于加强松香生产和采购供应工作的指示
1961-06-21	中共中央	关于确定林权保护山林和发展林业的若干政策规定（试行草案）
1962-02-17	国务院	关于开荒挖矿修筑水利和交通工程应注意水土保持的通知
1962-04-15	国务院	关于节约木材的指示
1962-06-07	中共中央	关于南方五省区林业问题的批示
1962-09-14	国务院	关于积极保护和合理利用野生动物资源的指示
1962-10-18	国务院	1963年对集体所有制木材生产的收购指示和奖售问题的决定
1965-05-27	国务院	森林保护条例
1965-04-16	国务院	关于加强东北林区防火灭火的紧急通知
1967-09-23	中共中央国务院等	关于加强山林保护管理，制止破坏山林树木的通知
1970-05-15	国务院	关于加强护林防火工作的通知
1971-03-25	国务院、中央军委	关于加强护林防火工作的通知
1979-01-15	国务院	关于保护森林制止乱砍滥伐的布告
1979-02-23	五届人大常委六次会议	中华人民共和国森林法（试行）
1980-03-05	中共中央、国务院	关于大力开展植树造林的指示
1980-12-05	国务院	关于坚决制止乱砍滥伐森林的紧急通知
1981-02-09	国务院	关于加强护林防火工作的通知
1981-03-08	中共中央、国务院	关于保护森林发展林业若干问题的决定
1981-12-13	五届人大四次会议	关于开展全民义务植树运动的决定
1982-02-27	国务院	关于开展全民义务植树运动的实施办法
1982-06-04	国务院	中华人民共和国进出口植物检疫条例
1982-10-20	国务院	关于制止乱砍滥伐森林的紧急指示
1983-01-03	国务院	植物检疫条例

（续）

日　期	发布单位	文件题名
1983-04-13	国务院	关于严格保护珍贵稀有动物的通知
1984-03-01	中共中央、国务院	关于深入扎实开展绿化祖国运动的指示
1984-09-20	六届人大常委七次会议	中华人民共和国森林法
1988-11-08	七届人大常委四次会议	中华人民共和国野生动物保护法
1989-12-18	国务院	森林病虫害防治条例
1989-12-26	七届人大常委十一次会议	中华人民共和国环境保护法
1990-11-01	林业部	木材运输检查监督办法；木材检查站管理办法；林木种子检验管理办法
1992-03-01	林业部	中华人民共和国陆生野生动物保护实施条例
1993-08-30	林业部	林地管理暂行办法
1998-02-18	林业部	林业部森林病虫害工程治理管理暂行办法
1998-04-29	九届全国人大常委会	中华人民共和国森林法（修正版）
1999-08-10	国家林业局	中华人民共和国植物新品种保护条例实施细则(林业部分)
1999-01-29	国务院	中华人民共和国森林法实施条例
1999-03-13	国家林业局	林业工作站管理办法
2000-07-08	九届全国人大常委会	中华人民共和国种子法
2000-12-05	国家林业局	公益林与商品林分类技术指标（林业行业标准）
2000-12-31	国家林业局	林木和林地权属登记管理办法
2001-01-04	国家林业局	占用征用林地审核审批管理办法
2001-08-31	九届全国人大常委会	中华人民共和国防沙治沙法
2002-11-02	国家林业局令	林业行政处罚听证规则；林木种子生产、经营许可证管理办法
2002-12-14	国务院	退耕还林条例
2003-06-24	国家林业局	主要林木品种审定办法
2003-06-24	国家林业局	林业标准化管理办法
2003-06-25	中共中央	关于加快林业发展的决定
2005-05-23	国家林业局	突发林业有害生物事件处置办法
2005-05-27	国家林业局	林业行政处罚案件文书制作管理规定
2005-06-01	国家林业局	林业统计管理办法
2006-04-29	国务院	中华人民共和国濒危野生动植物进出口管理条例
2006-11-13	国家林业局	林木种子质量管理办法
2007-05-02	国家林业局	中国森林防火科学技术研究中长期发展纲要（2006—2020年）
2007-08-09	国务院	关于完善退耕还林政策的通知
2007-08-14	国家林业局等7部门	林业产业政策要点
2007-09-08	国家林业局	林木种质资源管理办法
2008-06-08	中共中央、国务院	关于全面推进集体林权制度改革的意见
2008-07-16	国家林业局	关于改革和完善集体林采伐管理的意见

（续）

日　期	发布单位	文件题名
2008-08-01	国家林业局	林业行政许可听证办法
2008-12-01	国务院	森林防火条例（修订版）
2009-04-08	国家林业局	国家生态文明教育基地管理办法
2009-05-25	财政部、国家林业局	育林基金征收使用管理办法
2009-10-30	国家林业局、财政部	国家级公益林区划界定办法
2010-01-01	农业部、国家林业局	农村土地承包经营仲裁规则、农村土地承包仲裁委员会示范章程
2010-05-31	财政部、国家林业局	关于2010年湿地保护补助工作的实施意见
2010-07-23	国家林业局	关于支持新疆加快林业发展的意见
2010-11-01	国家林业局、国家发展改革委、财政部	全国林木种苗发展规划（2011—2020年）
2011-01-25	国家林业局	国家林业局关于废止和修改部分部门规章的决定
2011-01-26	财政部、国家林业局	中央财政林业科技推广示范资金绩效评价暂行办法
2011-03-11	财政部	关于整合和统筹资金支持木本油料产业发展的意见（财农［2011］19号）
2011-05-04	国家林业局	林业生物能源原料基地检查验收办法（林造发［2011］114号）
2011-05-20	国家林业局	国家级森林公园管理办法
2011-05-30	国家林业局	国家重点林木良种基地管理办法（林场发［2011］138号）
2011-08-15	国家林业局	国家林业局关于进一步加强林业有害生物防治工作的意见（林造发［2011］183号）
2011-11-09	国家林业局、国家旅游局	关于加快发展森林旅游的意见
2011-11-10	财政部、国家林业局	中央财政湿地保护补助资金管理暂行办法（财农［2011］423号）
2011-11-21	财政部、国家税务总局	关于调整完善资源综合利用产品及劳务增值税政策的通知

注：根据国家林业局网站的“1949—2011年林业大事记”整理。

目前，林业部门作为执法主体的法律共有8部：《中华人民共和国森林法》《中华人民共和国防沙治沙法》《中华人民共和国野生动物保护法》《中华人民共和国种子法》《中华人民共和国农业法》《中华人民共和国农业技术推广法》《中华人民共和国农村土地承包法》和《五届全国人大四次会议关于开展全民义务植树运动的决议》。

林业行政法规共有12件：《中华人民共和国森林法实施条例》《中华人民共和国陆生野生动物保护实施条例》《中华人民共和国野生植物保护条例》《中华人民共和国自然保护区条例》《中华人民共和国植物新品种保护条例》《中华人民共和国森林防火条例》《中华人民共和国植物检疫条例》《中华人民共和国森林病虫害防治条例》《中华人民共和国森林采伐更新管理办法》《关于开展全民义务植树运动的实施办法》《森林和野生动物类型自然保护区管理办法》和《退

耕还林条例》。

林业部门规章共有80多件，如《林木和林地权属登记办法》《占用征用林地审核审批管理办法》《林业行政处罚程序规定》《林业标准化管理办法》《植物新品种保护名录》《国家保护的有益或者有重要经济、科学研究价值陆生野生动物名录》等。

林业行政和执法机构渐趋完善。林业教育和科学研究事业迅速发展，取得可喜成果。总体上说，新中国成立以来尤其是中共十一届三中全会后的林政，是历史上最辉煌的时期。但也须看到，中国林业正处于从传统向现代化转变的时期，与发达国家的林业相比还有不小的差距，实现生态建设和产业体系的战略目标形势严峻，任务艰巨，还需要几代人付出长期不懈的努力。

第二节 新中国林业发展阶段与林业政策的演进

在《森林法》正式颁布以前，林业建设与发展主要依赖党和政府制定的林业政策进行调整，在中国林业不同的历史发展阶段，林业政策的重点和实施目标不尽相同，呈现出阶段性特征。

一、奠基阶段（1949—1956年）

新中国成立初期，百废待兴，恢复生产、发展经济成为党和国家的首要任务。一方面，国民经济的恢复和建设需要大量的木材，而旧中国遗留下来的森林资源很少，木材生产能力不到$1\,000\times10^4\,m^3$，供需矛盾突出；另一方面，林业部门行政管理基础薄弱，再加上许多地方毁林开垦种粮，一些地方政府依靠砍伐木材增加收入，经常发生森林火灾，导致已经很少的一点森林还在继续减少。针对这一情况，党和国家及时制定了一系列林业政策，采取各种措施，保护和发展森林资源。

（一）确定林业建设方针，强化林业行政管理

1949年9月制定的《中国人民政治协商会议共同纲领》规定了“保护森林，并有计划地发展林业”。1950年颁布的《土地改革法》，规定了山林改革政策，形成了以劳动者个人所有为基础的私有林区。1950年召开的第一次全国林业业务会议确定了“普遍护林，重点造林，合理采伐和合理利用”的林业建设总方针，指导全国林业建设。在“一五”期间，随着形势变化和林业发展的实际，国家及时把林业工作方针调整为“普遍护林护山，大力造林育林，合理采伐利用木材”。

（二）界定山林权属，推进林业合作化

土地问题自古以来就是农民最关心的问题。新中国成立后，我国新民主主

义革命的一项重要任务就是变革旧的生产关系，消灭封建的土地所有制，搞土地改革。早在1947年中国共产党全国土地会议通过的《中国土地法大纲》，就规定了林地的改革办法。新中国成立后，1950年通过了《土地改革法》，进一步明确规定“没收和征收的山林、鱼塘、茶山、桐山、桑田、竹林、果园、芦苇地、荒地及其他可分土地，应按适当比例，折合普通土地统一分配之”，“大森林、大水利工程、大荒地、大荒山、大盐田和矿山及湖、沼、河、港等均归国家所有，由人民政府管理经营之”。根据这些规定，各大行政区相应地制定了实施办法，很快在全国范围内确立了国有林和农民个体所有林两种林业所有制。

从1953年起，国家开始进入有计划的经济建设时期，制定了国民经济发展第1个五年计划。为克服个体经济同国家有计划的经济建设不相适应的矛盾，林业开始走合作化的道路。1955年10月，中共中央《关于农业合作化问题的决议》指出：“社员的小量树木（包括果树、竹子和其他属于技术作物的树木），一般仍归社员自己经营。社员如果有成片的林木……经过自愿，可以入社统一经营，但是保留其私有权。”在河北的行唐县、新乐县、灵寿县，浙江的龙泉县、诸暨县等地很快建立起农林牧生产合作社。

（三）普遍护林

新中国成立初期，党和政府就把森林资源的保护放到十分重要的位置。一是防止发生森林火灾；二是禁止滥伐滥垦森林。

新中国成立初期，由于历史和经济的原因，破坏森林资源的问题依然非常突出。政治上翻了身的农民在经济上还未摆脱贫困，有些农民为了开垦农田而砍林、烧林；有些地方政府以砍伐木材增加收入；有些木商和不法分子也乘机乱砍滥伐森林。针对这种情况，中央人民政府林垦部把普遍护林作为首要任务。

1950年2月，第一次全国林业业务会议决定：发动群众，组织群众，普遍护林，防止发生森林火灾，禁止滥伐滥垦森林，实行“护林者奖，毁林者罚”。各地政府也积极组织群众成立护林组织，订立护林公约，制止乱砍滥伐，有效地保护了森林资源。

（四）从重点造林到普遍造林

1950年，政务院及时发布了《关于全国林业工作的指示》，要求在风沙水旱灾害严重的地区，发动群众，有计划地造林，并大量采种育苗以备来年造林之用。1950—1952年，全国造林的重点是风沙水旱灾害十分严重的冀中、冀西、陕北、豫东、东北西部和苏北沿海一带。

封山育林是我国的传统习惯，也是恢复和发展森林的一个省工省钱、简便易行的有效方法。1949年12月，林垦部向全国各地布置了封山育林约 $8\times10^4\ hm^2$ 的任务。

（五）合理采伐利用森林资源

1950 年 5 月，政务院发布《关于全国林业工作的指示》指出：公有林（包括国有林）应由中央人民政府林垦部或中央委托的各级林业机构经营采伐，统筹供应公私用材。其他任何机关、部队、学校或企业不得借口任何理由自行采伐。个别地区驻军确因自用燃料无法购得而需樵采时，必须经当地专署以上人民政府或林业主管机关核准，在公有林指定区域作合理的修枝疏伐，并照缴山价。

政务院还给全国各大林区布置了采伐任务。一是有计划地开发新林区，拉开大规模采伐天然林的序幕。1952 年 11 月召开的全国林业会议提出有计划地开发新林区。从 1954 年开始，对准备开发的东北、内蒙古、西南和西北国有天然林进行了航空测量、地面调查、森林资源清查和森林经理调查，并在此基础上编制出林区施业方案，进行开发新林区的总体规划和勘察设计。1954 年 11 月，林业部向政务院财政经济委员会提出，在小兴安岭、长白山和大兴安岭南坡林区兴建汤林、长林、牙林和嫩林 4 条线路，总长 1 300 km，在第一个五年计划期内完成 700 km。通过改进森林采伐企业经营管理，提高生产技术水平，开发新林区，1957 年完成国家计划的木材产量已由 1950 年的 $764\times10^4\ m^3$ 上升到 $2\ 787\times10^4\ m^3$，其中国有林区的木材产量为 $1\ 500\times10^4\ m^3$，占 54%。二是规范木材流通，实行高度集中的木材计划政策。1949—1952 年，木材流通主要通过市场交易。由于国营林业企业、合作社、个体木商、用材部门多家经营，管理混乱，国家无法控制森林资源的消耗。1953 年起，政务院决定由林业部对木材产销实行统一经营管理。为此，林业部成立了木材调运总局和木材公司，统一组织全国木材的生产、分配、调运和销售，统一管理木材价格，以及木材的合理利用和节约代用。1953—1956 年，国家对木材的交易，实行“中间全面管理，两头适当控制”的木材流通政策。这一政策的实行，在稳定木材价格、保证国家用材等方面起到了积极作用。三是以林养林，促进森林更新，走部门林业自我发展道路。1950 年制定了以林养林的政策，为发展林业积累资金。当时东北人民政府规定：采伐国有林木时要征收育林费，即原木、枕木、电杆、坑木、制材、板方材、薪柴、木炭、树根、树皮和加工品都要征收育林费。育林费由各级林政机关征收和保管，由东北人民政府农林部林政局统一支拨，专用于林业建设。森林工业系统采伐林木的征收率为 10%，工矿企业和地方用材的征收率为 20%。林内居民经林政机关许可，采伐自用木材可免征育林费。

1949—1956 年，由于打破了旧的、落后的生产关系，党和政府采取了一系列有利于林业发展的方针政策，社会生产力得到极大解放，农民植树造林的积极性高涨。但是，由于新中国刚刚成立，没有建设经验，从营林、采伐方式直至林业行政管理生硬地搬用苏联模式，一度全面推行皆伐，人工更新跟不上；

高度集中的木材生产和统购统销政策在发挥积极作用的同时，一定程度上抑制了市场经济的萌生和木材价格的合理构成；投入短缺，致使林区和企业的基础设施建设“先天不足”。

二、林业发展与挫折阶段（1957—1966 年）

1957—1966 年是一个波澜起伏的历史时期，中国先后经历了“大跃进”、三年自然灾害和国民经济调整三个阶段。这一时期，第一个五年计划和全国社会主义改造胜利后，中国进入了国民经济发展的第二个五年计划。“二五”期间林业工作的基本任务是：大力开展群众性的造林运动，发展国营造林和乡村造林，试点飞机播种造林，迅速绿化一切可能绿化的荒山荒地；加强森林经营管理，提高森林生长率，更好地发挥森林在国民经济中的防护作用和经济效益；大力开发利用现有森林资源，大量增产木材；积极发展木材机械加工和化学加工业，提高木材利用率。1958 年 4 月，中共中央、国务院发布了《关于在全国大规模造林的指示》，同年 5 月，中共八大二次会议通过了《1956—1967 年全国农业发展纲要（修订草案）》，林业建设开始步入新的历史发展时期，但是，后来由于“大跃进”的原因，第二个五年计划没有很好地贯彻执行，林业建设一度偏离正常的轨道。所以，这一时期，林业建设一方面有很大发展，但森林资源也遭到了一定程度的破坏。

（一）专业化林场蓬勃兴起

为了鼓励和规范国营林场、社队林场的发展，1957 年 1 月，林业部颁发了《国营林场经营管理办法》，第二年，中共中央、国务院在《关于在全国大规模造林的指示》中明确提出：“在着重依靠群众造林的同时，必须积极发展国营造林。除原有国营林场应该加强以外，还应该利用国有的和合作社经营的荒地荒山，组织下放人力，有计划地增建新的林场。”各地林业部门根据党中央、国务院指示精神和林业部的部署要求，一方面将原有的森林经营所、伐木场改为国营林场，另一方面接纳大批下放干部，选择场址建立了一批新的国营林场。与此同时，农村农业合作社以林业专业组为基础，仿照国营林场的经营管理办法办起了社队林场。1957 年春，湖北省黄梅县永安乡办起了中国第一个社队林场。1958 年初，林业部开始推广社队办林场的经验，到 1960 年 9 月，全国建立社队林场 8 万多个，拥有劳动力 100 万人，具备了相当的生产规模，成为造林绿化事业的一支生力军。为解决木材供应不足的状况，国家加快了新林区的开发步伐。1964 年 1 月 27 日，林业部和铁道部向中共中央书记处和国家经济委员会呈送了《关于开发大兴安岭林区的报告》，经中共中央、国务院批准后于同年 2 月开始实施，8 月 10 日又批准成立了大兴安岭特区。为了加快已开发林区的营林生产，1963 年根据刘少奇同志的指示，国有林区开始试办营林村。

到 1965 年末，仅黑龙江省就建立了营林村 156 个，入村户数 4 100 户，人口 19 000 人，为国有林区发展营林业探索了路子。木材综合利用在这一时期也开始提到林业部门的议事日程。1958 年 8 月林业部召开了全国提高木材利用率现场会，明确提出特别要发展人造板业。

（二）“大跃进”和人民公社化对林业建设的冲击

1958 年“大跃进”和人民公社化在全国推开之后，新中国林业事业遭受第一次大的挫折。由于各地大炼钢铁，大办公共食堂，大量的天然林甚至原始林遭到掠夺性砍伐。加之木材生产中的高指标，造成集中过量采伐和三年困难时期的毁林开荒。短短的几年间，森林资源遭到了严重破坏。广西壮族自治区 1958 年因烧炭、炼钢砍伐木材 $1\ 750\times10^4\ m^3$，相当于当年国家计划在该区收购木材的 10 倍以上。对林业造成负面影响更为深远的是人民公社化。由于搞“一平二调”（平均主义的供给制、食堂制，对生产队的劳力、财物无偿调拨）和“共产风”（绝对的平均主义），一些地方将初级、高级农业生产合作社时期尚未偿还的折价山林，全部低价甚至无偿划归公社集体所有，造成林木、林地权属混乱，严重挫伤了广大农民植树造林的积极性，有的地方乱砍滥伐森林，也为以后的林权纠纷带来了隐患。

（三）林业建设方针和政策的重大调整

“大跃进”和“人民公社化”对森林资源造成严重破坏后，党和国家领导人十分重视，刘少奇、周恩来、邓小平等中央领导同志对林业建设提出了许多方向性的意见。针对林业存在的问题，中央及时调整林业政策，加大对林业的经济扶持。一是确定以营林为基础的林业建设方针。国家于 1964 年提出了“以营林为基础，采育结合，造管并举，综合利用，多种经营”的林业建设指导思想。二是调整农村林业政策。1961 年 6 月，中共中央及时发布了《关于确定林权、保护山林和发展林业的若干政策规定（试行草案）》，简称《林业十八条》，核心是确定和保证山林的所有权，社员在村前村后、房前屋后、路旁水旁、自留地上和坟地上种植树木，都归社员个人所有，造林坚持“谁种谁有”的原则，同时规定山林归谁所有，林木的产品和收入就归谁支配。三是扩大对林业的扶持力度。1961 年，东北、内蒙古国有林区实施育林基金制度，从每立方米原本销售成本中提取 10 元作为育林基金，实行专款专用。南方集体林区也于 1964 年实行该制度。对重要经济作物的收购如桐籽、茶籽、松脂、毛竹等林产品，于 1961 年起采取奖励粮食的办法，有力地促进了经济林的发展。

纵观这一时期林业发展的过程，尽管受到了很大挫折，但由于党中央对林业的高度重视，林业建设的方针政策得到了及时调整，各地林业建设仍有所促进。

三、林业建设遭受严重挫折时期（1966—1976 年）

1966 年 5 月至 1976 年 10 月的“文化大革命”期间，林业工作受到严重冲击，机构一度陷入瘫痪状态，制度被废弃，生产被停顿，森林资源遭到比“大跃进”、“人民公社化”时期程度更重、持续时间更长的大破坏。林业发展道路进入畸形，林业建设遭受严重挫折，但同时也出现了局部恢复的迹象，主要体现在：第一，偏离林业方针政策，废弃规章制度。“文革”中，林业建设严重偏离了中共中央在 1964 年提出的“以营林为基础……采育结合”的林业建设方针。国有林区和集体林区集中过伐的现象十分普遍，导致采育严重失调；第二，森林资源遭受巨大损失。由于林业行政机构动荡，管理混乱，造成森林资源损失严重。1966—1977 年，全国共发生森林火灾 11 万多次，平均每年损失森林面积达 $67\times10^4\ hm^2$。全国有林地面积减少多达 $660\times10^4\ hm^2$（1981 年资源清查数）；用材林蓄积减少 $8.1\times10^8\ m^3$；森林覆盖率由 12.7%下降为 12%。东北、内蒙古和西南国有林区 131 个国有林业局，有 25 个局出现了可采资源枯竭，资源危机和经济危困开始出现。在广大农村，由于执行“以粮为纲”的方针，大面积开荒种粮，大批林木被毁。同时搞“穷过渡”和“割资本主义尾巴”，平调森林资源，搞乱了林权，引起了乱砍滥伐，严重挫伤了广大群众发展林业的积极性。“文革”期间，尤其是在 1971—1973 年和 1975 年，邓小平同志主持国务院工作期间，进行了两次整顿和调整，一批老干部和管理、技术人员陆续恢复工作，给林业建设带来了转机，林业建设事业也开始向前推进。第三，用材林基地化建设得到恢复。1971 年 9 月，全国林业会议通过了《全国林业发展规划（草案）》，提出要充分利用有利条件，大力营造速生丰产林，加强用材林基地建设。1972 年，农林部提出从 1973—1980 年，南方 9 省（自治区）要营造以杉木为主的用材林 $533\times10^4\ hm^2$，1974 年又提出，南方 9 省（自治区）300 个适于杉木生长的县，力争在 1985 年前建立以杉木为主的速生丰产林 1 亿亩，增加林木蓄积 $10\times10^8\ m^3$。按照这一部署，南方各省（自治区）兴建了一批用材林基地，为国家储备了后备资源。与此同时，各地按照“造上一片林，留下一批人，办好一个场”，“基地办林场，林场管基地”的思路，大力发展社队集体林场。到 1975 年底，全国社队林场发展到 26 万个，拥有劳动力 252 万个。第四，平原绿化有了新的进展。1971 年和 1973 年全国造林工作会议提出，人均“四旁”植树 100 株的县为达标县。这个标准的制定大大推动了全国各地的平原绿化工作，并由此使平原绿化也逐步从“四旁”发展到建设方田林网。如河南省博爱县从 1972 年开始，用三四年时间将全县 92%的耕地用林网隔成方田，初步形成了以农田林网为主体，网、带、片相结合的平原防护林体系。

另外，在 20 世纪 70 年代初期，北方飞播造林开始恢复，播区范围逐步扩大。据统计，1967—1978 年，全国飞播面积达 $1\,000\times10^4\ hm^2$，平均每年约 83×

10^4 hm^2，一年的飞播面积比 1967 年以前 9 年飞播总面积还大，逐步形成了一片片飞播林基地。

四、林业恢复发展阶段（1977—1992 年）

1976 年 10 月粉碎“四人帮”以后，特别是 1978 年 12 月召开党的十一届三中全会以来，党中央、全国人大和国务院十分重视和关心林业，针对林业建设的拨乱反正和恢复发展，做出了一系列重大决策，使林业建设事业进入了一个历史发展的新阶段。各级党委和政府大力推进灭荒造林，造林绿化步伐加快。

（一）恢复林业行政管理机构

1978 年 4 月 24 日，国务院批准成立国家林业总局。1979 年 2 月 16 日，中共中央、国务院决定撤销农林部，分别成立农业部、林业部。各省、自治区、直辖市的林业、农林厅（局）也相继恢复或者重建。从中央到地方，林业行政管理体系逐渐形成，各级林业主管部门担负起了组织实施造林绿化规划、保护管理森林和野生动植物资源的重任。1980 年 3 月 5 日，中共中央、国务院发出《关于大力开展植树造林的指示》，明确指出，林业是国民经济中的一个极为薄弱的环节，必须动员全党、全军和全国各族人民大搞植树造林运动，要把保护和发展林业作为实现四个现代化历史进程中一项重大的战略任务来抓。林业建设的重点，开始转移到大规模开展植树造林、加快国土绿化的轨道上来。

（二）加强林业法制建设

为了保护森林，制止乱砍滥伐，国家强化了林业法制建设。1979 年 2 月，第五届全国人大常委会第六次会议通过《森林法（试行）》，经过 5 年的实施，1984 年 9 月第六届全国人大常委会第七次会议正式通过《森林法》，自 1985 年 1 月 1 日起施行。1988 年 11 月，第七届全国人大常委会第四次会议通过《野生动物保护法》。根据《森林法》和《野生动物保护法》的规定，国务院制定发布了《森林法实施细则》和《陆生野生动物保护实施条例》等一批行政法规，林业部发布了一系列部门规章，地方人大和政府制定发布了相应的地方性林业法规、规章，初步形成了我国林业法规体系的基本框架。与此同时，抓紧建立健全林业公、检、法机构。1980 年 12 月，林业部、司法部、公安部、最高人民检察院联合发出《关于在重点林区建立健全林业公安、检察、法院组织机构的通知》后，全国各省、自治区设立林业公、检、法机构的工作逐渐铺开。林业法制建设的加强，有力地保护了森林资源。

（三）制定和调整林业政策，推动林业生产力的发展

1981 年 3 月，中共中央、国务院召开了全国林业工作会议，3 月 8 日，中

共中央、国务院发布了《关于保护森林发展林业若干问题的决定》，推行以“稳定山权林权，划定自留山，确定林业生产责任制”为主要内容的林业“三定”工作，放宽农村经济政策。各地通过林业“三定”，基本上稳定了山林权属，普遍颁发了山林权证书，改变过去山林权属不稳、界限不清、责任不明的混乱状况，调动了农民经营山林的积极性。

1985年1月，中共中央、国务院又下发了《关于进一步活跃农村经济的十项改革》，决定取消集体林区木材统购统销，放开木材市场。但是，由于山林承包责任到户以后，林政管理工作跟不上，木材市场一放开，我国南方集体林区一度出现了乱砍滥伐森林的严重局面。针对这种情况，1987年6月30日，中共中央、国务院下发了《关于加强南方集体林区森林资源管理坚决制止乱砍滥伐的指示》，根据《指示》及时调整和明确了有关政策措施：强化执行年森林采伐限额制度；坚决依法保护国有山林权属不受侵犯；集体所有集中成片的用材林不得再分户经营；逐步充实基层林业管理机构；大力推进各级政府领导干部保护、发展森林资源任期目标责任制。这些措施，对保护和发展森林资源发挥了重要作用。

（四）大力推进植树造林，加快造林绿化步伐

1979年2月23日，第五届全国人民代表大会常委会第六次会议决定，每年3月12日为全国植树节。在邓小平同志的倡导下，根据国务院的提案，1981年12月13日第五届全国人大第四次会议审议通过了《关于开展全民义务植树运动的决议》，1982年2月27日国务院常务会议又通过了《关于开展全民义务植树运动的实施办法》，具体规定了全民义务植树运动的组织管理机构、履行义务的人员范围和方式、奖惩措施等。随着决议的深入实施，全民义务植树蓬勃开展起来。1982年以来，每年参加义务植树人员不断增加，植树规模不断扩大。

（五）启动林业重点生态建设工程，改善生态环境

1978年11月，党中央、国务院决定在东北、华北、西北地区实施三北防护林体系建设工程。这项工程横跨13个省（自治区、直辖市），涉及551个县（市、旗），总面积$406.9\times10^4 km^2$，堪称世界之最。之后，国家又相继启动了长江中上游防护林、沿海防护林、防沙治沙、太行山绿化、平原绿化等林业重点生态工程。

（六）编制实施造林绿化规划

1990年9月，国务院批复下发了《关于1989—2000年全国造林绿化规划纲要》，进一步明确了我国造林绿化工作的指导思想和奋斗目标、总体布局、具体任务及建设重点，提出了实现规划的主要措施。《纲要》的颁布实施，大大推进

了全国各地的造林灭荒工作。1991年，广东成为全国“荒山造林绿化第一省”。

（七）建设用材林基地

为了加快后备森林资源培育，1978年以后，国家每年拨款3 000万元补助用材林基地建设。按照10年造林1亿亩的要求，在湖南、湖北、广东等省（自治区、直辖市）初步建立起一批用材林基地。1989年利用世界银行贷款，开始大规模建设用材林基地。

（八）扩大飞播造林面积

1978年以后，随着党的工作重点转移和林业建设的振兴，我国的飞机播种造林事业开始进入全面发展阶段，每年完成面积都在66×10^4 hm^2以上。

（九）实行承包经营责任制，推进森工企业改革

党的十一届三中全会以后，森工企业加快了改革步伐。自1982年起，森工企业开始实行承包经营责任制。1988年后，结合贯彻《全民所有制工业企业承包经营责任制暂行条例》，森工系统普遍推行了以“六包三挂钩”为主要内容的承包办法，转换企业经营机制，对控制森林资源过度消耗，促进更新跟上采伐和提高企业经济效益，起到了重要作用。发展多种经营，是调整林区产业结构一条有效途径。1986年，林业部明确提出森工企业要实行“以林为主，综合利用，多种经营，立体开发，全面发展”的方针，积极发展多种经营。

由于多年开发利用、过度采伐等诸多原因，国有林区森工企业森林资源危机、经济危困局面从20世纪80年代中期开始日益显露出来。党中央、国务院对此非常重视，经国务院同意，1986年10月6日，国务院办公厅印发了《国务院办公厅转发关于研究解决国有林区森林工业问题会议纪要的通知》，提出了实行调减木材产量、逐年减少木材上调量、调整木材价格、增加育林基金提取比例、增加森工多种经营贴息贷款、减免部分产品税、增加林业投入等扶持政策。这些政策为扭转森工“两危”局面创造了条件。但是，由于改革未触及森工企业经营管理体制等深层次问题，森工企业“两危”没有从根本上得到解决。

（十）发展林业科技教育事业

1978年3月，国家恢复了中国林业科学研究院，在恢复原有的北京林学院、南京林学院、东北林学院、中南林学院后，新建了西北林学院、西南林学院，这6所部属林学院分别设在6个大行政区域，并调整了专业学科。随着全国性和地方各级林业科研机构、大中专院校的恢复和发展，林业科技和教育事业开始走向繁荣。

五、现代林业发展与探索阶段（1993—1999年）

1993年党的十四届三中全会做出了《关于建立社会主义市场经济体制若干问题的决定》，以此为纲领，我国加快了市场化进程。根据《决定》的精神，林业系统积极探索建立与社会主义市场经济体制相适应的林业经济体制和发展模式，明确了在市场经济条件下发展林业的方针政策，确立了林业在生态环境建设中的主体地位，提出了建立林业两大体系的奋斗目标，实施分类经营改革措施。林业建设进入新的发展时期。

（一）以“增资源、增活力、增效益”为基础，确立建立林业两大体系目标

在1993年召开的全国林业厅局长会议上，林业部提出：“走有中国特色的林业建设道路，更多地增资源、增活力、增效益，更快地绿起来、活起来、富起来”。根据林业具有三大效益和多功能利用的特点，1994年底，林业部进一步提出，要以建立比较完备的林业生态体系和比较发达的林业产业体系为目标组织发展林业。在1999年1月召开的全国林业厅局长会议上，提出了在新形势下发展林业的新思路，这就是：要遵循现代林业的思想，按照建立比较完备的林业生态体系和比较发达的林业产业体系的目标，大力推进和深化林业分类经营改革，以此为突破口，来促进整个林业的改革和发展。

为了加快生态环境建设步伐，1993年以后，又相继启动了黄河中游、珠江、淮河大湖、辽河等重点生态工程；林业十大重点工程整体推进，规划设计区覆盖了我国主要的水土流失、风沙和盐碱等生态环境最为脆弱的地区。与此同时，全民义务植树、用材林基地建设、经济果木林造林蓬勃开展，成效显著，森林资源得到快速发展。继广东省造林灭荒后，截至1996年，已有广东、福建、湖南等12个省（自治区）完成宜林荒山造林任务。

（二）大力推进全国生态环境建设

党的十五大明确提出，要把“植树造林，搞好水土保持，防治荒漠化，改善生态环境”作为跨世纪发展战略的重要内容。党的十五届三中全会再次强调“改善生态环境是关系中华民族生存和发展的长远大计，也是防御旱涝等自然灾害的根本措施”。1997年，江泽民总书记就西北生态环境建设问题作了长篇重要批示，提出要建设秀美山川。1998年水灾之后，中共中央、国务院《关于灾后重建、整治江河、兴修水利的若干意见》中，把“封山植树，退耕还林”放到了首位。根据中共中央、国务院的要求和我国生态环境建设的实际，1998年，国务院制定下发了《全国生态环境建设规划》，明确了我国生态环境建设

的总体目标，提出用大约50年的时间，动员和组织全国人民，依靠科学技术，加强对现有天然林及野生动植物资源的保护，大力开展植树种草，治理水土流失，防治沙漠化，建设生态环境，改善生产和生活条件，完成一批对改善全国生态环境有重要影响的工程，扭转生态环境恶化的势头。力争到下个世纪中叶使全国适宜治理的水土流失地区基本得到治理，适宜绿化的土地植树种草，"三化"草地基本得到恢复，大部分地区生态环境明显改善，基本实现中华大地山川秀美。

（三）《林业经济体制改革总体纲要》颁布实施，林业改革进入新阶段

1995年8月，由林业部制定，国家体改委和林业部联合颁发了《林业经济体制改革总体纲要》，加快了林业综合配套改革的步伐。根据《纲要》提出的林业经济体制改革的目标和任务，全国各地逐步深入地开展以分类经营改革为重点，在调整林业产业结构，完善林业产业政策，建立森林资源林政管理和森林资产监管、运营并重的管理体制，建立现代林业企业制度，建立布局合理、规则健全、管理有序的林业市场体系，建立经济、法律、行政手段相结合的林业宏观调控体系等各个方面，进行了全方位的改革探索。

（四）启动天然林保护工程和退耕还林（草）工程

由于长期以来国家大规模地开发林区，采伐木材，加之人口不断增长，群众毁林开荒、乱砍滥伐以及国家建设、开矿修路等原因，致使森林资源过度消耗，植被破坏严重，加剧了生态环境的恶化。为了遏制我国生态环境恶化的趋势，党中央、国务院下决心实施天然林资源保护工程和退耕还林工程。要求全面停止长江、黄河流域天然林的采伐，大部分地停止东北、内蒙古林区、西南林区国有天然林采伐，保护好天然林资源；在黄河上中游、长江上游实施退耕还林（草）工程，搞好生态环境建设。天然林资源保护工程和退耕还林工程是我国跨世纪的林业重点工程，也是实施可持续发展战略的重点林业生态建设工程。

（五）实施山区林业综合开发

为了促进山区经济发展和群众脱贫致富，从1996年开始，在国家财政信贷的支持下，各地积极推进以林业为龙头的山区综合开发，鼓励和吸引社会各方面力量，以多种形式参加山区开发和兴办绿色产业，改善山区生态环境，带动群众脱贫致富。目前，我国已经建立了114个山区综合开发示范县，山区林业综合开发取得了明显的成效。

（六）林业科技教育事业采取了新举措

为了加强林业科技教育工作，1995年10月，林业部召开了全国林业科技大会，制定下发了《关于贯彻〈中共中央国务院关于加速科学技术进步的决定〉的意见》《林业科技发展“九五”计划和2010年长期规划》等文件。根据中央关于“坚持科学技术是第一生产力的思想，经济建设必须依靠科学技术，科学技术工作必须面向经济建设，努力攀登科学技术高峰”的科技工作的基本方针，提出实施科教兴林战略的指导思想，确立了今后一个时期科教兴林工作的主要任务。大会以后，各地大力强化林业科技推广工作，促进科技成果转化，抓住重大项目，特别是应用项目重点攻关，建立一批以科技为先导的支柱产业和林业科技产业，加快林业科技教育体制改革，促进林业科教与生产建设紧密结合，取得了明显的成效。

在这一时期，由于改革还没有完全解决林业管理体制和经济政策上深层次的问题，森工企业“两危”未能根本解决；国有林场经济普遍困难；乱砍滥伐森林、乱占林地、乱捕滥猎野生动物等破坏森林资源的问题仍很突出。

六、林业可持续发展阶段（2000年开始）

为了追赶世界林业发达国家的先进水平，更好地满足经济社会发展的需要，国家林业局提出林业跨越式发展战略，将中国林业建设重点整合为六大林业工程，以实施六大林业重点工程为载体，实现林业可持续发展目标。按照这一战略思想编制了《全国林业发展第十个五年计划》，明确了新时期林业发展方向，指出“今后一个时期林业建设的根本任务是解放和发展生产力，实现由比较落后的生产力向比较发达的生产力的跨越”，同时强调：“为了赶上世界林业发达国家的先进水平，更好地满足我国经济社会发展的需要，从现在起，就必须采取超常规的发展模式，努力加快林业发展步伐，提高林业发展水平，以实现新时期我国林业跨越式发展”。林业跨越式发展战略的政策服务中心与政策要点是：①全面实施六大林业工程，即天然林资源保护工程、退耕还林工程、三北和长江中下游地区等重点防护林建设工程、京津风沙源治理工程、野生动植物保护及自然保护区建设工程、重点地区速生丰产林基地建设工程；②建立林业生态公共财政体系；③建立和完善森林生态效益补偿制度；④实行优惠的财政信贷政策；⑤实行轻税薄赋的税率扶持政策；⑥完善林权政策；⑦改革林木采伐管理制度；⑧改革林区木材收购政策。

迈入21世纪，以发展战略思想的转变为标志，中国林业进入以生态建设为核心，以国土安全和生态文明为建设目标的可持续发展阶段。2002年10月26日，经过近300位院士、专家的共同努力，《中国可持续发展林业战略研究总论》项目取得了重大成果，成果首发式在北京人民大会堂举行。时任国家林业局党组成员、中国林科院院长、中国可持续发展林业战略研究专家组组长江泽慧教授介绍了《中国可持续发展林业战略研究总论》的研究情况和主要成果。该书的主要成果包括中国可持续发展林业总体战略思想、战略方针、战略布局、战略目标、战略途径、战略问题和战略对策与建议等七个方面，该项目系列研究成果极大地推进了林业可持续发展战略系统的理论研究与实践。

为了保证中国林业发展沿着可持续发展正确方向前进，2003 年 6 月，中共中央、国务院发布《中共中央国务院关于加快林业发展的决定》。这一《决定》是新形势下指导中国林业加快发展的纲领性文件，是中共中央向全党、全国发出的新世纪新阶段再造秀美山川的动员令。中国林业的发展从此将实现由以木材生产为主向以生态建设为主的历史性转变。《决定》对林业的战略地位、指导思想、基本方针、战略目标、战略布局、管理体制和政策措施等一系列问题作出了重大调整，突出了加快发展的主题，确定了以生态建设为主的林业发展方向。《决定》提出，生态需求已成为社会对林业的第一需求。中国林业正处在一个重要的变革和转折时期，正经历着由以木材生产为主向以生态建设为主的历史性转变。在贯彻可持续发展战略中要赋予林业以重要地位；在生态建设中要赋予林业以首要地位；在西部大开发中要赋予林业以基础地位。《决定》共分 8 个部分 25 条。8 个部分分别是：①加强林业建设是经济社会可持续发展的迫切要求；②加快林业发展的指导思想、基本方针和主要任务；③抓好重点工程，推动生态建设；④优化林业结构，促进产业发展；⑤深化林业体制改革，增强林业发展活力；⑥加强政策扶持，保障林业长期稳定发展；⑦强化科教兴林，坚持依法治林；⑧切实加强对林业工作的领导。这一文件指出，加快林业发展的指导思想是，以邓小平理论和“三个代表”重要思想为指导，深入贯彻中共十六大精神，确立以生态建设为主的林业可持续发展道路，建立以森林植被为主体、林草结合的国土生态安全体系，建设山川秀美的生态文明社会，大力保护、培育和合理利用森林资源，实现林业跨越式发展，使林业更好地为国民经济和社会发展服务。《决定》指出，加快林业发展的基本方针是，坚持全国动员，全民动手，全社会办林业；坚持生态效益、经济效益和社会效益相统一，生态效益优先；坚持严格保护、积极发展、科学经营、持续利用森林资源；坚持政府主导和市场调节相结合，实行林业分类经营和管理；坚持尊重自然和经济规律，因地制宜，乔灌草合理配置，城乡林业协调发展；坚持科教兴林；坚持依法治林。《决定》指出，加快林业发展的主要任务是，通过管好现有林，扩大新造林，抓好退耕还林，优化林业结构，增加森林资源，增强森林生态系统的整体功能，增加林产品有效供给，增加林业职工和农民收入。力争到 2010 年，使中国森林覆盖率达到 19%以上，大江大河流域的水土流失和主要风沙区的沙漠化有所缓解，全国生态状况整体恶化的趋势得到初步遏制，林业产业结构趋于合理；到 2020 年，使森林覆盖率达到 23%以上，重点地区的生态问题基本解决，全国的生态状况明显改善，林业产业实力显著增强；到2050年，使森林覆盖率达到并稳定在26%以上，基本实现山川秀美，生态状况步入良性循环，林产品供需矛盾得到缓解，建成比较完备的森林生态体系和比较发达的林业产业体系。

2007年10月，党的十七大做出建设生态文明的重大战略决策，提出到2020年使我国成为生态良好的国家。2012年11月，党的十八大把建设生态文明纳入中国特色社会主义事业“五位一体”总体布局，并作为党的重大行动纲领写入党章，这在世界政党发展史和执政史上还是第一次，是我们党对世界文明发展的原创性重大贡献。林业作为生态建设的主体，在生态文明建设中肩负着重大责任、承担着光荣使命。

2012年12月27日，国家林业局局长赵树丛召开的全国林业厅局长会议提出，要把建设生态文明作为林业的总目标，把发展生态林业和民生林业作为林业的总任务。2013年7月23日至24日，在全国林业厅局长座谈会上，国家林业局进一步提出要凝心聚力发展生态林业和民生林业，为建设生态文明和美丽中国贡献力量，为实现中国梦创造更好生态条件，具有十分重要而深远的意义。在新形势下，发展林业成为建设生态文明和美丽中国的重要基础、重要途径和重要任务，中国的林业发展和林业政策历史进入了一个崭新的阶段。

（柯水发　崔海兴　王玉芳）

一、名词解释

古代林业　近代林业　现代林业

二、思考与讨论

1. 如何划分中国林业发展的历史？
2. 中国林业政策是如何发展和演进的？
3. 中国林业政策演进对中国林业发展起到了哪些作用？
4. 新中国林业政策的发展历程有何特点？
5. 新中国的林业行政管理机构频繁出现调整的动因是什么？

三、课外阅读材料

樊宝敏．中国林业思想与政策史（1644—2008）．科学出版社，2009．

陈根长．中国林业政策的回顾与展望．中国林业，2000（1）：15-17．

中共中央文献研究室，国家林业局．新时期党和国家领导人论林业与生态建设．北京：中央文献出版社，2001．

四、本章主要参考文献

[1]陈根长．中国林业政策的回顾与展望[J]．中国林业，2000（1）：15-17.

[2]陈嵘．中国森林史料[M]．北京：中国林业出版社，1982.

[3]陈嵘．历代森林史略及民国林政史料[J]．中华农学会，1934：115-116.

[4]戴一峰．试论明清时期福建林业经济[J]．中国农史，1991（4）：23-28.

[5]荻野敏雄．日本近代林政的发展过程[M]．东京：日本林业调查会，1990.

[6]董智勇．中国森林史资料汇编[M]．北京：中国林学会林业史学会，1993.

[7]樊宝敏．百年绿色备忘录[N]．中国绿色时报，2001-1-1，第6版.

[8]樊宝敏．管子的林业管理思想初探[J]．世界林业研究，2001（2）：66-72.

[9]樊宝敏，董源．明清时期环北京地区的林业政策[J]．北京林业大学学报（社科版），2002（1）：56-61.

[10]樊宝敏，董源．中国历代森林覆盖率的探讨[J]．北京林业大学学报，2001（4）：60-65.

[11]樊宝敏，董源，李智勇．试论清代前期的林业政策和法规[J]．中国农史，2004（1）：19-26.

[12]樊宝敏，董源，张钧成，等．中国历史上森林破坏对水旱灾害的影响[J]．林业科学，2003，39（3）：136-142.

[13]樊宝敏，张钧成．中国林业政策思想的历史渊源——论先秦诸子学说中的林业思想[J]．世界林业研究，2002（2）：56-62.

[14]樊宝敏．中国林业思想与政策史（1644—2008）[M]．北京：科学出版社，2009.

[15]樊宝敏．中国清代以来林政史研究[D]．北京林业大学博士学位论文，2002.

[16]国家林业局．中国林业五十年（1949—1999）[M]．北京：中国林业出版社，1999.

[17]黄长义．人口压力与清中叶经济社会的病变[J]．江汉论坛，2001（3）：74-78.

[18]黄世瑞．中国古代科学技术史纲·农学卷[M]．沈阳：辽宁教育出版社，1996：269.

[19]贾乃谦．书经——中国古代林业史的重要文献[J]．北京林业大学学报（社会科学版），2007，6（3）.

[20]焦国模．林政学[M]．台北：台湾商务印书馆，1981.

[21]金振发．古碑上的护林法[J]．云南林业，1990（6）：10.

[22]孔凡斌．中国社会林业政策法律体系研究[M]．北京：中国林业出版社，2004.

[23]李葆珍．林业教育50年辉煌成就[J]．中国林业教育，1999（5）：4-6.

[24]李范五．我对林业建设的回忆[M]．北京：中国林业出版社，1988.

[25]李荣高．长期沉睡的林业碑终于重见天日[J]．林业建设，2001（1）：31-40.

[26]李霆．当代中国的林业[M]．北京：中国社会科学出版社，1985.

[27]李溪林．当代中国林业科学研究进展[M]．北京：中国林业出版社，1996.

[28]李育明．我国林业税费改革十年述评[J]．林业资源管理，2001（3）：33-41.

[29]林业部资源和林政管理司．当代中国森林资源概况（1949—1993）[M]．北京：中国林业出版社，1996.

[30]凌大燮．我国森林资源的变迁[J]．中国农史，1983（2）：26-36．

[31]凌抚元．中国古代林政史[J]．平等杂志，1932（11/12）．

[32]刘克祥．清末和北洋政府时期东北地区的土地开垦和农业发展[J]．中国经济史研究，1995（4）：83-105．

[33]刘平康．林政学[M]．哈尔滨：东北林业大学出版社，1989．

[34]马爱国．我国的林业政策过程：由单主体政策过程向多主体政策过程的转变[M]．北京：中国人民大学出版社，2003．

[35]彭治富，王潮生．中国古代的重农思想与重农政策[J]．古今农业，1990（2）：10-19．

[36]施荫森，刘家顺．林业政策学[M]．哈尔滨：东北林业大学出版社，1995．

[37]王长富．东北近代林业经济史[M]．北京：中国林业出版社，1991：14-15．

[38]王长富．沙皇俄国掠夺中国东北林业史考[M]．长春：吉林人民出版社，1986．

[39]王长富．中国林业经济史[M]．哈尔滨：东北林业大学出版社，1990．

[40]王希亮．中国古代林业职官考[J]．中国农史，1983（4）：49-60．

[41]吴金赞．中华民国林业法制史[M]．台北：正中书局，1991．

[42]邢红．中国国有林区管理制度研究[M]．北京：中国林业出版社，2007．

[43]熊大桐，等．中国近代林业史[M]．北京：中国林业出版社，1989．

[44]熊大桐，等．中国林业科学技术史[M]．北京：中国林业出版社，1995．

[45]徐卫国．论清末新政时期的经济政策[J]．中国经济史研究，1997（3）：54-70：1-6．

[46]印嘉佑，蒋淑珍．国内外林业史论著题录[J]．林业史学会通讯，1999（10）．

[47]张钧成，印嘉佑．国内外林业史研究概况[J]．林业史学会通讯，1989（3）：1-8．

[48]张力．林业政策与法规[M]．北京：中国林业出版社，2003．

[49]赵冈．中国历史上生态环境之变迁[M]．北京：中国环境科学出版社，1996．

[50]郑磊．民国时期关中地区生态环境与社会经济结构变迁（1928—1949）[J]．中国经济史研究，2001（3）：60-74．

[51]中共中央文献研究室，国家林业局．刘少奇论林业[M]．北京：中央文献出版社，2005．

[52]中共中央文献研究室，国家林业局．毛泽东论林业[M]．北京：中央文献出版社，2003．

[53]中共中央文献研究室，国家林业局．周恩来论林业[M]．北京：中央文献出版社，1999．

[54]周宏伟．长江流域森林变迁的历史考察[J]．中国农史，1999，18（4）：3-14．

[55]周晓峰．中国森林与生态环境[M]．北京：中国林业出版社，1999．

[56]周以良，李世友．中国的森林[M]．北京：科学出版社，1990．

[57]周云庵．秦岭森林的历史变迁及其反思[J]．古今农业，1993（1）：29-36．

[58]朱永法，樊宝敏．论21世纪中国林业的发展[J]．林业经济，2000（增刊）：21-26．

[59]竺可桢．中国近五千年来气候变迁的初步研究[J]．中国科学，1973（1）：168-189．

第二篇

林业政策各论

- 森林资源培育经营政策
- 林业资源保护政策
- 森林资源采伐利用及产业政策
- 林产品流通贸易政策
- 林业重点工程建设政策

本篇包括第五章至第九章，根据林业生产的各个环节分别具体介绍了森林资源培育经营政策、林业资源保护政策、森林资源利用及产业政策、森林资源流通贸易政策，以及林业重点工程建设政策。

第五章　森林资源培育经营政策

第一节　林木种苗生产政策

一、相关概念

林木种苗生产政策是一系列林业政策中的一项，是我国林业政策的重要组成部分。林木种苗生产是整个林业发展的基础环节，关系着整个林业事业的成败。林木种苗生产政策是整个林业政策的上游，是起始阶段。林木种苗生产政策的制定、实施、监督和控制对林业的健康快速发展起着至关重要的作用。

林木种苗政策是国家关于林木种苗的一系列政策、法规的总称。这里的林木种苗是指依照《中华人民共和国种子法》（以下简称《种子法》）的规定，用于林业生产和国土绿化的乔木、灌木、木质藤本、草本的籽粒、果实和根、茎、苗、芽、叶等种植材料或者繁殖材料，经过一定的技术规程，严格试验和鉴定，选育或培育的苗木。按其用途划分，通常可分为用材林苗木、经济林苗木、风景绿化苗木、树桩盆景等。

二、政策历史沿革

于1991年6月19日经农业部第三次常务会议审议通过的《中华人民共和国种子管理条例》是为加强种子工作的管理，维护种子选育者、生产者、经营者和使用者的合法权益，保证种子质量，促进农业、林业的发展，制定的条例。此条例在《种子法》实施后取消。《种子法》于2000年7月8日第九届全国人民代表大会常务委员会第十六次会议通过，并根据2004年8月28日第十届全国人民代表大会常务委员会第十一次会议《关于修改〈中华人民共和国种子法〉的决定》进行了修正。

2000年12月1日《种子法》施行以来，初步形成了以《种子法》为主体，地方性法规、部门规章和地方政府规章相配套的林木种苗法律法规体系。国家林业局出台了《林木种苗工程管理办法》《主要林木目录（第一批）》《林木种子生产经营许可证管理办法》《林木种子生产经营许可证年检制度规定》《国家林业局关于加强林木种苗质量监督管理的规定》《林木种子包装和标签管理办法》《林木种子检验管理办法》等15个部门规章和规范性文件，各省（自治区、直辖市）林业行政主管部门结合本地实际制定出台了200多条配套规定，200多项地方标准。其中2004年国家林业局下发的《关于加快林木种苗发展的意见》，有力地推动了林木种苗法制建设进程，强化了林木种苗行政管理。

《种子法》是为了保护和合理利用种质资源，规范品种选育和种子生产、经营、使用行为，维护品种选育者和种子生产者、经营者、使用者的合法权益，提高种子质量水平，推动种子产业化，促进种植业和林业的发展而制定的法律。它包括种质资源保护、品种选育与审定、种子生产、种子经营、种子使用、种子进出口和对外合作、种子行政管理、法律责任等几部分内容，涉及种子选取培育、保护、管理等各个方面，体现出我国的种苗制度正走向完善和规范。

《种子法》第二十条和第二十六条规定，主要林木商品种子生产和林木种子经营实行许可制度，以确保林木种子质量，维护林木种苗生产经营者的合法权益，满足林业发展和生态文明建设需要，防止达不到质量要求的林木种子流入市场和使用环节，给林业生产带来危害。

《种子法》第三十五条规定："销售的种子应当附有标签。标签应当标注种子类别、品种名称、产地、质量指标、检疫证明编号、种子生产及经营许可证编号或者进口审批文号等事项。标签标注的内容应当与销售的种子相符。销售进口种子的，应当附有中文标签。"全面实行林木种苗标签制度，便于人们正确识别林木种苗的品种、质量、数量、性状等，有利于规范林木种苗生产经营秩序，是种苗行业法制化管理的一项重要内容。

按照《林木种苗工程管理办法》规定，禁止在林木种子不成熟季节采掠，或损坏母树的树皮、树干、枝条和幼果等；禁止在劣质林内、劣质母树上采集林木种子；质量低于国家规定标准的林木种子不得销售，销售的林木种子必须附有种子标签。凡违反以上规定的，林业主管部门将依照《种子法》进行处理，《种子法》中没有规定的，将视情况给予警告、限期整改等处罚。有违法所得的，可并处违法所得1倍以上3倍以下总额不超过3万元的罚款；没有违法所得，且不属于经营活动的，并处1 000元以下罚款，属于经营活动的，并处1万元以下罚款。

在现行政策体制下，林木种子生产/经营许可、林木品种审定、林木种子质量监督检验、林木种质资源保护等制度依法建立。全社会法律意识和法制观念不断提高，林木种苗管理机构依法行政能力进一步增强，林木种子生产经营许可证发证率由2002年的13%提高到2009年的95%以上，30个省（自治区、直辖市）实行了标签制度，林木种苗质量逐年提高，林木种子样品合格率由2002年的35.1%提高到2009年的96.7%，苗木样品合格率由2002年的80%提高到2009年的96.2%。

三、国外林木种苗政策概述

在欧洲，荷兰虽然是一个林业小国，种苗业却十分发达，年产值近 12 亿荷兰盾（约合 50 亿元人民币），其中大约 35%的种苗在国内销售，65%出口到世界 70 多个国家。

在荷兰，苗圃集中分布在几个地区，每个地区都有自己的特色产品。以博斯科普为中心，形成荷兰第一大苗木生产基地，主要生产针叶树、酸性灌木和攀缘植物，东北部，生产的苗木主要是玫瑰等林下植物和园林绿化苗木。在津德尔特周边地区，主要培植园林绿化苗木、观赏性灌木和针叶树。弗莱福兰省是果树和林明树的重点产区，荷兰的种苗业以品种齐全而闻名，整个荷兰培育的种苗品种大约为 2.5 万种。

荷兰苗木在国际上获得了很大成功，荷兰种苗的生产知识和技能来源于几个世纪的长期积累，有效的分销结构和优化的信息设施是十分重要的成功要素，荷兰在生产和销售的各个环节，都应用了大量的先进科学技术，以保证种苗运送到客户手中时仍完好如初。良好的促销活动和规格齐全的苗木品种是荷兰种苗业成功的重要因素。

第二节 造林政策

一、造林的概念

造林是指在林业用地上采用植苗、扦插或播种等方法营造或更新森林的生产活动。确切地说，种植面积较大，而且以后能形成森林和森林环境的称为造林；种植面积小，不能形成森林或森林环境的，只能称为植树或栽树，而不称为造林。造林作业包括采种、育苗、栽植（或播种）及幼林抚育等，所形成的森林称人工林。造林政策不属于专有名词，可以对其作多种理解：从广义上来说，它是指与森林培育的整个过程有关的所有政策，从林木育种、种苗选育、征地栽植、森林抚育、森林管护到为其提供支持的育林基金征收、机构建设及其辅助设施建设等相关的标准、办法、规章、法律等。从狭义来看，仅指直接有利于造林的政策手段，即由国家、机关单位和民间团体所采取的直接促进造林等政策措施。造林政策的直接目标是明确的，即推动森林资源的不断扩大。

二、造林政策的历史沿革

新中国建立以来，林业发展经历了林业恢复与发展阶段（1949—1978 年）、林业快速发展阶段（1978—1998 年）、林业持续发展阶段（1998 年至今）三个阶段，而造林政策的轨迹与阶段的划分完全一致，这是因为在前两个阶段，整个林业政策的核心就是造林政策，直至发展到第三阶段，中国的林业政策才开始日趋完整化、系统化。

（一）林业恢复与发展阶段（1949—1978 年）

在中华人民共和国成立之前，长期的开荒、战乱、火灾破坏和乱砍乱伐，使中国成为一个贫林国家，全国森林面积仅有 8 280×10^4 hm^2，宜林荒山 28 959×10^4 hm^2，森林覆盖率仅为 8.6%。新中国成立初期，百废待兴，发展经济成为国家当时的首要任务。因此，共和国成立初期面临的贫林状况和国民经济的恢复和建设急需木材是当时林业政策制定和执行的最基本依据。

1950 年 2 月，第一次全国林业业务会议就在北京隆重召开。会议确定了“普遍护林，重点造林，合理采伐和合理利用”的林业建设总方针。

1951 年，《政务院关于一九五一年农林生产的决定》就已经提出了鼓励植树造林与培育山林者，并首次提出了“造林后，林权归造林者所有”，为日后的“谁造谁有”奠定了基础。

1953 年，《关于发动群众开展造林、育林、护林工作的指示》，分析了中国森林破坏严重的现状，尤其是造林中存在的问题，并首次提出发动群众造林，鼓励互助、合作造林，坚持“谁种谁有”。

1956 年，《一九五六年到一九六七年全国农业发展纲要》第二十一条进一步明确了造林绿化的主体，强调了造林规划的重要性。

1957 年，《关于在全国大规模造林的指示》不仅提出了在五年内，条件较好地区森林覆盖率达到 30%～40%，并且丰富了造林的形式，比如国家和集体合造，仍然大力鼓励农民私人造林，但是不可忽视的是，在文件中极力追求造林速度与面积，造林的目的仅仅是国家木材需求与群众生活需求。

1961 年，《中共中央关于确定林权、保护山林和发展林业的若干政策规定》第一章第一条“必须坚持‘谁种谁有’的原则，国造国有，社造社有，队造队有，社员个人种植的零星树木，归社员个人所有。”

1971 年，《我国林业发展规划（草案）》提出“南方 9 省（自治区）条件好，林木生长快，是扩大我国森林资源的重要战略基地，要充分利用，营造速生丰产林，加强用材林基地建设”。与此同时，各地按照“基地办林场，林场管基地”的思路大力发展社队集体林场，平原绿化也有了新的进展，逐渐从四旁发展到建设方田林网。

在《关于全国林业工作的指示》中提出发动群众植树造林。以林业生产为目的的造林运动全面展开。在此期间，毛泽东、周恩来等老一辈国家领导人都高度重视造林进展。但在随后的“文化大革命”和“大跃进”时期，林业政策的延续性受到破坏，尽管政策内容本身并没有多大变化，但由于受到“大跃进”“文化大革命”的错误指导，政策的执行一度偏离正确的轨道，带来了严重的损失，这一时期，不仅森林面积减少了 $600\times10^4\ hm^2$，森林覆盖率也由 12.70% 减少到 12.00%。总体考察这一时期的造林政策，从 20 世纪 50 年代提出的“普遍护林，重点造林，合理采伐与利用”的方针到 60 年代初，在反思经济问题和林业发展时提出的“以营林为基础，采育结合，造管并举，综合利用，多种经营”的林业发展方针，以木材生产为中心的体制没有发生根本变化，造林仍是软任务，木材生产是硬任务。

（二）林业快速发展阶段（1978—1998 年）

这一时期，林业政策处在一个重视森林培育的阶段，林业的多功能开始逐渐被认识和重视，更多的政策开始寻求林业经济效益与生态效益的平衡点。

继 1978 年国家林业总局成立之后，1979 年《森林法》的出台专门设立植树造林一章，1979 年全国人大决定每年 3 月 12 日为全国植树节。1978 年三北防护林体系建设的开展标志着林业重点工程在我国的推行。

1980 年 3 月，中共中央、国务院发出的《关于大力开展植树造林的指示》中明确指出“林业是国民经济中的一个极为薄弱的环节，必须动员全党、全军和全国各族人民大搞植树造林运动，要把保护和发展林业作为实现四个现代化历史进程中一项重大的战略任务来抓”。作为造林政策甚至是中国林业政策的里程碑文件，其内容更为务实，对中国发展能力有了更为客观的认识，因而其提出的各种政策一直沿用至今。

1981 年，中共中央、国务院出台《关于保护森林发展林业若干问题的决定》，提出了大力植树造林的方针政策，并对林业领域一系列重大问题作了明确规定。该决定极大地推动了中国林业的发展，效果最为显著的成就当属我国人工造林面积的迅猛增长。

1982 年《关于开展全民义务植树运动的实施办法》将植树造林正式确立为公民义务“凡是中华人民共和国公民，男 11 岁至 60 岁，女 11 岁至 55 岁，除丧失劳动能力者外，均应承担义务植树任务，各单位要将人数据实统计上报当地绿化委员会，作为分配具体任务的依据。”

1987 年《中共中央、国务院关于加强南方集体林区森林资源管理坚决制止乱砍滥伐的指示》对预留森林资源更新费的收取进行了明确的规定。

1990 年国务院批复下发了《关于 1989—2000 年全国造林绿化规划纲要》，进一步明确了我国造林绿化工作的指导思想是“坚定不移地贯彻改革开放的方针，深化林业改革，发展林业生产力，增加森林资源，增强林业活力，加快林业发展；坚持以营林为基础，以培育森林资源为重点，注重经济效益、生态效益、社会效益的统一，发展多功能林业；实行多层次、多林种、多树种、多形式造林，多管齐下，多路进军，努力扩大森林面积，尽快消灭荒山，实现绿化；注重数量，提高质量，既要抓好新造林，增加森林面积，又要管好现有林，提高森林质量；要统一规划，分期实施，因地制宜，分类指导，集约经营，科学管理，既要抓好面上造林，又要抓好重点工程，既要考虑林业当前利益，又要立足于林业的长远发展，要充分调动各方面的力量，全社会办林业，全民搞绿化。”并提出加强宣传动员，全社会办林业，全民搞绿化；建立和完善领导干部任期绿化目标责任制。重视政策扶持，增加资金投入；实行“科技兴林”，提高造林质量；坚持以法治林，搞好森林“三防”工作；加强森林资源管护，强化林业管理等具体实施措施。

在此期间，以邓小平同志倡导的全民义务植树运动、三北防护林体系建设工程的实施与用材林基地建设为标志，我国林业建设进入了一个新的发展时期，林业政策的侧重点转向大面积的植树造林和大规模地实行林业重点工程，绿化祖国。

（三）林业持续发展阶段（1998 年至今）

当前中国的造林政策在第二阶段时基本成型，形成了以义务植树造林为主要形式、工程中的造林政策为先锋、造林扶持政策为辅助的造林政策的系统。尽管在第三时期中国林业才真正蓬勃、飞速发展起来，但是在造林政策方面基本上采取的是政策延续与推进，这一时期的政策目标全面凸显生态建设、可持续发展，在对造林起到扶持作用的各个方面进行了政策支持，造林扶持政策在此时愈加完善、可行。林业处在一个由重视木材生产和林业经济效益向林业生态建设优先的转变阶段。1998 年的一场世纪大洪水，唤醒了中华民族保护家园和加速生态建设的意识。党中央、国务院将对林业的重视提高到了前所未有的高度，天然林保护工程、退耕还林工程相继实施。

1998 年新修订的《森林法》在原有造林政策的基础上，进一步完善，对育林基金制度进行了规定。

1998 年 11 月，国务院制定并下发《全国生态环境建设规划》，明确了我国生态环境建设的总体目标，提出“用大约 50 年左右的时间，动员和组织全国人民，依靠科学技术，加强对现有天然林及野生动植物资源的保护，大力开展植树种草……”

2003 年 6 月中共中央、国务院发布的《关于加快林业发展的决定》是一个中国林业改革和发展重要历史关头的纲领性文件，它对造林目标又提出了更高的要求，“通过严格保护、大力培育和合理利用森林资源，力争到 2010 年使森林覆盖率达到 19%以上”，“到 2020 年，使森林覆盖率达到 23%以上，重点地区的生态问题基本解决，全国的生态状况明显改善，林业产业实力显著增强；到 2050 年，使森林覆盖率达到并稳定在 26%以上”，着重强调了重点工程建设以及造林扶持政策的落实。

《林业产业振兴规划（2010—2012 年）》第四章对造林扶持政策进行了新的

修改，加大国家对林业产业振兴资金扶持力度，林业龙头企业的种植业进行贴息贷款，将育林基金征收标准由林木产品销售收入的20%降至10%以下；扩大林业信贷扶持政策；积极探索建立森林保险体系。

2009年6月召开的中央林业工作会议上提出的林业“四个定位”，标志着林业政策在推进生态文明建设和应对全球气候变暖中进入一个新的历史阶段。

三、造林政策体系

（一）义务植树造林政策

我国的造林组织形式以全民义务植树造林为典型形式，其他造林形式兼有。坚持全民义务植树是发展造林绿化事业的重要组织形式，也是提高全民生态意识的有效手段。目前，我国的义务植树造林已成为世界上规模最大、参与人数最多、成效最显著的植树运动。30年来，全国参加义务植树人数累计达127亿人次，义务植树589亿株，全民义务植树运动取得了巨大成就。

1981年12月，第五届全国人民代表大会第四次会议通过的《关于开展全民义务植树运动的决议》规定：“凡是条件具备的地方，年满十一岁的中华人民共和国公民，除老弱病残者外，因地制宜，每人每年义务植树三至五棵，或者完成相应劳动量的育苗、管护和其他绿化任务。”《森林法》第十一条规定：“各级人民政府应当组织全民义务植树，开展植树造林活动。”以实现全民义务植树工作，逐步做到规范化、基地化、科学化、制度化。

（二）其他植树造林政策

1. 主管部门组织造林

《森林法》第二十六条规定：“宜林荒山荒地，属于国家所有的，由林业主管部门和其他主管部门组织造林；铁路、公路两旁、江河两侧、湖泊水库周围，由各有关主管单位因地制宜地组织造林；工矿区，机关、学校用地，部队营区以及农场、牧场、渔场经营地区，由各该单位负责造林。”

2. 集体经济组织组织造林

《森林法》第二十六条规定：“宜林荒山荒地，属于集体所有的，由集体经济组织组织造林。”集体经济组织组织造林，主要是通过贯彻党的有关农林经济政策，在坚持土地集体所有的前提下，根据群众的意愿和经营能力，全部或部分地划给社会作自留山、滩，由县人民政府发给使用证，长期经营。划定自留山后，其余的荒山、荒滩，要统一规划，采取多种形式，对集体所有集中成片的用材林，要以乡或村为单位组织专人统一护林，或建立农场，统一经营。并积极引导农民实行多种形式的联合采伐、联合更新、造林。在荒山、荒地、荒滩比较集中的地方，要建立集体林场，并鼓励群众集资联合，实施大面积承包，在水土流失地区，要推广小流域承包治理的经验。同时，在政策上鼓励社会个人或联合承包荒山大面积造林，以便于统筹考虑，合理规划，提高集约经营水平。

3. 联合造林

联合造林也称合作造林，我国在20世纪50年代就开始组织实施，当时很普遍的一种联合造林形式是国社合作造林。随着改革开放的深入，联合造林不论在组织形式上还是规模上都有很大发展。如工矿企业和乡、村联合造林，林业主管部门与林业企业、事业单位合作造林等。1984年3月1日中共中央、国务院《关于深入扎实地开展绿化祖国运动的指标》中明确指出："要鼓励跨地区跨行业以补偿贸易或联营等形式，进行合作造林，投资者所得木材不抵扣国家计划分配指标。"鼓励林业专业户、重点户和联合经营体承包荒山、荒滩，兴办家庭或合作林场、苗圃、果园和茶园等。

4. 荒山承包造林

荒山承包造林是集体经济组织造林的重要形式，但其荒山荒地不仅仅指集体所有的那一部分，它还包括国有的荒山荒地。《森林法》第二十六条规定："国家所有和集体所有的宜林荒山荒地可以由集体或者个人承包造林。"

荒山承包造林是农村合作经济中的一个经营层次，集体或个人承包的荒山荒地所有权仍归国有或集体所有，原来集体营造的林木也仍归集体所有，承包人对承包的荒山不能出租、出卖、转让、典当。荒山承包造林的收益，承包人和集体按比例分成，其经营成果和集体经济有着密切的联系。荒山承包造林的主要生产资料仍是集体的，有的开山资金是国家的贷款，大多数种苗是由国家或集体提供的，林木进行采伐、加工利用也要受国家计划和政策法令的制约；林产品要按国家的计划和价格完成统购任务，不属于统购派购的产品，国家也将通过经济合同的形式，把它纳入国家计划的轨道。

由于承包人在荒山荒地上投资、投工造林，林木虽然未成为商品，但已是有价值的产业，所以承包人死亡后，在承包合同期内，荒山荒地的林木所有权和山林经营管理权，是允许继承的。其合法继承人的继承权应该受到法律保护，其继承的时间、权利与义务，应该受承包合同的制约。所以，中共中央、国务院《关于深入扎实地开展绿化祖国运动的指示》明确指出："划定自留山后，其余的荒山荒滩，要统一规划，采取多种形式，放手承包给农民作为责任山、滩，由承包者长期经营，承包期限和收益分配由双方商定。承包期可以三十年、五十年，承包权可以继承，可以转让。"而且，强调指出："对开发性的承包，政策上更要放宽。在荒山荒滩多的地方，鼓励群众集资、联合大面积承包……依法保障其权益，让他们放开手脚，发展林业，治山致富。"

5. 外资、企业造林

《关于大力开展植树造林的指示》明确指出要开展多种形式的造林，积极鼓励外资以及用材企业进行植树造林。

（三）“谁造谁有，合造共有”的造林政策

“谁造谁有”政策，实际上是解决林木所有权问题，其政策目标是确认与保障造林者的林木所有权，并希望从保障造林者林木收益的方面调动人们造林绿化的积极性。这一政策对稳定林权、解决林木权属纠纷、鼓励各行各业和城乡人民植树造林，实现绿化祖国的光荣任务等具有重要作用。

《一九五六年到一九六七年全国农业发展纲要》第二十八条中形成了“谁造谁有”政策的雏形。1961年《关于确定林权、保护山林和发展林业的若干政策规定》第一条明确提出“必须坚持‘谁种谁有’的原则，国造国有，社造社有，队造队有”。《森林法（试行）》第三条又补充了单位造林归单位所有。1981年，中共中央、国务院《关于保护森林发展林业若干问题的决定》在进行了“林业三定”的基础上，进一步明确了在自留山、房屋前后及生产队指定的地点，所植树木归社员所有。1984年《中华人民共和国森林法》确立了“谁造谁有”的政策，其第二十三条规定：“全民所有制单位营造的林木，由营造单位经营并按照国家规定支配林木收益。集体所有制单位营造的林木，归该单位所有。农村居民在房前屋后、自留地、自留山种植的林木，归个人所有。城镇居民和职工在自有房屋的庭院内种植的林木归个人所有。集体或者个人承包全民所有或集体所有的宜林荒山荒地造林的，承包后种植的林木归承包的集体或者个人所有，承包合同另有规定的，按照承包合同的规定执行。”从此“谁造谁有”政策成为林业政策中三大基本原则之一。

（四）重点工程造林政策

林业重点工程造林政策是中国造林影响最大、政策中投资最多、执行力最强的造林政策。重点工程造林政策主要包括天然林资源保护工程的公益林建设、退耕还林工程、京津风沙源治理工程中造林环节、三北及长江流域等重点防护林体系建设工程、重点地区速生丰产用材林基地建设工程。

（五）造林扶持政策

1．国外造林扶持政策

为了增加造林资金，加快荒山荒地绿化步伐，确保采伐迹地及时得到更新，提高森林覆盖率，我国针对植树造林工作出台了一些扶持政策。实行造林扶持政策是世界性的行为，这是由林业生产的特点决定的。国外一些林业发达国家根据本国的情况，对造林都采取了一些特殊扶持政策，而国际上对我国造林也提供了资金的支持。如法国早在1946年就建立了国家林业基金，为植树造林、保护森林提供长期的低息贷款。丹麦规定提供的林业信贷通常具有3年的期限，

并补贴造林用工资的1/3～2/3。葡萄牙对私人植树造林和其他林业活动，可提供长达50年的贷款，利息为2%。巴西设立林业信贷系统，为林业工作服务，包括购买种子、建立苗圃和营造速生人工林。韩国为速生丰产林提供15年的贷款，为工业用材林提供35年的贷款。瑞典政府向造林者提供50%～90%的资金资助，牙买加对新造人工林提供40%的补贴，包括用于头两年的林木抚育费，并免费提供技术援助和造林物资等。我国的退耕还林工程与风沙源治理工程得到了韩国、日本等的资金支持。

2．我国造林扶持政策

（1）林业基金制度

这是我国为保护森林、发展林业而建立的一项专用资金制度。林业基金的来源大体上有以下几种渠道：①国家对营林、森工的基本建设投资；②国家对营林、森林的财政拨款；③中长期银行贷款；④按照规定提取和征收的森工更新改造资金及育林基金；⑤地方各级财政扶持发展林业的资金；⑥地方政府支援乡村的投资，以及支援老区、少数民族地区、边疆地区、不发达地区的基金中规定用于发展林业的资金；⑦按规定提取征收的各级林业收入；⑧经过国家批准作为林业基金的其他资金。这些林业基金的来源，是根据当前情况确定的，今后，随着国民经济的发展，国家还将会采取一些扩大和增加林业基金来源的措施。例如增加对营林、森工的投资和财政拨款，对林产品实行低税、免税政策，增加的收入等列入林业基金，以逐步适应林业发展的需要。关于国家林业基金的使用管理办法，在1981年3月8日中共中央、国务院发布的《关于保护森林发展林业若干问题的决定》中作了明确的规定："由中央和地方林业部门，按规定权限，分级管理，专款专用，年终结余允许跨年度使用。"林业基金是发展林业的专项资金，不仅有正常的来源，而且只限于营林生产的支出，包括资源管理、规划设计、苗木生产、更新造林、抚育间伐、森林保护、简易林道和工程设施的直接费用和间接费用。

（2）育林基金制度

这是为了增加营林资金，不断更新和扩大森林资源而设立的一个专项基金制度。我国育林基金制度是在1953年开始建立的。这个制度规定凡采伐或收购木材、竹材的单位和直接出售木材、竹材的单位或林农，均须征缴育林基金。育林基金是预算外资金，由地方林业部门和地方财政部门管理，具体使用范围按林业部、财政部共同制定的有关规定执行。目前，我国实行的育林基金，分为国有林育林基金和集体林育林基金两类。国有林育林基金由国有森工企业、国有林场在销售木材（包括竹材）时，从木材销售收入中提取。提取标准原来是5元/m^3，1962年增加到10元/m^3，1982年增加到15元/m^3。从1987年1月1日起，改为按木材销售收入的21元/m^3。1970年前由林业部集中管理，1970年后下放地方林业部门管理。集体林育林基金又分为甲、乙两种。甲种育林基金，由收购或组织采伐集体林木的单位，在收购或采伐时按收购或采伐木材、竹材数量缴纳。乙种育林基金由收购或组织采伐集体林木的单位，按收购或采伐木材、竹材数量，在付给的林价（山价）中代扣。集体林区育林基金，从1964年起按甲种育林基金和乙种育林基金征缴。开始时是按收购或直接采伐木材、竹材数量每立方米木材（或每百根竹材）征收7元（其中甲种育林基金5元），1981年提高到12元。从1986年起，改按木材、竹材售价的规定比例征缴，即由经营木材、竹材的单位和用户，按集体或林农出售价的15%提取，并向所在省各级林业主管部门缴纳。集体林育林基金一直由地方林业部门管理。

（3）预留森林资源更新费

1987年6月30日中共中央、国务院发出《关于加强南方集体林区森林资源管理坚决制止乱砍滥伐的指示》，其中规定除房前、屋后、自留地上的零星树木以外，在木材销售收入中必须预留森林资源更新费，具体标准由省、自治区人民政府确定。更新费由乡林业站代管，存入银行，资金所有权仍归林农，严禁挪用和平调。在限期内完成更新造林计划的，如数领回；逾期不造的，由乡林业站用这笔资金统一安排造林。

（4）其他扶持政策

如造林贷款优待政策。根据林业生产的特点，对造林的贷款应当是：一是贷款期限长，一般不应少于10年；二是贷款利率不宜过高，条件允许的可实行低息、无息贷款。长期以来，我国还缺乏这方面的经验，没有统一规定。但近几年，在放宽经济政策和重视林业的情况下，各地都在进行试验。此外，国家为了鼓励开发荒山，发展林业，对林业税收给予政策性减免。如依法开垦荒地或其他方法扩大林地面积所得的林业收入，从有收入的那一年起，免征1～3年的农业税。

第三节　森林抚育政策

一、森林抚育概念

森林抚育是指在森林达到成熟龄以前的生长发育过程中所进行的促进林木生长、提高林分质量、改善环境条件，以提高森林生产率的一系列人工作业措施。森林抚育政策是指对造林后至主伐前这个森林培育阶段所采取的各种营林政策措施。

二、政策历史沿革

（一）确立期（1949—1956年）

新中国成立后，由于经济复兴，木材需求量大增，恢复森林资源成为经济工作的重点。人工造林、封山育林成为当时造林、绿化的重要手段。

1950年2月召开的全国林业会议上，把封山育林作为绿化祖国山河、扩大森林资源的重要途径。

1950年5月政务院在《关于全国林业工作指示》中，号召各地开展封山育林。

1953年9月政务院在《关于发动群众开展造林、育林、护林工作的指示》中又强调："造林以后必须加强抚育，以促进林木的发育和成长，在已经造林地区的各县、区、乡政府，应组织和领导群众抚育幼林"，并提出"封山育林是使荒山自然成林和保持水土的最有效方法，仍应号召和领导群众进行。"

1954年和1955年，林业部分别发出了关于《巩固已有成绩改进封山育林工作》和《继续开展封山育林工作》的通知，明确了封山育林的方针、任务和工作重点。

1956年，《森林抚育采伐规程》规定富裕采伐包括透光伐、除伐、疏伐和生长伐。

这一时期全国封山育林面积迅速增加，由1950年的24.6×10^4 hm^2增加到1954年的344×10^4 hm^2。

（二）停滞期（1957—1976年）

"文革"时期，森林抚育被当作是一种落后的生产方式而受到批判。在许多地方，封山育林等森林抚育的思想被主流思想所抛弃，这一传统的扩大森林资源的方式处于废止状态，相关的政策法规缺失。

（三）恢复期（1977—1990年）

改革开放后，随着经济的迅速发展，人们对木材和薪炭材的需求大增，对此，培育森林资源成为当务之急。

1980年，《关于大力开展植树造林的指示》指出：实行科学造林、育林，切实加强技术指导，纠正植树造林只求数量，不顾质量的偏向。认真加强抚育管理。

1981年，《关于保护森林发展林业若干问题的决定》第十四条指出：认真贯彻以营林为基础的方针，切实纠正以原木生产为中心，重采轻造的错误做法。要在思想上和实际工作中把森林工业和营造抚育森林真正统一起来。

1985年制定实施的《中华人民共和国森林法》（以下简称《森林法》）中明确规定："必须封山育林的地方，由当地人民政府组织封山育林"。同年，林业部在江西省召开的全国封山育林经验交流会上，提出了"以封为主，封育结合"的原则，把封山育林作为发展林业的一项战略手段。

20世纪80年代经济高速增长，1985年木材市场开放，木材价格倍增，由于相应的林业管理措施没有跟上，生态环境破坏十分严重。

1988年年底，全国26个省、自治区、直辖市中的1 430个县制定了封山育林规划，在 1988 年 4 月林业部制定的《封山育林暂行办法》发布前后，湖南、福建等 8 个省（自治区、直辖市）公布了适合本地封山育林的管理办法、实施细则、检查验收标准和资金使用管理办法。

1990 年国家作出决定：把大面积封山育林项目纳入国家林业投资计划。另外，为保证封山育林的顺利进行，各级地方政府还建立了封山管护制度并配套开展了节柴改灶、发展沼气灶，兴建小水电等工作，解决群众实际生活困难，减少对薪炭材需求的压力。

（四）稳定发展期（1991 年至今）

20 世纪 90 年代以后，由于森林过伐、森林火灾等原因而造成森林质量下降和成熟林减少，森林中人工幼龄林比例过大，森林的多种效益不能充分发挥，直接或间接地造成自然灾害的发生和扩大。政府制定了限定各地在一定期间内消灭荒山，绿化祖国的“灭荒运动”，各省、自治区、直辖市把封山育林作为灭荒绿化的主要手段。由于林业“三定”的实施，大部分集体林实行分户承包经营，针对“一山多主，一主多山”的山林权分散的状况，总结推广“建立封山林场，实行工程管理”的经验，按经营方案进行管理。这一时期，南方集体林区把封山育林作为基本消灭宜林荒山、调整林分结构、保护生物多样性，改善生态环境的主要措施来抓。

1995 年，国家技术监督局出台了《封山（沙）育林技术规程》。林业部为了切实落实好这一规程，同年决定在湖南辰溪县等 7 个县开展封山育林示范基地建设，对《封山（沙）育林技术规程》进行试点工作。各县（区）按要求编制了《封山育林示范基地建设总体规划》和《封山育林示范基地建设实施方案》。

1998 年，《森林法》第二十八条提出新造幼林地和其他必须封山育林的地方，由当地政府组织封山育林。

2004 年，国家质量监督检验检疫总局、国家标准化管理委员会公布修订了的《封山（沙）育林技术规程》，这标志着封山育林不仅将作为增加森林面积的技术措施，也是改善森林结构、提高森林质量的重要途径。2004 年，国家林业局局长周生贤指出，必须将封山育林和人工造林放在同等重要的地位。

2005 年，国家林业局将封山育林列为退耕还林工程建设内容，将退耕地造林、宜林荒山荒地造林和封山育林任务同步分解、同步设计、同步落实。

2009 年，《森林抚育补贴试点管理办法》颁布，对森林抚育试点的管理做了具体规定。

2010 年 1 月 19 日为深入贯彻落实中央林业工作会议精神，抓好中央财政森林抚育补贴试点工作，扎实推进森林经营，国家林业局研究制定了《中幼龄林抚育补贴试点作业设计规定》。

2010年9月9～10日，全国森林抚育经营暨北方林业棚户区改造现场会在黑龙江省哈尔滨市召开，国家林业局贾治邦局长等局领导出席会议并作了重要讲话。这充分体现了局党组对森林抚育经营工作的高度重视，是对全国营造林工作者的极大鼓舞和鞭策。

2010年11月24日，国家林业局下发《关于认真贯彻落实全国森林抚育经营暨北方林业棚户区改造现场会精神 切实做好森林抚育经营工作的通知》，对各地如何进一步推进森林抚育经营工作再次作出部署。

2010年12月3日林造发[2010]267号文件《国家林业局关于认真贯彻落实全国森林抚育经营暨北方林业棚户区改造现场会精神 切实做好森林抚育经营工作的通知》进一步增强做好森林抚育经营工作的紧迫感和使命感。

2011年2月15日国家林业局印发《国家林业局2011年工作要点》强化森林经营。开展森林经营现状调查，编制《森林抚育经营实施方案（2011—2020年）》。继续抓好森林抚育补贴试点，努力扩大试点规模，提高补贴标准，增加试点内容；强化森林经营监督管理，推行森林经营行政、技术和施工负责人制度；修订森林经营技术标准，加强森林经营模式和关键政策研究。

2011年6月16日国家林业局印发《全国造林绿化规划纲要（2011—2020年）》中关于森林抚育经营部分强调要将森林经营放在与植树造林同等重要的地位，坚持一手抓造林绿化，一手抓抚育经营，实现数量与质量相统一。到2020年，规划森林抚育经营（含低产林改造）7 500×10^4 hm^2，其中“十二五”期间规划森林抚育经营（含低产林改造）3 500×10^4 hm^2。

2011年11月3日林资发[2010]251号文件《国家林业局关于进一步深化森林采伐管理改革试点工作的通知》为加快推进森林采伐管理改革，确保采伐管理改革试点工作取得预期成效。

2011年11月5日，为了更好实施《森林抚育补贴试点管理办法》（林造发[2010]20号），做好保障措施，国家林业局组织制定了《森林抚育补贴试点检查验收管理办法（试行）》。

2011年11月18日国家林业局造林绿化司发布国家林业局关于印发《油茶林抚育改造技术指南》的通知，强调要切实加强组织管理和技术服务，积极协调拓宽资金渠道，不断提高建设成效，以点带面，全面推进油茶林抚育改造工作。

三、森林抚育政策体系的构成

（一）封山育林政策

1. 封山育林的概念

封山育林是培育森林资源的一条十分重要的途径，自古以来我国劳动人民就有封山育林的习惯，2 000 多年前就有文献记载。《吕氏春秋·审时篇》：“夫稼，为之者人也，生之者地也，养之者天也”。《管子·轻重已篇》：“毋斩大山，毋戮大衍”。《齐民要术》中有“顺天时，量地力”之说。封山育林在《中国农业百科全书》（林业卷）中的定义为，以封禁为基本手段，促进森林形成的措施，即把长有疏林、灌丛或散生木的山地、滩地等封禁起来，借助林木的天然下种或萌芽逐渐培育成森林。国外称这种中国造林法是人类借助自然力的经济手段。

随着封山育林研究的深入，封山育林被定义为利用森林的更新能力，在自然条件适宜的山区，实行定期封山，禁止垦荒、放牧、砍柴等人为的破坏活动，以恢复森林植被的一种育林方式。它有狭义和广义之分，狭义的封山育林单指在无林地（不包括未成林造林地）、灌木林地、部分非林地上育林、育灌、育草；对人工造林（含飞播造林）、现有林分进行封禁的保护措施称为封山护林；广义的封山育林还包括封山护林，主要有：①未成林造林地的封山育林；②有林地的封山育林；③疏林地的封山育林；④灌木林地的封山育林；⑤人工造林困难的高山、陡坡、岩石裸露地及沙漠、沙地的封山育林、育灌、育草。

根据不同的封育目的和当地的自然、社会、经济条件，封山育林可采取三种方式：①全封（也叫死封）。全封是指在封育期间，禁止采伐、砍伐、放牧、割草和其他一切不利于植物生长繁育的人为活动。封育年限根据成林年限确定。一般为 3～5 年，有的可达 8～10 年。这种方式适于高山、远山、河流上游、水库附近及严重的水土流失和风沙危害地区的水源涵养林、防风固沙林和风景林等的封育。②半封（也叫活封）。半封是指在林木主要生长季节实施封禁；其他季节，在不影响森林植被恢复，严格保护目的树种幼苗、幼树的前提下，要组织群众有计划、有组织的进行砍柴、割草等经营活动。这种方式适于封育用材林和薪炭林等。③轮封。轮封是指将整个封育区划片分段，实行轮流封育。在不影响育林和水土保持的前提下，划出一定范围，供群众樵材、放牧、割草等，其余地区实行全封或半封。轮封间隔期为 2～3 年或 3～5 年不等。通过轮封，使整个封育区都达到恢复植被的目的，此法能较好地照顾和解决群众当前利益和生产生活上的实际需要，适于培育薪炭林。

2．封山育林政策的进展及效果

《森林法》第二十八条还特别强调了政府封山育林的责任：“新造幼林地和其他必须封山育林的地方，由当地人民政府组织封山育林。”2004 年 6 月 30 日，国家质量监督检验检疫总局、国家标准化管理委员会发布了国家标准《封山（沙）育林技术规程》（GB/T 15163—2004）（以下简称《规程》），自 2004 年 7 月 1 日起正式实施，这是我国林业建设史上一件大事。《规程》的发布，标志着我国不仅将封山（沙）育林作为增加森林面积的技术措施，也是改善森林结构、提高森林质量的重要途径。此外，各省还出台了一些《封山育林技术标准》和《封山育林条例》，为推动、规范和指导封山育林工作提供了强有力的政策支撑。

封山育林政策目标旨在加快荒山绿化速度，提高森林覆盖率；保护森林免遭破坏，特别是亚热带阔叶林的更新，维护自然界生态平衡；恢复荒山植被，控制水土流失。这是一种投资少、见效快的育林方式。封山育林是培育森林资源的一种重要营林方式，具有用工少、成本低、见效快、效益高等特点，对加快绿化速度，扩大森林面积，提高森林质量，促进社会经济发展起着重要作用。通过封山育林形成的林分植被种类增多，生物多样性增加，涵养水源、保持水土的能力增强，森林病虫害减轻，林分质量提高。原来的疏林地、灌丛地、灌木林地、具备封育条件的荒山荒地等经过 5～10 年的封育，大多成为了有林地，而封育成本仅为人工造林的 1/6～1/10。封育起来的林分，植被种类丰富，使其涵养水源、改良土壤、水土保持的功能大大增强，为改善工农业生产条件起到了重要的作用，使粮食产量和农业产值得到稳步提高。

从图 5-1 可以看出，我国封山育林的效果显著，在 1999 年时新封山育林面积达到峰值，既而开始减少。其原因是 1998 年天然林保护工程试点启动后，经过六大林业重点工程近十年的努力，封山育林面积已基本达到预期效果。后期在经历了一个快速下滑阶段后，又趋于平稳。

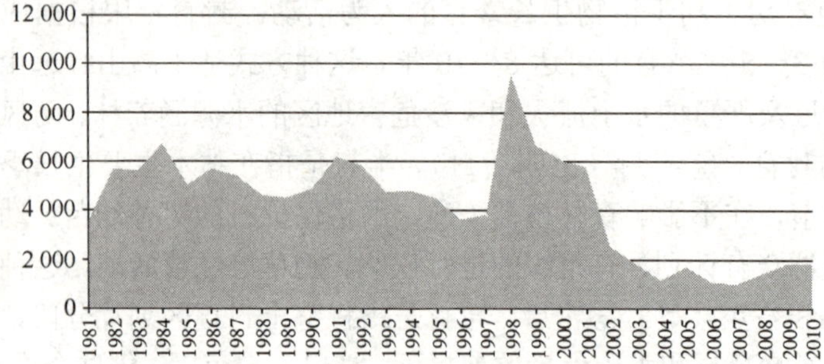

图 5-1 1981—2010 年新封山育林面积（khm^2）

数据来源：《2010 年中国林业统计年鉴》附录

（二）中幼林抚育政策

1. 中幼林抚育政策的目标

中幼林抚育政策的目标主要是：集约经营森林，提高森林质量和林地生产力；合理利用可间伐资源，增加木材产量；搞活林区经济，实现以短养长；切实优化森林结构，不断提高林地生产力。实现 2020 年林业“双增”奋斗目标、满足经济社会发展对林业多样化需求，实现林业发展方式转变，完成“十二五”规划中，我国林业的现代化建设，避免“年年造林不见林”的问题，达到森林覆盖率提高到 21.66%，森林蓄积量增加 6×10^8 m^3 的目标。

从图 5-2 中可以看出，我国幼龄林、中龄林面积比例下降，我国森林资源少，亟待抚育间伐的幼龄林、中龄林比重大，欠账多，加上木材又供不应求，因此，中幼林抚育政策的存在是具有其现实意义和必要性的。加强抚育经营是实现“双增”的根本途径。林业发展方式落后、经营管理粗放、质量效益低下是我国林业存在的突出问题。只有转变林业发展方式，加强森林经营，大幅度提高森林质量，才能全面提升森林的多种功能，满足社会的多样化需求。这是发展现代林业的基本要求，也是实现林业科学发展的重要体现。森林抚育经营是林业发展的根基和中心任务，对缓解我国木材供需矛盾、促进农民增收和建设生态文明等具有重要意义。加强森林抚育经营也是我国应对气候变化的战略选择，加快森林资源培育，增强森林碳汇功能，不仅是实现我国减排目标的战略支撑，也是增强国际话语权、捍卫发展空间、维护国家形象的战略制高点。

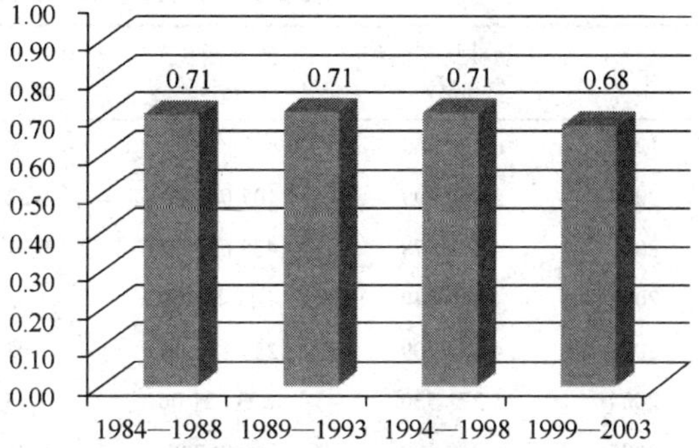

图 5-2 中幼林占所有林分面积比例（%）

2．中幼林抚育政策的效果分析

从图 5-3 中可以看出，中幼林抚育面积进一步增加，维持在一个稳定的水平。可以提高大径材出材率，提高森林植物多样性。在表 5-1 中幼林抚育面积及增长数据可以看出 1999—2009 年中幼林抚育面积没有什么很突出的增长，并且在 2006 年之前都呈现了减少的趋势。这是因为直到 2005 年，我国才在预算内林业基本建设投资中首次安排了 1 868 万元，在全国选择 38 个县（局），实施重点生态公益林中幼林抚育示范项目，实现历史性突破。特别是 2009 年，中央启动了森林抚育补贴试点，对森林抚育经营注入强劲动力，实现历史性跨越。可以看出政策的制定和实施对其有很好的促进效果见表 5-1。

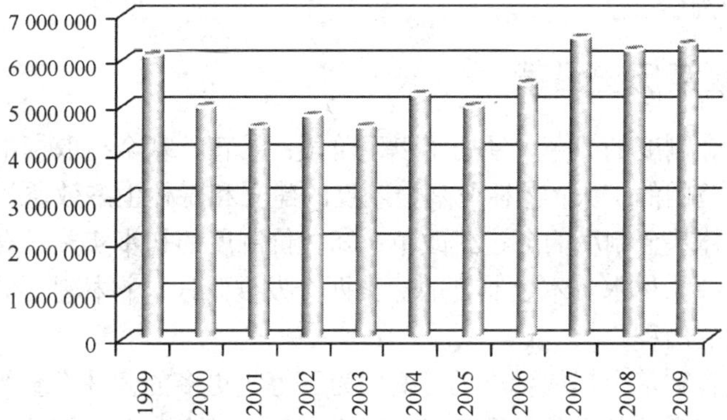

图 5-3 中幼林抚育面积（hm^2）

表 5-1 中幼林抚育面积及增长数据

年份	中幼林抚育面积（hm^2）	逐期增长（hm^2）	环比发展速度	环比增长速度	定基发展速度	定基增长速度
1999	6 120 060					
2000	5 012 999	(1 107 061.00)	0.82	(0.18)	0.82	(0.18)
2001	4 574 378	(438 621.00)	0.91	(0.09)	0.75	(0.25)
2002	4 816 840	242 462.00	1.05	0.05	0.79	(0.21)
2003	4 577 709	(239 131.00)	0.95	(0.05)	0.75	(0.25)
2004	5 271 530	693 821.00	1.15	0.15	0.86	(0.14)
2005	5 010 578	(260 952.00)	0.95	(0.05)	0.82	(0.18)
2006	5 509 647	499 069.00	1.10	0.10	0.90	(0.10)
2007	6 497 589	987 942.00	1.18	0.18	1.06	0.06
2008	6 235 347	(262 242.00)	0.96	(0.04)	1.02	0.02
2009	6 362 619	127 272.00	1.02	0.02	1.04	0.04

数据来源：国家林业局．1999—2009 年《中国林业统计年鉴》，北京：中国林业出版社，2000—2010．

第四节 育林基金政策

一、相关概念

新中国成立初期，我国是无偿采伐利用森林资源的。林业企业为了降低生产成本，提高经济效益，对森林资源重采轻造、过度消耗、粗放经营，造成森林资源损失浪费严重，导致森林资源短缺和生态环境恶化。为了保护和发展森林资源，建立采育有机结合的森林资源会计核算体系，我国逐步建立和完善了育林基金制度。育林基金制度是在以木材生产为中心的林业经营思想指导下，在计划经济的基础上形成的。所谓的育林基金是林业企业恢复和发展森林资源的专项营林基金。林业企业通过育林基金的收支来完成营林资金的循环和周转。

二、政策历史沿革

育林基金制度的改革，经历了以下阶段：①育林基金提取标准的提高，育林基金来源范围的扩大；②林业基金制度的建立和森林生态效益补偿基金制度的探讨，育林基金制度的渐进式改革；③林价制度的初步实施，育林基金制度的根本改革；④林木资本金制度的探索四个发展阶段。育林基金走过了 30 多年的改革发展历程。

首先是育林基金提取标准的提高。为了筹集更多的营林资金，林业部与财政部不断提高育林基金的提取标准。其次是育林基金来源范围的扩大。育林基金来源范围的扩大，一个是资金来源的扩大，从主要通过木材销售收入中提取或征收育林基金，扩展到国家基建投资、财政资金和银行贷款资金，亦即林业基金制度的建立；再一个是从木材的经济收入扩展到生态效益，亦即林业生态效益补偿基金制度的探讨两项改革。还有林价制度的初步实施。为了建立采育有机结合的林业会计核算形式，核算完整的木材生产成本，国有林区初步实施了林价，初步改革了传统的育林基金核算体系。之所以将林价制度的初步实施称为渐进式改革，是因为它与育林基金制度还存在千丝万缕的联系，因此有些制度规定将其紧紧放在一起，称之为林价（育林基金）或育林基金（林价）。另外必须提到的育林基金制度的根本改革就是林木资本金制度的探索。为了从根本上改革传统的育林基金会计核算体制，真正建立采育有机结合的林业会计核算体制，林业企业进行了林木资本金制度的探索。整个育林基金的制度改革是从以下三个方面进行改革的。

（一）育林基金制度的建立

我国的育林基金征收制度由来已久，始于新中国成立初期。1954 年 3 月，林业部经国务院批准，颁布了《育林基金管理办法》，建立了国有林区的育林基金制度。该办法规定，按木材销售收入的一定比例征收育林基金，用于营林生产。育林基金取之于林、用之于林，是用于发展林业的专项资金。20 世纪 50 年代在财政极为困难的情况下，为了保证林业再生产的资金，我国提出的这项以林养林的政策，对培育和发展森林资源，恢复我国森林植被，改善生态环境起到了十分重要的作用。

1980 年的育林基金制度规定从 1981 年起，东北、内蒙古国营森工企业育林基金提取标准，由销售每立方米原木提取 10 元提高到 15 元，小规格材和薪材原规定不提取育林基金，现在每立方米提取 5 元。增加提取的育林基金全部用于森工企业的更新造林。

1981 年 11 月 26 日，林业部、财政部联合发出《关于南方等省育林基金、更改资金提取标准的通知》，主要内容是：提高集体林区育林基金提取标准，由现行的每立方米木材 7 元提高到 12 元。增加的 5 元，由收购或组织采伐集体林的单位缴纳大部分，从社、队提高的林价中解决一部分，其余由各省定。生产林业产品（如木竹制品、木耳、香菇等）所消耗的木、竹未经销售环节，过去未能征收育林基金，现按实际消耗量视同销售，按规定提取育林基金。小规格和薪炭材，每立方米提取育林基金 5 元。

1985 年后育林基金实现了变从量计征为从价计征，并实行由企业和部门管理，纳入财务计划，报财政部门审批的办法。

1985 年 7 月 15 日，国务院办公厅以国办发[1985]51 号文件转发了国家计委《关于解决南方集体林区木材放开后的有关问题的意见》，主要内容是：集体林区的育林基金和更改基金要继续征收，征收办法由过去按每立方米固定金额缴纳改为按一定比例征收。

1986年1月11日，林业部和财政部联合发出《南方集体林区木材开放后有关育林基金、更改资金征收、使用和管理问题的通知》，主要内容是：育林基金、更改基金的征收标准，由过去按每立方米固定金额缴纳，改为由木竹经营单位按集体或林农出售价格的25%(其中育林基金为15%,更改基金为10%)向所在省、自治区林业主管部门缴纳；集体或林农直接给用户或在木竹市场上直接销售的，按第一次成交价的25%（育林基金为15%，更改基金为10%），由用户向所在省、自治区林业主管部门缴纳；集体或林农与销区联营，或者委托国营单位代销的木材，比照上述额度征收。

1987年2月4日，财政部和林业部又发出《关于国有林区森林工业企业财政改革若干问题的通知》，主要内容是：从1987年1月1日起，东北、内蒙古国有林区森工采运企业提取林价（育林基金）的标准，按木材销售收入21%提取。其他国有林区林价（育林基金）按此比例提取有困难的，可适当降低，但不得低于15%；现行标准高于21%的，可保留，由省、自治区政府具体规定。提取的林价（育林基金）原则上60%留给企业，40%上交省级森工主管部门（包括与省财政直接发生关系的森工主管部门和企业），用于企业之间调剂和按原规定交给地方营林部门。

1981年，中共中央、国务院发布了《关于保护森林发展林业若干问题的决定》(以下简称《决定》)，明确要求要建立林业基金制度，对林业基金的内容作出了明确规定："要把国家的林业投资财政拨款、银行贷款按规定提取的育林基金和更改资金列入林业基金，由中央和地方林业部门，按规定期限分级管理，专款专用，年终节余允许跨年度使用。"这是我国第一次提出建立林业基金制度，具有历史意义。

1988年，国务院在批复林业部提出的《关于实行林业基金制度问题请示》中，同意先建立中央级和省级林业基金，有条件的地区，经省级林业主管部门批准，也可以逐步建立地、县两级林业基金。林业基金制度的提出与落实，成为林业发展的一个重要、稳定的资金来源，为林业发展积累了资金，从而对促进我国各个时期林业的发展起到了重要的作用。国家虽有建立林业基金的规定并开辟了资金来源渠道，但由于国家基建投资、财政资金、银行贷款资金，多年来都已形成各自比较成型的管理办法和运行机制，而且各部分资金的性质、使用方法和管理方法都不一致，难以集中起来统筹安排使用，统一管理，而这一时期的育林基金也没有真正纳入林业基金管理。因此尽管国家发布了《决定》，《森林法》又进一步提出建立林业基金制度，但因在资金来源上没有切实得到落实，多年来这种林业基金制度一直名存实亡。就各省情况而言，这种林业基金制度没有建立起来。各省虽有所起步，但发展很不平衡。有的省根据国家有关规定，结合自己的实际情况，建立了省级林业基金制度，规定了资金来源渠道，成立了管理机构，制定了相关的林业基金管理办法，但并不是国家规定意义上的林业基金制度，国家资金来源渠道的资金没有纳入林业基金管理范围；有的省林业基金制度还只是在原来育林基金制度基础上做了进一步的修改和完善，扩大了育林基金征收范围，提高了标准；有的省相继出台了增加育林基金来源政策，扩大了基金来源；大部分省、自治区、直辖市在建立林业基金制度上没有起步。这些问题既有制度本身的问题，也有制度实践中的问题，尤其重要的是缺乏易于操作的林业基金管理办法。我国林业基金制度执行状况的不理想和制度的不完整性，说明真正的林业基金制度尚未建立起来，也说明林业基金制度建立的艰巨性和急需建立真正的林业基金制度的迫切性。

（二）育林基金制度的规范与完善

21 世纪以来，随着当今全球环境保护意识的发展，以及公共财政支出框架的建立和南方集体林改革的进一步深化，国家对林业的投入发生了根本性的转变，育林基金的征收、使用和管理制度已不能适应当今形势下林业发展的需要。为了更加适应深化林业体制改革的要求，进一步规范和加强育林基金管理，根据《中华人民共和国森林法》和《中共中央国务院关于加快林业发展的决定》，2003 年财政部办公厅和国家林业局办公厅联合下发了关于征求对《育林基金管理办法（征求意见稿）》意见的函，全国大部分省区都作出了反馈建议和意见。经过近几年广泛开展的调研和讨论，2009 年 5 月财政部、国家林业局正式出台了《育林基金征收使用管理办法》。新办法从 2009 年 7 月 1 日起执行，这标志着我国的育林基金征收使用管理将发生重大改变，主要体现在：一是征收比例和征收项目的变动，育林基金按照最高不超过林木产品销售收入的 10%计征，并取消了原来的维简费，将育林费和维简费合并为育林基金。二是征收范围的变动，新办法规定育林基金征收的林木产品仅限木材和竹材，不包括林副产品、经济林产品以及其他林产品。该《办法》还特别明确：各级林业部门行政事业经费纳入同级财政部门预算，由同级财政部门通过部门预算予以核拨，不得从育林基金中列支。育林基金应严格按照预算安排使用，各级财政部门要建立健全育林基金预决算制度，实行收支两条线管理。各级林业主管部门要按照规定编制育林基金收支预算，并按照批准的预算以及财政部门核拨的资金安排使用。

总体来看，育林基金制度的核心内容主要是育林基金的征收和管理，育林基金的使用以及对育林基金的会计核算。育林基金政策的目标就是用于造林育林，不能因林业的采伐生产活动破坏整个林业的发展。育林基金这项专项基金主要由林业行政部门负责征收和管理。

（三）森林生态效益补偿制度的确立

我国的森林生态效益补偿制度脱胎于育林基金制度。所谓森林生态效益补偿制度，是指国家为保护森林、充分发挥森林在环境保护中的生态效益而建立的，通过国家投资、向森林生态效益受益人收取生态效益补偿费等途径设立生态效益补偿基金，用于提供生态效益的森林的营造、抚育、保护和管理的法律制度。

1956 年林业部在全国第七次林业会议上，提出了《国有森林作价缴纳方法草案》，对林价的实质、意义和办法等主要问题作了明确规定和说明。

1986 年财政部、林业部制定的《国营林场苗圃会计制度》规定，条件具备的国营林场与苗圃在账外核算林木资产，规定分林种、树种以及小班为核算对象，设置了“林木资产”、“林木基金”、“采伐利用回收”三个会计科目反映林木资产和资金的平衡关系，自求平衡，在“资金平衡表”上作为表外科目反映，不与林场的资金来源和资金占用各科目发生联系。林木基金虽然还属于基金的范畴，但初步提出了林木资本金的核算问题。

财政部、林业部在 1990 年重新修订颁布的《国营林场与苗圃会计制度》中，正式将林木资产会计核算纳入了国有场圃的会计核算体系。该制度初步搭起了林木资产会计核算的框架结构，规定林木资产形成时，同时增加林木资产和林木基金；林木资产采伐时，同时减少林木资产和林木基金，因此这一规定没有建立林木资本金制度。1994 年财政部、林业部又组织人员对 1990 年场圃会计制度进行了修订，新制度改革完善了林木资产的管理和核算办法，初步解决了采伐林木的成本结转和提取育林基金的重复问题，提出了建立林木资本金制度，在国有林场与苗圃全面开展了林木资产会计核算。在财政部、林业部和林业企业的共同努力下，经过反复研究与实践，在林木资产会计核算对象的确定、林木资产的计价以及林木资产增减变动的账务处理程序等方面取得了初步成果，出台了一系列会计制度和核算办法。但在试点核算和初步实施的过程中又遇到了一系列难以解决的具体问题，使林木资产会计核算出现了反复，影响了林木资产会计核算改革的进程。例如林业企业的林木资本问题，由于将林木资产计价入账，使林业企业的资本立刻增加几倍，甚至十几倍，税务和工商等部门按包括林木资本金在内的资本总额征税和收费，注册会计师和审计师事务所也按资本总额验资收费，增加了企业的税费支出，使得企业无法承受，再加上育林基金和林价制度的配套改革，以及林木资产的实物核算等问题得不到妥善解决，使实施林木资产会计核算的企业先后退出了核算，只有少数企业还坚持在账外核算，林木资产会计核算出现了停滞不前、甚至倒退的局面。

1990 年国务院批准了东北、内蒙古国有林区实施林价制度。同年 12 月，林业部在哈尔滨召开了东北、内蒙古国有林区实施林价制度先行局会议，讨论修改了我国国有林区第一个《林价表》《实施林价制度伐区调查设计、拨交验收办法》和《实施林价制度财务核算暂行规定》。会议决定从1991年1月1日起在东北、内蒙古国有林区的部分林业局作为试点，按伐区拨交的立木蓄积量计算提取林价，并计入木材生产成本，初步改革了无偿采伐利用森林资源的旧体制。经国务院批准，在东北、内蒙古林区实施林价制度，这是按照林业生产的自然规律和商品经济规律的客观要求，突破了传统的育林基金核算体制。

经过一年的改革实践，黑龙江省森工总局在认真总结林价制度模拟运行和先行试点经验的基础上，决定从1993年起在全省40个林业局全面实行林木资产商品化管理，建立模拟式的商品市场经济管理体制，对森林资源实行有偿使用，建立林价制度，使林价制度在实践摸索中不断完善。根据当时森工企业的营林生产成本水平，据初步测算，东北、内蒙古国有林区平均每立方米木材的合理林价水平应为150元左右，但这次在东北、内蒙古部分国有林区初步实施林价的标准，每立方米木材的林价只有62元左右，与合理林价水平相差很多。虽然初级林价标准远远高于传统的育林费提取标准，但还不能补偿森林资源的再生产费用，连简单再生产也无法维持，更不要说在林价中应体现营林工人创造利润，用于森林资源的扩大再生产以及为社会提供的税利。初步实施林价制度，虽然将林价计入木材生产成本，但还在“应付林价”会计科目核算，到木材销售后，才能将林价转入“育林基金”科目用于营林生产，转了一圈又回到育林基金，有些地方的财政部门规定林价标准不能高于木材售价的26%，实际是等同于育林基金的提取标准，只不过增加了核算手续，因此很多企业又退出了林价核算，回到育林基金核算形式。

1992年，《国务院批转国家体改委关于一九九二年经济体制改革要点的通知》（国发[1992]12号）明确指出：“要建立林价制度和森林生态效益补偿制度，实行森林资源有偿使用。”1993 年，国务院《关于进一步加强造林绿化工作的通知》指出：“要改革造林绿化资金投入机制，逐步实行征收生态效益补偿费制度。”

1994年3月25日，国务院第16次常务会议通过的《中国21世纪人口、环境与发展白皮书》中要求建立森林生态效益补偿制度，实行森林资源开发补偿收费。

1996年1月21日，国务院《关于“九五”时期和今年农村工作的主要任务和政策措施》再次明确，“按照林业分类经营原则，逐步建立森林生态效益补偿制度和生态公益林建设投入机制，加快森林植被的恢复和发展。”

1998年7月1日，新修改的《森林法》第八条规定：“国家设立森林生态效益补偿基金，用于提供生态效益的防护林和特种用途林的森林资源、林木的营造、抚育、保护和管理。森林生态效益补偿基金必须专款专用，不得挪作他用。具体办法由国务院规定。”第一次以法律的形式明确规定了森林生态效益补偿制度。2000年，国务院颁布的《森林法实施条例》规定：“防护林、特种用途林的经营者有获得森林生态效益补偿的权利。”使公益林的生产经营者获得补偿的权利法定化。

从 2001 年起，为了加强重点防护林和特种用途林的经营保护工作，提高经营者的积极性，中央决定由国家财政直接拨款 10 亿元，在全国 11 个省（自治区）进行森林生态效益补助资金的发放试点；还拿出 300 亿元用于公益林建设、天然林保护、退耕还林补偿、防沙治沙工程等。

2004 年 12 月 10 日，《中央森林生态效益补偿基金制度》正式确立并在全国范围内全面实施。由此可见，我国的森林生态效益补偿制度脱胎于育林基金制度，经历了一个从政策调整到国家统一立法调整再到个别地方立法及试点先行的渐进过程。

三、现行的育林基金政策

根据财政部和国家林业局于 2009 年出台的《育林基金征收使用管理办法》，现行的育林基金政策主要包括：

① 育林基金按照最高不超过林木产品销售收入的 10%计征，具体征收标准由各省、自治区、直辖市考虑林业生产经营单位和个人的经济承受能力核定。具备条件的地区可以将育林基金征收标准确定为零。

- 采伐林木单位和个人会计核算健全，能准确提供销售资料的，按照林木产品实际销售收入确定。
- 采伐林木单位和个人会计核算不健全，不能准确提供销售资料的，按照林业主管部门会同有关部门核定的当地同类林木产品平均销售价格和实际林木产品销售数量计算林木产品销售收入确定。
- 采伐林木单位和个人自产自用林木产品或将林木产品直接用于加工的，按照林业主管部门会同有关部门核定的当地同类林木产品平均销售价格和实际耗用林木产品数量计算林木产品销售收入确定。林木产品是指木材和竹材，不包括林副产品、经济林产品以及其他林产品。

② 采伐林木单位和个人缴纳育林基金，由县级以上地方林业主管部门按照管理权限负责收取。

③ 育林基金在林木产品的销售环节征收。自产自用或直接用于加工的林木产品，在移送使用环节征收。林业主管部门不得在多次销售林木产品时重复征收育林基金。对进口林木单位和个人不得征收育林基金。严禁在育林基金外加收任何名目的费用。

④ 农村居民采伐自留地和房前屋后个人所有的零星林木，免征育林基金。

⑤ 县级以上地方林业主管部门征收育林基金，使用各省、自治区、直辖市财政部门统一印制的票据。

⑥ 县级以上地方林业主管部门征收的育林基金，全额缴入同级地方国库，具体缴库办法按照地方财政部门的规定执行。

⑦ 育林基金收入在“政府收支分类科目”列第103类“非税收入”01款“政府性基金收入”35项“育林基金收入”。

⑧ 育林基金专项用于森林资源的培育、保护和管理。使用范围包括：种苗培育、造林、森林抚育、森林病虫害预防和救治、森林防火和扑救、森林资源监测、林业技术推广、林区道路维护以及相关基础设施建设和设备购置等。任何单位和个人不得截留或挪作他用。

⑨ 林业部门行政事业经费，由同级财政部门通过部门预算予以核拨，不得从育林基金中列支。

⑩ 县级以上地方林业主管部门应按规定编制育林基金收支预算，报同级财政部门审核。财政部门根据县级以上地方林业主管部门开展森林资源培育、保护和管理工作需要核定育林基金支出预算。

⑪ 育林基金应严格按照预算安排使用，实行专款专用，年终结余结转下年度继续使用。

⑫ 育林基金的支付按照财政国库管理制度有关规定执行。

⑬ 育林基金支出在“政府收支分类科目”列第213类“农林水事务”02款“林业”29项“育林基金支出”。

⑭ 黑龙江、吉林、内蒙古国有森工企业仍按现行规定自提自用育林基金，免予向林业主管部门缴纳。大兴安岭林业集团公司的育林基金管理政策另行制定。

⑮ 煤矿企业自营坑木林基地的育林基金提取和使用管理，仍按照原煤炭部、财政部《关于颁发〈煤矿企业造林费用和育林基金管理办法〉的通知》（[1986]煤财字第69号）的规定执行。

⑯ 各省、自治区、直辖市根据本办法制定具体实施办法，并报财政部、国家林业局备案。

第五节　森林资源管护政策

一、森林资源管护的概念与模式

2011年国家林业局新出台的《林业发展“十二五”规划》中提出并强调了林业建设在未来五年的重点任务，其中森林资源管护作为切实保护天然林等森林资源的关键手段，在加快国土生态安全体系建设中具有重要地位。森林资源是林业可持续发展的基础，加强森林资源管护是极具必要性、紧迫性、艰巨性和主导性的工作任务，也是维护生态平衡、改善生态环境、构建和谐社会、加强林业生态建设的现实需要，在全面深入贯彻落实科学发展观、建设资源节约型和环境友好型社会、实现人与自然和谐发展等方面，具有重要的基础性地位和不可替代的作用。

森林资源管护主要指对森林资源的管理和保护，其主要任务包括：护林防火、病虫鼠害防治、制止乱砍滥伐、偷猎国家保护的野生动物，保护其他珍贵的野生物种资源。森林资源管护政策是对森林资源管护工作提供必要指导、支持和约束的一系列政策法规。

随着国家在林业政策上的倾斜，探索森林资源管护的科学高效模式也逐渐成为林业工作的重点之一。通过对资料的搜集和整理，可以发现各地在进行森林资源管护时所采取的模式往往并不是单一的，现阶段并行的森林资源管护可大体总结为：①国家或集体专门管护，林业主管部门建设专门的管护队伍，聘请专业管护人员对森林资源进行管护；②承包管护，体现为森林资源管护经营责任制的具体执行方式；③联户管理，即各户联合出资，聘请专职人员管护；④其他管护模式，如入股经营、转让经营等。

二、森林资源管护经营责任制

森林资源管护经营责任制，是创造性地落实林区管护任务的重大举措，是林区经营机制和森林经营方式的改革，也是努力探索森林资源保护培育和综合开发利用的有效途径。森林资源管护经营责任制的根本内涵是将现有的林区和林地，以林班、小班或沟系为单位，划分若干个责任区，在不改变森林资源所有权、林地用途、森林经营规划和技术规程的前提下，相关单位作为甲方与管护方签订管护委托（承包）合同，管护方以单户或联户的形式进行承包，落实责任人，承包责任人包林政、包防火、包病虫鼠害防治、包野生动植物保护、包各项生产作业质量、企业支付管护费和生产作业费。同时承包人对责任区内的各项林副、山副产品有经营权，在不影响林木生长环境的前提下，经批准可在责任区内发展种植、养殖、采集、自费造林等经营项目，企业依据林副、山副产品的储量及占用林地的面积，收取一定的资源补偿。通过这样的方式，森林资源管护就由原来的林业局、林场两级管护变成了林业局、林场、管护责任人三级管护。

1．森林管护经营责任制遵循的基本原则

针对森林资源管护经营责任制这一政策性和引导性较强的工作，各地各单位多成立了专门机构并拟定了具体的实施方案，以保障政策能够有计划、有组织地稳步推进。政策制定时遵循的原则主要有以下几点：①坚持林地所有权不改变和实行森林资源有偿使用的原则，维护国家利益和集体利益不受侵犯；②坚持森林管护与林下开发并重的原则，促进经济效益、生态效益、社会效益协调发展；③坚持责、权、利相统一的原则，充分调动林业干部职工和林农保护森林和开发利用林下资源的积极性；④坚持本企业职工或本地农民优先承包管护的原则，积极解决企业下岗职工和农村富裕劳动力的就业问题，维护林区社会秩序的稳定。

与此同时，政策制定和执行要严格遵循“七定六保”的原则，其具体要求见表5-2。

表5-2　森林资源管护“七定”和“六保”

	具体内容
七定	①定面积，明确管护经营责任区的经营面积，边界标志
	②定人员，明确管护经营责任区的管护经营承包人或其他联合承包人
	③定任务，明确管护经营责任区的管护经营任务及质量标准
	④定时间，明确管护经营责任区的管护经营承包期限，续签手续
	⑤定费用，按年核定管护经营责任区的各项生产作业成本和管护费用及支付方法
	⑥定上交，按年核定管护经营责任区内的自然经济资源及使用林地、采集林木种子等应上交的费用
	⑦定发展，规划管护经营责任区的森林培育发展目标和多种经营生产发展目标
六保	①保森林资源管护，明确森林资源的内容与标准
	②保森林资源培育作业质量和管护工作质量
	③保森林资源资产的保值增值，通过制度约束，科学经营，强化管理和指标考核促进森林资源资产在数量质量上不断增量和提高
	④保林木产品统一归口经营，坚决杜绝基层单位和个人非法经营林木产品，及非法加工木材的行为
	⑤保森林资源的有偿使用和占用，正确处理和兼顾国家企业职工三者利益的关系
	⑥保在培育保护森林资源的前提下，大力发展非林非木的多种经营生产，繁荣林区经济，增加企业和职工收入

2．森林资源管护经营责任制的权责划分

森林资源管护经营承包责任制都以经济合同的方式明确了对方的责权关系，但各地、各单位的承包合同不统一，内容差异较大。其共有的主要内容可概括见表5-3。

表5-3　森林资源管护经营责任制合同甲乙双方主要权责

	甲方（发包方）责权	乙方（承包方）责权
主要责任	甲方有义务保护乙方的合法经营权不受侵犯	乙方对承包区域内的森林资源负有管护责任，发现森林火灾、森林病虫害、毁林开垦和滥砍盗伐、乱捕滥猎野生动物等情况，乙方有扑救或制止并报告甲方的义务
主要权力	甲方有权对乙方承包区域内的管护经营活动实行监督检查，对乙方违反国家有关林业法律法规或其他违约行为，甲方有权终止承包合同，并视情节轻重依法追究乙方责任	乙方在承包区域内享有从事经甲方批准的种植业、养殖业、培植业、采集业等项目的经营权和产品收益权，但不得私自改变林地用途和造成森林资源破坏
	甲方有权在乙方承包区域内自行安排正常林业生产，但不得干预乙方的自主经营权	乙方对本承包区的营林生产任务，享有优先承包权

说明：未经甲方同意，乙方不得将承包林地私自转让、租赁、转卖给他人。此外，大多数合同还对承包人的违约行为制定了经济处罚办法。

3．森林资源管护承包方式

森林资源管护责任区的划定和取得对于后续工作的开展有着基础性的意

义，本着“远封近分”的原则，承包主要采取竞价、定价、零价、给价4种方式，因场施策，以点带面，全面推开，并进一步落实责任，有效地摆脱了森林资源消极保护和单一利用的传统模式，为森林资源的休养生息创造条件。各种方式的具体内容见表5-4。

表5-4 几种承包方式的对比

承包方法	竞价管护	定价管护	零价管护	给价管护
承包对象	管户经营中经济效益比较明显的红松母树林、北药、山野菜、山野果资源比较丰富的责任区	在有林地内发展养蛙、养鱼、种植木耳、自费造林等多种经营项目的特殊地块	部分普通地块	封山育林区域及草塘、沼泽地和较为偏远且不适宜发展多种经营项目以管护为主的地块
具体操作	按照公开、公平、公正的原则，确定底价进行竞价承包，中标者在管护好责任区的同时，对上述资源有权按照有关规定进行开发利用	可不参加抽签，作为管护责任区直接承包给该职工，并按规定收取一定的资源补偿费	对地块进行编号、公开抽签，按抽到的责任区号确定承包人，不收不支	按规定给予承包人相应的管护费用

第六节 林道建设政策

一、林道建设的概念与作用

（一）林道的概念

20世纪在欧洲开始出现了现代意义上的林道建设，当时木材仍然靠扎排流送进行长途运输。那时，道路施工是繁重的体力劳动，成本高，速度慢。林道只不过是一种和其他许多运输线路，如森林铁路、水路或索道一样可供选择的线路，林道作为开发林区的手段，是得到普遍承认的。“二战”后，欧洲开始使用美国制造的推土机，情况就发生了显著的变化，林道机械化逐渐形成和发展起来。奥地利林业人员是山区林道机械化施工的先驱。

林道有广义和狭义之分。广义的林道是指林区内凡是为林业生产建设服务的各种道路，如林区公路、森林铁路（林区窄轨铁路）、拖拉机道、手扶拖拉机道、人力胶轮板车道、人行道及流送河道、渠道等。林道是保证林业经营活动，在林内开设的道路的总称，它是林业合理经营和森林集约管理、具有多方面作用的基础设施。林区道路的多少是衡量一个国家或一个林区营林水平和集约经营高低的标志。

狭义的林道专指林区内能通行运材汽车的公路及森林铁路。林道是开发建设林区和实现全面经营森林资源的物质基础。林道把林区分成固定的单元，把林地分成清林整地、造林和生产用地。林道往往既是作业场所，又是机械操作地点，也是装车点，主要是从陡坡集运木材的装车点。

林道建设政策就是指林区道路的建设所出台的各类政策措施，其政策实施主要为保障林业运输工具使用，且能够连接场与工区、工区与经营林班之间的道路。林道主要包括林区公路、运材道路、集材道路、护林防火道路、连接道路、冻板道路以及木排道等。林道建设对于林业管理和森林集约经营是不可缺少的重要设施。

（二）林道的作用

林道的作用是多方面的，具体作用如图 5-4 所示。

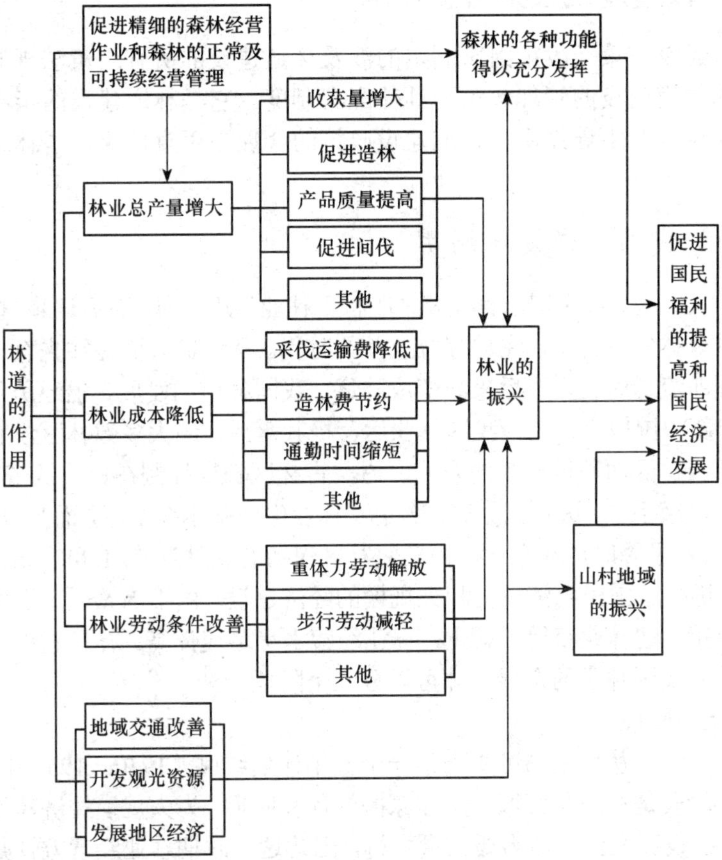

图 5-4　林道作用机理

林道按所处位置及其作用又分干线、支线和岔线。由这三者构成林道网。干线在路网总长度中仅占 5%～15%，但车辆每一周转（运次）在干线上的运行路程最长，约占 60%～80%。因此干线道路标准较高，以保证达到运行阻力小、速度快、耗能低、效率高的目的。岔线总长度在林道网中约占 55%～80%，而车辆每一周转在岔线上的运程仅占 2%～10%，道路使用期限短，因此以运材为目的的岔线都修临时性道路或可拆装的（木板轨道、钢筋混凝土板轨道）道路。支线是连接干线和岔线的道路，约占路网总长度的 15%～50%，车辆每一周转在支线上的运程占 15%～35%，道路标准介于干、岔线之间。

此外，需要注意的是，在建设林道时，除了根据不同要求确定适合规格构造之外，还必须考虑不损害森林公益效益的施工方法，同时注意日常的维护管理，以保持和提高林道的机能。在修建林道的同时，还要修建作业道以确保合理的森林施业。

二、林道建设政策历史沿革

林道建设政策一般指国家制定的涉及林道建设的所有政策法规制度，以及相关的林道建设的管理政策和其他配套制度。它是林道建设的指导方针，对林道建设具有主导作用。林道建设政策的合理与否直接决定了林道建设的最终结果。

（一）我国林道发展历史

林业大发展，许多国家都是从“取材于林业”开始的，而后逐步重视育林，再进入以森林生态为主，注重综合效益的时代。从运输方面往往先有一个木材水运过程即流送时代，再后来演变成陆运。我国林道的发展，也经历了这个演变过程。新中国成立以前，我国林业运营极其落后，绝大多数林区没有开发利用，占我国林区面积近一半的东北、内蒙古林区长期控制在日、俄帝国主义、封建地主阶级手中，进行掠夺式的经营。林业生产基本靠水运，而且设施简陋。1945 年日本投降时，在东北、内蒙古林区仅留有森林铁路 1 400 km。新中国成立后，进行了国民经济恢复和大规模的经济建设。由于国家采取了大力扶植林业的政策，使林业获得了新生，林业经营水平迅速提高。林道建设也取得了很大成绩。我国林道的发展大体可以分三个阶段。

1．第一阶段

第一个阶段从新中国诞生到第一个五年计划结束（1950—1957 年）。

这一阶段是在战争废墟上重建家园的恢复时期，为大规模经济建设奠定基础。国家建设和人民生活需要大量木材，因此这一时期林业经营方针是一切为了木材生产，满足国家建设需要，完成国民经济恢复时期的建设任务。这个时期发展林业的重点是东北和内蒙古林区。森林铁路由新中国成立时的 1 400 km，发展到 1953 年的 2 407 km，1957 年已近 5 000 km。新建数量为日伪时期总长的 2.5 倍。我国林区从 20 世纪 50 年代开始采用汽车运输木材。1953 年开始修建林区公路，先后在黑龙江省伊春林区的大丰、五道库；牡丹江林区的穆棱、绥阳、东京城；牙克石林区的伊图里河；吉林省林区的汪清修建林区公路。1955 年在我国南方的云南、福建、贵州三省林区也开始试用汽车运材。到 1957 年，东北、内蒙古林区有 16 个林业局和云南省的林业局采用了汽车运输，共修建林道 1 400 km。该时期东北、内蒙古林区的木材运输是水、陆运并举，陆运以森林铁路为主，汽车运输刚刚起步，所占比重小。南方林区几乎都是水运。可以这样说，这一时期我国林道建设处于起步和初级阶段。

2．第二阶段

第二阶段为 1958—1965 年，这一时期是我国经济建设大发展时期，也是林业大发展时期。此阶段的林业经营方针是大幅度增加木材产量，以满足国民经济建设高度发展的需要。林业建设的重点是加速林区道路建设，开发新林区。这期间共修建了森林铁路 5 587 km，其中南方集体林区修建森林铁路 152 km，全国林区的森林铁路数量相当于 1957 年以前森林铁路总长度的 2.1 倍。随着我国工业的发展，公路建设速度加快，从东北、内蒙古、西南、西北国有林区到南方各省、自治区的集体林区，从国营林业局到国营伐木场都修建了林区公路。这时期共修建林区公路 2.5×10^4 km，为 1957 年以前修建公路总里程的 18 倍。1965 年以后国有林区继续保持较高的建设速度，平均每年修建林区公路 3 600 km 以上。

这一时期是我国林业交通运输方式的巨大变革时期。表现在森铁运输稳步增长、汽车运输飞跃发展。全国林区木材运输方式，由水运为主向陆运为主转变。东北、内蒙古林区由水陆运并举，转变为全部陆运，淘汰了水运。陆运由森铁运输为主，转变为森铁、汽车运量大体平衡。南方林区这一时期虽然建设了大量公路，汽车运输取代了部分水运，但仍以水运为主。该时期南方集体林区整治了河道，修建了河埂和“羊圈”等收漂工程。林区道路的发展给林业生产，居民生活创造了方便的条件，为实现全面经营森林奠定了基础。总的来说这一时期林道建设表现为：林道运输方式和交通运输发展基本一致，更高效、灵活的汽车运输逐渐发展起来，林区公路也修建得越来越多，总体上由于受经济发展和地形等因素影响，这一时期北方林道建设优于南方林道建设，发展速度较快。

3．第三阶段

第三阶段是1966年到改革开放前期，是林业向现代化发展的奠基时期。“文革”十年林业和其他部门一样受到了干扰和破坏。林业基本建设停滞不前，使林业生产受到了很大影响。十一届三中全会决定把工作重点转移到经济建设上来，给林业带来了生机。在该时期制定了全国林业现代化建设的宏伟目标，把发展林区交通作为实现林业现代化的重要内容之一。在总结国内、外的历史经验中，林业工作者逐渐提高了对森林多种功能的认识。因此，林业经营思想由木材生产为主向以森林培育为主转变。随着林业经营思想的转变，建设林区道路的目的，不再是单纯为木材生产服务，而是为了发挥森林的生态效益、经济效益和社会效益服务。

这一时期，森林运输基本停留在前期水平。1983 年全国共有森铁 1.1×10^4 km，承担年运量 1 500$\times10^4$ m^3。森铁基本分布在东北、内蒙古林区的小兴安岭、长白山、完达山、张广才岭。南方林区只有福建、江西两省保留约 219 km。这期间林区公路有了较大发展。1983 年全国已建林区公路 14.9×10^4 km，相当于前一阶段的 5.5 倍。道路建设标准也有明显提高。从 60 年代中期开始少数森铁运输局改为纯汽车运输局。事实证明：中小型林业局采取汽车运输方式不论从经营方便，还是从经济角度都是有利的。从 70 年代中期开始，由于木材生产向高山和边远林区延伸，采伐分散，单位蓄积量减少，以及森铁机车性能的限制等原因。东北、内蒙古林区多数林业局自发的采取了“接力”式运输，即上段汽车运输，下段森铁运输。这一阶段，东北、内蒙古林区由前期的森铁、汽车运输量平衡，转变为以汽车运输为主。南方林区建设了大量林区公路，但是南方一些河流纵横，水运条件得天独厚的地区，由于水运设施简单，工程造价及运输成本低廉的原因，南方林区仍然保存着一定水运。据 1982 年统计，在我国木材运输中按运输量计算，汽车运输占总运量的 55.6%，森铁和水运各占 22.2%。

本阶段主要特点是：由于受国家政治影响，林业和林道建设发展在很长时间处于停滞状态，后期有所发展，但总体上这一阶段林道建设发展状况和林业在国家中地位逐渐下降，以及全国经济停滞甚至落后的状况基本一致，但其在某种程度上也为林业现代化和林道建设现代化奠定了一定基础。

4．第四阶段

第四阶段是从改革开放中期到现在，改革开放中期以来我国加强了经济建设和对外交流，经济高速增长，人民生活水平得到了显著提高，木材需求也大幅增长，而且林业的生态功能作用越来越得到重视，多功能林业、林业抚育、生态旅游等观念得到林业工作者高度关注与研究，现代林业理论逐渐发展和成熟起来。林道作为林业发展和经营的基础，林道建设在林业中的作用也不容忽视，随着林业人工费用升高以及现代化林业采伐机械的应用，林道的综合效益越来越重要，林道网的规划与建设也将会成为林业现代化的重要标志。总的来说这一阶段林道建设快速发展，向现代化林业迈进。但是我国林业现代化发展和林道建设与日本、德国和奥地利等欧洲国家仍由很大差距，我国林道建设，林业整体发展任重道远。

（二）林道建设政策演进

回顾我国林业建设及林道政策历程（表 5-5），过去的林道建设一直围绕木材生产这个中心，营林、护林防火政策甚少。就是木材生产，也是以修最少的路，运出最多的木材为原则。由于道路少，铺开面小，在道路可及的吸引范围内集中

表 5-5 我国林道建设主要政策

时间（年）	政策名称	政策内容
		地方林道建设政策
1989	福建省开展全民义务植树运动实施细则	第九条 义务植树劳动可安排为城乡公有树木花草的治虫、修枝、松土、施肥、管理、开防火路、巡山护林、修筑林道等绿化劳动
1989	广西壮族自治区森林防火实施办法	第三章 森林火灾的预防：第十八条 国营林区和大面积的集体林区，要按照国务院和自治区林业主管部门的规定标准，设置瞭望台、林道、防火公路、防火线或防火林带
		国家林道建设政策
1990	国营林场苗圃成本核算办法	营林生产成本核算中包括森林管护成本中的林道维修费，以及营林设施成本中的新建林道费用
1996	国有森林资源资产管理督查的实施办法	第二十条 对占有、使用国有森林资源资产单位的考核指标，包括财务、营林和资源管理三方面： $营林设施设备支出率=\frac{营林道路支出+营林设施支出+营林设备支出}{营林支出}\times 100\%$
2006—2010	《林业发展“十一五”和中长期规划》	林区安全饮水纳入全国农村饮水安全工程规划，林区道路纳入了全国农村公路调查范围，林区供电、广播电视建设等也取得了进展，为进一步改善林区民生奠定了良好基础
2011—2015 林道建设重点时期	《林业发展“十二五”规划》	1．加快林区基础设施建设：林区道路立足现有路网基础，以保障林区人民出行，有利于森林资源安全、生态建设和促进林区经济可持续发展为根本，逐步将已由交通部门完成公路基础数据和电子地图调查的林区民生公路，纳入《全国农村道路“十二五”建设规划》统筹解决。对于未纳入交通部门调查的林区民生公路，以及森林防火、林区生产等专业道路，积极争取国家专项资金逐步予以解决 2．加大林业生态建设投入：增加林区道路建设投入，包括国有森工局（林业局）、重点营林局、国有林场、省级以上自然保护区和森林公园中的林区道路建设，力争到“十二五”期末，林区道路网密度达到中等林业发达国家水平

注：其他省市略。

过量采伐，而无路林区的森林只好任其自然腐朽或灾害损失。严重的道路欠账，不能不说是造成采育失调的直接原因之一。20 世纪 70 年代，国家为改变这种状况，曾拨专项资金，弥补道路欠账。对林业企业克服难以自拔的困境曾起到缓解的作用。80 年代，广大林道工作者对林道网密度理论进行了积极有益的探索。

国家为扭转东北、内蒙古林区的资源危机、经济危困的局面，调整了经济政策，减税让利，给林业予以优惠，调整了伐区延伸的道路费。这些都为林业发展和林道建设带来新的转机。特别是在《林业发展“十一五”和中长期规划》和《林业发展“十二五”规划》中，进一步加强了林区道路建设，并已取得了较好的建设成效。

（三）林道建设资金政策

随着我国国民经济的发展，以及林业经营体制的变革，林道建设资金来源也有一定的变化。新中国成立以来我国林道建设资金主要有国家投资、更新改造资金、民办公助、地方自筹、生产费支出和银行贷款等。

（1）国家投资是我国林道建设的主要投资来源，从新中国成立初期开始施行。60 年代初实行更新改造资金制度后，按原木产量提取更改资金，用于修建延伸伐区道路，维持林业再生产。为此国家拨款投资范围缩减为新建国营林业企业的首期道路工程，以及用于后续林场开发的道路建设。国家拨款投资，为发展我国林业，培植以国营林业企业为主导的林业经营体制，起了保证作用。

（2）从 60 年代初起林业实行更新改造资金制度，这是林道投资来源的一次改革。开始时按原木产量每立方米提取 5 元，用于修建延伸伐区的道路，直接列入木材生产成本。从 1982 年起国有林区更新改造资金提高到每立方米原木 11.5 元，集体林区提取每立方米 10 元。资金使用范围扩大为全国固定资产的更新改造，更改资金由林业主管部门收缴进行再分配，其中一部分用于维持再生产所需要的道路建设。林业实行更改资金制度是国家对发展林业生产采取的一种扶植措施，不仅减少了国家的负担，而且为林区道路建设开辟了新的资金来源。为发展林区交通事业起了一定的作用。

（3）民办公助主要适用于南方集体林区。民办公助是一种补助金制度。在农林交错的南方集体林区，建设林道不仅为了经营森林服务，而且为了发展地方农、副、牧业、居民交通服务。所谓“民办公助”一般是农民出劳动力，政府在资金、材料方面给予适当补贴。

（4）地方自筹资金修建道路主要适用于南方集体林区以及北方育林为主的地方林业单位（非森工企业），为了满足经营林业的需要，由地方筹集专款修建的林区道路。

（5）生产费投资主要适用于国营林业企业，当年采伐区内修建临时性岔线道路，这种道路主要是为了木材生产服务的。岔线是集材道和正规道路之间的一种过渡道路，在目前的伐区工艺条件下，在实施采伐的伐区一般都要修建这种道路，且修建数量较大。生产费投资修建的道路，是把岔线修建费、养路费摊入木材生产成本。

（6）国家贷款是 1985 年开始实行的一种投资方式。这种投资方式适用于全国各种性质的林区。国家以无息或低息贷款给有偿还能力的林业经营者，用来扶持发展林业。林业全面实行国家有偿贷款势在必行，它对改变林业经营局面，发展新型林业，科学管理林业将产生巨大推动力。

三、日本林道建设及政策借鉴

日本是个林业发达国家，其森林大多是二战后栽种的，现已进入成熟期。为了采伐这些林木，维护和发挥森林的多方面功能，就要修建林道。因此，日本政府对林道建设极为重视，《林业基本法》《森林法》等对林道建设有明确规定；林道建设既有长远目标，也有近期的实施计划，并提供建设资金；在组织机构上，从国家林野厅到各都道府县，都设有林道专管机构，如高知县在森林部内设“治山林道课”，以保证林道建设计划的实施。

日本林道有多种类型。①按规格分：分为汽车道、轻型汽车道和单线轨道（索道）3 种。汽车道又有 1 级、2 级、3 级之分。1 级汽车道分一车道和二车道，一车道道宽 4 m，二车道道宽 5.5～7 m，与国道、都道府县道相连；2 级汽车道道宽 3 m；3 级汽车道道宽 1.8～2 m，是连接支线和分线的道路，一般只能小型汽车通过。轻型汽车道带路肩宽 1.8～3 m。单线轨道是指在接近地表的空中架设的轨道，现高知等地已没有这种林道了。②按功能分：分为干线、支线和分线 3 种。干线是指为培育和保全森林，在该林区内修建的主要道路；从干线分出来的叫支线；从支线分出来的叫分线，也就是作业道。③按补助方法分：分为国有林林道和民有林林道 2 种，民有林林道又有国库补助林道和非国库补助林道之分，国库补助率一般是 45%～50%；非国库补助林道包括国家贷款修建的林道，县政府补助修建的林道，民间借贷修建的林道，市町村政府、林农、企业修建的林道等。

日本修建林道前的准备工作做得非常充分，前期的准备工作总共有 40 多项。如要确定修建目的，编制总计划书，进行路线计划调查、路线选定、图上判读、实地踏查、预备设计、路线比较、实地测量、预备测量、线路本身调查、用地测量、设计等，其中路线计划调查又包括事前调查、社会特性调查、森林施业等调查、法令制度等调查、地域路网调查、环境调查和山地保全调查。林道计划一旦确定，则严格按计划实施。在民有林修建林道，修建前首先要与林木所有者协商，充分尊重林木所有者的意愿，在征得他们的同意后才可动工修建。修建好后林道所有权仍归林木所有者。

林道的施工由机械完成，施工现场只有几个人，机械化作业水平很高，一般由专门的工程公司施工。在道路施工时，所挖的弃土不许直接推向路基的下方，必须运到指定的地点，有的用于路基填方，有的用于填筑贮木场场地等。为防止切土斜面塌落及水土流失，日本修建林道时特别重视切土斜面的保护，保护方法多样。主要有：①在坡面上设置各种构筑物来护坡、挡土，构筑物有混凝土结构的，有木质的、钢质的，还有用铁丝网网住鹅卵石来护坡的；②采用在坡面上喷涂特殊砂浆以及铁丝网与喷砂浆同时进行等方法，使坡面固化；③采用人工播种、机械喷撒草籽和肥料以及人工种植等方法，在坡面上培育人工草皮来护坡。

林道（除作业道外）修建好后，交给地方政府。因此，日本修建林道不仅仅是林业生产上的需要，而且对改善当地的交通状况、促进当地经济发展起着重大作用，受到当地政府和老百姓的欢迎。

日本的林道事业体系完整，林区道路网络覆盖面广。如截至2007年年底，高知县林道和穿越林内的公道及作业道总长度达 1.1775×10^4 km，林内路网密度为25.1 m/hm^2。日本林道的建设是根据林业基本法、森林法等有关法律有计划地进行的。1980年5月23日日本内阁通过了《关于森林资源的基本计划》中，明确地规定了林道建设的基本方针。为合理地开发林业经营，必须建设一定数量的林道。为此确定以 27.4×10^4 km 为林道建设目标，计划到2025年完成全部建设目标。

可见，林道是林业合理经营及森林集约管理的基础设施，它不仅仅是为了木材及林产品的运输，而且是为了发挥森林的多种功能而对森林实行精细的施业所必须的设施。同时对于地域经济的振兴及提高居民的福利也起着重大的作用。

（柯水发 贺超 骆耀峰）

一、名词解释

林木种苗 造林 森林抚育 育林基金 森林资源管护 林道

二、思考与讨论

1. 为何林木种苗经营要实行许可经营和标签制度？
2. 中国主要的造林形式有哪些？
3. 政府为何要出台造林扶持政策？
4. 传统的封山育林与工程封山育林有何区别？
5. 育林基金制度能否取消？
6. 林业生产实践中有哪些森林资源管护模式？
7. 我国林道发展及建设政策经历哪些阶段？

三、课外阅读材料

沈国舫．森林培育学．北京：中国林业出版社，2006．

全国人大常委会．中华人民共和国种子法，2004．

财政部，国家林业局．育林基金征收使用管理办法，2009．

四、案例分析

吉林省泉阳林业局森林承包管护模式

一、管护单位的基本情况

泉阳林业局位于长白山西北鹿，是中国吉林森工集团直属的国有中型企业，始建于1959年，至2005年末林业总人口3.5万人，在册职工总数6 836人，固定资产原值15 262.8万元，固定资产净值9 788.5万元。资产总计13 066.1万元。主营业务收入13 728.4万元，利润总额520万元，上交税金1 294万元。2005年实现社会总产值20 590万元。在经营面积106 287 hm^2中，活立木总蓄积为1 174×10^4 m^3。全局有林地面积94 585 hm^2，中幼林面积占有林地面积的42%；中幼林蓄积占总蓄积的25%。

二、承包管护措施

该局结合局情制定出了符合自身实际的管护组织形式、管理办法和管护报酬支付形式等一系列方案：

1．专业队伍管护建设

该局现有8个林场森林管护中队、2个地区森林管护小队、4个林场中心派出所、1个森保大队、2支机械化专业扑火队和1支森警部队。在本实施区内真正形成了森林管护网络体系，为森林资源的管护工作，奠定了良好管护基础。

（1）层层落实责任：对于发包不出去地块和特殊地块，该局采取了专业队伍管护的形式。为加强天保工程森林管护人员出勤考勤管理，制定了出勤考勤管理制度和岗位责任制，局级、场级检查组对森林管护人员实行“双规”制，在规定的时间、规定的地点对森林管护人员进行抽查对抽检不到的管护人员进行处罚，并联代场长和片长，真正做到了谁出了问题将追究谁的责任，增强了场长和管护人员的责任意识，有效地保护了森林资源。

（2）形成了齐抓共管局面：该局采取了山上看住、路口堵住、山下查住的办法。一是做好森林管护队伍的定期和不定期的考勤工作，森林管护人员必须做到每月25天以上的森林巡护工作，对森林防火危险期、森林资源案件多发期、森林病虫害高发期的小班进行重点巡护。对自己的承包责任区每年进行界桩、界线标号，明确管护区域，落实管护责任。二是建立群众检举奖励机制的办法，同时公安局、专员办、资源处在路口堵截。三是联合公安局、专员办、资源处对加工点、收购点、销售点开展定期检查，对非法加工、收购、销售木材和野生动植物的点、站、店坚决取缔，真正落实了管住这一关。

（3）加大森林管护宣传力度：该局利用各种宣传工具，大张旗鼓地进行森林管护工作的宣传，做到森林保护家喻户晓人人皆知。特别对森林资源案件的多发期、森林防火危险期、病虫鼠害高发期，进行重点宣传，必要时管护人员要做到死看死守和重点监测。还要求森林管护人员根据季节性特点对自己的承包区张贴标语不少于50份。

2．个体承包管护

（1）地块承包：根据当地特点，该局对西部靠近地方林和农地林班实行全部承包，由设计部门组织设计、确定株数，确定承包面积，并对林班内的空旷地、灌木林地进行单独设计，周边树木进行挂号，确定面积。对林班内的空旷地和灌木林地在设计的范围内进行分块、分期、限定开发面积，开发后的地块间作嫁接后的红松苗进行红松果材兼用林基地建设，对造林后的红松果材林实行谁造谁拥有。职工承包后，林业局不发放工资和福利，由承包者按照合同规定，自主安排生产，开展种植业、养殖业、采集业等多种经营活动，自我核算，自负盈亏。

（2）沟系承包：该局实施业区内河谷纵横密布，非常适宜林蛙的生长。在承包河流的同时，河流两侧 500 m 之内森林资源优先承包给林蛙养殖户以利于林蛙养殖，签订承包合同，在承包期内，职工承担森林管护责任，负责看管好所承包区内的森林资源，做好森林防火工作和森林病虫害的测报工作。承包者在林内实行立体开发，树上挂木耳，冠下栽天麻，树根下播参籽，由于多种经营的开发，许多家庭搬进深山居住在河边，有利地解决管护人员资金不足的现状。现在，长白山林蛙养殖已成为当地富余人员的主导产业之一。

（3）未成林造林地承包：为护好、管好未成林造林地和加快红松果林基地建设，2005 年该局开始参后还林地有偿转包，转包后的地块职工开始林粮间作，用短期项目养活长期项目，效益非常可观，有效解决了未成林地人畜破坏现象。截至 2006 年春该局共转包未成林造林地约 400 hm^2，取得了经济效益和社会效益双丰收。

3．注重管护成效的考核与管理

（1）管护情况：内业，领导组织机构、管护制度等内容；管护人员汇总与实际管护人员是否相符；管护人员巡山记录同管护人员是否相符；组织机构人员是否有管护人员会议记录和到现地检查情况记录；管护证发放和管理；管护区域的划分是否有利于管护活动的开展；专业管护是否按照管护定额配备管护人员。外业，管护责任人对有关法律知识了解掌握情况；管护人员是否持证上岗。

（2）森林保护：外业，根据森林防火办和森林病虫害检疫站记载，现场检查火灾地点、面积、受害程度以及病虫害地点、面积、受害程度防治情况。

（3）资源管理：内业，征占用林地审批文件，林木采伐许可证，林政案件记录档案、处理结果资料；林下资源开发与利用有关项目批文和记载。外业，抽样量测征占用林地的实际面积，确定征占用林的是否有合法手续以及是否按照批准的地点和面积征占用；抽样量测发生林木采伐的面积，确定是否按照林木采伐许可证作业；调查小班经营活动情况是否合法。

（4）设施建设：检查宣传、责任区标志牌的设立情况；责任区界限、界桩的埋设情况；管护房建设质量和标准、管护制度管理等。

4．确保资金专款专用

按照上年度中央财政专项资金安排的管护金额，该局年初按照管护人员数量、管护面积大小、管护难度相结合的原则，进行资金平衡，有计划安排预算内资金，使用天保资金的单位实行财务单独决算，单独建账、单独核算，在会计核算上实行一级核算，实施单位实行工资审批制，审批后实行借款报账制，工程完工验收后，将资金转入单位，确保了专款专用。

三、管护成效

按照要求于1998年实施天然林资源保护工程，经过几年的不懈努力工作取得进一步成效。

1．森林资源增长迅速

森林蓄积量由1997年的1 142×10^4 m^3增加到现在的1 174×10^4 m^3，森林覆盖率提高近2个百分点，林分质量明显提高，林区生态环境明显改善，生物多样性明显增加。

2．生态效益初见成效

（1）涵养水源：森林资源得到保护，森林蓄水量增加，洪涝灾害明显减少。

（2）净化水质：该局河谷纵行密布，溪水不仅清澈透明，而且水质良好。经环保卫生部门检测，水质符合国家饮用水标准，可直接饮用，2000年建成省内最大的矿泉水基地。

（3）净化空气：森林是天然的二氧化碳储存库，陆地生态系统90%的二氧化碳自然存储于森林之中。

（4）灭虫除害：该局良好的生态环境，吸引了大量的留鸟和候鸟来此繁衍生息。

3．职工收入稳步增长

泉阳林业局职工年工资在1997年为3 347元，到2005年为6 407元，平均年增长382元。天保工程实施后，泉阳局的木材产量锐减，为了缓解这一矛盾，全局开展了职工再就业大讨论活动，号召职工向山上进军，向黑土地要效益。同时局给予一定的优惠政策，以利用非林非木的个体经济、股份制经济的企业不断增加，全局建成酒厂6家，山野菜加工厂2家，中草药种植10万亩，五味子种植1 500亩，沟系开发和森林资源承包并取得了一定的经济效益，职工的收入也随之增加，特别在一些季节性生产项目中，许多个体经营者还要雇请大量临时工，雇工费用连年递增，职工群众安居乐业，闲散富余人员明显减少，林区社会进一步稳定。

（资料来源：http://www.forestry.gov.cn/portal/trlbh/s/1875/content-150085.html）

讨论题：

1．结合案例分析不同管护模式的特点？

2．如何构建一个指标体系来评价管护效果？

五、主要参考文献

[1]艾云航．美国林业管理和资金投入[J]．农业经济，1994（5）：40-42．

[2]安丽丽，陈伶俐，阎青，等．天然林保护工程与封山育林[J]．内蒙古林业调查设计，2002（12）：4-5．

[3]陈天宝，楼明林，等．浅析封山育林效益及发展对策[J]．华东森林经理，2000（3）：46-48．

[4]崔勇列．日本的林业生产及其政策措施[J]．林业经济，1984（1）：63-66．

[5]戴凡．新中国林业政策发展历程分析[D]．北京林业大学硕士学位论文，2010．

[6]邓晓华，韩继凤，李成全．国有林区森林资源管护经营责任制若干问题的探讨[J]．林业科技，2003，28（3）：18-20．

[7]杜维献，宫风林，张景山，等．谈森林资源管护经营责任制[J]．林业勘察设计，

2003（2）：17-18.

[8]费世民，彭镇华，周金星．我国封山育林研究进展[J]．世界林业研究，2004，17（5）：29-33.

[9]冯长红，贺康宁，白世红，等．封山育林模式与发展对策研究[J]．中国生态农业学报，2009（9）：1013-1016.

[10]冯洁．中国林业政策评价研究[D]．福建农林大学，2007.

[11]付俊卿．实施森林资源管护经营责任制的对策[J]．东北林业大学学报，2001，29（3）：80-84.

[12]贾广明，韩加辉．再议森林资源管护经营责任制[J]．科技创新导报，2010，（13）：200.

[13]贾培峰．重点国有林区实行森林管护经营承包责任制中存在问题及其对策的探讨[J]．林业资源管理，2001，（4）：1-5.

[14]江泽慧，等．中国现代林业[M]．北京：中国林业出版社，2000.

[15]蒋敏元，耿玉德．森林资源管护经营责任制的理论思考与现实选择[J]．林业经济，2001（2）：46-47.

[16]李红庆．对森林采伐限额管理问题的思考[J]．中南林业调查规划，2002，21（2）：37-38.

[17]李娟．封山育林初探[J]．内蒙古林业调查设计，2010，33（5）：83-84.

[18]李明．完善我国森林采伐管理制度的研究[D]．东北林业大学硕士学位论文，2007.

[19]李琦．英国森林资源管理有关情况及借鉴[J]．林业资源管理，2007（1）：105-108.

[20]刘东华，商延军．浅谈森林资源管护承包责任制及其发展战略[J]．林业勘查设计，2002（2）：6-8.

[21]刘桂军，宋唯真．浅谈林木种苗基地区划设计[J]．中国林业，2008（7）：59.

[22]刘清水，王涛．育林基金制度改革的回顾与展望[J]．改革之窗，2009，6：5-8.

[23]刘欣喜，陈茂华．浅谈森林资源管护承包责任制[J]．林业经济，2001（2）：50-52.

[24]马天乐．林业政策与林政管理[M]．北京：中国林业出版社，1998.

[25]聂影．瑞典私有林与林业可持续经验借鉴[J]．世界林业，2011（4）：67-71.

[26]牛凤玉．论国有林区森林资源管护承包责任制[J]．森林工程，2001，17（5）：1-4.

[27]曲岩，杨澜．森林资源管护经营责任制的实施方略和支撑条件[J]．林业勘查设计，2006（1）：6-7.

[28]施昆山．当代世界林业[M]．北京：中国林业出版社，2001.

[29]施荫森，刘家顺．林业政策学[M]．哈尔滨：东北林业大学出版社，1995.

[30]宋春辉，李军，许建闻，等．谈封山育林工程及政策措施[J]．现代农业科学，2009（4）：118-119.

[31]苏春雨．中国森林资源经营管理机制的研究[D]．北京林业大学博士学位论文，2004.

[32]佟慧玲，单莉．育林基金制度存在的问题及改革思路[J]．改革之窗，2008（8）：24-25.

[33]涂庆丰．国有林场林区道路网的合理布局研究[J]．林业科技开发，1998：39-40.

[34]汪绚．林业法制及林业政策走向[J]．中国林业产业，2005（1）：14-16.

[35]王化军，周爱民. 森工企业森林抚育采伐现状分析及对策建议[J]. 吉林林业科技，2010（2）：57-58.

[36]王前进，穆志明. 深化国有森工企业改革的序曲——黑龙江省实行森林资源管护经营责任制试点情况的调查报告[J]. 林业经济，1999（5）：7-15.

[37]王庆跃，秦守明，王国恩. 森林资源管护经营责任制的实践与体会[J]. 林业经济，2001（2）：53-57.

[38]王跃先. 林业政策与法规[M]. 北京：中国林业出版社，2000.

[39]魏楚材. 当前森林资源管护的新问题及其对策[J]. 中国林业，1994（4）：32-33.

[40]徐国帧. 中国封山育林制度的发展[J]. 世界林业研究，2004（1）：41-45.

[41]徐济德. 英国森林资源经营管理现状与监测体系特点及启示[J]. 林业资源管理，2010（6）：124-128.

[42]阎立海，贾树庭. 国有林区分类管护经营实施步骤及成效分析[J]. 林业勘查设计，2003（2）：3-5.

[43]杨佑光. 林木种苗业的发展趋势和对策[J]. 中国林业，2008（1）：40.

[44]张国红. 美国的森林资源现状和管理[J]. 林业资源管理，1997（1）：59-64.

第六章　林业资源保护政策

第一节　森林资源保护政策

森林资源的保护与利用是森林资源政策的两个重要基点。森林资源的有效保护是森林资源利用的基础；森林资源保护的最终目的是为了更好地利用。科学合理的森林资源利用可以有效地促进森林资源保护。森林资源保护政策体系按保护客体及对象主要分为：林地资源保护政策、野生动物资源保护政策、野生植物资源保护政策等。

一、中国林地资源保护

林地资源是用于生产和再生产森林资源的土地，是林业生产最基本的生产资料。它包括有林地、宜林地、疏林地、未成林造林地、灌木林地、苗圃地等。它既是森林资源的重要组成部分，又是森林资源经济活动得以进行的基本条件，是不可缺少和不能再生的生产要素。

（一）林地与中国林地状况

1．林地含义

林地是指成片的天然林、次生林和人工林覆盖的土地。包括用材林、经济林、薪炭林和防护林等各种林木的成林、幼林和苗圃等所占用的土地，但不包括果园、桑园和茶园等的占地。

在《中华人民共和国森林法》中，对林地的解释是："林地包括郁闭度 0.2 以上的乔木林地以及竹林地，灌木林地，疏林地，采伐迹地，火烧迹地，未成林造林地，苗圃地和县级以上人民政府规划的宜林地"。

此外，根据具体类型差异，《全国土地分类》又将林地分为有林地、灌木林地、疏林地、未成林造林地、迹地和苗圃 6 个二级地类。

2．中国林地状况

从 20 世纪 90 年代后期起，中国政府和社会对林地重视程度越来越高，林地总面积呈不断上升趋势。根据第七次全国森林资源清查（2004—2008 年）结果，全国林地总面积 30 378.19×10^4 hm^2，占国土面积的 31.6%；森林覆盖率 20.36%。林地中，有林地 18 138.09×10^4 hm^2，灌木林地 5 365.34×10^4 hm^2，疏林地 482.22×10^4 hm^2，未成林造林地 1 132.63×10^4 hm^2，苗圃地 45.4×10^4 hm^2，迹地（含采伐迹地和火烧迹地）709.61×10^4 hm^2，宜林地 4 403.54×10^4 hm^2，林业辅助用地 101.36×10^4 hm^2。中国森林经历了数千年的历史变迁和自然演替，逐步形成了与自然地理条件、土壤气候特征、社会经济发展状况密切相关的关系结构（表 6-1）。我国林地资源大部分集中于东北、内蒙古国有林区，西南国有林区和南方集体林区，这三大林区林业用地面积 1.95×10^8 hm^2，占全国林业用地面积的 78.5%。

表 6-1　不同时期全国林地状况和森林覆盖率

清查时间	1973—1976	1977—1981	1984—1988	1989—1993	1994—1998	1999—2003	2004—2008
林地[1]（×10^4 hm^2）	25 509	26 688.57	25 969.28	25 677.4	25 704.73	28 280.34	30 378.19
有林地（×10^4 hm^2）	11 978	11 402.09	12 268.33	12 852.78	15 363.23	16 901.93	18 138.09
人均有林地（hm^2）	0.128	0.114	0.121	0.113	0.124	0.132	0.135
森林覆盖率（%）	12.70	12.00	12.98	13.92	16.55	18.21	20.36

[1] 注：林地面积以全国森林资源连续清查数据为统计口径，包含《土地利用现状分类》（GB/T 21010—2007）确定的林地、部分园地、部分建设用地、部分未利用地。

（二）我国林地保护的历史沿革

1．林地保护有所体现

清末至 20 世纪中叶战乱频发，森林立法得不到大规模展开。1912 年，北洋政府的《林政纲要》（共 11 条）出台，1914 年 11 月形成正式的《中华民国森林法》（共 6 章 32 条）。中国共产党早在革命根据地时期就先后出台《井冈山土地法》（1928 年 12 月）、《苏维埃土地法》（1931 年 11 月）和《保护山林条例》（1934 年），对林地和林木的所有权作了较具体的规定。在解放战争时期，中共中央公布实行《中国土地法大纲》（1947 年 9 月 13 日），第九条对林地的管理和使用作了较详细的规定。“若干特殊的土地及财产之处理办法，规定如下：（一）山林、水利、芦苇地、果园、池塘、荒地及其他可分土地，按普通土地的标准分配之。（二）大森林、大水利工程、大矿山、大牧场、大荒地及湖沼等，归政府管理。”体现了对林地保护意识的初浅认识，可以看作是我国林地保护制度建立的一个萌芽阶段。

2．确立和完善林地

新中国成立伊始，中国共产党即确立了森林保护的基本方针。1963 年 5 月 20 日国务院全体会议第 131 次会议通过了《森林保护条例》，对于林地的保护规定只有初步的涉及。第十四条规定：国家划定的自然保护区的森林，禁止进行任何性质的采伐。第十五条规定：禁止毁林开荒。第十六条规定：县、乡人民委员会应当根据自然条件，结合群众生产生活的需要，对宜林荒山、荒地、沙荒，残林迹地和耕造幼林实行定期的封山育林。但对森林资源保护的真正重视始于改革开放。1979 年 2 月 23 日，全国人大常委会通过《中华人民共和国森林法（试行）》，这是一部以森林资源开发和保护为主的法律，它对于森林的保护功不可没，但它毕竟是当时计划经济的产物，在立法宗旨和技术上有许多尚待改进的地方。在此背景下，1984 年 9 月 20 日，全国人大常委会通过正式的《中华人民共和国森林法》（以下简称《森林法》），它对林地使用权、林木所有权等敏感问题作了突破性规定，强调对林地使用者和林木所有者权益的保护，但单纯以资源利用与保护为目的的立法目标在市场经济条件下存在缺陷。更为重要的是，该法与全球森林立法的发展方向不尽一致。由于上述原因，1984 年《森林法》在 20 世纪 90 年代以来经历了 2 次修改。首次修改是 1998 年 4 月 29 日，九届全国人大常委会第二次会议对 1984 年的《森林法》作了修改：为了平衡森林资源的合理利用与生态建设的关系，将第十五条规定修订为一些林木、林地的使用权可以合法转让、作价入股；但同时规定，严禁将林地改作非林地。国务院于 2000 年 1 月发布《中华人民共和国森林法实施条例》（以下简称《条例》），不仅对《森林法》的规定进行了细化，而且还对该法作了修补，例如《条例》第二条规定：森林资源，包括森林、林木、林地以及依托森林、林木、林地生存的野生动物、植物和微生物。将林地的郁闭度由 0.3 以上改为 0.2 以上。《条例》第二十四条，同时将竹林地和未成林造林地也划入林地之内，扩大了《森林法》的保护范围。

3．我国林地保护利用目标

根据全国林地保护利用规划纲要（2010—2020 年），到 2020 年全国林地政策将实现：①林地总量适度增加。到 2020 年，林地保有量增加到 31 230×10^4 hm^2，占国土面积的比重提高到 32.5%以上。②森林保有量稳步增长。到 2020 年，全国森林保有量达到 22 300×10^4 hm^2 以上，比 2005 年增加 4 200×10^4 hm^2 左右，比 2010 年增加 2 230×10^4 hm^2 左右，森林覆盖率达到 23%以上。③林地保护利用结构逐步优化。到 2020 年，重点公益林地达到 12 490×10^4 hm^2，占到林地总面积的 40%；重点商品林地达到 5 000×10^4 hm^2，占到林地总面积的 16.1%。④林地生产力明显提高。到 2020 年，全国林地生产率达到 90 m^3/hm^2 以上，现有乔木林地的林地生产率力争达到 102 m^3/hm^2；全国森林蓄积量增加到 150×10^8 m^3 以上，比 2005 年增加约 23×10^8 m^3，比 2010 年增加约 12×10^8 m^3；通过实施森林经营、控制消耗等措施，全国森林蓄积量力争达到 158×10^8 m^3。⑤建设项目征占用林地规模逐步得到严格控制。2011—2020 年，全国征占用林地总额控制在 105.5×10^4 hm^2 以内。

（三）我国林地保护的政策法律渊源

虽然林地在国民经济和社会发展中的地位非常重要，但由于我国法制建设的历史较短，而林地的权属、使用权流转、征、占用林地等复杂情况在经济转型期的重要性尚未显露，因此，我国对林地的有关法律和规章相比其他法律制度而言要少得多。有关林地的制度主要体现在以下法律、法规中。

1.《宪法》

新中国在成立后的第一部宪法里就庄严地写入了森林资源。宪法是我国社会经济领域最早的一部法律，也是第一部涉及环境资源方面的法律。我国《宪法》第九条规定矿藏、水流、森林、山岭、草原、荒地、滩涂等自然资源，都"属于国家所有"。毋庸讳言，森林资源最初确实表现为一种自然资源形态，特别是其所包含的天然林、林地以及野生动物、野生植物和微生物等，即使到现在也仍然具有明显的自然资源属性。在我国现行的法律中，森林资源几乎都被视为一种自然资源。从这个层面上讲，这是从《宪法》中，对保护林地资源根本性的基础规范。

2.《刑法》

在刑事法律中，规定了非法批准征用、占用土地罪、盗窃罪、抢夺罪、抢劫罪等保护林地的规定性罪名。为了更加有效地保护林地，2001 年 8 月 31 日颁布的《刑法修正案（二）》新增加了非法占用林地罪。同时，全国人大常委会关于刑法第二百二十八条、第三百四十二条、第四百一十条的立法解释，明确规定非法批准征用、占用林地的行为，构成犯罪的，可以适用"非法批准征用占用土地罪"。2000 年 11 月出台的《最高人民法院关于审理破坏森林资源刑事案件具体应用法律若干问题的解释》，对罪与非罪、此罪与彼罪的界限做出了明确的规定，对定罪量刑的数量标准做出了具体的规定，准确地阐明了立法意愿。

3.《民法》

森林资源作为一种社会资源、财富及其所有人的财物，在法律上则表现为一种财产。我国《民法通则》明确把森林含林木、土地含林地作为财产权的客体，并且在第七十四条、第七十五条、第八十条、第八十一条对森林、林地的所有权和使用权、承包经营权做出了原则性的规定，从而在宪法原则的基础上，确认了森林资源的财产属性。但国家行政机关对森林资源权属进行登记发证，对森林资源权属争议依法进行处理，均属于行政行为，其中前者属行政确认，后者属行政裁定，这就不是民法所能规范的，而只能由行政法律——《森林法》来规范了。因此，关于森林、林木、林地的所有权或使用权，即森林资源财产权的规定，《森林法》与《民法通则》可谓各有所为也各有所不为，并在这里恰到好处地衔接起来。

4.《森林法实施条例》

在法律规范中，《森林法》对“林地”概念没有做出立法解释，对林地的内涵和外延做出比较明确界定的是中华人民共和国国务院2000年1月29日发布的《森林法实施条例》。其中规定：“林地，包括郁闭度0.2以上的乔木林地以及竹木林地、灌木林地、疏林地、采伐迹地、火烧迹地、未成林造林地、苗圃地和县级以上人民政府规划的宜林地。”林地是森林资源的一种，除此之外森林资源还包括森林、林木以及依托森林、林木、林地生存的野生动物、植物和微生物。由此可见，林地的法律定位更侧重于生态意义上的概念。

5.《土地管理法》

林地除作为生态意义上的森林资源外，同时还是一种经济意义上的土地资源。对此，我国土地法做出了相关的规定。我国《土地管理法》第十一条第二款规定“确定林地、草地的所有权或使用权，确认水面、滩涂的养殖使用权，分别依照《中华人民共和国森林法》《中华人民共和国草原法》和《中华人民共和国渔业法》的有关规定办理。”与《土地管理法》相比较，《农村土地承包法》处于特别法的地位，前者则处于一般法的位置。所以，在同样涉及林地使用权的场合，《土地管理法》要优于《农村土地承包法》，后者应与前者的规定保持一致。故林地使用权，应由《森林法》的具体规范来确定。

6.《森林法》

我国《森林法》第十五条规定：“下列森林、林木、林地使用权可以依法转让，也可以依法作价入股或者作为合资、合作造林、经营林的出资、合作条件，但不得将林地改为非林地：（一）用材林、经济林、薪炭林的使用权；（二）用材林、经济林、薪炭林是被限定在一定范围之内的林地使用权；（三）用材林、经济林、薪炭林的采伐迹地、火烧迹地的林地使用权；（四）国务院规定的其他森林、林木和其他林地的使用权。”“除本条规定的情形外，其他森林、林木和其他林地使用权不得转让。”该条规定明确了林地使用权的转让范围，即可以转让使用权的林地包括用材林、经济林、薪炭林的林地，以及上述林的采伐迹地、火烧迹地的林地，还有国务院明确规定的其他可以转让的林地。此即意味着单位或个人对林地的使用权。第十八条，限制各单位和个人征用、占用林地，并对上述行为规定了比较严格的审批程序。

7.《农村土地承包法》

依据我国《土地法》的有关规定，林地无论是国家所有还是集体所有的，都可以被单位或个人承包经营，用于从事种植业、林业畜牧业生产。对林地的承包经营的有关规定主要体现在我国的《农村土地承包法》中。其第十一条明确规定农业、林业行政主管部门分别依据各自职责，负责其管辖范围内的农村土地承包及合同管理工作。这充分体现了林地承包经营的跨部门协同合作。由此林地承包经营既体现了林地的经营利用，同时也维系了开发利用林地过程中的环境保护，充分照顾了林地资源经济与环境保护的双重价值。

还有少量行政主管部门的规范性法律文件可用以解决在经济社会生活中发生的具体问题。如，在 1993 年 8 月 30 日实行的《林地管理暂行办法》第二条也对林地概念作了最初的规定。林业部为了公正、及时地处理林木、林地权属争议，维护当事人的合法权益，保障社会安定团结，促进林业发展，根据《中华人民共和国森林法》和国家有关规定，制定《林木林地权属争议处理办法》，自 1996 年 10 月 14 日颁布实施，该办法所称林木、林地权属争议，是指因森林、林木所有权或者使用权的归属而产生的争议。这些规范性文件也是分析林地制度时必不可少的。1998 年 8 月国务院的 8 号文件《关于保护森林资源制止毁林开荒和乱占林地的通知》等政策性的法规和办法也对我国林地资源的相关方面作了具体的规定。

（四）我国林地保护政策

当前中国林地资源保护管理形势十分严峻，必须采取最为严格的措施，加强对林地的保护管理，形成“总量控制、定额管理、合理供地、节约用地、占补平衡”的林地管理机制。根据第七次全国森林资源清查，林地保护管理压力依然很大。清查间隔五年内林地转为非林地的面积虽比第六次清查有所减少，但依然有 $831.73\times10^4\ hm^2$，其中有林地转为非林地面积 $377.00\times10^4\ hm^2$，征占用林地有所增加，局部地区乱垦滥占林地问题严重。

按照中央确定的到2050年森林覆盖率达到并稳定在26%以上的发展目标，届时全国林地最低保有量要达到 46.5 亿亩，这是中国林地资源的“红线”。为了更好地保护林地资源，国家出台了一系列政策文件，如《关于保护森林资源制止毁林开垦和乱占林地的通知》《林地管理暂行办法》《占用征用林地审核审批管理办法》《关于违反森林资源管理规定造成森林资源破坏的责任追究制度的规定》等，做出了一些有关林地资源保护的政策规定。

1．林地权属登记政策

按照《森林法实施条例》第四条的规定，使用国家所有的林地的单位和个人应当申请林地权属登记，林地使用者不得自行选择。但根据《条例》第五条的规定，集体所有的林地是否申请登记，由林地所有者自愿选择。

2．林地用途管制政策

所谓林地用途管制政策，是指在社会经济发展过程中，对于林地用于其他的用途进行严格限制，非经依法许可，不能转为他用（禁止林地所有权交易、毁林开垦和乱占林地、禁止改变土地利用总体规划及林地利用规划等）但如确需要转用（如转为非林地及建设用地或转为其他农业用途等），必须依法经有批准权的政府批准方可转用。为此我国设置了林地转用审批制度。《森林法》第十八条规定，进行勘察、开采矿藏和各项工程建设应当不占或少占林地；必须占用或征用林地的，经县级以上人民政府林业主管部门审核同意后，依照有关土地管理的法律、行政法规办理建设用地审批手续，并由用地单位依法缴纳森林植被恢复费。

3. 林地征占用审批政策

林地征用审核制度：直接为林业生产服务的工程设施用地的审批应遵循《森林法实施条例》第十八条规定，森林经营单位在所经营的林地范围内修筑直接为林业生产服务的基础设施，需要占用林地的，由县级以上林业主管部门审批。临时占用林地审批制度：需要临时占用林地的，应当经县级以上人民政府林业主管部门批准。2000 年 11 月 2 日国家林业局第三次局务会议审议通过 2001 年 1 月 4 日起实施《占用征用林地审核审批管理办法》，该办法规定：用地单位需要占用、征用林地或者需要临时占用林地的，应当向县级人民政府林业主管部门提出占用或者征用林地申请；需要占用或者临时占用国务院确定的国家所有的重点林区（以下简称重点林区）的林地，应当向国务院林业主管部门或者其委托的单位提出占用林地申请。国务院林业主管部门委托的单位和县级人民政府林业主管部门对建设项目类型、林地地类、面积、权属、树种、林种和补偿标准进行初步审查同意后，应当在 10 个工作日内制定植树造林、恢复森林植被的措施。

4. 林地征占用补偿政策

据林业部《关于加强国有林地权属管理几个问题的通知》规定“占有国有林地必须依据国家有关法律规定，严格履行审批手续，并向国营林业单位支付林地、林木补偿经费和植被恢复费。”《森林法实施条例》规定“用材林、经济林和薪炭林的经营者，依法享有经营权、收益权和其他合法权益。防护林和特种用途林的经营者，有获得森林生态效益补偿的权利”。

5. 森林植被恢复费征收政策

森林植被恢复费的实质意义：一是通过设置成本壁垒，达到不占或少占林地的目的；二是利用森林植被恢复费植树造林，保持林地总量的平衡和稳定增加；三是在国有资产和集体资产管理存有漏洞的情况下，有防止公有资产流失的作用。《森林法》第十八条规定，森林植被恢复费专款专用，由林业部门依照有关规定统一安排植树造林，恢复森林植被，植树造林面积不得少于因占用征用林地而减少的森林植被面积。又如浙江省自 2006 年 1 月 1 日起施行《浙江省林地管理办法》规定：征收、占用林地的单位或个人，应当按规定缴纳森林植被恢复费，并向被征收、占用的单位或个人支付林地补偿费、林木及其他地上附着物补偿费、安置补助费。临时占用林地的单位或个人，应当按规定缴纳森林植被恢复费，并向被占用的单位或个人支付林木及其他地上附着物补偿费。森林植被恢复费应当按照国家规定实行专款专用，专项用于植树造林、恢复森林植被，包括森林资源调查、规划设计、整地、造林、抚育、护林防火、病虫害防治、资源管护等支出，不得平调、截留或挪作他用。

6. 林地使用保护政策

根据《森林法》第十九条规定：禁止毁林开垦和毁林采石、采砂、采土以及其他毁林行为；禁止在幼林地和特种用途林内砍柴、放牧。此外，林业部1993年发布的《林地管理暂行办法》第十四条也做了相应的一些规定，近年来各省也相继出台了一些林地保护政策。如浙江省自2006年1月1日起施行《浙江省林地管理办法》规定：使用林地的单位和个人，负有保护森林资源的义务。经依法批准，临时占用林地的单位和个人在从事生产经营活动中，应当采取有效措施保护林地，不得造成滑坡、塌陷和严重水土流失，不得损毁批准用地范围以外的林地及其附着物。造成植被破坏、生态环境恶化和严重水土流失的，应当负责治理。

7. 林地使用权流转政策

根据《森林法》第十五条的规定，对林地的转让，只限于特定林地——商品林林地的使用权，其他林地使用权不得转让。在我国林地所有权属于国家或者集体所有，林地流转不可改变林地所有权性质。《土地管理法》和《森林法》也都明文规定林地使用权人不得改变林地用途，因而不改变林地所有权和林地用途成为林地使用权流转的前提条件。林地流转一般通过租赁、股份合作、拍卖等形式进行，履行合法的手续，从而完成林地使用权从一方到另一方的流动。

二、野生动物资源保护

（一）野生动物与野生动物保护

1. 野生动物

野生动物是人类的朋友，也是自然界的重要组成部分，与我们的生活、生存息息相关，保护野生动物对于维护生物多样性、保护自然系统循环及美化人类生存环境都具有重要作用。

野生动物是一个与家养动物相对的概念，界定野生动物与家养动物是保护野生动物和合理利用野生动物的基础。按字义理解，野生动物是指“生活于野外的非家养动物”。在生态学上，野生动物一般被界定为生存在天然自由状态下或来源于天然自由状态的虽然已经短期驯养但还未产生进化变异的各种动物。在我国法律中对野生动物尚无法律定义，1998年颁布的《中华人民共和国野生动物保护法》第二条指出“本法规定保护的野生动物，是指珍贵、濒危的陆生、水生野生动物和有益的或者有重要经济、科学研究价值的陆生野生动物”。

据统计，我国陆地国土面积占世界的6.5%，陆生脊椎动物种类达2 100多种（哺乳类450多种、鸟类1 180多种、爬行类320多种、两栖类210多种），占世界这类动物种数的 10%以上，是世界上拥有野生动物种类最多的国家之一。我国野生动物资源不仅种类丰富，而且还具有特产珍稀动物多和经济动物多的两大特点。据有关数字统计：我国有大熊猫、金丝猴、白鳍豚、扬子鳄、朱鹮、黑颈鹤、黄腹角雉、褐马鸡等特产珍稀动物 100 多种；有熊、猕猴、马鹿、麝、狍子、野猪、黄羊、环颈雉、雁鸭类经济动物 400 多种。全世界鹤类共 15 种，我国就有 9 种；雁鸭类 148 种，我国就有 46 种；野生鸡类 276 种，我国有 56 种。美国、欧洲都没有灵长类动物，我国就有 16 种之多。种类繁多的野生动物是我国一项宝贵的自然资源。

2．野生动物保护

野生动物保护具有两层含义：第一层含义是为了保存物种资源或保育生物的多样性，人类社会所提供的各种有效的保护措施，如各国颁布的各种野生动物保护法律法规，为了保护濒危的野生动物建立野生动物自然保护区，以保护野生动物的生存环境等。这层意义上的保护，是以物种资源或种群为对象的保护。人类活动对这些野生动物有直接和间接的影响。此类保护的科学理论是以遗传学、动物行为学和动物生态学为基础的。第二层含义是保护野生动物免受身体损伤、疾病折磨和精神痛苦等，减少人为的活动对野生动物造成的直接伤害，也可以认为是野生动物的保健和福利，也就是野生动物的康乐。这一点主要是针对处于圈养状态下的野生动物而言的。

3．野生动物保护事业的发展历程

野生动物保护事业的发展是当前世界上衡量一个国家科学文化和精神文明程度的重要标志之一，并已成为国际文化交流和人类共同关注的一项重要内容。我国野生动物保护事业是伴随着社会、经济的发展而逐步形成发展起来的。1962 年 9 月，国务院发出关于积极保护和合理利用野生动物资源的指示，首次提出了“加强资源保护，积极驯养繁殖，合理猎取利用”的方针，推动了野生动物保护事业的健康发展。1973 年的《关于保护和改善环境的若干规定（试行草案）》明确提出加强植物的保护。党的十一届三中全会以后，我国野生动物保护事业进入了一个新的发展时期。20 世纪 80 年代初，我国成功地组织了大熊猫抢救工作，开始启动濒危物种拯救工程。1985 年国务院发布了《森林和野生动物类型自然保护区管理办法》，推动了自然保护区的建设步伐。1988 年全国人大常委会颁布了《中华人民共和国野生动物保护法》（简称《野生动物保护法》），使野生动物保护工作开始步入法制化、规范化管理的轨道。自然保护区建设初具规模，有效地保护了野生动物资源。截至 2012 年底，林业系统自然保护区已达 2 150 处，总面积 1.25×10^8 hm^2，占全国国土面积的 13%。其中，林业系统国家级自然保护区 286 处，面积 $7\,713.8\times10^4$ hm^2。

4．野生动物保护适用的政策法律体系

经过十几年的发展，已经形成了主要以《中华人民共和国野生动物保护法》为支柱，以《中华人民共和国陆生野生动物保护实施条例》《中华人民共和国水生野生动物保护实施条例》《中华人民共和国自然保护区条例》等具体的实施条例为辅翼，以国务院、农业部、国家林业局、国家工商总局、卫生部等发布的通知、通令和相关的刑法、民法、行政法、经济法律构成的多层次成系列的野生动物保护法律规范体系。

在野生动物保护的行政执法中，主要的依据是 1988 年 11 月 8 日中华人民共和国第七届全国人民代表大会常务委员会第四次会议通过《中华人民共和国野生动物保护法》，并于 1989 年 3 月 1 日起施行。该法系统地规定了我国野生动物保护的原则、管理方法、责任等。目前野生动物保护的行政规制主要思路是许可经营管理，对野生动物的饲养、野生动物经营市场进行准入管理。

此外，《宪法》第九条规定：国家保障自然资源的合理利用，保护珍贵的植物和动物。1998 年的《中华人民共和国森林法》规定：林区内列为国家保护的野生动物，禁止猎捕；因特殊需要猎捕的，按照国家有关法规办理。

在刑事执法中，1997 年修订的中华人民共和国刑法（第六章第六节）列出了破坏环境资源保护罪。其中第三百四十一条是专门的针对野生动物保护的刑事条款：非法猎捕、杀害国家重点保护的珍贵、濒危野生动物的，或者非法收购、运输、出售国家重点保护的珍贵、濒危野生动物及其制品的，处五年以下有期徒刑或者拘役，并处罚金；情节严重的，处 5 年以上 10 年以下有期徒刑，并处罚金；情节特别严重的，处 10 年以上有期徒刑，并处罚金或者没收财产。违反狩猎法规，在禁猎区、禁猎期或者使用禁用的工具、方法进行狩猎，破坏野生动物资源，情节严重的，处 3 年以下有期徒刑、拘役、管制或者罚金；分别规定了非法猎捕、杀害珍贵、濒危野生动物罪，非法收购、运输、出售珍贵、濒危野生动物制品罪，非法狩猎罪。

（二）我国野生动物保护政策

根据《中华人民共和国野生动物保护法》，有关野生动物保护的相关政策规定如下：

1．资源产权政策

野生动物所有权制度是野生动物产权法律制度的核心内容，野生动物产权就是由以野生动物所有权为主体的一系列财产权利所组成的权利束。该法第三条第一款规定：“野生动物资源属于国家所有。”由此确立了野生动物资源的国家所有制。

2．生境保护政策

该法第八条规定：“国家保护野生动物及其生存环境，禁止任何单位和个人非法猎捕或者破坏。”这项政策主要包括：其一，自然保护区政策。该法第十条规定：“对于国家和地方重点保护野生动物划定自然保护区进行管理。”其二，禁猎区政策。该法第二十条规定：“在自然保护区、禁猎区、禁猎期内，禁止猎捕和其他妨碍野生动物生息繁衍的活动。”其三，环境监测政策。该法第十一条规定：“各级野生动物行政主管部门应当监视、监测环境对野生动物的影响。”其四，环境影响评价政策。该法第十二条规定：“建设项目对国家或者地方重点保护野生动物的生存环境产生不利影响的，建设单位应当提交环境影响报告书；环境保护部门在审批时，应当征求同级野生动物行政主管部门的意见。”

3．对野生动物实行分层次分级别管理政策

重点保护野生动物分为国家重点保护和地方重点保护两个层次。国家对珍贵、濒危野生动物实行重点保护。这类野生动物又分为一级和二级两个级别。其名录及调整，由国务院野生动物行政主管部门制定，报国务院批准公布。地方重点保护的野生动物是指国家重点保护野生动物以外，由省、自治区、直辖市重点保护的野生动物。其名录由省、自治区、直辖市政府制定并公布，报国务院备案。同时，有益的或者有重要经济、科学研究价值的陆生野生动物也受到国家保护，其名录及调整由国务院野生动物行政主管部门制定并公布。

4．野生动物致人损害补偿政策

该法第十四条规定：“因保护国家和地方重点保护野生动物，造成农作物或者其他损失的，由当地政府给予补偿。补偿办法由省、自治区、直辖市政府制定。”

5．行政许可政策

该法在第三章，对于野生动物的驯养繁殖、猎捕、出售、收购、利用、运输、携带、进出口、野外科学考察、摄影、录像等都规定了行政许可（行政审批）制度。

6．资源保护管理费收费政策

该法第二十七条规定：“经营利用野生动物或者其产品的，应依法缴纳野生动物资源保护管理费。”

（三）野生动物资源保护的国际条约及国际保护组织

国际社会最早关于保护野生动物资源的条约可以追溯到1886年的《莱茵河流域捕捞大马哈鱼的管理条约》。在近几十年里，国际社会涌现出大量的有关野生动物资源的条约。现有的有关野生动物保护的条约可分为三类：一是全球性条约，主要有《濒危野生动植物种国际贸易公约》（1973）和《生物多样性公约》（1992）；二是区域性条约，如非洲的《养护自然和自然资源非洲公约》（1968）、《关于保护、管理和开发东非区域海洋和沿海环境公约》（1985），美洲的《西半球自然和野生生物保护公约》（1940）、《关于特别保护区和受特别保护的野生动物的议定书》（1990），欧洲的《欧共体关于保护自然生境和野生动植物种的指令》（1992），亚洲的《自然和自然资源保护协定》；三是有关特定类型的野生动物资源的保护条约和其他文件，主要有《国际鸟类保护公约》

（1950），《关于保护野鸟的指令》（1979），《濒危野生动植物种国际贸易公约》及其附录一、附录二，《生物多样性保护公约》《水禽栖息地的国际重要湿地公约》等。由于人类活动对野生动物及其生境的干扰和破坏越来越严重，生物种类正在急剧减少，各国更加重视对野生动物资源的保护。此外，国外建立了许多国际组织从事生物保护活动，特别是国际自然与自然资源保护同盟，联合国环境规划署和世界野生生物基金会。为了促进世界生物资源的保护工作，它们还共同组织编写了《世界自然资源保护大纲》，并于1980年3月5日在30多个国家同时发表，呼吁世界各国采取有力措施保护野生动植物，并明确提出，希望各国加强立法，用法律手段对野生动植物加以保护。其他重要野生动物保护组织还包括世界野生生物基金会、国际自然保护和自然资源联盟、国际保护鸟类理事会等。

（四）各国野生动物保护政策概览

1. 美国野生动物保护政策

1964年，美国国会通过《自然保护区法》，建立了自然保护区系统，对全国联邦土地上的自然保护区的保护和管理作了基本规定。1966年，美国国会通过《国家野生动物庇护区系统管理法》，将之前的各个野生动物保护法规规定的各种野生动物保护区合并，组成“国家野生动物庇护区系统”，由内政部鱼类和野生动物署主管。1972年，国会通过了《海岸带管理法》，对国家海岸带的野生动物资源开发和利用作了规定。1973年制定了《濒临灭绝危险的物种法》，1977年5月又颁布了《野生动物保护条例》。1872年建立了第一个国家公园——黄石国家公园。国家公园的土地由联邦内政部的国家公园署管理。美国内政部是全国野生动物的主管部门，负责野生动物的行政管理工作，内政部所属的渔和野生动物管理局在全国7大区和50个州都有“鱼和野生动物管理办公室”，这些办公室的人、财、物从上到下实行垂直领导，与地方政府是协调和伙伴关系。美国对野生动物资源的保护，除联邦政府、各地区、各州设置管理机构，建立自然保护区和国家公园外，全国各地的群众志愿者组成的以保护野生动物和自然环境为宗旨的非政府组织也起到了很大的作用。

2. 日本野生动物保护政策

1919年日本制定了《狩猎法》，禁止和限制捕获野生鸟兽。后来又陆续颁布了一系列有关野生动物保护的法律法规，如《关于鸟兽保护及狩猎的法律》和《关于控制特殊鸟类转让的法律》。这些法律对自然环境的重要构成要素——野生鸟兽的狩猎实行控制，并设定鸟兽保护区保护其繁殖，对濒危鸟类的转让及输出、输入实行控制，以确保自然环境的丰富。此外，日本还有《森林法》《自然公园法》《自然环境保全法》等许多保护野生动物栖息地的法律。1972

年6月22日通过的《自然环境保护法》，对保护野生动物作了原则性规定，加强了野生动植物保护。1972年6月1日制定了一项《关于管理特殊鸟类转让等事项的法律》，其中规定，除特殊情况外，禁止出口濒临灭绝危险的鸟类，违者处1年以下惩役或5万日元以下的罚金。1973年，日本出台了《关于爱护及管理动物的法律》。该法开宗明义，在基本原则一款中阐明了制定法律的目的："所有人要认识动物是有生命的，不仅不要肆意虐待，而且要建成人与动物共生的社会，在充分了解动物习性的基础上采取适当的方式对待动物。"日本法律所指的动物非常宽泛，不只是稀有野生动物，还包括狗、猫、鸽子等常见动物。为履行《濒危野生动植物种国际贸易公约》，日本于1980年11月，在国会批准该公约后，规定禁止进口420种受到绝种威胁的动植物及其制品。日本政府的野生动物保护职能由国家环境厅统一行使。

三、野生植物资源保护

（一）中国野生植物资源状况

野生植物是重要的自然资源和环境要素，对于维持生态平衡和发展经济具有重要作用。野生植物物种的潜在利用价值无可估量，世界上一半以上的药物模仿天然植物合成。植物是自然生态系统中的生产者，是生态环境最基本的组成成分，是人类赖以生存的物质基础，野生植物是指生存在天然、自由的状态下，或来源于天然自由状态下、虽经多代人工培养或培植，但尚未明显进化变异的各种植物。1997年起实施的《中华人民共和国野生植物保护条例》第二条规定，本条例所保护的野生植物，是指原生地天然生长的珍贵植物或原生地天然生长并具有重要经济价值、科学研究价值、文化价值的濒危、稀有植物。这些受保护的野生植物分别被列入《国家重点保护野生植物名录》和《地方重点保护植物名录》。此外，中华人民共和国缔结或参加的与保护野生植物有关的国际条约所规定保护的野生植物，除中国政府申明保留外，均受国家重点保护。

我国地域广阔，地形复杂，气候多样，野生植物资源十分丰富。据不完全统计，我国有苔藓、蕨类和种子植物3万种，约占世界植物种类的10%。珍稀和濒危植物有1 019种，其中苔藓28种、蕨类80种、裸子植物75种、被子植物836种。据《中国植被》统计，我国有种子植物301科2 980属24 500种，居世界第三位，并且新的发现区系在不断增加。我国苔藓植物也很丰富，约有106科408属2 100种，约占全世界科数的70%、属数的50%、种数的10%。蕨类植物则是全世界最丰富的，共有52科204属约2 600种，约占全世界科数的80%、属数的46%、种数的22%。我国被子植物有291科2 940多属24 300多种，约为全世界种子植物科数的60%、种数的10%。世界现有的裸子植物的 11 科中，除南洋杉科外，我国都有分布。我国生物种类不仅丰富繁多，而且地位十分重要，其中药用植物不下 7 000 种。

（二）野生植物保护的发展历程

有关珍稀濒危植物保护的国际公约主要有：《濒危野生动植物种国际贸易公约》《保护自然环境中动植物公约》《国际植物保护公约》《生物多样性公约》等。其中，对珍稀濒危植物保护最直接、影响最大的是《濒危野生动植物种国际贸易公约》（简称 CITES）保护的植物。另外《IUCN 世界植物红皮书》记述的 250 种植物也是世界公认的珍稀濒危植物，应当予以优先保护。

20 世纪 80 年代以来，生物多样性的保护和可持续利用逐渐引起国际社会普遍关注，并成为当今全球环境保护的热点问题。1988 年 11 月，联合国环境规划署开始组织启动国际生物多样性公约文本的起草工作。1992 年 6 月，在巴西召开的联合国环境与发展大会上，《生物多样性公约》连同《21 世纪议程》等几个重要文件一起提交与会各国并开放签字。目前已有 174 个国家签署了该公约。为纪念公约生效这一有意义的日子，根据 1994 年 11 月联合国大会通过的第 49/119 号决议，每年的 12 月 29 日为国际生物多样性日。《生物多样性公约》（以下简称《公约》）的制定和生效是全球生物多样性保护的一个里程碑。公约第一次对生物多样性作了全面的阐述，内容涉及了遗传资源的取得和利用，技术转让和生物安全，从建立保护区系统到重建退化的生态系统和恢复受威胁物种，包括采取迁地保护措施等。《公约》的宗旨在于全面规范全球生物多样性保护和可持续利用，促进各国公平合理的分享利用生物资源。公约实施后其重点和焦点之一是生物安全问题。近十多年来，生物工程技术研究与开发的迅速发展，特别是转基因物质大量应用于农业和医药等领域并产生着很大的经济效益，而其对人体、生物多样性所产生的和潜在的不利影响也随之引起国际关注，由此引出的“生物安全”问题被列入《公约》的优先领域。1996 年 7 月，国际《生物安全议定书》起草工作开始启动，2000 年 1 月 29 日在加拿大蒙特利尔被 130 多个国家通过的生物安全议定书，建立了以信息共享和科学决策为基础的全球框架，协助政府对生物科技的好处与风险加以管理。

早在 1950 年，中央人民政府就公布了《稀有生物保护办法》，新中国的野生动物保护工作从此开始起步。《环境保护法（试行）》《环境保护法》《森林法》和《草原法》等，都从各自的角度对保护和合理利用野生植物作了相应的规定。此外，还制定了一些专门的野生植物保护法规，如 1984 年 6 月 25 日国务院办公厅转发的《农牧渔业部关于制止乱搂发菜、滥挖甘草，保护草场资源的报告》。1987 年国务院发布的《野生药材资源保护管理条例》等。野生植物的保护的重点是珍贵稀有的野生植物。

当前，我国从事生物多样性研究的主要是中科院各研究所，现有 30 多个所从事有关生物多样性的研究工作。近年来中国科学院会同有关部门编写了《中国濒危动植物红皮书》，提出了国家重点保护动植物名单。《中国植被》及《中国1400万植被图》以及各省、自治区、直辖市的植被类型的特点和分布，为生态系统多样性的研究打下了坚实的基础。为了有效开展生物多样性的保护和科研工作，中科院在生物科学与技术局成立了“生物多样性工作小组”，正逐步开展工作。

（三）野生植物保护政策

关于植物保护，我国先后出台过一系列相关政策。1965年，国务院发布《森林保护条例》。1984年国家环境保护委员会公布了第一批《中国珍稀濒危植物名录》。1987年国家中医药管理局公布了《药用动植物资源保护名录》。1989年，国家林业局发布了《中华人民共和国植物新品种保护条例实施细则（林业部分）》。1989—1991年中科院植物研究所、国家环境保护局分别出版了专著《中国珍稀濒危植物》《中国植物红皮书》。1992年林业部公布了第一批《国家珍贵树种名录》。1996年发布了《中华人民共和国野生植物保护条例》（1997年开始实施）。1997年发布实施了《中华人民共和国植物新品种保护条例》。1999年又制定了《植物新品种保护条例实施细则》。2006年又出台了《中华人民共和国濒危野生动植物进出口管理条例》。其中，1997年1月1日起施行的《中华人民共和国野生植物保护条例》针对野生植物保护制定了一系列政策。

1. 野生植物及生境保护政策

主要体现在三个方面。①《中华人民共和国野生植物保护条例》第三条规定：国家对野生植物资源实行加强保护、积极发展、合理利用的方针。②该条例第九条规定：国家保护野生植物及其生长环境。禁止任何单位和个人非法采集野生植物或者破坏其生长环境。③此外，在国家重点保护野生植物物种和地方重点保护野生植物物种的天然集中分布区域，应当依照有关法律、行政法规的规定，建立自然保护区；在其他区域，应当依照有关法律、行政法规的规定，建立自然保护区；县级以上人民政府野生植物行政主管部门可以根据实际情况建立国家重点保护野生植物和地方重点保护野生植物的保护点或者设立保护标志。禁止破坏国家重点保护野生植物和地方重点保护野生植物的保护点的保护设施和保护标志。

2. 野生植物总体与分级管理政策

主要体现在：①根据《中华人民共和国野生植物保护条例》的规定，国务院林业行政主管部门主管全国林业野生植物和林区外珍贵野生树木的监督管理工作；国务院农业行政主管部门主管全国其他野生植物和林区外珍贵野生树木的监督管理工作；国务院环境保护部门负责对全国野生植物环境保护工作的协调和监督；国务院其他有关部门依照职责分工负责有关的野生植物保护工作。②《中华人民共和国野生植物保护条例》第十条规定：野生植物分为国家重点保护野生植物和地方重点保护野生植物。国家重点保护野生植物分为国家一级保护野生植物和国家二级保护野生植物。国家重点保护野生植物名录，由国务院林业行政主管部门、农业行政主管部门（以下简称国务院野生植物行政主管部门）、国务院环境保护、建设等有关部门制定，报国务院批准公布。地方重点保护野生植物，是指国家重点保护野生植物以外，由省、自治区、直辖市保护的野生植物。地方重点保护野生植物名录，由省、自治区、直辖市人民政府制定并公布，报国务院备案。

3．对重点保护野生植物施行采集证管理政策

主要体现在：①禁止采集国家一级保护野生植物。因特殊需要，采集国家一级保护野生植物的，必须经采集地的省、自治区、直辖市人民政府野生植物行政主管部门签署意见后，向国务院野生植物行政主管部门或者授权的机构申请采集证。②采集国家二级野生植物的，必须经采集地的县级人民政府野生植物行政主管部门签署意见后，向省、自治区、直辖市人民政府野生植物行政主管部门或者授权的机构申请采集证。③采集城市园林或者风景名胜区的国家一级或二级保护野生植物的，须先征得城市园林或风景名胜区管理机构同意，在分别按规定申请采集证。④对于采集珍贵野生树木或者林区内、草原上的野生植物的，应当按照有关《森林法》或《草原法》的规定执行。采集国家重点保护野生植物的单位和个人，必须按照采集证规定的种类、数量、地点、期限和方法进行采集。⑤县级人民政府野生植物行政主管部门，对本行政区域内采集国家重点保护野生植物的活动，应当进行监督检查，并及时报告批准采集的野生植物行政主管部门或者授权的机构。

4．控制野生植物经营利用的相关政策规定

主要体现在：①禁止出售、收购国家一级保护野生植物。出售、收购国家二级保护野生植物的，必须经省、自治区、直辖市人民政府野生植物行政主管部门或者其授权的机构批准。②野生植物行政主管部门应当对经营利用国家二级保护野生植物的活动进行监督检查。③出口国家重点保护野生植物或者进出口中国参加的国家公约所限制进出的野生植物的，必须经进出口地所在的省、自治区、直辖市人民政府野生植物行政主管部门审核，报国务院野生植物行政主管部门批准，并取得国家濒危物种进出口管理机构合法的允许进出口证明书或者标签。海关凭进出口证明书或者标签查验放行。禁止出口未定名的或者新发现的具有重要价值的野生植物。

5．野生植物监测政策

《中华人民共和国野生植物保护条例》第十二条规定：野生植物行政主管部门及其他有关部门应当监视、监测环境对国家重点保护野生植物生长和地方重点保护野生植物生长的影响，并采取措施，维护和改善国家重点保护野生植物和地方重点保护野生植物的生长条件。由于环境影响对国家重点保护野生植物和地方重点保护野生植物的生长造成危害时，野生植物行政主管部门应当会同其他有关部门调查并依法处理。

6. 野生植物环境影响评价政策

《中华人民共和国野生植物保护条例》第十三条规定：建设项目对国家重点保护野生植物和地方重点保护野生植物的生长环境产生不利影响的，建设单位提交的环境影响报告书中必须对此作出评价；环境保护部门在审批环境影响报告书时，应当征求野生植物行政主管部门的意见。

7. 野生植物救护政策

《中华人民共和国野生植物保护条例》第十四条规定：野生植物行政主管部门和有关单位对生长受到威胁的国家重点保护野生植物和地方重点保护野生植物应当采取拯救措施，保护或者恢复其生长环境，必要时应当建立繁育基地、种质资源库或者采取迁地保护措施。

第二节 森林防火政策

森林火灾是一种自然灾害。从各地的森林火灾档案看，绝大多数森林火灾是人为引起的，是受人为影响较大的一种自然灾害。因此，森林火灾具有自然灾害和人为灾害的双重属性。联合国将大面积森林火灾作为世界上八大自然灾害之一。森林火灾是一种突发性强、破坏性大、处置救助较为困难的自然灾害。森林防火工作是我国防灾减灾工作的重要组成部分，是国家公共应急体系建设的重要内容，是社会稳定和人民安居乐业的重要保障，是加快林业发展，加强生态建设的基础和前提，事关森林资源和生态安全，事关人民群众生命财产安全，事关改革发展稳定的大局。

一、森林火灾与森林防火

（一）森林火灾及界定、分类和成因

森林火灾是指失去人为控制，在林地内自由蔓延和扩展，对森林、森林生态系统和人类带来一定危害和损失的林火行为。

按照受害森林面积和伤亡人数，森林火灾分为一般森林火灾、较大森林火灾、重大森林火灾和特别重大森林火灾。①一般森林火灾：受害森林面积在 1 hm^2 以下或者其他林地起火的，或者死亡 1 人以上 3 人以下的，或者重伤 1 人以上 10 人以下的；②较大森林火灾：受害森林面积在 1 hm^2 以上 100 hm^2 以下的，或者死亡 3 人以上 10 人以下的，或者重伤 10 人以上 50 人以下的；③重大森林火灾：受害森林面积在 100 hm^2 以上 1 000 hm^2 以下的，或者死亡 10 人以上

30人以下的，或者重伤50人以上100人以下的；④特别重大森林火灾：受害森林面积在1 000 hm^2以上的，或者死亡30人以上的，或者重伤100人以上的。

造成森林火灾的原因除了各种各样的人为因素外，主要是雷电因素。森林中堆集的落叶等，特别是含脂量较高的针叶，在小雨后的潮湿状态下，缓慢氧化发热，在堆积状态下热量得不到散发，温度升高，而温度的升高，又加剧了氧化发热。如此恶性循环，导致了从暗火到明火，从小火到大火的过程，最后引发了森林火灾。

（二）森林火灾的危害及森林防火的意义

森林火灾位居破坏森林的三大自然灾害之首。它不仅给人类的经济建设造成巨大损失，破坏生态环境，而且还会威胁到人民生命财产安全。森林火灾的危害具体表现在：烧毁林木；烧毁林下植物资源；危害野生动物；引起水土流失；使下游河流水质下降；引起空气污染；威胁人民生命财产安全等。如1987年大兴安岭特大森林火灾烧毁3个林业局址（城镇），9个林场场址，4.5个贮木场（烧毁木材85×10^4 m^3），桥梁67座，铁路9.2 km，输电线路284 km，房屋6.4×10^4 m^2，粮食325×10^4 kg，各种设备2 488台，损失十分惨重，直接经济损失4.2亿元人民币。

森林防火是指森林、林木和林地火灾的预防和扑救。森林防火对于保护资源和人民生命安全具有重要的意义，体现在：①森林防火是保护自然资源的需要。②森林防火是保护生态环境的需要。③森林防火是保护森林、发展林业的需要，森林火灾是森林三大自然灾害之首，防止火灾就是保护森林。森林是发展林业的基础。森林火灾能在短时间内烧毁大片森林，不利于林业的发展。④森林防火是维护林区社会安定的需要。在林区，森林防火关系到千家万户。森林是林区人民赖以生存的物质基础。森林火灾会使森林遭受破坏，甚至消失，给林区人民生产生活带来困难。另外，森林火灾还会直接威胁林区人民的生命财产安全。

二、中国森林火灾发生状况

1950年以来，我国年均发生森林火灾13 067起，受害森林面积653 019 hm^2，因灾伤亡580人。其中1988年以前，全国年均发生森林火灾15 932起，受害森林面积947 238 hm^2，因灾伤亡788人（其中受伤678人，死亡110人）。1988年以后，全国年均发生森林火灾7 623起，受害森林面积94 002 hm^2，因灾伤亡195人（其中受伤142人，死亡54人），分别下降52.2%、90.1%和75.3%。2000—2012年的森林火灾发生情况见表6-2。特别是自1987年5月6日大兴安岭特大火灾以来，党中央、国务院、各级人民政府对森林防火工作更加重视，加强了领导，健全了组织，制订了法规，增加了投入，森林防火基础设施建设取得了初步成效，经过十多年的努力，初步建成了以森林防火预测、预报系统，瞭望监测系统，信息指挥系统，林火阻隔系统为主体，具有中国特色的森林防火体系。

表 6-2 2000—2012 年中国森林火灾发生情况

年份	合计	森林火灾次数		受害森林面积（hm^2）	人员伤亡（人）
		重大火灾次数（次）	特大火灾次数（次）		
2000	5 934	60	8	88 390	178
2001	4 933	17	3	46 181	58
2002	7 527	24	7	47 631	98
2003	10 463	14	7	451 020	142
2004	13 466	38	3	142 238	252
2005	11 542	16	3	73 701	152
2006	7 946	7	5	407 624	103
2007	9 260	4	0	29 286	94
2008	14 144	13	0	52 539	174
2009	8 859	35	1	46 155	110
2010	7 723	22	4	45 691	108
2011	5 550	9	0	26 950	94
2012	3 966	1	0	13 948	21

受地理位置、地形地势、气候，以及森林资源分布和人口居住密度等情况影响，中国的森林火灾呈以下特点：①在发生时间上，森林火灾呈季节性变化。一般来说，我国东北、内蒙古林区防火期春季从 3 月中旬到 6 月中旬，紧要期为 4～5 月；秋季防火期从 9 月中旬到 11 月中旬，紧要期为 10 月。南方和西南林区防火期为 11 月中旬到翌年的 5 月底，紧要期多在 2～4 月。西北林区（主要是新疆）防火期从 4 月到 10 月，紧要期在 7～9 月。同时，森林火灾还有 5～6 年或 10 年左右周期性发生的特点，这主要与气候周期性的变化密切相关，特别是受连续干旱、高温、大风等异常天气因素影响严重。②在发生地域上，森林火灾具有集中性。据统计资料分析，历年来森林火灾次数最多、受害面积最大的省区主要集中在东北林区和西南林区，比如黑龙江、内蒙古、云南、广西、贵州、四川等省（自治区）。且东北林区森林火灾受害面积远大于西南林区。③在发生原因上，森林火灾大多系人为造成。主要是由于人们的生产用火、生活用火不慎引发。野外烧荒垦地、烧灰积肥、野外吸烟等，以及故意纵火是引发森林火灾的主要原因，占 95%以上。此外，在东北、内蒙古一些重点林区，因特殊的地貌及天气等，经常发生雷击火，有的年份达 30%以上；有的林区还有泥炭自燃、滚石火花等引起火灾，大都人迹罕至，不易发现和扑救，损失较大。④在发生后果上，森林火灾损失及危害严重但呈下降趋势。据统计，1987 年以前中国年均森林火灾受害森林面积 94×10^4 hm^2，年均受害率 8.5‰，是世界同期水平的 8 倍；近十几年年均受害森林面积 5×10^4 hm^2，下降了 94.7%，

年均受害率 0.37‰，低于世界发达国家比如美国、俄罗斯的同期水平。

三、森林防火政策

为有效预防和扑救森林火灾，保护森林资源，促进林业发展，维护自然生态平衡，根据《中华人民共和国森林法》有关规定，国务院于 1988 年 1 月 16 日发布《森林防火条例》。该条例对森林防火组织、森林火灾的预防、森林火灾的扑救、森林火灾的调查和统计及相关行为的奖惩等事项都作出了明确规定。

1988 年 1 月 16 日国务院发布的《森林防火条例》规定：森林防火工作实行“预防为主，积极消灭”的方针。森林防火工作实行各级人民政府行政领导负责制。林区各单位都要在当地人民政府领导下，实行部门和单位领导负责制。预防和扑救森林火灾，保护森林资源，是每个公民应尽的义务。为了加强和规范火灾事故调查工作，明确火灾事故调查的职责和任务，根据《中华人民共和国消防法》的有关规定，1999 年 3 月 2 日公安部部长办公会议通过了《火灾事故调查规定》。2008 年 11 月 19 日国务院第 36 次常务会议通过修订后的《森林防火条例》，并于 2009 年 1 月 1 日起施行。各时期主要的森林防火政策见表 6-3。

表 6-3　主要的森林防火政策列表

日　期	发布单位	文件题名
1951-03-17	政务院	关于春季禁止烧荒，烧垦禁止森林火灾的指示
1952-03-04	中共中央	关于防止森林火灾问题给各级党委的指示
1952-03-04	政务院	关于严防森林火灾的指示
1956-04-18	中共中央、国务院	关于加强护林防火工作的紧急指示
1957-04-08	国务院	关于加强护林防火工作的指示
1965-05-27	国务院	森林保护条例
1965-04-16	国务院	关于加强东北林区防火灭火的紧急通知
1970-05-15	国务院	关于加强护林防火工作的通知
1971-03-25	国务院、中央军委	关于加强护林防火工作的通知
1979-02-23	五届人大常委六次会议	中华人民共和国森林法（试行）
1981-02-09	国务院	关于加强护林防火工作的通知
1984-09-20	六届人大常委七次会议	中华人民共和国森林法
1989-12-26	七届人大常委十一次会议	中华人民共和国环境保护法
1993-08-30	林业部	林地管理暂行办法
1998-04-29	九届人大常委会	中华人民共和国森林法（修正版）
2007-05-02	国家林业局	中国森林防火科学技术研究中长期发展纲要（2006—2020 年）
2008-12-01	国务院	森林防火条例（修订版）
2009-03-18	国务院	审议通过《全国森林防火中长期发展规划》
2009-10-19	国家林业局和国家发展改革委员会	联合印发《全国森林防火中长期发展规划》

注：数据来自国家林业局网站。

(一)森林防火组织政策

根据新修订的《森林防火条例》，森林防火组织的相关政策规定如下：①国家森林防火指挥机构负责组织、协调和指导全国的森林防火工作。国务院林业主管部门负责全国森林防火的监督和管理工作，承担国家森林防火指挥机构的日常工作。国务院其他有关部门按照职责分工，负责有关的森林防火工作。②森林防火工作实行地方各级人民政府行政首长负责制。县级以上地方人民政府根据实际需要设立的森林防火指挥机构，负责组织、协调和指导本行政区域的森林防火工作。县级以上地方人民政府林业主管部门负责本行政区域森林防火的监督和管理工作，承担本级人民政府森林防火指挥机构的日常工作。县级以上地方人民政府其他有关部门按照职责分工，负责有关的森林防火工作。③森林、林木、林地的经营单位和个人，在其经营范围内承担森林防火责任。我国目前森林防火系统机构设置，如图 6-1 所示。

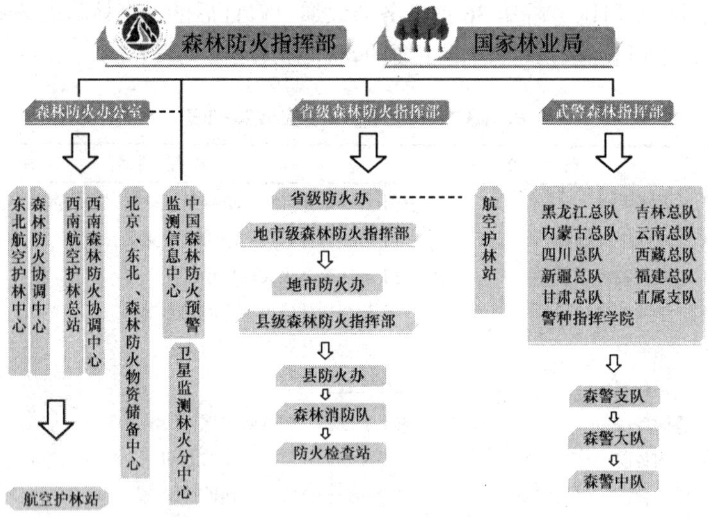

图 6-1 我国目前森林防火系统机构设置

(二)森林火灾预防政策

根据新修订的《森林防火条例》，主要相关规定如下：(1)国务院林业主管部门应当根据全国森林火险区划等级和实际工作需要，编制全国森林防火规划，报国务院或者国务院授权的部门批准后组织实施。(2)国务院有关部门和县级以上地方人民政府应当按照森林防火规划，加强森林防火基础设施建设，储备必要的森林防火物资，根据实际需要整合、完善森林防火指挥信息系统。(3)国务院林业主管部门应当按照有关规定编制国家重大、特别重大森林火灾应急预案，报国务院批准。森林火灾应急预案应当包括下列内容：①森林火灾应急组织指挥机构及其职责；②森林火灾的预警、监测、信息报告和处理；③森林火灾的应急响应机制和措施；④资金、物资和技术等保障措施；⑤灾后处置。（4）森林、林木、林地的经营单位和个人应当按照林业主管部门的规定，建立森林防火责任制，划定森林防火责任区，确定森林防火责任人，并配备森林防火设施和设备。（5）森林防火期内，禁止在森林防火区野外用火。（6）森林防火期内，森林、林木、林地的经营单位应当设置森林防火警示宣传标志，并对进入其经营范围的人员进行森林防火安全宣传。

（三）森林火灾扑救政策

根据新修订的《森林防火条例》，主要相关规定如下：①县级以上地方人民政府应当公布森林火警电话，建立森林防火值班制度。任何单位和个人发现森林火灾，应当立即报告。接到报告的当地人民政府或者森林防火指挥机构应当立即派人赶赴现场，调查核实，采取相应的扑救措施，并按照有关规定逐级报上级人民政府和森林防火指挥机构。②发生森林火灾，县级以上地方人民政府森林防火指挥机构应当按照规定立即启动森林火灾应急预案；发生重大、特别重大森林火灾，国家森林防火指挥机构应当立即启动重大、特别重大森林火灾应急预案。③森林防火指挥机构应当按照森林火灾应急预案，统一组织和指挥森林火灾的扑救。④扑救森林火灾应当以专业火灾扑救队伍为主要力量；组织群众扑救队伍扑救森林火灾的，不得动员残疾人、孕妇和未成年人以及其他不适宜参加森林火灾扑救的人员参加。⑤武装警察森林部队负责执行国家赋予的森林防火任务。⑥森林火灾扑灭后，火灾扑救队伍应当对火灾现场进行全面检查，清理余火，并留有足够人员看守火场，经当地人民政府森林防火指挥机构检查验收合格，方可撤出看守人员。

（四）森林火灾灾后处置政策

根据新修订的《森林防火条例》，主要相关规定如下：①县级以上人民政府林业主管部门应当会同有关部门及时对森林火灾发生原因、肇事者、受害森林面积和蓄积、人员伤亡、其他经济损失等情况进行调查和评估，向当地人民政府提出调查报告；当地人民政府应当根据调查报告，确定森林火灾责任单位和责任人，并依法处理。②县级以上地方人民政府林业主管部门应当按照有关要求对森林火灾情况进行统计，报上级人民政府林业主管部门和本级人民政府统计机构，并及时通报本级人民政府有关部门。③森林火灾信息由县级以上人民政府森林防火指挥机构或者林业主管部门向社会发布。重大、特别重大森林火灾信息由国务院林业主管部门发布。④对因扑救森林火灾负伤、致残或者死亡的人员，按照国家有关规定给予医疗、抚恤。⑤森林火灾发生后，森林、林木、林地的经营单位和个人应当及时采取更新造林措施，恢复火烧迹地森林植被。

四、美国的森林火灾及防火政策

在森林野火方面，森林野火每年烧掉美国几百万公顷林地，火灾的严重程度和被烧的面积近几十年来在不断增加。光是联邦机构每年就花费 10 亿美元用于防火救火，而且费用还在不断上涨。虽然森林野火中只有 5%烧得很大而难以控制，但这些火灾能引起严重问题，占到所有烧毁林地面积的 95%。

在过去的 10 年里，美国的森林野火偏重发生，特别是在美国西部。林火每年平均影响 580 万英亩的森林。林区遭受火灾的潜在危险由几个因素决定，包括火被点燃的可能性、靠近地面有无死亡可燃物、森林顶部有无可燃树冠、地区的气候、影响火灾季节长短的逐年天气变化等。了解这些因素对火灾的影响以及它们的空间格局和发展趋势，对于制定减少火灾危害的管理策略很为重要。美国最近几十年一些西部地区森林火灾的频发同气候的变化密切相关。春夏季节温度升高以及雨水的减少，延长了这些地区火灾发生的季节，另外还有森林大火的燃烧时间延长的原因。

针对频繁发生的森林火灾，美国的森林防火政策经历了一个严格控制、适度放任到科学控制的历程。早在 1935 年，美国林务局制定了一个“上午 10 点”政策，该政策规定一场大火必须在上午 10 点之前控制住，随后的火灾控制报告或火灾失控报告也要在第二天上午 10 点之前上报，1971 年，林务局新制定了“10 英亩”政策，该政策允许在火灾尚未破坏或威胁到生命与财产安全时可以在“10 英亩”范围之内燃烧。1980 年又实施了一个“任其燃烧”政策，该政策允许在一定条件下发生在国有林区内天然林地区的大火，可以任其燃烧。1997 年起开始实施新的林火管理指导原则，即野外火管理的首要职责是确保生命的安全，财产和文化资源的保护为第二位，要根据被保护财产的价值等因素做出决策。近二十年来，美国防火开支占林务局预算的比例逐年递增，1991 年、2000 年和 2008 年防火开支占林务局总预算的比例分别为 13%、21%和 45%，增幅明显。

第三节 林业有害生物防治政策

林业有害生物防治是林业工作的重要组成部分，在林业建设中承担着保护森林资源、维护生态安全、推进生态建设、促进生态文明的重任，是林业发展的重要保障力量。

一、林业有害生物防治概况

（一）基本概念界定

林业有害生物是指危害森林、林木和林木种苗正常生长、造成灾害的病、虫、鼠（兔）和植物等。林业有害生物种类主要包括：松材线虫病、椰心叶甲、杨树蛀干害虫、红脂大小蠹、森林鼠（兔）、美国白蛾、萧氏松茎象、松毛虫、日本松干蚧、松突圆蚧、薇甘菊等。

有害生物防治（Pest Control Operation），简称 PCO。PCO 的核心是有害生物的综合防治，即从有害生物与环境以及社会条件的整体观念出发，根据标本兼治而着重治本的方针，以及有效、经济、简便、安全、对环境无害的原则，因地制宜地对有害虫种采用适当的环境治理、化学治理、生物防治或其他科学有效手段组成一套系统的防治措施，将其种群密度控制在不足为害的水平，并争取予以清除，以达到除害灭病或减少骚扰的目的。而并非传统地喷喷洒洒，一喷了之的灭害方式。PCO 的核心是害虫综合防治，即将害虫及其栖息环境作为一个整体，再考虑到社会条件，综合采用合理的环境治理、物理治理、化学治理、生物治理或其他有效手段，组成一套系统的害虫防治措施，达到治本目的。

（二）防治管理机构

林业有害生物防治，是指对危害森林、林木、荒漠植被、林下植物、林木种苗、木（竹）材的病害、虫害、兽害及森林有害植物和木质包装材料所携带有害生物的预防和除治。

森林病虫害防治总站是林业有害生物防治的主要职能机构。森林病虫害防治总站是国家林业局直属的具有行政管理职能的事业单位。协助主管司局负责全国林业有害生物防治工作的行业管理机构，承担全国森林病虫害预测预报、森林植物检疫、森林病虫害药剂药械技术推广、严重森林病虫害工程治理的组织管理、森防行业技术培训及森林病虫害防治工作的督促指导等职能。指导各地开展林业有害生物的监测预报、检疫检验、防治救灾及突发事件的应急处置，组织开展行业宣传、人员培训和科研推广等工作。2005 年，国家林业局又在该站成立了野生动物疫源疫病监测总站，负责全国野生动物疫源疫病监测工作。

（三）全国主要林业有害生物发生情况

森林病虫害是我国森林的主要灾害之一。林业生物灾害是“不冒烟的森林火灾”，更是森林的“内伤”，具有很强的隐蔽性、潜伏性、暴发性和毁灭性。近年来，由于我国单一结构人工纯林面积的快速增长，加之全球性气候变暖和局部气候异常，致使林业有害生物严重发生，年均造成直接经济损失和生态服务价值损失 880 多亿元，相当于全国林业总产值的 1/10。全国现有森林病虫种类 8 000 多种，其中有虫害 5 020 种、病害 2 918 种、鼠类 160 种，其中对森林造成严重危害的有 200 多种。第七次全国森林资源清查结果显示，我国林业有害生物年均发生面积逾 1 000×10^4 hm^2，年致死树木 4 000×10^4 株，是全国森林火灾面积的 3 倍。

外来有害生物入侵已经对我国森林资源和生态建设成果构成严重危害。新中国成立以来，先后有松材线虫病、美国白蛾、松突圆蚧、日本松干蚧、湿地松粉蚧、双钩异翅长蠹、红脂大小蠹、松针褐斑病、杨树花叶病毒病等重要的森林有害生物传入我国。松材线虫原产北美，20 世纪 80 年代初传入我国后迅速扩散蔓延，所到之处松林联片枯死，已累计造成 3 500 多万株松树枯死，直接经济损失达 25 亿元。20 世纪 70 年代末，美国白蛾在辽宁省丹东市首次被发现后，疫情不断扩散，暴发时几乎食光所有绿色植物叶片，给农林业生产带来巨大的损失。80 年代初随木材贸易从美国传入的红脂大小蠹，经过一段时期的潜伏增殖后，于 1999 年在山西省大面积暴发，使大片油松林在数月之间毁灭，目前已经蔓延到河北、河南和陕西等省。松突圆蚧在传入我国东南沿海地区后，扩散蔓延迅速，造成大量松树死亡。我国地域辽阔、生态环境多样、生物多样性丰富，外来有害生物很容易找到适宜的栖息地而扩散。外来有害生物一旦入侵成功，用于控制其危害、扩散蔓延的代价极大，费用极为昂贵，要彻底根除极为困难。因此，防范外来有害生物入侵和危害将是一项长期而艰巨的任务。

二、林业病虫害防治政策的历史沿革

（一）林业有害生物防治理念的发展

我国林业有害生物防治工作，经历了一个认识不断提高、指导方针不断完善、防治能力不断提升的发展历程。20 世纪 70 年代前，在化学防治占主导地位的背景下，以彻底消灭病虫为目标，大量使用有机氯和有机磷等剧毒化学农药，对环境造成了污染。经过对上一阶段的反思，在 70 年代开始引入“综合防治”的概念，在采取化学防治的同时，加大了生物防治和其他防治措施的力度，采取多种手段相结合的策略，但仍以使用化学农药为主。在实践的基础上，1989 年我国在《森林病虫害防治条例》中明确了“预防为主，综合治理”的工作方针，营林措施和生物防治受到重视。进入 90 年代，在国外可持续林业和有害生物持续治理理论的影响下，提出了森林有害生物的可持续控制策略，但关注的重点仍然是病虫害本身。从 1999 年开始，我国政府相继对危害森林最严重和危害面积最大的森林病虫害开展工程治理，取得了一些明显成效。21 世纪初人们开始接受并倡导森林健康理念，逐步改变了治理的观念，注重森林的质量和对社会、经济和生态的贡献。2005 年全国林业有害生物防治工作会议上确立了“预防为主，科学防控，依法治理，促进健康”的新方针，明确了有害生物防治工作重心由重除治向重预防的转移，体现了鲜明的时代特征。

（二）林业有害生物防治相关政策进展

为加强有害生物的防治工作，控制其传播蔓延，特别是防范外来有害生物的入侵，我国政府出台了一系列的法律法规，与林业外来有害生物防治有关的就有7个。国家林业局十分重视外来有害生物防范和检疫性有害生物的管理，近年来共出台有关标准、办法70余件（表6-4），并于2002年颁布了《关于加强外来有害生物防范和管理工作的通知》。此外，江苏、安徽和广东等省政府也出台了一些地方性法规。

表6-4 林业有害生物防治的相关政策法规文件

政策法规文件名称	发布时间
国家林业局关于进一步加强林业有害生物防治工作的意见	2011-08-12
国家林业局关于下达2008年美国白蛾防治任务的通知	2008-04-02
国家林业局关于抓好灾后林业生物防治工作的紧急通知	2008-02-20
国家林业局植树造林司关于做好2007年林业有害生物防治绩效考核工作的通知	2007-11-27
国家林业局植树造林司关于印发《林业鼠（兔）害防治综合实验示范项目讨论会会议纪要》的函	2007-11-27
国家林业局植树造林司关于召开林业鼠（兔）害防治综合实验示范项目讨论会和审定苹果蠹蛾等防治技术方案的通知	2007-10-15
关于开展奥运场馆及周边美国白蛾发生和防治情况检查的通知	2007-10-12
国家鼠疫控制应急预案	2007-10-11
国务院办公厅关于印发国家综合减灾“十一五”规划的通知	2007-10-11
中华人民共和国突发事件应对法	2007-10-11
国家林业局植树造林司关于开展2007年美国白蛾防治情况检查的通知	2007-10-10
国家林业局植树造林司关于开展美国白蛾病毒防治试验的函	2007-08-10
国家林业局关于做好春季林业有害生物防灾减灾工作的紧急通知	2007-04-16
国家林业局关于切实做好苹果蠹蛾疫情防控工作的通知	2007-03-16
国家林业局植树造林司关于开展小蠹虫标本采集及相关信息收集工作的函	2007-03-10
国家林业局植树造林司关于做好2006年林业有害生物防治考核工作的通知	2006-11-15
国家林业局关于印发《灭虫药包及布撒器安全管理暂行方案》的通知	2006-11-13
国家林业局关于开展林业有害生物防治考核工作的通知	2006-11-01
国家林业局关于切实抓好当前林业有害生物防治几项重点工作的通知	2006-05-21
林业固定资产投资建设项目管理办法	2006-05-11
国家林业局森林病虫害防治总站关于印发《京津冀辽美国白蛾联防联治协调组第一次会议纪要》的函	2006-03-30
国家林业局关于下达2006年美国白蛾防治任务的通知	2006-03-16
国务院办公厅关于进一步加强美国白蛾防治工作的通知	2006-03-04
国家自然灾害救助应急预案	2006-01-10
国家突发公共事件总体应急预案	2006-01-08
国家林业局植树造林司关于开展林业有害生物防治试点工作的通知	2005-10-26
重大外来林业有害生物灾害应急预案	2005-07-15
财政部 国家林业局关于印发《林业有害生物防治补助费管理办法》的通知	2005-05-25
国家林业局关于进一步加强林业有害生物防治工作的意见	2005-05-24
国家林业局关于印发森林病虫害预测预报管理办法的通知	2002-07-18

（续）

政策法规文件名称	发布时间
国家林业局关于下达“十五”期间各地森林病虫害防治目标管理指标的通知	2001-05-07
国家林业局关于公布全国第一批森林病虫害防治检疫标准站的通知	2000-07-20
国家林业局关于开展森林病虫害防治检疫标准站建设的通知	1999-03-23
林业部森林病虫害工程治理项目管理暂行办法	1998-02-07
林业部关于对主要森林病虫害实行工程治理的通知	1997-11-20
关于进一步加强森林病虫害防治工作的决定	1997-05-13
《全国森林病虫害防治目标管理考核办法（试行）》通知	1992-07-07
林业部关于对森林病虫害防治实行目标管理的通知	1992-04-27

数据来源：中国林业信息网（http://www.lknet.ac.cn）。

1989年11月17日国务院第五十次常务会议通过《森林病虫害防治条例》，并于1989年12月18日国务院令第46号发布施行。目前全国正在进一步细化《森林病虫害防治条例》，拟出台《林业有害生物防治条例》。同时，一些省份已在抓紧制定和出台林业有害生物防治法规，如2008年11月28日，湖南省第十一届人民代表大会常务委员会第五次会议通过《湖南省林业有害生物防治检疫条例》。

2004年12月7日全国林业有害生物防治工作会议召开，国家大力加强了林业有害生物防治工作，形成了《重大外来林业有害生物灾害应急预案》《突发林业有害生物事件处置办法》和《关于进一步加强林业有害生物防治工作的意见》等一系列相关政策性文件。国家林业局（林造发[2005]77号）发布了《关于进一步加强林业有害生物防治工作的意见》，该意见对加强林业有害生物防治工作的相关政策及对策性措施进行了明确的规定。2005年5月13日国家林业局局务会议审议通过《突发林业有害生物事件处置办法》，并自2005年7月1日起施行。施行此办法旨在处置突发林业有害生物事件，控制林业有害生物传播、蔓延，减少灾害损失。所称突发林业有害生物事件，是指发生暴发性、危险性或者大面积的林业有害生物危害事件，包括：林业有害生物直接危及人类健康的；从国（境）外新传入林业有害生物的；新发生林业检疫性有害生物疫情的；林业非检疫性有害生物导致叶部受害连片成灾面积 1×10^4 hm^2 以上、枝干受害连片成灾面积 0.1×10^4 hm^2 以上的。

2005年5月26日，为做好林业有害生物防治工作，规范和加强林业有害生物防治补助费管理，提高资金使用效益，根据财政部《财政农业专项资金管理规则》和《农业防灾减灾资金管理办法》，财政部、国家林业局特制定《林业有害生物防治补助费管理办法》。该办法第四条规定，补助费的安排使用应遵循以下原则：①地方投入为主，中央补助为辅；②优先治理危险性和潜在危害大的种类；③突出生态区位，适当向经济欠发达地区倾斜；④鼓励使用无公害防治措施。该办法第五条规定，补助费主要用于以下方面：为防治林业有害生物，购置药剂、药械、工具的开支；除害处理的人工费补助；治理区发生检疫检验的材料费、小型器具费。

随着保护生态环境、巩固绿化成果的任务日愈艰巨，采取切实有效的措施，防范外来有害生物入侵，必须更加引起各级政府、林业主管部门和有关单位的高度重视。当前和今后一个时期，防范外来有害生物的总体思路是：认真贯彻“预防为主，综合治理”的方针，加强法制建设，建立进境植物及其产品的风险预警机制和早期预警体系，对已入侵的外来有害生物予以治理，密切国内外合作，做好宣传培训工作，坚决扭转外来有害生物严重发生的局面，促进生态环境的不断改善。

三、现行林业有害生物防治政策

（一）防治管理体系

《森林病虫害防治条例》第三条规定：森林病虫害防治实行“预防为主，综合治理”的方针。第四条规定：森林病虫害防治实行“谁经营、谁防治”的责任制度。地方各级人民政府应当制定措施和制度，加强对森林病虫害防治工作的领导。第五条规定：国务院林业主管部门主管全国森林病虫害防治工作。县级以上地方各级人民政府林业主管部门主管本行政区域内的森林病虫害防治工作，其所属的森林病虫害防治机构负责森林病虫害防治的具体组织工作。区、乡林业工作站负责组织本区、乡的森林病虫害防治工作。

（二）防治检疫政策

根据《森林病虫害防治条例》第八条规定：各级森林病虫害防治机构应当依法对林木种苗和木材、竹材进行产地和调运检疫；发现新传入的危险性病虫害，应当及时采取严密封锁、扑灭措施，不得将危险性病虫害传出。

各口岸动植物检疫机构，应当按照国家有关进出境动植物检疫的法律规定，加强进境林木种苗和木材、竹材的检疫工作，防止境外森林病虫害传入。

（三）森林病虫害防治报告政策

根据《森林病虫害防治条例》第十四条规定：发现严重森林病虫害的单位和个人，应当及时向当地人民政府或者林业主管部门报告。当地人民政府或者林业主管部门接到报告后，应当及时组织除治，同时报告所在省、自治区、直辖市人民政府林业主管部门。发生大面积暴发性或者危险性森林病虫害时，省、自治区、直辖市人民政府林业主管部门应当及时报告国务院林业主管部门。第十五条规定：发生暴发性或危险性的森林病虫害时，当地人民政府应当根据实际需要，组织有关部门建立森林病虫害防治临时指挥机构，负责制定紧急除治措施，协调解决工作中的重大问题。

（四）森林病虫害防治费用政策

根据《森林病虫害防治条例》第十九条规定：森林病虫害防治费用，全民所有的森林和林木，依照国家有关规定，分别从育林基金、木竹销售收入、多种经营收入和事业费中解决；集体和个人所有的森林和林木，由经营者负担，地方各级人民政府可以给予适当扶持。对暂时没有经济收入的森林、林木和长期没有经济收入的防护林、水源林、特种用途林的森林经营单位和个人，其所需的森林病虫害防治费用由地方各级人民政府给予适当扶持。发生大面积暴发性或者危险性病虫害，森林经营单位或者个人确实无力负担全部防治费用的，各级人民政府应当给予补助。

四、美国林业有害生物防治政策

在美国，主要森林虫害包括：①南方松甲虫（Southern Pine Beetle）。在过去整整 20 年间处于最活跃期，广泛地传播于其偏好的寄生体——南方火炬松，近年来其活跃程度有所下降。②山地松甲虫（Mountain Pine Beetle）。1980—2002 年间其活动有所下降。大规模砍伐其寄生树木，特别是扭叶松极大地减少了其适宜寄生的树木。但从 2002 年以来它的活动有所增加。③云杉蚜虫（Spruce Budworm）。在过去 20 年间活动不断减少，仅在大湖地区暴发过。云杉蚜虫是周期性暴发的，每隔 30～50 年，当新的森林从被蚜虫破坏的老林区成长起来时就会暴发。③西部云杉蚜虫（Western Spruce Budworm）。1983—1992 年达到脱叶高峰期。许多树木因为蚜虫的侵害导致脱叶而变得衰弱，最终被树皮甲虫攻击而死亡。④舞毒蛾（Gypsy Moths）。在 1981 年，舞毒蛾造成 $520\times10^4\ hm^2$ 阔叶林的树叶脱叶。过去 25 年间，平均每年有 $90\times10^4\ hm^2$ 林木出现脱叶情况。舞毒蛾近年来活动大幅度减少。

美国对主要有害生物，特别是对外来有害生物，主张采取防治公司加专业队的形式积极进行防治，主要采用生物防治办法。具体包括：①生物制剂防治。多采用病毒、BT、白僵菌等生物制剂。如美国在舞毒蛾上发现了核型多角体病毒（NPV），制成舞毒蛾病毒制剂，使用飞机进行大面积喷洒，效果很好；②引进天敌。天敌输引是美国生物防治的一个重要组成部分。如对铁杉球蚜的危害，美国从我国引进小毛瓢虫，经饲养和林间释放，对铁杉球蚜取得了较好的控制效果。

美国林业有害生物防治经费主要由联邦政府、州政府财政和林权所有者三方投入。联邦政府管辖的森林，防治经费由联邦政府财政承担；各州管辖的森林，主要由州政府财政承担，联邦政府补助 1/4 的防治经费；对于大型木材经营加工企业，联邦政府补助 1/3 的防治经费；对于私有林，联邦政府补助 1/2 的防治经费。由于经费有保障，美国林业有害生物防治工作才得以顺利进行。

20 世纪 90 年代美国就提出“森林健康”的理论，并用这一思想指导林业有害生物防治工作。该理论把森林作为一个保护整体来考虑，从保护森林的生态环境（空气、水）、保持生物多样性、维护林木正常生产的目标出发，来评价有害因子（病、虫、火灾、植物、其他动物）对森林的影响，从而采取有效的措施来预防和控制有害因子（病、虫、火灾、动物）的发生和危害，维护森林健康（正常发挥生态作用和维持树木的正常生长）。它强调，在健康森林中并非一定没有林业有害生物，没有枯立木，没有濒死木，而是它们一般均在一个较低的水平上存在，它们对于维护健康森林中的生物链和生物的多样性、保持森林结构的稳定是有益的。该理论的特点：一是将森林作为一个整体来管理，而不是只针对某一虫和病，将保护森林生态环境安全放在优先地位；二是将影响“森林健康”的生物称为有害生物；三是对有害生物进行监测管理，预防有害生物发生和危害。其实质是要使森林具有较好的自我调节并保持其系统稳定性的能力，从而使其最大、最充分地持续发挥其经济、生态和社会效益。

第四节　林业检疫政策

一、林业检疫

检疫，英文为 quarantine，从字义上讲，是 40 天的意思。相传在中古时代，当一只船上的人有传染病的嫌疑时，就命令该船在 40 天内和陆地断绝一切来往。这种措施始于欧洲，曾为阻止可怕的黑热病的传播起过作用。检疫一词就是从此引申而来，含有阻止或禁止的意思。检疫，是防止传染病在国内蔓延和国际间传播的一项措施。主要包括人员检疫、动物检疫和植物检疫等。检验机构设在国际通航的港口、飞机场和车站。林业检疫主要包括动物检疫和植物检疫。

二、林业检疫性有害生物状况

2004 年，国家林业局公布了 19 种林业检疫性有害生物名单，并于 2005 年 3 月 1 日开始生效，原林业部发布的森林植物检疫对象名单同时废止。这是我国自 1984 年首次制订国内森林植物检疫对象名单和继 1996 年首次修订之后的第二次修订。

在 19 种林业检疫性有害生物名单中，属于 1996 年森林植物检疫对象的有松材线虫、松突圆蚧、杨干象、苹果蠹蛾、美国白蛾、双钩异翅长蠹、猕猴桃细菌性溃疡病菌、松疱锈病菌、枣大球蚧、落叶松枯梢病菌、杨树花叶病毒和冠瘿病菌，共 12 种，能够在较大程度上保持检疫工作的连续性。

在 19 种林业检疫性有害生物名单中，已经明确是由国外传入的有松材线虫、红脂大小蠹、椰心叶甲、松突圆蚧、薇甘菊、苹果蠹蛾、美国白蛾、双钩异翅长蠹、蔗扁蛾、杨树花叶病毒，共 10 种，突出了检疫工作的重点是防范和控制外来有害生物，有利于国内林业检疫工作与进出境检疫工作的衔接。在 19 种林业检疫性有害生物名单中，属于有害动物的有松材线虫、红脂大小蠹、椰心叶甲、松突圆蚧、杨干象、苹果蠹蛾、美国白蛾、双钩异翅长蠹、蔗扁蛾、枣大球蚧、红棕象甲和青杨脊虎天牛，共 12 种；属于有害微生物的有猕猴桃细菌性溃疡病菌（细菌）、松疱锈病菌（真菌）、落叶松枯梢病菌（真菌）、杨树花叶病毒、冠瘿病菌（细菌）和草坪草褐斑病菌（真菌），共 6 种；属于有害植物的有薇甘菊 1 种。这与我国林业有害生物防治检疫工作的实际，与各类有害生物的种类多少和重要性的比例是基本吻合的。

从寄主的层面看，针对主要造林树种松树类的有松材线虫、红脂大小蠹、松突圆蚧、松疱锈病菌 4 种；针对主要造林树种杨树类的有杨干象、杨树花叶病毒、青杨脊虎天牛 3 种；针对主要造林树种落叶松类的有落叶松枯梢病菌 1 种；针对南方棕榈科植物的有椰心叶甲、红棕象甲 2 种；针对行道树和防护林及多种阔叶树的有美国白蛾、冠瘿病菌 2 种；针对经济林树种的有苹果蠹蛾、猕猴桃细菌性溃疡病菌、枣大球蚧 3 种；针对园林花卉植物的有蔗扁蛾、草坪草褐斑病菌 2 种；针对木材类的有松材线虫、双钩异翅长蠹 2 种；针对林木和林地保护的有薇甘菊 1 种。因此，保证了检疫工作在应施检疫对象方面的覆盖面，有利于检疫工作的全面开展。

从地理分布的层面看，东北地区有杨干象、美国白蛾、松疱锈病菌、落叶松枯梢病菌、蔗扁蛾、青杨脊虎天牛等，华北地区有红脂大小蠹、美国白蛾、猕猴桃细菌性溃疡病菌、蔗扁蛾、枣大球蚧、落叶松枯梢病菌、杨树花叶病毒、冠瘿病菌等，西北地区有苹果蠹蛾、美国白蛾、猕猴桃细菌性溃疡病菌、松疱锈病菌、蔗扁蛾、枣大球蚧、杨树花叶病毒等，华东地区有松材线虫、美国白蛾、猕猴桃细菌性溃疡病菌、蔗扁蛾、枣大球蚧、杨树花叶病毒等，华南地区有松材线虫、椰心叶甲、松突圆蚧、薇甘菊、双钩异翅长蠹、蔗扁蛾、红棕象甲等，西南地区有椰心叶甲、松突圆蚧、双钩异翅长蠹、松疱锈病菌、蔗扁蛾等检疫性有害生物。因此，保证了检疫工作在地理区域方面的覆盖面，有利于各地检疫工作的均衡发展。

三、动植物检疫机构及政策历史演进

依法对出入境动植物、动植物产品和其他检疫物，装载动植物、动植物产品和其他检疫物的装载容器、包装物，以及来自动植物疫区的运输工具实施检疫，其目的是防止动物传染病、寄生虫病和植物危险性病、虫、杂草以及其他有害生物传入、传出国境，保护农、林、牧、渔业生产和人体健康，促进对外经济贸易的发展。

中国最早的动植物检疫机构是 1903 年在中东铁路管理局建立的铁路兽医

检疫处，对来自沙俄的各种肉类食品进行检疫工作。1913 年，英国为防止牛羊疫病的传入，禁止病畜皮毛的进口，向中国政府提出检疫要求。上海的英国商人为了使其经营的产品顺利地出口到英国，聘请了英国的兽医派得洛克在上海做出口肉类检验，并签发兽医卫生证书。1921 年，英国驻华使馆照会中国政府外交部，要求执行英国政府颁布的《禁止染有病虫害植物进口章程》。1922 年，英国又以中国无国家兽医检查机关为由，禁止中国的肉类进口。在国外压力和国内商人的强烈要求下，当时的北京张作霖军政府农工部开始筹备设立“毛革肉类出口检查所”，并于 1927 年制定公布了《毛革肉类出口检查条例》《毛革肉类检查条例实施细则》，同时限制了染有炭疽病菌的肉类进口。当年在天津成立了“农工部毛革肉类检查所”，随后，又在上海、南京设立分所，在东北的绥芬河、满洲里设立工作点，具体执行毛、革、肉类的出口检查任务。1928 年，国民政府制定了《农产物检查所检查农产物规则》《农产物检查所检验病虫害暂行办法》等一系列规章，成立了“农产物检查所”，执行农产品的检验和植物检疫任务。这些是中国官方最早的动植物检疫机构和相关的动植物检疫法规。1928 年国民政府工商部《产品出口暂订规则》中列出应施检验的 8 种商品中包括棉麻、米、麦、杂粮等农产品和牲畜毛皮及副产品等畜产品，动物产品检验中，包括宰前宰后检验等动物检疫工作。1930 年，国民政府将农矿部和工商部合并为实业部，“毛革肉类检查所”与“农产物检查所”统一划归，由 1929 年成立的商品检验局负责，隶属实业部领导。1939 年 4 月，上海商检局开始实施植物病虫害检验。这些法律的颁布对于保护当时国内的农业和畜牧业起到了积极的作用，也促进了农畜产品的出口。抗日战争爆发后，随着天津、上海等大城市的沦陷，各地检验检疫机构相继停办，除了少量的桐油、茶叶、蚕丝外，农畜产品的进出口量甚少，动植物检疫工作基本上处于停滞状态。也正是在这时，国外很多疫病传入了中国，如甘薯黑斑病、蚕豆象、棉花黄枯萎病等。

新中国成立后，政府接管并改造了原有的商品检验局，于 1949 年建立了由中央贸易部领导的商品检验机构，1952 年明确由外贸部商检总局负责对外动植物检疫工作。其中，畜产品检验处负责动物检疫，农产品检验处负责植物检疫。1964 年 2 月，国务院决定将动植物检疫从外贸部划归农业部领导（动物产品检疫仍由商检局办理），并于 1965 年在全国 27 个口岸设立了中华人民共和国动植物检疫所，以后又根据形势发展的需要，在开放的口岸设立了进出境动植物检疫机构。“文化大革命”初期，进出境动植物检疫工作受到严重干扰，有的机构被撤销、人员被调离，进出境动植物检疫工作一度陷入混乱，致使有些国外疫病传入中国。如被列入一类检疫对象对林业危害严重的美国白蛾就是这时通过丹东口岸传入的。针对当时的情况，从保护中国农业的角度出发，农业部于 1966 年制定了《农业部关于执行对外植物检疫工作的几项规定（草案）》，对进出境

（包括过境）植物检疫的应检范围、报检程序、报检方法、检疫处理和出证放行等做出详细规定，1971 年农业部修订了《口岸动物检疫暂行条例》，1974 年制定了《对外植物检疫操作规程》，规定凡进出口植物及其产品的检疫都要按照“准备工作、现场检疫、室内检疫、评定与签证”四个程序进行。农业部采取的这些措施，对动植物检疫工作起到了指导和统一、规范的作用。

改革开放以来，动植物检疫恢复了正常的工作秩序。党的十一届三中全会以后，国家农委根据检疫工作的实际，于 1980 年在《国家农委关于口岸动植物检疫工作归口统一管理问题的批复》中指出，为加强检疫工作的领导，经与农业部、林业部、农垦部和国家水产总局研究，同意口岸动植物检疫工作恢复归口农业部统一领导，从而结束了动植物检疫政出多门的现象。1982 年，国务院正式批准成立国家动植物检疫总所，并明确其性质为代表国家行使对外动植物检疫性质管理职权，负责统一管理全国口岸动植物检疫工作的局级事业单位。国家动植物检疫总所的成立，将进出口动植物检疫改为由中央和地方双重领导，以中央领导为主的垂直领导体制。1982 年，国务院颁布《中华人民共和国进出口动植物检疫条例》以国家行政法规的形式明确规定了进出口动植物检疫的宗旨、意义、范围、程序、方法以及检疫处理和相应的法律责任。1983 年，农业部制定了《中华人民共和国进出口动植物检疫条例实施细则》等一系列配套规章，这些规章的发布，使进出境动植物检疫的执法行为更加规范化、制度化。1991 年 10 月 30 日七届全国人大常委会第二十二次会议通过公布了《中华人民共和国进出境动植物检疫法》。1995 年，国家动植物检疫总所更名为国家动植物检疫局。1996 年 12 月 2 日国务院令第 206 号发布《中华人民共和国进出境动植物检疫法实施条例》，并自 1997 年 1 月 1 日起施行。

1998 年 3 月，全国人大九届一次会议批准通过的国务院机构改革方案确定，国家进出口商品检验局、国家动植物检疫局和国家卫生检疫局合并组建国家出入境检验检疫局，并于 1998 年 4 月成立。21 世纪初，根据党中央、国务院的决定，原国家出入境检验检疫局和国家质量技术监督局合并，组建国家质量监督检验检疫总局（简称国家质检总局），于 2001 年 4 月 10 日正式成立，为国务院正部级直属机构，系中华人民共和国国务院主管全国质量、计量、出入境商品检验、出入境卫生检疫、出入境动植物检疫、进出口食品安全和认证认可、标准化等工作，并行使行政执法职能的正部级国务院直属机构。截至目前，全国已建立各级林业有害生物防治检疫站 3 111 个，从业人员 2 万余人，建设完成各级测报站点 26 513 个，其中国家级中心测报点 1 000 个，在部分省区建设完成检疫隔离试种苗圃，检疫检查站和区域性除害处理设施，测报基础设施得到重点加强，监测、检疫和防治体系基本形成。2008 年 4 月 8 日，北京市人民政府第 3 次常务会议审议通过《北京市林业植物检疫办法》，并于 2008 年 6 月 1 日起施行。其他一些相关的林业植物检疫相关政策法规文件见表 6-5。

表 6-5 林业植物检疫相关政策法规文件

林业植物检疫相关政策法规	发布时间
关于进一步加强危险性林业有害生物源头检疫工作的通知	2008-05-15
重庆市林业植物检疫执法工作经验材料汇编	2008-04-22
国家林业局关于进一步加强林业有害生物检疫工作的通知	2008-04-03
林业植物检疫人员检疫执法行为规范	2008-04-03
国内森林植物检疫收费办法	2006-05-08
林业部办公厅关于重申禁止从日本引进樱花树苗的通知	2006-05-08
国家林业局关于加强松科植物产品检疫管理的紧急通知	2002-06-20
关于国内托运、邮寄森林植物及其产品实施检疫的联合通知	2001-11-27
国家林业局植树造林司关于进一步加强森林植物检疫工作的通知	2000-12-07
财政部关于将部分行政事业性收费和政府性基金纳入预算的通知	2000-08-11
国家林业局、国家出入境检验检疫局关于更换引进林木种苗检疫审批单和启用国家林业局林木种苗检疫审批专用章的通知	1999-11-10
国家林业局关于更换《引进林木种苗和其他繁殖材料审批单》启用“国家林业局林木种苗检疫审批专用章”的通知	1999-09-27
国家林业局关于在全国开展无检疫对象苗圃建设工作的通知	1999-07-08
国家林业局植树造林司关于启用新版《植物检疫证书》的通知	1999-03-05
财政部、国家计委关于取消第二批行政项目的通知	1998-11-08
中华人民共和国进境植物检疫潜在危险性病、虫、杂草名录（试行）	1997-05-07
林业部关于发布森林植物检疫对象和应施检疫的森林植物及其产品名单的通知	1996-01-03
森林植物检疫对象确定管理办法	1995-07-08
关于引进林木“种用种子”检疫审批限量的通知	1995-03-22
林业部关于从国外引进林木“种用种子”检疫审批问题的通知	1995-02-21
国家林业部发布《植物检疫条例实施细则（林业部分）》	1994-07-26
中华人民共和国进境植物检疫危险性病、虫、杂草名录	1992-09-07
中华人民共和国进境植物检疫禁止进境物名录	1992-09-07
国务院修订发布新版《中华人民共和国植物检疫条例》	1992-05-13
中华人民共和国环境保护法	1989-12-26
森林植物检疫人员制服供应办法	1988-01-26
国务院发布《中华人民共和国植物检疫条例》	1983-01-03

四、现行的一些林业检疫政策

（一）植物检疫管理政策

《中华人民共和国植物检疫条例》规定：国务院农业主管部门、林业主管部门主管全国的植物检疫工作，各省、自治区、直辖市农业主管部门、林业主管部门主管本地区的植物检疫工作；县级以上地方各级农业主管部门、林业主管部门所属的植物检疫机构，负责执行国家的植物检疫任务。植物检疫人员进入车站、机场、港口、仓库以及其他有关场所执行植物检疫任务，应穿着检疫制服和佩带检疫标志。凡局部地区发生的危险性大、能随植物及其产品传播的病、虫、杂草，应定为植物检疫对象。农业、林业植物检疫对象和应施检疫的植物、植物产品名单，由国务院农业主管部门、林业主管部门制定。各省、自治区、直辖市农业主管部门、林业主管部门可以根据本地区的需要，制定本省、自治区、直辖市的补充名单，并报国务院农业主管部门、林业主管部门备案。

（二）调运植物检疫政策

调运检疫是植物检疫机构对植物及其产品在调运时实施检疫检验和检疫处理，防止危险性病、虫随植物及其产品传播蔓延的重要措施。《中华人民共和国植物检疫条例》规定：调运植物和植物产品，属于下列情况的，必须经过检疫。①列入应施检疫的植物、植物产品名单的，运出发生疫情的县级行政区域之前，必须经过检疫；②凡种子、苗木和其他繁殖材料，不论是否列入应施检疫的植物、植物产品名单和运往何地，在调运之前，都必须经过检疫。

（三）国外引进植物检疫政策

从国外引进种子、苗木，引进单位应当向所在地的省、自治区、直辖市植物检疫机构提出申请，办理检疫审批手续。但是，国务院有关部门所属的在京单位从国外引进种子、苗木，应当向国务院农业主管部门、林业主管部门所属的植物检疫机构提出申请，办理检疫审批手续，具体办法由国务院农业主管部门、林业主管部门制定。从国外引进、可能潜伏有危险性病、虫的种子、苗木和其他繁殖材料，必须隔离试种，植物检疫机构应进行调查、观察和检疫，证明确实不带危险性病、虫的，方可分散种植。

（四）植物检疫报告政策

植物检疫机构对于新发现的检疫对象和其他危险性病、虫、杂草，必须及时查清情况，立即报告省、自治区、直辖市农业主管部门、林业主管部门，采取措施，彻底消灭，并报告国务院农业主管部门、林业主管部门。

（赵铁珍　柯水发　李彧挥）

一、名词解释

林地　野生动物　野生植物　森林火灾　林业有害生物　林业检疫

二、思考与讨论

1. 林地保护的主要挑战和威胁是什么？
2. 如何处理好野生动物保护与利用的关系？
3. 我国野生植物保护政策目标是什么？
4. 我国森林火灾发生的原因及特点是什么？
5. 如何有效防范林业有害生物的发生？
6. 林业检疫政策包括哪些内容？

三、课外阅读材料

国务院．全国林地保护利用规划纲要（2010—2020年）．2010．

全国人民代表大会．中华人民共和国野生动物保护法．2004．

国务院．中华人民共和国野生植物保护条例．1997．

国务院．森林防火条例．2008．

国务院．森林病虫害防治条例．1989．

全国人民代表大会．中华人民共和国进出境动植物检疫法．1992．

四、相关网站

中国野生动物保护协会官网（http://www.cwca.org.cn/index.htm）

野生动物网（http://www.cnwildlife.com/）

中国有害生物防制网 http://www.cpca.cn/

中国林防信息网 http://www.forestry.gov.cn/portal/sfxx/

国际减少灾害战略 http://www.unisdr.org/

五、案例分析

活熊取胆引发的政策思考

一、关于取胆技术

熊胆的药效很早就被亚洲人所认识，在取胆术发明前，人得到熊胆的办法是剖腹取胆，一命换一胆。19世纪80年代，朝鲜发明"活熊取胆"，这一技术随后流入中国。传统的取胆方法是用金属导管插入熊的腹部，从而导出胆汁。为了避免胆汁袋被挠破和伤口感染，抽胆汁的熊们会被穿上一种重达30斤的"铁马甲"。由于这种取胆方式太残忍，目前已被很多国家摒弃。1997年，国家林业局出台规定，把"无管引流"作为"活熊取胆"的唯一合法方式。所谓"无管引流"，是指建立一个连通胆囊和腹壁的管道，从该管道内抽取胆汁。和之前不同的是，连通的管道是取自黑熊自体的组织。

二、归真堂上市引发的争议

福建归真堂药业股份有限公司是一家以稀有名贵中药研发、生产、销售为一体的综合性高科技中药制药企业。公司形成黑熊养殖、熊胆系列产品的研发、生产和销售业务体系，拥有独立的品牌、技术和完善的销售网络，目前已发展成为国内规模最大的熊胆系列产品研发生产企业之一。2012 年 2 月初，从事活熊取胆的福建药企“归真堂”谋求在国内创业板上市，引发激烈讨论；14 日，NGO 致信证监会反对归真堂上市，72 位名人声援支持。归真堂上市遭到多方狙击。

三、活熊取胆事件中存在的四大争议

（一）活熊取胆：无痛还是虐待？

中药协会会长房书亭表明，目前的无管引流活熊取胆对黑熊健康并无影响，“如今活熊取胆是自体造管，无痛引流，并未对黑熊产生影响。”

但世界保护动物协会项目协调员孙全辉博士表示，实际上从熊第一次做手术准备取胆起，风险就存在，对熊的疼痛的“虐待”就存在，因为这个手术对专业的要求是相当高的，而目前并不知道手术的成功率、引发的疾病及并发症等数据。

（二）活熊取胆真的没法替代？

此前，中国中药协会会长房书亭曾表示，“到目前为止还没有任何替代品出现，更不能简单地根据功能主治用草药代替”。北京同仁堂也有专家表示，熊胆没有替代品。

但沈阳药科大学原副校长姜琦介绍说，人工熊胆于 1983 年经卫生部批准立项，相继由沈阳药科大学、辽宁省医药工业研究院等单位共同承担。科研人员经过几十次配方选择，最终使人工熊胆的化学组成、理化性质、稳定性等均与优质天然熊胆一致，主要有效成分相同、含量接近，而且质量稳定。

经过艰辛研究，人工熊胆由上海中医药大学附属龙华医院、上海曙光医院等完成了二期临床试验，结果显示：在治疗急性扁桃体炎、肝火亢盛型高血压上，人工熊胆与天然熊胆的疗效无显著性差异，可以 1∶1 等量替代。

姜琦说，到 2007 年，人工熊胆完成了研制、试验、批产权等全部工作，一直在等待国家批准，“如果我们有问题，你可以下正式文件，我们可以修改，可以补充。但无论如何，不能长期这么压着。”

此外，公开资料表明，香港大学中医药学院近年的研究表明，黄柏、黄连和黄芩三种中药抑制肝癌细胞增生和扩散的功效，都比熊胆理想。

（三）活熊取胆质量真的好吗？

沈阳药科大学原副校长姜琦还介绍说，“我们研制的人工熊胆中，主要成分牛磺熊去氧胆酸钠的含量和优质天然熊胆一致，且质量稳定”，而活熊取出的胆汁和优质天然熊胆相差甚远，因为引流熊的生活方式和饮食结构与真正的天然熊截然不同，引流熊的胆汁在肝肠循环不足，加之长期引流使引流口发生了生理变化，所以质量很不稳定。

广州一家三甲医院的主任中医师丁教授表示，活熊取胆肯定有创伤，创口长期不愈合就容易发炎，而为避免发炎，多半会给熊使用抗生素，那么取胆制药的药效就因此会打折扣。亚洲动物基金会公关教育部负责人则表示，曾多次在养熊场的黑熊胆汁中发现抗生素残留。

此前，亚洲动物基金中国区对外事务总监张小海曾说，熊的取胆伤口常年不愈，且插入导管取胆时很难彻底消毒，所以熊的取胆口常常发炎溃疡，肝胆病变也十分常见，导致胆囊感染、肝脏感染甚至癌症，“可能会给消费者带来健康威胁。”

（四）归真堂滥用活熊取胆了吗？

2月15日，新华社旗下《经济参考报》记者报道说，国家食品药品监督管理总局资料显示，在归真堂目前生产的熊胆产品中，除了“熊胆粉”和“熊胆胶囊”获得国家药监局批号外，其他30多种产品均未获得熊胆药品或含熊胆药品批号，主要为熊胆茶、清甘茶等保健产品。不过，归真堂还没有一种产品获得任何保健品批准字号。

中国保健协会秘书长贾亚光表示，尽管国内目前尚未取消活熊取胆，但其根本原则是“熊胆入药”，如果厂家并非把熊胆“入药”而是挪作他用，毫无疑问应予以严格限制。

亚洲动物基金中国区对外事务总监张小海也曾表示，以归真堂的一款产品为例，仅仅3 g熊胆粉被包装在50 cm见方的盒子里，包装得很豪华，售价也高达400多元，“大部分的熊胆消费都是礼品消费，而不是药品消费。而这些礼品消费都是建立在黑熊的痛苦之上的。”

（资料来源：中国法律信息网 http://www.law-star.com/zt/zt0511/index.htm）

讨论题：

1．您认为归真堂上市受阻的主要原因是什么？活熊取胆是否应该制止？

2．活熊取胆事件主要涉及到哪些利益方，他们的利益得失是什么？

3．您认为该案例反映出我国还有哪些政策需要加以完善？

六、主要参考文献

[1]毕忠镇．中国森林火灾形势现状、发生规律及展望[C]//展望新世纪消防学术研讨会论文集．中国消防协会，2001：245-250．

[2]陈春艳．我国野生动物驯养繁殖法律制度研究[D]．中南林业科技大学硕士学位论文，2006．

[3]陈可．论我国防治外来入侵物种法律制度的建立[D]．对外经济贸易大学硕士学位论文，2007．

[4]陈远树．我国林权流转制度研究[D]．重庆大学硕士学位论文，2006．

[5]陈卓．野生动物致人损害的国家补偿制度研究[D]．重庆大学硕士学位论文，2007．

[6]杜永胜，王立夫．中国森林火灾典型案例[M]．北京：中国林业出版社，2007．

[7]洪贺．我国野生动物产权法律制度研究[D]．东北林业大学硕士学位论文，2006．

[8]侯冰野．我国林地保护法律制度研究[D]．东北林业大学硕士学位论文，2006．

[9]黄忠新. 论我国野生动物资源的民法保护[D]. 华中师范大学硕士学位论文，2008.

[10]贾亚娟. 自然保护区林缘社区野生动物肇事损失评估及补偿问题研究[D]. 兰州大学硕士学位论文，2007.

[11]金辛. 我国加入 WTO 对履行 CITES 的影响及对策[D]. 东北林业大学硕士学位论文，2005.

[12]金银亮. 我国集体林权法律制度研究[D]. 南京林业大学硕士学位论文，2008.

[13]孔石. 中国湿地类型自然保护区野生动物资源法治研究[D]. 东北林业大学硕士学位论文，2002.

[14]李健芸. 中国森林权属立法研究[D]. 西北农林科技大学硕士学位论文，2007.

[15]李娟，胡学兵. 我国主要林业外来有害生物种类简述（Ⅱ）[J]. 中国森林病虫，2005（4）：38-41.

[16]李文乐. 我国林木资源个人所有权保护若干问题研究[D]. 兰州大学硕士学位论文，2007.

[17]李媛媛. 森林经营法律制度研究[D]. 东北林业大学硕士学位论文，2005.

[18]梁永伟. 南方集体林区森林可持续经营中的林地产权问题[D]. 北京林业大学硕士学位论文，2003.

[19]刘欣. 我国野生动物资源产权交易市场体系研究[D]. 东北林业大学硕士学位论文，2005.

[20]陆承平，贾竞波，包军. 动物保护概论[M]. 北京：高等教育出版社，2003.

[21]马爱国. 关于林业生物灾害防治工作的调查报告[J]. 林业经济，2008（1）：33-36.

[22]莫衡. 林业有害生物病害监测、检疫与防治措施及标准规范应用指南[M]. 北京：科学技术出版社，2008.

[23]申恒荣. 林地可持续发展的初步研究[D]. 南京林业大学硕士学位论文，2004.

[24]宋志杰. 林火原理和林火预报[M]. 北京：气象出版社，1991.

[25]苏雁. 我国野生动物栖息地保护法律问题研究[D]. 昆明理工大学硕士学位论文，2007.

[26]万自明. CITES 的运行机制和中国履约对策研究[D]. 东北林业大学硕士学位论文，2002.

[27]汪娟. 我国野生动物保护立法的现状与完善[D]. 昆明理工大学硕士学位论文，2005.

[28]王飞. 国有林地流转研究[D]. 东北林业大学硕士学位论文，2005.

[29]王秋俊. 论我国《野生植物保护法》的构建[D]. 昆明理工大学硕士学位论文，2005.

[30]邢荣华. 我国野生植物保护法的完善[D]. 东北林业大学硕士学位论文，2008.

[31]许冬琳. 论武夷山自然保护区野生动物保护法律制度的完善[D]. 福州大学硕士学位论文，2006.

[32]许迎春. 中国野生动物保护法制的研究[D]. 西北农林科技大学硕士学位论文，2007.

[33]薛海. 林地资源管理问题研究[D]. 西北农林科技大学硕士学位论文，2007.

[34]闫峻，才玉石．我国林业有害生物管理的问题和对策[C]// 2006 年全国博士生学术论坛．北京林业大学，2006．

[35]遇宝成．中国野生动植物进出口若干问题研究[D]．东北林业大学硕士学位论文，2004．

[36]张桂萍，袁小凤，何平，等．野生植物保护中的一些基本概念[J]．重庆师范学院学报（自然科学版），2000，17（增刊）：114-117．

[37]张海丽．中国森林资源物权法律制度研究[D]．重庆大学硕士学位论文，2007．

[38]张兰兰．中国野生动物狩猎立法研究[D]．东北林业大学硕士学位论文，2005．

[39]赵文霞．外来林业有害生物管理与生物安全立法[J]．法治论丛，2006，21（2）：100-103．

[40]赵宇翔，冉东亚，宋玉双，等．林业植物检疫标准化工作的现状、问题及对策[J]．中国森林病虫，2007（6）：42-44．

[41]郑焕能．中国林火[M]．哈尔滨：东北林业大学出版社，1993．

[42]周岚．我国生物多样性保护的法律对策研究[D]．福州大学硕士学位论文，2006．

[43]诸程骏．野生动物所致损害的国家补偿制度初探[D]．华东政法学院硕士学位论文，2005．

[44]中华人民共和国国务院．中华人民共和国进出境动植物检疫法实施条例．1996-12-2．

[45]中华人民共和国国务院．森林病虫害防治条例．1989-12-18．

[46]中华人民共和国国务院．森林防火条例（2008 修订）．2009-1-1．

[47]中华人民共和国国务院．中华人民共和国野生植物保护条例．1997-1-1．

[48]中华人民共和国全国人民代表大会常务委员会．中华人民共和国野生动物保护法（修订版）．2004-8-28．

[49]中华人民共和国全国人民代表大会常务委员会．中华人民共和国森林法（修订版）．1998-4-29．

第七章　森林资源采伐利用及产业政策

第一节　森林采伐管理制度及政策

森林采伐管理政策是森林资源管理体系中最重要的组成部分，其最终目标是为了保护我国的生态，提高森林覆盖率，对严格控制森林资源过量消耗，对保护森林资源、促进林业可持续发展具有鲜明的必要性和重大的现实意义。

一、概念界定和政策意义

森林采伐是指在一定的森林面积上，对生长到一定时候的人工林或天然林，依法进行抚育、改造或更新再造等活动的总称。我国森林采伐法律制度涵盖以下内容：采伐限额制度、年度木材生产计划制度、采伐许可制度、森林采伐方式及伐后更新制度。具体的主要法律依据可见之于全国人大常委会通过的单行林业法律《中华人民共和国森林法》（以下简称《森林法》）第五章、国务院发布的林业行政法规《中华人民共和国森林法实施条例》第五章及原林业部制定的林业部门规章《森林采伐更新管理办法》第二章及第三章的相关规定，地方各省（自治区、直辖市）也对各自行政区划内的森林采伐做了严格的规定。同时，对违反法律法规，破坏林业发展的相关法律责任也做出了极为严格的界定。

建立和完善森林采伐和管理制度的重要意义在于：①有利于保护并改善自然生态环境，充分发挥森林多种效益。实行限额和凭证采伐等管理制度，不是对森林所有者或经营者合法权益的剥夺，而是防止一些人滥用财产所有权破坏森林，避免其对公共利益的损害。②采伐管理制度是为林木所有者、经营者提供依法管理服务的，特别是林木采伐许可证制度的确立，明确了林木经营者主体资格，可有效地保护森林、林木所有者以及经营者的合法权益。③有利于对森林资源的保护、利用、更新进行管理和监督。对不符合规定的采伐和更新作业进行及时的纠正，可以及时发现并防治滥伐森林的不法行为。④能够帮助、引导森林经营者提高依法管护森林的意识，并强化科学合理利用资源的观念。⑤有效地控制森林资源消耗量，优化森林资源配置，实现森林资源持续发展。

然而，与此同时，严格限制森林采伐，也会一定程度上阻碍林业经济和森林的可持续发展。

二、森林采伐管理制度及政策构成

森林采伐管理的内容很广泛，从大的方面说，在经常性的森林采伐管理活动中，森林采伐管理主要贯穿于五个管理环节：①年森林采伐限额的制定与限额采伐规定的执行；②林木采伐许可证制度的实施与监督；③对伐区作业与采伐迹地更新进行指导、监督和检查验收；④对林区内木材经营加工企业的监管；⑤对从林区运出木材实行管理与监督。森林采伐管理的现行法律制度分为以下七个方面。

1．森林限额采伐制度

森林采伐限额是采伐管理制度的核心，是主管部门依据法定程序和方法制定的，经国家行政主管部门批准的，具有法律效力的特定行政区域或经营单位每年以各种方式采伐消耗的森林资源蓄积最大限额，是国家对森林和林木采伐限定的最大控制指标。森林采伐限额制度通过编制各采伐类型和消耗结构的森林采伐指标，确定一定时期内（通常为 5 年）某地区或某单位采伐立木蓄积（包括毛竹）的最大限量，同时制定相应的管理办法，包括组织机构人员、实施细则、审批执行程序、检查监督措施等，确保这一制度的实行。

《森林法》规定："对森林实行限额采伐……，国家根据用材林的消耗量低于生长量的原则，严格控制森林年采伐量。"依照森林法，国家根据用材林的消耗量低于生产量的原则，严格控制森林年采伐量，采伐林木必须申请采伐许可证，按许可证的规定进行采伐，对包括超限额采伐在内的滥伐林木的行为，如果以立木材积计算不足 2 m^3 或者幼树不足 50 株的，由县级以上人民政府林业主管部门责令补种滥伐株数 5 倍的树木，并处滥伐林木价值 2 倍至 3 倍的罚款；如果以立木材积计算 2 m^3 以上或者幼树 50 株以上的，由县级以上人民政府林业主管部门责令补种滥伐株数 5 倍的树木，并处滥伐林木价值 3 倍至 5 倍的罚款。滥伐林木构成犯罪的，依法追究刑事责任。

2．年度木材生产计划制度

年度木材生产计划是国家用来控制、调节年度商品材消耗林木数量的法律手段，是保证商品材年采伐量不突破相应的采伐限额的具体措施。《森林法》第三十条规定"国家制定统一的年度木材生产计划不得超过批准的年采伐限额"。

年度木材生产计划的范围既包括国家统配材、商品材，也包括地方用材及生产单位和群众的自用才，除了农村村民自留山薪炭林的采伐外，凡采伐全民所有制单位经营管理的森林、林木，集体所有的森林、林木和农村村民自留山的林木，都必须纳入国家年度生产计划。

国家年度木材生产计划具有法律强制效力，各级林业主管部门只能依据上级主管部门下达的木材生产计划指标进行分解下达，不能随意增加，也不得擅自编制下达。采伐的单位和个人对上级林业主管部门下达的木材生产计划不得突破。全国的林木采伐年度统一为每年的1月1日至12月31日，木材生产计划指标不得跨年度使用。

3．采伐许可证制度

森林采伐许可制度是指林业主管机关根据行政相对人的申请，经依法审查，发给符合法定条件的申请人森林采伐许可证，赋予其采伐森林权利的一项法律制度。这是森林采伐限额制度得以落实的又一重要保障。《森林法》第三十二条规定："采伐林木必须申请采伐许可证，按许可证的规定进行采伐。农村居民采伐自留地和房前屋后个人所有的零星林木除外。"林木采伐许可证是采伐林木的单位或个人依照法律规定办理的准许采伐林木的证明文件。制定林木采伐许可证制度的主要目的，就是要对用材林采伐进行控制，制定合理的年采伐限额，宏观控制森林资源消耗，以保证实现森林资源的永续利用。

4．木材运输监督检查制度

《森林法》第三十七条规定："从林区运出木材，必须持有林业主管部门发给的运输证件"；"依法取得采伐许可证后，按照许可证的规定采伐的木材，从林区运出时，林业主管部门应当发给运输证件"。加强木材运输管理，既是《森林法》赋予林业主管部门的责任，又是控制森林采伐的一项重要林业法律制度。

5．木材经营（加工）许可证制度

《森林法实施条例》第三十四条规定："在林区经营（含加工）木材，必须经县级以上人民政府林业主管部门批准"；"木材收购单位和个人不得收购没有林木采伐许可证或者其他合法来源证明的木材"。可见，木材加工经营管理是控制森林资源消耗的另一个重要措施，其主要内容是对木材生产、加工、销售环节的监督与管理。鉴于木材不同于一般商品，如不加强木材经营加工的管理，就有可能引起乱砍滥伐林木。为了保护森林资源，保障木材经营加工的健康发展，我国建立了木材经营、加工许可证制度。

6．森林采伐限额执行情况核查制度

根据《关于加强森林采伐限额执行情况监督检查若干问题的通知》（林资字[1991]110号文），建立了国家、省、地（林管局）、县（林业局）四级监督检查制度，实行分级负责，逐级检查。对各级采伐限额执行情况、森林资源消长状况，建立检查、考核的通报制度和监督机制。按照国家的现行规定，每年都要组织开展森林采伐利用监督和限额执行情况的核查。

7．森林采伐更新制度

在森林采伐更新方面，国家曾先后颁发过三个规程：①1956年由林业部颁发的《国有林主伐试行规程》；②1960年由林业部颁发了进一步修订后的《国有林主伐试行规程》；③1973 年由农林部颁发的《森林采伐更新规程》。该管理办法是在总结上述三个规程的制定和实施经验的基础上制定的。它对森林采伐的种类，采伐许可证的管理，用材林的主伐方式及其技术规程，水库和湖泊周围、江河和干渠两岸、铁路和公路干线两侧等特殊地带森林采伐的特殊要求，国营林业局和国营、集体林场采伐作业的技术规程，采伐更新后的检查验收等，做出了明确具体的规定。同时还提出了优先发展人工更新、人工促进天然更新、天然更新相结合的森林更新原则，以及更新质量必须达到的具体标准。

我国《森林法》及《森林采伐更新管理办法》规定采伐林木的单位或者个人，必须按照采伐许可证规定的面积、株数、种、期限完成更新造林任务，更新造林的面积和株数不得少于采伐的面积和株数。①采伐林木的单位和个人，应当按照优先发展人工更新，人工更新、人工促进天然更新、天然更新相结合的原则，在采伐后的当年或者次年内必须完成更新造林任务。②天然更新，每公顷皆伐迹地应当保留健壮目的树种幼树不少于 3 000 株或者幼苗不少于 6 000 株，更新均匀度应当不低于 60%。人工更新和造林应当执行林业部发布的有关造林规程，做到适地适树、细致整地、良种壮苗、密度合理、精心栽植、适时抚育。在立地条件好的地方，应当培育速生丰产林。③更新质量必须达到以下标准人工更新，当年成活率应当不低于 85%，三年后保存率应当不低于 80%。人工促进天然更新、补植、补播后的成活率和保存率到达人工更新的标准；天然下种前整地的，达到天然更新标准。④森林更新后，核发林木采伐许可证的部门应当组织更新单位对更新面积和质量进行检查验收，核发更新验收合格证。采伐林木的单位或者个人没有按照规定完成更新造林任务的，发放采伐许可证的部门有权不再发给采伐许可证，直到完成更新造林任务为止；情节严重的，可以由林业主管部门处以罚款，对直接责任人员由所在单位或者上级主管机关给予行政处分。

三、政策历史沿革

（一）强化管制初级阶段

新中国成立初期的森林采伐规模较小，全国处于生产恢复时期，主要依靠手工伐木、畜力集材，采伐方式为择伐方式，伐后依靠天然更新，一些地区出台了地方性法规或文件来规范采伐活动。例如 1949 年东北林务总局颁发的《东北国有林暂行伐木条例》规定：①为了使采伐基地及时更新，一律采取择伐作业，择伐径级从 30 cm 开始；②每公顷林地按适当距离，保留生长良好的母树 10 株；③生长在险坡陡坡的森林和采伐后不易造林的地方禁止采伐。从中看出建国之初已经具有保护森林的意识，对采伐进行一定的限制。

1950 年 5 月，国务院发布《关于全国林业工作的指示》指出公有林（包括国有林）应由中央人民政府林垦部或中央委托的各级林业机构经营采伐，统筹供应公私用林，其他任何机关、部队、学校或企业不得借口任何理由自行采伐。个别地区驻军确因自用燃料无法购得而需樵采时，必须经当地专署以上人民政府或林业主管机关核准，在公有林指定区域作合理的修枝疏伐，并照缴山价。这些规定初步开启了木材生产计划的时代。

1952 年末东北人民政府下发了《东北森林 1953 年采伐方案》，同年 10 月又颁发了《东北林区 1953 年皆伐作业暂行规程》，采伐方案中规定有皆伐、抚育采伐和择伐三种方式。其中关于皆伐的规定如下：①皆伐对象是原始林或接近原始林，蓄积每公顷在 100 m^3 以上。②皆伐作业分两种：一种是交互带状皆伐，采伐带和保留带宽 30～100 m；一种是大面积皆伐，采伐带宽 500～1 000 m。③实行交互带状皆伐的伐区不保留母树，实行大面积皆伐的伐区，每公顷保留 40～45 个母树群。1953 年是东北林区采用皆伐方式，进行人工更新的第一年。

中央林业部在《一九五四年全国林业重点》中进一步强调“在适当伐区试行块状或带状皆伐机制代替现行的择伐机制”。并于 1954 年制定了《国有林主伐试行规程（草案）》。1955 年黑龙江带岭实验学校开展主伐实验，实验结果表明与择伐相比，皆伐的成本降低而森林资源利用率得到提高，于是，1956 年林业部正式颁发了《国有林主伐试行规程》，确定皆伐为主要采伐方式，使皆伐比重逐年大幅度上升，规定水库周围、大江、大河、铁路两侧，以及高山陡坡的森林划为防护林，限制主伐，同时就实行凭证采伐和伐区拨交验收制度做了一系列规定，主要有：①森林采伐部门应当在采伐前一年半向省、自治区林业主管机关或该伐区的营林部门提出采伐计划，申请拨交伐区。②营林部门按批准文件划定伐区，拨交森林采伐部门，同时核发林木采伐许可证。③要求采伐单位保护好伐区内的母树、幼树，并清理好采伐迹地。这些规定为实现合理采伐和及时更新起到了积极作用。

（二）采伐管理失控阶段

1958 年“大跃进”时期，许多林区单纯为了获取更多的木材而进行“大砍大造”。一些林区大面积顺序皆伐面积达 50 hm^2、100 hm^2 甚至 500 hm^2，采伐时不留母树、没有保留带，更新造林质量低，远落后于采伐，出现严重的采育失调状态，导致森林资源受到巨大破坏。鉴于以上情况，林业部于 1960 年 4 月修订了《国有林主伐试行规程》，关于采伐方式将原定有的连续带状皆伐一种改为四种采伐方式：“①等带间隔皆伐，适用于成过熟树多、幼树少、坡度十五度以下的成过熟林。②连续带状皆伐适用于坡度二十五度以下的成过熟林，采伐带宽不超过二百米。③块状皆伐适用于坡度三十五度以下的成过熟林，每块一至五公顷。④单株择伐和块状择伐，运用于坡度三十五度以上的林地和有沼泽化危险的平缓林地。”同时依据各林区的气候、地势和树种的不同确定了大小兴安岭、长白山、西南高山以及南方、华北、西北等林区所适用的采伐方式。为了保证采伐迹地及时更新，要求“各林区因地制宜地贯彻人工更新为主，人工促进天然更新为辅的方针”，提出各林区要做到“当年采伐当年更新或次年更新”。《国有林主伐试行规程》规定了四种采伐方式，但在实际工作中皆伐还是占了绝对主导地位，实践表明皆伐后的更新速度与质量非常不理想，更新无法跟得上采伐。

1963 年 5 月，国务院为了保护森林，防止滥伐，促进林业发展发布了《森林保护条例》。《森林保护条例》提出要保障国家、集体的森林和个人的林木所有权，并要求采伐森林，收购和运输木材、竹子、薪柴必须遵守该条例。《森林保护条例》在采伐方面的主要规定有：①国有林按照《国有林主伐试行规程》和有关规定采伐，集体林先确定每年采伐的数量规格、时间地点，经批准再采伐；国家采伐集体所有的森林，应当按照国家木材生产计划，实行订约采伐。②采伐后必须按国家标准在当年或次年进行更新，当地林业行政部门负责检查。进入集体林收购木材、竹子、薪柴须经批准，列入当年计划。托运木材、竹子，必须提出县以上林业行政部门发给的运输证明。③规定护田、护路、护岸、固沙和水库周围、水土保持区域内的森林；城市和工业区周围的绿化林；名胜古迹林；风景林；卫生保健林；母树林；禁猎区的森林；稀有的珍贵树木只准许进行抚育采伐、卫生采伐和更新采伐，禁止进行主伐。④规定了自然保护区的森林禁止采伐。禁止毁林开荒。以 1963 年国务院颁布《森林保护条例》为标志，我国形成了第一部相对完整的森林资源保护法规。由于国家对木材的需求量日益增加，森林采伐量逐步扩大，所以这一阶段对采伐的管理工作时紧时松。

（三）采伐管理严重受挫阶段

到了“文革”时期，林业工作受到严重的冲击。在 1966 年，林业部为扭转采伐管理工作的混乱局面，下发了《关于进一步加强国有林采伐管理工作的通知》。通知要求：加强伐区管理工作的领导，充实技术力量，设置伐区管理机构和人员，建立健全伐区拨交、验收制度。因受到“文革”的干扰，通知精神在大多数林区没有得到贯彻落实，处于放任自流状态。“文革”期间，采伐管理工作处于无政府状态，伐区设计、拨交验收制度被废止。有的生产单位不经调查设计、不经审批就采伐，或单纯取材，不考虑林分生态特征，采伐方式不合理的现象十分普遍；有的在复层异龄林实行大面积皆伐，即使择伐，保留木也很少，幼树寥寥无几，接近皆伐。此外，森林资源浪费十分严重，森林资源遭到了严重破坏。针对存在的问题，农林部在 1973 年颁布的《森林采伐更新规程》中强调：①尽快做到“以场定居，以场轮伐”，把林业建设真正纳入到以营林为基础的轨道。②森林采伐量根据国家建设需要和长期经营、永续利用的原则，由各省（自治区、直辖市）确定。③必须提前1年做好伐区调查设计，提出采伐更新设计文件，并经省林业主管部门或指定的单位审批后执行。④实行伐区质量拨交和检查验收制度，不经验收不拨交新伐区，对更新造林质量不合格的，要限期进行补造。⑤建立森林资源和采伐更新档案，逐年记载资源变化及各项生产活动情况。⑥本着有利于森林更新、有利于水土保护、方便木材生产的原则，因地因林制宜地选定采伐方式。成过熟林的采伐方式规定为采育择伐、经营择伐、二次渐伐和小面积皆伐。这一规程系统提出了森林采伐控制问题。但由于20世纪70年代中后期各地的管理仍十分混乱，伐树随便倒、采好留坏现象大量出现，或拖拉机满山跑、拉大扔小、不清林和浪费等现象十分严重，规定并没有得到有效执行。

（四）依法实施阶段

1979年2月，第五届全国人民代表大会常务委员会第六次会议通过《中华人民共和国森林法（试行）》，这是改革开放以后我国制定的第一部环境资源法律，标志着我国林业建设进入了依法治理的轨道。在《中华人民共和国森林法（试行）》第四章对于采伐迹地更新以及森林抚育和改造低产林，也都做了相应的规定。第五章森林采伐利用，用法律规定了国家和地方的木材生产必须全部纳入国家计划。国有森林要根据国家下达的计划进行采伐。集体所有林由林业部门向社队实行订约采伐，订约收购。《中华人民共和国森林法（试行）》的颁布实施，对林业发展起了重大作用。但受当时历史条件的限制，该法存在着明显缺陷，诸如对控制森林消耗和扭转过量采伐的措施不够有力，以及有关处罚的规定过于笼统，在实际工作中不好执行。

同年12月召开的党十一届三中全会，针对林业建设的拨乱反正和恢复发展做出一系列重大决策。主要有：恢复、重建和充实加强了林业管理机构；颁布一系列法令，坚决制止乱砍滥伐；开展了稳定山林权属、划定自留山、确定林业生产责任制的林业“三定”工作；建设重点防护林体系和新的用材林基地，调整采伐任务，稳定原木产量等。

1984年《森林法》正式颁布实施，森林采伐限额、采伐许可证和伐区拨交验收等制度陆续建立健全起来，并逐步得到完善。《森林法》规定：“成熟的用材林应当根据不同情况，分别采取择伐、皆伐和渐伐方式。”

1985年起，集体林区取消木材统购，开放木材市场，允许林农和集体的木材自由上市，实行议购议销。之后陆续出台《制定年森林采伐限额暂行规定》（1985年）、《森林资源档案管理办法》（1985年）、《中华人民共和国森林法实施细则》（1986年）。

1987年6月30日中共中央、国务院发布《关于加强南方集体林区森林资源管理坚决制止乱砍滥伐的指示》（中发[1987]20号），进一步严格和加强森林资源管理，要求严格执行年森林采伐限额制度。1987 年 7 月，经国务院批准，颁布了《森林采伐更新管理办法》。它的特点是：①根据采伐的目的将森林采伐分成了 4 大类，即主伐、抚育采伐、更新采伐和低产林改造 4 种。②规定的主伐方式包括皆伐、渐伐和择伐 3 种。对于这 3 种方式，均规定了它们的实施条件及控制指标。规定对中、幼龄树木多的复层异龄林，应当实行择伐。择伐的强度不得大于伐前林木蓄积量的 40%，两次择伐的间隔期不得少于一个龄级。规定皆伐实行的林分条件是，成、过熟的单层林和中、幼龄林木少的异龄林，一般皆伐的面积不得超过 5 hm^2，但更新条件好的可以扩大到 20 hm^2。规定渐伐可以在天然更新能力强的成、过熟单层林中采用，并且规定全部采伐更新过程不得超过一个龄级。随着《关于加强林木采伐许可证管理的通知》（林资字[1989]138 号）、《东北、内蒙古国有林区森工企业试行采伐限额计划管理的决定》（林资[1989]363 号）、《木材运输检查监督办法》（林策字[1990]421 号）和《木材检查站管理办法》（林策字[1990]436 号）的颁布，我国森林采伐法律制度逐步完备，林业逐渐步入快速发展的时期。

（五）森林采伐管理调整时期的主要政策

进入 21 世纪，由于中国国情和林情的改变，森林采伐限额的管理内容、方式等，在某种程度上已经不能完全适应林业建设和发展，特别是不能满足森林可持续经营的需要，也制约了森林经营者合法权益的实现，影响到公众从事林业生产的积极性。随着林业发展环境的变化、林业发展战略转移，森林资源采伐管理政策也在不断调整和优化。

1998 年实行天然林资源保护工程以来，国家林业局加大了伐区管理力度，先后出台了《伐区作业质量检查验收办法》《采伐更新调查设计质量检查验收办法》，并实行了层层检查验收责任制，企业超限额采伐的现象得到了有效控制，使企业木材生产走向规范、有序、合理的轨道，逐步实现了以保护森林资源为主，合理利用为辅的管护与利用相结合的森林经营机制。

2001 年，国务院批准了国家林业局《关于各省、自治区、直辖市“十五”期间年森林采伐限额审核意见的报告》，强调“实行森林采伐限额管理是加强森林资源保护和管理的一项重要制度。执行年森林采伐限额是实施天然林资源保护工程的重要措施之一”。上海市和西藏自治区首次编制了森林采伐限额。在各省（区、市）的支持下，城镇林木采伐也基本依法列入了采伐限额。“十五”期间（2001—2005 年）执行新的采伐限额，约 $20\,000\times10^4\ m^3$，计划造林 4 953.04 hm^2，相当于新中国成立 50 年造林总面积的 1/4。

2002 年，国家林业局《林业发展报告》指出，森林采伐限额政策在推进林业市场化进程、明晰和落实林业产权、推进林业分类经营改革及平原林业的采伐管理等方面亟待完善。

2002 年，国家林业局下发了《关于调整人工用材林采伐管理政策的通知》（林资发[2002]191 号）和《关于国家重点防护林和特种用途林生态效益补偿试点单位“十五”期间年采伐限额调减的批复》，使森林采伐限额执行情况有所好转，超限额采伐的势头得到了一定程度的遏制。

2003 年 6 月 25 日，中共中央国务院颁布的《中共中央、国务院关于加快林业发展的决定》（中发[2003]9 号文件），提出了林业分类经营管理的思想，将全国林业区分为公益林业和商品林业两大类，分别采取不同的管理体制、经营机制和政策措施。

同年 12 月 15 日，国家林业局出台了《国家林业局关于严格天然林采伐管理意见》（林资发[2003]223 号），提出：“大力保护、科学经营天然林资源，着力改善天然林的结构，提高天然林质量；按照分类经营，生态优先的原则，积极推进分区施策、分类管理，完善天然林的采伐管理政策，努力发挥其在实现林业由以木材生产为主向以生态建设为主的历史性转变中的主导作用。”此外，2003 年 12 月 30 日，国家林业局出台了《关于完善人工商品林采伐管理的意见》（林资发[2003]244 号），提出：“人工商品林采伐管理是森林采伐管理的重要内容。完善人工商品林的采伐管理是森林采伐管理分区施策、分类管理的重要组成部分。”

以上两个文件对天然林和人工商品林的采伐作出了相应的调整和规定。对于天然林，为了杜绝大面积皆伐，规定天保工程区的天然林，必须严格审批，凭证采伐；对于其他地区，对天然公益林严格保护，对天然商品林科学经营，严格控制采伐量和采伐方式，确保天然林地面积不减少、质量不下降。对人工商品林的采伐管理给出了人工商品林的定义、范围和基本原则等；特别规定“在非林地上营造的商品林，森林经营者要求采伐的，县级以上林业主管部门应当保证其年森林采伐限额和年度木材生产计划，依法发放林木采伐许可证。定向培育的工业原料用材林和在非林地上营造的人工商品林各树种的主伐年龄由林木所有者确定”。由此可见，国家林业局对于森林采伐管理政策，正在逐步放宽采伐管理的条件，特别是逐步从控制森林资源消耗，向保障森林经营者合法权益，以及分类管理迈进，适度放宽了人工商品林的采伐管理，森林资源采伐管理有了实质性改进，并且在实践中也取得了显著成效。

2005 年 2 月 10 日，国务院同意国家林业局《关于各地区“十一五”期间年森林采伐限额的审核意见》，规定全国“十一五”期间的年森林采伐限额为 $24\,815.5\times10^4\ m^3$。此次采伐限额编制按照森林采伐分区施策、分类管理，促进森林资源可持续经营的总体思路，实行总量控制和分项管理的原则编制森林采伐限额。商品林中的用材林采伐量不超过用材林生长量的基本原则确定限额，生态公益林不编制主伐限额。对于天保工程中的限伐区中的天然商品林暂不编制限额，天保工程禁伐区不编制采伐限额。此外，对工业原料林实行了采伐限额单编单列，将有力促进非公有制林业的发展。“十一五”期间毛竹采伐限额由省级林业主管部门确定，报国家林业局同意后实施。

2006年6月8日，国家林业局出台《关于加强工业原料林采伐管理的通知》（林资发[2006]110号），继《意见》对工业原料林实行了采伐限额单编单列后，提出了“充分保障工业原料林经营者的合法权益。对依法从事工业原料林经营的单位和个人，各级林业主管部门要充分尊重经营者的经营自主权，优先保障其工业原料林采伐限额指标”，以此对促进工业原料林的发展，提供了政策保障。

（六）森林采伐管理改革深化阶段

自2006年以来，国家林业局出台的一系列森林资源采伐限额改革措施，取得了一定成效，但是，现行的森林资源采伐管理政策，依然没有从根本上解决森林资源采伐管理、促进森林可持续经营、保护森林经营者合法权益和保护生态环境等，管理内容、方法与手段，还存在着脱离林业发展实际需要的被动局面，森林资源采伐管理改革任重道远。

2008年，国家林业局出台的《关于开展森林采伐管理改革试点的通知》（林资发[2008]263号），进一步推进了森林资源采伐管理步伐，强调了“森林采伐管理改革是全面推进集体林权制度改革的必然要求，是全面推进现代林业建设的战略举措，是全面推进森林可持续经营的现实需要，是林业改革的重要组成部分”。文件指出了森林采伐管理改革的指导思想、基本原则和总体目标，提出了森林采伐管理改革的要求；并提出应从森林采伐限额管理、森林采伐管理环节和科学经营管理等方面，对森林采伐管理进行改革，并且采用试点的方式推进改革。

2009年3月19号，国家林业局发布了《国家林业局关于同意天津等省、自治区、直辖市森林采伐管理改革试点方案的批复》，同意了天津、内蒙古、辽宁、吉林、黑龙江、江苏、浙江、安徽、江西、河南、湖北、湖南、重庆、陕西多省（自治区、直辖市）开展森林采伐管理改革试点。

2009年4月13日，国家林业局发布了新的《森林采伐更新管理办法（征求意见稿）》，自发布之日起施行。1987年8月25日国务院批准，1987年9月10日原林业部发布的《森林采伐更新管理办法》同时废止。

2009年7月15日，为配合集体林权改革，国家林业局发布了《国家林业局关于改革和完善集体林采伐管理的意见》，着重提出了“改革和完善集体林采伐管理的指导思想、基本原则和总体目标”，明确了“改革和完善集体林采伐管理内容和方式”。

2010年12月30日，国家林业局发布了《国家林业局关于2009年度森林采伐限额执行情况检查结果的通报》，报告指出“全国森林采伐限额制度执行情况继续保持良好态势，超限额采伐现象得到有效控制，伐区凭证采伐率、发证合格率比2008年度有一定程度的提高，森林采伐管理制度改革试点工作取得初步成效。”

与此同时，“十二五”期间的森林采伐限额编制工作紧锣密鼓地展开了。2009年6月29日，国务院印发了《“十二五”期间年森林采伐限额编制工作方案》的通知，重申了“科学编制森林采伐限额，对依法加强森林资源保护管理、促进森林可持续经营、保障林业持续健康快速发展具有十分重要的意义”。

此外，目前主要技术政策还有《森林采伐更新管理办法》《林业专业调查主要技术规定》《国有林主伐试行规程》《伐区调查试行规程》《森林抚育采伐规程》《国有林抚育间伐、地产林改造技术试行规程》《国有林伐区作业质量检查评比办法》《国有林伐区作业质量检查标准》《森林采伐限额执行情况核查方案》《全国人工造林、更新检查技术规定》等。

四、国外森林采伐制度及政策概览

（一）美国森林采伐管理制度

美国森林采伐管理制度的特点是法规健全，制度灵活，重视森林经营方案。

美国1930年颁布《森林使用后强制性再造林法》，要求采伐权所有者采伐国有林后需支付再造林费用；1960年颁布《森林多种用途及永续生产条例》，规定了与生物多样性保护相关的林地生产性经营和采伐活动申报许可制度，对私有林的采伐量和行为人都要进行审批；1976年颁布《国有林经营法》，对皆伐做出限制，规定了采伐特许权的最高期限以及必须以竞标的方式销售木材。

美国形成了联邦政府主要经营公益林，企业和私人主要经营商品林的格局。美国的森林经营管理都必须进行森林利用计划编制，凡经营森林面积在2×10^4 hm^2以上的森林都要编制100年的森林利用长期计划，并且每10年要对计划进行一次修改和调整。美国建立了森林采伐、经营审批制度，批准采伐量的主要依据是森林利用计划，根据用材林生长量不低于采伐量的原则，严格控制在生长量的90%以内，还规定采伐量时间为10年，在10年之内可以自由决定年度森林采伐量。

美国从事森林经营的国有林管理者和私有林主进行森林采伐时，需根据濒危物种保护策略要求留出保留地带，特别是对生态脆弱区森林保护审批制度严格；对一般林分的森林经营和采伐，国有林需要审批，私有林根据各个州规定呈现出因地制宜的审批格局，实行国有林和私有林二元审批体制。国有林采伐权通过竞标方式获得。私有林采取刺激式审批和法制化管理，用奖励和资助方式促进私有林经营和更新，政府无权干涉私有林的经营，但有权对受助私有林主进行技术层面的验收和辅导性约束，依照可持续经营方案规范私有林经营，而且还规定经政府补贴营造的森林进行采伐也要经过审批，根据补贴条款，用该补贴营造的林木在1～15年内不得采伐，如违约经营者要退还全部资助款；

私有林管理充分放权，各州立法规定了管理实践和标准，要求在采伐后须进行再造林，或保存一定数量母树以利于自然更新，并规定了能皆伐的最大面积以及木材和林产品的运输。同时，森林经营管理完全由林主根据其土地情况、木材生产周期、市场需求价格等因素自行决定。各州及所管辖的县都编制了最佳森林经营方案，私有林主能自觉执行森林经营方案。

（二）芬兰森林采伐管理制度

芬兰森林采伐管理采取分类审批，依法许可，私有林采伐前申报备案即可。芬兰对国有林和私有林采取不同的森林经营和管理办法。国有林管理主要通过招投标委托专业公司完成；私有林采伐自由度较高，实行采伐前申报备案制度。为了维护森林可持续经营和多目标利用，芬兰形成了以 1997 年 1 月 1 日起实施的《森林法》为主体的较为健全的林业法律体系，对森林资源和生物多样性保护、管理和开发利用都有比较详细和明确的规定。芬兰农林部负责指导和监督《森林法》的实施，可颁布有关计划编制和监管的条例和具有特殊重要性生境的条例，有权进一步调控采伐作业，如果森林需要人工更新，则有权确定“非乡土树种”和“森林繁殖材料”的使用。

一方面，芬兰对开发利用森林资源的行为实施审批许可，一般被许可行为具有短暂性和期限性，有时是一次性的。在资源利用许可中包括林地征用、占用许可，森林公园、苗圃等的设立和规划许可，野生动物捕猎许可，林木采伐许可，野生植物（含野生药材、天然种质资源）采摘许可，森林资源（包括木材、松香产品、野生动物及其制品）运输许可，森林资源销售许可、濒危物种进出口许可等。资源保护许可主要有动植物检疫许可、林区用火许可等。另一方面，芬兰对经营、开发森林资源的资格进行审批许可，当事人申请经审查同意后，可在法规允许下较长时期地从事某种经营或开发利用森林资源的行为。目前主要包括木材经营（加工）许可、收购野生动物及其产品许可、野生动物驯养繁殖许可、林木种子生产许可和经营许可、开展森林游乐等活动的许可等。

（三）德国森林采伐管理制度分析

德国建立了一套完善的森林资源管理体系，注重林业公共利益和保护当事人合法权益，推动国有林、社团林和私有林的可持续经营。德国林业法律法规健全，1975 年制定、1984 年修改的《联邦森林法》只规定一个总体框架和一些重要的宏观管理原则，各州在其指导下制定适合本州林情和特点的有关营林计划、森林管理和林木采伐方面的具体法律规定，保证了法律的针对性和可操作性，增强了实施效果。

林业部门严格依照州森林法行使职权，私有林经营者在不违反法律规定的前提下有充分的经营自主权。只有在法定机构依据相关规定审批后，才能进行林地转化和初始造林，并充分体现森林可持续经营的政策目标。

林业部门按照联邦和州森林法规定，对国有林进行合理采伐和运输；社团林在获得批准和同意后进行采伐和运输；私有林的采伐和运输不需要进行审批，具较大自主权，有经营目标和优先权自由，但通常他们都会征求私有林协会或林业主管部门的意见，以便长期可持续经营。

第二节 林业产业政策

一、林业产业划分

随着林业事业的发展，人们对林业产业的理解逐步深化。林业产业是以获取经济效益为目的，以森林资源为基础，以技术和资金为手段，有效组织生产和提供各种物质和非物质产品的行业。林业产业同国民经济各行业一样，涉及林业三次产业（表 7-1），包括林木种植业、经济林培育业、花卉培育业、木材采运业、木竹加工业、人造板制造业、林化产品加工业、木浆造纸业、林副产品采集加工业、森林旅游业等。狭义上的林业产业应该是一个完整的产业体系，以森林或林木资源为主要对象，包括产前、产中和产后的产业链。

林业第一产业，应包括木质林产品生产和非木质林产品生产。木质林产品生产涉及的亚产业就是木竹生产业。是以林地资源为劳动对象，以经营用材林和薪炭林为主要途径，从事木材与竹材培育、采伐、集运和贮存作业，向社会提供木材、竹材以满足生产和生活需要的一项林业产业。现代国民经济统计中，提供非物质产品的服务性产业一般都被作为服务业的内容列入第三产业。林业生态建设提供的是生态服务，也应当作为第三产业列入林业产业统计范围。

表 7-1 林业产业体系构成

产业层次	亚产业	经营对象	产品形态	国际分类
林业第一产业	木竹生产业	用材林、薪炭林	木材、竹材	木质林产品生产业
	经济林产业	经济林、母树林	干果鲜果 药材 原料种子	非木质林产品生产业
	花卉业	花卉	花卉	
	野生动植物驯养繁育业	动植物	动物、植物	
	林副产品生产业	林副特产资源	林副产品	

（续）

产业层次	亚产业	经营对象	产品形态	国际分类
林业第二产业	木竹加工业及竹、藤、棕、草制品业	木材、竹材	木材、锯材、木片、人造板、木质品、竹、藤、棕、草制品	木质林产品加工业
	木质、竹藤工艺品及家具制造业	木质材料、竹材、藤	家具和工艺品	
	造纸及纸制品业	木材	木浆、纸及纸板	
	林产化学产品制造业	木材及其副产物	林产化学产品	
	驯养动物产品加工业	驯养动物	动物及制品	非木质林产品加工业
	林副产品加工业	林副产品	加工产品	
林业第三产业	生态服务业	防护林、自然保护林	生态服务	森林服务业
	森林旅游业	风景林	游憩服务	
	其他森林服务业	科学试验林、国防林、革命纪念林	科学服务和国防服务	
	社会服务业	非林业资源	社会服务	非森林服务业

2008年在经过3年多研究的基础上，国家林业局也联合国家统计局发布了《林业及相关行业分类（试行）》（林计发[2008]21号）。《林业及相关产业分类（试行）》依据《国民经济行业分类》对林业的界定，结合我国林业管理的实际情况，将林业及相关产业界定为：依托森林资源、湿地资源、沙地资源，以获取生态效益、经济效益和社会效益为目的，为社会提供（也包括部分自产自用）林产品、湿地产品、沙产品和服务的活动，以及与这些活动有密切关联的活动的集合。根据上述界定，将林业及相关产业分为林业生产、林业旅游与生态服务、林业管理和林业相关活动4个部分，共13个大类、37个中类和112个小类，其中小类与《国民经济行业分类》（GB/T 4754—2002）的行业小类相一致，实现了《林业及相关产业分类（试行）》与《国民经济行业分类》的衔接。

二、中国林业产业概况

2010年林业产业总产值首次突破2万亿元大关，达到2.28万亿元（按现价计算），比2009年增长30.21%。这是继2006年首次突破1万亿元大关的基础上，在“十一五”收官之年突破的又一大关，实现了五年之内的两次历史性突破。“十一五”期间林业产业总产值的平均增速达到21.91%，产业规模迈上新台阶。

分产业看，第一产业产值8 895.21亿元，占全部林业产业总产值的39.05%，同比增长 23.11%；第二产业产值 11 876.95 亿元，占全部林业产业总产值的52.14%，同比增长36.24%；第三产业产值2 006.86亿元，占全部林业产业总产值的8.81%，同比增长29.43%。近年来，林业三次产业的产值结构逐步调整，不断优化，已由“十五”末期的 52∶41∶7，调整为 39∶52∶9，林业工业化进程明显加快，第三产业比重逐步加大，产业结构调整迈出新步伐。

产业素质实现新的提升，特色产业集群初步形成。第一产业中，包括干鲜果品、茶、中药材以及森林食品等在内的经济林产品种植与采集业产值为 5 158.19 亿元，所占比重最大，为 57.99%；第二产业中，包括锯材、人造板等在内的木材加工及木竹制品制造业产值为 4 994.43 亿元，所占比重最大，为 42.05%；第三产业中，林业旅游与休闲服务业发展迅速，产值为 1 310.37 亿元，所占比重最大，为 65.29%，全年涉及林业旅游和休闲的人数为 10.32 亿人次。增长速度最快的产业分别是有木竹浆造纸业、林业生态服务业（主要包括自然保护区管理和森林水土保持等）和林化产品制造业，增长速度分别为 75.45%、52.87%和 49.56%。

分地区看，东部 10 省林业产业总产值为 11 088.27 亿元，占全部林业产业总产值的 48.68%；中部 6 省林业产业总产值为 4 574.58 亿元；西部 12 省林业产业总产值为 4 648.80 亿元；东北地区林业产业总产值为 2 467.37 亿元。东部省份增长较快，比 2009 年增长 34.98%。林业产业总产值超过 1 000 亿元的省份共有 9 个，分别是广东、山东、浙江、福建、江苏、广西、四川、湖南和江西。

目前，我国的林业产业发展呈现出如下特点：一是产业规模不断扩大，经济实力进一步增强。我国人造板、木质地板、竹材及竹制品、经济林产品、松香、家具等产量都居世界前列，成为林产品生产大国。二是新兴产业方兴未艾，产业内涵进一步丰富。近些年来，我国森林食品、花卉竹藤、森林旅游、野生动植物繁育利用等产业快速发展，林业生物质能源、生物质材料、生物制药等蓬勃兴起。三是产业集聚度不断提高，区域特色进一步突出。中东部地区已经成为人造板生产中心，东北已成为森林食品和北药的主要产区，东南沿海已成为花卉产业的主要基地。四是非公有制经济发展迅猛，多元化格局初步形成。“十五”期间，非公有制林业企业占全国林业企业总数的 70%以上，非公有制林业经济总量占全国林业总产值的 50%以上。在全国造林面积中，非公有制占了 62%；在产业投入中，超过 90%是民间和境外资本。

三、林业产业政策演进及现行林业产业政策状况

（一）林业产业发展阶段及政策演进

总体上讲，新中国成立以来，国家在各个时期制定的林业产业政策，与当时的经济体制相适应，与林业发展主导目标相一致。根据林业经济体制和主导发展目标可以把我国林业产业的发展划分为计划经济体制下经济效益为主的林业产业发展阶段（1949—1980 年）、经济体制转轨时期两大效益并举的林业

产业发展阶段（1981—1997 年）和市场经济体制下生态效益优先的林业产业发展阶段（1998 年至今）。我国林业产业在曲折中发展、在开拓中前进、在调整中完善，从无到有、从小变大、从弱渐强，取得了显著成绩，为经济社会发展做出了重要贡献。

从新中国建立至 1980 年，我国实行社会主义公有制基础上高度集中的计划经济，林业发展的主要任务是满足国民经济对林产品的需求。这一时期，确立了国有国营和集体所有集体经营的林业管理体制，在林业建设方针、森林资源保护、培育和合理利用方面进行了积极探索，形成了一系列保护森林资源和发展林业产业的政策。这一时期，林业产业政策存在的主要问题是产权制度不稳定，林业发展积极性时涨时落；缺乏林业长远规划、管理标准不健全、政策随政治形势起伏不定，对林业发展产生了阻碍作用，甚至导致了森林资源的破坏；以行政命令作为推动林业发展的基本手段，林业发展缺乏应有的内在动力。

从 1981 年起，至 1998 年陕西、四川、甘肃实行天然林禁伐为止，我国林业产业进入经济体制转轨两大效益并举阶段。我国的林业经济体制逐步向社会主义市场经济体制转变，同时，林业发展的目标转为生态效益和经济效益并重。这一时期，中国林业产业政策的特点主要是：通过农村林业产权制度改革和国有企业改革，使务林人的责权利结合得更加紧密，激发了发展林业的积极性，增强了自我约束能力；改变了高度集中的计划经济管理体制，赋予经营者以更大的经营自主权，增强了决策的及时性和有效性；市场机制在林业产业发展中的基础性作用得到发挥，林业生产要素配置的效率明显提高；1988 年国务院颁布《国务院关于当前产业政策要点》，原林业部于 1989 年 8 月开始研究林业产业政策的制定和实施方案。

1998 年，国务院机构改革，将林业产业管理职能从国家林业局分离出去，一度削弱了对林业产业发展及其政策问题的研究。在林业“十五”计划的编制过程中，国家林业局对林业产业发展又给予了特别的重视。在“十五”计划 7 个专题研究中，与林业产业直接有关的专题就占了 4 个，包括世界林业现状及发展趋势、木材及主要林产品的需求与潜力分析、我国林业产业结构分析与调整、加入世界贸易组织对我国林业的影响。

2003 年 6 月 25 日，中共中央、国务院颁布了《关于加快林业发展的决定》，提出了新时期我国林业发展的指导思想、基本方针和主要任务，确立了林业建设的重点布局和基本政策。该《决定》明确指出，要加强对林业产业发展的引导和调控。

2004 年 11 月，国家林业局印发了《全国林业产业发展规划纲要》，确立了在生态建设优先的前提下，强化森林资源的基础地位和林业产业的支撑地位，努力提高产业素质，积极推进多资源综合利用，以市场为导向，以改革为动力，以科技为支撑，以精深加工为带动，着力提升传统产业，大力发展新兴产业，不断优化产业结构，促进林业产业健康、快速、协调、持续发展的思想。

2007年9月，国家林业局、国家发改委、财政部、商务部、国家税务总局、银监会、证监会等七部委联合印发了《林业产业政策要点》(林计发[2007]173号)。公布了林业产业发展重点领域及相关鼓励扶持政策。这是我国发布的第一个林业产业政策要点，目的是加强宏观调控和政策引导，建立公平合理、竞争有序、发展协调的市场环境，引领、规范和扶持林业产业的发展，加快现代林业建设步伐，推动林业生态建设，增加农民收入。

2009年10月，国家林业局、发改委、财政部、商务部、税务总局联合下发《林业产业振兴规划（2010—2012年)》作为指导林业产业应对金融危机的行动计划方案。2009年11月9日，国家发展改革委、财政部、国家林业局联合发布《全国油茶产业发展规划（2009—2020年)》。2011年3月11日，财政部印发《关于整合和统筹资金支持木本油料产业发展的意见》(财农[2011]19号)，决定从2011年起整合和统筹资金支持木本油料产业发展，当年实施范围包括21个省（自治区、直辖市)。目前，在一系列林业产业政策的激励下，我国的林业产业呈现蓬勃发展的态势。

（二）当前我国林业产业发展的重点和领域

（1）鼓励扶持发展的方面包括：林木种质资源保护，林木良种选育和林木良种基地建设，速生丰产用材林基地建设，珍贵用材树种和珍稀树种的培育，名特优新经济林基地建设，经济林果品储运、保鲜、分选、包装、精深加工和综合利用技术及现代物流配送产业，花卉和林木种苗产业，林业生物质能源林定向培育与产业化，生物农药和植物生长剂生产技术及产业化，制药技术开发和产业化，竹藤基地建设及竹藤新产品生产技术研发，生态旅游业，野生动植物驯养、繁育利用，木浆造纸业，人造板制造业，林产化工产品精深加工，木材功能性改良、木基复合材料和非木质材料林产品开发及综合利用，次小薪材、沙生灌木、三剩物的综合利用和废旧木质材料、一次性木制品的回收利用，林产品深加工及资源综合利用的设备制造，森林资源开发与利用国际合作，林业重点生态工程示范区及其配套项目建设，鼓励发展草原围栏及舍饲圈养、固沙、保水、改土新材料、沙产业，山区基础设施和林业综合开发等方面。

（2）限制发展的方面包括：以优质林木为原料的一次性木制品与木制包装的生产和使用以及木竹加工综合利用率偏低的木竹加工项目，新建单线规模在5×10^4 m^3/a以下的高中密度纤维板项目、单线规模在3×10^4 m^3/a以下的木质刨花板项目，以及新建生产能力在1 000 t/a以下的脂松香生产项目。

(3) 淘汰并禁止的方面包括：淘汰现有林业生产能力中落后的工艺、技术、装备及产品等。淘汰并禁止新建未达到国家环保标准的小型人造板企业、直火法等土法生产松香的小企业、湿法生产纤维板，以及未达到国家质量标准的林产品。严格禁止超过生态承载力的旅游活动和药材等林产品采集活动。禁止在严重缺水地区建设灌溉型造纸林基地。禁止砍伐天然林特别是热带雨林、季雨林营造大规模工业原料林基地。

（三）当前主要的林业产业扶持政策

《林业产业政策要点》是在市场经济条件下，第一次全面、系统地明确了在财政、金融、税收等方面扶持林业产业发展的政策。

（1）严格执行国家已出台的各类林业税费减免优惠政策。根据国家有关税收法律法规的规定，对企业从事农、林项目的所得免征、减征企业所得税。对以三剩物及次小薪材为原料生产加工的综合利用产品实行增值税即征即退。对进口种子（苗）、种畜（禽）、鱼种（苗）和种用野生动植物种源免征进口环节增值税。免征天然林资源保护工程实施企业和单位房产税以及城镇土地使用税。对于国家鼓励投资项目的进口自用设备，除《国内投资项目不予免税的进口商品目录》所列商品外，免征进口关税和进口环节增值税。鼓励有条件的林业企业“走出去”，并在资金、信贷等方面给予支持。

（2）完善并实施国家林业重点龙头企业扶持政策。鼓励林业企业提高开拓国际市场能力，凡符合国家中小企业国际市场开拓资金使用方向和使用条件的林业企业予以积极支持。鼓励国家林业重点龙头企业利用资本市场筹集扩大再生产资金。支持符合条件的重点龙头企业在国内资本市场上市。

（3）国家对用于国内建设的速生丰产用材林、珍稀树种用材林等基地建设及其森林防火、生物灾害防治和林木种质资源保存利用、林木良种选育、繁殖、推广、使用，给予积极扶持。

（4）改革育林基金管理办法，合理制定育林基金的征收标准，逐步将其返还给林业生产经营者，用于发展林业生产，基层林业管理单位因此出现的经费缺口纳入财政预算。探索研究建立林业信托基金制度。

（5）政策性银行将积极提供符合林业特点的金融服务，适当延长林业贷款期限。国家开发银行对速生丰产用材林和工业原料林基地建设项目，根据南北方林木生长周期不同，贷款年限为12～20年；珍贵树种培育根据实际情况而定；经济林和其他种植业、养殖业和加工业项目，贷款年限为10～15年。中国农业发展银行对林业产业化龙头企业贷款期限一般为1～5年，最长为8年；对速生丰产用材林、工业原料林、经济林和其他种植业、养殖业和加工项目贷款一般为5年，最长为10年，具体贷款期限也可根据项目实际情况与企业协商确定。考虑到林木生产周期长，贷款宽限期可适当延长，具体由银行和企业根据实际情况确定。商业银行林业贷款具体贷款期限根据项目实际情况与企业协商确定。

（6）研究建立面向林农和林业职工个人的小额贷款和林业小企业贷款扶持机制。适当放宽贷款条件，简化贷款手续，积极开展包括林权抵押贷款在内的符合林业产业特点的多种信贷模式融资业务。

（7）加大贴息扶持力度。中央财政对林业龙头企业的种植业、养殖业以及林产品加工业贷款项目，各类经济实体营造的工业原料林贷款项目，山区综合开发贷款项目，林场（苗圃）和森工企业多种经营贷款项目，林农和林业职工林业资源开发贷款项目按照有关规定给予贴息。基本建设贷款中央财政贴息资金对总投资5 000万元以上的速生丰产用材林基地建设和总投资3 000万元以上的天然林资源保护工程转产项目给予适当支持。地方应根据实际情况，给予适当支持。

（8）积极发挥信用担保机构作用，探索建立多种形式的林业信贷担保机制，各级政府应因地制宜支持开展林业担保工作。

（9）探索建立政府扶持的林业保险机制，以降低林业保险成本，增强林业产业项目抗风险能力。

（10）其他方面，如推进森林、林木和林地使用权流转，鼓励林业贷款借款人以森林、林木和林地使用权作为抵押物向银行申请贷款，并落实森林资源资产抵押登记办法；完善森林资源采伐管理制度，对人工商品林特别是工业原料林采伐限额和采伐年龄依据经营者依法编制的森林经营方案确定；扶持新兴产业发展的科学研究、技术开发、成果转化和中试、推广等。

第三节 非木质林产品开发利用政策

一、非木质林产品概述

（一）非木质林产品的概念

森林是地球上最大的陆地生态系统，对于维持地球生态平衡有着极其重要的作用。森林资源传统上主要是用来生产木材等林产品，但是森林中的非木质林产品资源的利用价值也具有巨大的经济、社会和生态效益的。世界各国对非木质林产品的叫法有很多种，如非木质林产品、林副产品、多种利用林产品等。根据联合国粮农组织（FAO）的定义：非木质林产品是从以森林资源为核心的生物群落中获得的能满足人类生存或生产需要的产品和服务。

（二）非木质林产品的分类

对非木质林产品的分类，国内外有不同的分类方法，本书借鉴的是FAO的分类思想并结合我国非木质林产品的现状提出的适合我国具体国情的非木质林产品分类体系。包括菌类、动物及动物制品类、植物及植物产品类和生态景观和生态服务类等 4 个一级类以及植物产品类的 12 个二级类（图 7-1）。

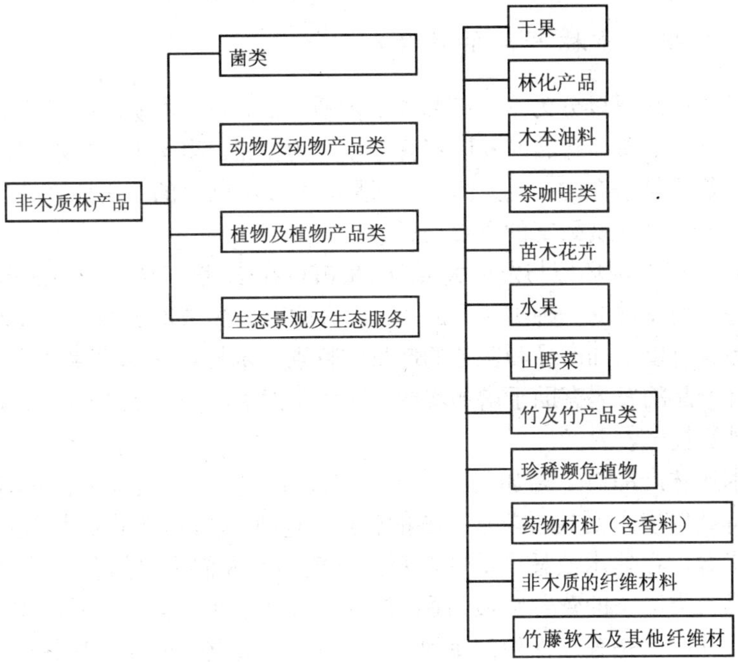

图 7-1 非木质林产品分类

其中，植物及植物产品类主要包括：①干果类主要包括榛子、核桃、松籽、开心果、板栗、腰果、白果（银杏）、话梅、杏仁、香榧、巴旦杏、胡桃、扁桃、无花果、枣和葡萄干等；②林化产品类主要包括松香、活性炭、松节油、樟脑、棕榈油、栲胶、天然橡胶、紫胶、单宁、植物芳香油和燃料等；③木本油料植物类主要包括油茶、油桐、文冠果、乌桕、黄连木、光皮树、蝴蝶果、蒜头果和麻疯树等；④山野菜类主要包括蕨菜、刺嫩芽、黄瓜香、猴腿、薇菜、山芹菜和黄花菜等；⑤药用植物类（含香料）主要包括人参、桔梗、杜仲、麻黄、芦荟、甘草、厚朴、花椒、八角、胡椒、茴香和肉桂等；⑥水果类主要包括青梅、杨梅、猕猴桃、鲜枣、龙眼（桂圆）、草莓、柑橘、椰子、柿、李子、樱桃、荔枝、苹果、桃、香蕉、梨、菠萝、杧果、蜜梨和山楂等；⑦茶咖啡类主要包括茶、咖啡和桦树汁等；⑧非木质的纤维材料类主要包括胶木、椰子等；⑨竹藤、软木及其他纤维产品类（包括叶、茎纤维、绒毛、树皮纤维等）主要包括竹藤、白藤、赤藤、木栓栎、栓皮栎、香蕉茎秆、香蕉树皮、菠萝叶和剑麻等；⑩花卉、苗木类主要包括侧柏、广玉兰、矮紫杉、棕榈、法国冬青、香樟、枇杷、茶花、银杏、海棠、梅花、枫杨、槐树、垂柳、梅花、月季和凤仙等；⑪竹及竹产品类；⑫珍稀濒危植物类。

而菌类主要包括猴头蘑、榛蘑、松口蘑、黑木耳、双孢蘑菇、灵芝和冬虫夏草等。

（三）非木质林产品的作用

森林的产品可以分为木质产品和非木质产品，如今木质产品早已被人类重视利用，但非木质林产品的发展却有着很大的差距。事实上，非木质林产品的社会经济价值是潜在的、巨大的，特别是对发展中国家的贫困地区来说，发展非木质林产品是脱贫致富的重要途径。

1992 年联合国环境与发展大会（UNCED）在 21 世纪议程中明确指出："森林和林地作为发展的一种重要资源，其巨大的潜力尚未得到充分的认识。森林管理的改善可以增加产品和服务的产量，特别是木材和非木质林产品的产量。非木质林产品的发展有助于增加就业、有利于发展林产品加工促进贸易增值，并增加外汇投资收入。"

非木质林产品对于增加就业机会、提高经济收入、改善生态环境、促进林业可持续发展方面具有非常重要的作用。①非木质林产品是人们生活的重要食品来源。在非木质林产品中，野生动植物是人们重要的食品来源，不仅能够提供人类必须的营养物质，而且是我们日常生活中美味佳肴的重要来源。②非木质林产品是医疗保健的重要药材。药材是最重要的非木质林产品之一，据 FAO 估计，世界 25%的药物有效成分都是直接从植物中提取出来的。由于药材是人们必不可少的医疗用品，因此这是非木质林产品最重要的作用之一。③非木质林产品是山区农村家庭经济与就业机会的主要来源。森林中的非木质林产品资源相当丰富，而森林主要分布在经济欠发达的贫困地区，开发利用非木质林产品不仅可以满足当地人们的日常生活需要，还可以提供就业机会，增加人民收入，对许多落后地区的经济发展具有决定性作用。④促进林业可持续发展。非木质资源的开发与森林的采伐是不同的，它只是对森林里部分的资源进行开发利用，只要不是过度破坏，不会造成不可逆转的局面，森林生态系统是可以自我恢复的。

（四）我国非木质林产品发展状况

我国自古以来，一直拥有极为丰富的非木质林产品资源。我国已经开发利用的非木质林产品种类较多，其中食用、药用等类型的产品对我国经济发展及人民的生活有着很大的促进作用。同时，我国非木质林产品产量较大，截至 2010 年，我国可食用类非木质林产品产量约占世界总产量的 75%；工业用非木质林产品产量约占世界比重的 70%。目前，我国已经开发利用的菌类、山野菜和药用植物等品种已经超过了百种，其中榛蘑、松茸、刺嫩芽和人参等数 10 种产品还大量出口。据不完全统计，我国仅林区现存木本植物达 1 900 余种，我国药用植物达到 11 000 余种，约占植物种类的 87%。其中芳香植物就有 340 余种，能够被开发利用的植物多达 120 种，蜜源植物达 800 余种，经济植物达 100 余种，药用植物约 400 种。此外野生动物还有 500 多种。近年来，中国林业产业的迅猛发展，初步形成了复合产业群体，林业产业水平较快提升，经济效益大幅度提高，林业总产值以每年两位数的速度递增。其中，非木质林产品的发展后劲十足，竹藤产业方兴未艾，松香等传统产业持续增长，生态旅游、森林食品、森林药材等新兴产业快速增长，非木质生物能源和森林碳汇产业也异军突起。我国作为林化工业生产原料的松香和松节油等非木质林产品产量一直较高，而且保持着强劲的增长势头。中国政府非常重视非木质森林产品和森林服务的可持续发展。作为世界上竹子资源最为丰富、竹子产业最为发达的国家，中国在加强竹藤领域的国际合作方面，也向世界做出了表率。我国非木质林产品资源主要分布于林区，涉及人口数量较大。我国森林资源绝大部分分布于各类山区，尤其是森林资源较为丰富的区域，是我国非木质林产品开发利用的重点区域。目前，我国非木质林产品资源的开发利用方式较为简单，主要采用“采集—出售”的方式。与日本、法国等非木质林产品利用较发达的国家相比，我国非木质林产品的企业规模一般较小，未能整合资源优势，实现从产地到市场的经营—管理—生产—销售整体品牌优势。大部分非木质林产品的加工流程较为简单，产品种类较为单一，未能通过深加工挖掘出其更深层次的价值。我国的非木质林产品开发和利用尚有较为广阔的发展空间和较大的发展潜力。

二、非木质林产品相关政策

联合国环境与发展大会（UNCED）通过的《21 世纪议程》明确指出：“森林和林地作为发展的一种重要资源，它的巨大潜力尚未得到充分认识，改善森林的管理可以增加产品的产量和服务，尤其是木材和非木质林产品的产量，从而有助于增加就业和收入。增加林产品加工和贸易的价值，增加外收入，增加投资利润。森林是可再生的资源，所以应该采用与环境保护相适应的方式，实现森林可持续经营。”并强调指出：“各国政府应对非木质林产品的开发和利用进行科学的调查，对木材和非木质林产品的特性及其用途进行研究，以更好地利用和扶持非木质林产品的加工，提高其价值和效益，宣传和推广非木质林产品，促进其发展。”对非木质林产品未来的发展，联合国粮农组织在《关于非木质林产品资源开发与利用的未来行动计划》中阐述了非木质林产品的中长期目标和近期目标。中长期目标是建立保护自然生态系统，提高农民收入和创造就业机会，保证林区经济的可持续发展，建立以森林作为生命支持的系统，开展多样化生产力。近期目标是提高认识，吸引社会投资，加强信息基础工作，及时提供信息，加强技术普及，提高业务能力，加强科研机构建设，提高产品品质和产量，加强网络建设和国际合作，促进非木质林产品的发展。

我国从20世纪70年代末至80年代初，提出了林业必须大力发展多种经营，变森林生态优势和资源优势为经济优势。这一时期，从广义和狭义两方面对森林资源的利用的概念加深了理解。从广义的概念理解，森林资源的利用至少包括木材、非木质林产品和森林的生态效益。森林是各种生物的综合体，它的生产物不仅限于木材一项，与林木相互联系、相互依存、相互制约的各种植物、动物、微生物等，均有各自的经济利用价值，所以从狭义的概念理解，森林资源的利用主要指木材（林木）、非木质林产品资源中的植物、动物和微生物等生物资源。这类非木质林产品资源中的生物资源有许多在我国具有悠久的开发史和广泛的传播，近年来，我国开发利用非木质林产品资源取得了迅猛发展，许多全国性的规模化产业，如竹产业、藤产业、花卉产业、水果产业、山野菜产业、食用菌产业、酒产业、保健品产业、饮料产业、药产业等等，形成了产加销一体化的资源开发利用经济链。由此，大大地提高了森林经济植物、动物和微生物资源的利用率。

近年来，党中央、国务院十分重视我国木本油料产业发展，2007年发布了《国务院办公厅关于促进油料生产发展的意见》，并下发《国务院关于促进食用植物油产业健康保障供给安全的意见》。发改委、财政部等部门对油茶的发展给予高度关注，在国家有关规划、政策性文件中纳入了油茶方面的内容，政策、资金支持力度不断加大。2006年国家林业局相继出台了《关于发展油茶产业的意见》等有关文件，并在规划编制、资金争取、造林准备、种苗生产、贷款贴息、宣传发动、科技服务等方面，全方位、多层次地推动了油茶产业发展。2009年，国家林业局编制了《全国主要木本油料产业发展规划（2008—2020）》和《全国油茶产业发展规划（2009—2020）》，并起草了《关于加快油茶产业发展促进山区综合开发的意见》。有力地保障了我国油茶产业的快速发展。至2011年，参与油茶产业发展的企业已达1 300多家，带动200多万农户增收致富，仅2011年油茶产业产值就达到245亿元。2012年，国务院下发了《关于加快林下经济发展的意见》，指出要强化政策扶持。对符合小型微型企业条件的农民林业专业合作社、合作林场等，可享受国家相关扶持政策；符合税收相关规定的农民生产林下经济产品，应依法享受有关税收优惠政策；支持符合条件的龙头企业申请国家相关扶持资金。据统计，2011年全国林下经济产值达2 081.61亿元，参与农户5 770.45万户；其中林下种植1 189.84亿元，林下养殖597.42亿元，森林景观利用97.19亿元，林下产品采集加工197.16亿元。

2011年7月，浙江省已被确定为国家林业局首个非木质林产品（即森林食品）认证试点。浙江的森林食品主要包括食用笋类（鲜笋、笋干）、山地水果（杨梅、青梅、猕猴桃等）、干果类（板栗、香榧、山核桃等）、食用菌类（香菇)、油茶籽油、野生植物资源（木本中药材）等产品。据悉，2010年，全省森林食品产业产值已达451亿元。换而言之，未来森林食品的安全检测标准将与农产品一样甚至更加严格。2012年2月，“湖北五峰国家非木质林产品生物产业基地”揭牌，这是继福建三明和山东菏泽之后，获批成立的第三家国家级非木质林产品基地。

三、国外非木质林产品政策借鉴

非木质林产品成为全球最大产业，在各国的经济中发挥着重要的作用。欧洲是非木质林产品交易的最大市场，占世界交易额的近一半，其中非木质林产品的进口额占世界的46%，出口额占世界的43%。

美国非木材产品涉及的品种比木材产品多，包括从林地中和森林边缘地带采集的树木、木类植物和草药植物、菌类和其他生物材料。采集的植物部分包括根、块茎、叶子、树皮、大小树枝、果实、树汁和树脂，当然还有木材。这些产品通常划为五类：药用植物、食用和饲料、花卉、工艺品、园艺物种。在美国，具有国家经济重要性的国内非林木产品包括圣诞树、枫糖浆、生长皮毛的动物以及与工艺品行业有关的产品。具有经济重要性的出口非林木产品包括胡桃、花卉产品、野生蓝莓、人参和蜂蜜。美国有大量乔木、灌木、草本植物被认证具有药用和保健价值，这方面产品每年的销售额有数十亿美元。每年枫树糖浆就创造数千万美元收入。每年林区花卉创收上百亿美元，地衣和苔藓也能创收上千万美元。将木料加工成工艺品、乐器、家具、装饰品等，每年可创收数亿美元。

美国各级政府的公有林地，除了少数例外，都向公众开放供市民休闲娱乐活动。开放的联邦林地包括国家森林、国立公园、土地管理署的土地、野生动物保护区和其他大部分联邦政府管辖的土地。开放的州立林地包括州立森林、州立公园、野生动物管理区和其他州政府管理的地块。地方政府的森林包括市区流域、地方公园、地方森林保护区、绿色地带和其他地方森林。林产工业以及其他公司和非公司的私有林地通常也开放供娱乐活动，但是进入这些林地比起进入公有林地限制多一些。超过半数的林产工业公司在南方拥有的林地。其他公司（不是由林产工业公司）拥有的大量林地在西部和南部地区。几乎半数的家庭和个人在南部地区拥有林地，近36%的私人林地在北部。全国林地所有权调查估计，大约54%的家庭林地只向家人和朋友开放，不对其他人开放。只有大约14.6%的家庭林地经业主同意对公众开放。在过去的5年中，大约有8%的家庭森林出租用于娱乐活动。在过去的30年间，非林产工业公司拥有的森林用于公众娱乐活动的百分比呈下降趋势。

除了传统的林产品和森林游憩外，森林还提供一系列对人类健康和生计至关重要的产品和服务，许多此类产品和服务在传统上被视为社会的免费福利或者被称为“公共产品”，例如野生动物栖息地和生物多样性、水域服务、碳的储存、风景景观等。

第四节 森林旅游产业政策

一、相关概念的界定

（一）森林旅游定义

“森林旅游”，英文为 Forest Tourism，关于“森林旅游”这个名词的概念有多种说法，至今尚无公认的定义，不同的使用者从不同角度加以释解，随着人们对它的了解不断深入，表述有所不同。

森林旅游的定义是：人们利用休假、探视、疗养等业余时间，依托森林自然资源，采用多种形式，进入森林生态环境，以观赏游览森林自然风光、历史遗迹及人文景观等为主要目的一种综合性野游活动。

（二）森林旅游的特点

森林旅游是以森林生态系统的景观和森林区域生态因子为背景的旅游活动，是在不采伐、不损毁森林的情况下，充分发挥森林生态功能的一种活动方式。森林旅游业是以森林公园、湿地公园、自然保护区、狩猎场为主的生态旅游产业，应属于第一产业的林业和第三产业的旅游业相结合而催生的新兴业态，这种产业既是林业产业结构向高端发展、价值链向两端延伸的结果，又是旅游消费市场向多元化、多层次、专业化方向发展的产物。产业特性是产业的固有属性，森林旅游产业由于兼具林业和旅游业属性，因而不同于旅游产业中一般的观光旅游，显示独特的产业特性。

（三）森林旅游产业定义

森林旅游产业是旅游业的一部分。大众化的森林旅游主要是从 20 世纪中叶才开始的，这一时期以森林作为旅游资源开始为人们所认识；森林旅游是一项新兴的生态旅游产业，森林旅游产业的定义目前国内外尚无权威定义。本文所讨论的森林旅游产业概念包含以下几个方面：森林资源提供的生态环境产品具有商品属性；以效益整体发挥为中心，以两类需求为导向，必须满足市场与社会需求以森林资源与环境产业为基础，将原先分散于个体的众多社会职能体系化、社会化，形成结构合理的复合产业体系。

（四）森林旅游产业特征

森林旅游产业主要有以下特征：

从森林旅游活动过程来看，森林旅游业范围所涉及的相关行业有三方面的内容：一是有关森林旅游“准备”的行业，如办理森林旅游咨询和业务的旅行社、出售旅游用品的商业、传播森林旅游及目的地信息的信息业等；二是有关森林旅游“移动”的行业如铁路、航空、汽车、轮船、自行车等；三是与森林旅游“逗留”相关的行业，如饮食业、旅馆业、娱乐业等。

从森林旅游活动的组织和经营管理角度，森林旅游业的范围涉及许多经济部门和非经济部门：一是直接与森林旅游有关的企业，如旅行社、饭店、交通；二是辅助性服务行业，如商场、食品店等；三是开发性组织如政府旅游机构、旅游协会、森林旅游培训机构等。

总之，森林旅游产业是以森林旅游资源为基础，以旅游设施为工具，为森林旅游者的旅游活动创造便利条件并提供所需商品和服务的综合性行业；森林旅游资源、旅游设施和旅游服务是森林旅游经营管理的三大要素。森林旅游资源的开发利用为满足森林旅游者的需求提供了可能，是森林旅游业生存和发展的凭借和依据；而旅游服务体系是旅游经营者借助旅游设施和一定手段向森林旅游者提供活动，为利用和发挥森林旅游资源的效用创造必要条件，并通过一定的旅游经济实体和森林旅游政策的实施，为森林旅游活动提供的服务。

二、森林旅游产业政策的历史沿革

中国森林旅游起步于20世纪80年代，在90年代得到了迅猛发展。目前，中国开发利用森林风景资源，发展森林旅游的主要形式是建立森林公园、风景名胜区、野生动物园及在自然保护区开辟旅游小区。在中国，林业部门是开发森林风景资源，开展森林旅游的主体。中国森林公园、自然保护区绝大多数是在原国有林场或林业局基础上建立起来的。

到目前为止，中国的森林旅游大致经历了三个阶段：

第一个阶段是1982—1990年，以中国第一个森林公园——张家界国家森林公园的建成为起点，属于森林旅游的起步阶段。

第二个阶段是1991—2000年，经过前面几年的实践，开展森林旅游产生的社会价值、生态价值及经济价值已逐步为社会各界所认识，各地对发展森林旅游的热情空前高涨，属于森林旅游快速发展阶段。

第三阶段是从2000年以后，属于森林旅游体系基本建立阶段。这一阶段主要特点是：①森林旅游区数量剧增，森林旅游体系架构基本形成；②强调了生态理念、持续发展理念和人本主义理念，改变了中国规划界或多或少存在的重视物质规划、忽视人本关怀的偏向，处处体现自然保护、生态旅游和可持续旅游思想；③在制度建设上，森林旅游的管理逐渐走入正轨，国家林业局要求新增的森林旅游景区要健全经营管理机构，负责森林旅游的开发、经营和管理过程；④在规划设计上，强调现代风景园林的美学本质是展示生机蓬勃的大自然本色，最为珍贵的是没有人为干扰的自然原始景观，绝对不是建筑景观，坚持“保护优先，合理开发，永续利用”的原则；⑤在经营管理上，要求依法保障森林风景资源经营管理者的旅游经营权和受益权，严禁以旅游开发的名义无偿划拨和非法侵占森林风景资源经营管理者的旅游经营权及其森林、林木和林地的使用权。加强对森林旅游安全的管理，把森林旅游安全管理放在森林旅游工作的首位。

“十五”期间，国家林业局编制完成了《全国森林公园建设发展规划（2002—2010年）》。2004年6月29日，国务院以412号令，正式明确了“国家级森林公园设立、撤销、合并、改变经营范围或变更隶属关系审批”行政许可性质，2005年7月，国家林业局公布实施了《国家级森林公园设立、撤销、合并、改变经营范围或者隶属关系审批管理办法》。2002年，国家林业局下发《关于加强森林风景资源保护和管理通知》，指出加强森林风景资源的保护管理，是各级林业主管部门的重要职责。2003年，对征占用国家级森林公园林地的申报审批程序进行了规范。2006年8月8日，国家林业局要求编制《国家重要森林风景资源保护目录》，明确保护目标和保护手段，加强对林业区划范围内重要森林风景资源的保护管理，促进森林风景资源保护和利用事业的可持续发展。2006年2月28日，中国国家森林公园专用标志正式启动使用，首批230家国家森林公园获得使用授权。2009年召开的中央林业工作会议和发布的《林业产业振兴规划》，都把发展森林旅游作为建设现代林业的重要内容，随后，国务院又发布了《关于加快发展旅游业的意见》，明确提出要推进旅游和林业的融合。大力发展森林旅游。在一年之内，党中央、国务院通过会议、规划、意见等形式明确要求加快森林旅游发展，这充分显示了党中央、国务院发展森林旅游的重视程度。2011年，国家旅游局和国家林业局签署了《关于推进森林旅游发展的合作框架协议》；联合下发了《关于成立全国森林旅游工作领导小组的通知》和《关于加快森林旅游发展的意见》；并联合编制《全国森林旅游发展规划》，制定森林旅游示范区标准。另国家林业局开始推进局省森林旅游发展合作，2011年2月25日，和海南省政府在海口市签署《关于加快推进海南森林生态旅游建设战略合作协议》。湖南、黑龙江、安徽、贵州、广东、福建等多个省市颁布实施了本省区的《森林公园管理条例》或《森林公园管理办法》。森林旅游发展力度和政策保障日益增强。

到2010年底，全国共建立各类森林公园2 583处，保护森林风景资源1 677×10^4 hm^2，其中国家级森林公园740处、国家级森林旅游区1处，保护森林风景资源1 152×10^4 hm^2，基本形成了以国家级森林公园为骨干，国家级、省级和县级森林公园协同发展的森林风景资源保护管理体系。

目前国家级森林公园数量最多的省份为黑龙江省，达到 55 处，数量超过 30 处的省（自治区、直辖市）依次为江西、山东、湖南、浙江、四川，超过 20 处的省（自治区、直辖市）依次为陕西、河北、辽宁、吉林、安徽、河南、云南、内蒙古、湖北、广东、福建、重庆、贵州、甘肃，初步形成了对我国林区独具特色的以森林景观为主体，地文景观、水体景观、天象景观、人文景观等资源有机结合而形成的多样化的森林风景资源的保护管理和开发建设体系。截至 2010 年，全国森林公园共拥有旅游道路 5.47×10^4 km，旅游车（船）2.52 万台（艘），接待床位 62.66 万张，餐位 113.6 万个，实现旅游收入 294.94 亿元，带动社会综合旅游收入超过 2 000 亿元。张家界、神农架、西双版纳等森林景区已经成为当地乃至区域旅游产业体系中的重要支撑。初步形成了森林旅游产业“吃、住、行、游、购、娱”六要素配套发展的服务体系。

（柯水发　谢屹　戴永务）

一、名词解释

森林采伐　森林采伐限额制度　林业产业　非木质林产品　森林旅游

二、思考与讨论

1. 你认为森林采伐限额制度改革的方向是什么？
2. 国外森林采伐限额制度设计对我国有何启示？
3. 如何划分林业三次产业？
4. 我国应大力发展哪些新兴产业？
5. 我国林业产业振兴需要哪些政策扶持？
6. 非木质林产品分类有哪些？
7. 如何实现非木质林产品的可持续利用？
8. 森林旅游与大众旅游的区别是什么？
9. 如何做大做强我国的森林旅游产业？

三、课外阅读材料

国家林业局. 关于改革和完善集体林采伐管理的意见. 2009.

国家林业局. 全国林业产业发展规划纲要（2004—2010 年）. [2010-02-10].

国家林业局，国家发展和改革委员会，财政部，商务部，国家税务总局，中国银监会，中国证监会. 林业产业政策要点. 2007.

刘家顺. 中国林业产业政策研究. 东北林业大学博士学位论文，2006.

国家林业局，国家统计局．关于印发《林业及相关产业分类（试行）》的通知．国家林业局公报，2008．

冯彩云．世界非木材林产品的现状及其发展趋势．农村经济，2002，11（1）：43-52．

李超，刘兆刚，李凤日．我国非木质林产品资源现状及其分类体系的研究．森林工程，2011，27(5)：1-7．

董智勇．中国森林旅游学．北京：石油工业出版社，2002．

四、案例分析

案例 1：浙江省临安市关于发展非木质林产品的政策方法

临安市历届市委、市政府高度重视现代林业建设，确立了经济生态化、生态经济化的生态经济共赢发展模式，依托山区资源优势，积极培育绿色产业，大力发展非木质林产品，走出了一条富有临安特色的绿山富民“双赢”之路。

因地制宜，科学规划，找准发展非木质林产品的突破口。临安市政府十分注重调查研究和科学认证，把发展极具地方特色和优势的雷竹、山核桃等非木质林产品作为临安农村经济发展和生态建设的突破口来抓，并科学地制定了中长期规划。20 世纪 80 年代，根据“东竹西果”农业区划成果，提出了“上促青山、下稳良田、突破中间”的低丘缓坡开发战略，大力发展非木质林产品；90 年代提出了“前促生产、后活流通、主攻加工”的非木质林产品产业化的发展战略；进入新世纪后，又提出了“经济生态化、生态经济化”的发展理念，成功探索出林业经济与生态的共赢发展之路。

定权发证，激发动力，调动农民发展非木质林产品的积极性。坚持以人为本，重视经营主体的培育，不断完善山林责任制。20 世纪 80 年代，临安市开展了林业“三定”，划分了自留山、责任山和统管山，实行了家庭联产承包责任制，提出了“大力开发低丘缓坡，发展种竹种果，荒山种植，谁种谁有，长期不变”。进入新世纪，为进一步调动农民的生产积极性，又在全省率先开展了延长山林承包期、核发林权证的集体林权制度改革，明确了山林承包期延长 50 年不变，切实稳定了林业生产责任制，进一步激发了农民发展非木质林产品的潜力。如今，全市流转山林面积达到 50 万亩，为进一步发展非木质林产品提供了新的动力。

加强组织，政策扶持，加快非木质林产品的开发。临安市委、市政府在全市林业建设中十分重视非木质林产品的生产。一是市四套班子的主要领导人亲自挂帅，建立了非木质林产品建设示范基地。通过示范点的建立，推动了全市非木质林产品基地标准化、集约化、规范化建设。二是制定出台经济扶持政策，每年安排 600 万元资金用于非木质林产品生产、加工、市场拓展等方面的扶持。三是将非木质林产品生产发展作为市、乡、镇林业考核责任制的重要内容，每年对相关领导进行考核。四是为配合政策的实施，先后组织实施了高效林业工程、山核桃 10 亿元工程等非木质林产品发展工程。

科技创新，优化服务，提高非木质林产品的效益。作为全国科技兴林示范市，临安市依靠科技创新，强化科技推广，林业效益不断提高。一是积极开展非木质林产品的开发和发展方面的研究，先后完成了雷笋早出覆盖技术研究、山核桃丰产稳产技术等科研项目 25

项，获部、省级奖 10 项。仅雷笋早出覆盖这一项技术，就为临安农民增收 5 亿元以上。二是强化标准化建设，建立了完善的标准体系，在全市的非木质林产品的生产中推广标准化生产。三是强化示范带动，为农民提供优质的技术服务，不断提高农民的素质。全市建立了市级以上示范点 17 个，科技示范乡镇 6 个，科技示范村 30 个，科技示范户 500 个，示范点面积达 6 万余亩。每年举办各类培训班 100 多期，受训农民 1 万多人次，林业实用技术普及率达到 80%以上。

龙头带动，品牌推动，进一步开拓非木质林产品的市场。一是以加工为突破口，大力建设加工、流通体系，扶持和发展龙头企业和专业合作社。全市现有各级龙头企业 70 家，专业合作社 95 家，形成了“龙头企业＋合作社＋农户＋基地”的良性运行机制，建成了一批具有区域特色的非木质林产品集聚区，临安已成为全国最大的山核桃、水煮笋、天目笋干生产和加工基地。二是以品牌为抓手，采取区域品牌与企业品牌共同推进的双品牌发展战略，努力拓展市场。三是抓好市场和流通队伍的建设工作，建立了 5 个非木质林产品交易市场和 8 000 余人的农民贩销队伍。四是积极组织企业和营销大户参加国家、省、市举办的各种形式的农产品展销和展示活动，将临安的非木质林产品推向全国乃至国外，进一步提高市场占有率，提升产品知名度，增加产品话语权。

经过不断的努力，临安市建起了 158 万亩以竹林、山核桃为主的非木质林产品基地，成为国内唯一的“中国山核桃之都”和著名的“中国竹子之乡”，每年为农民带来 16 亿元的收入。2011 年，农民人均收入超万元，其中来自非木质林产品的收入占 33%以上。在农民增收的同时，发展非木质林产品对全市 130 万亩天然林的保护还起到了良好的促进作用，该市的森林覆盖率提高到了 76.55%，被命名为首个县级“国家森林城市”。良好的森林生态又促进了森林生态旅游的发展，2010 年，全市接待游客 580 万人次，旅游综合收入 33 亿元，其中门票收入 1.2 亿元，实现了以非木质林产品开发促进林业生态保护和合理开发的良性循环持续健康发展。

（资料来源：临安市林业局．非木质林产品 绿了青山富了山民．浙江林业，2011（8)：8．）

讨论题：

1．浙江省临安市发展非木质林产品的政策举措有哪些？

2．浙江省临安市非木质林产品发展带来了哪些影响？

案例 2：湖南省浏阳市新造高产油茶林，农民喜获增收喜悦

油茶对浏阳人并不陌生。浏阳的油茶种植历史悠久，但要说到油茶效益，老一辈的林农还是会忍不住感叹“产量太低，劳动强度太大”，一亩油茶林往往只能产油两三千克，但只要他们到淳口镇高产油茶新品种示范基地看一看，相信就会改变自己这一想法。那里的油茶树品种经过科学选育，树高不过 2 m，但每亩年产油超过 70 kg，是老品种的 20 多倍。2010 年，浏阳市通过示范带动，以及在品种、项目和技术上的攻关，全市新造高产油茶林近 6 万亩，油茶产业逐渐驶入快车道。

油茶低产改造后，亩产值是低改前的15倍以上，今年收入至少有3万元。林农们喜悦的背后是浏阳林业人的努力。推广高产新品，是油茶产业发展的第一步，使浏阳市油茶科学发展，真正做强做大，成为农民增收的“绿色银行”，还得大面积科学改造低产油茶林。因为浏阳现有油茶林多为天然生长、品差产低的老茶树，加上“只采不管，自生自灭”的传统粗放经营，导致“有面积，没效益”，亩均产油仅2.4 kg。

近年来，浏阳市抓住成为“国家农业综合开发油茶低产林改造项目市（县）”的机遇，按照“上级争取一点、本级补助一点、林农自筹一点”筹资方式，投入5 000余万元改造低产油茶林26万亩，建立连片油茶低改示范基地12 000亩，开展油茶集约培管示范。成功开展了油茶抚育与茶林放蜂技术研究，有效攻克了蜂群授粉“冬消春衰”的难题。利用租赁、股份等多种流转形式，加快低产油茶林向种植大户能人的集中，优化资金、技术等生产要素的组合，促进油茶低改又好又快发展。经专家现场实测，油茶低改后每亩年收入由原来100多元提高到1 000多元，全市油茶低改使农民增收1.4亿元。

为充分发挥资源优势，推进浏阳市油茶产业化进程，发挥山地资源优势和油茶资源优势作为新农村建设的一项重要举措来抓，制定了《浏阳市油茶产业发展十年规划》，计划在全市建立油茶丰产林基地40万亩。2010年浏阳市下大力气新造高产油茶，把油茶造林与涉爆企业的生物防火隔离带结合起来，采用一年生嫁接容器苗造林。预计到2015年，全市油茶林面积可达78万亩，实现产值12亿元。同时，浏阳市还将加大油茶产品深加工扶持力度，引进油茶深加工规模企业，延伸油茶产业链条，提高产业效益。

（资料来源：http://hnly.114chn.com/NewsHtml/430181/news100622000884.htm）

讨论题：

1. 结合案例，分析新造高产油茶林给林农带来了哪些利益。
2. 结合敏感度分析方法，分析影响高产油茶经营比较利益的显性因素和隐性因素。
3. 你认为提高浏阳市油茶经营比较利益的主要对策有哪些？

五、主要参考文献

[1]车成森．林产品及其分类[J]．森林采运科学，1993，(2)：58-61．

[2]陈锡文，张忠法．建立规范有序的林业经营体系和运行机制[J]．经济研究参考，2004（57）：23-30．

[3]程南洋，聂影．基于经济时空的中国林业产业发展路径[J]．南京林业大学学报（人文社会科学版），2006（2）：72-76．

[4]董岳．中国林业产业化发展问题研究[D]．山东农业大学硕士学位论文，2009．

[5]董智勇．中国森林旅游学[M]．北京：石油工业出版社，2002．

[6]冯彩云．世界非木材林产品的现状及其发展趋势[J]．农村经济，2002，11（1）：43-52．

[7]冯彩云．世界非木材林产品现状、存在问题及其应对政策[J]．林业科技管理，2001（2）：56-59．

[8]高丽英．采伐限额制度成本分析[J]．林业经济问题，2007，27（5）：425-428．

[9]耿玉德，叶荣成，万志芳．林业经济管理学[M]．哈尔滨：黑龙江科学技术出版社，1995.

[10]宫丽彦．展洪德．我国森林采伐管理制度问题研究[J]．林业经济，2010（6）：105-109.

[11]顾晓君，曹黎明，等．林下经济模式研究及其产业发展对策[J]．上海农业学报，2008，24（3）：21-24.

[12]关百钧．世界非木材林产品发展战略[J]．世界林业研究，1999（2）：1-6.

[13]国家林业局．全国林业产业发展规划纲要（2004—2010年）[EB/OL]．[2010-02-10].

[14]何腾发．森林资源管理[M]．北京：中国林业出版社，2007.

[15]蒋敏元，李龙成．森林资源经济学[M]．哈尔滨：东北林业大学出版社，1991.

[16]蒋敏元．林业经济管理[M]．北京：中国林业出版社，2000.

[17]蒋敏元，刘家顺．论新时期林业产业的概念和范围[J]．中国林业产业，2005（3）：24-26.

[18]金锡洙，等．中国林业产业政策及区域比较研究[M]．北京：中国林业出版社，1994.

[19]匡林．中国旅游业周期波动分析[J]．旅游学刊，2000（2）：9-17.

[20]雷加富．关于相持阶段的林业产业发展问题[J]．中国林业经济，2006（1）：7-15.

[21]黎禹．中国林产品分类体系研究[D]．北京林业大学硕士学位论文，2011.

[22]李红庆．对森林采伐限额管理问题的思考[J]．中南林业调查规划，2002，21（2）：37-38.

[23]李剑泉，徐斌，李智勇．商品林采伐限额管理制度国别经验[J]．世界林业研究，2009，22（1）：10-13.

[24]李全金，伍树青．森林限额采伐管理制度综述[J]．江西林业科技，2006：27-30.

[25]林凤鸣，石峰．国外林业产业政策[J]．北京：中国林业出版社，1996：1-80.

[26]刘德钦．林政管理[M]．上海：上海交通大学出版社，2007.

[27]刘家顺，蒋敏元．论林业产业政策调整的思路及对策[J]．林业经济，2006，3：25-29.

[28]刘家顺．中国林业产业政策研究[D]．东北林业大学博士学位论文，2006.

[29]刘世勤，刘友来．森林旅游产业的特性、功能与发展趋势[J]．中国林业经济，2010（4）：4-7.

[30]马建章．森林旅游学[M]．哈尔滨：东北林业大学出版社，1998.

[31]苗雅杰．我国发展森林旅游产业的意义及对策[J]．现代情报，2004（4）：202-203.

[32]欧阳勋志，谢传金，吴自荣．森林采伐限额管理制度改革的探讨[J]．江西科学，2006（6）：989-992.

[33]沈文星．森林采伐限额管理制度研究[J]．林业资源管理，2004（6）：1-4.

[34]田明华，张卫民，陈建成．我国森林采伐限额政策评价[J]．中国人口·资源与环境，2003，13（1）：118-120.

[35]万志芳，李明．森林采伐管理制度综述[J]．河南林业科技，2007，27（1）：18-20.

[36]王兴国．中国森林公园建设和森林的发展[M]．北京：中国林业出版社，2003.

[37]徐晋涛，陶然，危结根．信息不对称、分成契约与超限额采伐——中国国有森林资源变化的理论分析和实证考察[J]．经济研究，2004（3）：37-46.

[38]杨玉春. 我国非木质林产品开发利用现状与对策分析[C]//中国环境科学学会学术年会论文集. 北京：中国环境科学出版社，2010：4052-4055.

[39]易爱军，刘俊昌. 我国森林旅游产业的现状及发展对策[J]. 中国林业经济，2010（3）：5-7.

[40]于开锋. 中国森林旅游产业发展研究[D]. 贵州大学硕士学位论文，2008.

[41]俞晖. 21世纪中国森林旅游业发展战略研究[J]. 旅游学刊，2001，16（5）：67-69.

[42]张爱美，谢屹，温亚利. 我国非木质林产品开发利用现状及对策研究[J]. 北京林业大学学报（社会科学版），2008，7（3）：47-51.

[43]张美华. 中国林业管理体制研究[D]. 西南农业大学博士学位论文，2002.

[44]张明，李锴. 我国森林采伐限额制度面临的问题及其解决措施[J]. 江西社会科学，2004，12：242-246.

[45]张明吉，李周，杨云龙. 中国林业产业政策研究报告——中国林业产业政策设计基点[R]. 林业问题，1989（4）：182-193.

第八章　林产品流通贸易政策

第一节　木材流通政策

一、政策意义和概念界定

在国际贸易中，中国已经成为世界最大的木材进口国和生产国。同时又是人均占有森林资源很少的国家。随着我国经济持续快速发展，生产建设规模不断扩大及人民生活水平逐步提高，木材消费呈现出持续增长的态势，但现阶段我国在木材流通领域政策法规不够健全，政策体系不够完善，极大的阻碍了我国木材流通领域的发展。

木材流通是联系生产与消费的桥梁和纽带，是指木材及木制品通过买卖形式，从林业生产领域进入消费领域的一系列经济活动。它包括木材的收购、调运、加工、储存和销售等环节。合理的木材流通可以使木材以最短的时间和最少的花费从生产领域进入消费领域，促进森林资源的合理采伐和合理制材。木材生产是木材流通的基础。木材生产主要指原木的生产，包括活立木的采伐、运输至贮木场造材、归楞等。没有木材生产，木材流通就无从谈起。流通带动生产，木材流通反作用于木材生产，现代的木材流通方式必然带动现代化的木材生产。市场销售是木材流通的重要环节。木材市场是生产和消费联系起来的介质，市场经济体制下，木材的市场销售由以前的国家计划调拨发展为现今的产销直接见面。对于生产者和消费者来说，这种双向选择不仅扩大了可选范围和空间，而且减少了中间环节，节约了费用，使木材流通的形式更为直接。

整个木材市场是一个完整的产业链，由资源、流通与需求构成。流通充当着桥梁的作用，连接着木材产业链的各个部分。木材流通的渠道有大型木材集散中心、港口、车站、专卖店、零售店、木材大卖场、电子商务交易平台、林产品交易中心、展览会、交易会等。木材流通环节处于关键性的中间环节，可见木材流通市场的规范化对于木材流通环节是否能发挥纽带作用有着深远影响，而规范化的市场建设又有赖于相关政策法规的制定。

二、政策历史沿革

自新中国成立以来我国木材流通体制及流通政策的变化经历了以下几个阶段：

（一）自由购销阶段（1949—1952年）

木材流通主要通过市场交易。参加流通的既有国营林业企业、贸易部门和需材部门，也有合作社和个体木材商。由于木材多家经营，管理混乱，使国家无法控制森林资源的消长。

（二）统购统销阶段（1953—1978年）

由于我国森林资源严重缺乏，木材就是短缺物资。这个阶段由国家木材经营部门统一组织全国木材的收购、分配、订货和调运，并统一制定木材价格，统一管理全国木材市场。在南方集体林区，1953—1956年实行由国家有计划地收购木材，供应国家和市场需要，控制木材商投机倒把。在缺林少材地区则允许木材自由流通。木材的生产和流通业务，最初由林业部门统一管理，1960年8月起，国有林区的木材流通业务改由物资部门管理，南方集体林区仍由林业部门管理；1971年4月起木材的分配计划和调运业务归林业部门管理；1977年木材调运和销售业务又划归物资部门。从第一个“五年计划”到第五个“五年计划”期间，国家指令性计划分配的木材流通量占社会消费总量的90%以上。

（三）逐步开放阶段（1979—1984年）

随着我国经济体制改革的推行，木材流通领域也发生了相应的变化。国家逐步放宽了木材流通政策，在完成国家木材生产计划后，允许产材县按树种超产的一定比例留县使用。间伐小材、社队木材加工厂加工的枝丫材、非规格材，经林业部门挂钩，可以产销见面，议价销售。

（四）木材流通“双轨制”阶段（1985—1992年）

1985年1月1日，南方集体林区全面开放木、竹材交易市场，允许农民将自产的木、竹材在市场上销售，允许国营林场利用抚育间伐材开展林、工、商综合经营。农民或集体所有的中、幼龄林和成熟林、过熟林可以有偿自由转让；国营林业企业可以利用国家不分配的小材、小料和采伐、造材、加工剩余物发展木材综合利用和多种经营，产品自由销售。这一阶段的主要特点是木材的议购议销与统购统销并存，市场调节与国家计划分配并存，随行就市的市场价格与国家指令性、指导性价格并存。国产材的规格、品种、数量仍受“三总量”

（森林采伐总量、木材运输总量和木材销售总量）控制。统配材由国家计委制定计划，林业部门负责生产、组织和协调供货，物质部门按计划制定木材分配方案，林业和物资部门共同组织木材定货。非统配材的市场由林业部门进行管理。在国家计划指导和保护森林资源的前提下，木材流通渠道由单一计划调拨变为多渠道流通。由于对木材地位和属性重视不够，在某种意义上说，这一时期的木材流通体制不仅没有起到引导生产、保护资源的作用，反而刺激了乱砍滥伐现象的加剧，破坏了部分地区的生态平衡。

为维护木材市场的正常秩序，保护公平竞争，于 1985 年经原国家物资部批准、国家民政部注册登记成立了中国木材流通协会，这是我国木材行业最主要的社团之一。协会是由从事木材及制品的生产、经销、批发市场、科研等多种经济成分的企事业单位自愿组成的全国性组织，在中国木材行业内具有权威性、广泛性和代表性。协会的三大职能是在中国木材行业发挥服务功能、桥梁作用和行业自律功能。

此外，林业部和国家工商行政管理局，根据国务院的有关规定先后多次下发有关加强木材经营、加工和市场管理的文件。如 1986 年下发的《关于集体林区木材市场管理的暂行规定》（[86]工商 181 号）“为了保护集体林区资源，维护集体林区木材市场秩序，除当地林业部门的国营木材经营单位可在集体林区直接收购外，其他生产、经营单位和个人的木材交易一律在木材市场进行”。“凡经营木材及其半成品的单位和个体工商户，必须提出包括经济性质、经营范围、经营方式、自有资金等内容的申请书，经县或县级以上林业部门同意并签署意见，报同级工商行政管理机关核准登记，发给营业执照后，方可经营。取缔无照经营”。

1989 年下发了《关于加强林区木材经营、加工单位监督管理的通知》，该通知指出“木材经营加工单位应具备以下条件：①具有与其经营木材数量相适应的流动资金，其中自有资金应占总额的 50%以上；②有固定的经营场所；③有与其生产经营规模相适应的从业人员；④经营范围必须符合国家和省、自治区有关法律、法规和政策的规定。”

（五）市场流通体制阶段（1992 年至今）

林业部原副部长祝光耀在 1993 年 11 月全国资源林政管理工作研讨会上强调指出：木材流通领域的管理坚持两个不变。坚持木材流通领域的检查监督、凭证运输制度和重点产材县由林业部门一家收购木材的制度不能动摇；坚持合法经营和加工利用木材，由林业主管部门审核发放木材经营加工许可证的制度不能动摇。针对当时木材市场混乱，经营加工单位膨胀，乱收乱购危及森林资源的严重现象，经国家工商局同意，林业部于 2006 年下发了《关于进一步加强木材经营加工单位监督管理有关问题的通知》，强调指出，过去有关文件的规定，仍然要认真执行，加强对木材市场和经营加工单位的监督管理，对非法成立的经营、加工厂点该取缔的坚决取缔。

总体来看，中国现阶段的木材市场主要包括三种类型，一、二级市场主要从事批发，三级市场以零售为主。一级市场：也称产地木材市场，属初级市场，主要任务是将林农分散生产的木材集中起来，按照木材自然流向将木材运转到木材集散中心市场，再中转分拨给广大销区，对于进口材来说，主要的进口口岸就是一级木材市场。二级市场：指木材集散地中心市场，是连接产地木材市场和销地木材市场的纽带，一般设在省会城市和交通枢纽，便于组织木材运输，又是发展木材综合利用的重要基地。三级市场：指木材销地市场，主要是位于大型木材集散地附近或大中型木材消费城市的木材零售市场，其主要有三种形式：摊位式、专卖店形式和超市形式，作为木材流通的最终环节，主要是销售各种木材。

当前国内木材市场的流通格局发生了根本变化，市场开放度不断扩大，市场交易的种类和范围日益增多，建立了初级市场、区域性市场、国家级市场的木材交易体系，形成了竞争的市场格局。改革开放 30 多年来，木材流通的体制、机制、政策都发生了很大变化，传统计划经济下的流通模式正在向社会主义市场经济的模式转变。1999 年外经贸部取消了对木材经营核定的管理办法，凡具有外贸经营权的企业都可以代理和经营进口木材，打破了过去木材运输流向上的限制。目前，我国已经从根本上打破了传统的木材流通体制，确立了“把住源头、管好一级市场，搞活经销、放开二级市场”的新体制。

三、政策现状分析

我国是一个少林国家，用材林的成过熟林可采资源不足。同时乱砍乱伐，破坏森林资源的现象依然存在，原因是多方面的，其中很重要的一条就是，片面强调山上管严，山下搞活，忽视了山下的木材流通管理。为此，林业部从强化管理，便于监督检查出发，“八五”期间全面实行木材凭证运输制度，强化木材运输的监督检查，全面保证对森林的限额消耗，达到保护森林，促进林业发展的目的。

1989 年 10 月，实行了全国统一的出省木材运输证，明确规定了木材运输证的发放管理制度。1990 年发布了《木材运输检查监督办法》和《木材检查站管理办法》；1991 年与铁道部、交通部联合下发了《关于实行凭证运输木材制度有关问题的通知》。各省（自治区、直辖市）林业主管部门根据部里的规定，结合本地实际，进一步指定和完善了木材凭证运输的规章制度，统一了省内木材运输证，从而使出省木材运输证和省内木材运输证做到了有机地结合和衔接，形成了全国统一的木材凭证运输制度。

国产材需持有效的木材经营许可证和木材采伐许可证，以及检疫证明在当地林业主管部门办理木材运输证；进口材则凭入关手续和入关检疫证明到入关地的林业主管部门办理运输证。木材运输证主要有两种类型：一种是省内运输证，仅限于在省内运输；另一种是全国运输证，可以在全国范围内运输。木材运输证自木材起运点到终点全程有效，必须随货同行。

除上述政策外，在木材运输方面，国家先后颁布了《森林铁路技术管理规程》《南方木材生产汽车运输管理规程》和《东北林区汽车运材技术管理规程（试行）》。在贮木场管理方面，有《贮木场管理办法》《林业部关于加强贮木场经营管理的规定》等政策，保障了木材生产运输的秩序。此外，各地也出台了一些相关政策，如《贵阳市木材流通管理办法》《吉林省木材检查站管理办法》《西藏自治区木材运输检查办法》和《伊春市木材运输管理规定》等。

第二节　林地使用权流转政策

一、林地使用权流转的概念界定

林地使用权流转，可以充分发挥市场的配置功能，可以充分利用闲置林地资源，是深化林业经营体制改革的有效措施，是提高林业生产力的有效手段，促进了林业经营的规模化，集约化和效益化，有效地保护了林地资源，促进了南方集体林区的森林可持续经营目标的实现。

林地使用权是他物权，即用益物权。林地使用权是从林地所有权中分离出来的一项财产权利，包括对林地的占有权、使用权、收益权和一定条件下的处分权。林地使用权的概念出自我国的《民法通则》《森林法》和自然资源单行法律。《森林法》确立了林地使用权流转制度，使林地使用权成为一项独立的民事权利。林地使用权是林地所有权与使用权、经营权的分离，它是国家或集体所有权行使的主要方式。林地使用权是使用权人对林地使用、经营、收益的权利。林地使用权包含森林、林木等地上部分资源以及林地的使用、收益和经营的权利。

林地使用权流转，指的是在不改变林地所有权和林地用途的前提下，将林地的使用权按一定的程序，以有偿或无偿的方式，由一方转让给另一方的经济行为。在我国林地所有权属于国家或者集体所有，林地流转不可改变林地所有权性质。《土地管理法》和《森林法》也都明文规定林地使用权人不得改变林地用途，因而不改变林地所有权和林地用途成为林地使用权流转的前提条件。林地流转一般通过租赁、股份合作、拍卖等形式进行，履行合法的手续，从而完成林地使用权从一方到另一方的流动。

通过流转的方式，林地的所有权人或是依法获得使用权的使用权人将林地使用权转移到非所有人手中。原来的林地使用权人称为转让方，新的林地使用权人是受让方。林地使用权流转是林地产权流转的重要构成（图 8-1）。集体林地使用权的流转可以在集体间、农户间或集体与农户间进行。

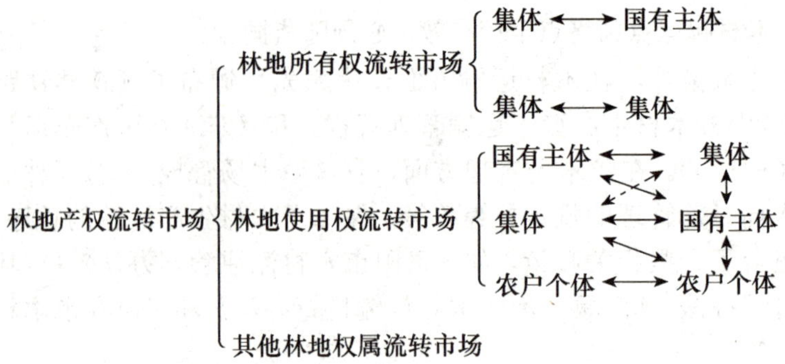

图 8-1 林地产权流转市场构成

二、林地使用权流转的政策演进

回顾和总结我国林地使用权流转的政策演进过程（表 8-1），可以将我国的林地使用权流转分为林业“三定”前的流转、林地流转初探、林地流转制度建立和完善、鼓励和规范林地流转四个阶段。林业“三定”前林地流转的相关政策与农地改革密切相关。1952 年经过土地改革后，由人民政府发给土地所有证，承认一切土地所有者自由经营、买卖出租其土地的权利，这里的农民农地其实已包括林地在内；实施以生产队为基础的土地集体所有制后，开始限制包括林地在内农地的流转；其后，人民公社下的所有制则开始禁止林地出租、买卖与流转。1981 年“林业三定”之后，我国真正明确了“集体林地使用权流转”概念，开始了专门针对林地流转改革的初步尝试。当时国家制订的一些政策和法律法规，对于林地使用权的流转起到了一定作用。《中共中央关于 1984 年农村工作的通知》，首次提出改革开放以来第一个关于流转的政策。1998 年 4 月修订出台的《中华人民共和国森林法》第十五条中规定了“在不改变林地用途的情况下，用材林、经济林、薪炭林的林地使用权；用材林、经济林、薪炭林的采伐迹地、火烧迹地的林地使用权；国务院规定的其他森林、林木和其他林地使用权可以依法转让，也可以依法作价入股或者作为合资、合作造林、经营林木的出资、合作条件”，这标志着林地使用权流转这一制度得以正式确立。

表 8-1 林地使用权流转的主要政策演进

年份		政策文件	颁布者	相关内容或规定
三定前流转	1950	土地改革法	中央人民政府	包括林地在内的农地自由流转的权利
	1962	农村人民公社工作条例修正草案	党的八届十中全会	人民公社包括有林地在内的农地管理与收益的权利，林地禁止流转

（续）

年份		政策文件	颁布者	相关内容或规定
流转初探阶段	1981	林业“三定”	林业部	稳定山权林权、划定自留山、确定林业生产责任制，林业可自由流转
	1984	关于1984年农村工作的通知	中共中央	在荒山、荒沙、荒滩种草种树，谁种谁有，长期不变，可以继承，可以折价转让
	1988	宪法	全国人民代表大会	国有土地和集体所有土地的使用权可以依法转让
	1993	农业法	全国人民代表大会	国有土地和集体所有土地的使用权可以依法转让
流转制度建立和完善阶段	1995	林业经济体制改革总体纲要	原国家经济体制改革委员会和林业部	要以多种方式有偿流转“四荒地使用权”，允许通过招标、拍卖、租赁、抵押、委托经营等形式，使森林资产变现
	1995	关于森林资源资产产权变动有关问题的规范意见（试行）	林业部与国有资产管理局	森林资源资产产权变动是指由于出让、转让、合资、合作、股份经营、联营、租赁经营、抵押、拍卖、企业清算等引起的森林、林木和林地资产产权的变动
	1998	土地管理法	全国人民代表大会	土地使用权可以依法转让
	1998	森林法	全国人民代表大会	林地使用权可以依法转让
	2002	农村土地承包法	全国人民代表大会	对土地承包经营权流转的形式、应当遵循的原则、流转合同的内容、流转的必备手续等进行了规定
	2002	关于林地使用权转让行为征收营业税问题的批复	国家税务总局	明确了林地使用权流转行为营业税征收与减免问题
鼓励和规范流转阶段	2003	关于加快林业发展的决定	中共中央国务院	在明确权属的基础上，国家鼓励森林，林木和林地使用权的合理流转
	2007	物权法	全国人民代表大会	土地承包经营权可以转让、入股、抵押或者以其他方式流转
	2007	森林资源资产评估管理暂行规定	财政部和国家林业局	明确规定了林地使用权流转需进行资产评估
	2008	关于全面推进集体林权制度改革的意见	中共中央国务院	加快推进森林、林木和林地使用权的合理流转
	2009	关于切实加强集体林权流转管理工作的意见	国家林业局	加强集体林权流转管理和指导工作，依法管理和规范流转行为

2003年6月中央9号文件《中共中央国务院关于加快林业发展的决定》提出：“在明确权属的基础上，国家鼓励森林，林木和林地使用权的合理流转。”2008年6月8日中央10号文件《中共中央国务院关于全面推进集体林权制度改革的意见》做出了“加快推进森林、林木和林地使用权的合理流转”的规定。为依法管理和规范流转行为，国家林业局于2009年10月15日出台《关于切实加强集体林权流转管理工作的意见》。当前林地使用权流转行为既要受到《中

华人民共和国民法通则》和《中华人民共和国合同法》等的约束，也要受到《中华人民共和国森林法》《中华人民共和国农村土地承包法》和《中华人民共和国土地管理法》等相关流转法规和政策的规范。由此可见，随着相关政策和法规的不断调整和完善，林地使用权流转经历了由无序流转，到加快流转，再到目前的逐步稳定规范流转的发展轨迹。

三、林地使用权流转的主要形式及特点

林地使用权流转包括一级流转和二级流转。一级流转系在集体林权制度改革的过程中，集体林地使用权通过“确权到户”流转至农户等经营主体。二级流转系农户等经营主体获得林地使用权后，二次流转给其他利益主体进行经营的行为过程。林地使用权流转包括林地使用权转入和转出两种形态。集体林地使用权的流转可以在集体间、农户间或集体与农户间进行。林地使用权一级流转和二级流转的主要形式及其特点见表 8-2 所示。

表 8-2 林地使用权流转的主要形式与特点

流转类别	形式	特 点
集体林地使用权一级流转	家庭承包	承包经营权是用益物权；须经法定承包程序；承包者必须是集体内的农户；承包权可以继承；可以采取单户承包或联户承包方式；实践中多数采用均分的单户承包模式
	招标	公开竞标确定；竞标者可为本集体内部成员，也可是集体外成员；承包方定期向发包方上交承包金，或按比例与发包方分红；不可擅自改变林地用途；招标方式可使买方的效益最大化；经营主体的权利与义务明确；且有利于扩大规模经营
集体林地使用权一级流转	拍卖	公开竞价确定；竞拍者可为本集体内部成员，也可是集体外成员；只适用于不能采取家庭承包的荒山、荒沟、荒丘、荒滩等；受让方所获得的四荒使用权可以二次转让、出租、入股、抵押、继承等，但禁止改变林地的用途；拍卖方式可使卖方的效益最大化
	租赁	林地租赁权是一种债权，承租者交纳租金；承租者可为本集体内部成员，也可是集体外成员；租赁者不可改变林地的用途；租赁的形式产权关系明晰，责任与义务明确；许多企业、造林大户以及外商投资造林采用租赁方式
	股份合作	林地使用权折价参股、合股或入股，享有股权收益；集体经济组织可与集体、企业、个人、国有经济单位或外商的合作；出资者对自己所投入的那部分股份拥有所有权和收益的权利；是出资者的退出权受到限制，不能退股，只能内部转让；南方集体林区福建省三明市等地是这种经营方式的典型代表
	反租倒包	由集体租回农户承包的林地使用权后再进行承包；有利于林地利用率的提高；实际工作中通常表现为政府的干预行为；实践中负面影响较大
农户林地使用权二级流转	转让	转让形式包括拍卖、招标、协议等；实质是林地使用权的让渡与转移；须经发包方同意；原承包人与发包人的土地承包关系终止；转让可以采取拍卖、招投标和协议转让形式进行；转让应当在依法设立的产权交易机构中进行；必须符合国有资产评估、交易程序，严格依法进行
	转包	转包林地使用权，收取转包费；转包后承包人与发包人的承包关系不变；转包方应为同一集体的其他农户；采取转包方式流转的，应当报发包方备案；接包方按转包时约定的条件对转包方负责
	出租	出租林地使用权；收取租金；原承包关系不变，但应当报发包方备案；承租方可以是本集体经济组织以外的单位或个人

（续）

流转类别	形式	特　　点
农户林地使用权二级流转	互换	交换林地使用经营权，以方便经营；承包权利义务关系可保持不变，也可经原发包方同意后也可随承包山林互换而转移
	入股	农户自愿联合或入股进行股份合作；按股分红，享有股权收益；山权不变、林权共有、利益分享、责任共负、风险共担；实践形式多样，具体有林农之间自愿组合，以林地、劳力、资金入股，联合开发，按股分红
	抵押	林地使用权作为抵押品进行权利抵押获取贷款；依法承包并经发包方同意可以抵押；债务人不履行债务时，债权人有权优先受偿
	托管	林地使用经营权委托管理；委托方与受托方互惠互利；是一种重要的现代林业市场经济运作模式；托管的优势在于在确保农户不失林地的情形下又有助于实现林地经营的规模化、效率化和科学化

（一）集体林地使用权一级流转形式

2002年颁布实施的《中华人民共和国农村土地承包法》第三条规定：“农村土地承包采取农村集体经济组织内部的家庭承包方式，不宜采取家庭承包方式的荒山、荒沟、荒丘、荒滩等农村土地，可以采取招标、拍卖、公开协商等方式承包。”因此，可以得出林地承包经营权的取得方式有两种，即家庭承包和其他形式的承包，其他形式的承包，包括以招标、拍卖、公开协商等方式进行的承包。

（二）农户林地使用权二级流转形式

2002年颁布实施的《中华人民共和国农村土地承包法》第三十二条规定，通过家庭承包取得的土地承包经营权可以依法采取转包、出租、互换、转让或者其他方式流转。在第四十九条规定了对于不宜采取家庭承包方式的荒山、荒沟、荒丘、荒滩等农村土地，通过招标、拍卖、公开协商等方式承包农村土地，经依法登记取得土地承包经营权证或者林权证等证书的，其土地承包经营权可以依法采取转让、出租、入股、抵押或者其他方式流转。2003年《中共中央国务院关于加快林业发展的决定》中指出“森林、林木和林地使用权可依法继承、抵押、担保、入股和作为合资、合作的出资条件”，2007年《物权法》第一百二十八条规定：“土地承包经营权人依照农村土地承包法的规定，有权将土地承包经营权采取转包、互换、转让等方式流转。”根据上述这些法律政策规定，我们可以推断出农户林地使用权的二级流转方式主要包括转让、转包、出租、互换、入股、抵押、托管等。

在具体的林地使用权流转实践中，对一级流转的林地，由林地所有权主体在紧密联系实际和充分调查的基础上确定采取何种形式，并经过村民代表大会讨论通过；对二级流转的林地，通常由流转双方自行选择流转形式。通常，农户作为转出方，采取协议方式进行流转的，一个完整的流转可在40日左右完成；而采取拍卖、招标方式进行流转的，一个流转需60日左右时间。

（三）国外林地流转状况及政策

德国国有林面积占全国森林总面积的 30%，其任务是服从国家生态的需要，为国家提供生态效益。德国政府对国有森林资源实行严格的管理制度，不允许买卖交易。其他 70%的林地主要是商品林，以经营成本最低、经济效益最高为目标，可以采取经营者认为合适的各种形式放开放活，进行交易流转，适宜什么生产经营方式就采取什么生产经营方式。国家对商品林的经营管理，主要从兼顾整体生态环境的角度进行必要的调控和宏观指导，主要是对商品林地的用途进行管制，防止林业用地转为非林业用地和有林地逆转为无林地。德国林地流转是根据该国 400 年来一直实行的产权记载法案、联邦和各州的森林法及民法的相关规定来实施和推进流转的。德国林地流转的程序为：首先，林地所有者到地方法院申请审查其林地权属资料，由地方法院出具权属证明后方可进行交易流转；其次就是森林所有者拿权属证明到林地评估机构对自己所属的林地进行综合估价，提出一个适当的流转指导价；最后在林地流转市场上进行买卖交易，在买卖双方协商确定了价格之后，通过律师或公证人到地方法院确认交易的合法性后，然后签订林地流转交易合同。德国林地的流转一般都有林地中介机构提供相关的撮合服务。

瑞典林业比较发达，森林覆盖率居世界前列，其林业经营管理也十分先进。瑞典规定林地可以进行有偿转让，为了便于买卖双方更好的协商和交易，事先由卖方聘请咨询委员会对林地进行实地调查和评估，对林地做出合理的估价，而后双方在协商一致的基础上进行交易流转。可以说，瑞典林地转让实现了完全的市场化操作。

林业发达国家在林地流转与管理方面有如下几点成功经验可供借鉴：①林地流转必须建立一套严格规范的流转法律与相关制度规定。②要使林地的效益充分发挥出来必须采用市场的方式来配置林地资源，对林地进行科学严谨的评估，在此基础上用合理的价格进行转让交易。③评估林地时要设立相对比较独立的评估咨询机构来组织林地评估和进行流转管理行为，按照市场化来组织实施林地流转或转让交易。④在规范、完善的政策指引与稳定实施下，从客观实际出发因地制宜，形式多样地推进实施林地流转。⑤在林地流转过程中注重经济效益与社会效益，最大限度地保护林地经营者的合法权益等。

第三节 林产品绿色采购政策

一、林产品绿色采购的提出

可持续发展是人类需求不断实现，以及与自然生态环境不断优化的过程。

可持续发展的目的除了不断的提高人类物质生活水平之外，还应包括环境容量的扩大和环境质量的提高。为促进全球森林可持续经营和发展，遏制全球非法采伐及贸易，世界各国采取了许多措施，如建立健全木材生产国立法、加强执法和监管、开展多边和双边合作等，并取得了相应的成效。

森林可持续经营思想是在全球森林面临严峻问题背景下提出的。近几十年来，全球森林资源本身不断减少，木材及木材产品的短缺越来越严重，森林面积减少和生物多样性急剧下降，导致全球温室效应和气候变暖过程加剧。全球生态环境受到严重影响，人类未来的生存受到威胁。1980年起，一些国际组织，如热带林业行动计划（TFAP）、国际热带木材协议（ITTA）、国际野生动植物濒危种贸易会议（CITES）、巴西热带雨林保护计划等都开始致力于调整林业政策，要保持热带林可持续发展，联合国环境规划署也进一步加强了约束性和非约束性的林业活动。这些努力最后为1992年的世界环境与发展大会提出了一系列的文件（如森林原则声明、21世纪议程、生物多样性公约、全球气候变化框架条约、防治荒漠化条约等），都包含了加强森林资源保护和合理利用及对森林可持续经营的要求。1998年，西方八国外长峰会在英国伯明翰举行，非法采伐问题首次作为国际性的问题提出来讨论。为了帮助和促进林业可持续发展，会后“八国外长峰会林业行动计划”应运而生。2000年，在日本冲绳举行的八国经济峰会上提交了“八国外长峰会林业行动计划的进展报告”，主要内容包括引入或实施森林可持续经营理念。2002年，在加拿大卡那那斯基举行的八国峰会上通过了“森林行动计划的最终报告”，将推广林业可持续发展作为森林政策的首要目标。

环境与发展大会后，世界上关于森林可持续经营思想的发展极为迅速，目前这一思想已广泛为世界林业组织和许多国家政府所接受，并且一些世界林业组织和国家正在探索着以其指导林业实践活动。这些探索实践活动取得了一定的成果，主要表现在一些国家通过引入森林认证这种市场手段，促进森林可持续经营。

近年来，一些非政府组织人士从另一个角度对促进森林可持续经营、控制木材非法采伐及贸易进行了探讨，提出从木材消费市场入手，提高木材市场准入门槛，采购合法的、可持续方式生产的木材，并要求生产商提供相关证明或认证；无法证明合法来源的木材及木制品将失去市场，即实施所谓的“林产品绿色采购政策”。由于在许多国家木材及其制品重要消费领域为政府公共部门、大型工程，因此如果在木材政府公共采购中实施“绿色采购”，对于遏制非法采伐及贸易无疑具有较强推动作用。

英国的林产品采购政策一直走在世界前列。作为世界上第四大木材产品进口国，英国应与其他木材消费大国同木材生产国一道共同承担解决非法采伐森林和森林破坏问题的重任。英国政府的最高政治决策层决定运用公共部门的购买力来鼓励国内采购人使用合法和可持续的木材。通过推行此项政策，英国政府确保其采购木材的方式透明和负责任、不支持非法采伐森林行为，并为其他国家树立榜样。英国的林产品采购政策最早出现是在 1991 年，政府颁布了环境指导法案。1997 年，英国制定了“自愿指导方针”，建议政府部门应该寻求购买可持续性、合法的木材和木制品。2000 年，英国环境委员会发表了关于政府采购的声明，要求中央政府部门积极采购可持续的、合法的木材及木制品。2003 年的年度评估报告中认为有些部门在贯彻政府木材采购政策上已经取得显著的进步，指出所购买木材中的 66%已经得到了证实，其中 99%的木材具有可持续性来源的证明。

法国是欧盟国家中进口热带木材的主要国家之一。2004 年 4 月法国设立《公共采购建议书》项目，根据该项目计划目标，来自于合法和可持续管理的木材及木制产品，在 2010 年公共采购中的比例要达到 100%。2003 年 6 月，丹麦提出“确保公共部门和准公共部门以一种合法和可持续性的方式采购热带木材”。该项政策仅针对公共部门，但不是强制性的。尽管本土的木材非法砍伐现象较少，但新西兰对非法采伐及贸易仍十分重视。2003 年 6 月，新西兰内阁批准了一项临时木材采购政策，鼓励政府使用可持续生产的、稳定来源、经过认证的木材。日本是世界第三大木材进口商，对木材的非法采伐及贸易问题非常关注。2006 年，日本政府开始实施一项新的木材采购政策，要求政策机关优先采购那些以合法方式生产的木材，合法的标准主要以是否获得相关论证或证明文件。

其他发达国家的可持续木材政府采购政策也取得了一定的进展。在德国，政府认为需要用立法来规划联邦政府的建筑物，2003 年开始校订和扩充相关政策，以确保可持续的利用热带木材，新的木材采购政策于 2005 年完成。荷兰已经有了“可持续的”木材标准，已经确定了在荷兰市场上可持续来源木材的比例目标。北美的加拿大和美国，2007 也开始着手研究林产品绿色政府采购，并准备在适当的时候加以实施。林产品绿色政府采购自英国开始实施以来，近年来在许多发达国家得到广泛关注，并在一些国家得以实施，短时间内形成一种巨大的国际影响。

作为林产品进出口大国的中国，国内森林资源十分匮乏，然而经济建设对林产品的需求却日益增加，供需矛盾日益突出，如果加速推进本国森林可持续经营，保障中国林产品可持续供给是中国林业面临的重要课题。林产品绿色政府采购作为一种新兴工具，对这一新生事物进行详细研究，有助于中国解决上述难题。

二、林产品绿色政府采购的概念界定

一般来说，所谓绿色采购，是指购买和使用节能产品、环保产品的活动。绿色政府采购是政府在购买商品、服务、工程过程中重视生态平衡和环境保护的体现。政府绿色采购，就是在政府采购中着意选择那些符合国家绿色认证标准的产品和服务。政府采购的绿色标准不仅要求末端产品符合环保技术标准，而且要按照产品生命周期标准使产品设计、开发、生产、包装、运输、使用、循环再利用到废弃的全过程均符合环保要求。推行绿色政府采购是一种趋势，更是实现人与自然、环境、资源协调持续发展的内在要求。在过去几十年中，越来越多的国家把公共采购政策作为达到可持续发展目标的一种途径。

在政府采购“绿化”运动的背景下，近年来，在发达国家，特别是欧盟国家兴起和倡导的林产品政府采购政策，也被赋予了全新的名字——“林产品绿色政府采购”(green procurement policy for forest product)。但是和一般“绿色采购”侧重节能、环保所不同的是，发达国家“林产品绿色政府采购”兴起的原因和目的是打击木材非法采伐及贸易，保护全球森林，改善环境，确保木材可持续供应。“林产品绿色政府采购”是政府采购中新兴领域，目前对于林产品绿色政府采购的内涵，尚无统一的定义。通过分析对比目前一些国家林产品绿色政府采购政策目标（表 8-3），结合世界森林保护发展现状，“林产品绿色政府采购”的基本内涵可以概括为：在政府公共采购中，采购合法的、可持续来源的林产品。合法的和可持续的是林产品绿色政府采购的两大基本标准。

表 8-3 各国林产品绿色政府采购政策目标

序号	国家	政策目标
1	比利时	未明确描述
2	丹麦	帮助热带木材公共采购单位确保采购的木材为合法的、可持续的，这一目标同样适用于私营机构和个体
3	法国	确保采购产品来源于可持续经营的森林
4	日本	致力于确保木材采伐的合法性和可持续经营来源
5	新西兰	确保木材及木制品为合法采伐及可持续经营来源
6	瑞典	抵制非法采伐，促进公共采购
7	英国	确保采购的木制品为合法来源，尤其是可持续来源

资料来源：Markku Simula，FAO，Public Procurement Policies for Forest Products and Their Impacts，2006. 8

由此可见，采购可持续的木材、促进世界森林可持续经营和发展，是林产品绿色政府采购的最终目标，合法性是其首要基础。由于可持续目标并不能在短期之内达到，所以一般在“合法的”和“可持续的”之间，加入一个中间要素，即“合法的并朝着可持续方向努力的”。

三、中国政府采购制度的发展历程

我国的政府采购制度是 20 世纪中后期随着改革开放政策的实施和社会主义市场经济体制的建立，逐步建立和发展起来的。从 1949 年新中国成立起到现在，政府采购制度发展大体上经历了以下四个阶段：

（一）计划安排时期

1979 年改革开放以前，政府采购完全实行计划控制。在计划经济条件下，采购实体完全依靠财政资金维持日常政务活动，政府依据国家确定的投资、产业发展计划，兴办公共事业，兴建国营企业或者为国营企业的生产和经营活动提供资金。与此同时，供应商的成立，物资的生产和提供，也是按照计划执行。也就是说，在计划经济体制下，供需双方的经济活动都是按照计划安排进行的。

（二）转轨过渡时期

转轨过渡时期主要指 1979—1994 年，这个阶段的政府采购处于无序状态。改革开放后，市场在资源配置中逐步开始发挥主导性作用。政府采购资金迅速增加，采购规模不断扩大。由于我国政府当时的财政改革出现了重“收入”、轻“支出”的失衡现象，导致政府采购行为处于自由和分散状态。在实践中，采购实体拥有采购决策的自主权，盲目和随意采购的现象时有发生，挪用资金的现象非常普遍，采购活动中的腐败事件层出不穷。这一时期的采购，资金效益低下、采购支出缺乏政策目标，未能发挥政府采购应有的作用。直到 1994 年财政部颁发《政府采购管理暂行办法》，才标志着我国将财政体制改革的重点转移到财政支出领域。

并且，1994 年，我国政府在全球范围内发布了第一个国家级的可持续发展行动纲领——《中国 21 世纪议程》，该行动纲领目的在于倡导整个国家发展可持续消费，把可持续发展的战略作为我国现代化建设必须始终坚持的重要政策目标。随着这种可持续发展理念的不断深入，有关政府绿色采购的理论也随之出现。

（三）试点铺开时期

这期间（1995—2002 年）我国开始按照国际惯例，广泛开展了政府采购的试点工作。1995 年上海市率先对财政专项设备购置实行政府采购试点。即以财政部门为主体的机关公务车、保险、电器、专用设备、高档办公用品和计算机网络等的采购试点。1997 年初河北省在行政和政法系统进行政府采购试点，然后扩大到省直机关事业单位。随后深圳市、重庆市等相继进行政府采购制度的试点。至此，政府采购的改革与制度建设在全国各地普遍展开。政府采购的组织机构也相继设立，相关法规也陆续颁布实施。到 1998 年，全国政府采购的规模为 31 亿元，中央和地方财政部门大多建立了专门采购管理机制。1999 年财政部出台了《政府采购管理暂行办法》。2000 年，全国绝大部分地区都颁布了地方性的政府采购管理办法，信息管理系统初步建立，政府采购制度框架也已初步形成。2001 年我国政府采购规模达到 653.2 亿元，2002 年我国政府采购规模达到 1 009.3 亿元，突破了 1 000 亿元大关，采购规模呈现上升态势。

（四）全面实行政府采购制度时期

全面实行政府采购制度时期，以 2003 年政府采购法的颁布及实施为重要标志。2002 年 6 月 29 日，第九届全国人民代表大会常务委员会第二十八次会议通过了《政府采购法》并于 2003 年 1 月 1 日起实施，该法对政府采购的保护环境功能进行了规定。该法的颁布与实施，标志着我国政府采购工作正由初级阶段向全面推进和完善阶段过渡。

2002 年颁布的《中国人民共和国清洁生产促进法》中第十六条也规定了政府要优先采购绿色产品。这两部法律成为我国政府绿色采购制度的重要法律基础。

除此之外，一些地方政府也制定了与保护环境相关的单行法或地方性法规，例如，上海市的《政府采购管理办法》《江西省地税局支持“调结构、促改革”税收优惠政策和服务措施 30 条》等，都为我国政府绿色采购法律制度的发展奠定了基础。

2004 年，财政部与国家发改委联合出台了《节能环保政府采购实施意见》，公布了我国首份政府采购清单，该清单中列举了汽车、电脑等 8 类 100 多种节能产品供政府优先采购，这个实施意见是我国实施政府绿色采购的第一个具体措施。

2005 年 7 月，国务院在《国务院关于加快发展循环经济的若干意见》中，鼓励使用能效标识产品、节能节水产品和环境标志产品，减少过度包装和对一次性用品的使用。

2006 年 11 月，财政部、国家环保总局联合发布的《关于环境标志产品政府采购实施的意见》及随附的“环境标志产品政府采购清单”，表明我国已经正式的将环境准则纳入到政府采购的模式之中，并提出了政府绿色采购的范围、产品清单以及具体的相关管理办法等。

2007 年 1 月 1 日，我国的政府绿色采购制度开始在中央一级预算单位和省级（含计划单列市）预算单位实施，并于 2008 年 1 月 1 日开始在全国范围内实行。截止到目前，所公布的政府绿色采购清单的产品范围也在逐步扩大。这些法律法规的颁布和实施对于开展绿色生产和消费、树立政府机构的环保形象、建设环境友好型社会、实现可持续发展都具有十分重要的意义。

2003 年我国实施采购预算为 1 856 亿元，实际支付为 1 659 亿元，节约预算资金 197 亿元，资金节约率为 10.6%。采购规模比上年增加了 650 亿元，增长率达 64.4%。这是《政府采购法》有效实施的有力证明。在随后几年中，我国的政府采购更是呈现出了前所未有的发展速度，规模逐年攀升。2009 年和 2010 年，我国全国政府采购规模分别达到 7 413.2 亿元和 8 422 亿元（图 8-2）。

其中 2009 年我国的政府采购的规模占 GDP 和财政支出的比例分别达到了 2.21%和 9.77%，虽然与国际公认的合理比例（占 GDP 的 10%和占财政支出的 30%左右）相差较远，但发展还是十分迅速的。

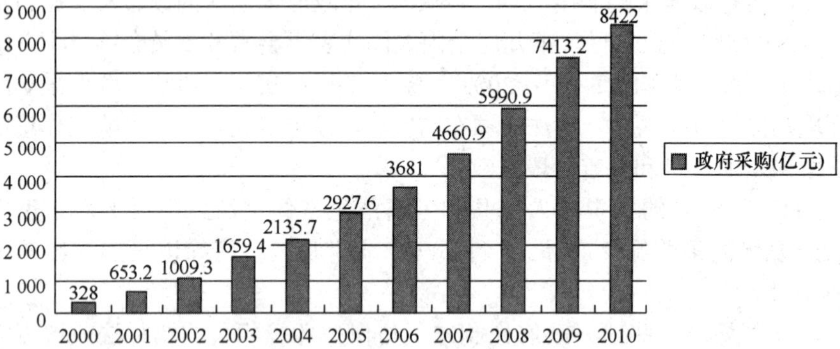

图 8-2 2000—2010 年政府采购规模变化

数据来源：中国财政部、中国政府采购网

在政府绿色采购方面，自 2006 年实行环境标志产品政府采购实施意见和首批环境标志产品政府采购清单以来，政府绿色采购取得了长足发展，财政部联合有关部门扩大了节能产品、环境标志产品政府采购清单范围，节能清单共计 30 种产品，496 家企业的 14 423 个产品型号/系列；环境标志清单将产品由过去的 14 类 2 823 种增加到 21 类 6 876 种。

四、中国林产品政府采购政策现状

目前，我国没有专门针对林产品的政府采购政策，林产品和其他产品一样，无论是政府采购方式、采购程序、采购合同订立、监督管理、法律责任，在《政府采购采购法》中都有相关的规定。国务院在 1997 年就提出制定政府采购法的决议，1999 年 4 月，政府采购法正式列入“九届全国人大常委会立法规划”。2003 年 1 月 1 日，《政府采购法》正式实施。该法的颁布是我国政府采购法制化建设所取得的重要成果，标志着我国政府采购法律规则体系已经初步确立，标志着我国政府采购正式走上了法制化、制度化、规范化的道路。2004 年我国又先后颁布了《中央单位政府采购管理办法》《政府采购货物和服务招标投标管理办法》《政府采购信息公告管理办法》和《政府采购供应商投诉处理办法》等办法，对政府采购货物和服务招标投标等事项做出了进一步的规定。这些立法工作的开展使我国政府采购工作有法可依、有章可循，保证了政府采购制度建设的健康有序进行。

林产品政府采购方式有：公开招标、邀请招标、竞争性谈判、单一来源采购、询价、国务院政府采购监督管理部门认定的其他采购方式，并且专门规定

“公开招标应作为政府采购的主要采购方式”。林产品政府采购程序也和其他产品一样，不同的采购方式采购流程也各不相同。一般来说，完整的采购流程主要包括以下几个环节（图 8-3）。

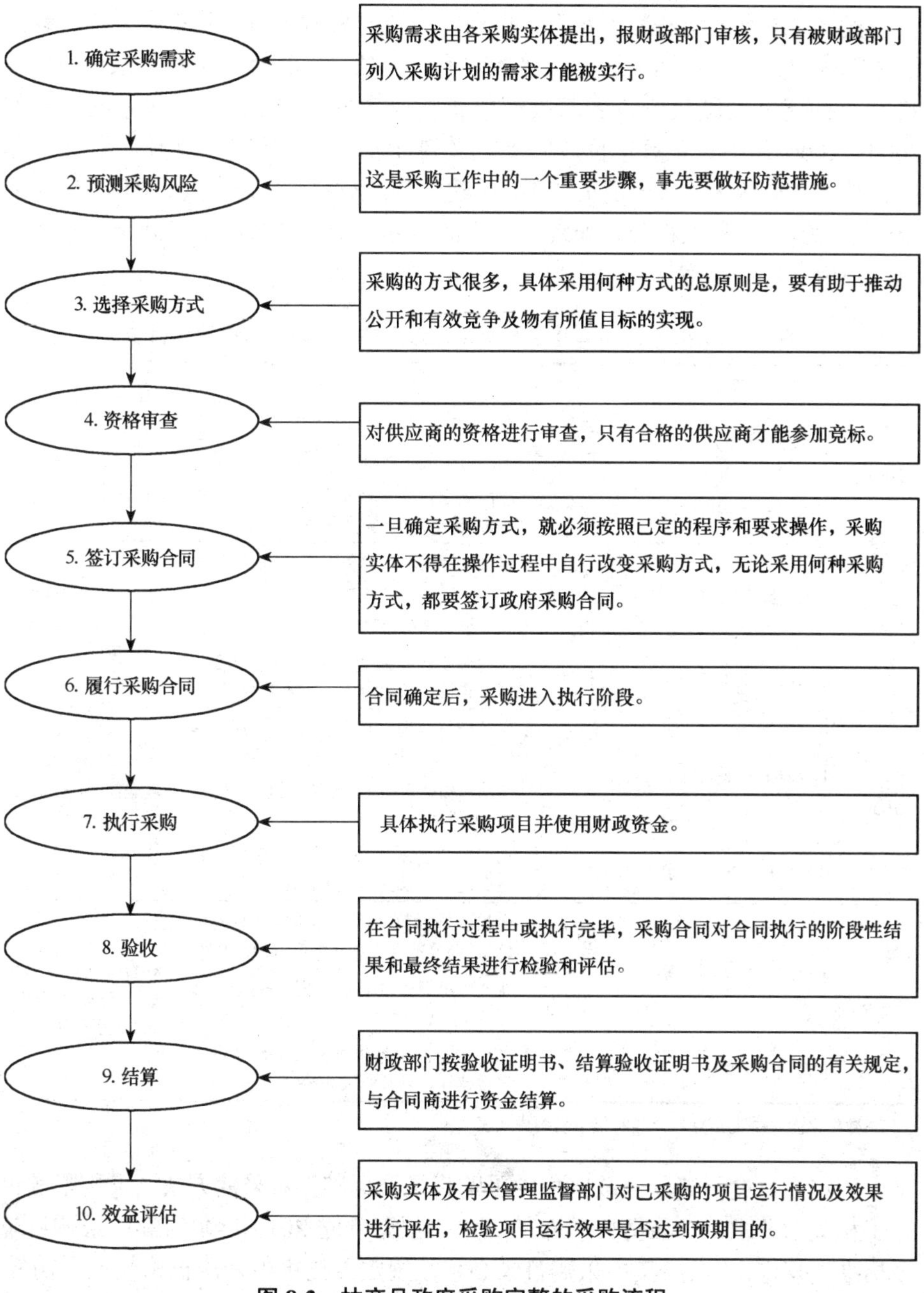

图 8-3　林产品政府采购完整的采购流程

此外，参加政府采购的供应商应具备如下条件：具有独立承担民事责任的能力；具有良好的商业信誉和健全的财务会计制度；具有履行合同所必需的设备和专业技术能力；有依法缴纳税收和社会保障资金的良好记录；参加政府采购活动前三年内，在经营活动中没有重大违法记录；法律、行政法规规定的其他条件。

根据《政府采购法》，“属于中央预算的政府采购项目，其集中采购目录由国务院确定并公布；属于地方预算的政府采购项目，其集中采购目录由省、自治区、直辖市人民政府或者其授权的机构确定并公布”。依据国务院颁布的2003—2006 年中央预算单位政府集中采购目录，涉及林产品政府采购的产品/服务种类主要两大类：一是货物类，如建筑装饰材料、办公家具、复印纸（2004年开始）等；二是工程类，如统一组织的房屋修缮、装修；部门确定的本系统单位公用房建设和宿舍建设，以及修缮和装饰工程等（表 8-4）。

表 8-4 2007—2010 年中央预算单位涉及林产品政府集中采购目录

年度	类型	所属类别	具体产品、业务内容	备注
2007	Ⅰ政府集中采购目录	货物类	建筑装饰材料（国务院系统）、办公家具	
		工程类	统一组织的房屋修缮、装修	
	Ⅱ部门集中采购目录	工程类	部门确定的本系统单位公用房建设和宿舍建设，以及修缮和装饰工程	
2008	Ⅰ政府集中采购目录	货物类	建筑装饰材料（国务院系统）、办公家具、复印纸（国务院系统）	2004 年扩大到中央国家机关二级预算单位
		工程类	统一组织的房屋修缮、装修（在京单位）	
	Ⅱ部门集中采购目录	工程类	部门确定的本系统单位公用房建设和宿舍建设，以及修缮和装饰工程	
2009	Ⅰ政府集中采购目录	货物类	建筑装饰材料（国务院系统，京内单位）、办公家具（京内单位）、复印纸	建筑装饰材料：单项金额在 5 万元以上或批准金额在 10 万元以上
		工程类	统一组织的房屋（含宿舍）修缮、装修（京内单位）	
	Ⅱ部门集中采购目录	工程类	部门确定的本系统单位公用房建设和宿舍建设，以及修缮和装饰工程	
2010	Ⅰ政府集中采购目录	货物类	建筑装饰材料（国务院系统，京内单位）、办公家具（京内单位）、复印纸	建筑装饰材料：指单项和批量金额在 20 万元以上
		工程类	统一组织的房屋（含宿舍）修缮、装修（京内单位）	
	Ⅱ部门集中采购目录	工程类	部门确定的本系统单位公用房建设和宿舍建设，以及修缮和装饰工程	

数据来源：中央预算单位政府集中采购目录表

历年“中央预算单位政府集中采购目录及标准”对采购方式、采购限额也作了相关的要求。如国务院颁布的“中央预算单位 2010 年政府集中采购目录及标准”规定，“政府集中采购目录必须按规定委托集中采购机构代理采购”，“部门集中采购项目原则上应当实行部门集中采购。部门集中采购由部门自行组织，可以委托集中采购机构或政府采购代理机构采购”。此外，“采购目录及标准”规定了部门采购限额标准：“除政府集中采购目录和部门集中采购项目外，各部门自行采购（单项或批量）达到 50 万元以上的货物和服务的项目、60 万元以上的工程项目应执行《中华人民共和国政府采购法》和《中华人民共和国招标投标法》有关规定。其中，200 万元以上的工程项目应采用公开招标方式。对于政府采购货物或服务的项目，要求“单项或批量采购金额一次性达到 120 万元以上的，必须采用公开招标采购方式”。根据《政府采购法》，各级地方政府也制定了本地区的政府采购目录。

五、国外林产品绿色政府采购政策概览

（一）法国林产品绿色政府采购政策

法国林产品采购政策于 2003 年 6 月出台，是国家可持续发展战略的一部分。2004 年 4 月法国出台的《法国热带森林保护政府行动计划》提出设立《公共采购建议书》项目，根据该项目计划目标，来自于合法和可持续管理的木材及木制产品，在 2007 年，公共采购中的比例要达到 50%，2010 年要达到 100%。2005 年 4 月，法国总理批准了《公共采购建议书》，鼓励地方当局参考。对于法国政府来说，最低要求是木材来源合法和可持续。2006 年初，法国政府开始评估木材公共采购政策实施效果，必须要遵守《濒危野生动植物种国际贸易公约》（CITES）。各类林产品绿色采购政策是有区别的，例如：对于木材，要求必须来自合法的和可持续经营的森林，纸张和包装材料只要求做到回收利用。政府在采购林产品时主要依靠森林认证来确认产品的合法性，这个认证是由独立的第三方审核，政府不操控认证机构。法国政府认可了一系列其他类型的证据来证明木材产品的合法和可持续性，包括合法许可（FLEGT 许可证）、对供应商声明的独立认证、对森林经营的核查计划、遵守常规的证明、现有的惯例文件等。

（二）荷兰林产品绿色政府采购政策

荷兰以木材为基础的林产品公共采购政策正处于一个不断发展的过程，该政策将解决荷兰政府部门对所有木材产品的采购问题，以确保采购的产品是来自于可持续经营和合法采伐的森林。荷兰林产品公共采购政策的核心是木材采购标准，此标准已通过与利益相关者协商，于 2008 年 10 月正式形成。荷兰木材采购标准包括了可持续森林经营（SFM）、产销监管链和标识使用（COC）、认证体系的发展、应用和管理（DAM）、认证体系内部的认可程序（PEM）4 个方面的 18 个原则和 93 个标准，其中涉及 SFM 的 9 个原则和 39 个标准，COC 的 3 个原则和 13 个标准，DAM 的 5 个原则和 24 个标准，PEM 的 1 个原则和

表 8-5 荷兰木材采购的原则与标准

体 系	原 则	标 准
SFM	包括法律规章、利益相关者的利益、卫生与劳动条件、生物多样性、生态调节功能、生产能力、对当地经济的贡献、经营体系、管理团体或区域协会 9 个原则，涵盖了法律法规、社会、生态、经济、管理五大方面	包含了法律规章的 4 个标准、利益相关者的利益的 6 个标准、卫生与劳动条件的 2 个标准、生物多样性的 7 个标准、生态调节功能的 8 个标准、生产能力的 1 个标准、对当地经济的贡献的 2 个标准、经营体系的 6 个标准、管理团体或区域协会下的 3 个标准，总共 39 个标准
COC	包括产销监管体系、产销监管团体认证、标识使用 3 个原则	包含了产销监管体系的 6 个标准、产销监管团体认证的 4 个标准和标识使用的 3 个标准，共 13 个标准
DAM	包括标准发展、系统管理者、决策机构与上诉程序、认证机构与程序、评审 5 个原则	包含了有关标准发展的 10 个标准、系统管理者的 2 个标准、决策机构与上诉程序的 6 个标准、认证机构与程序的 4 个标准、评审的 2 个标准，共 24 个标准
PEM	主要是认证体系的评估和认可过程的原则	包含了评估程序的透明性、评估机构的独立性和专业性、系统管理者和公众的参与性、评估模式、评估时间、申诉程序等方面的 17 个标准

17 个标准（表 8-5）。

从 2004 年 1 月开始，荷兰木材贸易联盟（NT-TA）接管了木材认证机构 Keurhout。Keurhout 在其十几年发展中先后通过了可持续森林经营 Keurhout 协议（KH-SFM，1996）、合法木材 Keurhout 协议（KH-LET，2004）和认证体系 Keurhout 协议（KH-SYS，2005）。以上协议涉及到了合法和可持续森林经营、产销监管链、认证机构、认证体系等方面，覆盖了与林业认证相关的各个方面。最初，Keurhout 只关注荷兰木材市场，在 2007 年初起，Keurhout 开始为广阔的欧美市场提供服务。

（三）日本产品绿色政府采购政策

为建立环境负荷小、可持续发展的循环型社会，日本于 2000 年 5 月制定，2006 年 4 月正式颁布实施了《绿色采购法》。同时，2006 年 2 月 15 日发布了林野厅编制的为证明木材及木制品合法性的《木材及木制品的合法性、可持续性证明方法指南》，规定“作为原料被使用的原木，其采伐应符合生产国的相关法律，必须是合法生产的木材”，这一规定已成为日本政府采购中的重要判断标准。目前，《绿色采购法》指定的与木材有关的物品有纸张类、文具类、办公家具类、室内装饰及寝具、公共设施用材类（锯材、胶合板、集成材、单板层积材、地板等）等。对进口材而言，以是否按照规定办理合法采伐手续为出发点，仅凭出口许可证是不能证明合法性的。为此，各国的经营者也采取林野厅指南的方法发放证明合法性的证件。

第四节 林产品价格政策

一、林价政策概念

林产品价格政策，简称林价政策，是国家为达到一定的宏观经济目的而提出的关于林产品价格（制定及其波动范围）管理的一整套作法。它是国家调控林业生产的重要手段，体现着国家对林业产业的支持或约束的态度。林产品价格政策决定着价格水平、价格体系及价格结构的全部内容。因此，科学的价格政策是合理的价格体系和价格结构的前提。

林价即立木价格，是立木价值的货币表现，也是木材生产成本的组成部分——原料费，分为生产成本和社会纯收入（包括利润和税金）两部分。正确认识和建立科学的林价制度对于进行林业的经济核算和正确认识林业的经济效果，从而促进林业的发展，具有重大意义。

林价同粮价、油价、电价等工农业产品的价格一样，由成本、利润和税金三部分构成。不同之处主要有两点：一是制定与调整林价要运用重置成本；二是立木价值形成时间长。这两点都是由林业生产周期长，投资见效慢决定的。众所周知，林业生产的周期，一般需要十几年、几十年。在这漫长的时间里，客观上存在物价指数上升、货币贬值等因素，这就决定了制定与调整林价所依据的成本，必须是重置成本。否则，价格就不能如实反映价值，使林业再生产资金不能得到保证，生产者得不到合理利润。

国外对理论林价经济内涵及其计算的研究，已有数百年的历史，曾提出过费用价、期望价、买卖价等。林业发达的国家，如日本、美国、芬兰、瑞典、澳大利亚等，普遍实行有偿使用森林，林价占木材价格的比重，一般为50%～60%，高的达到80%。苏联、匈牙利的木材价格中，林价也占一定比重。这些国家确定林价，一般采用倒扣法（亦称逆算法），即在木材市场价格基础上，扣减采伐成本、运费及相应的利润求得。有的国家采用成本法（即正算法）确定林价。

二、新中国木材价格及林价制度的变迁

新中国成立后，集体和个人所有的林木，一直沿用有偿使用制度，即允许活立木继续作为商品出售，他人采伐利用，必须向林权所有者付予一定报酬，才能得到使用权。其价格管理经历了“自由议价—国家统一定价—自由议价”的过程。为了恢复经济的需要，各地相继对林区进行了开发建设。与此同时，为使森林得到及时的恢复，各地相应地建立了育林基金制度。新中国成立40多年来，国家多次有计划地调整了集体林价，随后又对林木价格实行放开政策，

使集体林价由新中国成立初期的每立方米三四元，逐步提高到几十元，直至百元以上，价格上升十几倍至几十倍，促进了林业发展。同时，国家多次明确规定，林价是构成木材收购价格的重要内容之一。收购价格由固定价和运价两部分构成。固定价包括林价、采制工资、生产管理费。

（一）林价由供需双方协调确定阶段（1949—1952 年）

这一阶段，由于国家面临繁重的经济恢复工作，没有力量来全面管理林木交换，使林木交换沿袭自由交换形式，由供需双方协商确定价格。因此旧社会遗留下来的林价偏低情况没有得到解决。当时，还允许私营工商业经营。除国有林区的木材出厂价格由各省、自治区政府规定外，集体林区的木材处于自由购销的阶段。国家、合作经济、个体户都允许经营木材。他们在林区和城镇设立经营机构购销木材，价格由供需双方协商确定。由于当时大规模的经济建设尚未全面铺开，需要的木材量不大，木材的这种购销政策基本上适应国民经济恢复的要求。据资料记载：湖南江华地区平均每立方米杉木的林价，1951 年为 4.36 元，1952 年为 5.53 元。

各地从林业的长远建设出发，相继建立了育林基金制度。建立最早的是内蒙古自治区，于 1949 年 7 月发布了《内蒙古自治区国有林育林费征收暂行办法》。征收的办法，一是在运材距离 20～60 km 以上，划分为 4 个运材级，征收率为 30%～10%，二是按树种不同分为四级，征收率 30%～15%。1950 年 12 月原东北人民政府颁发了《东北国有林育林费征收暂行办法》。征收的标准为木材售价的 20%。1951 年 5 月江西省颁发了《江西省国有林征收育林费暂行办法》，征收的办法有二个，一是按肩运距离从 0.5～10 km 以上，分为 6 个里程级；二是按照树种不同，分为杉木、杂木、竹子三种，杉木仍以“码两”计量，杂木是按立方米，竹子按 100 根计征。1952 年 1 月西南军政委员会农林部颁布了《西南区育林费和管理费征收》的命令，要求“育林费的征收率，照木材调拨价格的 10%征收，管理费 5%征收”。这些管理办法，在及时恢复森林上起到了积极作用。

（二）林价集中管理阶段（1953—1962 年）

这一阶段，为适应计划经济的需要，林价被逐步纳入国家集中管理的轨道，先是由省、自治区管理，后又改为由国务院的有关部门管理作价原则和办法，省、自治区安排具体价格。

1953 年，国家规定了“中间全面管理，两头适当放松”的林木管理政策，即由国营森工企业掌握木材货源，以保证有计划地供应国家建设用材。在产区允许供销社为国家收购木材，允许产区木材作坊就地取得木材进行加工，允许林农采伐出售木材，允许私商在国营木材收购站周围作短距离运销木材。在销区允许私商依法进行零售业务，但不准在大城市与大城市之间运销木材。后来又将林木管理政策修改为“中间全面管理，两头适当控制”并相应划分为主要林区和次要林区，主要林区的木材由木材公司（森林工业局）统一管理采购，任何公私单位及个人，一律不准进入林区砍伐和采购。对私商作坊则采取控制木材货源，供应少量的木材给予零售和加工，以满足城镇居民日常生活的需要。但木材购价由于受市场供求的影响，1953 年制订的试行价格偏高，高于历史价格 2～3 倍，造成超计划采伐情况严重。据统计，1953 年中南、华东林区超计划采伐 $224\times10^4\ m^3$，超过计划的 63%。1954 年，国家对木材生产实行计划管理，计划采伐、收购、供应，加强了林区市场价格的管理，降低了过高的价格，并实行统一的计划收购价格政策。

1957—1962 年，国家对收购价格管理权限开始集中，规定南方木材收购价格由国务院统一管理。

1957 年 6 月国务院第三、第五办公室批转的森林工业部《对南方林区木材收购价的调整幅度和今后管理意见》中明确规定：“今后南方林区收购价格的调整，须经由省计委提出具体意见，报经国家经委审查后转报国务院批准后执行”。木材价格政策的这些变化，有利于控制货源，适应计划管理和统一调拨木材的需要，对社会主义经济建设起了一定作用。如 1957 年林业部规定林价的作价原则是：“近者高价，远者低价；好材高价，次材幼林低价。”这里的所谓“远”与“近”，是指森林位置离江河、公路、铁路及城市的距离。这一阶段，林价虽然提高不多，但普遍超过历史上最高水平。如福建省当时规定每立方米木材的林价：杉木的集材里程 0.5～2.5 km，不高于 14 元；3～5 km 为 10 元；5km 以上不低于 8.5 元。松木的集材里程 5 km 以内每立方米林价为 6 元；5～7.5 km 为 5 元；7.5 km 以上为 4 元。

1956 年举行全国第七次林业会议上，提出了我国第一个比较系统的林价研究成果——《国有森林林价缴纳暂行办法（草案）》。为了使林价的研究深入下去，林业部于 1956 年指定当时的中国林业科学研究所（现中国林业科学研究院前身）将林价问题列为 1957 年的研究课题，并要求尽快拿出能够取代育林费办法的林价制度方案。1963 年 7 月，中国林业科学研究院提交了《林价研究（1967 年）阶段报告》。

为了统一全国作法，林业部在总结经验的基础上，经国家批准，于 1953 年 3 月颁发了全国性的育林基金办法。规定“森林工业部门采伐国有林按售价提取 15%作为育林费”，“私有林木一律按卖价 5%征收育林费”。对育林费使用范围也作了规定：“国有林之育林支出，如清理旧林场，迹地更新，林间育苗，森林抚育支出业务费与进行上述工作机构经费及基本建设等”。“私有林以奖励、补贴、供给种苗等所需的经费”。在育林基金管理上，国有林育林基金，由林业部管理，财政部门监督，私有林育林基金由地方林业财政部门管理。为进一步搞好更新工作，1960年1月林业部、财政部两部决定从1960年起将国营木材采伐企业的迹地更新费列入木材采伐成本。但由于企业重采轻造严重，为降低木材成本，想方设法在木材成本中少列更新费用，影响了更新工作发展。为此，1961年3月林业部、财政部两部又发了文件，决定“由生产的原木中，每立方米提取10元的育林基金”。

（三）林价购销管制阶段（1963—1984年）

这一阶段，集体林的林价管理权限高度集中于国务院的有关主管部门，木材实行统购统销，除国营林业和木材公司外，其他单位不许经营，各省、自治区政府和林业、物价主管部门对林价的管理权限很少，林农没有定价权。价格管理也高度集中，企业没有定价权。出厂价格继续执行国家统一定价的政策，1963年开始由国家直接下达各省、自治区的林价水平，同时规定杉木、松木（标准品）的收购价格。同年国务院在批转全国物委、林业部、国家经委、物资总局《关于1963年南方林区木材收购价和销售价格问题的报告》中明确规定，各省、自治区的林价平均每立方米为8元。每个树种的具体价格由各省、自治区林业、物价部门规定。

在“一五”期间，林价价格历年有升有降，但自1968年公社化后，由于否定商品生产和价值规律的左的思潮，不论从理论上和实践上对林价制度都有极大影响。

为转变林价偏低的状况，促进林业生产发展，1973年、1979年和1981年国家三次大幅度提高林价，使平均每立方米木材的林价达到25.28元，同1963年相比，提高2.2倍；木材交换大米达到80kg左右，提高1.8倍；交换工业品的数量增加2.6倍。林价偏低的状况有较大改善。这一阶段，国家还针对林价被以各种名义克扣的情况，多次强调林价收入应全部归林农支配，以保证林农应得的收益。如1963年规定：“今后山价中的各种扣除，必须坚决取消，山价应当全部给生产队。”1979年重申，林价应当全部给林权所有者，任何单位和个人不得扣除或分成。虽然如此，但林价被克扣的情况时有发生。这些价格政策的变化，有利于市场物价稳定，但价格管理过死过严，不利于发挥生产者和经营者的积极性。

为了改进育林基金工作，1972年5月林业部、财政部两部发布了《育林基金管理办法》。规定“凡采伐国有林，一律按每立方米或百根毛竹（楠竹）征收10元”育林基金。“凡收购或组织采伐集体林的单位，一律按每立方米木材或百根毛竹征收7元育林基金”。育林基金使用范围：“用于国有林采伐迹地、林间空地和荒山的更新、造林、育林和护林费用支出”，“用于集体采伐的更新、竹林垦复、营造大面积用材林、育林、护林和国、社合作造林，以及扶助社队林场等项目费用的支出”。至此，育林基金制度已基本建立起来。

党的十一届三中全会以来，国家对木材价格政策作了较大调整。1981年起集体林区的木材由全部统购统销减少到统购统销 70%～90%，允许余下的木材自由交换生产资料和生活资料。1978 年 12 月，在全国第一次林业经济科学研究规划座谈会上，将木材价格问题列为重点研究课题。1982 年，林业经济研究所价格组在集思广益的基础上提出了“林价管理制度”（草案），并在当年召开的林价管理制理审定会上获得通过。

（四）林价市场化调节阶段（1985 年至今）

自 1985 年南方集体林区木材购销价格放开后，林价随之由指令性计划价格转为实行市场调节价，由买卖双方协商定价。由于放开的思想准备不足，管理措施跟不上，出现了一些新情况和新问题：①千家万户经营木材的局面造成了四大失控，即森林采伐、木材价格、市场管理和运输出口失控；②木材税费多，额度大；③购销差价大，一般购价仅占销价的 1/3 左右，林农吃亏不满，消费者负担重，中间环节私商经营的利润高；④国家木材税费造成流失。为完善木材价格放开政策，保护交换双方的合法利益，一部分省、自治区规定了主要树种的林价标准，供各地参考。如 1986 年 11 月江西省政府有关部门发出《关于木材议购议销价格及经营环节中的税费收取标准的通知》，规定每立方米杉木（包括杉原木、杉原条）的林价为 75 元。又如 1987 年 3 月贵州省在《关于建立林价制度的通知》中规定，每立方米杉木（一、二等）的林价 90 元，松木 40 元等。作类似规定的还有福建、浙江等省。这一阶段，基本上克服了长期遗留下来的林价偏低的矛盾，使之较好地反映了价值和市场变化。但林价收入被以各种名义克扣的现象，仍未得到彻底纠正，林权所有者的经济利益体现得不够充分。

集体林区木材指导价格也是 1985 年开始执行的。1985 年中共中央、国务院《关于进一步活跃农村经济的十项规定》中，对集体林区的经济政策作了调整，明确规定取消木材统购，开放木材市场，允许林农和集体生产的木材自由上市，实行议购议销。同年 10 月，经国务院批准对集体林区木材实行指导价格。

1986 年国务院作出在东北、内蒙古国有林区建立林价制度的决定，1990 年国务院又批复同意林业部、国家物价局《关于在东北、内蒙古国有林区建立林价制度的报告》。

进入 80 年代以后，国家在连续提高木材价格的同时，提高了育林基金的提取标准。第一次是 1980 年 10 月，林业部、财政部两部规定，东北、内蒙古森工企业自 1981 年 1 月起，育林基金提取的标准由每立方米 10 元提高到 15 元，小规格材、薪材 5 元。1981 年 2 月规定，集体林育林基金提取标准由现行的 7 元提高到 12 元。第二次是 1987 年 2 月，林业部、财政部两部作出决定，将育林基金改称为林价，从 1987 年 1 月起，东北、内蒙古国有林区森工采运企业提取林价的标准，按木材销售收入的 21%提取，每立方米平均 30 多元，其他国有林林价按比例提取有困难的，可适当降低，但不得低于15%，现行林价高于21%的，可保留。第三次是1991年1月，在进一步提高木材价格的基础上，林价的提取标准由木材销售价的21%提高到26%，平均每立方米商品材为60多元。

第五节 林产品国际贸易政策

一、基本概念界定

（一）林产品

林产品是指以森林资源为基础生产的原料或半成品，或以此进行加工的各类产品的总称。主要包括原木、锯材、木质人造板、各种木质成品和半成品、木浆、以木材为原料的各种纸及纸制品、林化产品等。

从我国的统计口径来看，由于长期部门经济管理的影响，林产品也常被理解为以林业资源为基础的社会生产、加工、服务的林业产业链上的所有产品的总和。所以林产品除上述产品外，还应包括林业部门生产的种苗、花卉、林化机械、园林机械、林区土特产品、林果类产品等。

传统林业生产经营的主体是木材，过去一直把木材以外的森林资源称为林副产品。随着对非木材林产品种类的增多。联合国粮农组织和国际林业研究中心决定用"非木质林产品"一词，并1991年11月在泰国曼谷召开的专家会上公布。加入WTO后，我国林产品划分也采用了这一方法。

目前我国林产品也常被划分为木质林产品和非木质林产品。这种划分的依据是遵循国际组织的分类标准——《中华人民共和国加入WTO议定书》中的《附件8：第152减让表—中华人民共和国》和《中国海关进出口统计产品税号》的标准。木质林产品划分为八类：原木、锯材（包括特形材）、人造板（包括单板、刨花板、纤维板、胶合板和强化木）、木制品、纸类（包括木浆、纸和纸制品、印刷品等）、家具、木片和其他（薪材、木炭等）。非木质林产品划分为七类：苗木类，菌、竹笋、山野菜类，果类，茶、咖啡类，调料、药材、补品类，林化产品类（松香等），竹藤、软木类（含竹藤家具）。

（二）国际贸易

国际贸易是指不同国家（和/或地区）之间的商品和劳务的交换活动。国际贸易是商品和劳务的国际转移，因此国际贸易也叫世界贸易。国际贸易由进口贸易和出口贸易两部分组成，故有时也称为进出口贸易。

国际贸易是在一定的历史条件下产生和发展起来的。据统计1850—1913年的63年间国际贸易额增长了10倍，1913—1981年的68年间国际贸易增长

16倍。2000—2011年的11年间的商品贸易从6.2万亿美元增至18.2万亿美元。2011年中国、美国、德国为前三大出口国，占全球出口比重分别为10.4%、8.1%和8.1%。美国、中国、德国为前三大进口国，占全球进口比重分别为12.3%、9.5%和 6.8%。国际贸易是各国（或地区）在国际分工的基础上相互联系的重要方式，反应了世界各国（或地区）在经济上的相互依赖关系。

（三）林业国际贸易

林业作为国民经济的重要部门，参与到国际商品的交换和转移活动，即是林业国际贸易。从国际通用的统计口径来看，在林业国际贸易中，各主权国家对进出本国的林产品也同样需要征收税金，也需要对林产品进行分类，政府为了解进出口贸易情况，也需要借助于商品目录进行统计。国际上较有影响力的有三类商品编码的协调公约。①1948 年，联合国统计委员会制定了《国际贸易标准分类》（简称 SITC）。②1950 年在布鲁塞尔由欧洲经济委员会（欧洲海关同盟）签订了《海关税则商品分类目录公约》，1972 年修订后改名为《海关合作理事会商品分类目录》（简称 CCCN）。③1983 年海关合作理事会第61届会议上通过了《商品名称及编码协调制度国际公约》及其附件《协调制度》，以HS编码协调涵盖了CCCN和SITC两大分类编码体系，于1988年1月1日正式实施。国际通行的HS编码由2位码、4位码及6位码组成。6位码以上的编码及对应商品由各国自定。自1992年起，中国海关采用HS编码体系。在1992年以前多数是采用SITC。这也为研究林业国内外贸易提供了数据吻合途径。

目前国内的林业国际贸易研究多以有形贸易，特别是林产品和野生动物国际贸易为研究对象，山世英等（2004年）在《中国林业对外贸易态势评析》中将林业对外贸易基本等同于林产品对外贸易。根据张敏（2008）等学者在《世界各国森林资源发展状况及启示》中的结论：全球森林的1/3用于木质和非木质产品生产，用于生产木质和非木质产品的森林比重大于50%的国家和地区全球有43个，有些国家如克罗地亚、芬兰、法国、希腊和爱尔兰的比重超过90%。而从森林的多功能用途来看，林业可用于进出口贸易的最主要类型就是林产品和野生动植物。

20世纪80年代后，林业国际贸易在无形贸易中也得到进一步发展。我国广泛开展了林业国际合作，相继加入一些生态环境保护方面的国际公约，不仅享受公约的权利与义务，而且还促进了国际间的林业交流与发展。如1980年6月25日，我国加入《濒危野生动植物种国际贸易公约》。1992年7月31日，加入《关于特别是作为水禽栖息地的国际重要湿地公约》。1997年2月16日，加入《联合国防治荒漠化公约》。随着国际合作的日益密切，使中国林业和生态建设树立了良好的国际形象，为林业的稳步健康发展创造了适宜的国际环境。

二、我国林业贸易政策的演进

(一)林产品国际贸易概况

自1868年我国开始有木材进口和1903年第一次木材出口，中国近代史上木材的对外贸易始终处于不利地位。一方面，新兴资本主义势力发展，他们积极进行木材贸易；另一方面，中国的木材对外贸易受到外国资本主义势力的控制，这些国家根据其在中国的需求，如建造房屋、军队设施等，而向中国输入木材，同时又将在中国掠夺的木材进行输出，获取经济利益。

近代中国木材贸易的贸易逆差形势未得到改变，并且贸易逆差金额呈逐年增加的趋势。木材的输入与输出主要是通过大连、广州这些在开设通商口岸后依靠其良好的海陆交通条件发展起来的新兴木材市场进行的，每年都有大量的木材通过这些港口运往美国、日本、朝鲜以及香港、中国台湾等地。

新中国成立后，在社会主义计划经济体制和木材统制的体制束缚下，在国际上不同意识形态间对立的背景下，新中国仅与有限的国家建立了经济联系，在独立自主、自力更生的号召下，我国经济建设所需的木材主要是依靠自给自足。这一时期的木材对外贸易几乎陷于停滞状态。

十一届三中全会前，由于没实行对外开放政策，我国的林产品对外贸易量较少。三中全会后我国广泛开展林产品对外贸易，1998年起我国进一步对林业和林木产品贸易放宽限制，实际体现在包括林产品贸易市场企业准入的制度性变化。同年我国又对天然林森林实行禁伐、限伐政策，我国林产品贸易额迅速增加。林产品贸易在保证国家经济建设和人民生活需求方面发挥了重要作用。

近十几年来，我国林产品贸易额大幅攀升，2009年中国林产品出口由世界第三大国跃居世界第一出口大国，包括原木类、胶合板类、纤维板类、家具类出口增长迅速（表8-6），替代了加拿大、德国、意大利等传统林产品出口大国，确立了林产品出口大国的地位。近年林产品贸易主要特点主要体现在以下几个方面：①林产品绝对贸易额不断增大，但较于全国外贸出口的总额来说，其整体对出口的比重整体呈现出下降的趋势。②纸产品、原木等林产品进口强劲，特别是纸产品进口依赖性较强。③出口林产品的附加值偏低，产品结构比较单一，加工贸易所占比重过高。④主要出口市场分散性能力不足，比较优势有限，易受到出口国的反倾销调查。

表8-6 主要林产品出口情况 （美元）

时间	原木类	纤维板类	家具类
2000	7 937 107	10 213 440	10 213 440
2001	5 552 561	9 280 134	9 280 134
2002	3 174 307	20 535 660	20 535 660
2003	2 887 343	20 662 180	20 662 180

（续）

时　间	原 木 类	纤 维 板 类	家 具 类
2004	1 958 666	125 120 600	125 120 600
2005	2 040 483	396 067 087	396 067 087
2006	1 368 298	635 710 490	635 710 490
2007	1 210 872	1 086 313 726	1 086 313 726
2008	985 833	1 095 016 235	1 095 016 235
2009	4 580 365	883 294 473	883 294 473
2010	10 526 244	1 114 252 745	1 114 252 745
2011	6 768 467	1 435 603 726	1 435 603 726

注：数据根据 http://comtrade.un.org 整理所得。

（二）林产品贸易体制及政策

田明华等在《中国林产品贸易政策演变及其评述》中将新中国建立后我国的林产品贸易体制及政策总结为四个时期：

1．第一个时期（1949—1978 年）

这一时期中国对外贸易额很小，对外经济交往也很少，国家实行高关税保护本国产业的政策。林产品进口贸易主要由政府指定专门的国营公司根据国家建设需要从有限的几个国家和地区进口。进口数量小、树种相对集中，国家高度垄断经营。

2．第二个时期（1979—1988 年）

这一时期中国的经济体制仍以计划经济为主，关税政策虽然作了一些调整，但在进出口贸易中大量采用许可证和配额经营时，关税即便存在，也只是形同虚设。林产品贸易迅速发展，林产品被政府列为重点发展项目，国家财政安排专项资金用于林产品进口，并指定公司专营林产品进口业务。

3．第三个时期（1989—1998 年）

这一时期计划经济与市场经济并行，中央计划林产品比例逐年减少，直至 1993 年完全取消计划内林产品进口，自 1993 年关贸协定乌拉圭回合签字起，多次自主大幅降低进口关税，至 1998 年底，主要林产品进口税率分别为原木 2%、锯材 3%、高档板材 6%～9%、胶合板 15%、细木工板 18%、木线条 20%、木家具 22%，原木、锯材等初级林产品进口税率已降至世界平均水平，但胶合板、木家具、纸产品等关税依然较高。

4．第四个时期（1999 年至今）

林产品贸易进一步趋向自由化，进口关税大幅度降低，几乎没有非关税措施。从 1998 年 12 月 1 日起取消了原定的“只有经过国家审核确定的专营单位才有权从事国际林产品贸易”的管理办法，按新规定，凡具有外贸经营权的公司、企业均可在自负盈亏的基础上自主进口。这意味着凡具有一定经济实力的民营或个体公司，都可申请林产品进口经营权。从1999年1月1日起，为了鼓励木材进口，实行木材进口零关税政策，原木、锯材、薪材、木片、纸浆和废纸等的进口税调减到0，胶合板的进口税亦由原来的20%调减到15%。2001年1月1日起，中国林产品平均关税为12.3%。加入WTO后，中国严格按照入世承诺，对249种林产品降低关税，并逐步取消非关税措施，向世界开放林产品市场。2002年中国木材、纸及其制品平均关税已降至8.9%，同时，取消部分非关税壁垒，如取消胶合板进口限量、放宽外汇管制等。2003年中国木材、纸及其制品平均关税仅为7%，2005年又将家具进口关税降为0，纸及制品的关税由7.5%降至4.6%。在这一时期，林产品贸易飞速发展，一方面，市场对进口林产品的需求极度膨胀，进口数量和品种增多，另一方面，胶合板、纤维板、家具等林产品出口量额齐增，各类进出口贸易公司经营竞争激烈、利润缩小、风险趋增。

从中国林产品贸易体制及政策演变来看，林产工业不属于保护性产业，中国对其早已实行开放性政策，但也可以看出，中国对高附加值林产品进口关税的调减还是有步骤的，如胶合板、木家具、纸产品等。1998年中国全面启动“天然林保护工程”后，中国一直实行鼓励木材进口的政策，以弥补国内木材供应缺口，随着开放性政策的不断实施，中国现行的林产品进口税率已接近世界平均水平，甚至部分林产品关税还低于发达国家水平，林产品关税降低的余地已经不大。除了禁止软木类、枕木类、木粉类、木制一次性筷子进口等一些小的措施以外，现在中国进口林产品没有非关税措施。在自由贸易方面，除了开发利用濒危物种，中国对外商投资林业部门也没有其他具体限制。

表8-7　新中国建立以来的主要林业国际贸易政策文件

日　期	发布单位	文件题名
1982-06-04	国务院	中华人民共和国进出口植物检疫条例
1983-04-13	国务院	关于严格保护珍贵稀有动物的通知
1988-11-08	七届人大常委四次会议	中华人民共和国野生动物保护法
1991-10-30	七届全国人民代表大会常务委员会	中华人民共和国进出境动植物检疫法
2006-04-29	国务院	中华人民共和国濒危野生动植物进出口管理条例
1993-05-29	国务院	关于禁止犀牛角和虎骨贸易的通知
1980-06-25	经国务院批准加入	濒危野生动植物种国际贸易公约
1999-10-12	国家濒管办	关于藏羚羊保护及贸易控制的西宁宣言
2002-12-18	中国国家林业局和印尼林业部	中华人民共和国政府和印度尼西亚共和国政府关于合作打击非法林产品贸易的谅解备忘录
2008-05-03	中国国家林业局和美国国务院	中华人民共和国政府和美利坚合众国政府关于打击非法采伐和相关贸易的谅解备忘录
2009-10-30	国家林业局和澳大利亚农林渔业部	关于打击非法采伐及相关贸易支持森林可持续经营的谅解备忘录

三、国外林产品贸易政策概况

在当今世界森林产品进出口贸易中，无论进口国还是出口国均采用关税和非关税政策措施，以实现自己的贸易目标，如马来西亚、印度尼西亚、菲律宾等热带林国家禁止原木出口，以刺激本国的木材加工工业发展，同时，也出现了加工效率低下，森林资源浪费严重的现象。在乌拉圭贸易谈判之前，森林产品贸易关税较低，因此，乌拉圭贸易谈判之后，森林产品关税下降比例不大，发达国家许诺1995—2000年消减一系列纯木产品的关税，至少约束他们的关税税率。对发展中国家而言，情况比较复杂，有些发展中国家同意消减关税，而有些发展中国家则不同意消减关税，从整体上而言，发展中国家的森林产品进出口关税税率高于发达国家的关税。同时在乌拉圭回合之前，几乎所有关税税率是无约束的，乌拉圭贸易谈判以后主要发达国家和一些发展中国家的关税实行约束性关税，这将有助于加强出口国和地区的地位，有利于改变发展中国家在国际森林产品进出口贸易中的不利地位。在国际森林产品进出口贸易中，生产国处于劣势，木材生产国政府收益仅占最终销售价的2.0%～6.9%；而木材进口国政府收益占23.2%～25.1%，严重地不协调，因此，需要采取多边或单边的行动，减少贸易壁垒，为实现可持续发展多方筹集资金。森林产品的进出口政策在不同的国家依据不同时期有一定的政策方式和措施手段。目前国外森林产品进出口主要政策和措施有关税和非关税壁垒、标准的差异、其他准入性措施、出口方设置的贸易壁垒、外汇管制等。

（一）关税和非关税壁垒

关税是传统的贸易壁垒，它是进口某种货物时由进口国征收的税。征收关税提高了进口货的价格，从而使进口商品处于相对不利的地位，以限制进口量并降低其在进口国内的利用率。目前，世界森林产品进出口贸易中的关税状况是：世界上贸易发达地区国家，如欧共体、美国、日本等的原木税率都很低；在发达国家和发展中国家的关税结构中，都有关税级增的现象；发展中国家的每一种森林产品的税率相比发达国家都要高的多。除了关税壁垒外，另一套进口限制称为非关税壁垒。非关税壁垒的主要目的是限制贸易，这些壁垒包括各种政策和程序，例如：配额、偶发的禁令、随意的检查、进口许可证要求、繁琐的通关手续、进口最低限价。

（二）标准的差异

对于森林产品而言，还有一项重要的非关税措施是标准。标准的差异典型地反映了历史发展习惯、建筑技术或独特的地区特征的差异。在森林产品进出口贸易中，各国所规定的尺寸和标准都不尽相同。但是，尺寸标准的差异不应该成为设置人为障碍的借口，因为国内市场无疑会抵制明显不适用的木材，同样，对标准的差异也不需要设置限制性壁垒，因为出口国在生产产品时能够改变产品标准，使其适应出口要求。这种标准被北美视为非关税壁垒（参见第六节 森林认证政策）。

（三）出口方设置的森林产品进出口壁垒

尽管大多数贸易壁垒是由进口国或在进口国的坚持下设置的，但有时也并不完全如此。对于森林产品或其他自然资源，贸易壁垒常常是由出口方设置的，这种情况常见于对未加工木材特别是原木设置出口限制或各种禁令。对出口进行限制的理论基础是，阻止原材料的出口，将鼓励本国的生产，并促进国内产品的增值，从而创造更多的就业机会，随后就可出现像制材或单板一类的制成品。尽管这种做法很普遍，但争议很大，主要的反对意见认为，一个国家在原木产品上可能有比较优势，但并不一定意味着它在加工方面也有这种优势，其结果是限制原木出口的国家可能在木材加工方面没有足够的竞争力，而无法成为有实力的制成品出口国。

（四）其他准入性措施

在人们利用配额、禁令等限制性措施影响贸易水平的同时，还会制定其他准入性的措施，其根本目的并不在于对贸易进行限制，但却对贸易水平有一定影响，各个国家利用这类措施的方式不尽相同，所以要从不同于非关税壁垒的角度来看待它们。例如，健康和卫生法规、对包装的规定、分级和政府采购（中央计划经济国家的经常做法）等措施、尽管它们主要是用来保护消费者，但在许多情况下，由于其严格的要求和复杂的程序，仍可用来限制进口。例如：联合国贸易和发展会议的一份研究报告发现，在澳大利亚有87%的森林产品被要求达到卫生或健康标准，而另一些国家，如日本只有23%、瑞士19%、法国13%、瑞典65%。发达国家之间的这种巨大差异暗示了各国制定某些法规的目的并非完全是为了保证卫生与健康。

（五）外汇管制

贸易壁垒的一种形式是外汇管制，这是一种间接性质的障碍，有时被视为非关税措施，通过进口所需外汇的配置，一国政府就可以控制进口商品的构成。因此，外汇管制能够形成一道强有力的屏障，以阻止商品进入实行管制的国家。

第六节　森林认证政策

一、森林认证概述

（一）认证

按照国际标准化组织（ISO）和国际电工委员会（IEC）的定义，认证是指由国家认可的认证机构证明一个组织的产品、服务、管理体系符合相关标准、技术规范（TS）或其强制性要求的合格评定活动。即独立的第三方对满足认证要求的产品、过程或服务给出书面证明的过程。《中华人民共和国认证认可条例》规定的认证，是指由认证机构证明产品、服务、管理体系符合相关技术规范的强制性要求或者标准的合格评定活动。

（二）森林认证

森林可持续经营的认证，是一种运用市场机制来促进森林可持续经营的工具，简称森林认证或木材认证。森林认证包括两个基本内容，即森林经营认证和产销监管链认证。森林经营认证是根据所制定的一系列原则、标准和指标，按照规定的和公认的程序对森林经营业绩进行认证，而产销监管链认证是对木材加工企业的各个生产环节，即从原木运输、加工、流通直至最终消费者的整个链进行认证。通常为了保证森林认证的公正性和透明性，认证是由独立的第三方进行的。这是目前国内被普遍接受的森林认证的概念。森林认证中的常见概念见表 8-8。

表 8-8　森林认证常见概念

概念名称	基本解释
认证	第三方对满足认证要求的产品、过程和服务给出书面证明的过程
木材认证	包括森林经营认证和产销链认证
产销监管链	由原木、运输、加工和流通的各个环节所组成的链。对产销链进行跟踪就可以确定产品的最终来源
森林经营单位	可以开展森林认证的明确区域，通常指森林经营方案所涵盖的区域
环境管理体系	在环境管理目标框架内，通过环境政策的指定、执行和评估机构的监督来实现各阶段的环境管理目标
环境标签	对满足环境要求的产品和服务的说明，包括符号、图形、产品标签、包装、产品许可、技术公告、广告等多种表达形式
林产品标签	在林产品上对其原材料的来源地及其经营水平进行说明
授权	一个主体将权力委托给另一个主体。在森林认证中，授权是指认证授权机构将森林认证的权力授予认证机构，再由认证机构对森林经营单位和木材加工企业实施认证

（三）森林认证的标准

森林认证的依据，规定了当地条件下森林经营单位满足森林可持续经营的准则。它强调了环境、社会、经济效益的平衡。①环境标准：如保护生物多样性、水土保持、环境影响评估、废弃物的处理、维护和保护价值林等；②社会标准：保护当地居民和职工的权益，保障职工的健康与安全，重视公众参与，提供就业机会等；③经济标准：包括指定经营规划、必要的经济投入、资源多重开发和高效利用、提高产品附加值，减少浪费，资源监测与评估等。

（四）森林认证程序

到目前为止，全球已出现了多种森林认证体系，在不同体系下其认证的程序也不完全一样，但主要步骤是相同的，即申请、检查（或审计）做出决定和颁发证书。森林经营单位在申请森林认证之前要进行自我评估，为正式认证做准备，步骤为：评估森林认证的必要性；选择合适的认证证书和认证机构；开展内部评估；改进和完善森林经营管理以实现森林的良好经营（图 8-4）。

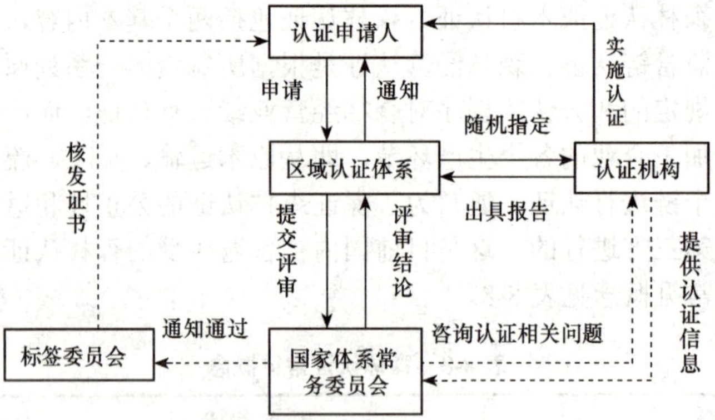

图 8-4　森林认证体系认证程序

图中实线表示必须有的程序；虚线表示不必然发生的程序。

（五）森林认证体系

1. 国际标准化组织（ISO）

ISO 是一个非政府组织，由来自 140 多个标准化组织与机构和遍及世界各个地区的成员国，并以制定国际标准，协调世界范围内的标准化工作，组织各成员国和各技术委员会进行情报交流，以及与其他国际组织合作，共同研究有关标准化问题为其宗旨，是最大的国际标准化机构。ISO 的工作领域涉及除了电工、电子标准以外的所有学科。每个国家可以有一位成员，由位于瑞士日内瓦的中心秘书处负责总体协调。ISO 的经费来源于成员缴纳的会费、出版物的销售收入，以及各成员国和有关方面提供的援助和捐献。

自 1947 年成立以来，ISO 已经颁布了 14 300 多套标准，大多数标准都是十分精确的技术文件，如银行卡的尺寸或应用在设备上的绘图符号的规定等。这些标准影响日常生活的诸多方面。近年来，该组织已经颁布了更多的通用标准，例如质量和环境管理体系标准 ISO9000 和 ISO14001 任何机构都可以申请这些标准，它们已经众所周知。

2．森林认证体系要素

森林认证的认证体系通常由三部分组成：①标准：标准是开展认证评估时必须被遵从和满足的要求。②认证：认证是验证标准是否得到满足的过程，通常由认证机构来执行。③认可：认可是确保执行认证的机构是合格的，能够得到可信的、一致结果的机制，有时也叫做“认证机构的确认”。如果要对产品作出认证声明，还需要建立产品跟踪和标签体系，即产销监管链认证和标签制度。以标准、认证、认可、标签这几大要素为基础而组建的机构并发挥相应的职能所构成的系统就组成一个完整的森林认证体系（图 8-5）。

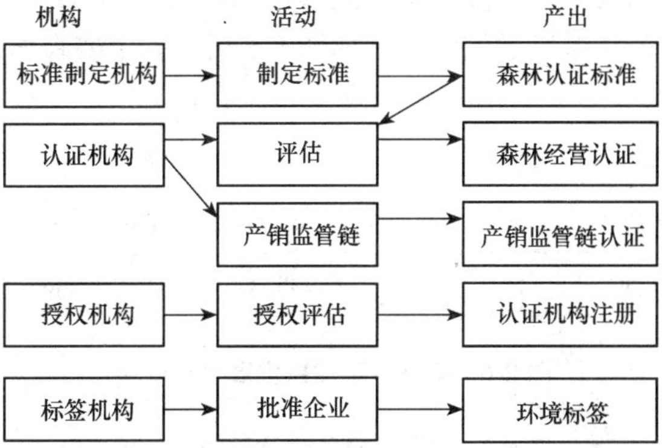

图 8-5 面向市场的森林认证体系所包含的要素

3．世界主要森林认证体系

目前世界上有三大方面的森林认证体系：全球体系、区域体系和国家体系。全球体系主要有森林管理委员会体系（FSC）和国际标准化组织（ISO14001）体系；区域体系主要有泛欧森林认证体系（PEFC）和泛非森林认证体系；国家体系有许多，至少有 13 个国家制定了自己的森林认证体系，有些在 FCS 和 ISO 体系的支持下或以它们为基础发展起来的，如玻利维亚、瑞典、挪威等，有些是独立发展的，如马来西亚、印度尼西亚、芬兰等。

森林管理委员会体系（以下简称 FCS）是一个独立的、非营利性的非政府组织，于 1993 年 11 月在墨西哥注册，由来自 50 多个国家的环境保护组织、木材贸易协会、政府林业部门、当地居民组织、社会林业团体和木材产品认证机构的代表组成。采用国际性的运作模式，由位于德国波恩的 FSC 总部以及全球范围的国家倡议来提供服务。FSC 是目前较成熟和完善的森林认证体系，它为独立的认证机构提供国际性认可，并提供一个林产品标签体系，作为来自良好经营的林产品的一个可信赖的证明，即这个森林能够满足 FSC 的森林经营标准，也就是 FSC 的原则和标准。

泛欧森林认证体系（以下简称 EPCF）是由欧洲的私有林主发起的资源认证体系，目前在世界上最大的认证林产品市场——欧洲影响较大。其目的是建立一个国际上可信的欧洲森林认证体系和国家倡议的框架，进而推动森林认证体制体系相互认可，泛欧森林认证体系使用的标准，是依据 1993 年赫尔辛基和 1998 年里斯本欧洲森林保护部长级会议决议中规定的泛欧标准，即赫尔辛基进程的标准和指标。

智利国际认证体系（CC）、美国的体系“可持续林业倡议”（以下简称 SFI）和加拿大的体系“加拿大标准化协会”（以下简称 CAS）、马来西亚木材认证理事会（MTCC）、印度尼西亚生态标签基金（LEI）等国家、地区的森林认证体系发展迅速，但因其往往局限于本地区或本国，从而向国际化发展受到阻碍。

主要森林认证体系发展的时间轴如图 8-6 所示，主要森林认证体系要点的比较见表 8-9。

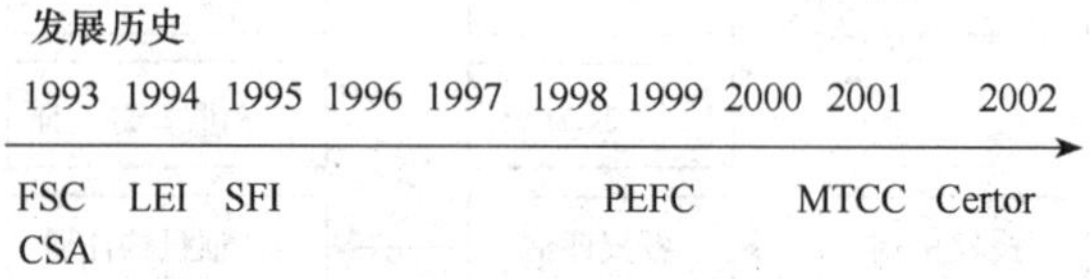

图 8-6 森林认证体系发展的时间轴

表 8-9 主要森林认证体系要点比较

项　目	ISO	FSC	PEFC	SFI	CSA
标准基础	ISO EMS 标准	绩效标准	绩效标准，考虑 ISO EMS、ISO QMS 标准	绩效标准，与 ISO EMS 标准兼容	公众参与，绩效标准，与 ISO EMS 标准一致
认证类型	EMS	森林经营，林产品监管链	森林经营，林产品监管链	森林经营，林产品监管链	森林经营，林产品监管链
认证对象	组织	企业	区域，集体，企业	企业	企业
认证机构授权	国家授权机构	FSC	国家授权机构	授权机构	授权机构
主要支持者	政府、大型企业，WTO	环境 NGO，购买集团	中小林主	AFPA	政府，公众
体系管理者	非政府组织（成员为各国标准机构）	FSC	PEFCC	SFB	CSA

4. 我国森林认证体系

自 1995 年起，中国林业科学研究院开展了森林认证的研究。由世界银行和世界自然基金会（WB/WWF）联盟发起并资助的森林认证工作组于 2001 年 5 月 15 日正式成立。同年 7 月，国家林业局成立了中国森林认证工作领导小组，以协调建立中国森林认证标准指标体系，制定森林认证政策，研究森林认证机构的设立和运作等，加强森林认证标准的研制工作，完善认证标准体系建设，是开展森林认证的基础。

中国森林认证认可体系包括：国家认证认可监督管理委员会、国务院有关部门（国家林业局科技发展中心）、中国认证认可协会、认证实体。

（六）森林认证的效益

森林认证的主要效益包括：①环境效益。保护森林的生物多样性、水资源、土壤、独特而脆弱的生态系统和自然景观等；维持森林的生态功能和生态系统的完整性，促进森林的可持续经营；保护了森林中的濒危动、植物物种及其生境。②社会效益。各利益方的权益得到尊重和实现；确保多方参与森林经营。③经济效益。促进森林的可持续经营，提高森林的管理水平和生产力；保持或增加市场份额，获取市场利益；树立企业良好形象，增加市场竞争力。

二、我国森林认证发展及政策沿革

我国森林认证发展及政策沿革可以分为如下几个阶段：

（一）森林认证认知和参与阶段（1993—2000 年）

1993 年中国开始参与有关森林可持续经营方面的国际活动。1995 成立中国林业可持续发展研究中心，开展森林认证方面的研究；此后，政府在参加政府间森林问题工作组和政府间森林问题论坛会议时，也参与了森林认证问题的国际讨论。1999 年 7 月国家林业局与世界自然基金会在北京联合召开了“森林可持续经营与认证国际研讨会”，促进了政府、学术界和企业对森林认证的认识和了解。

（二）森林认证准备阶段（2001—2005 年）

2001 年《森林认证通讯》创刊。它反映了国际上森林认证研究与实践的进展，介绍了有关认证的基础知识；2001 年 3 月，国家林业局专门在科技发展中心下成立了森林认证处。2001 年 5 月，在世界自然基金会和世行联盟等的资助下建立森林认证国家工作处。2001 年 7 月又组织成立了中国森林认证领导小组，下设办公室，具体负责森林认证工作，这标志着我国政府正式启动中国森林认证进程。9 月召开了领导小组第一次会议，明确了建立中国森林认证体系的发展模式；此后，多次召开“森林可持续经营与森林认证”的国际研讨会，推动森林认证在中国的开展。2001 年 7 月，成立中国森林认证工作领导小组。2001 年 5 月，由 WWF 倡议发起并资助的森林认证工作组在北京正式成立。其旨在搞好中国森林认证工作，协调建立中国森林认证标准和指标体系，制定森林认证政策，研究森林认证机构的设立和运作，以及加入国际森林认证组织等重大问题；2001 年 10 月，中国正式加入蒙特利尔进程；同年 11 月，中国承办了蒙特利尔进程第 12 次会议，会议引起了我国政府对森林认证的高度关注，政府开始着手开展中国的森林认证工作。2002 年 11 月国务院发布了《关于加强认证认可工作的通知》。2003 年 6 月中共中央国务院《关于加快林业发展的决定》明确提出了“积极开展森林认证工作，尽快与国际接轨”，在这种政策要求下，需要研究国际标准要求，找出我国森林经营现状与其之间的差距，分析森林认证对我国森林经营的影响，改善、提高林业经营管理水平，推动森林认证的发展。2003 年 9 月发布实施《中华人民共和国认证认可条例》。2004 年 9 月，《我国森林认证体系建设方案》编制完成，并相继把建立和完善森林认证制度纳入《林业发展“十一五”和中长期规划》和《林业科学与技术“十一五”发展规划》，森林认证列入了财政专项计划，各方面的工作也逐步展开，森林认证标准体系建设步伐加快。2005 年 1 月，《中国东北内蒙古林区 FSC 森林认证标准（草案）》制定完成。2005 年 6 月，中国森林认证代表团赴 FSC 总部进行学习、调研、考察。

（三）森林认证加快本土化发展阶段（2006 年至今）

2006 年初，FSC 森林认证的认证机构 SGS 在中国的分支机构正式成立，SGS 是世界领先的森林认证管理机构，也是 FSC 体系中认证最广泛的认证机构，这标志着 FSC 森林认证开始了中国本土化的进程。2006 年 3 月 28 日，FSC 国家倡议在北京启动，并且 3 月 29 日在北京召开 FSC 中国森林认证工作组理事会第一会议。FSC 中国工作组现有 107 名会员，来自全国 20 多个省（自治区、直辖市）。他们来自于政府部门、研究机构、高等院校、森林经营单位、木材加工企业、社会组织团体、非政府组织和新闻媒体等组织和机构，具有广泛的代表性。2006 年，为了探索我国森林可持续经营的原则、模式和标准指标，测试《中国森林认证标准》，确定了在吉林、黑龙江、浙江、福建、广东、四川 6 省开展森林认证试点。2007 年又确定在内蒙古（大兴安岭）、广西、云南、海南、安徽、河北 6 省开展第二批试点，同时，为了探索与 FSC 体系的合作，增加黑龙江穆棱林业局为试点单位。2007 年 3 月，国家林业局科技发展中心在京召开了“森林认证试点工作会议”，对试点工作进行了总结，对下一步工作进行了部署，并进一步明确了森林认证要从我国国情出发，遵循客观规律，有重点、按步骤、分阶段向前推进，为现代林业建设做贡献的指导思想。2009 年成立了中国森林可持续经营与森林认证标准化技术委员会。2009 年 1 月，国家认监委正式批准成立了我国首家森林认证机构——中林天合（北京）森林认证中心（简称 ZTFC）。ZTFC 由国家林业局委托中国林业产业联合会筹建，是目前我国唯一从事森林认证的机构，经国家林业局与国家认监委授权从事森林认证—森林经营认证与森林认证—产销监管链认证业务。2009 年注册了中国森林认证网站（chttp://www.cfcn.cn）。2010 年正式成立国家林业局森林认证工作领导小组和中国森林认证管理委员会。2011 年 11 月 7 日，在联合国粮农组织第二届亚太林业周及第二十四届亚太林委会举办的“森林认证国际研讨会”上，国家林业局宣布，中国国家森林认证体系正式运转，中国森林认证体系网站同时正式开通。森林认证工作开展近几年来，得到了国务院、国家林业局党组及各部门的有力支持，取得了长足进展，科技发展中心将在此基础上，切实加大工作力度，力争使森林认证工作取得大的突破。森林认证的主要政策文件见表 8-10。

表 8-10　森林认证主要政策文件

日　期	发布单位	文件题名	备　注
2002-11-01	国务院	关于加强认证认可工作的通知	
2003-06-13	国务院	关于加快林业发展的决定	与国际接轨
2003-09-08	国务院	中华人民共和国认证认可条例	
2004-09-30	国务院	我国森林认证体系建设方案	纳入《林业发展“十一五”和中长期规划》，森林认证列入了财政专项计划
2005-03-04	国务院	中共中央国务院关于加快林业发展的决定	分析森林认证对我国森林经营的影响，改善、提高林业经营管理水平，推动森林认证的发展
2007-06-01	国务院	中国森林认证——森林经营	
2007-06-01	国务院	中国森林认证——产销监管链	
2008-04-02	国家林业局与认监委	关于开展森林认证工作的意见	
2008-02-03	国家认监委	中国森林认证实施规则	进一步提高我国森林可持续经营水平和林产品的国际市场竞争力，规范中国森林认证活动。自 2009 年 3 月 1 日起实施
2009-04-01	国务院	森林认证审核员能力要求	
2010-12-03	国家林业局	关于加快推进森林认证工作指导意见	
2011-09-10	国家林业局	《中国森林认证森林经营》和《中国森林认证产销监管链》林业行业标准发布	

三、国内外森林认证现状

（一）国内森林认证现状

目前我国所有的森林经营认证（FM）和绝大部分产销监管链认证（COC）

都是由 FSC 授权的认证机构来开展的。FSC 体系强调环境、社会和经济三方的利益平衡和决策共享，旨在促进对环境负责、对社会有益和在经济上可行的森林经营活动。

到 2008 年 10 月为止，我国共有 9 个森林经营单位 1 075 413 hm^2 林地通过了 FSC 森林认证，有 843 个（其中 810 个由 FSC 认证，33 个由 PEFC 认证）林产品加工企业通过了 COC 认证。2007 年 5 月，FSC 中国国家工作组正式成立。2007 年以来，PEFC 也加大了在我国的推广力度，目前已在我国成立了项目促进办公室，主要推动 PEFC 的产销监管链认证。

截至 2010 年 2 月 31 日，在我国开展 FM 认证的国外认证机构有 6 家，包括 SGS、IMO、GFA、BV、SCS 和 SW；有 20 个森林经营单位约 160×10^4 hm^2 的森林通过了 FSC 认证；有 10 个认证机构开展 COC 认证，1 096 家通过了 FSC 认证，83 家通过 PEFC 认证。

（二）国外森林认证现状

目前世界上正在运作的森林认证体系有近 30 个，森林管理委员会认证（FSC）体系是全球第一个，也是最富有影响力的森林认证体系，得到了购买者集团和全球森林与贸易网络的支持，具有较高的市场认可度。

世界森林认证面积经历了从发展初期的缓慢增长到近期的快速增长的发展过程，到 2008 年底，全球有约 3.43×10^8 hm^2 森林通过了各种森林认证体系的认证，其中由 FSC 体系认证的森林共 106.83×10^6 hm^2，占总认证面积的 31.2%。

2000—2008 年间，获得独立认证的森林从 $4\,500\times10^4$ hm^2 增长到 3.2×10^8 hm^2（PEFC、FSC 网站，2008），这个增幅本身固然令人瞩目，然而这些数字也意味着目前受到独立认证和妥善管理的森林面积仍然只占全球经济林面积的 8.7%。此外，新认证的森林主要集中在西欧和北美等发达国家，其中仅加拿大就占据全球认证森林面积的 40%，所以在世界范围内，森林认证仍有很大的发展空间。到 2009 年 6 月 15 日，由 FSC 认证体系认证的森林面积（FM 认证）达到 1 144 087.42 km^2；到 2009 年 7 月 31 日，由 PEFC 认证体系认证的森林面积（FM 认证）达到 2 265 927.09 km^2；两大体系认证的森林面积达到 3 410 014.51 km^2，其中 FSC 认证面积占 33.55%，PEFC 认证面积占 66.45%；但 FSC 认证的国家涉及五大洲的 82 个，而 PEFC 主要集中在欧美等国的 20 个。

（柯水发　李小勇　程宝栋　缪东玲　曾杰杰）

一、名词解释

木材流通　林地使用权　流转　绿色采购　林价　林产品　林业国际贸易　森林认证

二、思考与论述

1．试分析木材可否完全市场化流通？

2．林地使用权流转有哪些具体形式？

3．林产品绿色采购的激励和约束因素有哪些？

4．林价由哪些因素决定？

5．林产品进出口贸易主要政策手段有哪些？

6．世界上主要的森林认证体系有哪些？

7．森林认证对我国林产品贸易有哪些方面的影响？

8．欧盟木材法案对林产品国际贸易的影响？

三、课外阅读

林业部．木材运输检查监督办法．[1990-11-01].

林业部．木材检查站管理办法．[1990-11-01].

国家林业局．关于切实加强集体林权流转管理工作的意见．[2009-10-15].

国家林业局．中国森林认证 森林经营（标准编号：LY/T1714—2007）[2007-10-01].

国家林业局．中国森林认证 产销监管链（标准编号：LY/T1715—2007）[2007-10-01].

四、案例分析

案例1：保护环境资源　推动森林认证

2010年10月21日，沃尔玛（中国）投资有限公司、沃尔玛全球采购办公室宣布与国家林业局中林天合（北京）森林认证中心签署《环境可持续发展合作谅解备忘录》，共同推动全球范围内环境可持续发展的活动和实践，包括森林认证。

沃尔玛公司事务及政府关系执行副总裁戴思理（Leslie Dach）与国家林业局副局长张永利，就环境的可持续发展尤其是森林认证方面的问题交换了意见。沃尔玛中国公司事务副总裁傅希孟（Barry Friedman）、沃尔玛全球采购办公室副总裁蓝柯（Ken Lanshe）与国家林业局中林天合（北京）森林认证中心石峰主任现场签署了合作谅解备忘录。

根据备忘录内容，合作方将在合作备忘录的框架下进行培训、交流等活动，共同推动中国森林认证发展，同时加强对中国森林认证体系的宣传，增强全社会对森林认证的认识。在备忘录明确的重点合作领域，为森林认证审核员、供货商、涉林企业经营管理者、受认证单位等提供关于森林认证方面相关的技术咨询和专业培训。

森林认证作为促进森林可持续经营的一种有效手段，得到了国际社会的普遍关注，并逐步得到全世界生产企业和消费者的认可。实施森林认证制度已经成为各国保护森林资源、推动林业可持续发展的有效途径。

沃尔玛公司对森林项目一直高度关注。近日，沃尔玛发布了其全球农业可持续发展的目标，在农业产品可持续采购中，沃尔玛着重关注造成森林采伐中的其中两个主要因素，即棕榈油和牛肉生产。沃尔玛提出，到2015年底，在全球的所有自有品牌中均要求使用可持续采购的棕榈油。在巴西，只采购不造成亚马孙河雨林采伐的牛肉产品，并将这一做法在2015年底前推广到沃尔玛全球的所有公司。

作为全球最大的零售商，沃尔玛正与供应商紧密合作取得实质性进步，建立更加环保、对环境影响更小和具有社会责任的供应链；为数以百万的顾客带来更加环保的商品，建立一条使公司自身、供应商及沃尔玛服务的所有社区都能受益的可持续发展供应链。

（资料来源：http://news.china.com/zh_cn/news100/11038989/20101022/16203704.html）

讨论题：

1．结合案例，分析什么是森林认证。

2．企业推动森林认证的动力机制是什么？

3．用回归分析法，搜集相关数据，分析推动企业进行森林认证的主要因素。

案例2：美国的《雷斯法案》解读

《雷斯法案》(《美国法典》第16卷第3371～3378节)，是美国第一部联邦自然保护法案。在19世纪与20世纪之交，以营利为目的的非法捕猎在美国尤其是西南部泛滥，严重威胁了美国诸多野生物种。1900年春天，爱荷华州的共和党人约翰雷斯（John F. Lacey）议员向美国国会提交了《雷斯法案》提案。规定依据各州法律，禁止在各州之间运输非法捕猎物或者受保护动物。同年5月25日，美国总统威廉·麦金莱（William McKinley）签署通过《雷斯法案》。生效之后，作为美国联邦层面的第一部环境保护法律，《雷斯法案》百余年来历经修订，最为重要的有1969年、1981年、1989年和2008年的几次修订。经过多次完善，《雷斯法案》内容不断演化，适用领域日益广泛，时至今日，已构成美国联邦野生动植物资源保护执法体系的基础。

美国《雷斯法案》只是2007年美国粮食、保护和能源法案（俗称"美国农业法案"）的一部分，一直以来是美国相关机构打击野生动物犯罪最有力的工具之一。于2008年5月22日正式生效的美国《雷斯法案修正案》延伸至植物及其制品（林产品）贸易，它认可、支持其他国家在管理本国自然资源中做出的努力，并对企业交易来自合法渠道的植物及植物制品（林产品）提供强有力的法律保障。通俗地说，如果"你"在植物的获取、采伐、占有、运输、销售或出口环节违反了任何一个国家或美国各州的相关法律，以及提供虚假证明、虚假商标等等，那么根据雷斯法案"你"已经违反美国法律《雷斯法案修正案》。例如，"你"在A国砍伐、运输木材违反了A国政府的相关法律（如：非法采伐或者没有交纳相关税费），或者你在中国使用这批木材加工成地板或者家具再出口到美国，只要你的这批木材制品跟地理概念上的"美国"发生关系时，就触犯了《雷斯法案修正案》。美国政府就会因为"你"从采伐到交易过程中违反了所在国的法律而判"你"违法。

2008年《雷斯法案》根据国际林产品贸易形势所需进行的新的修订涉及了该法案最主要的几个核心内容。

1. 重新修订了“植物”的概念，扩大了适用范围。法案第一条第（f）款，其中 3 个小项对“植物”进行界定：第（1）小项规定，植物或者植物种群包括植物界所有野生组成部分，包括根茎、种子、组织部分和相应制品，以及所有不管是天然起源还是人工起源的林木。第（2）小项规定，“植物”概念不包括普通培育植物（除了林木）和农作物，不包括用于实验室或田间研究的基因种植资源的科学标本，不包括用于移植或者更新的植物。第（3）小项规定，如果这些植物属于《濒危野生动植物种国际贸易公约》的名录、或者属于《濒危物种法》所规定的濒危或者受到威胁的物种、或者依据任何一州法律属于受保护且濒临灭绝的本土物种第（2）小项不适用。除此之外，第（j）款扩充了“取得”的概念（“taken”和“taking”）和内容，包括了植物的采集、采伐、搬运和转移等。

2. 增设了涉及植物的违法犯罪类型。除了持有、运输或出售等违反各州法律或者规章、或者外国保护植物法律的行为之外，另外规定：任何盗伐、盗挖植物行为；任何从公园、森林保护区或其他官方保护区取得植物行为；任何没有获得官方许可或者与官方许可相违背而取得植物行为都被禁止。

3. 增加了涉及植物的处罚类型。针对增设的犯罪类型设置了相应的处罚规定。《雷斯法案修正案》第三条、第四条对应不同的犯罪类型分别设置了罚款、没收及监禁等民事、刑事处罚措施。此外，第二条还增设了植物申报制度，包括申报、评审和报告三部分。申报制度分为进口植物申报和相关植物制品申报。

（资料来源：http://blog.sina.com.cn/s/blog_777d5d500100ri2a.html）

讨论题：

1. 美国修订《雷斯法案》的原因是什么？

2.《雷斯法案修正案》对我国林产品贸易会产生哪些影响？

五、参考文献

（一）木材流通文献

[1]包晓斌，操建华．中国木材市场分析及政策评述[J]．林业经济，2008，2：24-29.

[2]房薇，孙妍．福建省木材流通的现状及存在问题思考[D]．北京林业大学，2004.

[3]郭凤林．加强对木材流通领域的监督依法保护森林资源[J]．内蒙古林业，2000，11：21-22.

[4]胡延杰，施昆山，唐红英．我国木材流通现状分析[J]．林业经济，2008，10：69-71.

[5]孔卓．深化木材流通体制改革[J]．中国林业，2001，11：34.

[6]刘世勤．市场与选择——对木材流通的思考[J]．林业经济，1993，1：6-10.

[7]聂影．木材流通业发展外向型经济的战略思考[J]．林业经济，1993，1：52-54.

[8]宋维明．浅议我国木材国际贸易的比较优势[J]．北京林业大学学报（社会科学版），2002（Z1）：24-27.

[9]温作民．木材流通宏观调控主体研究[J]．林业经济，1994，1：37-42.

[10]许向阳．建立我国木材流通宏观调控系统的总体构思[J]．林业科学，1994，7：346-351.

[11]杨益生．南方木材流通的初步研究[J]．林业经济，1985，1：37-41.

[12]张晋光．皇木采办与明代社会生态[J]．林业经济，2010，9：117-119.

[13]张满林．汪国连，金彦平．我国木材流通模式的变迁与创新[J]．农业经济问题，2008，1：94-98.

（二）林地使用权流转文献

[14]曹兰芳，罗攀柱，任伟琳．林地流转中林地使用权问题及对策[C]//中国林业技术经济理论与实践会议论文集．北京：中国林业出版社，2006：125-128.

[15]邓华锋．南方集体林股份合作制森林经营管理的研究[D]．北京林业大学博士学位论文．1998.

[16]杜东亚．林地使用权流转中的立法研究[J]．森林工程，2001，17（6）：7-9.

[17]何传才．对森林、林木和林地使用权流转有关问题的探讨[J]．林业勘查设计，2005（1）：13-14.

[18]季利民．林地流转问题的研究与探讨[C]//第二届浙江中西部科技论坛论文集（第一卷）．丽水：浙江省科学技术协会，2005：217-229.

[19]柯水发，英犁，赵铁珍．集体林区林地使用权流转分析——政策演进、流转形式及机制[J]．林业经济，2012（3）：12-16.

[20]柯水发，李红勋．集体林地使用权流转的利益相关者博弈分析[J]．绿色科技，2011（6）：220-223.

[21]柯水发，李周，赵铁珍．农户林地使用权流转的成本收益分析及流转策略[J]．农业经济问题，2011（5）：71-77.

[22]李周，许勤．林业改革30年的进展与评价[J]．林业经济，2009（1）：34-40，54.

[23]梁永伟．南方集体林区森林可持续经营中的林地产权问题[D]．北京林业大学硕士学位论文，2003.

[24]刘振江．林地使用权流转的法律探究——以集体林权制度改革为视角[C]//生态文明与环境资源法——2009年全国环境资源法学研讨会（年会）论文集．中国法学会环境资源法学研究会，2009：469-472.

[25]王娟．浅谈我国林地使用权的流转[J]．法制与社会，2008（6）：166-167.

[26]王耀冬．关于林地流转问题的研究[C]//中国环境资源法学研讨会（年会）论文集．中国法学会环境资源法学研究会，2004：334-346.

[27]王志清，等．林地使用权流转问题的思考[J]．改革之窗，2008（1）：7-10.

[28]谢屹．江西省集体林权制度改革中的林地林木流转研究[D]．北京林业大学博士论文，2008.

[29]徐秀英．集体林地使用权市场制度的建立与完善[J]．资源开发与市场，2004（1）：11-13，25.

[30]周训芳．物权法与森林法知识读本[M]．北京：中国林业出版社，2007.

[31]曾华锋，聂影．森林弱市场化流转研究[M]．北京：中国林业出版社，2009.

（三）绿色采购政策

[32]安瑞娟，王辉．建立我国政府采购制度的思考[J]．商业经济，2005（2）：50-51．

[33]包英爽，宿海颖，何友均．荷兰林产品绿色采购政策与实践[J]．世界林业研究，2010，23（5）：64-68．

[34]陈军．世界各国政府绿色采购的发展现状[J]．中国物流与采购，2004（22）：42-47．

[35]陈燕平．借鉴国际经验建立我国的政府绿色采购制度[J]．中国政府采购，2007（3）：68-69．

[36]管志杰．沈杰．林产品绿色采购下政府政策的博弈分析[J]．林业经济问题，2010（6）：235-239．

[37]管志杰，杨红强，聂影．林产品绿色采购社会福利效应分析[J]．西北林学院学报，2010（4）：229-232．

[38]郭宝东．浅议政府绿色采购理念及现实意义[J]．环境保护与循环经济，2008，28（3）：20-22．

[39]侯方淼，绿色采购研究[D]．对外经济贸易大学博士学位论文，2007．

[40]荒谷明日儿．日本应对非法采伐的对策和绿色采购法[J]．中国人造板，2010（2）：35-37．

[41]李小勇，陈晓倩，侯方淼，林产品绿色政府采购政策评析[J]．北京林业大学学报（社会科学版），2009（12）：134-138．

[42]李小勇，陈晓倩，侯方淼，等．林产品绿色政府采购内涵及衡量标准分析[J]．资源开发与市场，2010（6）：539-543．

[43]李小勇，陈晓倩，侯方淼，等．新西兰的林产品绿色政府采购政策[J]．世界林业研究，2008（3）：69-71．

[44]李小勇，侯方淼，温亚利，等．发达国家林产品绿色政府采购政策兴起及发展趋势[J]．林业经济，2008：78-80．

[45]李小勇．林产品绿色政府采购研究[D]．北京林业大学博士学位论文，2008．

[46]刘汉，李安泽．政府采购理论与政策研究[M]．北京：中国财政经济出版社，2004．

[47]刘庆．我国政府绿色采购的现状与体系构建研究[D]．山东大学硕士学位论文，2010．

[48]申伟，陆文明．日本政府木材绿色采购政策分析[J]．世界林业研究，2008（2）：58-62．

[49]孙青．我国政府绿色采购制度研究[D]．西北大学硕士学位论文，2010．

[50]万秋山．全球政府绿色采购政策发展现状和我国的对策[J]．环境科学动态，2005（3）：23-25．

[51]王秀珍，宿海颖，何友均，等．主要发达国家林产品绿色采购政策影响评估与借鉴[J]．林业经济，2011（11）：87-91．

[52]杨灿明，李景友．政府采购问题研究[M]．北京：经济科学出版社，2004．

[53]张瑛．政府绿色采购的国际经验与借鉴[J]．山东财政学院学报，2006（4）：38-40．

[54]赵英民，建立政府绿色采购制度促进循环经济发展[J]．环境保护，2005（8）：61-63．

（四）林产品价格政策

[55]陈培源，李周．林价理论问题讨论综述[J]．林业科学，1984（3）：299-306.

[56]陈培源．关于基础林价计算中几个理论问题的商榷意见[J]．林业经济，1982（5）：15-20.

[57]陈述篋．全复：以再生产费用为基础制定林价[J]．中国社会科学，1984（2）：139-140.

[58]戴宝国，杨淑霞，张淑华．对林业企业实行林价的几点意见[J]．林业科技，1991（6）：54-56.

[59]侯知正，刘晓丽，马蕾．东北、内蒙古国有林区的林价问题[J]．林业经济，1992（4）：30-35.

[60]孔凡文，何乃蕙．对我国林价及木材理论价格的初步探讨[J]．林业科学，1982（2）：177-184.

[61]孔繁文，王焕良，刘东生．论序列林价及其作用[J]．林业经济问题，1984（1）：11-17.

[62]李金昌，孔繁文，何乃蕙．关于我国林价状况的分析及建议[J]．管理世界，1988（1）：152-169.

[63]李利亚，杨云龙．浅谈林价研究中的两个理论问题[J]．林业经济，1986（5）：11-15.

[64]廖士义，李周，徐智．论林价的经济实质和人工林林价计量模型[J]．林业科学，1983（2）：181-190.

[65]刘连民，冯贵宗．市场经济条件下的林业价格[J]．内蒙古林学院学报，1994（1）：47-52.

[66]鹿晶，陈淑兰．林价理论研究的回顾与展望[J]．绿色财会，2012（1）：3-5.

[67]吕福新．试论林价的理论基础[J]．林业经济，1982（5）：12-15.

[68]钱滕．林价研究进程探讨和现阶段我国人工林林价求算[J]．林业资源管理，2010（4）：103-108.

[69]邱凤岐，辛育勤．东欧国家的木材批发价和林价[J]．国外林业，1993（1）：63.

[70]帅宗和．我国林价制度的建立与发展[J]．中国物价，1991（11）：21-24.

[71]苏才天．英国确定林价的方法[J]．林业经济，1982（2）：37-44.

[72]谭光庆．改革木材价格的探讨[J]．价格理论与实践，1985（3）：30-32.

[73]王长富，张建国．中国林价问题初探[J]．林业科学，1981（2）：194-201.

[74]王人俊．木材价格目标决策[J]．林业经济问题，1985（3）：27-31.

[75]谢永添．建立我国林价制度若干问题探讨[J]．林业经济问题，1991（2）：20-23.

[76]徐邦凡．林业基金、育林基金和林价界定——兼论林业国有资产管理体制改革[J]．林业财务与会计，1994（9）：28-29.

[77]杨大起，李祖贻．也谈集体林林价问题[J]．林业经济问题，1988（3）：15-18.

[78]杨雄．论我国林价形成基础[J]．林业经济问题，1986（1）：16-26.

[79]尹逢新．谈林价制度的建立[J]．林业经济，1992（1）：34-39.

[80]尹润生. 关于林价研究途径及其实施的探讨[J]. 林业经济问题，1990（1）：10-14.

[81]张麟郇. 进一步完善统一林价制度改革集体林林价使用管理办法[J]. 林业经济问题，1986（2）：17-18.

[82]张汝淼. 试论市场林价倒算法的理论和方法[J]. 林业经济，1990（5）：49-52.

[83]张通. 对我国实行林价制度的意见[J]. 林业经济，1982（1）：1-2.

[84]张勇. 现行林价制度——立木价格的缺陷[J]. 绿色财会，2006（7）：18.

[85]朱磊，王庆成，王永清，等. 用材林林价体制改革探索[J]. 中国林业企业，2005（2）：9-10.

（五）林产品贸易政策

[86]查国莉，刘艺卓. 中国林产品对外贸易格局及策略分析[J]. 世界农业，2007（11）：31-34.

[87]高爱芳. 中国林产品出口影响因素研究[D]. 南京林业大学博士学位论文，2010.

[88]高士亮，熊磊. 中国对外贸易的影响因素分析：基于国内的视角[J]. 经济问题探索，2008（10）：36-40.

[89]关百钧. 世界森林资源现状与分析[J]. 世界林业研究，2003（10）：1-5.

[90]黄清，李广. 论世界木材贸易发展态势与政策确立[J]. 经贸论坛，2000（2）：8-11.

[91]杨慧琼. 林产品出口的刺激政策和关税壁垒[J]. 林业经济，1994（4）：71-75.

[92]蒋敏元. 林业经济管理[M]. 北京：中国林业出版社，2000.

[93]刘向东. 中国对外经贸政策与改革[M]. 北京：中国对外经济贸易出版社，1998.

[94]陆文明. 森林认证对森林经营和林产品贸易的影响[J]. 森林认证通讯，2002（2）：4.

[95]荣久. 国际贸易政策与措施概述[M]. 北京：求实出版社，1989.

[96]宋维明. 中国木材国际贸易战略几点思考[J]. 林业经济，2000（3）：47-49.

[97]田明华，李明，周小玲. 中国林产品贸易政策演变及其评述[J]. 对外经贸实务，2008（10）：25-57.

[98]王森. 全球林产品生产、贸易和消费格局[J]. 世界林业研究，2000（10）：24-30.

[99]王幼臣. “复关”林业应采取的对策[J]. 林业经济，1994（1）：22-33.

[100]文飞宇. 我国林产品对外贸易结构研究[D]. 南京林业大学硕士学位论文，2006.

[101]杨红强. 中国木质林产品国际贸易比较优势研究[D]. 南京林业大学硕士学位论文，2005.

[102]袁文祺. 中国对外贸易发展模式研究[M]. 北京：中国对外经济贸易出版社，1990.

[103]聂影. 中国林产品：流通、市场与贸易[M]. 北京：中国林业出版社，2007.

[104]杨红强. 中国木材资源安全问题研究[D]. 南京林业大学博士学位论文，2011.

（六）森林认证政策

[105]管志杰. 森林认证的政策扶持效应分析[J]. 林业经济问题，2009，12（6）：5-6.

[106]黄雪菊. 森林可持续经营的认证机制与中国森林认证对策研究[D]. 北京林业大学硕士学位论文，2005.

[107]林月华. 森林认证对林产品贸易的影响[D]. 中国林业科学研究院硕士学位论文，2005.

[108]刘燕．我国森林认证体系的运行机制研究[D]．北京林业大学硕士学位论文，2006.

[109]陆文明，等．中国私营林业政策研究[M]．北京：中国环境科学出版社，2002.

[110]吕勇．森林认证现状与发展趋势[J]．中南林学院学报，2004，2（1）：27-29.

[111]田明华，刘燕．森林认证与林产品国际贸易关系初探[J]．北京林业大学学报，2006，12（4）：57-65.

[112]王虹，陆文明，等．林认证手册[M]．2 版．北京：中国林业出版社，2010.

[113]徐斌，陆文明．世界森林认证体系评估与比较[J]．世界林业研究，2005，4（2）：18-20.

[114]闫虹于．我国森林认证立法研究[D]．东北林业大学硕士学位论文，2005.

[115]颜帅．国际森林认证体系与中国森林认证的理论和政策研究[D]．北京林业大学硕士学位论文，2003.

[116]于玲，颜帅．森林认证体系的内涵与基本特征[J]．北京林业大学学报，2004，12（4）：46-47.

[117]张新欣．我国 FSC 森林认证结果及其影响分析[D]．北京林业大学硕士学位论文，2007.

[118]朱永杰，刘俊昌．中国加入 WTO 后的林业对外政策问题研究[M]．北京：中国林业出版社，2004.

第九章　林业重点工程建设政策

第一节　天然林资源保护工程政策

天然林资源保护工程（National forest protection program，以下简称天保工程）是中国六大林业重点工程之一，是党中央、国务院为恢复和发展森林资源，改善我国生态环境，促进国民经济和社会可持续发展作出的重大战略决策。希望通过天保工程的实施，经过一段时期的建设和保护，从根本上遏制生态环境恶化，使林区社会走向可持续发展之路，从而达到国民经济快速发展对环境的要求。

一、天保工程概述

（一）天然林

天然林又称自然林，是指天然生长的森林和经采伐或破坏后天然更新形成和人工促进天然更新或萌生所形成的次生林。但天保工程中，天然林基本等同于森林分类区划中的公益林，即在工程范围内的所有公益林均应纳入天然林保护范围，也包括划入公益林范围的人工林；未列入公益林而列入商品林范围的森林，即使是天然林，也不在保护之列，或只能进行一般性保护。

我国地域辽阔，自然条件复杂，森林类型包括了诸如热带雨林、季雨林、亚热带常绿阔叶林、暖温带落叶阔叶林、温带针阔混交林和大兴安岭寒温带针叶林等多种类型。在实施天保工程前，我国天然林大体上处于三种状况：第一，处于基本保护状态的天然林，主要包括 932 个森林类型的自然保护区、874 个森林公园、尚未开发的西藏林区、已实施保护的海南热带雨林等，面积约 $2\,000\times10^4$ hm^2，占天然林总面积的 23%；第二，零散分布于全国各地的天然林，面积为 $1\,769\times10^4$ hm^2，占天然林总面积的 20%；第三，集中连片分布于大江大河源头和重要山脉核心地带等重点地区急需保护的天然林，面积为 $4\,958\times10^4$ hm^2，占天然林总面积的 57%。

（二）天保工程

天保工程是1998年大洪灾后，针对长期以来我国天然林资源过度消耗而引起生态环境恶化的现实，党中央、国务院从我国社会经济可持续发展的战略高度，做出的重大决策。主要是指全面停止对长江上游、黄河上中游地区工程区天然林的商品性采伐，大幅度调减长江上游、黄河上中游地区和东北、内蒙古等重点国有林区的木材产量，以保护当地天然林资源，恢复和发挥天然林的生态功能，实现林区社会的可持续发展。该工程旨在通过天然林禁伐和大幅减少商品木材产量，有计划分流安置林区职工等措施，主要解决我国天然林的休养生息和恢复发展问题。

天保工程以从根本上遏制生态环境恶化、保护生物多样性、促进社会和经济的可持续发展为宗旨；以对天然林的重新分类和区划，调整森林资源经营方向，促进天然林资源的保护、培育和发展为措施；以维护和改善生态环境，满足社会和国民经济发展对林产品的需求为根本目的；对划入生态公益林的森林实行严格管护，坚决停止采伐；对划入一般生态公益林的森林，大幅度调减采伐量；加大森林资源保护力度，大力开展营造林建设；加强多资源综合开发利用，调整和优化林区经济结构；进一步发挥森林的生态屏障作用，保障国民经济和社会的可持续发展。

（三）天保工程的目标

天保工程是以可持续发展战略为指导思想，以改善中华民族生存环境、保护生物多样性、促进社会和经济的可持续发展为目标，通过调整林业在新时期的发展战略和森林资源经营思想，恢复和巩固天然林的生态功能，以期改善我国的生态环境，从根本上治理水患，实现林区社会经济的可持续发展。从时间上看，到2010年，天然林资源得到根本恢复，基本实现了木材生产以采伐利用天然林为主向经营利用人工林的转变，人口、经济、资源和环境之间的矛盾基本得到缓解。建立起比较完备的林业生态体系和合理的林业产业体系，在国民经济和社会可持续发展中发挥着重要作用。

天保工程的具体目标主要包括三个方面：第一，控制天然林资源消耗，加大森林管护力度。全面停止长江上游、黄河上中游地区天然林的商品性采伐，调减东北、内蒙古等重点国有林区木材产量；第二，加快长江上游、黄河上中游工程区宜林荒山荒地的造林绿化，到2010年增加森林面积$866.67\times10^4\ hm^2$；第三，妥善分流安置国有林业企业富余职工。争取到2050年，天然林资源得到根本恢复，基本实现木材生产以利用人工林为主，林区建立起较完备的林业生态体系和合理的林业产业体系，充分发挥林业在国民经济和社会可持续发展中的重要作用。目标分三个阶段实施：第一阶段，即近期目标（到2000年），包括调减天然林木材产量、加强生态公益林建设与保护、妥善安置和分流富余人员等主要内容。全面停止长江、黄河上中游地区划定的生态公益林的森林采伐；调减东北、内蒙古国有林区天然林资源的采伐量，严格控制木材消耗，杜绝超限额采伐；通过森林管护、造林和转产项目建设，安置因木材减产形成的富余人员，将离退休人员全部纳入省级养老保险社会统筹中，使现有天然林资源初步得到保护和恢复，缓解生态环境恶化趋势。第二阶段，即中期目标（到2010年），以建设与保护生态公益林、建设转产项目、培育后备资源、提高木材供给能力、恢复和发展经济为主要内容，基本实现木材生产以采伐利用天然林为主向经营利用人工林的转变，人口、环境、资源之间的矛盾基本得到缓解。第三阶段，即远期目标（到2050年），天然林资源得到根本恢复，基本实现木材生产以利用人工林为主，林区建立起比较完备的林业生态体系和合理的林业产业体系，充分发挥林业在国民经济和社会可持续发展中的重要作用（表9-1）。

表9-1　天保工程目标规划

目　标	期　限	内　容
近期目标	1998—2000年	调减木材产量、加强生态公益林建设与保护，分流和妥善安置富余人员
中期目标	2001—2010年	生态公益林建设与保护，建设转产项目，培育后备资源、提高木材供给能力，恢复和发展经济，基本实现木材生产以采伐利用天然林为主向经营利用人工林方向的转变
远期目标	2011—2050年	天然林资源得到根本恢复，基本实现木材生产以利用人工林为主，林区建立起比较完备的林业生态体系和合理的林业产业体系

二、天保工程的主要内容

天保工程的主要内容包括：①全面停止长江上游、黄河上中游地区工程区天然林的商品性采伐，大幅度调减长江上游、黄河上中游和东北、内蒙古等重点国有林区木材产量。计划调减1 991×10^4 m^3，调减幅度为62.1%；其中长江上游、黄河上中游地区调减木材产量1 239×10^4 m^3，调减幅度为91.7%；东北、内蒙古等重点国有林区调减木材产量751.5×10^4 m^3，调减幅度为40.5%。②大力加强森林资源管护，大力推行个体承包，落实森林资源管护责任制。③妥善解决企业富余人员分流安置与企业职工基本养老保险社会统筹等问题，工程区现有在职职工146.5万人，计划分流安置富余职工74万人，主要分流安置途径包括转向森林管护、转向营造林和林下资源开发、一次性安置、下岗进入再就业中心等。④加快长江上游、黄河上中游地区工程区内宜林荒山荒地造林绿化，封山育林面积367.2×10^4 hm^2，飞播造林面积为713.2×10^4 hm^2，人工造林面积为152.6×10^4 hm^2，使这一地区森林覆盖率由17.5%提高到21.24%。工程区共涉及17个省（自治区、直辖市）、901个县（局），其中734个县、167个国有森工局（县级林业局、林场），涉及林业职工146.5万人，10年内工程总投资962亿元。

（一）长江上游、黄河上中游天保工程

工程实施范围确定为长江上游地区，以三峡库区为界，包括云南、四川、贵州、重庆、湖北、西藏 6 省（自治区、直辖市）；黄河上中游地区以小浪底库区为界，包括陕西、甘肃、青海、宁夏、内蒙古、山西、河南 7 省（自治区），总共 13 个省（自治区、直辖市）。

通过工程的实施，使长江上游、黄河上中游地区的 6 118.27×10^4 hm^2 森林得到切实保护，减少森林资源消耗量 6 108×10^4 m^3，相应调减商品材产量 1 239×10^4 m^3。到 2010 年预期新增林草面积 1 446.67×10^4 hm^2，林草覆盖率由目前的 25.87%提高到 32.26%，增加 6.39 个百分点，其中，新增森林面积 866.67×10^4 hm^2，森林覆盖率由目前的 17.52%提高到 21.24%，增加 3.72 个百分点。森林生态系统全面形成后，基本上改善工程区域的生态环境，为推进农业种植结构和农村经济结构调整，加快农民脱贫致富，促进西部地区经济发展，保持社会稳定，为实现我国现代化建设第三步战略目标提供保障。

主要建设任务包括以下几点：一方面是全面停止天然林采伐。对工程区内 3 038.07×10^4 hm^2 天然林停止采伐，并严加管护，同时，对其他现有的 3 080.2×10^4 hm^2 森林、灌木林地、未成林造林地等采取封山堵卡、个体承包等形式进行全面有效的管护。另一方面是加快工程区内的宜林荒山荒地造林种草：2000—2010 年造林 1 273.13×10^4 hm^2，其中封山育林 367.2×10^4 hm^2，飞播造林 713.2×10^4 hm^2，人工造林 192.73×10^4 hm^2。

根据工程任务及投入标准测算（表 9-2），2000—2010 年工程所需总投入 533.02 亿元，其中工程所需资金由中央补助 80%，地方承担 20%。因此，中央补助资金达到 426.42 亿元，地方资金配套也有 106.60 亿元。在基本建设投资方面，从 2000—2010 年 10 年时间总共需要 180.48 亿元，其中中央补助 144.39 亿元，地方相应配套 36.09 亿元。另外，在财政资金投入方面，2000—2010 年期间需 352.54 亿元，其中中央补助 282.03 亿元，地方配套 70.51 亿元。

表 9-2 天保工程投入测算标准及扶持原则

序号	项目	测算标准及扶持原则
1	封山育林（草）	近山区、人口稠密地区，按封育 5 年，每年 210 元，即 1 050 元/hm^2 计算；远山区、交通不便地区，采取封山堵卡
2	飞播造林	近山区、人口稠密地区，按 1 800 元/hm^2 计算，其中飞播造林 750 元/hm^2，封山育林 1 050 元/hm^2；远山区、交通不便地区，飞播造林 750 元/hm^2，飞播后采取封山堵卡管护
3	人工造林	按长江上游地区补助 3 000 元/hm^2、黄河上中游地区补助 4 500 元/hm^2 计算
4	种苗设施补助	根据工程宜林荒山荒地造林种草规模，测算各类种子基地、苗圃改扩建任务，按有关种苗技术规程计算

（续）

序号	项目	测算标准及扶持原则
5	森林管护事业费	管护面积 380hm^2/人，补助标准 10 000 元/人
6	养老保险社会统筹费	按森工企业在岗职工应发工资总额的一定比例缴纳
7	国有林区森工企业社会性支出补助	教育经费补助 12 000 元/（人·年），医疗卫生经费 6 000 元/（人·年），公检法司经费 15 000 元/（人·年）
8	下岗职工一次性安置费补助	职工上年平均工资的 3 倍
9	下岗职工基本生活保障费补助	按有关省（自治区、直辖市）规定的标准测算
10	地方财政减收补助	对由于停止采伐造成的地方预算内财政减收，由中央与地方共同负责。中央补助部分通过财政转移支付方式予以补助
11	森林防火	4 000 万元/年
12	其他	包括前期工作费、科技支撑等费用，按国家有关规定执行

（二）东北、内蒙古等重点国有林区天保工程

工程实施范围包括在内蒙古、吉林、黑龙江（含大兴安岭）、海南、新疆 5 个省（自治区）境内的 86 个国有重点森工企业，16 个地方森工企业，23 个县及 12 个县级林业局（场）。

工程期确定为 2000—2010 年，共 11 年，2000—2003 年为第一期，2004—2010 年为第二期。到 2003 年工程区 5 个省（自治区）木材产量调减到位，共计调减木材产量 751×10^4 m^3，实现森工企业的战略性转移，使 $3\,300\times10^4$ hm^2 森林得到有效管护，48.4 万富余职工得到妥善分流和安置。到 2010 年，工程区天然林资源切实得到保护，森林植被得到有效恢复，为促进经济和社会的可持续发展起到应有的作用。

按照工程建设内容、规模及与有关部门协商的标准、规定，2000—2010 年共需资金投入 429 亿元，其中中央财政 358 亿元，地方财政 71 亿元。中央直属大兴安岭森工企业中央财政全额补助。

三、天保工程实施过程及政策演进

1998 年 1 月的全国林业计划会议在京召开，对启动长江、黄河流域生态环境重点治理项目和国有林区天保工程进行了重点研究。当年 6～8 月，长江流域发生特大洪灾，其根本原因在于森林植被的破坏，使森林覆盖率、森林质量下降，降低了调蓄洪水的能力；水土流失加剧，湖泊泥沙淤积，使蓄洪和行洪能力下降。8 月 18 日，朱镕基总理主持召开国务院总理办公会议，提出了根治水患的 32 字综合治理措施："封山育林，退耕还林，退田还湖，平垸泄洪，以工代赈，移民建镇，加固堤坝，疏浚河道。"强调要把林业生态建设放在首位，全

面停止长江、黄河流域天然林采伐，实施天然林资源保护。8 月 23 日，天保工程在四川省率先启动，从 1998 年 9 月 1 日起，阿坝、甘孜、凉山三州，攀枝花、乐山两市和雅安地区，共 57 个县 460×10^4 hm^2 的原始森林全面停止采伐，实行长年管护，从 10 月 1 日起，全省范围内所有天然林一律停止采伐。9 月 3 日，云南省宣布从 1998 年 10 月 1 日起，全面停止金沙江流域和西双版纳州 73 个县的天然林采伐，并同时启动实施天保工程。9 月 22 日，山西省要求全省所有天然林从当日起一律停止采伐，实行保护。9 月 29 日，9 月 30 日甘肃省委、省政府作出决定，从 1998 年 10 月 1 日起，在白龙江、洮河、小陇山等 10 个国有天然林区，全面停止采伐，并关闭林区及林缘地区的所有木材市场。随后，甘肃、青海等省决定停止一切天然林采伐。1998 年 11 月 9 日青海省人民政府发布通告，决定自 1998 年 11 月 9 日起全省停止一切天然林采伐。

1999 年 3 月的《政府工作报告》指出，坚决实行最严格的土地管理制度和保护森林、草原的措施。停止长江、黄河上中游天然林采伐，东北、内蒙古和其他天然林区要限量采伐或者停止采伐。开展大规模植树造林种草，抓好重点生态工程建设，治理水土流失，为子孙后代留下青山绿水。5 月 24 日，国家林业局紧急部署全国天保工程区和重点生态工程区森林资源清查。9 月 17 日至 18 日，国家林业局对长江上游及黄河上中游天保工程规划方案的编制工作进行了具体部署和安排。6 月 17 日，国家林业局天保工程管理中心成立，标志着天保工程政策实施的组织机构开始完善。

2000 年 12 月 1 日，国家林业局、国家计委、财政部、劳动和社会保障部印发《长江上游、黄河上中游地区天然林资源保护工程实施方案》和《东北、内蒙古等重点国有林区天然林资源保护工程实施方案》。6～8 日，天然林资源保护工程工作会议在北京召开。会议总结了 1998 年以来工程试点的经验，研究解决试点工作中出现的问题，全面部署工程实施工作，标志着天保工程的全面实施。

2001 年 5 月 8 日，国家林业局印发《天然林资源保护工程管理办法》和《天然林资源保护工程核查验收办法》，规范天保工程管理。

2003 年 4 月 30 日，经国务院批准，国家林业局会同财政部、中国人民银行联合印发《关于做好天然林资源保护工程区森工企业金融机构债务处理工作有关问题的通知》，开始免除森工企业债务。2004 年 1 月 13 日国家林业局出台《关于严格天然林采伐管理的意见》。2004 年 9 月 10 日，国家林业局、财政部、中国银行业监督管理委员会又联合出台《关于进一步做好天然林保护工程区森工企业金融机构债务处理工作有关问题的通知》（林计发[2004]159 号），加快债务处理进程，确保国务院政策落实到位。2005 年 6 月 27 日，中国银行业监督委员会、国家林业局联合印发《关于下达天然林保护工程区森工企业金融机构债务免除名单及免除额（第一批）的通知》（银监发[2005]39 号）。2006 年 5 月 19 日，国家林业局、财政部联合下发《关于做好天然林保护工程区森工企业职工“四险”补助和混岗职工安置等工作的通知》(林计发[2006]92号),明确对相关企业职工医疗、失业、工伤、生育保险“四险”补助与管理。2006年7月26日,中国银监会和国家林业局联合下发《关于下达天然林保护工程区森工企业金融机构债务免除额(第二批)等有关问题的通知》(银监发[2006]57号),免除森工企业金融机构债务8.24亿元。同年8月15日国家林业局、财政部、中国银监会联合下发《关于做好天然林保护工程区木材加工等企业关闭破产工作的通知》(林计发[2006]159号)。

2010年12月29日,国务院总理温家宝主持召开国务院常务会议,决定实施天然林资源保护二期工程。会议决定,2011年至2020年,实施天然林资源保护二期工程,实施范围在原有基础上增加丹江口库区的11个县(市、区)。力争经过10年努力,新增森林面积520×10^4 hm^2,森林蓄积净增加11×10^8 m^3,森林碳汇增加4.16×10^8t,生态状况与林区民生进一步改善。2010年国务院审议通过了《全国林地保护利用规划纲要(2010—2020年)》《长江上游、黄河上中游地区天然林资源保护工程二期实施方案》《东北、内蒙古等重点国有林区天然林资源保护工程二期实施方案》,为保护和拓展林业发展空间奠定了坚实基础。天保工程二期实施范围在一期原有范围基础上,增加了丹江口库区的11个县(区、市),其中湖北7个、河南4个。新增的11个县,既是国家生态重点保护区域,也是国家级重点公益林建设区,还是国家南水北调中线工程的水源地。天保工程二期主要任务包括长江上游、黄河上中游地区继续停止天然林商品性采伐,东北、内蒙古等重点国有林区从一期定产的$1\,094.1\times10^4$ m^3,分3年调减到402.5×10^4 m^3;管护森林面积115.5×10^4 hm^2;建设公益林7.7×10^4 hm^2;国有中幼林抚育17.5×10^4 hm^2,培育后备资源3.26×10^4 hm^2;继续对国有职工社会保险、政社性支出给予补助。二期总投入资金2 440.2亿元,其中中央投入2 195.2亿元,地方投入245亿元。依照“坚持因地制宜,分区施策;坚持以人为本,保障民生;坚持政策引导,促进改革;坚持事权划分,分级负责”的原则,实现到2020年,新增森林面积5.2×10^4 hm^2、森林蓄积11×10^8 m^3、碳汇4.16×10^8t;工程区水土流失明显减少,生物多样性明显增加,还为林区提供就业岗位64.85万个,基本解决转岗就业问题,实现林区社会和谐稳定。

2011年2月1日国家林业局、国家发展改革委、财政部、人力资源社会保障部联合下发《长江上游、黄河上中游地区天然林资源保护工程二期实施方案》(林规发[2011]21号),正式启动天然林资源保护二期工程。天保工程二期与一期相比,中央投入政策更加体现以人为本的精神,符合实际,更加具有针对性和可操作性,主要体现在更加关注西部经济发展、更加关注民生、更加关注资源培育、更加关注扩大就业、更加关注农民利益、更加注重企业改革、更加体现实事求是七个方面。

四、国外天然林保护概况及政策概览

为保护现有原始林和天然次生林，许多国家纷纷划定区域，实施保护工程，加大天然林保护力度。有“地球之肾”、“绿色心脏”之称的亚马孙森林是世界上最大的热带雨林区，面积达 650×10^4 km^2，占地球上热带雨林总面积的 50%，其中有 480×10^4 km^2 在巴西境内。2001 年，刚果（布）、赤道几内亚、中非共和国、加蓬和喀麦隆 5 国的森林部长召开会议，讨论加强刚果河流域的热带雨林保护问题，促进森林资源的可持续利用。非洲是仅次于拉丁美洲的世界第二大热带雨林区，面积达 2.5×10^8 hm^2，可开采的木材量高达 100×10^8 m^3。2002 年，巴西政府、世界银行、全球环球基金会和世界自然基金会联合签署声明，启动了有史以来规模最大的热带林保护项目——亚马孙区域保护区项目，该项目保护期为 10 年，保护森林面积达 $5\,000\times10^4$ hm^2，占全球森林面积的 12%。

1883 年，南非就已经颁布了《森林法》，终止天然林采伐，但森林已所剩无几。根据 1985 年资料，南非尚保留着 30×10^4 hm^2 的天然林，只相当于国土面积的 0.25%。2001 年 1 月 5 日，美国总统克林顿宣布通过国有原始林保护法案，禁止在美国林务局所辖土地上的 $2\,367\times10^4$ hm^2 的原始林中修建道路和商业性采伐，出于环境原因或须降低火险时例外。为保护加拿大西部不列颠哥伦比亚省（British Columbia，简称 BC 省）7×10^4 hm^2“大熊森林山谷”的原始林，现有 4 家主要林业公司（Weyerhaeuser 公司、Canfo 公司、Fltcher Challenge 公司、West Forest Products 公司）、环保组织和当地政府签订了一项协议，规定伐木公司停止采伐温哥华以北依拉荷山谷等地的原始森林，并在凯科峡谷开展护林行动，加太平洋沿岸多于 100×10^4 hm^2 原始林将得到保护。

第二节 退耕还林工程政策

一、退耕还林工程概述

（一）相关概念

退耕还林工程（Conversion of Cropland into Forestland Program）是我国林业建设上涉及面最广、政策性最强、群众参与程度最高的生态建设工程，主要解决重点地区的水土流失问题，是调整国土利用结构、增加森林覆盖、治理泥沙危害的根本性举措。

退耕还林就是从保护和改善生态环境出发，将易造成水土流失的坡耕地和易造成土地沙化的耕地，有计划、有步骤地停止耕种，本着宜乔则乔、宜灌则灌、宜草则草，乔灌草结合的原则，适地适树、因地制宜地植树造林，恢复森林植被。退耕还林工程建设主要包括两个方面的内容：一是坡耕地退耕还林；

二是宜林荒山荒地造林。工程建设范围 25 个省（自治区、直辖市）及新疆生产建设兵团，共 1897 个县（含市、区、旗），其中重点建设县 856 个。

自 1999 年工程试点以来已累计完成退耕地造林 $906.26\times10^4\ hm^2$，配套荒山荒地造林 $1\ 413.72\times10^4\ hm^2$，新封山育林 $193.32\times10^4\ hm^2$。粮食补助资金总计 1 610.46 亿元，生活费兑现金额总计 195.32 亿元。

（二）退耕还林工程政策的目标

退耕还林工程按照 10 年期建设，期限为 2001—2010 年，分为两个阶段。

按照总体规划，近期目标为“十五”期间（2001—2005 年）退耕地还林 $6.7\times10^4\ hm^2$，其中 25°以上的陡坡耕地还林 $3.3\times10^4\ hm^2$，占现有 25°以上坡耕地面积的 73.6%，沙化耕地退耕还林 $2\times10^4\ hm^2$，占现有沙化耕地面积的 29.2%；完成宜林荒山荒地造林 $8.7\times10^4\ hm^2$。新增林草植被面积 $15.3\times10^4\ hm^2$，工程区林草覆被率增加 2.4 个百分点；控制水土流失面积 $40.7\times10^4\ hm^2$，防风固沙控制面积 $48.7\times10^4\ hm^2$。通过工程的实施，使脆弱的生态环境得到初步治理。

远期目标为通过 10 年（2001—2010 年）建设，退耕地还林共 $14.7\times10^4\ hm^2$。其中 25°以上的陡坡耕地基本上全部退耕还林，沙化耕地退耕还林 $2.7\times10^4\ hm^2$，占现有沙化耕地面积的 38.9%；完成宜林荒山荒地造林 $17.3\times10^4\ hm^2$。新增林草植被面积 $32\times10^4\ hm^2$，工程区林草覆被率增加 5.0 个百分点；控制水土流失面积 $86.7\times10^4\ hm^2$，防风固沙控制面积 $102.7\times10^4\ hm^2$。工程完成后，森林生态系统基本得到恢复，大大改善长江和黄河流域等地区的生态环境，为加快西部地区经济发展，推动农业产业结构调整，促进农民脱贫致富，实现社会主义现代化建设第三步战略目标提供生态保障。

（三）退耕还林工程政策的主要内容

1．退耕还林工程一期工程政策

根据国务院《关于进一步完善退耕还林政策措施的若干意见》，退耕还林一期工程具体政策包括四个方面：

① 国家无偿向退耕户提供粮食、现金补助。国家每年根据退耕面积核定各省（自治区、直辖市）退耕还林所需粮食和现金补助总量。粮食和现金补助标准为：长江流域及南方地区，退耕地每年补助原粮 2 250 kg/hm^2；黄河流域及北方地区，退耕地每年补助原粮 1 500kg/hm^2。退耕地每年补助现金 300 元/hm^2，补助款由中央财政承担。粮食和现金补助年限：还草补助按 2 年计算；还经济林补助按 5 年计算；还生态林补助暂按 8 年计算。补助粮食的价款由中央财政承担，调运费用由地方财政承担，都不得向农民分摊。有关补助粮食费用的结算，由财政部门会同粮食部门和农业发展银行办理。

② 国家向退耕户提供种苗和造林费补助。要坚持营造生态林为主，生态

林一般应占 80%左右。种苗和造林费补助标准按退耕地和宜林荒山荒地造林 750 元/hm^2 计算；尚未承包到户及休耕的坡耕地，不纳入退耕还林兑现钱粮补助政策的范围，但可作宜林荒山荒地造林，按 750 元/hm^2 标准给予种苗和造林费补助。退耕还林和宜林荒山荒地造林费补助，直接发给农民自行选择采购种苗。补助款从中央基本建设投资中安排。

③ 退耕地还林的农业税征收实行减免政策。凡退耕地属于农业税计税土地，自退耕之年起，对补助粮达到原常年产量的，国家扣除农业税部分后再将补助粮发放给农民；补助粮食标准未达到常年产量的，相应调减农业税，合理减少扣除数量。退耕之前的常年产量，按土地退耕前 5 年的常年产量平均计算。补助给农民的现金不计入补助粮食标准。退耕地原来不是农业税计税土地的，无论原来产量多少，都不得从补助粮食中扣除农业税。退耕地的农业税只能从补助粮食中扣除，不得向农民征收。在停止粮食补助的年度，同时停止扣除农业税。实施退耕还林工程的县，其农业税等收入减收部分，由中央财政以转移支付的方式给予适当补助。

④ 退耕还林土地承包经营权的期限和造林后荒山荒地的承包经营权的期限延长到 50 年。其承包经营权可以依法继承、流转。承包经营权到期后，退耕还林者可以按有关法律法规的规定继续承包。

退耕还林工程的前期工作和科技支撑等方面的费用，按退耕还林工程基本建设投资的一定比例由国家给予补助，并在年度计划中适当安排。实施退耕还林的地区，要把退耕还林与扶贫开发、农业综合开发、水土保持等政策措施结合起来，对不同渠道的资金，可以统筹安排，综合使用。

退耕还林任务完成后，由省、县两级政府组织林业、农业等有关部门专业人员，对农户退耕还林进行检查验收，农户凭验收卡领取粮食和现金补助，并逐级报账。

2．退耕还林工程后续期政策

2007 年 8 月 9 日，国务院印发《关于完善退耕还林政策的通知》（国发[2007]25 号）。强调继续对退耕农户直接补助。现行退耕还林粮食和生活费补助期满后，中央财政安排资金，继续对退耕农户给予适当的现金补助，解决退耕农户当前生活困难。补助标准为长江流域及南方地区退耕地每年补助现金 1 575 元/hm^2，黄河流域及北方地区退耕地每年补助现金 1 050 元/hm^2。原退耕地每年 300 元/hm^2 生活补助费，继续直接补助给退耕农户，并与管护任务挂钩。还生态林补助期为 8 年，还经济林补助为 5 年，还草补助为 2 年。根据验收结果，兑现补助资金。各地可结合本地实际，在国家规定的补助标准基础上，再适当提高补助标准。凡 2006 年底前退耕还林粮食和生活费补助政策已经期满的，要从 2007 年起发放补助；2007 年以后到期的，从次年起发放补助。建立巩固退耕还林成果专项资金，主要用于西部地区、京津风沙源治理区和享受西部地区政策的中部地区退耕农户的基本口粮田建设、农村能源建设、生态移民以及补植补造，并向特殊困难地区倾斜。中央财政按照退耕地还林面积核定各省（自治区、直辖市）巩固退耕还林成果专项资金总量，并从2008年起按8年集中安排，逐年下达，包干到省。并加大基本口粮田建设力度、加强农村能源建设、继续推进生态移民、继续扶持退耕还林地区、调整退耕还林规划、继续安排荒山造林计划。

二、中国退耕还林工程实践演进及政策沿革

（一）计划经济时期的创立阶段（1949—1977年）

1949年晋西北行政公署发布《保护与发展林业暂行条例（草案）》；1952年周总理签发《关于发动群众继续开展防旱抗旱运动并大力推动水土保持工作的指示》；1955年全国人大决定实施《黄河中游各省区营造水土保持计划》；1957年国务院通过《水土保持暂行纲要》等。

严格地说这一时期是退耕还林的萌芽时期，仅出现了退耕还林的思想，还未上升到政策层面，更谈不上政策设计。20世纪50年代，退耕还林仅在西北、西南的一些环境恶劣地区的局部范围内进行，多为营造用材林和薪炭林，个别地区也造了一些防风固沙林，而1958年以后，仅有的退耕还林萌芽基本上处于停止状态。

（二）改革开放后的恢复时期（1978—1983年）

20世纪70年代，一些地区，尤其是遭到长期开荒以后水土流失严重的地区（如黄土高原地区）开始探索退耕还林。1978年国家启动三北防护林工程，对纳入其中的西北地区的退耕还林起到了促进作用。

这一时期退耕还林表现出如下特点：以乡县为主，调动农民采用“大兵团”方式进行规模造林，绿化荒山；退耕还林多在人烟稀少的高山区进行，水土流失严重的中低山区基本未退耕，且以营造人工用材林为主，在生态保护方面并不理想；个别地方（如四川省）开始探索“以钱粮促退”政策，有些地区的退耕地化为社员的“自留山”“管理山”后，林木成片采伐严重，使其重新变为荒山或耕地。

1983年，胡耀邦同志提出“种草种树，发展畜牧，恢复生态，促进农业”的“反弹琵琶”治理方针，退耕还林的政策重新得到重视。但由于当时发展商品经济意识正在萌动，加上客观上缺乏统一的生态环境政策，且以地方推动为主，于是出现了以经济价值高、短期效益好的用材林种植为主，导致生态建设的短期行为，而退耕还林的生态效益并没有得到特别的强调。

（三）以市场为导向的加快发展时期（1984—1998年）

1984年中共十二届三中全会提出“社会主义是有计划的商品经济”的理

论，无疑为我国林业发展注入了新的活力。

20 世纪 80 年代后期为解决农民尽快致富问题，在政策上允许自留山和承包荒山造林，农民以利益为导向，以经济林建设为主，生态环境保护的意识仍然薄弱。

1992 年，邓小平南巡讲话以后，特别是党的十四大召开确立了我国社会主义市场经济体制，林业发展迎来了一个新阶段。同时，社会主义市场经济体制的确立也使我国的林业立法步伐加快，《森林法》《草原法》《水土保持法》以及《土地管理法》的制定将退耕还林纳入依法治理的轨道，这些法律均规定：禁止毁林开荒，禁止陡坡耕作，有计划地退耕还林。

1998 年特大洪灾过后，国务院《关于灾后重建、整治江河、兴修水利若干意见》把"封山育林、退耕还林"放在灾后重建 32 字方针首位。这一时期中央政府对退耕还林、恢复和重建生态的作用和认识得到强化，相关政策的出现频率逐渐加大，各项政策明显地表现出法律约束和直接控制的特点，但因在政策设计上缺乏对微观主体的利益激励和约束，政策上趋向于农民的趋利动机和行为，实践上形成以经济林为主的还林格局，生态功能没有明显改善。

这一时期有以下特点：西北一些地区把扶贫开发与改善生态环境结合起来，积极探索多元化退耕还林模式，个人承包、集体所有、联营造林、家庭林场等多种经营形式开始出现。农民开始以市场为导向，由过去单纯地营造用材林转向营造见效快、附加值高的经济林（主要是果树林）；由过去的"大兵团"营林变为以农户家庭营造为主；还林地块由前期人烟稀少的高山区转向中低山区；投资主体以集体为主转为国家、集体、个人相结合并以个人为主的多元主体。

这一时期存在的问题：一是仍以经济效益为主决定退耕还林的营造格局，农民个人决策受市场影响较大，退耕不稳定；二是由于营造的多是经济林，且有的实行林粮间作，退耕地水土保持作用仍不突出；三是一些省市虽实行了补贴政策，但因政策缺乏持续性而导致退耕后又普遍返耕。

（四）作为林业重大工程的试点示范阶段（1999—2001 年）

1999 年下半年，川、陕、甘 3 省率先开展试点工作，2000 年试点范围涉及到长江上游和黄河上中游等地区 17 个省（自治区、直辖市）的 188 个县，2001 年拓展到中西部地区 20 个省（自治区、直辖市）的 224 个县。试点 3 年，累积退耕还林 116.2×10^4 hm^2、荒山荒地造林 100.1×10^4 hm^2。其有如下特点：退耕还林作为一项生态工程，具有行政动员和强制性质；在行动上由局部零星分散治理转变为西部地区集中治理，以中央补助为主、地方配套为辅；以营造生态林和经济林为主，探索出了较为成功的建设机制（如公司＋基地＋农户等）和有效的建设模式（如林草型、林药型模式等）。这一时期存在的问题包括：一些政策规定有较大的认识弹性；经济补偿政策缺乏灵活性，对农民补偿标准偏低，缺乏工作经费；技术服务体系建设等配套措施不完整；没有提及退耕还林后续补偿机制；科研及规划严重滞后；计划管理与造林生产脱节；经济林比重过大。因此，自1998年开始退耕还林还草试点工作以来，国务院、国家林业局以及相关部委，各级地方人民政府、职能部门陆续颁布和制定了一系列的规章制度、条例、文件，对退耕还林的技术、补助、管理等做了明确具体的政策规定。

1999年《政府工作报告》指出，要坚决制止新的毁林开荒、围湖造田，对过度开垦、围垦的土地，有步骤地退耕还林、还草、还湖。8月5～9日，国务院总理朱镕基在陕西省考察时指出，要认真贯彻落实江泽民总书记"再造一个山川秀美的西北地区"的批示，强调黄河上中游各省区要解放思想，采取退耕还林（草）、封山绿化、个体承包、以粮代赈的措施，动员广大群众，大搞植树种草，改善生态环境，为根治黄河奠基，为子孙后代造福。8月25日，国务院第46次总理办公会议指出要把停止天然林砍伐同退耕还林还草、治理荒山荒坡等工作结合进行。9月6～12日，国务院总理朱镕基在四川省考察工作时再次强调要把停止天然林砍伐同退耕还林还草、治理荒山荒地结合起来进行。对农民毁林开荒种植的坡耕地要采取"退耕还林（草）、封山绿化、以粮代赈、个体承包"的措施，恢复林草植被。10月3日，中央民族工作会议再次强调退耕还林还草之后，中央和省级财政对有关地区和群众要给予应有的补偿或补助。

2000年3月9日国家林业局、国家计委、财政部《关于长江上游、黄河上中游地区退耕还林（草）试点示范工作的通知》（林计发[2000]111号），确定在长江上游的云南、四川、贵州、重庆、湖北和黄河上中游的陕西、甘肃、青海、宁夏、内蒙古、山西、河南、新疆13个省（自治区、直辖市）的174个县（团、场），开展退耕还林（草）试点示范工作。2000年3月14日国家发展计划委员会、国家粮食局、国家林业局、财政部、农业部、中国农业发展银行关于印发《以粮代赈、退耕还林还草的粮食供应暂行办法》的通知（计粮办[2000]241号）。3月24日国家林业局印发《长江上游、黄河上中游地区2000年退耕还林（草）试点示范科技支撑实施方案》。6月21日增补湖南、河北、吉林和黑龙江4省计14个县（市）为退耕还林（草）试点县。2000年9月11日《国务院关于进一步做好退耕还林还草试点工作的若干意见》（国发[2000]24号）；2000年10月13日财政部、国家税务总局《关于退耕还林还草试点地区农业税政策的通知》（财税[2000]103号）；2000年10月7日财政部、国务院西部开发办公室、国家计划发展委员会、国家粮食局、国家林业局、农业部、中国农业发展银行关于印发《退耕还林还草试点粮食补助资金财政、财务管理暂行办法》的通知（财建[2000]292号）；2000年12月27日国家林业局办公室印发《退耕还林还草生态林与经济林认定标准》（试行）的通知（办造字[2000]72号）；2001年1月20日国家林业局印发《退耕还林还草工程县级作业设计技术规程》(试行)(林生发[2000]22 号);2001 年 2 月 2 日国家林业局、国务院西部地区开发领导小组办公室关于印发《退耕还林还草工程建设检查验收办法》(试行)的通知(林生发[2001]43 号),强化退耕还林工程的验收管理,以保证工程质量。2001 年 2 月 5 日国家林业局关于印发《退耕还林还草工程建设种苗管理办法》(试行)通知(林场发[2001]27 号)。

(五)工程全面建设阶段(2002—2006 年)

2002 年 1 月 10 日,国务院西部地区开发领导小组办公室和国家林业局联合召开退耕还林工作电视电话会议,宣布 2002 年全面启动退耕还林工程,并对启动后的工程建设工作作出了部署和安排。2 月 14 日,《退耕还林条例》公布,自 2003 年 1 月 20 日起施行,从此退耕还林工作步入了法制化轨道。条例中明确规定:长江流域及南方地区,退耕地每年补助粮食(原粮)22.5×10^4 kg/hm^2;黄河流域及北方地区,退耕地每年补助粮食(原粮)15×10^4 kg/hm^2。现金补助标准按照退耕面积每年补助 3 万元/hm^2。粮食和现金补助年限,还草补助按 2 年计算;还经济林补助按 5 年计算;还生态林补助暂按 8 年计算。补助粮食(原粮)的价款按照每千克 1.4 元折价计算。此外,国家向退耕户提供种苗和造林费补助。

2002 年 3 月 18 日国家林业局与退耕还林工程区的 24 个省(自治区、直辖市)人民政府和新疆生产建设兵团签订退耕还林工程建设任务和工程质量责任书。4 月 11 日,《国务院关于进一步完善退耕还林政策措施的若干意见》(国发[2002]10 号)印发,该意见明确指出:凡退耕地属于农业税计税土地,自退耕之年起,对补助粮达到原常年产量的,国家扣除农业税部分后再将补助粮发放给农民;补助粮食标准未达到常年产量的,相应调减农业税,合理减少扣除数。2003 年 8 月 21 日,国家林业局出台《退耕还林工程建设监理规定》(试行)。

2004 年 4 月 16 日,国务院办公厅印发《关于完善退耕还林粮食补助办法的通知》(国办发[2004]34 号)。7 月 28 日,财政部、国家发展改革委、国务院西部开发办、农业部、国家林业局、国家粮食局、中国农业发展银行联合印发《关于退耕还林、退牧还草、禁牧舍饲粮食补助改补现金后有关财政财务处理问题的紧急通知》。2006 年 12 月 21 日国家林业局印发《退耕还林工程质量评估办法(试行)》(林退发[2006]265 号)。

(六)工程延续和完善阶段(2007 年至今)

2007 年 8 月 9 日,国务院下发《关于完善退耕还林政策的通知》,该通知明确提出,继续对退耕农户直接补助,即:现行退耕还林粮食和生活费补助期满后,后续的补助标准为:长江流域及南方地区退耕地每年补助现金 1 575 元/hm^2;黄河流域及北方地区退耕地每年补助现金 1 050 元/hm^2。原退耕地每年 300 元/hm^2 生活补助费,继续直接补助给退耕农户,并与管护任务挂钩。

补助期为：还生态林补助8年，还经济林补助5年，还草补助2年。根据验收结果，兑现补助资金。同年8月25日，全国退耕还林工作会议在湖南省长沙市召开，深入学习贯彻落实《国务院关于完善退耕还林政策的通知》精神，深刻领会党中央、国务院完善退耕还林政策决策的重大意义，总结退耕还林工程建设的经验成效，安排部署当前和今后一个时期的退耕还林工作，表彰为退耕还林事业做出突出贡献的先进典型。

三、国外退耕状况

国外某些国家出于粮食安全、生态环境恢复等目的，开展了类似我国的退耕还林的土地休耕项目。到目前为止，国外进行退耕还林还草的国家主要有美国、英国、法国、德国、日本、澳大利亚等发达国家。这些国家政策出台的背景多种多样，除了为人所熟知的水土保持、增加木材蓄积以外，还有的出于缓解社会矛盾、解决粮食过剩、生物多样性保护、景观重建以及减缓温室效应等目的。

（一）美国退耕还林概况

自1776年独立到20世纪30年代初的150年间，美国奉行的土地政策的主要内容是出售和无偿分配，开发利用丰富的土地资源。耕地由6 477×10^4 hm^2扩张到1.56×10^8 hm^2，同时大面积森林遭到破坏。

20世纪30～90年代，美国在农产品过剩和生态环境恶化的双重压力下，实施了一系列压缩耕地面积的计划，共把数百万公顷农田改造成公园、森林和牧场。

其中有20世纪20年代，纽约州经过认真研究和激烈争论，最终制定了《休依特法案》，主要内容是：由政府投资，收购破产的农场，在荒芜的耕地上植树造林，封山育林，建立产权属于政府的林场，创造就业机会，将失业的农民吸纳为林场工人。此法案一经实施，就取得了恢复森林植被的明显效果。《休依特法案》的制定标志着美国退耕还林还草工程的开始。

20世纪50～60年代，美国政府又推行一种“自愿退耕计划（Land Retirement or Acreage Division）”，引导农场主把一部分耕地退出生产用于土壤保护，对按照计划进行退耕的农场主给予农产品价格补贴。此后，1961年制定了“紧急饲料谷物计划”，1965年实施了“有偿转耕计划”，据统计，1959—1968年的10年间，仅仅是根据银行计划退耕的耕地每年就有445×10^4～1 174×10^4 hm^2（《退耕还林与西部可持续发展》）。1955年又制定实施T“保护性储备计划”（即Conservation Reserve Program，CRP），对易发生土壤侵蚀的耕地实行为期10年的休耕或永久性退耕还林还草，作为补偿，农业部每年向退耕农户支付一定数量的补助。到1990年，美国农业部对易发生土壤侵蚀的4 777×10^4 hm^2耕地全部进行了退耕还林还草或休耕。

（二）欧洲退耕还林情况

在欧洲，退耕还林还草是以无计划的自发方式出现的。1956—1983 年，欧共体国家农业用地减少了 1 100×10^4 hm^2，占耕地总面积的 8%，森林覆盖面积则增加了 15%（B. H. Green，1990），其中法国就达 200×10^4～300×10^4 hm^2。2000 年欧盟国家已有 1 200×10^4～1 600×10^4 hm^2 的农地退耕还林（《退耕还林与西部可持续发展》）。在英国，凡愿意长期退耕还林的，可签署农业协议书，政府据此每年付给农民 125￡/hm^2 以下的补偿金，为期 30 年。

第三节　三北、长江流域等重点防护林体系建设工程政策

一、基本概念界定

（一）三北地区

三北地区是指我国的东北、华北和西北地区；其中东北包括黑龙江、吉林、辽宁；华北包括北京、天津、河北、山西、内蒙古；西北包括陕西、甘肃、青海、宁夏、新疆。

三北地区由于大气环流的作用和缺少森林的调节，旱涝灾害频繁，而且越来越严重。三北地区年降水量大部分在 300～400 mm 之间，60%集中在 6～9 月，因此形成了“十年九旱，不旱则涝”的气候特点。

三北地区水土流失面积达 55.4×10^4 km^2，其中黄土高原是目前世界上水土流失最严重、最集中的区域之一，泥沙流失造成了河床每年 5～10 cm 的抬高，成为黄河巨大的隐患，严重威胁下游人民生命财产安全。

三北地区分布着我国的八大沙漠、四大沙地和广袤的戈壁，总面积达 148×10^4 km^2，约占全国风沙化土地面积的 85%，形成了东起黑龙江西至新疆的万里风沙线。

三北地区是我国多民族聚居区，聚居着汉、回、蒙、满、维吾尔、哈萨克、鄂伦春、塔吉克等 22 个民族，总人口 1.67 亿人。建设三北工程是实现民族团结，巩固国防，实现各民族共同繁荣的战略需要。

三北地区战略地位突出，有我国重要的国防基地。工程区横跨我国北方半壁河山，同俄罗斯、蒙古等 10 多个国家接壤，国境线长达 7 000 km。建设三北工程对维护国家安全，巩固国防建设起着积极的作用。

三北地区植被稀少，农村木料、燃料、肥料、饲料俱缺，农业生产低而不稳，经济发展缓慢，人民生活水平低下，全国约有 70%的贫困县分布在三北地

区。建设三北工程不仅对促进当地的经济社会发展，早日实现农民脱贫致富具有非常重要的现实意义。

1978 年，我国在生态环境建设与发展方面作出了一项重大战略决策，即建设三北防护林体系工程。三北工程是针对三北地区日益恶化的生态环境兴建的一项大型跨世纪林业生态工程，是我国实施西部大开发战略的前奏。

（二）长江流域

长江流域是指长江干流和支流流经中国的青、藏、川、滇、渝等 11 个省、自治区、直辖市的广大区域，是世界第三大流域，流域 $68\times10^4 km^2$，人口超过 3 亿人，流域内有丰富的资源。我国面对“长江将变成第二条黄河”的担忧，1989 年启动了“长江中下游防护林体系建设工程”。这标志着我国林业的发展步入了一个新阶段；我国的防护林建设也由零星、小片的防护林建设上升到集中连片的、大规模的防护林体系建设新阶段，这是我国防护林建设事业上的一次质的飞跃。长江流域面积 $18\ 000\times10^4 hm^2$，占全国总面积的 18.7%，森林覆盖率 30.53%，流域人口占全国的 33.6%。耕地面积占全国耕地的 24.0%。粮食产量占全国的 35.2%，国民生产总值占全国的 40.0%以上。长江流域在我国国民经济和社会发展中具有重要的战略地位，长江中下游防护林体系工程建设正是为长江流域经济、社会和生态环境可持续发展保驾护航的支撑项目。

（三）防护林

生态学中，防护林（Shelter forest）是指以发挥防护作用，保护和改善生态和环境为主要功能的森林。依防护功能和对象的不同，可分为防风林、固沙林、水土保持林等。

水利和水土保持学中，防护林是为了保持水土，防风固沙，涵养水源，调节气候，减少污染，达到改善生态环境和人类生产、生活条件的天然林和人工林。

森林资源学中，防护林是指以改善环境、涵养水源和保持水土等防护作用为主要目的而营造、经营的森林。可分农田防护林、水土保持林、水源涵养林及防风固沙林等。

（四）防护林体系

在一定的自然地理区域或一个范围内，依据地形条件，土地利用状况，主要自然灾害和人们生产活动情况，在当地发展生产总体规划的基础上，结合田边、道路、水利设施和居民点四旁植树，与用材林、经济林、薪炭林和特种用途林各林种的布局配合，合理规划配置并形成防护林的综合体，即称为防护林体系。这一体系的各个组成林种在配置和布局上要相互协调，在林分的形式上可以林带、片林、林网相结合，乔木、灌木、种草相结合。各个林种要相互补充与完善，使防护林体系形成一个有机整体，发挥最佳的经济效益。

（五）三北防护林体系

三北防护林体系是指我国西北、华北和东北北部的防护林体系，东起黑龙江省的宾县，西至新疆的乌孜别里山口，北抵北部边境，南沿海河、永定河、汾河、渭河、洮河下游、布尔汗布达山、喀喇昆仑山。东西长 4 480 km，南北宽 560～1 460 km。地理位置在东经 73°26'～127°50'，北纬 33°30'～50°12'。包括陕西、甘肃、宁夏、青海、新疆、山西、河北、北京、天津、内蒙古、辽宁、吉林、黑龙江 13 个省（自治区、直辖市）的 551 个县（旗、市、区）。工程建设总面积 $406.9\times10^4 km^2$，占全国陆地总面积的 42.4%。其中有塔克拉玛干、古尔班通古特、巴丹吉林、腾格里、库布齐、乌兰布和、浑善达克、毛乌素、科尔沁、嫩江等 12 片戈壁、沙漠和沙地，面积 $133\times10^4 km^2$；有水土流失严重、植被稀少、沟壑纵横的黄土高原，面积 $36.7\times10^4 km^2$。

（六）长江流域等防护林

长江、珠江流域和沿海地区防护林体系建设工程以及太行山绿化工程（简称“长江流域等重点地区防护林体系工程”）是我国最早开展的林业生态建设工程之一。为保护长江一江清水，充分利用长江水利资源优势，配套实施了长江上游防护林和生态公益林建设工程。长江防护林工程实施以来，森林覆盖率提高，治理水土流失得到有效控制，土壤侵蚀量显著降低，各地区新营造或更新了大片河（海）岸、平原绿化、农田林网绿化等基干林带，宜林荒山变森林。

二、防护林工程概况

三北和长江中下游地区等重点防护林体系建设工程（Key Shelterbelt Development Program in the“Three North” and the Yangtze River Basin etc.）是我国 2001 年六大林业重点工程之一，包括三北防护林体系建设四期工程、长江中下游及淮河太湖流域防护林二期工程、沿海防护林二期工程、珠江防护林二期工程、太行山绿化二期工程和平原绿化二期工程（以下分别简称三北四期、长防林、海防林、珠防林、太行山工程和平原绿化）6 个单项工程。从 2001 年起，三北防护林工程进入四期建设，其他五项工程进入二期建设，建设期为 10 年。

三北和长江中下游地区等重点防护林体系建设工程的主要目标是解决三北地区的防沙治沙问题和其他区域相应的生态问题。三北地区的水土流失得到基本控制，沙地得到治理，沙化面积不再扩大。工程的核心是三北防护林体系建设四期工程和长江中下游及淮河太湖流域防护林二期工程。

（一）三北防护林工程

1. 三北防护林工程实施背景及工程意义

为了从根本上改变我国西北、华北、东北地区风沙危害和水土流失的状况，国务院批准实施三北防护林防护工程。1978 年 11 月 3 日，国家计划委员会以计计[1978]808 号文件批准国家林业总局《西北、华北、东北防护林体系建设计划任务书》。1978 年 11 月 25 日，国务院以国发（1978）244 号文件批准国家林业总局《关于在西北、华北、东北风沙危害和水土流失重点地区建设大型防护林的规划》，至此，三北防护林工程正式启动实施。

三北防护林体系是我国北方重要的绿色屏障。完成四期工程规划任务，将初步遏制西北地区风沙侵害的扩展，在荒漠绿洲和东北地区建成较为完备的防护林体系，进一步改善三北地区的生态环境和生产条件，促进区域经济的发展。

工程旨在建立一个高生产力的自然与人工相结合的以木本植物为主体的庞大生物群体。选定一批县旗，进行重点扶持，有计划、有步骤地建成一批区域性防护林体系。实行农林牧、土水林、多林种、多树种、乔灌草、带片网、林工商相结合，建设生态经济型防护林体系。实行分类指导、分区突破。在山地：通过恢复和扩大森林植被，形成三北防护林体系的基本骨架；在平原、绿洲：建设以营造农田防护林为主的复合农业经济系统；在黄土高原：建设以水土保持林为主的防护林体系；在草原：以发展灌木为主，营造草牧场防护林体系；在沙区：建设以防风固沙林为主的复合生态经济系统。

2. 三北防护林工程规划

规划范围包括新疆、青海、宁夏、内蒙古、甘肃中北部、陕西、晋北坝上地区和东北三省的西部共 324 个县(旗)，农村人口 4 400 万人，总面积 260×10^4 hm^2。规划共需造林 35.6×10^4 hm^2。在保护现有森林植被的基础上，采取人工造林、封山封沙育林和飞机播种造林等措施。实行乔、灌、草结合。带、片网结合，多树种、多林种结合，建设一个功能完备、结构合理、系统稳定的大型防护林体系。

这一工程建设规模之大、速度之快、效益之高均超过美国的“罗斯福大草原林业工程”、前苏联的“斯大林改善大自然计划”和北非五国的“绿色坝工程”。在国际上被誉为“中国的绿色万里长城”“世界生态工程之最”。1987 年被联合国环境规划署授予“全球环境保护 500 佳”称号。

三北工程规划造林 3 508.3×10^4 hm^2（包括林带、林网折算面积），其中人工造林 2 637.1×10^4 hm^2，占总任务的 75.1%；飞播造林 111.4×10^4 hm^2，占总任务的 3.2%；封山封沙育林 759.8×10^4 hm^2，占总任务的 21.7%。四旁植树 52.4 亿株。规划总投资为 576.8 亿元。预计到 2050 年，三北地区森林覆盖率将提高到 15%，生态经济效益累计可达 1.3 万亿元，沙漠化土地得到有效治理，水土流失得到基本控制，生态环境和人民群众的生产生活条件从根本上得到改善。

三北工程规划从 1978 年开始到 2050 年结束，历时 73 年，分三个阶段、八期工程进行建设。1978—2000 年为第一阶段，分三期工程：1978—1985 年为一期工程，1986—1995 年为二期工程，1996—2000 年为三期工程；2001—2020 年为第二阶段，分两期工程：2001—2010 年为四期工程，2011—2020 年为五期工程；2021—2050 年为第三阶段，分三期工程：2021—2030 年为六期工程，2031—2040 年为七期工程，2041—2050 年为八期工程。

按照国务院批准的三北防护林体系建设规划，工程的建设范围东起黑龙江省宾县，西至新疆维吾尔自治区的乌孜别里山口，北抵国界线，南沿天津、汾河、渭河、洮河下游、布尔汗达山、喀喇昆仑山，东西长 4 480 km，南北宽 560～1 460 km，包括西北、华北和东北 13 个省（自治区、直辖市）的 551 个县（旗、市、区），工程建设总面积 $406.9\times10^4\ km^2$，占全国陆地总面积的 42.4%。三北防护林第四期工程范围基本保持了三北防护林建设的完整性，但对于第四期工程的范围做了适当调整，将原三北工程的 86 个县（旗、市、区）划入京津风沙源治理工程等其他工程，将东北地区原属松嫩辽流域工程的 98 个县（旗、市、区）纳入范围。共涉及 13 个省（自治区、直辖市）的 590 个县（旗、市、区），总面积 $405.39\times10^4\ km^2$，占国土面积的 42.2%。

3. 工程建设目标和措施

整个三北防护林体系建设工程规划，从 1978 年开始到 2050 年结束，历时 73 年。分三个阶段、八期工程进行建设。工程的建设目标是将林地面积由 $2\,314\times10^4\ hm^2$，增加到 $6\,084\times10^4\ hm^2$，共需造林 $3\,560\times10^4\ hm^2$，其中，人工造林 $2\,688\times10^4\ hm^2$，封山育林 $760\times10^4\ hm^2$，飞播造林 $112\times10^4\ hm^2$，森林覆盖率由 5.05%增加到 15%。活立木总蓄积由 $7.2\times10^8\ m^3$ 增加到 $42.7\times10^8\ m^3$。经济林面积由 $106\times10^4\ hm^2$ 扩大到 $300\times10^4\ hm^2$；多种经营年产值达到 107 亿元。林业年产值由 9 亿元增加到 240 亿元。平原、绿洲农田全部实现林网化，使农作物产量提高 10%～15%。

三北防护林体系建设第四期的目标是：保护好工程区内现有 $2\,787\times10^4\ hm^2$ 森林资源，完成造林 $950\times10^4\ hm^2$，其中人工造林 $630.2\times10^4\ hm^2$，封山封沙育林 $193.7\times10^4\ hm^2$，飞播造林 $126.1\times10^4\ hm^2$。森林覆盖率将由 8.63%提高到 10.47%，净增 1.84 个百分点。

（二）长防林工程

长防林工程的实施，将初步建成一个结构布局合理、多功能、多效益的防护林体系，使长江、淮河流域生态屏障构架基本形成，为社会经济可持续发展奠定生态基础。

1．工程建设范围

长防林工程的建设区域，包括长江、淮河流域，涉及青海、西藏、甘肃、四川、云南、贵州、重庆、陕西、湖北、湖南、河南、安徽、江西、江苏、山东、浙江、上海17个省（自治区、直辖市）的1 033个县（市、区），地理位置介于东经90°30′～122°30′、北纬24°58′～37°09′，总面积21 615×10^4 hm^2。其中，长江（包括钱塘江）流域涉及16个省（自治区、直辖市）的819个县（市、区），总面积18 835×10^4 hm^2；淮河流域涉及4个省的220个县（市、区），总面积2 780×10^4 hm^2。工程区现有林业用地9 103.32×10^4 hm^2，其中，有林地面积5 643.74×10^4 hm^2，森林覆盖率34.4%。

长江及淮河流域自然条件差异较大，为了合理布局工程建设，突出重点，根据自然地理条件、生态要素及主要问题、工程建设主要目标与方向，并适当考虑林业建设与社会经济条件等因素，工程规划为江源高原高山生态保护水源涵养治理区、秦巴山地水土保持水源涵养治理区、四川盆地低山丘陵水土保持治理区、攀西滇北山地水土保持治理区、乌江流域石质山地水土保持治理区、三峡库区水土保持库岸防护治理区、沂蒙山地丘陵水土保持治理区、黄淮平原水土保持堤岸防护治理区、伏牛山武当山水源涵养治理区、大别山桐柏山江淮丘陵水土保持治理区、长江中下游滨湖堤岸防护治理区、武陵山雪峰山山地水源涵养治理区、幕阜山山地水土保持治理区、天目山山地丘陵水土保持治理区、湘赣浙丘陵水土保持治理区和岭南山地水源涵养治理区16个治理区。

2．工程目标和措施

长防林工程建设以全面改善长江、淮河流域生态环境、促进社会经济可持续发展为目标。工程为10年期，分为两个阶段。到2005年，工程区新增生态公益林150×10^4 hm^2，封山育林及现有防护林区的水土流失得到基本控制，现有防护林的生态功能与作用基本达到稳定发挥的状态，森林覆盖率提高1个百分点。到2010年，工程区生态公益林规模达到6 500×10^4 hm^2以上，新增生态公益林400×10^4 hm^2以上，森林覆盖率比工程开始前提高2.5个百分点；工程区水土流失每年减少2×10^8t以上，森林涵蓄调控水资源25×10^8 m^3以上。

工程在划分生态公益林区的基础上，以流域、山系、湖库为治理单元，以遏制水土流失、治理石漠化为重点，通过全面保护现有的生态公益林，大力调整和优化林种、树种和林分结构，采取人工造林、封山育林和飞播造林等方式，恢复和扩大林草植被，建立起结构稳定和功能齐备的防护林体系。

（三）珠防林工程

珠江流域防护林体系建设二期工程范围涉及云南、贵州、广西、广东、湖南、江西6个省（自治区）的187个县（市、区）、34个林场（自然保护区等），土地总面积为4 049.17×10^4 hm^2。

（四）海防林工程

加强沿海防护林体系建设，是促进沿海地区经济社会可持续发展的重要保障，是构建沿海地区防灾减灾体系的重要内容，也是减缓全球气候变暖的重要手段，同时，还是沿海地区率先实现林业现代化的重要途径，以及加快改革开放的重要标志。

我国大陆海岸线北起辽宁省鸭绿江口，南至广西壮族自治区北仑河口，长达 18 340 km，另有约 11 159 km 的岛屿海岸线，涉及 11 个省（自治区、直辖市）和 5 个计划单列市。沿海地区是我国经济最发达、城市化进程最快、人口最稠密的地区，在我国国民经济和社会发展中具有举足轻重的地位和作用。由于特殊的地理位置以及气候条件的影响，沿海地区是台风、风暴潮、灾害性海浪、赤潮、海啸等自然灾害发生频率最高，受害最严重的地区。

海防林工程建设范围北起辽宁的鸭绿江口，南至广西的北仑河口，大陆海岸线长 18 340 km，包括辽宁、河北、天津、山东、江苏、上海、浙江、福建、广东、广西、海南 11 个沿海省（自治区、直辖市）的 220 个县（市、区），总土地面积 $2\,598.22\times10^4\ hm^2$。

党和国家领导人历来关心沿海地区的防灾减灾和人民生命财产安全。早在 20 世纪 80 年代，就提出沿海防护林建设。自 1991 年全国沿海防护林建设开展以来，各地加大建设力度，取得了明显的生态、经济和社会效益。截至 2007 年，沿海地区累计新建和改造基干林带 9 384 km，基干林带总长度超过 1.78×10^4 km，建设区域森林覆盖率由 24.9%提高到 35.6%。

2004 年 12 月，印度洋海啸发生后，国家高度重视沿海防护林体系建设，2007 年 12 月，国务院批复了《全国沿海防护林体系建设工程规划（2006—2015 年）》（以下简称《海防林规划》），成为新世纪以来，国务院批复的第一个防护林工程建设规划。全国沿海防护林体系建设工程于 2008 年 4 月 22 日启动，标志着《海防林规划》正式进入实施阶段。

《海防林规划》范围包括辽宁、河北、天津、山东、江苏、上海、浙江、福建、广东、广西、海南沿海 11 个省（自治区、直辖市）和大连、青岛、宁波、深圳、厦门 5 个计划单列市中的直接受海洋性灾害危害严重的 261 个县（市、区），规划土地总面积为 $44.71\times10^4\ km^2$，占国土总面积的 4.7%，总投资为 99.84 亿元。

根据《海防林规划》，到 2015 年，沿海地区森林覆盖率将达到 37.3%，林木覆盖率 37.8%，基干林带达标率 92.3%，红树林恢复率 95.1%，造林成活率 85%以上，造林保存率 90%以上，农田林网控制率 85.0%，村屯绿化率 90.0%。红树林建设与保护取得重大进展，沿海防护林体系的生态防护功能进一步发挥，防灾减灾功能进一步增强，城乡人居环境得到明显改善，生态建设步入良性循环，在沿海地区率先实现林业现代化，促进区域社会经济的可持续发展。

（五）太行山绿化工程

太行山绿化工程是在太行山石质山区营造水源涵养林、水土保持林，发展果木经济林，通过恢复和扩大森林植被，以提高山区的水土保持能力，并兼有较好的经济效益。工程建设范围包括山西、河北、河南、北京 4 省市的 110 个县，总面积 1 200×10^4 hm^2。工程建设总目标是：营造林 356×10^4 hm^2，防护林比重由 1986 年的 23.8%增加到 41.1%，经济林比重由 13.6%提高到 27.2%，基本控制本区的水土流失，使生态环境有明显的改善。建设期限为 1986—2050 年，分三个阶段完成：1986—2000 年为第一阶段，营造林 136×10^4 hm^2；2001—2010 年为第二阶段，营造林 178×10^4 hm^2；2011—2050 年为第三阶段，营造林 42×10^4 hm^2。工程完成后，森林覆盖率可由 15%提高到 35%左右。

（六）平原绿化工程

平原绿化二期工程涉及北京、天津、河北、山西、山东、河南、江苏、安徽、陕西、上海、福建、江西、浙江、湖北、湖南、广东、广西、海南、四川、辽宁、吉林、黑龙江、甘肃、内蒙古、宁夏、新疆 26 个省（自治区、直辖市），944 个县（市、旗、区），其中平原县 623 个，半平原县 188 个，部分平原县 133 个，土地总面积 21 432.1×10^4 hm^2。

全国平原绿化三期工程建设规划范围与“全国平原绿化二期工程建设规划”范围相同，包括 26 个省（自治区、直辖市）的 958 个平原、半平原、部分平原县（区、市、旗）。

依据全国林业中长期发展规划和林业发展“十二五”规划基本思路，全国平原绿化三期工程规划期限为 2011—2020 年。分两个建设期，前期为 2011—2015 年，后期为 2016—2020 年。

三、三北、长江流域等重点防护林体系建设工程现状分析

三北、长江流域等重点防护林体系建设工程的建设期限为 10 年，即 2001—2010 年。到 2010 年，在工程区内森林资源得到有效管护的基础上，完成造林 950.0×10^4 hm^2，其中人工造林 630.2×10^4 hm^2，封山（沙）育林 193.7×10^4 hm^2，飞播造林 126.1×10^4 hm^2。森林覆盖率由现在的 8.63%提高到 10.47%，净增 1.84 个百分点。治理沙化土地面积 130×10^4 hm^2，毛乌素、科尔沁两个沙地的生态环境有明显改善；东北地区建成比较完备的防护林体系；荒漠绿洲建成高标准农田防护林体系；建成一批比较完备的区域性防护林体系。三北防护林体系建设四期工程建设总投资为 354.12 亿元，其中：中央投资 251.59 亿元。在中央投资中，中央基建投资 160.92 亿元，占中央投资的

63.96%；中央财政专项投资 90.67 亿元，占中央投资的 36.04%。在中央基建投资中，造林投资 137.57 亿元，种苗基础设施建设投资 18.66 亿元，科技支撑等投资 4.69 亿元。

长防林工程建设造林 $687.72\times10^4\ hm^2$，其中，人工造林 $313.24\times10^4\ hm^2$，封山育林 $348.03\times10^4\ hm^2$，飞播造林 $26.45\times10^4\ hm^2$，低效防护林改造 $629.13\times10^4\ hm^2$。长江流域防护林体系建设二期工程总投资为 205.61 亿元。按建设内容分：造林工程投资 135.28 亿元，其中人工造林 93.97 亿元，封山育林 36.54 亿元，飞播造林 4.76 亿元，低效防护林改造 66.05 亿元。前期工作、科技支撑体系建设等其他费用 4.28 亿元。

珠防林工程建设造林 $227.87\times10^4\ hm^2$，其中，人工造林 $87.53\times10^4\ hm^2$，封山育林 $137.24\times10^4\ hm^2$，飞播造林 $3.10\times10^4\ hm^2$，低效防护林改造 $99.76\times10^4\ hm^2$。珠防林工程总投资为 52.94 亿元，其中，造林工程投资 41.23 亿元，低效防护林改造 10.47 亿元，其他费用 1.24 亿元。

海防林工程造林 $136.0\times10^4\ hm^2$，其中，人工造林 $68.27\times10^4\ hm^2$，封山育林 $61.40\times10^4\ hm^2$，飞播造林 $6.33\times10^4\ hm^2$。低效防护林改造 $97.93\times10^4\ hm^2$。沿海防护林体系二期工程总投资为 39.09 亿元。

太行山绿化二期工程造林任务 $146.2\times10^4\ hm^2$，其中，人工造林 $67.0\times10^4\ hm^2$，封山育林 $50.7\times10^4\ hm^2$，飞播造林 $28.5\times10^4\ hm^2$。低效防护林改造 $45.1\times10^4\ hm^2$。太行山绿化二期工程总投资为 35.97 亿元。

平原绿化二期工程建设总任务 $552.1\times10^4\ hm^2$。其中新建农田林网面积 $41.6\times10^4\ hm^2$，荒山荒地绿化 $294.5\times10^4\ hm^2$，村屯绿化 $112.7\times10^4\ hm^2$，园林化城镇建设 $30.4\times10^4\ hm^2$，改造提高农田林网面积 $72.9\times10^4\ hm^2$。平原绿化二期工程总投资为 12.47 亿元。

四、防护林工程建设进展及政策历史沿革

（一）三北防护林工程建设进展及政策历史沿革

1．第一阶段（1978—2000 年）

三北防护林体系建设倾注了几代中央领导人的心血。最早提出建设三北防护林设想的是周恩来总理。为了改变西北地区水土流失严重和沙尘暴频繁发生的状况，早在 20 世纪 60 年代，周总理就提出“要在我国北方地区多植些树才能从根本上解决问题。”可惜的是，周总理的设想还未实施，就发生了“文化大革命”。直到 1978 年，邓小平、李先念、陈云等中央领导同志在《关于在我国北方地区建设大型防护林带的建议》上作出重要批示，一个重整河山、规模空前的伟大工程由此拉开序幕。1978 年国家林业总局颁发《西北、华北、东北防护林体系建设计划任务书》和《关于在西北、华北、东北风沙

危害和水土流失重点地区建设大型防护林的规划》，至此，三北防护林工程正式启动实施。

第一阶段共分为三期工程（1978—1985 年、1986—1995 年、1996—2000 年），用 23 年时间（1978—2000 年）造林 $1.5\times10^4\ hm^2$（占总任务的 62%），初步建成一批区域性防护林体系。根据不同时期、不同阶段国民经济和社会发展的重点，该阶段的建设思路和建设重点进行了三次大的调整。

一期工程，为了从根本上改变三北地区生态面貌，改善人们的生存条件，把农田防护林作为工程建设的首要任务，集中力量建设平原农区的防护林体系；在农牧交错地带的长城沿线确定了 194 个重点建设县，将 70%的国家专项投资和 70%的建设任务安排到这些重点县，重点开展了以营造农田防护林、牧场防护林、重点地区防风固沙林、水土保持林为主体的防护林建设。

二期工程，提出了建设生态经济型防护林体系，改变单一生态型防护林建设模式，做到农林牧、土水林、带片网、乔灌草、多林种、多树种、林工商七个结合；巩固完善已有农田防护林体系建设的同时，重点安排京津周围绿化工程、京包—包兰铁路两侧等 5 个重点工程，并将山西昕水河流域等确定为生态经济型防护林示范区。

三期工程，在三北农牧业生产迫切需要、自然条件较好的地区，选定一批党政领导重视、基础工作扎实的县旗，进行重点扶持，有计划、有步骤地建成一批区域性防护林体系。以农田防护林为主的区域性防护林体系作为工程建设的重中之重。

第一阶段完成后，工程取得了显著成果（表 9-3）。

表 9-3　三北工程第一阶段造林成果统计　$\times10^4\ hm^2$

第一阶段	合计	造林方式									林种			
		人工造林	封山育林	飞播造林	防护林						用材林	经济林	薪炭林	特用林
					小计	防风固沙林	水土保持林	水源涵养林	农田牧场防护林	其他				
合计	2 203.7	1 538.6	576.9	88.2	1 426.4	476.1	552.6	110	250	37.7	307.8	369.2	91.2	9.1
一期	534.7	459.1	71.8	3.8	360	105.6	164.6	18.9	61.1	9.8	111.6	29.9	30.8	2.4
二期	1 077.6	726.7	305.4	45.5	665.8	267.3	248.1	59.7	74.3	16.4	132.8	231.7	42.7	4.6
三期	591.4	352.8	199.7	38.9	400.5	103.1	139.8	31.4	114.4	11.8	63.3	107.6	17.7	2.3

注：造林成果数据来源于《三北防护林体系工程第一阶段评估报告》（2001）

2．第二阶段（2001—2020 年）

2001 年 4 月 11 日，国家林业局宣布组建六大林业工程管理办公室，其中三北防护林工程管理办公室设在三北防护林工程建设局。第二阶段共分为二期工程，即第四期工程（2001—2010 年），第五期工程（2011—2020 年），用

20 年时间造林 5 344.7×10^4 hm^2（占总任务的 23%），总体防护林体系基本建成。

2009 年，国办发行第 52 号文件对进一步推进三北防护林体系建设提出指导性意见。第四期工程目前已经完成，第四期工程共涉及 13 个省（自治区、直辖市）的 590 个县（旗、市、区），总面积 405.39×10^4 km^2，占国土面积的 42.2%。保护好工程区内现有 2 787×10^4 hm^2 森林资源，完成造林 950×10^4 hm^2，其中人工造林 630.2×10^4 hm^2，封山封沙育林 193.7×10^4 hm^2，飞播造林 126.1×10^4 hm^2。森林覆盖率由 8.63%提高到 10.47%，净增 1.84 个百分点。在沙区，40%的沙化土地得到初步治理。在水土流失区，使 50%以上的水土流失面积得到治理，土壤侵蚀模数下降 30%以上，流入黄河的泥沙量明显减少。在黄土高原建成重要的后备森林资源和干鲜果品基地，初步建成防护林体系框架。

3. 第三阶段（2021—2050 年）

第三阶段：分为三期工程，第六期工程（2021—2030 年），第七期工程（2031—2040 年），第八期工程（2041—2050 年），用 30 年时间造林 3 488.7×10^4 hm^2（占总任务的 15%），主要任务是防护林体系的巩固、完善和提高。到 2050 年，工程全面完工后，将使三北地区的森林面积累计达到 4×10^4 hm^2，覆盖率由 5.05%提高到 14.95%，届时三北地区的沙漠化土地将得到有效治理，水土流失将得到基本控制，人民群众的生产生活条件将从根本上得到改善。

（二）长江流域防护林工程建设进展及政策历史沿革

从 1988—2000 年为第一期工程，在水土流失重点地区 114 个县（市）总面积为 34×10^4 km^2，造林 1 580×10^4 hm^2，其中金沙江流域 20 个县，黔西乌江流域 10 个县，四川盆地嘉陵江流域 60 个县，秦巴山地汉水流域 11 个县，川鄂山地长江干流 18 个县，湘赣丘陵“两湖”水系 25 个县。一期工程建设基本情况。到 2000 年年底，共完成造林 1 371.66×10^4 hm^2，累计完成投资 56.08 亿元。长江上中游防护林体系建设一期工程累计完成营造林面积 685.5×10^4 hm^2。其中，人工造林 422.5×10^4 hm^2，飞播造林 7.5×10^4 hm^2，封山育林 221×10^4 hm^2，幼林抚育 34.5×10^4 hm^2。

二期工程建设期为 10 年（2001—2010 年）。2004 年，国家林业局颁发《长江流域防护林体系建设二期工程规划》。长江流域等防护林工程二期规划涉及全国 31 个省（自治区、直辖市）的 1 900 多个县（市、区），基本覆盖了我国主要的水土流失、风沙和盐碱等生态环境脆弱的地区。其中长江流域防护林体系建设二期工程涉及 17 个省（直辖市）1 035 个县（市、区）（表 9-4）。

三期规划为 2011—2020 年，分 2011—2015 年和 2016—2020 年两个阶段。2011 年，国家林业局颁发《长江流域防护林体系建设三期工程规划》。

表 9-4　长江流域防护林工程二期成果

二期工程成果分析		
因　素	状　况	分　析
建设规模	森林 7 006.08×10^4 hm^2，覆盖率 37.68%；防护林 3 006.56×10^4 hm^2，占工程区总面积的 13.91%；工程建设规模 2 371.83×10^4 hm^2，占工程区总面积的 10.97%	森林资源、防护林总量显著提高；但是防护林总量占工程区面积偏低
体系结构	水源涵养林 1 278.71×10^4 hm^2，水土保持林 1 540.94×10^4 hm^2，防风固沙林 29×10^4 hm^2，农田牧场防护林 17.28×10^4 hm^2，道路防护林 34.72×10^4 hm^2，江岸防护林 83.03×10^4 hm^2，其他防护林 22.87×10^4 hm^2，各林种依次占据防护林比重为 42.5%、51.3%、1%、0.6%、1.2%、2.8%、0.8%	体系结构构成比较全面，基本覆盖九大二级树种；但以水源涵养、水土保持为主，其他功能比例低
布局配置	16 大工程区主攻方向明确，江河源头水源涵养、山丘水土保持、大中型湖库重点保护、农田防护、通道绿化等重点防护林区逐渐形成良好的布局配置	部分河流干流、湖库周边防护林体系配置标准偏低，一些水土流失重点区防护林布局偏弱
林分质量	工程区防护林森林单位蓄积 64.91 m^3/hm^2，低于全国防护林平均水平；低效林 746.68×10^4 hm^2，占防护林总面积 24.8%；中幼林面积 2 060.72×10^4 hm^2，占防护林总面积的 68.53%	林分整体质量偏低，低效林比重较大，中幼林比重较大
经营水平	国有林区森林经营基本实现全覆盖，集体林权改革后森林经营落实到户；林业技术人员配置乡镇、林场；现有技术储备能为森林经营活动提供支持；森林火灾防控面积达 2 108.68×10^4 hm^2，有害生物监测防控面积达 1 417.21×10^4 hm^2，采种基地 14.14×10^4 hm^2，苗木繁育基地 13.32×10^4 hm^2	森林经营责权基本明晰，农村人口向城市转移提出了森林经营的新问题；森林经营的基础设施完善，林区道路密度、森林防火以及有害生物防控水平需要提高
管理能力	工程区林业生产、经营、管理、技术职工人数 40.17 万人，其中，从事长防工程的管理人员达 6800 人。林业生产管理机构覆盖至乡镇，标准化、信息化、规范化的管理方式逐渐形成	管理体系比较健全，基本具备防护林资源管理的能力

第四节　京津风沙源治理工程政策

土地沙化是当今世界共同面临的严峻挑战，是严重影响人们生产生活的重大灾害，是制约我国现代化建设的重要因素，是中华民族生存与发展的心腹之患。据《第四次中国荒漠化和沙化状况公报》，截至 2009 年年底，我国荒漠化土地面积为 262.37×10^4 km^2，沙化土地面积为 173.11×10^4 km^2，涉及 30 个省区市、近 900 个县和 4 亿人口。与 2004 年相比，5 年间荒漠化土地面积净减少 12 454 km^2，年均减少 2 491 km^2。沙化土地面积净减少 8 587 km^2，年均减少 1 717 km^2。加强防沙治沙工作，是保障国土生态安全的迫切需要，是促进区域协调发展的必然要求，是我国履行国际公约的应尽义务。加强风沙源治理，有助于沙区经济发展和农民增收致富，保障城乡居民的生活质量和身心健康，促进经济社会可持续发展。

一、京津风沙源治理工程概况

（一）基本概念界定

沙漠化是指在干旱多风的沙质地表环境中，由于过度的人为活动破坏了脆弱的生态平衡，使原来非沙漠的地区出现了以风沙活动为主要特征的类似沙漠景观，造成了土地生产力下降的环境退化过程。具体来说，沙漠化是指在人为干扰下，沙质土地植被破坏后在风力作用下产生扬尘、沙尘暴或类似沙漠的土壤堆积等退化。由此可见沙漠化发生的范围要更广些，荒漠化现象更普遍些。从某种角度来说，沙漠化是荒漠化的表象之一。

沙尘暴（sand duststorm）是沙暴（sandstorm）和尘暴（duststorm）两者兼有的总称，是指强风把地面大量沙尘物质吹起并卷入空中，使空气特别混浊，水平能见度小于 1 km 的严重风沙天气现象。其中沙暴系指大风把大量沙粒吹入近地层所形成的挟沙风暴；尘暴则是大风把大量尘埃及其他细粒物质卷入高空所形成的风暴。

京津风沙源治理工程（Sandification Control Program for Areas in the Vicinity of Beijing and Tianjin，以下简称京津工程），又称环北京地区防沙治沙工程，是林业六大重点工程之一，也是国家生态建设的重点工程，是为了优化京津地区的生态环境而采取的对风沙源地进行综合治理的工程。京津工程对于当地沙化土地的治理，改善京津地区及周边的生态环境，促进区域经济和社会可持续发展有重要意义。

（二）工程目标

影响京津地区的沙尘主要来自北京以外的地区，包括地处京津上风向的内蒙古浑善达克沙地、乌盟后山、河北坝上等地区。这些地区的地势高出北京 1 000 多米，植被稀少，生态脆弱极易形成起尘扬沙情况。只有这些地区的生态环境得到改善，才能减轻、消除京津地区的沙尘天气。

实施京津工程的目的就是通过植被保护，植树种草、退耕还林、小流域及草地治理、生态移民等措施，使工程区可治理的沙化土地得到基本治理，生态环境明显好转，风沙天气和沙尘暴天气明显减少，从总体上遏制沙化土地的扩展趋势，建设一个高质量、高稳定性的生态防护体系，优化首都及周边地区生态环境，使北京周围生态环境得到明显改善，提升北京国际地位，保障这个地区经济社会协调发展。

工程总目标：到 2010 年，通过封沙育林、飞播造林、人工造林、退耕还林、草地治理等生物措施和小流域综合治理等工程措施，治理沙化土地 $1\,011.686\times10^4\,hm^2$，工程区现有植被得到有效保护；增加林草植被 $5.2\times10^4\,hm^2$，森林覆盖率由目前的 8.7%提高到 20.1%，净增 11.4 个百分点。治理区生态环境明显好转，风沙天气和沙尘暴天气明显减少，从总体上遏制沙化土地的扩展趋势，使北京周围生态环境得到明显改善。

（三）工程主要内容

工程的建设区西起内蒙古的达茂旗，东至河北的平泉县，南起山西代县，北至内蒙古的东乌珠穆沁旗。地理坐标为东经 109°30′～119°20′、北纬 38°50′～46°40′。东西横跨近 700 km，南北纵跨近 600 km，范围涉及内蒙古、河北、山西及北京和天津的 75 个县（旗、市、区），国土总面积 4 580×10^4 hm^2。工程规划预算总投资 558.6 亿元（含地方配套资金）。京津工程建设期为 10 年，即 2001—2010 年。建设任务分为林业建设、草地治理、水利措施和生态移民四个方面。

1．林业建设

退耕还林：2001—2010 年退耕还林 262.91×10^4 hm^2。其中，退耕 134.17×10^4 hm^2，荒山荒地荒沙造林种草 128.74×10^4 hm^2。退耕还林 5 年（2002—2006 年）完成。

荒山荒地荒沙造林：2001—2010 年总规模 494.41×10^4 hm^2，其中，人工造林 130.82×10^4 hm^2，封山育林 177.70×10^4 hm^2，飞播造林 185.89×10^4 hm^2。

种苗基地及设施建设：2001—2010 年种苗基地建设：示范基地 0.032×10^4 hm^2；良种基地新建和改建 0.16×10^4 hm^2；采种基地新建和改建 2.97×10^4 hm^2；国有苗圃新建和改建 0.08×10^4 hm^2。2001—2010 年种苗设施建设：种子加工设施 27 套；种子常温库 16 座；种子质量监督检查站（室）新建和改建 30 处；种苗信息化建设 34 套。

2．草地治理

2001—2010 年，草地治理总面积 1 062.78×10^4 hm^2，建设暖棚 286×10^4 m^2，购买饲料机械 23 100 台（套）。其中，人工种草 148.23×10^4 hm^2；飞播牧草 28.53×10^4 hm^2；围栏封育 279.33×10^4 hm^2；基本草场建设 34.33×10^4 hm^2；草种基地 3.90×10^4 hm^2；禁牧 568.45×10^4 hm^2。

3．水利措施

2001—2010 年，建立水源工程 66 059 处，节水灌溉 47 830 处，小流域综合治理 23 445 km^2。

4．生态移民

2001—2010 年，共完成生态移民 18 万人。

（四）工程保障措施

根据工程区自然气候、地形地貌特点，工程实行分类指导，分区施策，综合治理。

（1）全面封禁保护现有林草植被，杜绝一切人为破坏行为。人工种草投资 1 800 元/hm^2，其中中央投入 900 元/hm^2；飞播牧草投资 1 500 元/hm^2，中央投入 750 元/hm^2；围栏封育投资 1 050 元/hm^2，中央投入 600 元/hm^2；基本草场建设投资 7 500 元/hm^2，中央投入 1 200 元/hm^2；草种基地建设投资 18 000 元/hm^2，中央投入 7 500 元/hm^2。中央投资部分由中央基本建设资金解决。

（2）大力营造防风固沙林带，建立稳固的防风阻沙体系，在现有荒山荒地上营造乔灌草相结合的复合型水土保持和水源涵养林。人工造林 4 500 元/hm^2，其中中央投入 1 500 元/hm^2；飞播造林 1 800 元/hm^2（含飞后管护），封山育林 1 050 元/hm^2，全部由中央投入；中央投资部分由中央基本建设资金解决。林木种苗建设 70%的建设投资由中央基本建设资金解决。

（3）对区域内陡坡耕地和粮食产量低而不稳的沙化耕地实行退耕还林还草。退耕还林粮食及现金补助年限按生态林计算，为期 8 年；粮食补助标准：按退耕地面积每年补助粮食（原粮）1 500 kg/hm^2，每千克粮食按 1.4 元计算；现金补助标准：按退耕地每年补助现金 300 元/hm^2；种苗补助费按照退耕地面积和宜林荒山荒地荒沙造林种草补助 750 元/hm^2。退耕还林中粮食和现金补助由中央财政专项资金划拨，种苗补助由中央基本建设资金解决。

（4）加快水土流失综合防治步伐，减少入库泥沙。水源配套工程中央补助 1 万元/处；小流域综合治理工程中央补助投资 20 万元/km^2。中央投资部分由中央基本建设资金解决。

（5）加速转变传统的农牧业生产方式，实行划区轮牧、休牧和舍饲圈养。禁牧后每天的饲料粮补贴标准为 0.22 kg/hm^2。其中北部干旱草原沙化治理区和浑善达克沙地治理区按全年禁牧 365 天计，农牧交错带沙化土地治理区和燕山丘陵山地水源保护区按全年禁牧 180 天计，饲料粮补助期限为 5 年，饲料粮价格按 0.9 元/kg 计算，所需资金由中央财政专项资金划拨。禁牧舍饲后所需的棚圈按 200 元/m^2 计算，其中中央投入 150 元/m^2，饲料加工机械设备按 2 500 元/台（套）计算，中央投入 2 000 元/台（套），中央投资部分由中央基本建设资金解决。

（6）积极营造农田、牧场防护林网，确保农牧业生产安全。

（7）对生态极其恶劣，不具备人居生存条件的地区，实行生态移民，促进生态自然修复。生态移民暂按 5 000 元/人计算，全部由中央基建资金解决。

科技支撑等其他费用按林业建设、草地治理、水利工程等中央基本建设资金的 3%提取，由中央基本建设资金解决。

京津工程总投资 577.03 亿元。其中，中央财政投资为 275.99 亿元，基本建设投资（包括中央补助和地方配套）为 301.04 亿元。

二、京津风沙源治理工程政策的沿革

（一）工程第一阶段（2001—2005 年）

2000 年春天，华北地区连续发生了多次沙尘暴或浮尘天气，频率之高，范围之广，强度之大是建国以来所罕见的。党中央、国务院对此高度重视，国务院分别于2000年4月27日、5月26日、6月5日三次召开会议进行研究，并决定紧急启动京津工程。京津工程于2000年6月启动试点，2001年全面铺开，2002年3月国务院批复工程建设规划，工程全面实施。工程启动实施以来，在党中央、国务院的高度重视和各有关方面的共同努力下，工程区各级政府强化领导，创新机制，明确责任，加大工作力度，采取有效措施，工程建设进展顺利。

2001年6月，支持中国履行《联合国防治荒漠化公约》建立伙伴关系暨筹资国际会议在北京举行。8月31日九届全国人大常委会第二十三次会议审议通过《中华人民共和国防沙治沙法》，同日发布，自2002年1月1日起施行。2001年11月28日国家林业局印发《关于当前环北京地区防沙治沙工程急需抓好的几项工作的通知》，明确在环北京地区防沙治沙工程项目区全面实行"禁牧、禁樵、禁垦"。12月26日，中国防治荒漠化协调小组会议在北京召开。

2002年3月3日国务院批准《京津风沙源治理工程规划》。2003年4月23日，国家计委、国家林业局、农业部、水利部联合印发《京津风沙源工程建设管理办法》。此外，还出台了《京津风沙源治理工程林业建设技术规定》《京津风沙源治理工程林业建设档案规范化管理标准》等。2003年11月4日国家林业局召开第三次全国荒漠化和沙化监测工作会议，宣布全面启动第三次全国土地荒漠化和沙化监测工作。2003年12月23日国家林业局印发《全国荒漠化和沙化监测管理办法》（试行）。

2003年国家林业局下发《关于进一步加强京津风沙源治理工程区宜林荒山荒地造林的若干意见》，从政策机制上支持鼓励各种社会组织和个人承包荒山荒地造林绿化，同等享受国家补助，允许各地因地制宜、科学合理地确定荒山荒地植被恢复方式，县级林业部门可以综合不同的造林方式、种苗成本等因素，使用造林种苗补助费。

2004年6月17日国家林业局、全国人大环境与资源保护委员会、全国政协人口资源环境委员会联合在北京召开"加快防沙治沙步伐，促进农民增收"座谈会。2004年7月，国家林业局下发了《关于加快京津风沙源治理工程区沙产业发展的指导意见》。此外，国家林业局还发布了《营利性治沙管理办法》《关于建立健全重大沙尘暴灾害应急体系的通知》等。

2005年9月8日，国务院颁发《国务院关于进一步加强防沙治沙工作的决定》（国发[2005]29号）。2005年国家林业局发布《关于切实做好京津风沙源治理工程区林木抚育和管护工作的通知》。

（二）工程第二阶段（2006年至今）

2006年，我国推行了省级人民政府防沙治沙责任制度，先后启动了39

个全国防沙治沙示范区，实施了石漠化综合治理工程。2006 年国家林业局发布《抓好京津风沙源治理工程，促进区域新农村建设实施方案》《京津风沙源治理工程林分抚育和管护工作考核办法（试行）》《关于进一步加强京津风沙源治理工程造林管理工作的通知》等。2006 年 12 月 29 日，全国人大环境与资源保护委员会、国家林业局在人民大会堂联合召开《防沙治沙法》实施五周年座谈会。2007 年 3 月 26～27 日，全国防沙治沙大会在北京召开。经 2009 年第 4 次全国荒漠化沙化监测，沙化土地由过去扩展变成现在每年缩减 1 717 km^2，我国土地荒漠化、沙化呈持续净减少之势。京津工程进展顺利。2007 年 7 月 18～19 日，京津风沙源治理工程第九次省部联席会暨现场会在内蒙古自治区锡林郭勒盟锡林浩特市召开。2008 年 7 月 14～15 日，京津风沙源治理工程第十次省部联席会暨现场会在河北省承德市召开。2008 年，国家林业局治沙办公室发布《京津风沙源损失面积核定办法》。

2009 年 4 月 23 日，局治沙办下发了《关于对京津风沙源治理工程区退耕还林建设全面开展“回头看”的通知》（林沙综字[2009]12 号）。2010 年 11 月 26 日，北京市 2010 年京津风沙源治理工程工作会在房山区召开。2010 年，国家林业局治沙办公室发布《国家林业局关于进一步加快发展沙产业的意见》。2011 年，国家林业局出台了《全国防沙治沙综合示范区建设规划（2011—2020）》。

2012 年 9 月，国务院常务会议讨论通过了《京津风沙源治理二期工程规划（2013－2022 年）》，决定实施京津风沙源治理二期工程，总投资达 877.92 亿元。工程区范围由北京、天津、河北、山西、内蒙古 5 个省（区、市）的 75 个县（旗、市、区）扩大至包括陕西在内 6 个省（区、市）的 138 个县（旗、市、区）。二期工程建设目标包括：到 2022 年，一期工程建设成果得到有效巩固，工程区内可治理的沙化土地得到基本治理，总体上遏制沙化土地扩展趋势，生态环境明显改善，生态系统稳定性进一步增强，基本建成京津及华北北部地区的绿色生态屏障，京津地区沙尘天气明显减少，风沙危害进一步减轻。整个工程区经济结构继续优化，可持续发展能力稳步提高，林草资源得到合理有效利用，全面实现草畜平衡，草原畜牧业和特色优势产业向质量效益型转变取得重大进展；工程区农牧民收入稳定在全国农牧民平均水平以上，生产生活条件全面改善，走上生产发展、生活富裕、生态良好的发展道路。

这一阶段主要政策进展如下：一是明确责任，实行“五到省”责任制度；二是优化政策机制，调动社会各界治沙积极性，深入实施《关于进一步加强京津工程区宜林荒山荒地造林的若干意见》；三是强化抚育管理，保护了治理成果，在工程项目区实行“三禁”（禁牧、禁樵、禁垦）制度；四是加强产业建设，促进了区域经济增长，贯彻实施《关于加快京津风沙源治理工程区沙产业发展的指导意见》；五是强化科技支撑，开展技术培训、科技送乡村活动，提高了工程建设质量；六是规范工程管理，建立了一系列规章制度，合同制、招投标制、监理制等得到广泛运用。

第五节　野生动植物保护及自然保护区建设工程政策

我国地域辽阔、地貌复杂、河流纵横、湖泊众多、气候多样，为各种生物及生态系统类型的形成与发展提供了优越的自然条件，从而成为世界上生物多样性最为丰富的国家之一。我国的生态系统主要包括森林、草原、荒漠、农田、湿地及海洋六大类型。其中森林是最重要的陆地生态系统，它蕴藏了大量的生物物种，是生物多样性最为丰富的生态系统类型。森林类型繁多、功能齐备，对中国乃至全球的环境和气候都具有特别重要的影响。我国的森林有寒温带针叶林、温带针阔叶混交林、暖温带落叶林和针叶林、亚热带常绿阔叶林和针叶林、热带季雨林、雨林。中国的天然湿地包括沼泽、泥炭地、湿草甸、浅水湖泊、高原咸水湖泊、盐沼和海岸滩涂等类型，涵盖了全球39个湿地类型，而且青藏高原的高寒湿地在世界上为我国所独有。我国约有脊椎动物6 266种，约占世界脊椎动物种类的10%。我国有30 000多种植物，仅次于世界植物最丰富的马来西亚和巴西，居世界第三位。由于我国大部分地区未受到第三纪和第四纪大陆冰川的影响，因而保存有大量的特有物种。据统计，约有476种陆栖脊椎动物为我国所特有；在30 000多种高等植物中，约50%～60%为我国所特有。大熊猫、金丝猴、朱鹮、华南虎、羚牛、藏羚羊、褐马鸡、绿尾虹雉、白鳍豚、扬子鳄和水杉、银杉、珙桐、台湾杉、银杏、百山祖冷杉、香果树等均为我国特有的珍稀濒危野生动物和植物。因此，加强自然保护区建设与管理不仅有利于我国自然资源的保护，对全球生态环境保护也具有重要的现实意义。

一、工程概述

（一）自然保护区及其建设意义

自然保护区的定义分为广义和狭义两种。广义的自然保护区，是指受国家法律特殊保护的各种自然区域的总称，不仅包括自然保护区本身，而且包括国家公园、风景名胜区、自然遗迹地等各种保护地区。狭义的自然保护区，是指以保护特殊生态系统进行科学研究为主要目的而划定的自然保护区，即严格意义的自然保护区。

《中华人民共和国自然保护区条例》第一章第二条对自然保护区的概念给予了定义，即自然保护区是指对有代表性的自然生态系统、珍稀濒危野生动植物物种的天然集中分布区、有特殊意义的自然遗迹等保护对象所在的陆地、陆地水体或者海域，依法划出一定面积予以特殊保护和管理的区域。

以保护的主要对象为标准分为：生态系统类型保护区、生物物种保护区和自然遗迹保护区三类；而按照保护区性质为标准，又可以分为科研保护区、国家公园（即风景名胜区）、管理区和资源管理保护区四类；以保护目的为标准，可分为以保护完整的综合自然生态系统为目的的自然保护区、以保护某些珍贵动物资源为主的自然保护区、以保护珍稀孑遗植物及特有植被类型为目的的自然保护区、以保护自然风景为主的自然保护区和国家公园、以保护特有的地质剖面及特殊地貌类型为主的自然保护区、以保护沿海自然环境及自然资源为主要目的的自然保护区。

我国《自然保护区条例》把自然保护区分为国家级自然保护区和地方自然保护区两类。其中，在国内外有典型意义、在科学上有重大国际影响或者有特殊科学研究价值的自然保护区，列为国家级自然保护区；除列为国家级自然保护区的以外，其他具有典型意义或重要科学研究价值的自然保护区均列为地方级自然保护区。

自然保护区建设是切实保护我国主要的森林生态系统、典型动植物物种及其生态环境的需要。政策意义体现为如下几个方面：

（1）保护自然本底。自然保护区保留了一定面积的各种类型的生态系统，可以为子孙后代留下天然的“本底”。这个天然的“本底”是今后在利用、改造自然时应遵循的途径，为人们提供评价标准以及预计人类活动将会引起的后果。

（2）贮备物种。保护区是生物物种的贮备地，又可以称为贮备库。它也是拯救濒危生物物种的庇护所。

（3）开辟科研、教育基地。自然保护区是研究各类生态系统自然过程的基本规律、研究物种的生态特性的重要基地，也是环境保护工作中观察生态系统动态平衡、取得监测基准的地方。当然它也是教育实验的好场所。

（4）保留自然界的美学价值。自然界的美景能令人心旷神怡，而且良好的情绪可使人精神焕发，燃起生活和创造的热情。所以自然界的美景是人类健康、灵感和创作的源泉。

（二）野生动植物保护及自然保护区建设工程

建立自然保护区是保护生态环境、自然资源的有效措施，是保护生物多样性、建设生态文明的重要载体，是加快转变经济发展方式、实现可持续发展的积极手段。国家级自然保护区主要保护对象的典型性、稀有性、濒危性、代表性较强，在保护生物多样性和生物资源、维持生态系统良性循环等方面具有重要作用。

野生动植物保护及自然保护区建设工程（Wildlife Conservation and Nature Reserves Development Program）是全国六大林业重点工程之一，主要解决基因保存、生物多样性保护、自然保护、湿地保护等问题。工程实施范围包括：具有典型代表性的自然生态系统、珍稀濒危野生动植物的天然分布区、生态脆弱地区和湿地地区等。

1．工程目标

规划总体目标是：通过实施该工程，拯救一批国家重点保护野生动植物，扩大、完善和新建一批国家级自然保护区、禁猎区和野生动物种源基地及珍稀植物培育基地，恢复和发展珍稀物种资源。到 2050 年，使我国自然保护区数量达到 2 500 个，总面积 1.728×10^8 hm^2，占国土面积的 18%，形成一个以自然保护区、重要湿地为主体，布局合理、类型齐全、设施先进、管理高效，具有国际重要影响的自然保护网络。

通过实施全国野生动植物保护及自然保护区建设总体规划，拯救一批国家重点保护野生动植物，扩大、完善和新建一批国家级自然保护区和禁猎区。加强科学研究，资源监测，管理机构，法律法规和市场流通体系建设和能力建设，基本上实现野生动植物资源的可持续利用和发展。

（1）近期目标（2001—2010 年）

重点实施 15 个野生动植物拯救工程，新建野生动物驯养繁育中心 15 个和 32 个野生动植物监测中心（站），使 90%的国家重点保护野生动植物和 90%的典型生态系统得到有效保护。在 2010 年使全国自然保护区总数达到 1 800 个，其中国家级自然保护区数量达到 220 个，自然保护区面积占国土面积的 16.14%左右，约为 1.55×10^8 hm^2，初步形成较为完善的中国自然保护区网络。制定全国湿地保护和可持续利用规划，建设 94 个国家湿地保护与合理利用示范区。

（2）中期目标（2011—2030 年）

进一步加强中央、省级和地市级行政主管部门的能力建设，使指挥、查询、统计、监测等管理工作实现网络化，初步建立健全野生动植物保护的管理体系，完善科研体系和进出口管理体系，到 2030 年，60%的国家重点保护野生动植物得到恢复和增加，95%的典型生态系统类型得到有效保护，全国自然保护区总数达 2000 个，其中国家级自然保护区数量达到 280 个，自然保护区总面积 1.612×10^8 hm^2，占国土面积的 16.8%，形成完整的自然保护区保护管理体系。在全国 76 块重要湿地建立资源定位监测网站，建立健全全国湿地保护和合理利用的机制，基本控制天然湿地破坏性开发，遏制天然湿地下降趋势。

（3）远期目标（2031—2050 年）

全面提高野生动植物保护管理的法制化、规范化和科学化水平，实现野生动植物资源的良性循环，新建一批野生动物禁猎区、繁育基地、野生植物培植基地，85%的国家重点保护野生动植物得到保护。到 2050 年，全国自然保护区总数达 2 500 个左右，其中国家级自然保护区 350 个，自然保护区总面积 1.728×10^8 hm^2，占国土面积的 18%，形成具有中国特色的自然保护区保护、管理、建设体系，成为世界自然保护区管理的先进国家。85%的国家重点保护野生动植物物种数量得到恢复和增加，建立比较完善的湿地保护、管理与合理利用的法律、政策和监测体系，恢复一批天然湿地，在全国完成 100 个国家湿地保护与合理利用示范区。

2. 工程建设内容

根据国家重点保护野生动植物的分布特点，将野生动植物及其栖息地保护总体规划在地域上划分为东北山地平原区、蒙新高原荒漠区、华北平原黄土高原区、青藏高原高寒区、西南高山峡谷区、中南西部山地丘陵区、华东丘陵平原区和华南低山丘陵区共 8 个建设区域。2001—2030 年建设投资总共需要投入 1 356.54 亿元，其中国家投资 664.38 亿元，地方投资 316.86 亿元，社会集资 375.31 亿元。

（三）自然保护区建设工程现状分析

截至 2009 年年底，全国共建立各种类型、不同级别的自然保护区 2 541 个，保护区总面积 14 775×10^4 hm^2，陆地自然保护区面积已占到国土面积的 14.72%。其中，林业系统建立森林生态系统、湿地生态系统、荒漠生态系统、野生动物和野生植物 5 种类型自然保护区 2 011 处，面积 122.8×10^4 hm^2，约占国土面积的 12.79%，其中，国家级自然保护区 246 处，面积 77×10^4 hm^2，构成了我国自然保护区的主体。至 2012 年底，已建立林业系统自然保护区 2 150 个，面积 124.8×10^4 hm^2，约占国土面积的 13%。这些自然保护区有效保护着我国 90%的陆地生态系统类型、85%的野生动物种群和 65%的高等植物群落，涵盖了 20%的原生林、47%的自然湿地和 30%的典型荒漠地区，对维护生态和生物多样性、促进可持续发展发挥了重要作用。

二、自然保护区建设进展及政策沿革

（一）起步阶段（1956—1965 年）

在此阶段，自然保护区建设速度缓慢，保护区类型主要是森林植物和动物两种类型。这一阶段的自然保护区建设仅停留在封山育林和抢救一批保持自然状态的森林以供科学研究为主要目的的状态。

1956 年，全国人民代表大会通过了一项提案，提出建立自然保护区的问题。同年 10 月，林业部草拟了《天然森林伐区（自然保护区）划定草案》，提出了自然保护区的划定对象、办法和地区，并在广东省肇庆建立了我国的第一个自然保护区——鼎湖山自然保护区。据此，各地开始建立保护区，我国的保护区建设事业开始启动。1962—1964 年，我国政府先后发出和发布了建立自然保护区的相关通知和条例，为我国的自然保护区设立提供依据。到 1965 年我国建成的功能比较完善的自然保护区一共有 19 处，总面积达 64.88×10^4 hm^2。

（二）停滞阶段（1966—1972 年）

10 年“文革”期间整个国家的社会经济都遭到严重的破坏，我国自然保护区事业基本上处于停滞状态，不仅没有建立新的保护区，一些已建的自然保护区，由于在区内进行毁林开荒，狩猎采伐等活动，也受到了冲击和一定程度的破坏，正待建立和完善的管理体系遭到削弱，部分保护区甚至停止管理。

（三）恢复阶段（1973—1978 年）

我国从 1973 年开始逐步对自然保护区进行恢复建设。1973 年 8 月召开了第一次全国环境保护工作会议，在会议上提出了我国《自然保护区暂行条例（草案）》供会议讨论并获通过。1978 年年底，我国的自然保护区数量达到 34 个，面积达 126.5×10^4 hm^2，占国土面积的 0.13%。1978 年 3 月 5 日，通过《中华人民共和国宪法》使我国的自然保护事业纳入了法制轨道。

（四）加强规划与迅速发展阶段（1979—2000 年）

20 世纪 70 年代末以来，我国自然事业发展迅速。由于改革开放带来的新思想，人们思想水平的提升，工业发展带来的对自然资源的需求都导致对保护区关注度的提升，保护区进入一个良好管理的循环圈。1979 年，建立我国第一个国家级自然保护区——福建武夷山国家级自然保护区。我国于 1984 年、1988 年先后出台了《野生动物保护法》和《自然保护区管理条例》。自然保护区的类型从较为单一的野生植物、野生动物和森林生态 3 种保护类型发展为 9 种保护类型。

为了加强自然保护区的建设和管理，保护自然环境和自然资源，1985 年 6 月 21 日国务院批准，1985 年 7 月 6 日林业部公布施行《森林和野生动物类型自然保护区管理办法》。1994 年 9 月 2 日，国务院通过《中华人民共和国自然保护区条例》，于 10 月 9 日公布，并于同年 12 月 1 日起施行。1997 年以来，自然保护区建设进入高速增长阶段。

（五）全面规划与管理阶段（2001 年至今）

2001 年 12 月，全国野生动植物保护及自然保护区建设工程正式启动。规划工程建设期从 2001—2050 年，分近期、中期、远期三期进行。建设期内，拟拯救一批国家重点保护野生动植物，扩大、完善和新建一批国家级自然保护区、禁猎区和野生动物种源基地及珍稀植物培育基地，恢复和发展珍稀物种资源。同年 12 月，国家林业局自然保护区研究中心成立，标志着我国自然保护区的建设和发展进入了一个以科技为支撑的新阶段。这将从政策、资金、技术等方面为我国自然保护区事业的健康发展提供保证。

2006 年 10 月 18 日，《国家级自然保护区监督检查办法》经国家环境保护总局 2006 年第六次局务会议通过，自 2006 年 12 月 1 日起施行。

2007 年 4 月，国务院办公厅印发《国务院办公厅关于发布河北塞罕坝等 19 处新建国家级自然保护区名单的通知》（国办发[2007]20 号），林业部门新增国家级自然保护区 15 处，从而使林业部门管理的国家级自然保护区达到 213 处，占全国国家级自然保护区数量的 75%。

2008 年 3 月，国家林业局以林护发[2008]63 号印发《促进野生动植物资源和自然保护区生态系统灾后恢复的指导意见》，要求遭受低温雨雪冰冻灾害的江苏、浙江、安徽、福建、江西、河南、湖北、湖南、广东、广西、海南、重庆、四川、贵州、云南、陕西、甘肃、青海、新疆 19 省（自治区、直辖市）严格控制自然保护区内受害林木的清理工作；妥善处置因灾死亡野生动物尸体，及时收容救助伤病或离群游荡野生动物个体；加强资源调查监测，评估分析灾害影响；采取有效的措施，促进野生动植物种群及其栖息地的恢复；完善应急机制，加强应急基础设施建设和物资储备；加强野生动物疫源疫病监测防控；全面禁止猎捕野生动物行为，严厉打击破坏野生动植物资源及其栖息地的犯罪行为。

三、国外自然保护区建设概况及政策概览

据《2010 年森林资源评估主报告》，全球有 4.63×10^8 hm^2 的森林被指定将生物多样性保护作为其主要功能，占报告国森林总面积的 11.5%。南美洲指定用于生物多样性保护的森林面积最大（1.16×10^8 hm^2），其次是北美洲和非洲。但是，中美洲及南亚和东南亚主要用于保护目的的森林比例最高；而欧洲（包括俄罗斯联邦）及西亚和中亚则最低。自 1990 年以来，指定用于生物多样性保护的森林面积增加了 $9\,500\times10^4$ hm^2 以上，比重为 30%。南美洲（主要是由于巴西在近期采取的保护措施）和欧洲的增长率最高。

世界保护区数据库（World Database of Protected Areas，2010），估计全球 12.9%的陆地为保护区。保护区的森林总面积为 4.6×10^8 hm^2，占报告国森林总面积的 12.5%。亚洲保护区的森林面积最大（1.26×10^8 hm^2），其次是南美洲和非洲。中美洲及南亚和东南亚保护区森林的面积比例最高，欧洲报告的保护区森林面积比例最低（4%）。国家公园、野生动物保护区、自然保护区和其他依法建立的保护区约占世界森林面积的 13%。这些森林的主要功能可以是生物多样性保护、水土保持、或文化遗产保护。自从 1990 年以来，保护区系统中的森林面积增长了 $9\,400\times10^4$ hm^2，其中 2/3 是 2000 年以后新增加的。

为加强对保护区的管理，许多国家对自然保护区和国家公园进行了专门立法。如英国的《国家公园和乡土利用法》，日本的《自然公园法》、澳大利亚的《国家公园与野生生物保护法》、加拿大的《国家公园法》、韩国的《自然公园法》等。另外，一些国家制定了自然保护区或生物多样性保护方面的综合性法律，

并将自然保护区纳入其中。例如，日本的《自然保全法》、新西兰的《自然保护法》、韩国的《自然环境保护法》等，这些法律在保护生物多样性上取得很大成效。大多数国家在国家一级都有一个中央部门全面负责全国的自然保护区工作。

第六节　重点地区速生丰产用材林基地建设工程政策

速生丰产林工程是解决我国木材供需矛盾的根本途径。20 世纪 90 年代以来，我国木材消费进入快速增长期，进口量逐年递增。目前我国进口原木逾 $2\,800\times10^4 m^3$，进口加工木材 $3\,000\times10^4 m^3$，进口纸和纸浆折合木材 $5\,000\times10^4 m^3$，合计年进口木材达 $1.1\times10^8 m^3$，已相当于目前国内木材总消耗量（$1.6\times10^8 m^3$）的 68%、国际木材市场年交易量（$2.5\times10^8 m^3$）的 44%，成为全球性木材进口大国。为满足我国林产品的需求，每年进口林产品支出高达 134 亿美元，这为出口国的林业发展提供了可观的资金，为出口国的商品林营造、相关产业发展及就业做出了贡献。但由于我国木材进口越来越多，也引起国际关注，遭到一些国家和国际环保组织的指责，损害了我国的国际声誉。从国内木材及其制品产销量趋势看，木材需求还将不断增长。据预测，2015 年我国木材缺口将达到 $1.5\times10^8 m^3$，靠进口难以保证我国木材需求。因此，加快推进速丰林工程建设，对我国经济社会发展具有重要战略意义。

一、基本概念

（一）速生丰产林

速生丰产林（简称速丰林），是指生长快、产量高的林分。国家林业局 2004 年颁布实施的《国家森林资源连续清查技术规定》对速丰林的定义是："通过使用良种壮苗和实施集约经营，森林生长指标达到相应树种速生丰产林国家行业标准的乔木林。"2005 年《速生丰产林用材林建设导则》中将速生丰产用材林定义为："为缩短林木培育周期，提高单位面积木材产量，获取最佳经济效益而实施定向培育，集约经营的人工林。"张拉锁认为速丰林概念应从以下几个方面勾勒：①它是有预定经营目标的相对存在的高质量林分，并根据经营目标的高低，形成集约经营程度不同的经营层次。②它是经营周期低于一定年限，单位林地上年均产出达到或超过一定标准的林分。这里的年均产出，可根据需要，既可用生物量指标计量，又用货币量指标（即价值指标）计量。③它是采用类似于培育农作物的方式集约经营的人工林。1992 年，沈国舫先生曾经提出速丰林应具有"定向、速生、丰产，优质、稳定、高效"的特征。

在国外学术界，一般不叫速丰林（Fast-growing and Hight-yielding forest），

而称为 Fast-growing plantation（速生人工林）、Industrial forest plantation（工业人工林）、Short-rotation plantation（短轮伐期人工林）等。速生人工林与速丰林意义上比较接近。对速生人工林，国外一般以每年生产量达 10 m^3/hm^2 作为丰产的标准，轮伐期最短为 1～3 年，最长为 40 年。一般 1～3 年称超短轮伐期，4～8 年称中短轮伐期，10～15 年称短轮伐期。从树种来看，在热带、亚热带地区主要是栽培桉树和松树，约占 70%；在其他地区，杨树和柳树是主要树种。

（二）速丰林工程

重点地区速生丰产用材林基地建设工程（Fast-growing Timber Forest Base Construction Program in Key Areas，以下简称速丰林工程）是我国六大林业重点工程之一，也是国家六大重点林业建设工程中唯一的产业工程，被视为林业产业体系建设中的“骨干工程”和增强林业实力的“希望工程”，是一项以经济效益为主，兼有生态功能的基础产业工程。工程主要解决我国木材短缺问题，用速生丰产的人工林代替天然林，为我国国民经济建设提供原材料，也为天保工程提供保障。通过较高的资金和技术投入，采取高度集约经营的方式，以较少的土地和较短的周期，生产出较多的木材，满足国民经济和社会发展对木材和林产品的需要，同时也减轻木材需求对森林资源的压力，为其他五项生态工程建设提供重要保证。

速丰林工程旨在通过使用良种壮苗和实施集约化经营，缩短培育周期，提高单位面积产量，获取最佳经济效益，为制浆、造纸、人造板等林产工业和建筑、家具、装修等行业提供原料或大径级用材的林分。其中原料材要求培养目标明确、生长周期短、高产量，大径级用材要求材质好、产量高。考虑到基地建设内涵丰富，南北方水热条件差异较大，原则上速生丰产用材林年蓄积生长量达到 15 m^3/hm^2 以上。

速丰林工程布局于我国 400 mm 等雨量线以东的 18 个省（自治区）的 886 个县、114 个林业局（场）。建设期为 2001—2015 年，工程计划总投资为 718 亿元。计划在 2001—2015 年间，分三期建立速生丰产用材林基地近 $1\ 333\times10^4$ hm^2。工程建成后，每年能提供木材 1.3×10^8 m^3，约占我国当时商品材消费量的 40%，使我国木材供需基本趋于平衡。

重点地区速生丰产用材林基地建设工程的建设范围优先安排在 600 mm 等雨量线以东范围内，自然条件优越、立地条件好（原则上立地指数在 14 以上）、地势较平缓、不易造成水土流失和对生态环境构成影响的热带与南亚热带的粤、桂、琼、闽地区、北亚热带的长江中下游地区、温带的黄河中下游地区（含淮河、海河流域）和寒温带的东北内蒙古地区，具体建设范围涉及河北、内蒙古、辽宁、吉林、黑龙江、江苏、浙江、安徽、福建、江西、山东、河南、湖南、湖北、广东、广西、海南、云南 18 个省（自治区），以及其他适宜发展速丰林的地区。

二、工程概况

（一）工程目标

速丰林工程的指导思想是：站在可持续发展的战略高度，以现代化林业理论为指导，以实施林业分类经营为基础，以维护生态效益和经济效益为中心，以市场为导向，依靠科技进步，多元经济成分并存，围绕大中型木浆造纸项目的布局和商品林经营区域的具体条件，定向培育，集约经营，新建基地和改培现有人工林基地并重，大力发展以浆纸原料和人造板原料为主的速丰林基础，支持和促进木浆造纸业和人造板工业健康发展。

工程目标：通过加快人工林的培育，来较快地增加森林资源和木材的有效供给，以缓解日益加剧的木材供需矛盾。工程建设的总体目标是：到 2015 年，完成南北方速生丰产用材林绿色产业带建设，能提供国内生产用材需求量的 40%，加上现有森林资源的采伐利用，国内木材供需基本趋于平衡。其阶段发展目标如下。

至 2005 年，重点建设以南方为重点的工业原料林产业带，建设速生丰产用材林基地 469×10^4 hm^2。基地建成后，每年可提供木材 4 905$\times10^4$ m^3，可支撑木浆生产能力 620×10^4 t、人造板生产能力 640×10^4 m^3，提供大径级材 337×10^4 m^3。

至 2010 年，建设速生丰产用材林基地 920×10^4 hm^2，全面建成南北方速生丰产用材林产业带。基地建成后，每年可提供木材 9 670$\times10^4$ m^3，可支撑木浆生产能力 1 190$\times10^4$t、人造板生产能力 1 315$\times10^4$ m^3，提供大径级材 732×10^4 m^3。

至 2015 年，建设速生丰产用材林基地 1 333$\times10^4$ hm^2。全部基地建成后，每年可提供木材 13 337$\times10^4$ m^3，可支撑木浆生产能力 1 386$\times10^4$t、人造板生产能力 2 150$\times10^4$ m^3，提供大径级材 1 579$\times10^4$ m^3。

（二）工程主要实施区划

按照自然条件相近，造林树种、培育周期、培育措施相同的省（自治区）划分在一个区域，即形成南亚热带的粤桂琼闽、北亚热带的长江中下游、暖温带的黄河中下游和温带的东北、内蒙古四大片。

1．粤桂琼闽地区纸浆原料林基地

包括广东、海南、广西和福建 4 省（自治区），以培育桉树、相思树和加勒比松、马尾松等树种为主，为当地提供以短纤维为主兼顾长纤维的漂白浆纸原料。建设规模为 75.8×10^4 hm^2。

2. 长江中下游等其他南方地区纸浆原料林基地

包括江苏、浙江、安徽、江西、湖北、湖南等省以及云南省的思茅地区，以培育杨树、池杉、桉树等阔叶树种，马尾松、火炬松、湿地松、云南松、思茅松等针叶树种和竹子为主，为当地纸浆工业提供长短纤维结合的漂白纸浆原料。建设规模为 $42\times10^4\ hm^2$。

3. 黄河中下游地区纸浆原料林基地

主要包括河南、河北、山东 3 省在黄河干流、主要支流及淮河、海河流域的豫东、冀中、冀南、鲁西地区，以培育三倍体毛白杨为主，为区域内现有或待建纸浆项目提供短纤维为主的漂白纸浆原料。建设规模为 $61\times10^4\ hm^2$。

4. 东北、内蒙古地区纸浆原料林基地

包括黑龙江、吉林、内蒙古大兴安岭和大兴安岭林业公司等国有林区以及吉林和辽宁的集体林区，以培育大青杨、甜杨、山杨等阔叶树和兴安落叶松、长白落叶松、日本落叶松等针叶树为主，为本区浆纸项目提供长短纤维结合的漂白纸浆原料。

（三）工程保障措施

工程建设投资由营林费（包括整地费、苗木费、造林费、幼林抚育费、农药和肥料费、森林管护费等），固定资产投资（主要为工程保障体系建设费）和其他费用（包括前期工作费、项目管理费和基本预备费等）三大项构成。其中，营林费根据基地建设方式（新造、改培）、造林模型、林种分别按地区确定。工业原料林营林费：新造为 6 000～7 000 元/hm^2，改培为 3 000～7 000 元/hm^2；大径级用材林营林费：新造为 7 000～8 000 元/hm^2，改培为 4 000～8 000 元/hm^2。固定资产按工程建设的主要设施和设备费用核算。其他费用按营林费的 5.0%以内的标准控制计算。

经测算，工程总投资为 718 亿元，其中，营林费为 638 亿元；固定资产投资为 48 亿元；其他费用为 32 亿元。资金来源包括国家资金补助 144 亿元，银行贴息贷款 502 亿元，其他 72 亿元。

三、工程主要政策措施

在国家计委、财政部、国家林业局《关于加快发展造纸工业原料林基地建设若干意见的通知》印发之后，尤其是《中共中央国务院关于加快林业发展的决定》的颁布和全国林业工作会议的召开，进一步加快了与速丰林建设有关的政策的调整与完善，极大地促进了速丰林工程建设的发展。速丰林工程的政策主要涉及三方面。

1. 采伐管理政策

按照分类经营的指导思想，国家林业局对森林资源管理政策进行了调整和完善，以鼓励和推动速丰林工程健康发展。2002 年，发布了《关于调整人工用材林采伐管理政策的通知》，2003 年又出台了《关于完善人工商品林采伐管理的意见》，进一步放宽了速生丰产用材林的采伐限制。2005 年，又出台了《关于加快速生丰产用材林基地工程建设的若干意见》。2010 年 1 月 25～26 日在广西南宁联合主办了“中国速丰林产业发展论坛”，本次论坛就国家有关速丰林建设的方针、政策、产业发展等问题进行了广泛的交流和探讨，论坛中也多次谈到要加快对速丰林资源管护工作的建设。

2．投融资政策

将速生林工程建设项目纳入国家政策性贷款的范畴，放宽贷款期限和担保条件。2002 年，财政部印发了《林业治沙贷款财政贴息资金管理规定》，将速丰林工程纳入“十五”后期林业治沙贴息贷款中央财政贴息的范围，对符合相关规定的速丰林工程建设项目实行财政贴息。速丰林工程建设贷款也纳入到国家政策性银行贷款范围。2004 年 2 月，国家林业局与国家开发银行签订了《开发性金融合作协议》，国家开发银行承诺，在获得国家林业局信用支持的前提下，运用开发性金融产品，重点扶持速丰林工程和林纸（林板）一体化工程项目。根据协议，国家开发银行在 2004—2005 年将提供总量为 80 亿元的贷款规模，用于林业重点项目建设，重点扶持重点地区速丰林基地建设工程和林纸（林板）一体化工程项目等。对国家林业产业发展重大工程项目和重大技术改造项目提供长期稳定的金融支持。2010 年国家林业局在《大力发展速生林，保障国家木材供给》中再次重申加强金融政策扶持力度。为进一步放宽速生丰产用材林的采伐限制，国家林业局先后发布了《关于调整人工用材林采伐管理政策的通知》《关于完善人工商品林采伐管理的意见》；与国家开发银行签订《开发性金融合作协议》，对速丰林和工业原料林基地建设给予融资贷款支持；中央财政也加大对林业龙头企业的工业原料林建设、林产品加工业贷款项目的贴息力度；为减轻林业生产经营者的负担，2009 年财政部、国家林业局印发了《育林基金征收使用管理办法》，将育林基金征收标准由林木产品销售收入的 20%降至 10%以下。

3．投入政策

规划明确国家对速丰林工程建设给予一定的资金扶持，主要用于森林防火，病虫害防治，优良种苗的开发和推广等。在原国家计委对《重点地区速生丰产用材林基地建设工程规划》的审批文件和中央 9 号文件中对此作了明确的说明。国家资金将主要用于防火、病虫害防治和优良种苗的开发和推广。为加快速丰林发展，国家和工程省（自治区）相继制定和出台了一系列扶持速丰林发展政策，国家林业局先后出台了《关于加快速生丰产用材林基地工程建设的若干意见》，会同国家发改委、财政部等 7 个部门联合出台了《林业产业政策要点》，并投入专项资金用于大径材培育项目试点和速生、优质种苗繁育。如

2003 年和 2004 年，国家林业局共安排了 1850 万元资金，对一批速丰林工程重点项目进行补助，专项用于种苗建设。

四、速丰林工程政策的历史沿革

从 1958 年以来，特别是改革开放三十多年来，我国林业主管部门一向重视发展速丰林。

（一）20 世纪 60 年代初期

我国速丰林基地建设起步于 20 世纪 60 年代初期。60 年代，原林业部提出的“林业要基地化、林场化、丰产化”的方针要求，各地着手划定人工林建设重点区域，以国有林场为依托，营建了一批用材林基地。由于受“文革”的影响，人工林建设未能完全实施。70 年代，以安徽省为例，开始实施大规模的林业办基地工程，先后在皖南和皖西 18 个重点山区县开展了以乡村林场为主体经营的用材林基地建设。并从 1976 年开始，全省对人工林实行财政补贴政策，使以杉木为主的人工林得到迅速发展，杉木用材林基地初具规模。

（二）20 世纪 80 年代初期

在 20 世纪 80 年代初期，我国开始在南方发展人工用材林。1983—1984 年间，由国家科委、计委和经委联合主持制定了国家 12 个领域的技术政策，其中包括发展速丰林用材林的技术政策，发表在《国家科委蓝皮书第十号》上。在这个技术政策的要点说明中，系统阐述了发展速丰林的必要性、可能性、目标和布局、主要技术措施及有关经济政策。这就促使速丰林的发展在“七五”至“八五”期间加快了步伐。

（三）20 世纪 80 年代后期

1988 年国家计委批准了原林业部制定的《关于抓紧一亿亩速生丰产用材林基地建设报告》，1989 年国务院批准实施《1989—2000 年全国造林绿化规划纲要》，将速生丰产用材林基地建设推向一个新的高潮。在 1986—1987 年，由中国林学会组织的，吸引了许多专家学者的“当前影响我国林业发展的主要矛盾及其对策”的书面讨论中，不少专家谈到了发展速丰林问题。在林业部制定的《1989—2000 年全国造林绿化规划纲要》中，也明确提出了建设速生丰产用材林基地的任务，到 2000 年，预计在 292 个基地县、905 个国营林场及 82 个森工企业中共营造速生丰产用材林 5 320 hm^2。按远景规划 30 年时间营造速生丰产用材林 1.3×10^4 hm^2。1989 年，国务院正式把发展速丰林列入国家的产业政策。

（四）20 世纪 90 年代

20 世纪 90 年代初开始利用世界银行贷款实施速丰林建设项目的经验，以及借鉴国外林业先进国家的经验，立足本国大力发展速丰林。“国家造林项目”从 1988 年着手准备，1990 年世行贷款 3 亿美元，加上国内配套资金共投入人民币 37 亿元，在全国 16 个省区的 300 多个县市实施，历时 10 年，于 1997 年全面竣工。截至 1997 年，我国速丰林基地建设累计保存面积约 $533.3\times10^4\ hm^2$，其中 1989—1997 年间共建速丰林 $416.7\times10^4\ hm^2$。浙江、安徽、福建、江西、湖北、广东、广西、四川、贵州、湖南 10 个省（自治区）造林面积较大，占总面积的 70%以上。近年来，随着我国速丰林基地建设布局的调整和扩大，河北、内蒙古、山东、黑龙江、辽宁、河南、云南、山西、甘肃、宁夏、新疆等省（自治区）的速丰林造林面积也在迅速增加。就地域来看，速丰林基地集中分布于 20 大片和 5 小片的基地群内。16 个项目省区共完成高标准速丰林超过 $130\times10^4 hm^2$，成为全国 1 亿亩速丰林规划的骨干工程。2000 年 3 月 23 日国家林业局在海口市召开“国家造林项目”竣工总结大会。

速丰林基地建设初期，基地建设布局限于南方 12 个省的 212 个县，在造林树种的选用上，以杉木为主，树种比较单一。随着我国速丰林经营目标的多样化，造林树种也逐渐丰富起来，主要包括杉、松、杨、泡桐和桉树等树种，这些树种占速丰林造林总面积的 70%～80%。近年来，速丰林经营技术和管理水平不断提高，从后期林分生长状况看，速丰林一般都好于其他类型人工林。但基地建设存在不少问题：一是投入严重不足，制约建设进程；二是税费负担过重，阻碍了资本流入；三是培育与加工脱节，影响了建设效益发挥；四是树种单一、纯林多、林地隐患重重；五是生产周期较长，经营风险较大。为此，国家决定实施速丰林工程。

（五）21 世纪以来

进入 21 世纪，我国速丰林建设进入了一个崭新的发展时期。按照“大工程带动大发展”的思路，2001 年通过对林业生产力布局的调整，国家提出了“重点地区以速丰林为主的林业产业基地建设工程”，并列为六大林业重点工程之一。2002 年 7 月国家计委以计农经[2002]1037 号文批复了《重点地区速生丰产用材林基地建设工程规划》，同年 8 月 1 日国家林业局在北戴河召开了工程启动会，标志着该工程正式开始实施。根据《重点地区速生丰产用材林基地建设工程》规划，工程的实施分两个阶段三期。第一阶段为 2001—2005 年，即为第一期；第二阶段为 2006—2015 年，其中 2006—2010 年为第二期，2011—2015 年为第三期。以高投入、高产出、高度集约经营，企业化、市场化、商品化的模式，建设一批具有相当规模的速丰林基地。共涉及 18 省 886 县 114 局。

2001—2015 年规划造林 618×10^4 hm^2。

2005 年 8 月 16 日，《速生丰产用材林建设导则》（LY/T1647—2005）公布，明确了速丰林建设的指导思想、原则、用地，提出了建设程序、内容、类型、建设分区和重点，规定了验收标准和建设质量评价标准等内容。同年 9 月，召开全国重点地区速丰林基地建设工程现场会，并出台了《国家林业局关于加快速生丰产用材林基地工程建设的若干意见》（林贷发[2005]129 号），明确了工程建设的指导思想、原则、目标、政策和相关措施。2008 年 1 月 6 日，全国林业利用国际金融组织贷款项目管理暨速丰林工程建设工作会议在北京召开。

近年来，随着集体林权制度改革的全面推进与深入发展以及相应的配套政策与措施的提出，各地出现了营造速丰林的热潮，速丰林建设成为社会投资的热点和亮点。虽然六大工程中只有重点地区速丰林基地建设工程是林业六大重点工程中唯一的一项属于林业产业体系的建设工程，其他五大工程都是以生态建设为主要目标的林业生态工程。但根据全国营造林综合核查结果显示，近几年我国退耕还林、长江中下游地区等重点防护林建设工程等生态工程中都包含了相当数量的以桉树、杨树等速丰树种为主的人工造林。

该工程建设虽然起步较晚，但发展迅猛，势头强劲，呈现出良好的发展态势。非公有制经济成为工程建设主力军。多主体、多元化投入工程建设的格局已初步形成。2010 年速生丰产用材林基地建设工程初步形成我国南方、中东部和东北地区三大用材林产业带。

五、国外速丰林经营政策概览

从世界范围看，第二次世界大战以后，很多国家都开始重视发展速丰林，有些国家取得了显著成绩，这些国家完善的政策体系和先进的经营模式对我国速丰林的发展具有广泛的借鉴意义。

巴西的速丰林以发展桉树为主，主要用于纸浆生产。20 世纪 60 年代开始大面积营造桉树速丰林，发展商品浆工业。70 年代初，由于使用桉树原料，商品浆生产显著增长，并使商品浆成本达到全球最低，出口大幅增长。巴西速丰林发展的成功取决于生产成本、质量、物流和环保性几个关键方面的竞争处于世界领先地位，这也是巴西商品浆出口保持强劲增长的决定性因素。

新西兰现有 150×10^4 hm^2 人工用材林，年均生长量高达 25～30 m^3/hm^2，25 年生的人工林立木蓄积达 500～600 m^3/hm^2。新西兰的速丰林主要是以发展辐射松为主。新西兰的辐射松人工林的经营水平闻名世界，其木材质量及经济效益也很高。集约化经营是新西兰速丰林发展最显著的特点。新西兰的集约化经营措施主要是：①树木改良。从 1959 年开始，新西兰在全国范围内选出优树 2 000 株，建立种子园 500 hm^2。目前已开始建立第二代种子园。辐射松造林用苗均来自种子园良种，增益十分显著。②适时间伐、合理修枝与合理施肥。为了克服节疤影响材质和锯材的利用价值，新西兰在经营辐射松人工林时，一般是在幼林阶段结合多次间伐进行合理修枝。这种“无节材”经营策略大大提高了辐射松下部立木的利用价值，特别是商业价值。③有效处置幼林激增问题。大规模人工造林后，幼林急剧增长，为商业性主伐增加了困难，这是各国发展人工林中多会遇到的问题。新西兰亦不例外，但新西兰对这个问题的足够重视和采取的有效措施为我们提供了一个榜样。其主要做法，一是进行商业性疏伐；二是疏伐后施肥；三是实行科学管理。通过上述措施，使新西兰面临的幼林激增的被动局面有了明显的改善和好转。④加强森林灾害防治。在大规模人工造林的同时，新西兰对森林灾害的防治十分重视，措施得力，特别是在森林防火方面，采取了一系列有效措施，投入了大量的人力、财力。

第七节　湿地保护与恢复工程政策

湿地是生物多样性丰富的生态系统，在抵御洪水、调节径流、控制污染、改善气候、美化环境等方面起着重要作用，它既是天然蓄水库，又是众多野生动物，特别是珍稀水禽的繁殖和越冬地，它还可以给人类提供水和食物，与人类生存息息相关，被称为“生命的摇篮”、“地球之肾”和“鸟的乐园”。我国是亚洲湿地类型最齐全、数量最多、面积最大的国家，湿地总面积为 $6\,594\times10^4\ hm^2$，占全球湿地总面积的 10%，居世界第四位。

一、湿地的概念和特点

（一）湿地的概念

《湿地公约》中认为湿地是：不论其为天然或人工、长久或暂时性的沼泽地，泥炭地或水域地带，静止或流动的淡水、半咸水、咸水水体，包括低潮时水深不超过 6 m 的水域；同时，还包括邻接湿地的河湖沿岸、沿海区域以及位于湿地范围内的岛屿或低潮时水深不超过 6 m 的海水水体。按此定义，湿地包括湖泊、河流、沼泽（森林沼泽和草本沼泽）、滩地（河滩、湖滩和沿海滩涂）、盐湖、盐沼以及海岸带区域的珊瑚滩、海草区、红树林和河口等类型。该定义是一种广泛的定义，也是国际公认的、具有高度科学性的定义。

国际生物学计划中认为湿地是：陆地和水域之间的过渡区域或生态交错带，由于土壤浸泡在水中，所以湿地特征植物得以生长。该定义特指生长有挺水植物的区域。该湿地的定义是一个狭义的概念，将紧密联系的开阔水体和湿地分割开来，对于湿地的管理和保护有所不便，但为生态系统结构、组成等方面的研究提供了一些便利。

我国官方对湿地的理解源于《湿地公约》中的湿地。为了对全国的湿地进行科学普查，我国湿地主管部门国家林业局在 1997 年将湿地定义为：湿地系指天然或人工、长久或暂时性沼泽地、湿原、泥炭地或水域地带，带有静止或流动淡水、半咸水、咸水水体者，包括低潮时水深不超过 6 m 的海域。也就是说，江河、湖泊、沼泽、滩涂、水库和水深不超过 6m 的海域都属于湿地的范畴。具体到我国，主要指一些湖泊、沼泽、草滩地和沿海滩涂。广义上讲人工湿地，诸如鱼塘、虾塘、农田池塘、灌溉农地、盐池、水库、砂砾矿坑、污水处理场以及运河等都可以作为湿地看待。

（二）中国湿地的特点、类型

1995 年首次全国湿地资源调查表明，我国单块面积大于 100 hm^2 的湿地总面积为 3 848×10^4 hm^2（人工湿地只包括库塘湿地）。其中，自然湿地 3 620×10^4 hm^2；库塘湿地 228×10^4 hm^2。自然湿地中，沼泽湿地 1 370×10^4 hm^2，滨海湿地 594×10^4 hm^2，河流湿地 821×10^4 hm^2，湖泊湿地 835×10^4 hm^2。湿地内分布有高等植物 2 276 种；野生动物 724 种，其中水禽类 271 种，两栖类 300 种，爬行类 122 种，兽类 31 种，鱼类 1 000 多种。

我国湿地特点：一是类型多。《湿地公约》划分的 40 类湿地在我国均有分布，是全球湿地类型最丰富的国家。二是面积大。仅自然湿地就有 3 620×10^4hm^2。三是分布广。从寒温带到热带，从沿海到内陆，从平原到高原都有分布。四是区域差异显著。东部地区河流湿地多，东北部地区沼泽湿地多，长江中下游和青藏高原湖泊湿地多等。五是生物多样性丰富。湿地生境类型众多，不仅物种数量多，且许多为中国特有。因此，我国的湿地已经成为全球湿地和生物多样性保护的热点地区。

中国湿地的主要类型包括沼泽湿地、湖泊湿地、河流湿地、海岸滩涂、浅海水域、水库、池塘、稻田等自然湿地和人工湿地。我国湿地总面积约 6 594×10^4 hm^2，占世界湿地的 10%，位居亚洲第一位，世界第四位。

（三）湿地保护的意义

湿地是人类最重要的环境资本之一，也是自然界富有生物多样性和较高生产力的生态系统。它不但具有丰富的资源，还有巨大的环境调节功能和生态效益。各类湿地在提供水资源、调节气候、涵养水源，均化洪水、促淤造陆、降解污染物，保护生物多样性和为人类提供生产、生活资源方面发挥了重要作用。

加强湿地保护与恢复，对于保护生态环境、促进经济社会可持续发展具有重要作用。遵循科学规划、保护优先、突出重点、合理利用、可持续发展原则的湿地保护，可为生物多样性发挥积极作用，促进湿地资源可持续利用，推进生态文明建设。

2010 年全国新增国家湿地公园 45 处。目前，全国已建立国家湿地公园 145 处，各级湿地自然保护区 550 多处，地方湿地公园 120 多处，国际重要湿地 37 处，1 820×10^4 hm^2、50.3%的自然湿地受到有效保护。

二、工程概况

（一）工程目标

根据《全国湿地保护工程规划》（2004—2030 年），湿地保护与恢复工程（Wetland Protection and Restoration Program）的总目标是：到 2030 年，使全国湿地保护区达到 713 个，国际重要湿地达到 80 个，使 90%以上天然湿地得到有效保护。完成湿地恢复工程 140.4×10^4 hm^2，在全国范围内建成 53 个国家湿地保护与合理利用示范区。建立比较完善的湿地保护、管理与合理利用的法律、政策和监测科研体系。形成较为完整的湿地区保护、管理、建设体系，使我国成为湿地保护和管理的先进国家。

从 2004—2010 年的 7 年间，要划建湿地自然保护区 90 个，投资建设湿地保护区 225 个，其中重点建设国家级保护区 45 个，建设国际重要湿地 30 个，油田开发湿地保护示范区 4 处，富营养化湖泊生物治理 3 处；实施干旱区水资源调配和管理工程 2 项，湿地恢复 71.5×10^4 hm^2，恢复野生动物栖息地 38.3×10^4 hm^2；建立湿地可持续利用示范区 23 处，实施生态移民 13 769 人；进行科研监测体系、宣传教育体系和保护管理体系建设。

（二）工程建设区划及保障措施

根据湿地分布，把我国湿地合理区划为八大区域，分区进行保护与恢复。

1．东北湿地区

位于黑龙江、吉林、辽宁及内蒙古东北部，以淡水沼泽和湖泊为主，总面积约 750×10^4 hm^2。三江平原、松嫩平原、辽河下游平原，大小兴安岭山地、长白山山地等是我国淡水沼泽的集中分布区。该区域湿地面临的主要问题是过度开垦，使天然沼泽面积减少。该区建设重点为，全面监测评估该天然湿地丧失和湿地生态系统功能变化情况；通过湿地保护与恢复及生态农业等方面的示范工程，建立湿地保护和合理利用示范区，提供东北地区湿地生态系统恢复和合理利用模式；加强森林沼泽、灌丛沼泽的保护；建立和完善该区域湿地保护区网络，加强国际重要湿地的保护。

2．黄河中下游湿地区

包括黄河中下游地区及海河流域，主要涉及北京、天津、河北、河南、山西、陕西和山东。该区天然湿地以河流为主，伴随分布着许多沼泽、洼淀、古河道、河间带、河口三角洲等湿地。该区湿地保护的主要问题是水资源缺乏，由于上游地区的截留，河流中下游地区严重缺水，黄河中下游主河道断流严重，海河流域的很多支流已断流多年，失去了湿地的意义。该区建设重点为，加强黄河干流水资源的管理及中游地区的湿地保护，利用南水北调工程尝试性地开展湿地恢复的示范，加强该区域湿地水资源保护和合理利用。

3. 长江中下游湿地区

包括长江中下游地区及淮河流域，是我国淡水湖泊分布最集中和最具有代表性地区，主要涉及湖北、湖南、江西、江苏、安徽、上海和浙江7省（直辖市）。该区水资源丰富，农业开发历史悠久，为我国重要的粮、棉、油和水产基地，是一个巨大的自然-人工复合湿地生态系统。湿地保护面临的最大问题是围垦等导致天然湿地面积减少，湿地功能减弱，水质污染严重，湿地生态环境退化。该区建设重点为，通过还湖、还泽、还滩及水土保持等措施，使长江中下游湖泊湿地的面积逐渐恢复，改善湿地生态环境状况，使该区域丰富的湿地生物多样性得到有效保护。

4. 滨海湿地区

涉及我国东南滨海的11个省（自治区、直辖市），包括杭州湾以北环渤海的黄河三角洲、辽河三角洲、大沽河、莱州湾、无棣滨海、马棚口、北大港、北塘、丹东、鸭绿江口和江苏滨海的盐城、南通、连云港等湿地，杭州湾以南的钱塘江口—杭州湾、晋江口—泉州湾、珠江口河口湾和北部湾等河口与海湾湿地。该区域湿地面临的主要问题是过度利用和浅海污染等，导致赤潮频发、红树林面积下降、海洋生物栖息繁殖地减少、生物多样性降低。建设重点为，评估开发活动对湿地的潜在影响和威胁，加强珍稀野生动物及其栖息地的保护，建立候鸟研究及环保基地；建立具有良性循环和生态经济增值的湿地开发利用示范区；以生态工程为技术依托，对退化海岸湿地生态系统进行综合整治、恢复与重建；调查和评估我国的红树林资源状况，通过建立示范基地，提供不同区域红树林资源保护和合理利用模式，逐步恢复我国的红树林资源。

5. 东南和南部湿地区

包括珠江流域绝大部分、东南及其诸岛河流流域、两广诸河流域的内陆湿地，主要为河流、水库等类型湿地。面临的主要问题是湿地泥沙淤积、水质污染严重，生物多样性减少。该区建设重点为，加强水源地保护和流域综合治理，在河流源头区域及重要湿地区域开展植被保护和恢复措施，防止水土流失，加强湿地自然保护区建设。

6. 云贵高原湿地区

包括云南、贵州以及川西高山区，湿地主要分布在云南、贵州、四川的高山与高原冰（雪）蚀湖盆、高原断陷湖盆、河谷盆地及山麓缓坡等地区。面临的主要问题是一些靠近城市的高原湖泊有机污染严重，对湿地不合理开发导致湖泊水位下降，流域缺乏综合管理，湿地生态环境退化。该区建设重点为，加强流域综合管理，保护水资源和生物多样性，进行生态恢复示范，对高原富营养化湖泊进行综合治理；通过实施宣教和培训工程，提高湿地资源及生物多样性保护公众意识。

7. 西北干旱湿地区

本区湿地可分为两个分区：一是新疆高原干旱湿地区，主要分布在天山、阿尔泰山等北疆海拔 1 000 m 以上的山间盆地和谷地及山麓平原—冲积扇缘潜水溢出地带；二是内蒙古中西部、甘肃、宁夏的干旱湿地区，主要以黄河上游河流及沿岸湿地为主。该区湿地面临的最大问题是由于干旱和上游地区的截流导致湿地大面积萎缩和干涸，原有的一些重要湿地如罗布泊、居延海等早已消失，部分地区成为“尘暴”源，荒漠干旱区的生物多样性受到严重威胁。建设重点为，加强天然湿地的保护区建设和水资源的管理与协调，采取保护和恢复措施缓解西部干旱荒漠地区由于人为和自然因素导致的湿地环境恶化、湿地面积萎缩甚至消失的趋势。

8. 青藏高寒湿地区

分布于青海、西藏和四川西部等，地势高亢，环境独特，高原散布着无数湖泊、沼泽，其中大部分分布在海拔 3 500～5 500 m。我国几条著名的江河发源于本区，长江、黄河、怒江和雅鲁藏布江等河源区都是湿地集中分布区。面临的主要问题是区域生态环境脆弱，草场退化、荒漠化严重，湿地面积萎缩，湿地生态环境退化，功能减退。由于该区特殊的地理位置，该区湿地保护尤其是江河源区湿地的保护涉及长江、黄河和澜沧江中下游地区甚至全国的生态安全。该区建设重点为，加强保护区建设及植被恢复等措施，保护世界独一无二的青藏高原湿地。

三、湿地保护与恢复政策历史沿革

湿地保护，起源于 1971 年 2 月签订的国际湿地公约（全称为《关于特别是作为水禽栖息地的国际重要湿地公约》）。各缔约国考虑到湿地的调节水分循环和维持湿地特有的动植物特别是水禽栖息地的基本生态功能；相信湿地为具有巨大经济、文化、科学及娱乐价值的资源，其损失将不可弥补；期望现在及将来阻止湿地的逐步侵蚀及丧失；承认季节性迁徙中的水禽可能超越国界，因此应被视为国际性资源；确信远见卓识的国内政策与协调一致国际行动相结合能够确保对湿地及其动植物的保护。

早在 20 世纪 50 年代，毛泽东同志在视察黄河时向全国人民发出号召：“一定要把黄河的事情办好”。我国改革开放总设计师邓小平同志对森林、湿地等生态问题高度重视，他倡导了全民义务植树运动并身体力行参与其中。江泽民同志在 2002 年中央人口资源环境座谈会上的重要讲话中专门谈到了加强湿地保护问题。提出“要有针对性地开展湿地保护宣传教育”“严格控制湿地资源开发”等要求。胡锦涛总书记在 2004 年中央人口资源环境工作座谈会上的讲话中指出，“要牢固树立人与自然相和谐的观念。保护自然就是保护人类，建设自然就是造福人类”。

（一）工程初始阶段（1992—1999 年）

我国政府于 1992 年加入湿地公约，现有 7 块国际重要湿地。1992 年，国务院决定加入《关于特别是作为水禽栖息地的国际重要湿地公约》，明确由林业部负责组织、协调履约工作。湿地保护示范工程将在三江源地区、长江中下游地区、三江平原、松嫩平原和嫩江源头、高原湖泊、澜沧江流域、沿海以及红树林分布地区开展 48 项示范工程，并进一步加强我国国际重要湿地的建设工作，新建湿地监测站点 242 个，形成湿地监测体系并加强湿地保护的科研工作。示范工程将按照国际重要湿地标准对这些保护区进行保护和管理，提高保护区的科研和监测水平，直接受益面积为 200×10^{4} hm^{2}。

1993 年 9 月国务院批准了《中国环境保护行动计划（1991—2000）》，把湿地自然保护区的建设指标单列一项，就湿地保护规定了具体目标。1994 年制定了《中国生物多样性保护行动计划》。在这项计划中将湿地生态系统中的红树林和珊瑚礁生态系统列为优先建立自然保护区的对象。1996 年国务院批准发布由国家环境保护局、国家计划委员会、国家经济与贸易委员会共同制定的《国家环境保护“九五”计划和 2010 年远景目标》及其《中国跨世纪绿色工程规划》。将湿地的保护列为自然保护的重点之一。

1998 年制定《全国生态环境建设规划》，逐步有计划地停止对湿地的开发。1998 年 10 月 18～24 日，国家林业局派人参加在瑞士格兰德举行的国际湿地公约执行局第 21 届常委会。会议主要审议了第七届缔约国会议及相关文件的准备情况。

1999 年 5 月 10 日至 18 日《国际湿地公约》（RAMSAR）第七次缔约方会议在哥斯达黎加首都圣胡塞举行。由国家林业局、外交部、水利部、环保总局和香港特区政府代表组成的中国政府代表团出席了会议。大会期间，中国代表团介绍了我国履约工作和湿地保护方面取得的成就，引起了与会代表的高度关注。

（二）工程全面建设阶段（2000 年至今）

2000 年，国务院 17 个部门联合颁布了《中国湿地保护行动计划》。2001 年，国家将湿地保护作为重点内容，纳入林业重点工程建设。2001 年 9 月，国家计委批准了“全国野生植物保护及保护区建设工程总体规划”，其中，湿地保护和恢复示范，湿地监测等内容也纳入其中，成为国家重点支持项目。

2002 年 1 月 11 日国际湿地公约局批准我国新指定的 14 块国际重要湿地，

从而使我国国际重要湿地达到 21 块，面积 303×10^4 hm^2。8 月 27 日世界湿地公约局在南非约翰内斯堡召开新闻发布会，给中国政府颁发《国际重要湿地名录认可证书》。

2002 年 3 月，江泽民总书记在中央人口资源环境工作座谈会上就湿地保护专门作出重要讲话："要有针对性地开展湿地保护宣传教育，提高广大干部群众对保护湿地重要性的认识。要严格控制湿地资源开发，在具备条件的地区要采取抢救性措施建立一批湿地保护区，同时要管护好已经建立的湿地保护区。" 2002 年 9 月，"喜马拉雅高原湿地保护国际研讨会"召开，形成了关于高原湿地保护的决议草案。

2003 年，《中共中央国务院关于加快林业发展的决定》把加强湿地保护作为以生态建设为主的林业发展战略的重要组成部分。为保护黄河水源，国家林业局启动了若尔盖湿地恢复工程。

为了实现我国湿地保护的战略目标，2004 年，由国家林业局等 10 个部门共同编制的《全国湿地保护工程规划》(2002—2030 年）得到了国务院批准。该《规划》打破了部门界限、管理界限和地域界限，明确了到 2030 年，我国湿地保护工作的指导原则、主要任务、建设布局和重点工程，对指导开展中长期湿地保护工作具有重要意义。该《规划》明确将依靠建立部门协调机制、加强湿地立法、提高公众湿地保护意识、加强湿地综合利用、加大湿地保护投入力度、加强湿地保护国际合作和建立湿地保护科技支撑体系，保证规划各项任务的落实。

2004 年 6 月 8 日，国务院办公厅印发《关于加强湿地保护管理的通知》(国办发[2004]50 号)。同年 12 月 7 日，《国际湿地公约》正式批准我国政府指定的辽宁双台河、云南拉布海大山包等 9 处国际重要湿地，使我国国际重要湿地达到 30 处。

2005 年 7 月 18 日，青海省三江源国家级自然保护区管理局举行挂牌仪式，这不仅标志着《三江源国家级自然保护区生态保护和建设总体规划》的实施拉开序幕，也标志着三江源湿地生态恢复工程的启动。同时，国家重点基础研究发展计划和国家高技术研究发展计划也把湿地生态恢复项目作为重点进行支持。

2005 年 8 月 16 日经中央机构编制委员会办公室批准，国家林业局成立湿地公约履约办公室（国家林业局湿地保护管理中心)。2005 年 8 月 27 日国务院批准《全国湿地保护工程实施规划（2005—2010 年)》。2005 年 11 月，国家林业局发布《关于做好湿地公园发展建设工作的通知》。2006 年，国家把湿地保护列入国民经济和社会发展"十一五"规划，并启动了湿地保护工程。

2007 年 4 月 3 日，国家林业局在北京举行"中华人民共和国国际湿地公约履约办公室（国家林业局湿地保护管理中心)"揭牌仪式，提高了我国履行联合国《湿地公约》的能力，进一步促进并强化了全国湿地保护管理工作。2010

年，国家林业局关于印发《国家湿地公园管理办法（试行)》的通知，以加强国家湿地公园管理。

为加强湿地保护，各地也纷纷着手制定保护条例，如甘肃省早在 2003 年 11 月出台《甘肃省湿地保护条例》；广东、黑龙江、陕西、湖南、吉林、西藏、四川、浙江、宁夏、内蒙古等地的湿地保护条例也相继出台。2010 年以来，民进中央、致公党中央等纷纷建议尽快出台国家层面的《湿地保护条例》。

四、国外湿地保护管理及政策概况

在国外，美国、加拿大、澳大利亚、德国、英国、瑞典等国均深入开展了有关湿地保护、管理及政策研究。最为成功的是美国和澳大利亚人工湿地构建和佛罗里达大沼泽地退化湿地恢复与重建研究。

在澳大利亚，政府通过立法和开展建设项目的环境评估，限制湿地的开发活动。在重要的湿地和鸟类栖息地建立国家公园和自然保护区也是一个重要的手段。对于属于私人土地的重要湿地和鸟类栖息地，政府常采取购买的方式，然后建立自然保护区或国家公园保护起来。1997 年 1 月，澳大利亚颁布了《国家湿地政策》，用于指导各州的湿地保护。从 1996 年起，筹集建立了为期 5 年的自然遗产基金，该基金重点用于保护土地，植被，河流，生物多样性和海岸海洋等自然遗产。澳大利亚有许多非政府的自然保护机构，如湿地国际，世界自然基金会，鸟类国际，和国内的非政府组织，如涉禽研究组，海洋保护协会，湿地保护协会，内陆河流网络等，他们在不同的地区和领域开展和从事湿地保护活动，为政府的合理管护湿地寻找策略。

美国联邦政府通过法律（如净水法），经济鼓励和控制措施、湿地合作项目和建立国家野生动物保护区等措施保护湿地。美国在湿地保护立法领域，形成了以美国宪法为基础，联邦、州和当地政府湿地保护法三级效率各异、相互配合的体系。但联邦在湿地保护方面发挥主要的作用，设立了许多管理机构负责相关湿地保护法律的落实。经济鼓励方面，许多联邦项目为湿地转变提供激励，包括农业补贴，为防洪、灌溉及水力发电而支援水库建设等。

在受损湿地恢复与重建方面，美国开展得较早。从 1975 起，联邦政府环境保护局（EPA）清洁湖泊项目（CLP）的 313 个湿地恢复研究项目得到政府资助，包括控制污水的排放、恢复计划实施的可行性研究、恢复项目实施的反应评价、湖泊分类和湖泊营养状况分类等。美国联邦政府颁布了《湿地转农用法》《洪积平原与湿地保护令》等法律法规用以保护湿地。在佛罗里达州南部大沼泽地进行了引水恢复和夏威夷珊瑚礁保护区的建立。对于私人所有的湿地，美国采用教育和服务的方式，鼓励湿地开发，利用自然湿地系统固有的功能和价值，减缓保护区以外湿地的退化。美国湿地管理通过完善法律规范、统一授权、成立临时协调机构等多种手段，形成了以“美国水体”保护为主导、土地和其他生物资源管理为辅助的法律框架，并统一了不同法律、不同部门之间的执行关系和管制程序，明确管理权利和责任。

第八节　石漠化综合治理工程政策

一、工程概况

（一）石漠化

荒漠化是全球重大的环境问题。在我国分布面积最广、对社会经济发展和人民生活影响最深远的荒漠化有两类：一类是北方干旱、半干旱及亚湿润干旱区的沙漠化土地，另一类是南方岩溶区的石漠化土地。土地石漠化是我国南方土地荒漠化的重要类型，主要分布于我国南方岩溶区，以云贵高原为中心的滇、黔、川、桂、湘、粤、鄂、渝8省（自治区、直辖市）的451个县（市）域范围内。我国南方岩溶区是世界上最大的一片裸露、半裸露型岩溶区，也是石漠化土地广为发生的脆弱生态区域。

土地石漠化又称石化、石山荒漠化或石质荒漠化。如同荒漠化的概念有广义、狭义之说一样，石漠化也有广义与狭义之分。广义的石漠化指由流水侵蚀、溶蚀等作用导致地表出现岩石裸露的荒漠景观的土地。以花岗岩、砂岩、页岩、碳酸盐岩及红色黏土等为下伏基岩的土地，在植被遭破坏后受强烈的水蚀、溶蚀作用，导致土地向类似石质荒漠景观退化。由于地表组成物质和基岩的差异，分别形成岩溶石漠化（又称喀斯特石漠化）、紫色土石漠化、花岗岩石漠化、红黏土石漠化，以及泥石流石漠化等不同类型的石质荒漠化土地。狭义的石漠化指岩溶地区的石质荒漠化。①从时间尺度上说，石漠化应发生在人类活动较强的历史时期；②从空间尺度上说，石漠化发生在亚热带喀斯特地区；③从起因上看，在潜在的自然因素基础上，应当主要由人类活动所致，其发展趋势决定于人地关系协调与否；④从景观上看，这一过程是渐变的，植被退化、土壤退化、地表状况恶化作为石漠化过程的景观标志和发展程度指标；⑤从结果上看，土地生物产量急剧降低，基岩大面积裸露具类似荒漠景观。但其逆转和自我恢复的可能性大小及其时间进程的长短，则受不同的自然条件（基底性脆弱、界面性脆弱、波动性脆弱程度）及人为活动强度的大小而有不同的逆转程度；⑥土壤侵蚀是石漠化最直接的影响因素，石漠化地区现阶段土壤侵蚀强度较小，但其土壤侵蚀程度是严重的，不能笼统地认为土壤侵蚀与石漠化的相关性较小；⑦从本质上看，是一种土地退化过程。因此，仅注重地表形态的变化，而忽视由荒漠化引起的土地系统生态学过程的变化，是难以刻画不同荒漠化类型的共同本质的。

石漠化（stony desertification）是中国西南湿润岩溶地区特有的、在脆弱的岩溶地质基础上逐渐形成石漠景观的过程，是由于不合理的人为活动参与岩溶自然过程，造成植被退化、水土资源流失，导致岩石大面积裸露，呈现类似荒漠景观的土地退化现象，是水土流失顶级表现。发生在风蚀区或表层土壤浅薄、水土流失严重的山地高原区。

石漠化发生的时间是人为活动较强的人类历史时期，发生地域为亚热带岩溶地区，形成的原因则是人为不合理活动的干扰破坏，景观标志主要是植被退化、土壤退化、地表状况恶化等，结果则是土地生物产量急剧降低、基岩大面积裸露、地表出现类似荒漠的景观。表 9-5 中对石漠化土地分级及其综合景观指征作了详细的阐述。这些概念表达简洁，指征明确，对认识和评价南方岩溶区土地石漠化起到了积极的指导作用。

表 9-5 石漠化土地分级及其综合景观指征

石漠化土地分级	综合景观指征
极重度石漠化土地	坡面倾斜，地表很破碎以石芽、角石、溶沟为代表的溶蚀地貌很发育，基岩裸露率>90%；植被和土被覆盖度均<10%，植被稀疏，土层厚度一般<10 cm，土被不连续，土壤侵蚀强烈；为苔藓地衣等低等植物和低结构草丛群落，仅在石芽、石洼和石穴处可见小灌木。在粤北主要为乌蕨等，基本为裸岩，已丧失农业利用价值
重度石漠化土地	坡面倾斜，地表破碎，基岩裸露率为 70%～90%，以石芽、角石、溶沟为代表的溶蚀地貌发育；植被和土被覆盖度为 10%～30%。植被较稀疏；土层厚度一般<20 cm，土被不连续，土壤侵蚀较强烈；为多年生草本群落，亦有小灌木。在粤北主要为野古草、牛筋草、野菊、白茅等，为石垄地、荒草地，基本丧失农业利用价值
中度石漠化土地	地面平坦或倾斜，以石芽、角石为代表的溶蚀地貌分割土层，基岩裸露率为 50%～70%；植被和土被覆盖度为 30%～50%。植被较发育，土被基本连续，土层厚度为 20～40 cm，侵蚀明显；为多年生草本和藤状灌木混合群落，亦可见乔木。在粤北主要为青蒿、类芦、白茅、马唐、牛筋草和吊丝竹等草本植物和深绿卷柏等藤状灌木混合群落，亦可见乔木；为石垄地、坡耕地、草坡地
轻度石漠化土地	地面平坦或倾斜，以石芽、角石等零星散布土壤中，基岩裸露率为 30%～50%，植被和土被覆盖度为 50%～70%。植被生长较好，土被基本连续，土层厚度为 30～50 cm；为多年生草本和藤状灌木混合群落，有少量乔木，在粤北主要为野艾蒿、青蒿等多年生草本和苎麻、黄荆等藤状灌木混合群落，有少量马尾松等次生乔木；为灌草地或坡耕地

（二）石漠化综合治理工程概况

石漠化是岩溶地区生态系统退化的直接表现，已成为岩溶地区最大的生态问题。我国有岩溶面积 $44.99\times10^4\ km^2$，石漠化土地面积 $12.96\times10^4\ km^2$，涉及贵州、云南、广西、湖南、湖北、重庆、四川、广东 8 个省（自治区、直辖市）的 451 个县，直接影响到 2.22 亿人的生存空间。工程项目范围涉及贵州、云南、广西、湖南、湖北、四川、重庆、广东 8 省（自治区、直辖市）的 451 个县（市、区）。

石漠化综合治理工程（Comprehensive Control of Stony Desertification Program）是指通过加快石漠化地区林业建设，恢复和改善岩溶地区生态环境的工程。它是根治长江、珠江水患刻不容缓的紧迫任务，是推进脱贫致富的有效途径，是稳步推进西部大开发战略和巩固成果的必然要求。

二、石漠化综合治理政策沿革

（一）初始治理阶段（1999—2007年）

1992年6月的联合国环境与发展大会上，荒漠化防治已作为可持续发展的重要内容列入《21世纪议程》。我国的石漠化综合治理始于1999年，1999年6月17日，纪念世界防治荒漠化和干旱日活动在全国展开。以北京为龙头的全国100多座大中城市组织了防治荒漠化的宣传活动。

2001年3月《中华人民共和国国民经济和社会发展第十个五年计划纲要》中提出："加快小流域治理，减少水土流失。推进黔桂滇喀斯特地区石漠化综合治理"。这是在国家政策层面，第一次明确提出对土地石漠化的防治。

党的十七大报告提出，加强荒漠化石漠化治理，促进生态修复，"十一五"期间，国家将加大投入，安排专项资金，有针对性地选择100个县（市、区），投资100亿元先行开展石漠化综合治理试点工作，以摸索石漠化治理模式和在不同条件下的治理方式。

根据国务院2008年4月批复的《岩溶地区石漠化综合治理规划大纲（2006—2015）》的实施，标志着我国的石漠化治理在政治上被提到了空前的高度。由国家发改委牵头，《全国岩溶地区石漠化综合治理规划大纲》批准实施，各个地方政府也随之出台了很多具体实施细则。如贵州省政府提出，我国土地石漠化法律对策研究响应该大纲的口号是对"土地石漠化全面宣战"，并且制定了相应的具体措施。广西、云南也相继出台了有关土地石漠化治理的政策。不过这些都还是处在刚刚开始，尚未实施的阶段。

随着国家"十五"计划纲要的出台，广西壮族自治区政府马上做出响应，并于2001年5月发布了《广西壮族自治区人民政府批转自治区计委等四部门关于2001年全区石漠化治理封山植树工程试点建设实施方案的通知》（桂政发[2001]31号）这是地方最早对石漠化防治的专门规范性文件。此文件治理石漠化还是以治理荒漠化的概念提出的。

2002年，由当时的国家环保总局印发的《全国生态环境保护"十五"计划》通知中，明确提出了土地石漠化的治理："推进三峡库区，黄河上中游和小浪底库区，滇、桂、黔岩溶地区的水土流失和石漠化治理，确保三峡库区、小浪底水库和龙滩水库的环境安全。分级抓好西部地区地方级开发建设活动中的生态环境保护，防止新的人规模生态破坏"。滇、桂、黔岩溶地区的水土流失和石漠化治理的提出，是最早在国家部门规章中公开使用土地石漠化概念的。从此土地石漠化就作为一个专门术语出现在法律法规等规范性文件中，在

《1997—2010 年全国土地利用总体规划纲要》第四部分积极开展土地退化的防治中，提出了防沙治沙，禁止开垦 25°以上陡坡地等，同时也体现了对土地石漠化防治的精神。

2003 年 9 月，在贵阳召开的“中国西南（贵州）喀斯特生态环境治理与可持续发展”会议上，中国科学院 9 位院士提出了西南喀斯特地区生态环境治理倡议。这次会议，从生态环境的高度，对土地石漠化进行了重新认识和定位，真正的把荒漠化和石漠化进行了明确的区分。

2004 年国家发展和改革委员会正式发布了《关于进一步做好西南石山地区石漠化综合治理工作指导意见的通知》，这对构筑长江上游的生态屏障和实现地区持续发展具有重要的现实意义，这也是国家部级机关第一次对土地石漠化问题做出的防治通知。

2004 年 3 月，《国务院关于进一步推进西部大开发的若干意见》（国发[2004]6 号）中，也明确提出了土地石漠化的概念。在第一项：扎实推进生态建设和环境保护，实现生态改善和农民增收中，也是在退耕还林的规定中进行了描述，“退耕还林要搞好规划，完善政策，突出重点，加强协调，稳步推进，近期要重点做好巩固成果的工作。优先治理 25°以上的陡坡耕地和严重沙化耕地，特别是江河源头及两岸、湖泊水库周围的陡坡耕地。重点放在北方干旱半干旱土地沙化区、黄土高原水土流失严重区、南方岩溶石漠化集中区、长江上中游大江大湖周边区、青藏高原江河源头区和京津风沙源区等区域。

2004 年年底，《中共中央、国务院关于进一步加强农村工作提高农业综合生产能力若干政策的意见》中，对土地石漠化做了进一步的规定。

2005 年在《国务院关于落实科学发展观加强环境保护的决定》中，把土地石漠化列为和生态破坏，水土流失，草原退化加剧，生物多样性减少，生态系统功能退化等严重影响环境的因素之一。

2005 年年底，在中共中央和国务院出台的《中共中央、国务院关于推进社会主义新农村建设的若干意见》（中发[2006]1 号）第十五项中，从“大力加强农田水利、耕地质量和生态建设”入手，对土地石漠化作为影响我国耕地数量和质量的重要因素，做出了正确认识和治理的方向。

2006 年 3 月 14 日出台的《中华人民共和国国民经济和社会发展第十一个五年规划纲要》，土地石漠化和荒漠化作为重点防治工程，被列入其中，土地石漠化的防治，被列入了解国家和社会发展计划，在该纲要专栏八“部分限制开发区域功能定位及发展方向和禁止开发区域”中，有 21 个特殊防治区域，土地石漠化防治被列入其中之一，在政策防治层面上，土地石漠化的防治被第一次提到了空前的高度。

随后，国务院印发的《国务院关于印发 2006 年工作要点的通知》中，把土地石漠化的防治列入了 2006 年的工作要点之一，这也标志着土地石漠化防治从政策研究成为实际工作落实下去。

2006年5月在宁夏银川市召开的全国水土保持工作会议公布的内容显示，“我国人为水土流失加剧的趋势尚未得到有效遏制，西南地区土地石漠化问题有加重的趋势，是急需解决的问题”。由国家发改委牵头制定的《全国岩溶地区石漠化综合治理规划大纲》在2008年4月得到国务院的批准实施，是土地石漠化治理最高层次和最新的政策文件。其内涵是指，土地石漠化治理，从区域性问题防治到全国整体治理观念的改变，也从根本上克服和改变了土地石漠化区域治理的局限性，开始从国家的高度，整体考虑治理环境。也是国家从土地资源的安全保障机制入手，保障国家18亿亩耕地红线的规定，同时也给石漠化治理定了一个标准。最低标准是使得土地石漠化现象不再扩大，在维持现状的基础上进行治理。以使得现在的潜在石漠化区域的耕地不再被石漠化破坏。18亿亩耕地保护红线的出台，也给地方政府一个很大的压力，尤其是土地石漠化严重地区，如何保证和维持被石漠化威胁的现有良田不受石漠化的危害，控制住石漠化的发展，在不损害环境的情况下发展经济，保护生态环境平衡，是对石漠化区域政府智慧的巨大考验。

2006年8月通过的《全国土地利用总体规划纲要（2006—2020年）》规定：“西南地区，大力开展石漠化综合治理，支持天然林及水源涵养林保护、防护林营造等工程，限制生态用地改变用途，促进生物多样性保护和以自然修复为主的生态建设。”这对土地石漠化治理提出了更明确具体的要求。

2006年8月24日，《国务院关于落实〈中华人民共和国国民经济和社会发展第十一个五年规划纲要〉主要目标和任务工作分工的通知》规定：“生态保护重点工程。……青海三江源自然保护区生态保护和建设工程，水土保持工程，石漠化地区综合治理工程（发展改革委牵头）”。这就把土地石漠化防治工作，作为国家的重要任务和主要目标，明确进行了分工，国家发展与改革委员会成为具体指导土地石漠化的国家机构。

2006年年底，《中共中央、国务院关于积极发展现代农业扎实推进社会主义新农村建设的若干意见》（中[2007]1号）中，对正式启动土地石漠化防治进行了明确规定，对土地石漠化的全面防治、实施拉开了序幕。

2007年，土地石漠化防治依然是国家工作的要点，国务院在《国务院关于印发2007年工作要点的通知》（国发[2007]8号）中，对土地石漠化做了更为明确的指示。

2007年6月，在《国务院关于印发中国应对气候变化国家方案的通知》（国发[2007]17号）中，对国家发展与改革委员会制定的《中国应对气候变化国家方案》进行了认可，在该方案中，把土地石漠化列为影响气候变化的重要因素之一，从另外一种新的角度，对土地石漠化进行了重新认识，对土地石漠化的防治研究工作又多了一种研究课题。

2007 年 6 月，我国地方条例第一个有关岩溶地貌的专门条例出台，这就是《黔南布依族苗族自治州岩溶资源保护条例》，并于同年 6 月实施生效。但是，该条例的目的是保护岩溶资源，对土地石漠化的防治没有明确提出防治规定。条例中只是把岩溶资源作为一种具有旅游和生态观赏价值的资源来保护，没有针对土地石漠化现象来进行保护。其对石漠化防治的意义不大。

（二）石漠化综合治理工程试点阶段（2008—2010 年）

2008 年 3 月 21 日出台的《国务院关于印发 2008 年工作要点的通知》（国发[2008]15 号）中，土地石漠化防治工作依旧是国家的工作要点，防治土地石漠化这种地质灾害，非一朝一夕之功，要持续几十年，甚至于上百年的时间，所以对土地石漠化的防治进行立法，条件已经成熟。

2008 年 3 月 24 日，经国务院同意，国家发展改革委、国家林业局等六部委局联合印发《岩溶地区石漠化综合治理规划大纲》，并启动岩溶地区石漠化综合治理试点项目。3 年来，已累计完成林业建设任务 2 679 hm^2。经国务院批准的石漠化综合治理规划大纲明确指出，石漠化治理以恢复森林植被、改善生态环境、提高农民生活水平、实现可持续发展为目标。必须紧紧围绕改善生态这个中心，努力提高森林覆盖率。各地要把以林草植被恢复为核心的治理思路、技术路线和治理措施落实到实施方案中，确保林业在石漠化治理中的主体作用。要加强对石漠化形成机理、石漠化植被恢复规律等的研究，对治理工作中急需的关键技术集中力量开展科技攻关，破解难题，积极探索并大力推广高效的石漠化治理模式，搞好各级各类培训，提高石漠化防治水平，完善石漠化工程效益监测评价体系。要加强植被管护，实行禁止滥开垦、禁止滥放牧、禁止滥樵采制度，严厉打击破坏生态的违法行为，巩固治理成果；要完善规章制度，工程建设必须有进度报告、核查、检查验收、目标考核、管理办法等制度；要做好舆论宣传，大力宣传石漠化治理在促进区域经济社会发展、推进生态文明建设中的重要作用，各省都要树立若干个治理典型，营造全社会积极支持参与石漠化防治的良好氛围。

2009 年 3 月 26 日，国家林业局批准实施《岩溶地区石漠化综合治理林业专项规划（2006—2015 年）》。同年 4 月 21 日，规划开始实施。根据规划，到 2015 年，我国将完成石漠化治理面积 7×10^4 km^2，新增林草植被面积 822.65×10^4 hm^2，其中封山育林育草 634.44×10^4 hm^2，人工造林 188.21×10^4 hm^2，植被覆盖度提高 7.8 个百分点，每年减少土壤侵蚀量 2.8×10^8 t，构建起一个岩溶地区功能稳定、结构合理的森林生态系统。

2009 年 4 月 14 日按照国务院批复的《岩溶地区石漠化综合治理规划大纲（2006—2015）》的要求，国家林业局组织编制并印发了《岩溶地区石漠化综合治理林业专项规划（2006—2015 年）》。

2009 年 5 月 24～26 日，国家发展改革委在贵州毕节地区召开了全国岩溶地区石漠化综合治理工程第一次省部联席会暨现场会。国家林业局、水利部、农业部、财政部、国土资源部、环境保护部、国务院扶贫办的有关领导和贵州、广西、云南、湖南、湖北、四川、重庆、广东等省（自治区、直辖市）政府分管领导出席了会议。国家林业局党组成员、副局长祝列克出席会议并讲话。国家发展改革委杜鹰副主任在会上做了总结讲话。

2010 年 3 月 5 日，国家林业局在广西南宁召开石漠化试点工程林业建设暨经验交流会，湖北、湖南、广东、广西、重庆、四川、贵州、云南 8 省（自治区、直辖市）林业厅（局）主管厅（局）长、造林处长（石漠化办公室主任）及相关试点县政府的主管领导及林业局长等参加会议。2010 年，石漠化综合治理工程完成造林 16.87×10^4 hm^2，治理区域生态状况得到初步改善。

（三）石漠化综合治理工程全面推进阶段（2011 年至今）

2011 年 11 月 15 日，国家林业局石漠化监测中心在湖南省长沙市国家林业局中南林业调查规划设计院揭牌成立，这标志着我国石漠化监测、预警、评估工作将步入正规化轨道。

2011 年，为保护长江、珠江中上游生态环境，促进岩溶地区经济社会可持续发展，石漠化综合治理工程由为期 3 年的试点阶段进入全面推进阶段，工程规模将由“十一五”期间的 100 个县扩大到 200 个石漠化治理重点县，并逐步将 451 个岩溶地区石漠化县全部覆盖。

2012 年国务院印发《关于进一步促进贵州经济社会又好又快发展的若干意见》，明确建设长江、珠江上游重要生态安全屏障是贵州未来发展的五大战略定位之一。要继续实施石漠化综合治理等重点生态工程，逐步建立生态补偿机制，构建以重点生态功能区为支撑的“两江”上游生态安全战略格局。

（李兰英 柯水发 张得才）

一、名词解释

天然林 退耕还林 防护林 沙漠化 自然保护区 速生丰产林 湿地 石漠化

二、思考与论述

1. 天然林资源保护工程实施对哪些利益主体产生了影响？产生了何种影响？
2. 实施退耕还林工程产生了哪些社会经济效益？
3. 如何科学评价防护林体系工程的生态效益？
4. 试评析科学技术在沙漠化治理中的作用。

5. 如何协调自然保护区保护与社区发展的关系？

6. 请举例说明集体林权改革对林业重点工程的影响？

7. 试分析我国林木资源战略储备的重要意义。

8. 如何实现湿地保护与利用双赢？

9. 试评析政策措施在石漠化治理中所起的作用。

10. 林业重点工程实施对农村减贫有何作用？

三、课外阅读

国家林业局经济发展研究中心，国家林业局发展规划与资金管理司. 国家林业重点工程社会经济效益监测报告（2012）. 北京：中国林业出版社，2013.

中华人民共和国国务院. 退耕还林条例.[2003-01-20].

四、案例分析

提质增量，筑牢天保长远发展基石

在很多人看来，天保工程一期最主要的成就是停伐减产，工程区珍贵的天然林资源得到有效保护。但是很少有人注意到，在大面积停伐限产的同时，天保工程在森林经营方面取得的成就同样令人瞩目。

工程实施10多年来，通过对天然林资源的保护和森林的科学经营，工程区森林质量明显提升，森林蓄积量大幅增加。更为重要的是，天保工程的这种有益探索为我国更大规模、更大范围内的森林经营工程积累了宝贵经验，树立了成功的模板。

森林经营已经成为天保工程的一大亮点。

经营森林为天然林“提质”

“大面积、低强度、保强壮、除病腐、补珍贵、短回归、重投入、长效益”24 个字，是吉林省松江河林业局在天保工程实施过程中不断摸索总结出的森林经营秘诀。

在停伐限产任务完成后，松江河林业局将主要精力放在了森林资源培育和管护上。从1998年至2009年，松江河林业局完成更新造林及冠下更新 4.1×10^4 公顷，栽植苗木6 048万株，幼林抚育 29.6×10^4 公顷，成林抚育 2.8×10^4 公顷。即便在采伐指标大幅缩减、异常紧张的情况下，最近4年松江河林业局用在人工幼龄林透光抚育、采育林建设工程的限额仍然达到 $9.4\times10^4\,m^3$。

松江河林业局的事例并不是偶然。随着天保工程深入推进，工程区各林业局、各森工企业都将眼睛盯在了森林经营上。因为大家明白，只有通过森林的科学培育、可持续经营，才能增加资源总量、提高森林质量、优化林种结构。而这正是未来工程区长远发展的基础和根基。

于是我们会看到这样的现象：工程区林木产量逐年降低，来源于木头经济的收入不断减少，但是森林经营的面积却在不断扩大，用于经营森林的资金、人力投入在逐年增加。当然，持续经营森林的回报也是巨大的。

有这样一组数据：10 年来，天保工程区乔木林每公顷蓄积量增加 2.90 m^3，平均郁闭度提高 14%，每公顷株数提高 129 株，乔木林幼龄和近、成、过熟林面积比例普遍提高，近、成、过熟林增幅较大，林龄组结构逐步改善。森林健康状况较好，健康等级的乔木林面积占 68%，亚健康等级的占 25.4%。

第七次全国森林资源清查结果也显示，天保工程区生态功能等级为中等以上的乔木林占到 8 成多。工程区大部分森林未受灾害，林木生长发育良好。国有林区森工企业和天保工程县单位面积森林蓄积量都有所增加，森林结构进一步优化，森林健康程度不断改善。

搭建体系让森林经营长效化

少了油锯的轰鸣，没有了满载木材卡车的往来奔波，听不到浑厚有力的伐木号子，往日喧嚣的林区似乎安静了很多。其实不然，放下油锯，停驶卡车的林业工人们并没有远离大森林，修剪枝杈、清理林下堆积物、预防病虫害、除草施肥……曾经走到哪里伐倒一片的粗犷变成了科学经营的精细。

这一变化换来的是一棵棵茁壮成长的树木，一片片健康繁茂的森林，一个个森林质量不断提升、蓄积不断增加的天保工程施业区。

从砍树人到看树人，从伐木工到营林者，天保工程的成功很大程度上要归结于转变职能后这样一支造林、营林、护林队伍的不懈努力。而这支队伍本身，也是天保工程的巨大成就之一——不仅为可持续经营森林探索了道路，积累了经验，而且搭建了未来相当长一段时期内森林可持续经营的框架体系。

根据统计，在国家政策的支持下，通过不断加强培训，天保工程区参加森林管护、公益林建设的转岗安置职工达到 27.6 万人，吸纳 20 多万农民直接参与森林管护。这些都成为了生态建设、森林经营的新生力量。

目前，天保工程区已建立各类管护经营站（点、所）3.98 万个，参加管护经营的国有职工由 1998 年的 3.2 万人增加到 2009 年的 22.7 万人，一个“横向到边、纵向到点”的森林管护经营网络体系已经形成，基本实现了工程区森林管护经营全覆盖。

以新疆天保工程区为例，工程区内 95 个营林区 6 000 多个林班、6 万多个小班，被统一规划为 298 个森林管护所、783 个森林管护站，逐级签订管护合同，做到了“山有人看，林有人护，责有人担”。

森林经营队伍的发展壮大，管护网络体系的搭建，也为天保工程二期森林经营的顺利实施奠定了基础。

增加蓄积量为“双增”目标实现筑牢根基

大面积森林经营的必然结果是：工程实施 10 多年来，工程区森林蓄积量净增 $7.25\times10^8 m^3$——这是一个惊人的数字。

如果按现行木材价格 1 000 元/m^3，出材率 60%计算，天保工程森林净增蓄积量出材折成资金达 4 350 亿元，仅木材一项，直接效益投入产出比近 1∶4。

“如果从应对气候变化，增加森林碳汇的角度考虑，按照通常的计算方法，天保工程净增的森林蓄积量 $7.25\times10^8 m^3$，共吸收二氧化碳 13×10^8 t 多，释放氧气近 12×10^8 t。”走马上任不长时间的国家林业局天然林保护办公室主任孙国吉说，他对通过经营天然林，增加森林蓄积量，并以此增加森林碳汇的方式尤其推崇。

2009 年 9 月，胡锦涛主席在联合国气候变化峰会上向全世界作出庄严承诺：大力增加森林碳汇，争取到 2020 年森林面积比 2005 年增加 4 000×10^4 hm^2，森林蓄积量比 2005 年增加 13×10^8 m^3。增加森林面积，就要不断植树造林，在一片片荒山、在城市村庄的每一片空地上播下绿色；提高森林蓄积量，则主要依靠对天然林的经营培育，提升森林质量，让原本枝蔓横生、无法成材的树木更加健康、更加茁壮。“天然林的科学经营无疑在 2020 年森林蓄积量目标实现过程中起着中流砥柱的作用。”

这在天保工程二期建设目标中也被重点提及：通过工程建设，使森林资源从恢复性增长进一步向质量提高转变，到 2020 年新增森林面积 5.2×10^4 hm^2，森林蓄积量净增 11×10^8 m^3，增加森林碳汇 4.14×10^8 t。同时，在天保工程二期的主要任务中，森林经营也被作为一项重要内容单独列出：进行中幼林抚育 17.5×10^4 hm^2，后备资源培育 3.3×10^4 hm^2。国家将增加森林培育经营补助政策，中央财政对国有中幼林抚育补助 18 万元/hm^2；中央基本建设投资对东北、内蒙古重点国有林区后备资源培育中的人工造林和森林改造培育 45 万元/hm^2 和 30 万元/hm^2。

（资料来源：焦玉海　中国绿色时报　2011-5-23）

讨论题

1. 从投入与产出的角度分析天保工程使森林大面积停采限伐，并开始注重森林经营的原因。

2. 分析实施天然林保护政策主要目的和已取得的成绩。

3. 选取一个林业产业，分析天保工程的实施对其产生的影响。

五、主要参考文献

（一）天保工程文献

[1]曹文. 我国天然林资源保护工程的财政政策研究[D]. 北京林业大学博士学位论文，2008.

[2]陈岩. 天然林资源保护工程区社会保障问题研究[D]. 东北林业大学博士学位论文，2007：18-19.

[3]国家林业局. 中国林业统计年鉴[M]. 北京：中国林业出版社，2009.

[4]刘树信. 实施天然林资源保护工程的问题及对策[J]. 中国林业经济，2011（1）：47-49.

[5]刘志文. 长江上游地区天然林保护的政策研究[D]. 西南农业大学博士学位论文，2001.

[6]缪光平，高岚. 天然林资源保护政策问题分析及建议[J]. 绿色中国，2012（5）：32-36.

[7]张佩昌. 试论天然林保护工程[J]. 林业科学，1999，35（2）：124-131.

[8]张志达. 天保工程的实施背景、进展及对策[J]. 林业经济，2002（1）：36-39.

[9]周少舟. 天然林资源保护工程效益评价[D]. 中国林业科学研究院博士学位论文，2008.

（二）退耕工程文献

[10]陈健生. 退耕还林与西部可持续发展[M]. 成都：西南财经大学出版社，2006.

[11]崔海兴. 退耕还林工程社会影响评价理论及实证研究[M]. 北京：知识产权出版社，2009.

[12]崔科，张大红，王立群．退耕还林生态学与经济学理论依据[J]．林业经济，2002：35-36.

[13]董捷．退耕还林绩效问题研究[D]．华中农业大学博士学位论文，2004.

[14]封志明，张蓬涛，宋玉．粮食安全：西北地区退耕对粮食生产的可能影响[J]．自然资源学报，2002，17（3）：299-306.

[15]国家林业局．退耕还林技术与模式[M]．北京：中国林业出版社，2001.

[16]胡鞍钢．地区与发展：西部开发新战略[M]．北京：中国计划出版社，2001.

[17]贾卫国．我国退耕还林政策持续性研究[D]．南京林业大学博士学位论文，2005.

[18]柯水发．农户参与退耕还林行为理论与实证研究[D]．北京林业大学博士学位论文，2007.

[19]李晓峰．中国新时期退耕还林（草）工程的经济分析[M]．北京：中国农业出版社，2009.

[20]刘诚．中国退耕还林政策系统性评估研究[D]．北京林业大学博士学位论文，2009.

[21]秦建明，陈程．我国退耕还林还草历史发展阶段及其政策演变[J]．农业技术经济，2005（1）：58-63.

[22]赵玉涛．继续实施退耕还林的必要性与可行性分析[J]．生态经济，2010，7：81-83.

[23]支玲，刘俊昌，华春．退耕还林（草）的含义与实施基础的研究[J]．世界林业研究，2002，15（6）：69-75.

[24]祝列克．关于做好当前退耕还林工作的几点意见[J]．林业经济，2009（9）：13-14，43.

（三）防护林工程文献

[25]褚卫东．三北防护林体系建设生态经济效益探讨[J]．林业资源管理，2005（3）：25-28.

[26]樊万选，戴其林，朱桂香．生态经济与可持续性[M]．北京：中国环境科学出版社，2004.

[27]国家林业局．构筑国家生态安全的“绿色长城”——三北防护林体系建设30年的回顾与展望[M]．求是，2009（3）：28-30.

[28]国家林业局三北防护林建设局．“十一五”三北防护林工程建设突出鸟型战略[J]．林业实用技术，2006（7）：47.

[29]康华，吕复扬．陕西省三北防护林体系建设成就、经验及展望[J]．陕西林业科技，2001（1）：3-6.

[30]李立中．三北防护林四期工程“十五”投资执行及管理问题初探[J]．林业经济，2008（1）：37-39，43.

[31]李生，任华东，姚小华，等．典型石漠化地区不同植被类型地表水土流失特征研究[J]．水土保持学报，2009，23（2）：1-6.

[32]李世东，李保玉．长防林体系建设工程生态效益监测研究进展[J]．防护林科技，2001（4）：30-32，53.

[33]刘培哲，潘家华，周宏春，等. 可持续发展与中国21世纪议程[M]. 北京：气象出版社，2001.

[34]罗晓华，向成华. 森林生态效益研究现状[J]. 四川林业科技. 2006，27(2)：42-46.

[35]马国青，宋菲. 三北防护林工程区森林状况综合评价[J]. 干旱区资源与环境，2004(5)：108-111.

[36]许传德. 对下世纪我国林业重点生态工程建设的思考[J]. 林业建设，1999(5)：2-4.

[37]许文强，支玲. 三北防护林体系工程管理和评价研究评述[J]. 林业经济，2006(4)：69-72.

[38]杨田. 陕西三北防护林体系工程的发展、问题及对策分析[D]. 西北大学硕士学位论文，2004.

[39]支玲，李怒云，刘俊昌，等. 三北防护林体系建设工程的生态经济评价——以固原市原州区和辽宁省朝阳县为例[J]. 林业科学，2007，4(11)：122-131.

[40]周生贤. 中国林业的历史性转变[M]. 北京：中国林业出版社，2002.

（四）京津风沙源治理工程文献

[41]国家林业局. 中国林业统计年鉴[M]. 北京：中国林业出版社，2010.

[42]国家林业局经济研究发展中心，等. 国家林业重点工程社会经济效益监测报告[M]. 北京：中国林业出版社，2006.

[43]胡培兴. 治沙止漠建屏障，绿色护卫北京城——谈北京沙尘暴与京津风沙源治理[J]. 林业经济，2003：20-23.

[44]李金海，史亚军. 科学治沙的理论与实践——北京京津风沙源治理工程实例[M]. 北京：中国农业大学出版社，2007.

[45]刘拓，李忠平. 京津风沙源治理工程十年建设成效分析[M]. 北京：中国林业出版社，2010.

[46]卢琦，杨有林，王森，等. 中国治沙启示录[M]. 北京：科学出版社，2004.

[47]罗添元，龙少波，任认，等. 北京市风沙治理生态工程存在的问题与对策[J]. 中国水土保持，2010(7)：30-32.

[48]张宏亮. 京津风沙源治理工程建设进展及存在问题[J]. 林业经济，2006(9)：19-21.

[49]祝列克. 我国防沙治沙的形势与任务[J]. 绿色中国，2005(10)：4-9.

（五）自然保护区建设工程文献

[50]单丽娜. 自然保护区法律制度研究[D]. 中国地质大学（北京）硕士学位论文，2008.

[51]杜德鱼. 自然保护区发展旅游事业的法律思考[J]. 林业资源管理，1998(06)：54-57.

[52]韩云池. 美国自然保护区情况考察报告[J]. 山东林业科技，2011(1)：99-102.

[53]贺加贝. 自然保护区环境法律制度研究[D]. 中央民族大学硕士学位论文，2009.

[54]李淑君. 浅谈我国自然保护区建设[J]. 中国新技术新产品，2008(9)：15.

[55]廖春华，杨劲涛. 自然保护区建设的探索[J]. 农村经济，2010(2)：59-62.

[56]卢爱刚，王圣杰．中国自然保护区发展状况分析[J]．干旱区资源与环境，2010，24（11）：7-11.

[57]欧阳志云，郑华，苗鸿，等．中国自然保护区建设与管理资金保障研究[J]．林业工作研究，2006（7）：53-56.

[58]王昌海，温亚利，杨莉菲．基于公共物品特征视角的自然保护区政策研究[J]．林业经济问题，2010，30（4）：292-297.

[59]王德辉，方晨．保护生物多样性加强自然保护区管理：生物多样性与自然保护区管理培训班论文集[M]．北京：中国环境科学出版社．2003.

[60]王智，柏成寿，徐网谷，等．我国自然保护区建设管理现状及挑战[J]．环境保护，2011（4）：18-20.

[61]夏少敏，闫献伟，茜坤，等，中国自然保护区管理体制探析[J]．浙江林学院学报，2009，26（1）：127-131.

[62]杨亮亮．国家重点保护动物及国家级自然保护区地理分布特征分析[D]．北京林业大学，2009.

[63]张希武．我国物种保护拯救与自然保护区建设回顾与展望[J]．林业经济，2010（3）：19-21，29.

[64]邹秀君．我国自然保护区管理体制及立法研究[D]．中国海洋大学硕士学位论文，2008.

（六）速生丰产林工程文献

[65]董智勇．速生丰产林的若干问题[J]．世界林业研究，1992（4）：65-66.

[66]胡锐，宋维明．国外速生丰产用材林经营模式研究与借鉴[J]．林业经济，2010（9）：58-63.

[67]李世东．世界重点生态工程研究[M]．北京：科学出版社，2008.

[68]李周，谢京湘．国内外发展速生丰产林的比较研究[J]．林业经济，1992（2）：26-32.

[69]马花如，李红勋．中国速生丰产林发展状况研究[J]．林业经济问题，2009（4）：34-43.

[70]马花如，田治威．我国速生丰产林发展潜力评价[J]．经济师，2011（4）：23-25.

[71]沈国舫．对发展我国速生丰产林有关问题的思考[J]．世界林业研究，1992（4）：67-74.

[72]孙友．中国速生丰产林工程现状及对策[J]．中国林业，2007（6B）：45.

[73]韦希勤．我国速生丰产林现状与存在的问题[J]．林业调查规划，2010，35（5）：115-118.

[74]张拉锁．速生丰产林概念评析[J]．山西林业，1994（3）：12-17.

[75]张耀启．国外速生丰产林建设浅析[J]．世界林业研究，1990（4）：23-35.

（七）湿地保护工程文献

[76]安娜，高乃云．中国湿地的退化原因、评价及保护[J]．生态学杂志，27（5）：821-828.

[77]陈克林．中国的湿地[J]．生物学通报，2010，45（6）：1-3.

[78]刘子刚，马学慧．中国湿地概览[M]．北京：中国林业出版社，2008.

[79]孙志高，刘景双，李彬．中国湿地资源的现状、问题与可持续利用对策[J]．干旱区资源与环境，2006（2）：83-88．

[80]王巍娜．我国湿地保护的立法思考[J]．水土保持研究，2005，12（3）：75-77．

[81]温亚利，姜宏瑶．我国湿地保护管理体制的主要问题及对策[J]．林业资源管理，2010（3）：1-5．

[82]吴后建，王学雷．中国湿地生态恢复效果评价研究进展[J]．湿地科学，2006，4（4）：304-310．

[83]许木启，黄玉瑶．受损水域生态系统恢复与重建研究[J]．生态学报，1998，18（5）：547-557．

[84]张蔚文，吴次芳，黄祖辉．美国湿地政策的演变及其启示[J]．农业经济问题（月刊），2003（11）：71-74，80．

[85]赵峰，鞠洪波，张怀清，等．国内外湿地保护与管理对策[J]．世界林业研究，2009，22（2）：22-27．

（八）石漠化治理工程文献

[86]蒋忠诚，袁道先．西南岩溶区的石漠化及其综合治理综述[C]//中国地质调查局．中国岩溶地下水与石漠化研究．南宁：广西科学技术出版社，2003．

[87]李森，董玉祥，王金华．土地石漠化概念与分级问题再探讨[J]．中国岩溶，2007：280-284．

[88]李松，熊康宁，王英，等．关于石漠化科学内涵的探讨[J]．水土保持通报．2009：205-208．

[89]李阳兵，王世杰，容丽．关于中国西南石漠化的若干问题[J]．长江流域资源与环境，2003，12（6）：594-598．

[90]王德炉，朱守谦，黄宝龙．石漠化的概念及其内涵[J]．南京林业大学学报，2004，28（6）：87-90．

[91]王世杰．喀斯特石漠化概念演绎及其科学内涵的探讨[J]．中国岩溶，2002，21（2）：101-105．

[92]吴微．中国南方山地的土地荒漠化初探[J]．中国沙漠，1989，9（4）：36-43．

[93]谢家雍．西南石漠化与生态重建[M]．贵州：贵州民族出版社，2001．

[94]张军以，苏维词，苏凯．喀斯特地区土地石漠化风险及评价指标体系[J]．水土保持通报，2011：172-176．

[95]朱震达，崔书红．中国南方的土地荒漠化问题[J]．中国沙漠，1996，16（4）：331-337．

第三篇

林业政策保障篇

- 林政管理、林业组织与林业产权
- 林业投资与融资
- 林业立法与执法

本篇包括第十章至第十二章，主要从林业政策的组织及制度保障、资金保障和法律保障三个方面分别介绍了林业政策管理、林业组织与林业产权、林业投资与融资，以及林业立法与执法等内容。

第十章　林政管理、林业组织与林业产权

从广义上说，组织是指由诸多要素按照一定方式相互联系起来的系统。从狭义上说，组织就是指人们为实现一定的目标，互相协作结合而成的集体或团体，如党团组织、工会组织、企业、军事组织等。狭义的组织专门对人群而言，运用于社会管理之中。在现代社会生活中，组织是人们按照一定的目的、任务和形式组成的社会集团，组织不仅是社会的细胞、社会的基本单元，而且可以说是社会的基础。

第一节　林政管理

一、林政管理

林政管理是国家行政管理的一个组成部分，属行政管理学范畴。所谓行政管理就是国家行使政府行政权力管理政务的总称。概括地说，它是一种国家职能，旨在执行国家方针政策，或参与制定国家方针政策，有效地组织协调各种管理活动的总称。

（一）林政管理的概念和特征

林政管理有广义和狭义之分。广义的林政管理，即林业行政管理。狭义的林政管理，是指林业行政主管部门的林政管理机构依照国家法律、法规、政策和林业行政主管部门的规定，对森林资源的保护、采伐、运输和销售等主要生产经营活动进行计划、组织、指挥、协调和监督的过程。

（二）林政管理的基本要素

1. 林政管理的主体

林政管理的主体主要是林业行政主管部门，即国家林业局和县级以上地方各级人民政府设立的林业厅、林业局等。此外，法律、法规授权的组织，林业

行政主管部门依法委托的单位，在委托的权限范围内可以行使林政管理权，如林业工作站、木材检查站等。

2. 林政管理的对象

林政管理的对象是针对保护和利用森林资源的主要活动。包括两个方面：一是对森林资源的保护，如林地管理；二是对森林资源的利用，如林木采伐、木材运输和销售活动。

3. 林政管理的依据

林政管理主要依据国家现行有效的法律、行政法规、地方性法规、民族自治地方的自治条例、单行条例以及部门规章和地方政府规章等规范性文件，以及相关的林业政策。

（三）林政管理的职能

林政管理的职能，是指林政管理在保护、培育和合理利用森林资源的主要活动中所起的作用。主要包括：计划、组织、控制、协调、监督。林政管理的五个基本职能中，计划是基础，组织是手段，控制是关键，协调是本质，监督是保证，目的是保护森林、发展林业。林政管理的五个职能作为一个整体，各个职能相互依存，环环相扣，缺一不可。只有有效地发挥五个基本职能的作用，才能实现林政管理的法制化、规范化、制度化和高效化。

（四）林政管理的原则

1. 法制原则

林政管理是依法管理的过程，依法治林是林业政策的重要方面。因此，“有法可依、有法必依、执法必严、违法必究”的原则必须贯穿于林政管理的全过程。坚持这一原则的目的，就是要排除各种障碍，纠正各种违法违章行为，把各项主要林业生产经营活动纳入法制轨道。

2. 坚持四项基本原则

四项基本原则是党的政治原则的体现，是党制定各项政策的基础，也是林政管理的依据。在林政管理活动中，应将四项基本原则贯穿于整个过程，以保障林业事业的健康发展。

3. 反馈原则

充分的信息反馈有利于科学决策，林政管理要遵循反馈原则，实现科学管理。

4. 效益原则

林政管理要考虑成本和效益，通过管理，规范林业生产和消费行为，提高林业生产力水平，实现林业的经济、生态、社会效益，以满足社会对林业日益增长的林产品和生态服务的需求。

（五）林政管理的特点

林政管理是各级林业行政主管部门依照政策和法律对林业生产经营活动的管理过程。它具备以下特点：

1．复杂性

林政管理的对象是林业生产经营活动，它既涉及林业经济问题，也涉及林业技术问题，林政管理活动的内容十分复杂。因此，这就要求在林政管理过程中，既要应用经济管理知识，又要运用林业科技知识，它涉及哲学、社会学、行政学、法律学、森林生态学等多种学科。

2．执法性（或强制性）

这一特点是指林政管理要遵循社会主义法制的要求，按照国家法律管理的规律和特点，执行林业法规。林政管理工作的依据是党和国家的政策和法规，法规和政策需要人们去执行，同样也需要有人去执法，对违反林业政策和法规的行为，要给予坚决制裁和惩罚。

3．连续性、广泛性和政策性强

林政管理是一项涉及面很广、艰苦细致的、历史性的长期任务。它要求连续不断地做好工作，广泛地向一切与林业生产经营活动有关的各界人士宣传党和国家政策与法规，灵活地运用各项政策协调和处理发生在林业生产经营活动中的各种矛盾，更好地贯彻执行国家林业政策和法规，进一步稳定林业经济秩序，落实国家对森林资源以及林区社会的各项管理制度和措施，加快森林的培育进程和实现森林永续利用的目标。

（六）林政管理的职责内容

林政管理的职责，是指林政管理工作的职责范围。林政管理工作的职责应根据不同时期所肩负的不同任务而有所调整。不同地区的林政管理工作的职责范围也不完全相同。概括起来，目前林政管理的职责内容包括“六管理一处罚”，即林业法规管理、林地林权管理、森林资源管理、采伐管理、木材运输管理、木材经营加工管理和林业行政处罚。林政管理的具体职责内容包括：

1．林业法规管理

即根据国家有关政策和法律，制定林业政策、法规、规章，逐步完善林业政策与法规体系，使林政管理的各项工作都有章可循，配合有关部门宣传林业法规、政策，提高干部群众知法、懂法、守法的自觉性。

2．林地林权管理

即依照政策和法规，确定森林、林木、林地的所有权或使用权，调处山林纠纷，维护林业生产秩序、维护和保障森林、林木、林地的所有者和使用者的合法权益。依法办理征用、占用林地的审核手续，加强对林地的保护管理。

3．森林资源管理

即依法对森林资源的保护、利用、更新实行管理和监督，负责森林资源统计、档案管理工作，掌握资源消长变化等情况。

4．采伐管理

即核定森林采伐限额，严格控制采伐量，监督管理采伐过程；搞好伐区划拨、检查和验收；依法对森林限额消耗、凭证采伐制度的贯彻执行情况进行管理和监督，及时制止和查处违法违章行为。

5．木材运输管理和木材经营加工管理

即贯彻执行凭证运输、凭证销售木材的制度，监督管理木材运输过程。协助工商行政主管部门，对木材经营加工以及木材市场进行监督和管理。

6．林业行政处罚

即配合有关部门及时查处各种违法违章行为，依法进行行政处罚。

二、林业管理体制

（一）林业管理体制分类

林业管理体制是对林业经济活动进行决策、计划、组织、监督和调节的完整体系，是推动林业经济活动有序开展的管理机制、管理机构和保证管理机构、管理机制发挥作用的管理制度、管理方法的统一。它既是具体经济活动的组织管理形式，又体现了参与林业经济活动的各个部门、各个单位的地位以及他们之间的相互关系。

林业管理体制受社会制度、所有制形式、经济地位、经营指导思想、历史等因素的制约和影响，所以各国林业的管理体制差异较大。为适应林业的发展，许多国家对林业管理体制不断进行改革，形成各自的林业管理体制模式，并且这种模式仍将有所变化。根据林业管理机构的设置以及机构的从属关系，可分为单设部（局）类型、合设部类型、从属其他部类型。根据国有林管理的性质、职能和任务，可分为“政企合一”和“政企分离”两大类模式。至于哪个国家采用何种方式取决于那个国家的发展阶段和它的国情和林情，有时也取决于当政者对林业地位的认识、利益和态度等。

1．单设部（局）类型

单设部，即单独设立国家林业部，或林业和森林工业分设两个部，或类似的机构。大多数森林国有化的国家，在政府机构中均单设林业部。如英国（国家林业委员会），印度尼西亚（林业部），朝鲜（林业部），缅甸（林业部），土耳其（林业部），刚果（林业部），赞比亚（林业部），圭亚那（林业部），立陶宛（林业部）,白俄罗斯（林业部），乌克兰（林业部），葡萄牙（林业部），伯利兹（林业部），洪都拉斯（林业部），纳米比亚（全国林业理事会），柬埔寨

（全国林业政策改革策划委员会）。

2．合设部类型

合设部，即国家林业机构同农业、水利、环境等联合设部。如印度设环境与林业部，尼泊尔设森林与自然保护部，孟加拉设环境与林业部，加蓬设水源、森林和绿化部，加纳设土地和林业部，南非设水利和林业部，布隆迪设林业和水利部，马拉维设林业和自然资源部，喀麦隆设环境与森林部，阿尔及利亚设水利、环境和森林部，罗马尼亚设水源、森林与环境保护部，奥地利设农林部，芬兰设农林部，日本设农林水产省，韩国设农林水产部，澳大利亚设农业、渔业和林业部，新西兰设农业和林业部。

3．从属其他部类型

从属其他部，即国家林业机构不单设部，而是设在农业部等机构中，但自成系统。如美国（农业部—林务局），巴西（环境部—环境和可更新资源署），法国（农牧渔业部—林业司），比利时（农业部—林业局），匈牙利（农业与食品工业部—森林与木材工业办公室），墨西哥（农业和水利资源部—林业机构），坦桑尼亚（旅游自然资源和环境部—林业和养蜂局），刚果民主共和国（环境保护部—林业机构），菲律宾（自然资源部—林业机构），挪威（农业部—林务局），秘鲁（农业部—国家自然资源研究所），摩洛哥（农业农地改革部—森林与土壤保护局），埃及（农业部—林业机构），瑞典（工业、就业和交通部—林业司，另设独立的国家林务局），芬兰（农林部—林业司），泰国（农业和合作社部—皇家林业厅）。

此外，还有少数国家单设一个独立于其他部委但不入内阁的林政机构，如俄罗斯单设一个独立的俄罗斯联邦林务局；丹麦单设林业和自然服务局；利比里亚单设国家林业局。

（二）中国林业管理体制的沿革

随着我国林业生产关系的变动，我国林业行政管理机构几经变动，对林业建设事业的发展具有特别重大的影响。1949 年 10 月，新中国成立后，根据中央人民政府组织法，设立了中央人民政府林垦部，管理全国林业经营和林政工作。国家任命著名林学家梁希为林垦部部长。林垦部内设林政司、造林司、森林经营司、森林利用司和办公厅。与此同时，国家在东北行政区设立林业部，西南、西北等其他大行政区设立农林部，省区设立林业厅或农林厅等。1951 年 11 月 5 日，中央人民政府决定将林垦部改为林业部。1954 年 11 月 30 日中央人民政府林业部改为中华人民共和国林业部。从新中国成立到成立林业部这一时期，林业管理权主要集中在几个大行政区的林业主管部门。1954 年撤销大行政区后，东北、内蒙古、西南、西北等国有林区和南方集体林区的森林工业局、木材加工厂、林产化工厂和木材公司分别由林业部和各省、自治区林业厅（局）领导，林区生产和建设纳入国家统一计划。为适应国家经济建设迅速发展对木材的需要，1956 年 5 月 12 日经全国人大常委会决定，成立中华人民共和国森林工业部，主管全国的森林工业。内设 10 个司局。与此同时保留林业部，主管全国造林营林和林产品生产，林业部内设 7 个司局。这一时期我国森林工业得到迅速发展，木材产量由 1950 年的 55×10^4 m^3 增加到 1957 年的 $2\,800\times10^4$ m^3，为国家上缴利润列全国各行业的前二三位。但是营林与森工分离的行政管理体制造成了采伐森林和培育森林之间的许多矛盾。1957 年，按照中央发布的《关于企业下放的几项规定》，除一些重要的、特殊的和试验性质的企业仍旧归中央继续管理以外，其余企业一律下放给地方管理。1957 年 12 月 3 日，森林工业部将哈尔滨森林工业管理局及其所属 14 个森工局、伊春森林工业管理局及其所属 11 个森工局、吉林森林工业管理局及其所属 6 个森工局、内蒙古森林工业管理局及其所属 7 个森工局、四川森林工业管理局及其所属 7 个森工局、甘肃 2 个森工局，全部下放给各省、自治区领导。原分设各地的木材公司也一起全部下放。这次下放扩大了企业管理权限。但是在“左”的错误思想的指导下，企业自主权并没有真正得到落实和体现，企业生产出现停滞状态。

1958 年 2 月 11 日第一届全国人大常委会第五次会议决定，撤销森林工业部，与林业部合并。1958—1960 年为“大跃进”时期，全国经济陷入严重困境。1961 年，中央提出“调整、巩固、充实、提高”八字方针。1962 年 11 月 18 日，中共中央、国务院作出《关于成立东北林业总局的决定》，由林业部通过东北林业总局直接管理东北、内蒙古森工企业。1963 年 3 月 7 日，国家经济委员会、林业部、商业部发出《关于成立木材公司的通知》，成立的木材公司对全国木材实行统一经营管理。之后又将木材公司和林业部木材销售局一并划归国家物资管理总局领导，但南方集体林区各省、自治区的木材公司保留林业部领导。1964 年 1 月 17 日，中共中央、国务院批准成立大兴安岭林业特区，实行由林业部和黑龙江省、内蒙古自治区的双重领导。同年 6 月 23 日，中共中央、国务院决定撤销伊春市，成立伊春特区，其林业企业工作以林业部领导为主，地方工作以黑龙江省领导为主。1967 年 2 月，中共中央、国务院做出关于黑龙江省林业领导问题的批复，决定将林业部在黑龙江的伊春、哈尔滨、牡丹江、完达山林业局、带岭林业试验局下放交由黑龙江省革命委员会领导。经国务院同意，中国人民解放军林业部军事管制委员会于 1969 年 1 月 9 日发出通知，将林业部部属的吉林林业管理局、内蒙古林业管理局下放给地方统一领导，对木材等产品实行“地区平衡，差额调拨”的办法管理。与此同时，全国的国有林场除山西省外，都被层层下放，83%的国有林场下放到县或公社管理，管理机构全部撤销，人员也陆续下放。林业的行政手段被削弱，经济手段被否定，林业经济陷入混乱和困境。在这动乱的十年中，我国森林资源管理出现非常混乱的局面，森林资源消耗出现严重的赤字，全国森工企业严重的“两危”全面爆发。1970年5月，林业部和农业部合并成立了农林部，这一时期林业行政管理工作开始有所转机。1978年5月，国家林业总局成立。1979年5月中共中央、国务院决定撤销农林部，成立农业部和林业部，林业部主管全国营林和森林工业工作。林业部在1986年、1988年和1993年三次国家机构改革中，都作为单独的国务院组成部门存在，这对林业的改革和发展起到了非常积极的作用。根据国家整体机构改革的统一安排部署，1998年5月，林业部改为国家林业局，列入国务院直属机构序列，行政级别降格为副部级。全国部分省、自治区林业厅随之改为林业局，行政级别相应降低。综上所述，新中国中央林业管理部门在五十多年间先后经历了林垦部（1949.10—1951.11）、林业部（1951.11—1956.05）、林业部与森工部分立（1956.05—1958.02）、林业部（1958.02—1970.05）、农林部（1970.05—1979.02）、林业部（1979.02—1998.03）、国家林业局（1998年3月至今）七个主要时期。

（三）中国现行林业管理体系

我国林业管理机构的设置基本是采用行政直线式，按照行政系统从上到下划分为一定层次，层层设置管理机构。各层林业管理机构是同层次政府的职能部门，同时又受上一层次林业管理机构的业务指导。具体的林业经济管理体制为：国家设国家林业局，是国务院的组成部分，负责全国林业经济方针、政策、计划、重大建设项目和经济业务的指导组织、监督和控制。各省（自治区）、市、县都相应地成立了林业管理部门，领导和组织林业基层单位的生产建设。拥有大面积国有林区的省（自治区），由国家、省直接或通过若干中层管理机构进行管理。例如，我国主要林区的黑龙江省，设有森林工业总局，林业管理局，管理全省森工企业的生产经营活动。而对全省以集体林为主的地方造林、经营活动，如大面积次生林的经营管理，则由省林业厅、专署和县林业机构进行管理。各专署林业机构是省人民政府的派出机构，各县林业局既是同级政府的组成部分，又是林业经济管理单位。

（四）林业行政管理机构

1. 国家林业行政管理机构组成

根据第九届全国人民代表大会第一次会议批准的国务院机构改革方案和《国务院关于机构设置的通知》（国发[1998]15号），设置国家林业局。国家林业局是主管林业工作的国务院直属机构。2008年7月10日，国务院办公厅以国办发[2008]93 号印发《国务院办公厅关于印发国家林业局主要职责内设机构和人员编制规定的通知》，规定：国家林业局设11个内设机构（正司局级），包括办公室、政策法规司、造林绿化管理司（全国绿化委员会办公室）、森林资源管理司（木材行业管理办公室）、野生动植物保护与自然保护区管理司、农村林业改革发展司、森林公安局（国家森林防火指挥部办公室）、发展规划与资金管理司、科学技术司、国际合作司（港澳台办公室）和人事司。机关行政编制 292 名。国家林业局增设国家森林防火指挥部专职副总指挥 1 名，总工程师 1 名。

2. 省级及省级以下林业行政主管部门

2000 年之前，我国 31 个省、自治区、直辖市设林业厅（局）的有 29 个省（自治区、直辖市）。上海、江苏为农林厅（局），江苏在农林厅设林业局，上海市在农林局内设林业处。广东省深圳市由市绿化委员会负责林业行政管理工作。全国各省、自治区、直辖市的绝大多数地（市、州、盟）、县（市、区）都设林业局，但全国少数省、自治区、直辖市名称不完全一致。如福建省部分地（市）、县（市、区）级林业行政部门为林委，江苏省市级在多种经营局内设林业科，在县（市）多管局内设机构管理林业行政工作。

目前，我国林业自上而下拥有一套完整的行政管理体系，每个省（自治区、直辖市）都设有林业厅（局），绝大多数地市县设有单独的林业行政机构，大部分乡镇设有林业工作站。

3. 国家林业局的主要职责

当前，国家林业局的主要职责在于：①研究拟定森林生态环境建设、森林资源保护和国土绿化的方针、政策，组织起草有关的法律法规并监督实施。②监督全国林业资金的管理和使用。③组织开展植树造林和封山育林工作；组织、指导以植树种草等生物措施防治水土流失和防沙、治沙工作；组织、协调防治荒漠化方面的国际公约的履约工作；指导国有林场（苗圃）、森林公园及基层林业工作机构的建设和管理。④监督林木、竹林的凭证采伐与运输；组织、指导林地、林权管理并对依法应由国务院批准的林地征用、占用进行初审。⑤组织、指导陆生野生动植物资源的保护和合理开发利用；指导森林和陆生野生动物类型自然保护区的建设和管理；负责濒危物种进出口和国家保护的野生动物、珍稀野生植物及其产品出口的审批工作。⑥组织协调、指导监督全国森林防火工作；指导全国森林公安工作；组织、指导全国森林病虫鼠害的防治、检疫；承担武装森林警察办公室的工作。

（五）林业行政执法机构

1. 省级以上森林公安机构

1947 年东北解放后，我国政府在森工企业中开始建立公安机构。1953 年 3 月，东北人民政府发出在吉林、辽宁（后未建）、黑龙江、内蒙古东部林区森工局建立林业公安机构的通知。1979 年 2 月《森林法（试行）》规定："省、自治区革命委员会，应当根据实际需要，在重点林区设立公安局、派出所，配备森林警察，加强治安，保护森林。" 1980 年 12 月林业部、公安部、司法部、最高人民检察院发出《关于在重点林区建立与健全林业公安、检察、法院组织机构的通知》，要求在重点林区组织建立与健全林业公安机构。1981 年 3 月 8 日，中共中央、国务院在《关于保护森林发展林业若干问题的决定》文件中明确指出，林区要抓紧建立与健全林业公安机构。1984 年国务院批准林业部、公安部《关于解决林业公安体制问题的请示》，同意在林业部设立公安局，列入公安部序列。规定了林业公安的机构建设、管理、着装、工资等享受人民警察待遇，1984 年 8 月列为公安部第十六局，11 月林业部公安局正式建立。1987 年 5 月公安部和林业部批发了《林业公安政治工作会议纪要》，使林业公安队伍建设走上正规化。森林公安机构在 1998 年 6 月 30 日以前一直叫林业公安机构，自 1998 年 7 月 1 日修改后的《森林法》施行后，按法律规定，林业公安机关改为森林公安机关。2003 年 12 月 18 日，国家林业局、公安部联合出台《关于加强森林公安队伍建设的意见》（林安发（2003）234 号），对理顺森林公安管理体制、加强森林公安队伍建设提出了明确要求。森林公安是国家林业部门和公安机关的重要组成部分，是具有武装性质的兼有刑事执法和行政执法职能的专门保护森林及野生动植物资源、保护生态安全、维护林区社会治安秩序的重要力量。截至 2004 年年底，全国共建立局级森林公安机关 1 个（即国家林业局森林公安局），省级森林公安机关 31 个（除上海市外，含新疆生产建设兵团），以及 6 700 多个地市级、县级和基层森林公安机关，纵跨国家、省、地、县 4 级行政机构，另建有高等专科学校 1 所，警官培训中心 2 所，公安干校 1 所。目前，全国森林公安队伍已发展到 6 万多人，队伍素质得到极大提高。

2. 省级以下森林公安机构

省级林业公安处（局）是林业厅（局）的职能处，同时又分别列入所在省、自治区、直辖市公安厅（局）业务处的序列；绝大多数的（市、州、盟）林业局，均设有森林公安处（局），也有的是叫森林公安分处（分局、科），其名称随所在地（市）公安处（局）的名称确定。

在全国大部分县（市）的林业局设有森林公安机构，但因与所在县（市）林业工作任务多少，森林案件多少有别，设的机构也不同。如江西、浙江、安徽、福建、广东、湖南、四川等省，在重点林业县（市）设立森林公安分局；在其他大多数省（自治区、直辖市）的县（市）中设有森林公安科或森林公安派出所，作为所在县（市）公安局的业务科或派出机构，还在许多国营林场、大型苗圃、自然保护区，森林较集中的乡、镇等地设有森林公安派出所；在吉林、内蒙古、黑龙江大兴安岭、甘肃白龙江、陕西秦岭等大面积国有林区的森工（林业）局，建立了林业地区公安局，基本行使县（市）公安局职权。派出所，仍层层列入当地公安机关序列，作为当地公安部门的业务处、科或派出机构。如黑龙江省除省森工总局设黑龙江省森林公安局，列入黑龙江省公安厅业务处序列外，黑龙江省林业厅还设有森林公安处，同时列入省公安厅业务处序列。地（市）、县（市）设林业公安分处，科（股）或派出所。吉林延边朝鲜族自治州的森工局设林业地区公安局，不列入当地公安序列，独立行使侦查权和治安管理等职权，但州林业局和县（市）林业局还设有森林公安科或派出所。

3. 森林公安局（森林防火办公室）

当前，森林公安局的主要职责在于：①拟定森林公安、森林防火工作的政策、法规、制度和标准，并监督执行。②指导全国森林公安工作，组织、协调、指导、监督全国森林防火工作。③编制森林公安、森林防火的发展建设规划并组织实施，组织指导森林公安、森林防火装备、基础设施建设，监督检查专项资金使用落实情况，承担装备和森林防火专用物资的申请、购置、调拨工作。④指导森林和野生动植物资源保卫工作，分析、掌握林区社会治安动态。⑤组织、指导全国森林公安机关林业行政执法工作和森林防火行政执法工作。⑥协调、组织、打击破坏森林及野生动植物资源违法犯罪活动的统一行动和专项斗争及专项治理，督促查处破坏森林资源、国家重点保护野生动物资源的特大案件，指导林区治安综合治理工作。⑦指导全国森林公安队伍建设，承担掌握森林公安机构设置、警力配备、警衔审批、领导干部协管、立功授奖工作，组织指导森林公安教育培训、警务督察、宣传工作，掌握和督察民警违法、违纪案件。⑧制定并实施全国特大森林火灾的扑救预案，承担国务院交办的扑救特大森林火灾的组织协调工作。⑨承担林火监测、信息网络管理和火灾预测、预报工作，掌握全国火情动态，发布火灾信息。⑩指导全国森林火灾预防、扑救工作及专业队伍建设，实施森林消防监督，指导、协调航空护林工作，承担与周边国家森林防火协定的履约工作。⑪指导、协调武警森林部队森林防火、扑火业务工作。⑫领导森林火灾预报监测信息中心。⑬承担国家林业局检察院法院工作办公室的工作。⑭归口管理东北航空护林中心、西南航空护林总站、南京森林警察学院，协管长春森林公安培训中心。⑮承办国家林业局、公安部交办的其他事项。

4. 森林公安机关的主要职能

森林公安机关是国家公安机关的组成部分，是国家公安机关派驻林区的一支武装性质的治安行政力量和刑事司法力量，履行保卫森林资源和野生动物资源、维护林区社会治安秩序的职能，保障林业改革和生产建设的顺利进行。具体而言，其主要职能如下：①贯彻执行党和国家关于公安工作的方针、政策、法律、命令和国家林业局、公安部的规章、决定、指示。②依照国家林业局、公安部《关于森林案件管辖范围及森林刑事案件立案标准的规定》，侦查破坏森林资源、野生动物资源的刑事案件，严厉打击刑事犯罪活动，保卫森林资源和野生动物资源安全。③加强林区治安管理，维护林区的治安秩序，查处林区的治安案件和《森林法》第三十九、四十二、四十三、四十四条规定的行政案件。④预防森林火灾，加强森林防火宣传教育和扑火队伍建设，保卫林业生产安全。⑤加强联防队伍和护林员队伍建设，提高防火、防盗能力。⑥加强森林公安队伍建设。⑦制订森林公安装备标准，参与编制森林公安基本建设投资计划，负责协调警用物资的调拨等工作。⑧完成上级交办的其他事项。

（六）林政管理机构设置及其职能

1．机构设置情况

全国林政管理工作由国家林业局森林资源管理司和政策法规司负责；各省、自治区、直辖市林业（农林）厅（局）均设有资源处或资源林政处；在地（市、州、盟）林业局设置林政科或资源科；县（市）林业局均设有林政科或林政股。省级人民政府批准设立的木材检查站是隶属于县级以上地方人民政府林业行政主管部门，承担林政管理部分职责的基层执法组织。此外，区、乡、镇根据林业生产和经营管理任务的轻重，单设或合设林业工作站，配备专职林政管理人员，暂时不具备设立林业工作站条件的乡镇，可根据《森林法》的规定设置专职或者兼职人员负责林业工作。

全国有82.5%以上的乡、镇设有林业工作站，少数乡、镇虽然没有设林业工作站，但基本上都配备有林业员，作为县（市）级林政管理机构的派出机构或派驻人员，加强基层林政管理工作，使林政管理工作深入到最基层，直接为农民服务。截至2003年，全国森林资源和林政管理人员约有12万人，其中基层木材检查站4 319个，行政执法人员3万人；乡镇林业工作站3.713 6万个，资源林政管理人员7万人；县级以上林业主管部门资源林政管理机构近2 000多个，管理和执法人员约1万人；国有林场、森工企业局、自然保护区、各级森林资源监督机构和基层森林公安机关等机构专职负责资源管理和林业行政执法的人员约1万人。截至2007年年底，全国共有林业行政执法人员188 034人申领到新版《林业行政执法证》。

2．国家林业局政策法规司主要职责

国家林业局政策法规司的主要职责在于：①组织对重大综合性林业问题进行调研，提出决策建议。②拟定并组织实施生态环境建设、森林和野生动物资源保护、国土绿化和防治荒漠化方面的综合性方针、政策。③研究提出生态环境建设、森林和野生动物资源保护、国土绿化和防治荒漠化方面的改革措施；组织实施林业分类经营改革工作；联系有关的林业改革试点单位。④编制国家林业局机关年度立法计划，并组织实施。组织起草重要的综合性的林业和生态环境建设法律、法规草案。审查有关单位报局审议的法规草案。⑤组织办理全国人大、国务院和有关方面征求国家林业局意见的法律、法规、规章草案的答复工作。办理林业法律、法规和规章的上报、发布和备案工作。⑥组织办理依法由国家林业局解释的法律、法规和部门规章的解释工作，组织清理、修订、汇编林业法规、规章。⑦拟定林业和生态环境建设执法及执法监督工作的制度、办法、程序和执法人员的管理规范并组织实施。负责林业执法人员资格论证（培训、考核），管理林业执法证件的发放和使用。⑧掌握林业执法情况，发布执法和执法监督情况通报；协调执法中出现的重大问题。⑨组织承办全国人大常委会和国务院、国家林业局林业执法检查的有关工作。⑩拟定林业和生态环境建设行政复议和应诉规范、程序，指导地方开展林业行政复议和行政应诉工作。组织承办局机关复议案件受理的具体工作。⑪制定并组织实施林业法制宣传教育规划、年度计划。⑫归口管理重大的综合性调研课题和软科学研究课题。⑬承办国家林业局交办的其他事项。

3. 国家林业局森林资源管理司（监督办）主要职责

国家林业局森林资源管理司（监督办）主要职责在于：①组织、指导全国森林资源（含经济林、薪炭林、热带林作物、红树林及其他特种用途林）管理，拟定森林资源管理有关政策、法规和制度，并监督执行。②组织、指导国家森林资源清查、动态监测和评价工作，负责国家森林资源数据统计、管理和发布。指导全国森林资源调查（含作业调查设计）。③监督全国植树造林、封山育林的检查验收，组织国家重点林业生态工程和全国重点地区天然林保护工程的实绩核查。④组织编制和审核各省、自治区、直辖市森林采伐限额（含珍贵树木采伐限额），指导全国森林采伐限额管理，编制和下达年度森林总采伐量计划和木材生产计划，负责年度木材生产计划的调整，监督森林采伐限额和木材生产计划的执行。⑤负责全国林木（竹）采伐管理工作，指导林木（竹）采伐许可证的管理和发放，监督凭证采伐的执行。⑥监督并审核森林资源使用情况，考核各省（自治区、直辖市）森林资源质量。指导对全国木材经营、加工单位的审查和监督。⑦监督全国木材运输检查工作，监督木材运输证管理和发放。指导全国木材检查站的管理工作。⑧指导林地、林木（竹）采伐、木材经营（加工）与运输管理的行政执法和行政案件统计分析工作。⑨指导并监督森林、林木、林地依法转让和有偿使用工作。⑩指导全国林地、林权管理，监督全国征用、占用林地和林地开发利用工作，依法承办应由国务院批准的林地征用、占用的审核工作和发放国务院确定的国家所有的重点林区的林权证工作。⑪负责省际林地林木权属争议的协调工作，承办国务院确定的重点国有林区的森林资源权属争议调处工作。指导全国林地林木权属争议的调处工作。⑫承办国务院确定的重点林区的国有森林资源管理工作，归属领导国家林业局派驻重点林业省（自治区）森林资源监督机构。⑬归属领导国家林业局林业工作站管理总站。⑭指导全国林业调查规划设计工作，归口领导国家林业局直属调查规划设计院。⑮承办国家林业局交办的其他事项。

4. 基层林业部门林政科主要职责

基层林业部门林政科的主要职责在于：①认真宣传贯彻执行《森林法》等法律法规及林业方针、政策。②编制和执行森林采伐限额、年度采伐计划、核发林木采伐许可证。负责对林区内经营加工木材的单位（或个人）依法实施监督和管理。③负责林地、林权及木材（竹材）运输证发放管理工作。履行《森林法》授权的职能，查处林业行政案件。④负责森林资源档案管理，起草业务范围内的公文，负责监督林木、竹材的凭证采伐与运输。⑤受林业局委托，协调、指导木材检查站、林政稽查队工作。⑥完成领导交办的其他工作。

（七）林政司法与检察机构

为依法保护森林资源，国家根据林区特点和查处森林案件的特殊需要，依据有关法律规定，在部分重点林区设置了林业检法机构。1979 年 2 月 23 日，第五届全国人大常委会第六次会议通过的《森林法（试行）》第九条第一款规定“国家检察机构在林区县的林业部门、国营林业局和重点国营林场，各委任一至三名不脱产的林业检察员，负责检查国家林业政策法规的贯彻执行。林业检察院的职责范围由国家检察机关统一规定”。在《法院组织法》第二条规定的专门法院中包括森林法院，《检察院组织法》第二条规定“省一级人民检察院和县一级人民检察院，根据工作需要，提请本级人民代表大会常务委员会批准，可以在林区设置人民检察院”。后两院组织法修改时，删去了森林法院的提法，但保留“军事等专门法院”的提法。按照解释，林区法院仍然属于专门法院。1980 年 12 月 1 日，林业部、司法部、公安部、最高人民检察院联合发出了《关于在重点林区建立与健全林业公安、检察、法院组织机构的通知》，要求在全国重点国有林区的国营林业局、木材水运局建立林业公安局、林区检察院和森林法院（后改为林业法院）。1981 年 3 月 8 日，中共中央、国务院在《关于保护森林发展林业若干问题的规定》中明确指出林区要抓紧建立和健全林业检法机构。

1．林业检察院、法院机构的职能

①国家林业局检察院法院工作办公室负责掌握各省林业检察、审判机关的有关情况，协调有关部门解决基层检察、法院机关存在的问题；负责联系最高人民法院、最高人民检察院，依法查处破坏森林和野生动物资源刑事案件；负责协调、研究办理破坏森林和野生动物资源刑事案件适用法律的有关问题。②黑龙江、吉林林区检察、法院机关负责本辖区发生的刑事案件、民事案件、经济案件的检察、批捕、起诉和审判工作。③福建、湖南、四川、甘肃等省林业检察、林业审判部门负责本辖区破坏森林和野生动物资源刑事案件以及涉及林业部门的民事案件、经济案件及其他刑事案件的检察工作和审判工作。

2．林业检法机构的现状

自 1980 年组建林业检察、法院机构以来，受几度机构改革、法律修改、案件移交等因素影响，但林业检察、法院机构仍然有较大发展。在黑龙江、吉林、甘肃、湖南、福建、四川六省建有各类林业检察机构 220 个，其中省人民检察院林业检察处5个、地（市）级检察分院9个、地（市）检察分院设林业检察科22个、林区基层检察院72个。112个基层人民检察院设林业检察科，共有2 151人。建有各类林业审判机构256个，其中包括5个省法院林业审判庭，9个中级人民法院林区分院，22个中级人民法院林业审判庭，22个基层林区法院，171个县人民法院林业审判庭，27个派出林业法庭，共有2 172人。

第二节 林业工作站

林业工作站（简称林业站）是对林业生产经营实施组织管理的最基层机构，是整个林业工作的基石，各项林业工作的落脚点，林业系统加强与农民联系沟通的桥梁纽带。林业站是国家设在乡镇的基层林业管理机构，承担着管护森林资源，组织和指导群众造林绿化，为林农提供产前、产中、产后系列化服务等重要职责，在当地经济和社会发展中起到了重要的作用，被群众誉为“林业法律法规和方针政策的宣传站，林业行政执法、森林资源保护的管理站，组织、指导林业生产和开展林业科技服务的推广站，发展当地经济、引导林农兴林致富的服务站，农村‘双文明’建设的示范站。”

一、林业工作站发展历程及现状

几十年来，林业站建设大体上经历了3个重要发展阶段。

（一）林业工作站的创建和缓慢发展阶段（建国初期—1987年）

为了加强造林绿化和森林资源保护，一部分重点林业地区建国初期就开始了林业工作站建设。到1957年，全国已有林业工作站5 000多个，拥有职工2万多人。1964年，经国务院批准，黄河中下游五省（自治区）的100个水土流失严重县建立了公社级林业工作站，增加编制4 200多人，这是对全国林业工作站建设的有力推动。但30多年来，由于种种原因，林业工作站几经周折，几起几落，发展一直比较缓慢。到1987年年底，全国5.7万个乡镇仅有林业工作站1.7万个，人员不足8万人。因此，这期间，我国林业工作站处于停滞不前、有待发展的阶段。

（二）林业工作站建设快速发展阶段（1988—1991年）

在1987年12月召开的全国林业厅（局）长会议上，林业部把加强基层林业工作站建设作为林业改革的6项任务之一提出来。1988年，林业部、劳动人事部发布《关于加强森林资源管理工作的通知》（林资字[1988]144号），提出“抓紧建立健全区、乡林业工作站，强化其资源管理职能，逐步形成完整的森林资源管理体系”。同年 7 月，林业部发布了《区、乡（镇）林业工作站管理办法》，对林业工作站建设提出了具体标准。1989 年，中编办批准成立国家林业工作站管理总站，从而使林业工作站的建设走上大发展的轨道。1990 年人事部和林业部联合发出了《关于颁发〈农村基层林业工作站人员编制标准(试行)〉的通知》（人地编发[1990]6 号），把林业工作站定为事业单位，确定了人员编制标准，有效地解决了人员的编制问题。到 1991 年 4 月，全国基层林业工作站的数量已达到 35 537 个，人员增加到 13 万人。1992 年，林业部、人事部又下发了《关于进一步做好基层林业工作站人员补充工作的通知》（林人字[1992]50 号），按此通知精神，各地先后解决了招工招干指标 43 431 个，及时为林业工作站补充了人员。这些政策的提出和颁布有效地加快了我国林业工作站的发展建设步伐，为构建全国林业工作服务网络奠定了基础。

（三）林业工作站建设“合格县”阶段（1992—1999 年）

在前两阶段建站工作的基础上，林业工作站的工作重点开始向标准化、规范化、制度化转移。在先行试点的基础上，林业部于 1992 年 6 月下发了《关于在全国开展林业工作站建设达标活动的通知》，并按机构设置、人员分工和素质要求、基本建设、业务建设、经营服务 5 个方面制定了 19 条建设标准，启动了林业工作站建设合格县达标活动。1993 年制定的《标准化林业工作站建设验收办法》，将 5 项 19 条标准归纳为 10 项指标，即人员编制、经费渠道、岗位培训、办公用房、交通工具、通信设备、图表档案管理、多种经营、职能发挥、廉政建设 10 个方面。1995 年，林业部林业工作站管理总站下发了《关于实施学历和岗位培训教育有关的通知》（林站培字[1995]8 号），开始对林业工作站职员提高文化素质作出了要求。

（四）林业工作站改革与规范建设阶段（2000 年至今）

2000 年，国家林业局第 6 号令颁布《林业工作站管理办法》。2002 年，《国家林业局关于成立国家林业局森林资源行政案件稽查办公室的通知》（林人发[2002]51 号），批准成立“国家林业局森林资源行政案件稽查办公室”，设在工作总站（实行“两块牌子、一套人马”），委托工作总站（稽查办）行使林政案件稽查相关的五项职能，并批准启用了“国家林业局森林资源行政案件稽查办公室”印章。同年 4 月，国家林业局林业工作站管理总站印发《全国林业站培训教育工作“十五”规划》。2003 年，国家林业局办公室印发《全国林业工作站建设示范县检查验收办法》。同年 2 月，国家林业局林业工作站管理总站印发《基层林业站站长指导性岗位培训计划》和《基层林业站站长指导性岗位培训大纲》。2006 年，国家林业局办公室印发《全国林业工作站建设重点县检查验收办法（试行）》。2008 年，中央编办正式批复工作总站主要职责，即受国家林业局委托，承担全国林业工作站行业管理、林政案件稽查和林权争议处理的具体工作。同年 5 月，人力资源和社会保障部批准国家林业局林业工作站管理总站等 5 个单位参照公务员法管理。同年 6 月，中共中央国务院颁发《关于全面推进集体林权制度改革的意见》（中发[2008]10 号），指出“加强基层林业工作机构建设，乡镇林业工作站经费纳入地方财政预算”，这个文件的出台有效地解决了林业工作站因常年经费不足，无法开展有效的林业生产工作问题。2009 年，国家林业局林业工作站管理总站，决定开展标准化林业站建设试点工作，说明我国林业工作站发展开始步入现代化阶段。2010 年，为进一步提高林业站行业执行能力和管理水平，全面落实全国林业厅局长会议的总体部署，积极推进集体林权制度改革，发展现代林业，建设生态文明，国家林业局决定在林业站系统开展“林业站规范建设年”活动，印发《“林业站规范建设年”活动实施方案》。通过出台这一系列政策文件，很明显地看出政府为了解决长期困扰林业工作站的现代化发展障碍，做了不少有实质性的工作，有效地推动了林业工作站又好又快的发展。

据统汁，截至 2010 年年底，全国共建有乡镇林业工作站 28 112 个，其中管理 2 个以上乡镇林业工作的片站 2 903 个，形成了基层林业管理服务网络。全国林业工作站核定编制 119 687 人，实有在岗职工 136 459 人。2012 年 5 月 31 日，国家林业局印发《全国林业工作站“十二五”建设规划》（林规发[2012]）145 号）。乡镇林业工作站稳定在 2.8 万个左右，队伍保持在 14 万人左右。

二、林业工作站的主要职责

2000 年 3 月 13 日国家林业局 6 号令颁布了《林业工作站管理办法》，赋予了林业站 12 项职责，包括林业法律法规、方针政策的宣传或根据授权行使林业行政执法，以及森林资源的保护管理、造林绿化等项工作，这些工作在基层如果没有林业站，将无法落到实处。因此，林业站被形象地比做林业的“腿”。

林业工作站的主要职责在于：①宣传与贯彻执行森林和野生动植物资源保护等法律、法规和各项林业方针、政策。②协助乡镇人民政府制订林业发展规划和年度计划、组织和指导农村集体、个人开展林业生产经营活动。③配合林业行政主管部门开展资源调查、造林检查验收、林业统计和森林资源档案管理工作，掌握辖区内森林资源消长和野生动植物物种变化情况。④协助林业行政主管部门管理林木采伐工作，配合做好林木采伐的伐区调查设计，并参与监督伐区作业和伐区验收工作。⑤配合林业行政主管部门和乡镇人民政府做好森林防火、森林病虫害防治工作。⑥依法保护、管理森林和野生动植物资源；依法保护湿地资源。⑦协助有关部门处理森林、林木和林地所有权或者使用权争议、查处破坏森林和野生动植物资源案件。⑧协助林业行政主管部门管理辖区内的乡村林场、个体林场。⑨配合乡镇人民政府建立健全乡村护林网络，负责乡村护林队伍的管理。⑩推广林业科学技术，开展林业技术培训、技术咨询和技术服务等林业社会化服务，为林农提供产前、产中、产后服务。⑪根据国家有关规定代收和协助管理各项林业行政事业性收费等。⑫承担县级林业行政主管部门委托的其他事项。

三、林业工作站的建设

根据国家林业局2000年3月13日发布的《林业工作站管理办法》，针对林业工作站的建设相关规定如下：①凡有林业生产和经营管理任务的地方，应当在乡镇设立林业站；林业生产和经营管理任务相对较轻的地方，可以在两个以上的乡镇设立林业站。②暂时不具备设立林业站条件的乡镇，应当根据《中华人民共和国森林法》的规定设专职或者兼职人员负责林业工作。③林业站的设立，应当由县级林业行政主管部门提出意见或者由县级林业行政主管部门与当地乡镇人民政府协商后提出意见，报县级人民政府批准。④林业站人员的编制应当根据国家有关规定和当地实际情况，由县级林业行政主管部门和机构编制部门商定。⑤林业站新增人员应当主要接收大中专院校毕业生，实行考试和考核办法，择优录用。⑥林业站工作人员应当具有中专或高中以上文化水平。林业站专业技术人员的比例应当不少于 80%。⑦林业站负责人和主要岗位人员，应当经培训并取得岗位合格证书，实行持证上岗。⑧林业站的建设应当统一纳入地方经济和社会发展规划。⑨国家对林业站的建设给予适当的扶持。林业站所需事业经费，根据国家有关规定纳入地方财政预算。⑩林业站应当具有必要的房屋、交通、通信工具等设施。⑪任何单位和个人不得非法侵占、平调、拍卖或者出租林业站的房屋、交通、通信工具等设施和其他资产。

四、林业工作站的管理

林业站依法对森林和野生动植物资源实行管理和监督，是组织和指导农村集体经济组织、个人发展林业生产和开展林业社会化服务的基层事业单位。林业站由县级林业行政主管部门直接领导或者实行由县级林业行政主管部门和所在地乡镇人民政府双重领导的管理体制。国家林业局主管全国林业站的管理和监督工作。县级以上地方人民政府林业行政主管部门主管本行政区域内林业站的管理和监督工作。

根据《林业工作站管理办法》，林业工作站的相关管理规定如下：①林业站的撤销或者变更，应当由县级林业行政主管部门提出意见或者由县级林业行政主管部门与当地乡镇人民政府协商后提出意见，报原批准设立的机关批准。②林业站负责人的任免，应当由县级林业行政主管部门或者由县级林业行政主管部门在征求有关乡镇人民政府的意见后按照所在地人事管理规定办理。③县级以上林业行政主管部门应当对林业站的工作人员进行培训、考核。④林业站应按照国家有关规定对达到相当技术水平的人员聘任相应的技术职务。⑤林业站应当建立健全岗位责任制、目标管理责任制和技术承包责任制，制定和完善各项工作制度。⑥林业站应当建立健全人事、财务、物资管理等各项制度，并接受县级林业行政主管部门的监督和检查。⑦林业站在做好林业管理工作的前提下，可以建立示范和生产基地，开展多种经营，增强自我发展能力。⑧林业站开展技术服务的收入，按照国家有关规定享受免征营业税优惠政策。⑨林业站从事的多种经营，不得影响其依法执行的公务活动。⑩林业站有权拒绝任何单位或者个人的非法摊派、乱收费或者强行提留。⑪成绩显著的林业站或者林业站工作人员，由县级以上林业行政主管部门给予奖励。⑫对有滥用职权、徇私舞弊、索贿受贿或者玩忽职守等行为的林业站工作人员，依照国家有关规定进行处理。

第三节 林业合作组织

一、林业合作组织概述

（一）相关概念

1. 合作

合作是人们或组织，为实现同一目标，互相帮助、共同行动的一种方式。如果没有两个或两个以上的参与者或者他们之间不存在一致的目标，并且为实现一致的目标而联合起来，就不会有任何合作行为、合作形式或合作组织。因此，合作与单干的根本区别在于参与主体的多元性和行为目标的一致性。从制度层面来看，合作也就是大家共同参与业务、分享成果、并分担责任与风险的一种经济制度，也就是合作社制度。

2. 合作经济与合作组织

合作经济是分散的个体生产者为维护自身的经济利益和社会地位，通过互助合作而组织起来的一种社会化经济形式，它可以有效地解决社会化的市场经济与小规模的个体经营之间的矛盾，实现生产加工、销售的有机衔接。

林业合作组织是在坚持林地家庭承包经营制度的前提下，转变林业发展模式，有效实现广大林农与大市场对接的林业经营体制的创新。建设林业合作组织，有利于提高林业生产组织化程度，实现林业规模化、集约化经营；有利于提高林业生产力，促进农民增收和农村经济发展。

林权改革后，林业经营在组织结构、生产方式、经营模式等方面发生了很大变化，为了克服经营主体分散、经营面积小、抵御自然灾害能力弱等缺陷，不少地区林农发挥创造精神，自发、自主创办了形式多样的林业合作组织，提高了林业经营水平，加快了林区经济发展。实践证明，林业合作组织在农村经济社会发展中发挥了重要作用。

3．合作社

合作社是近代社会发展的产物，是商品经济发展到一定阶段后出现的生产和经营的组织形式。合作社形成一种制度并在各国出现后，形式和内容都有很大的差异，其定义在不同时期、不同国家也各不相同。

从 1844 年英国第一个合作社成立至今，合作经济在世界上已有 160 多年的发展历史，并已经渗透到各行各业。世界各林业发达国家都有不同类型的合作组织。如德国的林业合作社、北欧各国的林主协会、日本的森林组合等，它们既是私有林经营的主体力量，也是国家对私有林扶持和管理的主要途径。芬兰的私有林入社率为 49%，瑞典为 52%，德国为 53%，挪威为 56%，日本高达 72%。

合作社思想早在 20 世纪初就已经传入我国。新中国成立后，合作社得到了迅速发展，并成为我国农村经济的主要形式。但是在人民公社化和文化大革命期间，受极“左”思想的影响，我国的合作社发展走了许多弯路。改革开放以后，我国确立了以联产承包责任制为核心的农村经济管理体制，农户成为最基本的生产单位。为了适应社会主义市场经济的要求，各地农村出现了多种多样的新型专业合作组织。在坚持土地集体所有制的前提下，如何促进林业合作组织的发展，规范林业合作组织的管理，已经成为当前我国林业经济的一个重要课题。

（二）林业合作组织的作用

当前，我国林业合作组织已经具有相当的规模，显示出强大的生命力和旺盛的活力，其作用可以归纳为如下六个方面：一是提高了林农的组织化程度，消除了龙头企业的后顾之忧，有效地克服了小生产与大市场的矛盾，加快了林业产业化进程；二是加快了林业科技成果的转化，提高了林农素质，推进了区域品牌的形成，提高了林业产业发展水平；三是促进了各生产要素的优化配置，降低了生产成本，提高了生产效率，增加了林农收入；四是完善了林业社会化服务体系，畅通了信息渠道，拓宽了产品市场；五是维护了林农合法权益，加强了行业自律，规范了市场秩序，优化了发展环境；六是加强了林农与政府的联系，推动了政府职能的转变，培养了林农的民主意识，促进了农村民主化管理进程。

（三）林业合作组织的发展状况

截至 2011 年年底，全国共建立林业专业合作组织 9.78 万家，比 2009 年增长 44%，加入合作组织农户 1 260.71 万户，经营林地面积 2 亿亩，占确权林地 7.47%。其中，林业合作组织 3.17 万家，增长 82.18%，加入合作组织的农户达 530.91 万户，经营林地面积 8 340.74 万亩，增长 14.35%，占合作组织总面积的 41.72%。林业合作组织已经覆盖全国 29 个省（自治区、直辖市），涉及种苗、花卉、用材林、经济林、林产品加工与销售、中草药种植、特种珍稀动物饲养、林下经济、森林旅游等方面，组织形式也呈现出多样化，农民林业合作社、股份合作林场、股份制林场、家庭林场、联合社以及林业专业协会等多种模式发展，充分体现了农民自主自愿、合作发展，逐步实现从单一功能向多种功能拓展，从传统合作向新型合作演变，从横向合作向纵向合作深化。

二、我国林业合作组织发展历程及政策沿革

（一）建国初期的自主合作化阶段

早在新中国成立初期，国家就在土地改革的同时开展了山林制度改革，除东北、西北、西南等大面积天然林收入归国有外，对于其他原属于地主的山林予以没收或征收，并将其折合为普通土地，统一分配给原来经营山林或愿意经营山林的农户，部分不适于个体经营的山林，则分给农民联户合作经营或归村公有。农民的林地、林木所有权的确立，为林业合作经营奠定了基础。

1952 年起，农业生产互助组在全国迅速发展，各地出现了以劳动力互助合作为主，从事造林和采伐作业的林业互助组。从 1953 年开始，农业生产互助组进一步发展为初级合作社，在这一过程中，山林也与农田、农具等一样作价入社，农户只保留了自留山和房前屋后的零星树木。

从林业互助组到初级合作社，虽然合作组织的规模由小变大，合作方式也由劳动力互助合作转变为生产资料的合作，但仍然保持了土地与林木的私有属性，坚持了自愿加入、互利互惠的原则。

（二）人民公社时期的高度集体化阶段

1956 年开始，初级合作社升级为以生产资料公有制为基础、按劳分配为原则的高级合作社，社员的土地、耕畜和大型农具等均转为集体所有，不再参与分配，社员只获得劳动报酬。在高级社中，农民只保留了小部分用于自家消费的自留山和房前屋后的零星树木，其他山林全部归公，由集体统一经营管理。

1957 年 7 月中共中央批转林业部党组《关于农林业生产合作社化当前林业生产中几种具体政策问题的请示报告》，就农林合作社发展的相关政策提出了请示，特别是对林业特殊的大环境提出了相关问题。1958 年 4 月 7 日，中共中央、国务院发布《关于在全国大规模造林的指示》，内容中强调：“坚持依靠合作社造林为主”。1961 年 7 月 19 日至 8 月 8 日，时任中共中央副主席、中华人民共和国主席刘少奇同志视察大兴安岭和小兴安岭林区，在一系列重要讲话中强调“林场留点自留地，职工家属可组织合作社，发展集体经济”。

1958 年兴起的人民公社化运动进一步加速了我国林业集体化进程，原属合

作社的山林和农民的自留山全部归人民公社统一经营管理，社员只保留了房前屋后的零星树木。1962年，中央对“一大二公”的人民公社政策进行了调整，明确了“三级所有，队为基础”的制度，山林所有权下放到了生产队或生产大队。但是，在“文化大革命”中，农民房前屋后的零星树木也被当作“资本主义的尾巴”割掉，全部划归集体所有。

这一时期的合作化已经发生了质的变化，农民不仅失去了对林地、林木的所有权，事实上也被剥夺了直接经营林业的权利。这些做法违背了合作社的基本原则，损害了林农的利益，挫伤了林农的积极性。

（三）改革开放以来的重新组织化阶段

党的十一届三中全会以后，随着农村联产承包责任制的实施，对集体林管理体制也进行了改革。通过集体林经营管理体制的改革，农民分到了自留山，承包了责任山，使长期受“一大二公”体制束缚的林业生产力得到了解放，农民经营林业的积极性空前高涨，各地涌现出一大批林业专业户、重点户和家庭林场，林农成为了集体林经营的主体力量。但是，随着社会主义市场经济体制的建立和完善，这种以家庭为主体的林业经营模式的局限性也逐渐显现出来。一是在经营水平方面，由于规模小而分散，森林病虫害防治、林道建设等难以实施，新的技术难以普及，森林经营水平难以提高。二是在经营效率方面，各家各户都要对自家的森林进行长期管护，造成了劳动力的浪费，加之木材等林产品具有体积大、运输困难的特点，一家一户的生产经营模式必然会增加生产成本。三是在产品竞争力方面，由于资金的限制，难以形成拳头产品，创出品牌，因而降低了产品的竞争力。四是在应对市场方面，由于信息渠道不畅，个体农户难以应对千变万化的市场，降低了抵御市场风险的能力。五是在维权自律方面，由于缺乏联合，在与市场对手进行交易谈判中，林农始终处于弱势地位。这就从客观上要求将一家一户的林农重新组织起来，共同维护自身的经济利益和社会地位。

20世纪80年代后期，各地出现了“公司＋农户”等以企业为龙头的林业合作经营模式，在南方集体林区出现了股份制合作林场；90年代又出现了林农协会、林业合作社等以林农为主体的林业合作组织。进入新世纪以来，林业合作组织的发展步伐进一步加快，不仅各类合作组织的数量不断增加，在管理制度上也有了新的突破。

为深入贯彻落实中央林业工作会议和《中共中央国务院关于全面推进集体林权制度改革的意见》（中发[2008]10号）精神，促进农民林业合作组织发展，规范农民林业合作组织及其行为，维护农民林业合作组织及其成员的合法权益，加快现代林业发展，依据《中华人民共和国农民专业合作社法》及有关法律法规，结合林业实际，国家林业局于2009年8月18日以林改发[2009]190

号文印发《关于促进农民林业专业合作社发展的指导意见》。2011 年 12 月 23 日，国家林业局发出了《关于确定首批创建全国农民林业专业合作社示范县活动的通知》（林改发 2011〔249 号〕），确定了北京昌平区等 200 个县（市、区）为首批创建农民林业专业合作社示范县。2012 年 2 月，农业部、发改委等 12 个部门联合下发通知，发布首批农民专业合作社示范社名录，6663 家合作社示范社榜上有名，其中林业类农民林业专业合作社有 132 家。

三、林业合作组织的基本类型

我国林业合作组织有如下几种分类方式：①从组织的性质上看，我国林业合作组织主要有专业协会和专业合作社两大类。一般认为，林业合作组织，如家庭合作林场、专业合作经济组织等，是紧密型的组织形式；而林业协会则是松散型的组织形式。②从业务范围看，我国目前的林业合作组织的专业领域基本涵盖了林业生产的各个环节，包括森林管护、病虫害防治、林道建设、造林、营林、种苗生产、林产品加工、销售、物资采购、技术和信息服务等。其中既有技术服务型、销售服务型等业务单一的专业合作组织，也有集产、供、销、服务为一体的综合性合作组织。③从组建方式看，主要有农民自主组建型、乡村集体组建型、企业带动组建型、政府部门扶持组建型、国际组织扶持组建型等。由龙头企业带动组建的合作组织是 20 世纪八九十年代出现的“公司＋农户”模式的延伸和发展。“公司＋农户”模式虽然在一定程度上减少了农户的市场风险，但农户始终处于被动和弱势地位。而在新的“公司＋专业合作社＋农户”模式中，合作社充当了连接公司与农户之间的桥梁，既维护了农民的利益，又减少了企业与单个农民交易的成本，在三者间形成了合理的利益分配机制。

（一）家庭合作制林场

家庭合作制林场分为两种模式，即集体经营式家庭合作林场和股份经营式家庭合作林场。

1. 集体经营式家庭合作林场

集体经营式家庭合作林场是指在林权改革过程中，由于历史原因，一些山林无法细分或者不易划分，将村民分为小组而实行按村民小组承包，以家庭为单位的模式建立起来的合作林场。这种模式主要是由于林户承包山的山权不确定、山界不明晰造成的，如果强行细分到户必然会给林户的生产经营带来多重困难，引发林户之间的矛盾。集体经营式家庭合作林场是按照“有偿入股、共同管理、保障权益、获利分红”原则，对所有自愿入股的自主经营山林实行保护、发展和利用的股份制经营管理机构，是以合作经济为基础，实行股份制经营模式的家庭合作经济实体。以林农居住地就近原则，将明晰产权后分到户的林木、林地以家庭为单位进行折价入股，同时对参股家庭筹集部分资金作为合作林场启动和运转资金以维持合作林场的正常运作。股本包括林木股和资金股，但以林木股为主。合作更多是在生产领域中进行，包括造林、林木抚育和管护等，也包括统一进行砍伐和销售，但主要还是以劳动力、林地和林木等生产要素的联合为主。集体经营式家庭合作林场的林户参与数较多，且户均林地面积较小，采取集体化的经营方式。在利益分配上，按成员参股的林场评估折价和投入资金的比例参与分红，其目的在于维护和增进合作林场的每一个成员的利益。集体经营式家庭林场建立以资源和互利为前提，与林改前的集体所有制林场有着本质的区别。

2. 股份经营式家庭合作林场

股份经营式家庭合作林场是在自愿互利的基础上，按照“自愿入股、规模经营、共担风险、共享利益”的原则，把林农自有的林木、林地以及通过购并所获的林地，通过亲情和友情的纽带，将分散的林农个体联合起来，进而进行统一生产和销售。股本包括林木股和资金股，股东将自己拥有所有权的林木评估后出资，并按出资比例承担责任和获得收益；同时，按出资比例，股东筹集一部分资金作为林场流动资金，主要用于林场日常运营、缴纳税金、管护工资等。与集体经营式家庭合作林场相比，股份制经营式家庭合作林场的资金筹集量较大，合作主要体现在林业产业方面，所以林场股份占据主体。股份经营式家庭合作林场的合作范围包括生产、销售和经营等；主要经济活动除了林业生产、销售以外，还将经营利润的一部分用于购买新的林场，扩大林场规模，还有少数合作林场将合作范围扩大到了合办林业企业等。这类合作林场以种植大户间的联合居多，呈现参与户少、户均林地面积大、林场总体规模大的特点，经营模式与利益分配方式类似于股份合作制林场，但二者的区别主要在于山林的获取方式不同，前者是分林到户获得，而后者多是通过购并获得。

（二）股份合作制林场

股份合作制林场是指林权制度改革之后，林农将手中的林地、林木产权经资产评估折值后，由具有较强实力的股份合作公司按一定比例进行统一收购，引导林农跨村、跨乡镇、跨县区开展股份合作经营，并由股份合作制林场负责采伐销售，委托原林权持有林农负责管护，经营收益按照双方持股比例进行分配。这种合作经营模式不仅扩大股份合作制林场的经营规模，同时也使得转让林权的林农成为林场的股东，避免了“失山失林”的现象。通过股份合作制林场这种发展模式，林农转让部分林权后仍有山可耕，有林可种，并且是山林的管护主体，有稳定的工资收入，同时按持股比例参与合作林场的利益分配，实现了林场和林农的双赢发展（表 10-1）。

表 10-1 各种类型林业合作组织的特点

类型	特点	成员数	内部交易成本	业务复杂性	经营效益	激励机制	开放性
家庭合作制林场	集体化经营的家庭合作林场	多	高	简单	较低	缺乏	低
	股份化经营的家庭合作林场	较少	较低	简单	较高	较高	较高
股份合作制林场	正规的股份合作林场	少	低	涉及加工环节	高	高	较高
	隐形的股份合作林场	少	低	简单	高	高	高

（三）林业专业合作经济组织

林业专业合作经济组织是指林农由于在某些林产品或林业经营具体环节上有共同需求而出现的，既包括技术服务型、销售服务型等业务单一的专业合作经济组织，同时也包括集产、供、销、服务为一体的综合性合作经济组织。从形式上看，主要存在林业专业技术协会和专业合作社两种类型。

1. 林业专业技术协会

林业产业是集经济效益、社会效益和生态效益三者于一身的产业。由于其社会效应和生态效应具有较强的外部性，所以林业产业带有很浓厚的公共产品色彩。根据萨缪尔森对公共产品的研究，公共产品若完全由私人提供则会出现其他成员“免费搭车”的现象，则提供其收益小于成本而不会持续提供该类服务；若完全由政府提供，在信息不对称的情况下则会出现供求失衡的现象，政府的供给未必符合成员的需求。为节约社会资源，由政府引导，在各地建立起满足当地需求的各种专业技术协会，由专业技术协会提供当地林场所需的公共产品，如南方各省建立的“三防协会”，就是专门提供防火、防虫、防乱砍滥伐的管理服务工作。由于这类协会的非盈利性质，且政府补贴也比较少，主要靠会费支撑运作，所以在资金上存在着一定的困难。

专业协会是一种比较松散的合作组织形式，以提供技术和信息服务、开展维权和自律活动为主，不直接从事营业活动，主要在民政部门登记，注册为社团法人。目前我国大多数的林业专业协会都属于这一类，但也有一部分协会超出了这一范围。有的协会不仅为会员提供上述服务，同时还发挥团体优势，为会员提供种苗、生产资料，以及产品购销服务，以维护会员利益，降低生产成本；有的协会设立了经济实体，就地加工会员的原木、原竹等，既实现了林产品的增值，也消化吸收了会员中的剩余劳动力；还有的协会通过劳动力的互助合作和缴纳会费，共同实施森林管护、病虫害防治、林道维护和森林防火等业务，降低了管护成本。

2．专业合作社

专业合作社是一种与社员联系比较紧密的合作组织形式，对内服务于社员，对外从事经营性业务，主要在工商管理部门登记，注册为企业法人。目前我国的林业合作社主要有以下两个子类型：

（1）会员制合作社

会员制合作社就是在“入退自由、平等互利”的前提下，由社员共同出资（相当于会费）建立联合实体，对外从事盈利活动，对内为社员提供产前、产中、产后服务，不以盈利为目的。在生产环节上仍然以一家一户（或单个企业）为单位，在销售环节上统一商标、统一品牌、统一销售，同时还为社员提供委托经营、运输和储藏、生产资料采购等有偿服务，以及技术支撑、信息共享等无偿服务。在管理上实行社员民主决策，“一人一票”制；在分配上首先提留合作社公共积累，然后按照社员与合作社的交易额进行利润返还，而不按出资分红。

（2）股份制合作社

股份制合作社是合作社的一种新形式，是股份制与合作制的结合，在当前林业信贷比较困难的条件下，有效地实现了社员的资本联合。与会员制合作社不同的是，股份制合作社多数拥有自己的企业和固定的产品，实行按交易额返还和按投资分配相结合的利润分配制度，即对社员按照其与合作社的交易额进行利润返还，对于外来资本（包括社会投资和社员的基本会费以外的股份）则实行按股分红。

（四）村级林业专业合作组织

随着林权制度改革的逐步深入，林权抵押贷款正逐渐成为缓解林农资金短缺，维持经营正常运转的一种融资方式。以农村信用社为主的金融机构认为给林农进行直接的信贷行为存在较大的贷款风险，而不愿意给林农贷款，当林农出现资金短缺问题时，往往借贷无门。这不仅阻碍了正常的林业生产，也不利于林农的增收，妨碍了林业产业发展。为了满足林农贷款需求，出现了一批以村为单位、依托村级组织设立的、为林农提供信贷担保服务为主的专业合作组织。这类专业合作组织以存入农村信用社等金融机构的风险保证金为社员提供信贷担保，降低了金融机构的贷款风险，从而增加社员申请贷款的成功几率。

这类专业合作组织还向申请贷款的林农收取一定的贷款担保风险金，同时社员还将自己的林权证抵押给这类专业合作组织，用来为专业合作组织提供反担保。这类专业合作组织以为林农解决贷款难的问题为主要服务内容，同时也向社员提供技术支持、生产资料采购、产品销售等服务，但作为探索中的一种新生合作组织，其发展目前还处于起步阶段。

四、林业合作组织现行政策

（一）补助扶持政策

对于国家而言，对林业合作组织提供的最直接、最有效的补助扶持政策，主要集中在资金方面。资金、管理和社会资本的需求促使股份合作林场快速发展。以木竹原料为例，林权改革后木竹原料供应的利润空间增长很快，许多有眼光、有资金的林农希望投资购买山场和林木。对于小规模的林农来说，将精力花费在林业生产上的机会成本很高，加上小规模林木的采伐指标很难申请，所以一些林农会索性卖掉林地或林木。而林权改革后林地可流转使得两者的交易变成可能。然而，单个大户在这一交易的过程中首先遇到了资金缺乏的问题，产生了资金合作的需求。对于此，政府通过对林业合作组织的经济援助和政策扶持，使林场规模扩大，种植、采伐等生产行为更合理，保证了资金流转顺畅和股东收入稳定。

例如，2009 年，福建省委和省政府《关于持续深化林改建设海西现代林业的意见》（闽委[2009]44 号）出台的政策："引导林业经营者在产权明晰的基础上，通过股份合作等方式，组建林业合作组织，促进林业规模经营、集约经营。要不断健全林业合作组织经营管理制度，规范经营行为，提升管理水平。加大对林业合作组织的扶持力度，对依法设立的林业合作组织实行'三免三补三优先'，即免收登记注册费、免收增值税、免收印花税，实行林木种苗补助、贷款贴息补助、森林保险补助，采伐指标优先安排、科技推广项目优先安排、国家各项扶持政策优先享受"，对林业合作组织提供了相应的补助和扶持，推动了林业合作组织的发展。

（二）财政激励政策

林业长期以来都因其比较效益低下和作为仅仅提供原材料的基础产业的特殊性而无法有效地参与市场竞争，无法适应市场机制的变化要求。近年来，全国各重要林区都展开了大规模的林权改革，林业产业越来越受到国家的重视，如何有效地保障林农的权益和提高林农的收入成为讨论的焦点。而合作组织则因其所具备的独特的社会稳定器的作用而逐步被引入到林权改革的实践中。但是，林业合作组织的存在和发展所面临的挑战也是巨大的，尽管现阶段，国家及政府给予其较多的政策支持，但仍然无法实现较大的效益和满意的效果，其首要问题是如何生存，即资金引入的困难性。

与农业合作组织相比，林业合作组织筹集资金的困难性更大，原因在于，林业生产经营的特性。林业生产经营是一个周期长、地域广，连续多次投入、分阶段产出，周转慢、有滞后效应的过程，同时，现有的林业管理体系十分复杂，林地是林业生产不可替代的、有限的自然资源，对林地自然资源的开发和利用不仅是林地所有权人对自己权利的行使，而且还关系到其他社会成员经济效益的实现及整个林业的生态和社会效益的实现。由于必须在追求经济利益的同时，兼顾森林的生态效应和社会效应，因此，国家对林木的砍伐量控制十分严格，以福建省南平市及宁德市的五个县为例，尽管这些地区林木资源相对丰富，但林农能得到采伐指标和获准对成熟林进行砍伐的机会很低，大量的成熟林及近成熟林资源，由于国家的严格控制，无法转化为林农的经济利益，造成很大程度的资源闲置，无法形成一个有效的资金循环链条。就经济角度而言，资源管制成为林业资金循环有效利用的一大障碍。为此，国家和政府出台了相应的财政激励措施和政策，把林业合作组织建设融入财政支农项目计划，促进了林业合作组织的经营、建设与管理。如福建省2010年度吸纳省级财政支农预算资金150万元，支持了30个林业合作组织开展林业经营体制的改革与试点，引导全省林业合作组织规范发展，起到探路子、出经验、做示范的作用。

（三）经济扶持政策

政府在经济方面对林业合作组织的扶持政策主要是：以林业合作组织为载体，推进设施林业建设，提高林业生产技术装备，扎实实施科学营林措施。主要有：一是促进技术装备流向森林资源培植业，购置林业机械、滴喷灌设施、森林管护设施、开设林道等营林生产设备，林产品加工、整理、储存、保鲜、运销或产品检验检测仪器设备，添置基本办公设施。二是促进产业发展，引进优良林木种苗品种，推广实用技术、森林资源培育林木种苗补助、贷款贴息补助、森林保险补助。三是实施标准化生产，制定生产技术规程，建设标准化生产与示范基地，实施生产技术规程和产品质量标准，建立生产记录、产品质量追溯、检测监督等制度。四是创建知名品牌，开展林产品商标注册、品牌创建、质量标准与认证、森林可持续经营认证活动，进行无公害林产品、绿色食品、有机食品的生产经营。五是拓展产品市场，支持林业合作组织参与市场竞争，举办或参与产品推介、展示和交易洽谈等市场营销活动。

（四）法律规范政策

政府依据各林业局、林业区的合作组织发展现状，在认真分析现存林业合作组织模式的基础上，依据法律划分林业合作组织类型，即根据《农民专业合作社法》组建的农民林业专业合作社，根据《公司法》组建的股份合作企业，根据《合伙企业法》组建的合伙林业企业，根据《社会团体登记管理条例》组建的实体性协会，并促进依法组建、依法注册登记、依法规范管理。根据《森林法》《合同法》《农村土地承包法》《村民组织法》，结合合作经济组织自身产业发展方向和特点，制定适合自身发展需要的合作社章程、股份合作协议、合伙合作协议、联户合作协议、协会合作规则等，逐步形成健全的林业合作组织管理制度，规范经营行为，提升经营管理水平，促进林农增收并带动行业发展。

（五）服务指导政策

所谓服务指导政策，即各林业局、林业厅在政府的指导下，开展调研，调查民意，从而出台相应的合作组织工作手册，以帮助林农更好地参与林业合作组织而开展相应的一系列服务。

以福建省为例，一是开展调研，初步摸清福建林业合作组织的总体数量、经营规模、产业类型、合作类型、参与农户数、经济规模、存在问题、发展趋势。二是编写《林业合作组织工作手册》，印制3 000册向全省发放，切实发挥行业部门对林业合作组织发展的指导、协调、服务、管理功能。三是开展试点与研究。密切结合林业特点，在全省布设30个林业合作试点单位，开展了林业合作组织发展林业担保贷款业务、林业小额贷款业务、森林资源培育的合作经营组织方式、合作经济组织内部运行机制建设等业务；推进林业合作组织示范单位和标准化建设，择优培育扶持一批经营规模大、带动能力强、民主管理好的林业合作组织，引领林农参加合作经济组织；逐步规范林业合作组织建设，健全完善内部管理制度，提高民主管理能力，提高市场竞争能力，增强带动农户发展能力。四是积极支持合作经济组织创立与注册具有自主产权的商标、产品品牌，无公害绿色产品、名特优产品认证、有机食用林产品认证、城镇菜篮子生产基地认证、地理标志认证、农产品名牌认证、中华名果品牌认证等。五是为林业合作组织成员提供信息支持和技术培训等方面的服务。开展技术培训和培养新型的专业性技术农民，聘请专家、技术人员，对成员进行有关法律法规、组织制度建设、林业生产实用技术、经营管理、市场营销等知识的培训。

五、国外林业合作组织建设概况及政策概览

林业合作组织形式的选择，要因地制宜，各地应选用符合自身条件、适应当地情况的发展模式。我国处在林业合作组织发展的探索阶段，借鉴国外成功林业合作组织的先进经验很有必要。在西方发达国家，发展较好的林业合作组织有北欧的林主协会和日本的森林组合等。

从1844年英国第一个合作社成立至今，合作经济在世界上已有160多年的发展历史，并已经渗透到各行各业。世界各林业发达国家都有不同类型的合作组织。如德国的林业合作社、北欧各国的林主协会、日本的森林组合等，它们既是私有林经营的主体力量，也是国家对私有林扶持和管理的主要途径。

（一）国外林主协会概况

国外的私有林主协会大多成立于20世纪初，日本早在1907年就创建了森林组合制度；芬兰首个林主协会也成立于1907年，1917年成立了国家级的林主协会；新西兰的林主协会成立于1926年；瑞典的林主协会成立于20世纪20年代；美国的国家层次的林主联合会建立于1941年。经过几十年的发展，林主协会已经发展形成全球化的网络体系。

在国际层次，1946年成立了北欧林主协会（NFOA），1989年成立了南欧林主联盟（USSE），1996年欧洲林主联盟（CEPF）成立。2002年7月1日，成立了国际林主联合会（IFFA，也称为国际家庭林业联盟），代表了欧洲和北美的2 500万个小私有林主，总部设在美国的华盛顿，这一组织的目的是协调各个国家和区域的林主协会组织。这些联盟或协会的会员都是各国的林主协会组织。

在国家层次，许多拥有大量私有林的国家如芬兰、瑞典、德国形成了从中央到地方的林主协会组织体系，一般实行三级管理，第一级是国家级的林主协会联盟，如德国的林主联合会，芬兰农业生产者和林主中心协会、瑞典的农场主联盟、德国的林场主联合会；第二级是区域级的，如芬兰有13个区域协会，瑞典有5个区域协会，挪威有8个区域协会，法国有17个大区林主中心（由于法国的大区林主中心资金主要来源于政府管控的基金，所以他们向国家森林局负责），日本有47个区域性森林组合联合会；第三级是基层的林主协会，芬兰有158个，瑞典有300多个，挪威有368个，日本有1 200多个。这些国家和地区的林主协会规模都很大，芬兰林主协会有28万个会员，私有林80%的营林作业、80%的木材销售计划和40%的木材销售都由林主协会来完成，年营业额达5 000万欧元；瑞典私有林主联盟目前有88 000个会员，拥有$580\times10^4\ hm^2$的林地，约占所有家庭私有林的50%。美国私有林主协会的规模也很大，现有47个州的会员，私有林地面积达到$3\ 700\times10^4\ hm^2$。新西兰林主协会会员拥有$188\times10^4\ hm^2$林地，占全国人工林面积的80%。各国拥有私有林林主协会情况如表10-2所示。

表10-2 各国分级别林主协会概况

国家	德国	芬兰	瑞典	挪威	日本
国家协会联盟	林主联合会、林场主联合会	农业生产者和林主中心协会	农场主联盟	—	—
区域协会（个）	—	13	5	8	47
基层协会（个）	—	158	300	368	1 200
会员（万）	—	28	8.8	—	—
其他方面	—	私有林80%的营林作业、80%的木材销售计划和40%的木材销售都由林主协会来完成；年营业额达5 000万欧元	拥有$580\times10^4\ hm^2$的林地，约占所有家庭私有林的50%	—	—

（二）日本森林组合概况

日本的森林所有制包括国有林和民有林，民有林又包括地方公有林和私有林。国有林面积为 $785\times10^4\ hm^2$，占森林总面积的 31%；民有林面积为 $1\ 737\times10^4\ hm^2$，占森林总面积的 69%。森林组合是日本民有林的基本管理形式。迄今为止，森林组合还是日本林业最大的职能组织。

1. 森林组合发展沿革

日本森林组合的发展可以分为萌芽、起步、引导、发展和成熟 5 个阶段。

（1）萌芽阶段（1871—1906 年）

日本明治维新（1864—1871 年）之后，随着矿业的发展，木材需求高涨，导致森林砍伐现象严重。随着西方林业经营思想的传入，林业合作化运动也开始在日本萌芽，为此，各地相继涌现了以森林保护、防止盗伐和森林防火等为目的的被称为山林组合、民有林组合、林业组合、民有林保护组合的民间合作组织。可以说，这是日本森林组合的最初原型。

（2）起步阶段（1907—1910 年）

1907 年，森林组合被列入《森林法》的第五章。从此，日本森林组合有了法律依据，这标志着日本森林组合制度的起步。在《森林法》中规定了森林组合“任意设立，强制加入”的原则。可以说，森林组合虽为民间组织，却不是建立在森林所有者内部合作化运动的基础之上，而是作为民有林行政管理的载体而设立的。为此，森林组合一开始就受到了政府的扶持，体现出很强的政府行为。

（3）引导阶段（1911—1950 年）

森林组合虽然有法律依据，但由于没有得到森林所有者的拥护，在 1907—1911 年的 4 年时间里，全国仅设立了 11 个森林组合。之后，日本政府出台了《森林组合设立奖励规则（1911 年）》《林业基础设施奖励事业（1926 年）》等一系列奖励政策，从而促进了森林组合的大量设立。林道建设补助金等都是通过以森林组合为对象来支付的，这项政策成为森林组合设立的强有力的引擎。

（4）发展阶段（1951—1977 年）

1951 年的新《森林法》所确立的森林组合制度是日本现代森林组合制度的原点，为森林组合的发展带来了新的机遇。森林组合的组织、经营基础、职能、业务范围、业务量等都得到了加强和上升。

（5）成熟阶段（1978 年至今）

1978 年，森林组合制度从《森林法》中独立出来，《森林组合法》成为专门的法律。它的颁布，标志着日本森林组合制度的成熟，在日本森林组合发展史上具有重要的意义。为了适应国内外环境的变化，《森林组合法》进行了 1987 年、1997 年和 2005 年 3 次修订，对森林组合的发展方向、业务内容等进行调整和补充。目前，日本森林组合的最新动向是：普通森林组合向优秀森林组合发展；开始实施提案型集约化作业。

2．森林组合基本情况

根据日本林野厅《2008 年度森林组合统计》资料，截至 2008 年年底，全国森林组合共 711 个，会员 158 万人，平均每个组合 2 218 人。森林组合所有森林面积 1 109×10^4 hm^2，平均每个组合 1.6×10^4 hm^2，占民有林面积的 70%。全部出资额 529.9 亿日元，平均每个组合出资额达 7 463 万日元，每个会员平均出资 33 600 日元（相当于 2 695 元）。专职管理人员 476 人，平均每个组合 0.7 人；工作人员 7 070 人，平均每个组合 10 个工作人员。雇佣生产工人 25 562 人，平均每个组合 39 人。

森林组合的业务比例情况，2008 年年度的总业务额为 2 616 亿日元（平均每个组合 3.7 亿日元）。其中，森林建设业务等森林建设部门占 61%，林产品业务等销售部门占 25%，为两大主要业务。

森林组合承担的林业作业比例情况，森林组合承担 60%～70%（按面积算）的植树、割草、间伐（抚育性间伐为主）业务。另外，主伐作业的 60%（按面积算）由森林组合以外的公司承担，森林组合承担的比例不到 20%。

第四节 林业社团组织

根据 2007 年 7 月 17 日印发的《国家林业局社会团体管理办法（试行）》，林业社团是指：已在民政部正式登记注册，依法取得社团法人资格，依据社团章程独立自主地开展各项活动和管理内部事务，由国家林业局业务主管和挂靠国家林业局或者国家林业局有关司局、直属单位的林业全国性协会、学会、促进会、基金会、联合会等非营利性社会组织。

一、全国性林业社团的基本情况和特点

随着改革开放的不断深入和林业事业的快速发展，我国林业社团呈现出不断壮大的局面，涌现出一批全国性的林业社团组织，如中国林学会、中国绿化基金会、中国野生植物保护协会、中国野生动物保护协会、中国治理荒漠化基金会、中国花卉协会、中国林产工业协会、中国竹产业协会、中国治沙暨沙业学会、中国经济林协会、中国林业机械协会、中国林业经济学会、中国林场协会、中国风景园林学会、中国水土保持学会、中国长城绿化促进会、中国林业与环境促进会、中国林业工程建设协会、中国林产品经销协会、中国林业文学艺术工作者联合会、中国林业教育学会、中国林业职工思想政治工作研究会、中国生态道德教育促进会、中国老年科协林业分会、中国林业书法家协会、中国林业体育协会等，在林业改革与发展中发挥了重要的作用。截至 2006 年年底，国家林业局管理的全国

性林业社团共有26个。按管理分，国家林业局业务主管的社会团体18个，挂靠国家林业局及有关司局和单位的社会团体 8 个；按层级分，国家一级社会团体22个，二级社会团体4个；按类别分，科技及学术性社团10个，行业协会8个，基金会2个，其他社团6个。

总的来看，全国性林业社团发展有几个特点：①不断发展壮大。改革开放以前，全国性林业社团只有中国林学会一家。20世纪80年代以后，新成立了中国花卉协会、中国绿化基金会等9家全国性林业社团。90年代又成立了中国林业教育学会、中国林业文联等 11 家林业社团，使全国性林业社团总数增至21个。进入21世纪后，成立了中国野生植物保护协会、中国治理荒漠化基金会等5个林业社团。②社团类型多。有科技及学术类社团、行业协会、基金会、联合会、促进会等多种类型。根据这些不同类型社团的特点，采取了相应的管理模式。中国林学会、中国野生动物保护协会等 6 家社团按局直属事业单位管理；中国林产工业协会、中国林业文联等 8 家社团是由挂靠单位作为内设机构管理；中国经济林协会、中国生态道德教育促进会等社团的机构独立设置。③社团联系面广、覆盖面大。林业社团组织不仅聚集了大量林业方面的各类人才，而且还吸收了其他行业的有关专家，与社会各界有着广泛的联系。林业社团工作涉及林业生产、管理、科研、教学等众多领域，涉及生态建设和林业事业的方方面面。④影响力大。经过多年的发展，林业社团逐步走向成熟，开展活动的数量和质量都有明显的提升，对促进林业发展的作用越来越大，在社会上的影响也越来越大。

二、林业社团的作用

林业社团类型多、领域广，是建设现代林业的重要力量。林业社团在推动林业发展中发挥着不可替代的重要作用，主要体现在：①开展调查研究，积极建言献策，为政府决策提供科学依据。林业社团组织作为林业行政主管部门的参谋和助手，紧密围绕林业建设的重点、热点和难点，深入开展调查研究，积极建言献策，为政府决策提供科学依据，促进决策的民主化、科学化，节约政府决策成本，提高政府决策效率。②宣传方针政策，反映发展诉求，为构建和谐社会发挥作用。社会团体作为介于政府与社会、政府与市场主体之间的中介组织，为实现政府职能转变提供了重要支撑，是承担行业组织协调、管理服务职责的重要载体。社团组织作为党和政府与广大会员之间的桥梁和纽带，发挥着联系、服务、教育广大社团会员的作用。③搭建平台，开辟窗口，为林业发展拓展空间。林业社团组织积极搭建各种平台，不断开辟国内、国外交流窗口，为林业发展营造了新的发展空间。④维护行业权益，加强行业自律，为产业健康发展提供有力保障。产业协会是行业会员的利益代表。通过会员的积极参与和建议，制定统一的行业标准，规范行业门槛，促进行业自律，推动了行业内企业之间健康有序的合理竞争。⑤促进科技创新，加强人才培养，为科教兴林做出积极贡献。提高林业生产力，推进林业增长方式的转变，必须依靠科技进步和从业人员素质的提高。林业社团把积极参与制订行业技术标准作为提升行业技术水平，促进产业技术升级的重要途径。⑥繁荣生态文化，弘扬生态道德，为建设生态文明而不懈努力。长期以来，林业社团在繁荣生态文化、弘扬生态道德方面做了大量卓有成效的工作。

三、林业社团的管理

根据《国家林业局社会团体管理办法（试行）》，林业社团的相关管理规定如下：①林业社团应当严格遵守国家有关法律法规，执行国家林业工作的方针、政策，在社团章程规定的业务范围内，积极为林业建设服务。具备条件的林业社团常设机构，应当按照中共中央组织部和民政部《关于在社会团体中建立党组织有关问题的通知》（组通字[1998]6 号）规定建立健全党的组织。②林业社团负责人应当自觉遵守国家的法律法规和社团工作的各项规定，坚持正确的政治方向。林业社团的党员要自觉遵守《党章》的要求，认真履行党员义务，遵守党的纪律，发挥模范带头作用。③国家林业局管理林业社团，坚持培育扶持与监督管理并重的原则，实行人事教育司归口管理、有关司局和直属单位依照职能归口联系的分工负责、分类指导的制度，在严格执行国家相关法律、政策规定的基础上，结合政府职能转变、优化和工作需要，通过转移职能、委托承办具体事项、联合开展活动等形式，充分发挥林业社团的作用。

第五节 林业产权制度

一、林业产权基础理论

（一）产权

经济学家阿尔钦给产权下了一个明确的定义：“产权是一种通过社会强制而实现的对某种经济物品的多种用途进行选择的权利”。瑞安则认为“财产权与稀缺性和理性一样，是经济学的基础”。产权经济学家菲吕博腾和配杰威齐对产权的定义进行了概述，他们认为：“产权不是指一般的物质实体，不是指人与物之间的关系，而是指由于物的存在及关于它们的使用所引起的人们之间相互认可的行为关系。产权安排确定了每个人相应于物时的行为规范，每个人都必须遵守与其他人之间的相互关系，或承担不遵守这些关系的成本。因此……它是一系列用概念界定及相关基础理论来确定每个人相对于稀缺资源使用时的地位的经济和社会关系。”思拉恩·埃格特森把个人使用资源的权利叫作产权，巴泽尔认为“个人对资产的产权由消费这些资产、从这些资产中取得收入和让渡这些资产的权利构成”。

综上所述，可以看出，由于对产权问题研究的出发点不同，各种学派对产权的定义也各不相同，无法形成统一的概念。但是，对产权的理解还是有一些共识。例如，产权经济学家都把产权视为人们对物的使用所引起的相互关系，即一种人与人之间的基本关系，而不是人对物的关系；他们都强调产权是一组行为性权利，或者说是一个“权利束”；他们都把产权看作是一种社会制度等。正如《大不列颠百科全书》中解释的那样，“产权是法定权利的客体，它把占有和财富结合在一起，通常强烈意味着个人所有权。在法律上，是指人与人之间对物的法律关系的综合。”

综合上述界定，产权是以财产所有权为基础和核心的一个权利集合（产权束），由所有制实现形式所决定，受国家法律保护，反映不同利益主体对某一财产的占有、支配和收益的权利、义务和责任。产权的特性、权能、功能与类别见表10-3。

表10-3　产权的特性、权能、功能与类别

产权的特性	产权的权能	产权的功能	产权类别
专一性和排他性	所有权	资源配置功能	国有产权
可分解性	使用权	外部性的内部化	共有产权
可交易性	处置权	激励和约束功能	私有产权
安全性和可行性	收益权等	收益分配功能	
		减少不确定性的功能等	

（二）林业产权（林权）的界定

林业产权通常被简称为林权，也被称为山林权属，是林地、林木的合法所有者拥有在法律规定范围内独占性地支配林地和林木的财产权利，林权所有人可以依法对其所有的林地、林木行使占有、使用、收益和处分的权利。林权是以森林、林木和林地为客体的一项权利，凡是有关森林、林木和林地的占有、使用、收益或者处分的权利都可以归入林权这一范畴中。林权是一种复合权利，包括：所有权、使用权、处置权和收益权等林权制度，是对林权所包含权能的界定、主客体的设定、确立和保护的一系列行为规范。

林权反映的林业所有制关系，是社会生产关系的重要组成部分。在我国，林地和林木的权属性质是有区别的。林地权属只有国有和集体所有两种公有形式，法律不承认林地的私人所有权。林地所有权是严格的自物权。林木所有权则有国有、集体和私有三种基本形式。集体林权是指集体所有制的经济组织或单位对森林、林木和林地所享有的占有、使用、收益、处分等权利的集合。国有林权是指国有经济组织或单位对森林、林木和林地所享有的占有、使用、收益、处分等权利的集合。

相对于林木的公有权而言，私有林权通常是依据承包经营合同和法律直接规定而获得，私有林权是他物权，是林木所有者经营他人所有的林地而享有的权利，是林地的地上权。

国家和集体的林地所有权中的占有、使用和收益的权利通常是可以有偿转让的，即通常所说的所有权和经营使用权的分离。林地经营权是一种限制物权，是林地经营权获得者在他人的林地上设置的权利，实际上也是根据林地所有权人的意志设定的林地所有权上的负担，起着限制所有权的作用，因此林地所有人在自己的林地上设定了地上权，那么就只有林地使用权人使用林地，所获得的收益也由林地经营者享有，林地所有权人无权干预和处分。林地经营使用权属转让的方式通常有承包、租赁、合作、合股、拍卖等。林木所有者可以通过买卖、抵押等物权流转方式实现林木财产权。

（三）林权的表现形式

本书所指的林权的表现形式主要是指以主体为标准划分的所有权和使用权的不同表现。

（1）国家所有权

国家所有的森林、林木和林地是国家财产的重要组成部分，是发展我国林业事业的主要物质基础，是我国森林资源中的主导力量。

我国《宪法》第九条规定：“矿藏、水流、森林、山岭、草原、荒地、滩涂等自然资料，都属于国家所有，即全民所有，由法律规定属于集体所有的森林和山岭、草原、荒地、滩涂除外。”《森林法》第三条第一款规定：“森林资源属于国家所有，由法律规定属于集体所有的除外。”

国家对属于其所有的自然资源享有占有、使用、收益和处分的权利。这个权利分别由国务院和省、地两级人民政府代表行使。这个权利现在具体体现在制定涉及各种规划、许可、收取税收和有偿使用费等方面。在权利的具体行使上，国家对其所有的森林、林木和林地实行“统一领导、分级管理”原则，分别交由各级林业机关、企事业单位经营管理，依各自的权限范围对其经营管理的森林、林木和林地依法行使占有、使用、收益和处分的权利。

（2）集体所有权

集体所有的森林、林木、林地是集体所有财产的重要组成部分，也是发展我国林业事业的主要物质基础之一，在我国森林资源中占有十分重要的地位。

按照我国《宪法》《民法通则》和《森林法》的规定，法律规定属于集体所有的森林资源，属于集体所有。集体所有的森林、林木和林地的所有者是该集体经济组织，不是该组织的成员。只有集体经济组织才有权依照法律的规定及集体经济组织成员的决定来行使对集体所有的森林、林木、林地的占有、使用、收益和处分的权利。集体经济组织在行使权利时候，也受到国家的指导甚至干预，对此后面论述我国林权制度的缺陷时将具体涉及。

（3）个人的林木所有权

根据《森林法》的规定以及《民法通则》的规定，个人所有的林木，主要是指农村在房前屋后、自留地、自留山和农村集体经济组织指定的其他地方种植的树木，在以承包和其他方式取得的有使用权的林地上和在承包的荒山、荒地、荒滩上种植的树木，按合同约定归个人所有的部分，城镇居民在自有房屋庭院内种植的树木。

二、我国林权政策的历史演进

回顾和总结我国林业产权改革的历程，有利于从中发现问题，汲取经验和教训，为以后的深化改革提供宝贵的借鉴。国内关于林权制度变迁的历程划分不尽一致，综合起来可分为如下几个阶段。

（一）初始期（清朝末期至1949年新中国成立）

这一时期的山林权属有三种形式，即国有、公有和私有三种所有制形式。第一部《森林法》于1914年颁布，1915年公布了《森林法实施细则》。1932年修改公布了《森林法》和《森林法实施细则》。在条款中，明确山林权属分为国有、公有和私有三种所有制形式。国有林是指国家所有的森林，包括一切无主的天然林；公有林是指省有林、县市有林、乡镇有林或公共法人所有的森林；私有林是指自然人或私人依法取得其林地的所有权或使用权后进行投资经营的森林。为涵养水源，防止水风潮害，保存名胜古迹，把大江大河两岸的森林、大片天然林，均编为保安林。保安林范围内的私有林收归国有。这一时期，森林大多数归国家所有，如东北地区面积占全国1/3、蓄积占全国2/3的森林归国家所有。

（二）土地改革时期（1949—1953年）

旧中国实行的是封建土地制度，占乡村人口总数不到10%的地主、富农占有70%～80%的土地，而占农村人口总数90%的贫、雇农和中农却没有耕地。

新中国成立后，立即在有3.1亿人口的新解放区着手土地改革，由于共和国成立之前在有1.2亿农业人口的老解放区进行了土地改革，这为土改提供了经验。

1950年6月30日，中央人民政府公布了《中华人民共和国土地改革法》，成为土地改革中山林权属处理的依据。当时，各地政府依靠政权的力量通过没收、征收地主、富农、祠堂、教堂等封建土地，分配给无地、少地农民。新解放区土地改革的总路线是：依靠贫农、雇农，团结中农，中立富农，有步骤、有分别地消灭封建剥削制度，发展农业生产。

1951年2月2日，政务院发布《关于一九五一年农林生产的决定》，指出："实行山林管理，严禁烧山和滥伐，划定樵牧区域，发动植树种果，推行合作造林……公有荒山荒地，鼓励群众承领造林。造林后，林权归造林者所有。"

同年4月21日，政务院发布的《关于适当处理林权，明确管理保护责任的指示》中规定：正进行土地改革的地区，地主的森林和一般大森林，按《土地改革法》分别处理；暂不进行土地改革的地区，一切较大的森林提前收归国有，设林业机关协同地方政府管理保护；未明确划定林权的森林，其较大者应明令公布为国有财产，由当地人民政府和林业机关管理保护；零星分散的山林，按《土地改革法》规定分别进行清理和确定林权，由县人民政府发给林权证明；西北、西南、中南等少数民族地区的森林，一般仍按其旧有的管理习惯不变。

这一时期全国建立了一批全民所有制大林场、森工企业。在农村，农民分得了个体所有的山林，山林所有者可自由地就自己所有的山林进行采伐、利用、出卖和赠送。农民产权的取得，尤其是收益的独享权，极大地激发了农民的生产积极性，从而取得了比较好的产权制度绩效。但是，由于农村生产力极其落后，土改后个体农民拥有的生产工具严重不足，资金也十分缺乏，不少农民在生产中力量相当薄弱，积累率很低，有的地方甚至连简单的再生产都难以维持，根本无法抵御林业生产过程中突如其来的各种自然灾害的侵扰，更没有能力采用先进的生产工具和技术。于是，1951年9月9日中共中央召开了全国第一次互助合作会议，通过了《中共中央关于农业生产集体林权制度变迁及国外私有林管理经验借鉴产互助合作的决议（草案）》。在《决议》的指导下，以互助组为主要形式的互助合作组织迅速兴起，在一定程度上克服了小农经济的局限性。

土地改革，摧毁了封建的土地所有制，建立了以农民个体所有为主的森林所有制度。解放初，《中华人民共和国土地改革法》规定大森林、大荒地、大荒山等均归国家所有，同时政府颁发了《土地证》，将私有山林权属同耕地一样固定下来。废除民国时期土地所有制，实行了农民土地所有制。在土改过程中，地主所占有的山林，予以没收，富农和林业经营者出租的山林、祠堂、庙宇等各种"社会占有"的山林，予以征收；属于农民所有和小林业经营者的山林不予征收。没收和征收的山林，原则上分配给无山和少山的农民。土地改革完成后，地主、富农的山林面积占全乡山林面积的比重减少，贫农的山林面积上升。并且山林所有者个人对山林培育改造所获得的林木及产品，其采伐、利用、出卖、赠送，有完全的自由权。

（三）初级合作社时期（1953—1955年）

所谓初级合作化，是指在保护农民土地个体所有制的基础上实行的农业合作化，它的组织形式就是初级合作社。初级合作社并不改变"耕者有其田"的政策主张，是在个体所有制基础上发展起来的具有社会主义性质的合作经济，方向是正确的，农民是能够接受的。但是，当时推行得过快过急，违背了农民自愿入社的原则。

1953 年 12 月 16 日，中共中央通过的《关于发展农业生产合作社的决议》强调指出："为了进一步提高农业生产力，党在农村工作的最根本的任务，就是要逐步实行农业的社会主义改造，使农业能够由落后的小规模生产的个体经济变为先进的大规模生产的合作经济"。1954 年年初，很快掀起了大办农业合作社的热潮。当时，农民个人仅保留自留山上的林木及房前屋后的零星树木的所有权，山权及成片林木所有权通过折价入社，经营权归合作社，所有权归林农，所有权和经营权分离，开始了规模经营，合作造林，谁造谁有，伙造共有。初级合作社时期的林地资源产权安排如下：个人拥有林地所有权，合作社拥有林地的使用权，收益权在林地所有者和合作社之间分配，所有者获得土地分红，但这种分红必须在作出公积金、公益金扣除后兑现，处分权也受到了很大制约，所有者不能再按照自己的意志来处分土地了，社员不能出租或出卖土地，但农户有退社的自由。

这一阶段土地产权制度改革使所有权与使用权分离，即私人拥有土地的所有权，合作社拥有土地的使用权。农民以土地入股参加农业生产合作社，保留了社员土地的私有权，并以入股土地分红成为农民在经济上实现其土地所有权的基本形式。这种产权安排没有从根本上剥夺农民的利益，同时有利于合作社对土地实行统一规划，合理利用，打破家庭生产的局限性，改善了林业生产条件，取得了规模经济效益。但由于这种产权制度建立得过早过快，合作社规模越办越大，与农村生产力、干部经营管理能力不相适应，在发展过程中出现了强迫命令的现象。另外，由于林地不能出租和买卖，不利于林地资源的合理流动和优化配置。

（四）高级合作社、人民公社和"文革"时期（1956—1976 年）

1. 高级合作社时期（1956—1957 年）

1955 年 10 月 4 日，中共七届六中全会通过的《关于农业合作社问题的决议》提出："要重点试办农业生产合作社，在有些已经基本实现半社会主义合作化的地方，根据生产需要、群众觉悟和经济条件，从个别试办，由少到多，分期分批地由初级社变为高级社。"从 1956 年开始，初级社还没来得及巩固，高级社在全国就进入了大发展阶段。1956 年上半年，北京、天津、上海及河北等 12 个省（直辖市），加入高级社的农户已各占该省（直辖市）总农户的 90%～95%，1956 年的下半年，湖南、江西、安徽三省已基本完成赋权与规制，加入高级社的农户各占该省总农户的百分比分别为 90%、94%、97%以上；江苏、浙江、内蒙古加入高级社的农户各占该省（自治区）农户总数的 80%以上。

1956 年 11 月，全国加入高级社的农户已经占全国农户的 96%，原计划用

15 年时间，或者更长一些时间完成农业社会主义改造，结果只用了 4 年时间就完成了。只用短短 1 年的时间就把半社会主义性质的初级合作社变为完全社会主义的高级合作社。它的要害就是否定农民生产资料的个体所有制，实现农民生产资料的全面公有化。

这就是对农民生产资料实行变相的剥夺，因而违背了农民的意愿，引起农民群众普遍的抵制。抵制的形式是“闹退社”，刮起一场“退社风”。当“退社风”被压下去后，一些地方的农民群众又发明了一种迂回斗争的策略，在保持高级合作社的组织架构的情况下，改变高级合作社内部生产分配关系。

高级农业合作社时期开始废除了土地私有制，除少量房前屋后零星果木仍属社员私有外，山林被完全的集体化，合作社拥有森林、林木、林地的所有权、使用权、收益权和处分权。使土地由农民所有转变为合作社集体所有，这是林地所有制的又一次重大变革。在高级社里，除社员原有的坟地和宅基地不必入社外，社员私有的土地及地上附属的私有的塘、井等水利设施，都无代价地转归合作社集体所有。土地由集体统一经营使用，全体社员参加集体统一劳动，取消土地分红，按劳动的数量和质量进行分配。高级合作社时期，南方集体林地产权实现了由农民私有向合作社集体所有的转变，国家通过集体化控制集体林的采伐。公有产权成了唯一的产权类型，农民只有名义上的生产资料，农民的退出权大受限制。

2．人民公社时期（1958—1965 年）

1958 年 3 月，中共中央通过了《关于小型的农业合作社适当地合并为大社的意见》，指出“在有条件的地方，把小型的农业合作社有计划地适当地合并为大型的合作社是有必要的。”同年 4 月，《意见》经政治局正式批准下发，全国各地迅速开始了小社并大社的工作。1958 年 8 月，中共中央又通过了《关于在农村建立人民公社的决议》。此后，各地争先恐后，纷纷并社组建人民公社，人民公社化运动很快在全国农村范围内广泛展开。林地制度的性质在人民公社化的过程中并没有根本的改变，林地仍然属于集体所有，由集体统一经营。但这时的集体已经由高级合作社转变为人民公社。

1960 年《中共中央关于农村人民公社当前政策问题的紧急指示信》中作出了“对劳力、土地、耕畜、农具必须固定给生产小队使用”的规定。进一步推动了农业生产资料的公有化进程。

1961 年 6 月 26 日，中共中央颁布《关于确定林权、保护山林和发展林业的若干政策规定（试行草案）》。该规定指出：天然的森林资源和在人民公社以前已经划归国有的山林，仍然归国家所有。高级合作社时期，划归合作社、生产队集体所有的山林和社员个人所有的山林，应该仍然归生产大队、生产队集体和社员个人所有；原来划归国有的山林当中，有些分散小片的，国家不便专设机构经营，归公社、生产大队、生产队经营，对于山林的保护和发展更为有利的，可以划归附近的社、队所有，或者包给他们经营。同时还对山林所有权、山林的经营管理和收益分配、木材的采伐和收购，以及群众造林等有关政策做出了明确规定。

1962 年 9 月，党的八届十中全会召开，通过了《农村人民公社工作条例修正草案》（简称六十条），确定人民公社实行以生产队为基础的公社、生产大队和生产队三级所有制；恢复农民的自留地和家庭副业，取消公共食堂和部分供给制。该条例第十二条规定“为了保护、培育和合理利用山林资源，公社所有的山林，一般应该下放给生产队所有；不宜下放的，仍旧归公社或者生产队所有。归公社或者生产大队所有的山林，一般地也应该固定包给生产队经营；不适合生产队经营的，由公社或者生产大队组织专业队负责经营。这些山林的所有权和经营权，定下来以后，长期不变”。

通过人民公社化运动，农业生产资料的公有化程度明显提高。从高级农业合作社到人民公社再到“三级所有，队为基础”，林地所有权属于集体所有，集体所有的范围由小到大，再由大到小。总体上是四权统一于一体的产权安排，集体拥有所有权、使用权、收益权、处分权。在某种程度上忽视了农民的个人利益，极大地影响了农民生产的积极性。

3.“文革”时期（1966—1976 年）

农村出现并社并队，没收自留山、自留地、自留树，开展所谓的“割资本主义尾巴”，取消社员家庭副业，将社员私有的林木作为资本主义尾巴统统“割”给集体所有，几乎没收私人所有的树木，国家、集体林地也大都被砍光，山林权属再次遭到严重破坏。

这一时期，我国处于计划经济体制之下，不仅林木、林地，而且所有重要的生产资料都属于公有（国有或集体所有），主要由政府机构、国有企业和集体来进行经营。

（五）林业“三定”时期（1977—1991 年）

“文革”结束后，林业处于新的恢复和发展阶段，特别是 1978 年中国共产党十一届三中全会的召开，全会作出了实行改革开放的新决策，启动了农村改革的新进程。特别是始于 1981 年以稳定山权和林权、划定自留山、确定林业生产承包责任制（有的地方称为林业“两制”，即所有制和责任制）为主要内容的林业“三定”改革，是中国森林权属变化史的分水岭。1981 年 3 月 8 日，中共中央、国务院发出的《关于保护森林发展林业若干问题的决议》指出：“要稳定山权林权，根据群众需要划给自留山，由社员植树种草，长期使用，社员在房前屋后、自留山和生产队指定的其他地方种植的树木，永远归社员个人所有，允许继承。并落实林业生产责任制。社队集体林业应当推广专业承包、联产计酬责任制，可以包到组、包到户、包到劳力，联系营林造林成果，实行合理计酬、超产奖励或收益比例分成”。到1984年，全国南方9省（不包括海南省）已有3/4的县和4/5的乡村完成了林业“三定”。稳定山权林权是将国家、集体所有的山林树木或个人所有的林木和使用的林地，以及其他部门、单位的林木，凡是权属清楚的，予以承认，并由政府颁发权属证书，以明确资源所有权的法律地位。划定自留山是指农村集体经济组织划给村民长期经营的荒山、荒坡或荒沙荒滩，由政府确定其使用权，所有权保留集体所有制度。确定林业生产责任制是指国有林场和农村乡村把林业生产经营管理各环节的工作，由专人负责，并明确责任范围的管理制度。对于乡村集体林业可以采取承包的办法，实行合理报酬。

分山到户后，农户有了一定的生产经营自主权，实现了按劳分配和按要素分配相结合的分配制度，调动了森林经营者的积极性，大大提高了劳动效率，尤其是庭院经济发展迅速。

1985年1月1日，中共中央、国务院颁发《关于进一步活跃农村经济的十项政策》，决定进一步放宽山区、林区政策。山区25°以上的坡耕地要有计划有步骤地退耕还林还牧；集体林区取消木材统购，开放木材市场，允许林农和集体的木材自由上市，实行议购议销；国营林场，也可实行职工家庭承包或与附近农民联营。

林业“三定”通过“分林到户”、开放集体林区木材市场的政策，使农民拥有较充分的林地经营权和林木所有权，取得了一定的成效。但也暴露出一些问题：（1）分割细碎，“一山多主、一主多山”的现象普遍存在；集体林权制度改革的赋权与规制研究。（2）集体经济被削弱，产生了许多“空壳村”。（3）由于当时工作中配套措施不到位，导致了大规模的乱砍滥伐。

基于以上原因，1987年6月30日中共中央、国务院发布了《关于加强南方集体林区森林资源管理坚决制止乱砍滥伐的指示》。文件要求“要完善林业生产责任制。集体所有的集中成片的用材林，凡没有分到户的不得再分。已经分到户的，要以乡或村为单位组织专人统一护林，积极引导农民实行多种形式的联合采伐，联合更新、造林”。一些地方出现了“两山并一山”的情况，或者将已经分包下去的山林又收归集体统一经营，造成了农民对政策的不稳定感。

（六）市场化探索时期（1992—2003年）

1．20世纪90年代初开始的林业股份合作制和宜林荒山拍卖使用权的试点

1992年中国共产党第十四次全国代表大会提出：“我国经济体制改革的目标是建立社会主义市场经济体制。”1993年党的十四届三中全会通过了《中共中央关于建立社会主义市场经济体制若干问题的决定》，《决定》指出社会主义市场经济体制是同社会主义基本制度结合在一起的，建立社会主义市场经济体制，就是要使市场在国家宏观调控下对资源配置起基础性作用。该《决定》进一步为森林权属改革提供了法律依据。当时在南方集体林区，许多集体经济组织没有能力开发林地，造成统管山日趋荒芜，而社会资本投资林业积极性日趋高涨，这样林地使用权的有偿流转便应运而生。

20 世纪 90 年代，林地资源流转速度加快，规模迅速扩大，成为我国农村林业规模化经营的主导力量。在南方集体林区先后出现了以林权为对象的新一轮林业资源产权制度变革，相继出现了联户经营、折股联营、股份合作制经营、跨所有制、跨行业的联合经营等合作经营新形式以及租赁经营形式，有力地推进了林地资源、资金与管理资源合理配置。

林业股份合作制最初是在福建三明市、湖南怀化市及广东始兴县开始试点并进行推广，其主要特征是按“分股不分山、分利不分林”的原则，对责任山实行折股联营；宜林荒山使用权的拍卖只在西南地区和吕梁地区的部分县市进行了试点，其主要做法是通过宜林荒山和部分疏林地使用权的拍卖将林地的经营权交给林农。这一阶段的产权改革到目前为止还没有在全国展开，只在部分地区进行了试点和推广。

2. 1998—2003 年的新一轮产权延包改革及规范时期

为了进一步规范林权流转，1998 年修订后的《中华人民共和国森林法》规定商品林的森林、林木所有权和林地使用权可以依法转让，也可以依法作价入股或者作为合资、合作造林、经营林木的出资、合作条件，但不能将林地改为非林地。1998 年 8 月，第九届人大常委会第四次会议修订的《中华人民共和国土地管理法》第九条规定：“国有土地和农民集体所有的土地，可以依法确定给单位或者个人使用。”2002 年 8 月 29 日，第九届全国人民代表大会常务委员会第二十九次会议通过的《中华人民共和国农村土地承包法》第二十条规定：“……林地的承包期为 30～70 年；特殊林木的林地承包期，经国务院林业行政主管部门批准可以延长。”

进入 21 世纪，非公有制林业作为林业经营组织形式的改革主要方向，林地、林木资源市场化流转将成为林权非公有制化改革的重要内容，也是决定非公有制社会林业能否成功的关键。林权改革的核心是要稳定林地所有权，放活使用权和经营权，保证受益权，积极推行承包制、股份制、股份合作制等，以拍卖、租赁、股份合作等多种推进林权组合，鼓励社会各方面的力量参与林业生态和产业建设。新一轮的森林资源产权制度深化改革正在酝酿之中。

（七）林权系统深化改革时期（2003 年至今）

2003 年 6 月 25 日，中共中央、国务院发布了《关于加快林业发展的决定》，《决定》要求“进一步完善林业产权制度。这是调动社会各方面造林积极性，促进林业更好更快发展的重要基础。要依法严格保护林权所有者的财产权，维护其合法权益、已经划定的自留山，由农户长期无偿使用，不得强行收回。自留山上的林木，一律归农户所有、分包到户的责任山，要保持承包关系稳定、对目前仍由集体统一经营管理的山林，要区别对待，分类指导，积极探索有效的经营形式。凡群众比较满意、经营状况良好的股份合作林场、联办林场等，要继续保持经营形式的稳定，并不断完善。对其他集中连片的有林地，可采取‘分股不分山、分利不分林’的形式，将产权逐步明晰到个人”。

《决定》同时指出要“加快推进森林、林木和林地使用权的合理流转。在明确权属的基础上，国家鼓励森林、林木和林地使用权的合理流转”“森林、林木和林地使用权可依法继承、抵押、担保、入股和作为合资、合作的出资或条件”“要进一步明确非公有制林业的法律地位，切实落实‘谁造谁有、合造共有’的政策”。

在深化改革时期，不仅出现了“分股不分山、分利不分林”的林业股份合作制，而且对宜林荒山、荒沟、荒沙、荒丘（简称“四荒”）等荒地的拍卖工作也在全国展开，允许这些土地的使用权自由转让。

2003 年 6 月福建在全国率先开展集体林权改革，2006 年按照国家林业局的最新部署，这项改革开始大力推进。2007 年 12 月，国家林业局发布了《关于进一步加强森林资源管理促进和保障集体林权制度改革的通知》，进一步规范和加强产权改革管理。2008 年制定了林改总要求，即：坚定信心，明确思路，按照“主体改革全面展开，配套改革适时跟进”的要求，全面推进林改。2008 年 6 月 8 日，中共中央、国务院下发了《关于全面推进集体林权制度改革的意见》，标志着产权改革正式在全国范围内全面推进。

2003 年以来开展的集体林权制度改革被纳入到整个农村改革工作中，以“还林于民、还利于民”为宗旨的新一轮林权制度改革全面推开，广大林农和其他森林经营者的积极性被有效调动起来，集体林发展呈现出良好的势头。这一阶段的林权改革具有系统性、普遍性和深远性。据国家林业局统计，截至 2011 年年底，全国确权林地面积共 26.77 亿亩，占 27 亿亩集体林地总面积的 97.8%，占各地纳入集体林权制度改革面积的 97.9%。全国已发放林权证 1 亿本，承包到户的集体林地 24.3 亿亩（林木蓄积 $40\times10^8\ m^3$），占总面积的 88.8%，发证面积累积达 23.69 亿亩，占纳入林改总面积的 86.7%，发证户数 8 784 万户。

三、新时期集体林权制度改革政策

根据中共中央、国务院于 2008 年 6 月 8 日下发的《关于全面推进集体林权制度改革的意见》，集体林权制度改革是指在坚持集体林地所有权不变的前提下，依法将林地使用权和林木所有权落实到户，明晰山林权属，落实经营主体，放活林业经营，落实处置权，保障收益权，重新确定集体林地的生产关系，实行以家庭承包经营为主、多种经营形式并存的集体林管理体制，充分调动农民经营林业的积极性，进一步解放和发展林业生产力。这项改革是农村土地承包经营制度由耕地向林地的拓展和延伸。

(一)集体林权制度改革的重大意义

1. 集体林权制度改革是稳定和完善农村基本经营制度的必然要求

集体林地是国家重要的土地资源，是林业重要的生产要素，是农民重要的生活保障。实行集体林权制度改革，把集体林地经营权和林木所有权落实到农户，确立农民的经营主体地位，是将农村家庭承包经营制度从耕地向林地的拓展和延伸，是对农村土地经营制度的丰富和完善，必将进一步解放和发展农村生产力。

2. 集体林权制度改革是促进农民就业增收的战略举措

林业产业链条长，市场需求大，就业空间广。实行集体林权制度改革，让农民获得重要的生产资料，激发农民发展林业生产经营的积极性，有利于促进农民特别是山区农民脱贫致富，破解“三农”问题，推进社会主义新农村建设。

3. 集体林权制度改革是建设生态文明的重要内容

建设生态文明、维护生态安全是林业发展的首要任务。实行集体林权制度改革，建立责权利明晰的林业经营制度，有利于调动广大农民造林育林的积极性和爱林护林的自觉性，增加森林数量，提升森林质量，增强森林生态功能和应对气候变化的能力，繁荣生态文化，促进人与自然和谐，推动经济社会可持续发展。

4. 集体林权制度改革是推进现代林业发展的强大动力

林业是国民经济和社会发展的重要公益事业和基础产业。实行集体林权制度改革，培育林业发展的市场主体，发挥市场在林业生产要素配置中的基础性作用，有利于发挥林业的生态、经济、社会和文化等多种功能，满足社会对林业的多样化需求，促进现代林业发展。

(二)集体林权制度改革的指导思想、基本原则和总体目标

1. 指导思想

全面贯彻党的十七大精神，高举中国特色社会主义伟大旗帜，以邓小平理论和“三个代表”重要思想为指导，深入贯彻落实科学发展观，大力实施以生态建设为主的林业发展战略，不断创新集体林业经营的体制机制，依法明晰产权、放活经营、规范流转、减轻税费，进一步解放和发展林业生产力，促进传统林业向现代林业转变，为建设社会主义新农村和构建社会主义和谐社会作出贡献。

2. 基本原则

坚持农村基本经营制度，确保农民平等享有集体林地承包经营权；坚持统筹兼顾各方利益，确保农民得实惠、生态受保护；坚持尊重农民意愿，确保农民的知情权、参与权、决策权；坚持依法办事，确保改革规范有序；坚持分类

指导，确保改革符合实际。

3. 总体目标

用5年左右时间，基本完成明晰产权、承包到户的改革任务。在此基础上，通过深化改革，完善政策，健全服务，规范管理，逐步形成集体林业的良性发展机制，实现资源增长、农民增收、生态良好、林区和谐的目标。

（三）明确集体林权制度改革的主要任务

1. 明晰产权

在坚持集体林地所有权不变的前提下，依法将林地承包经营权和林木所有权，通过家庭承包方式落实到本集体经济组织的农户，确立农民作为林地承包经营权人的主体地位。对不宜实行家庭承包经营的林地，依法经本集体经济组织成员同意，可以通过均股、均利等其他方式落实产权。村集体经济组织可保留少量的集体林地，由本集体经济组织依法实行民主经营管理。

林地的承包期为70年。承包期届满，可以按照国家有关规定继续承包。已经承包到户或流转的集体林地，符合法律规定、承包或流转合同规范的，要予以维护；承包或流转合同不规范的，要予以完善；不符合法律规定的，要依法纠正。对权属有争议的林地、林木，要依法调处，纠纷解决后再落实经营主体。自留山由农户长期无偿使用，不得强行收回，不得随意调整。承包方案必须依法经本集体经济组织成员同意。

自然保护区、森林公园、风景名胜区、河道湖泊等管理机构和国有林（农）场、垦殖场等单位经营管理的集体林地、林木，要明晰权属关系，依法维护经营管理区的稳定和林权权利人的合法权益。

2. 勘界发证

明确承包关系后，要依法进行实地勘界、登记，核发全国统一式样的林权证，做到林权登记内容齐全规范，数据准确无误，图、表、册一致，人、地、证相符。各级林业主管部门应明确专门的林权管理机构，承办同级人民政府交办的林权登记造册、核发证书、档案管理、流转管理、林地承包争议仲裁、林权纠纷调处等工作。

3. 放活经营权

实行商品林、公益林分类经营管理。依法把立地条件好、采伐和经营利用不会对生态平衡和生物多样性造成危害区域的森林和林木，划定为商品林；把生态区位重要或生态脆弱区域的森林和林木，划定为公益林。对商品林，农民可依法自主决定经营方向和经营模式，生产的木材自主销售。对公益林，在不破坏生态功能的前提下，可依法合理利用林地资源，开发林下种养业，利用森林景观发展森林旅游业等。

4. 落实处置权

在不改变林地用途的前提下，林地承包经营权人可依法对拥有的林地承包经营权和林木所有权进行转包、出租、转让、入股、抵押或作为出资、合作条件，对其承包的林地、林木可依法开发利用。

5. 保障收益权

农户承包经营林地的收益，归农户所有。征收集体所有的林地，要依法足额支付林地补偿费、安置补助费、地上附着物和林木的补偿费等费用，安排被征林地农民的社会保障费用。经政府划定的公益林，已承包到农户的，森林生态效益补偿要落实到户；未承包到农户的，要确定管护主体，明确管护责任，森林生态效益补偿要落实到本集体经济组织的农户。严格禁止乱收费、乱摊派。

6. 落实责任

承包集体林地，要签订书面承包合同，合同中要明确规定并落实承包方、发包方的造林育林、保护管理、森林防火、病虫害防治等责任，促进森林资源可持续经营。基层林业主管部门要加强对承包合同的规范化管理。

（李红勋　柯水发　张连刚）

一、名词解释

林政管理　林业管理体制　林业工作站　林业社团　林业产权　集体林权改革

二、思考与讨论

1. 请简述我国的林业行政管理体系的构成。
2. 林改后林业工作站如何更好地发挥相关职能？
3. 林业合作组织的组织形式有哪些？
4. 举例说明林业社团在林业改革和发展中所起的作用。
5. 我国集体林权政策演进的特点是什么？

三、课外阅读

国家林业局．林业工作站管理办法．2000.3.

国家林业局．关于促进农民林业专业合作社发展的指导意见．2009.8.

国家林业局．关于社会团体的管理办法试行办法．2007.7.

中共中央、国务院．关于全面推进集体林权制度改革的意见．2008.6.

四、案例分析

案例 1：绿水青山=金山银山：江西武宁县林改促林农增收纪实

2004 年 9 月，武宁县作为江西省 7 个试点县之一，率先启动林业产权制度改革。6 年过去了，林改成效如何？

“林改为武宁县林业的可持续发展注入了强大动力，开辟了一条林农致富、生态得保护的路子。”武宁县委书记董金寿说。

“林改使山林变成绿色银行”

林改短短数年，武宁县澧溪镇哨背村就从经济来源单一的贫困村一跃成为富裕村。哨背村大力发展竹产业，造竹 1 780 亩，其中桂竹 1 300 亩、毛竹 300 亩、蕾竹 180 亩。2009 年，仅“三竹”就实现产值 69 万元，村集体收入突破 30 万元，林农人均增收 780 元。

2006 年以来，该村逐年增加投入扩大油茶的种植面积，目前，该村油茶种植面积已突破 1 000 亩。

一片片林地成为壮大集体经济、增加林农收入的绿色聚宝盆。

在罗坪镇长水村，村支书余锦冰说：“以前靠砍树吃饭，现在坐拥优美生态发财！”近 3 年来，全村新建房屋 70 栋，购买摩托车 110 辆，并有 35 户在罗坪镇盖新房或在县城买了商品房。2009 年，长水村人均纯收入达到 4 912 元。

凭借良好的生态，长水村大力发展“农家乐”，目前已达 20 家。两年来，共接待游客近 8 万人，旅游收入达 450 万元。

长水村聘请南昌大学专家编制“农家乐”型旅游发展规划和产业发展规划，并投入 600 余万元，把红豆杉等森林资源打造成优美的生态休闲景点。目前，长水村正在实施总投资 3 200 万元的原生态乡村休闲度假胜地建设。

“林改使山林变成绿色银行，为林农带来滚滚财源。”武宁县委宣传部部长余育民说。

打响“山水武宁”旅游品牌

9 月 27 日，记者一行从武宁县城码头乘坐快艇，沿柘林湖西行约 3 km，来到三面环水的甫田乡茶棋村政鸿生态观光农业示范园。沿着石径小路，大家仿佛走进了一座花果山，杨梅、板栗、柿子、柑橘等果树种类丰富。

32 岁的园区负责人徐红建，1996 年以来在长满荆棘的野岭拓荒，开发出 400 余亩果园。根据林改政策，2005 年，他拿到了这些林地的林权证。根据本 z 地特有的生态优势，徐红建决定建设一座集采摘、垂钓、观光为一体的生态观光农庄。

如今，农庄已初具规模，徐红建家每年收入可达 60 万元以上。“一家致富不算富”，随着林改政策的落实，茶棋村乡亲们经营林业、发展生态旅游的积极性高涨。在徐红建的带动下，全村发展果业种植和生态观光旅游，2009 年，全村人均收入超过 8 000 元。

“林改不仅调动了当地百姓的积极性，也激发起外地客商和有识之士前来武宁开发旅游的兴趣。”武宁县林业局局长张卫红说。

在杨洲乡界牌村，林改的好政策吸引广东人孙中华创办江西花源谷旅游股份有限公司，对界牌村进行生态旅游开发，并决定投资 1.7 亿元对柘林湖上岛屿 8 000 余亩残次林实施改造，计划种植 20 万株既能保持水土又具有较高景观价值的树种，目前已完成计划的一半。

乘着林改东风，武宁县将生态旅游作为富民兴县的支柱产业来抓，新上一批富有特色的林业旅游项目，打响“山水武宁”的旅游品牌。2009 年，全县共接待游客 67 万人次，旅游收入达 4 亿元。

吸引社会资本投入林业

望着一畦畦绿油油的油茶苗，江西圣林农林生态开发有限公司董事长方鑫说：“这 100 多亩高产油茶苗木基地投资 200 多万元，预计今年能产 300 多万株苗，以每株市场价 1.2～1.5 元计算，收益能达到 400 多万元！”

目前，武宁县油茶总面积达 15.3 万亩，新造和改造高产竹林 26.5 万亩，木本药材 1.2 万亩，成为全国绿色农业示范区、全国油茶基地示范县。

“林改吸引社会资本投入武宁林业，极大地促进了林业的发展。”张卫红说，“林产品深加工不断发展壮大，林业整体效益显著提升，提高了林农育林兴林的积极性。”

广东艺邦集团公司董事长余静赣是武宁人，他于 2007 年 6 月回乡创办江西艺邦木业有限公司。该公司通过“企业＋合作社＋基地＋农户”的模式，带动合作社 9 个、林农 3 538 户，使林农大户每户增收达 5 000 余元；还提供 300 个就业岗位，为当地下岗工人和农民工提供较多的就业机会，每人每年增加收入 2 万元以上。

（案例来源：http://www.china flower.org/portal/main/s/3034/content-449517.html）

讨论题：

1. 林改对农户收入的影响体现在哪些方面？
2. 林改后武宁林地经营模式有哪些变化？

案例 2：江西靖安县“三防协会”

江西省靖安县是我国南方集体林区的重点县，森林资源丰富。近年来，靖安坚持“生态立县，林果富农”的发展战略，使得靖安林业取得很大成绩，其中木竹深加工、森林旅游等均已成为靖安经济发展的重要产业。而面对如何解决防火、防虫、防盗的老大难问题，“三防协会”的探索很有典型性。因林业工作突出，靖安县“三防协会”被国家林业局授予“全国森林资源管理先进单位”。

一、靖安县“三防协会”发展现状

靖安县“三防协会”在性质上属于群众自发组织、自由参与的非官方组织，有会员大会民主投票产生协会理事会，设理事长一名、副理事长若干名，理事长有理事会选出，负责协会的全面工作。协会具有自己的章程和制度，定期召开理事会。从而使得协会有权理事，有人管事，有钱办事，并设立护林巡防队，由护林员巡视山林，协调纠纷，采取互助的方式实现规模化经营，这些措施不仅在一定程度上实现了林业产业的规模化经营，而且减轻了广大林户的负担，获得林农的一致好评。

目前，“三防协会”已经遍布靖安县各个乡镇，基本达到了村村普及的程度，会员普及率接近 40%，虽然普及率尚待加强，但增长速度较快，特别是林权制度改革以后，“三防协会”每年的增长速度超过 50%。与此同时，“三防协会”通过不断加强专业化分工，来提高自身的效率和职能，协会一般设立处置组、病虫害防治队等服务机构，通过为林户提供多种服务，使得协会的作用和影响力与日俱增。“三防协会”作为介于政府和林户之间的角色，成为靖安县林业产业发展的重要推动力量和强有力的保障。从国外经验来看，作为政府与林户、政府与市场之间的联系环节，林业合作组织的发展，不仅有利于政府与经济、主体与市场的沟通，以便在政策制定和实施过程中更加科学和高效，而且有利于建立一个公正透明的市场环境，促进整个产业有序、健康的发展。在此背景下，建立和发挥“三防协会”等社会中介组织，对形成政府、林户和市场之间协调发展的关系至关重要。对成长迅速但有不够成熟的林业产业来说，“三防协会”的作用就更具有不可或缺性和现实性。

二、靖安县“三防协会”的特点和作用

（一）历史短暂，发展迅速

靖安县“三防协会”大多是近几年成立的，虽然成立时间一般较晚，但发展得非常迅速。尤其是林权改革之后，“三防协会”无论是从规模上还是从会员数量上都得到了前所未有的发展，根据调查结果显示，2006 年以后加入该协会的会员占到了目前会员总数的 74%，“三防协会”数量年平均增长率超过 50%，并且随着越来越多的林户加入到“三防协会”，协会的地位和作用也得到了一定的完善和提高。目前“三防协会”遍布于靖安县各个乡镇，基本普及各个行政村，甚至有的村有多个“三防协会”存在，“三防协会”的高速发展也给林户带来了较大的实惠，从技术支持到简单的信息传播，林户享受到了越来越多的优惠和服务。目前，“三防协会”已从简单的互助性组织向服务性林业合作组织转变，获得了很多林户的好评。

（二）加强互助，规模经营

“三防协会”的出现使得原本分散的林户、林权通过协会经营管理的方式集中起来，改变了林权改革之后林农孤立、封闭的经营方式，使得森林由分散化经营管理看护转变成为集约化管理经营方式，同时又避免了许多政府管不好的实际问题，实现了既调动了林户的积极性，又实现了森林的规模化经营的目的。

（三）功能具备，逐步强化

理论上讲，林业合作组织协会的功能应该包括：（1）成为政府与企业之间的桥梁，依法沟通政府和企业的关系；（2）为企业发展提供服务，承担产业组织者的职责；（3）为政府提供产业及企业发展信息，协助政府进行决策；（4）制定和提供行业发展规划、标准，弥补政府制度供给的不足等。目前“三防协会”不仅将分散的林户组织起来规模化经营，而且逐渐向综合性的林业合作组织转变，从最初的简单信息咨询、技术支持逐渐完善到资金支撑、集中谈判等领域，基本完成了向综合性林业合作组织转变的准备工作，尤其是目前“三防协会”已经注意到作为政府和林户之间中介的重要性和必要性，并开始集中代表林户向政府和相关职能部门反映部分问题，代表众多林户和中间商与企业进行谈判，这一系列的行动都得到了越来越多的农户的理解和支持。

三、靖安县“三防协会”存在的问题

靖安县“三防协会”作为林业合作组织新的探索和尝试，虽然组建时间不长，但比较符合靖安林业的实际情况，发挥出“自律、互助、互惠”的作用。由于处于探索阶段，并无成型的经验用于借鉴，因此在整个发展过程中还存在着一系列的问题，具体来说主要体现在以下几个方面。

（一）规模较小，普及率有待提高

虽然靖安县“三防协会”发展迅速，但其普及率尚待提升，林户对其认识还不够深刻，绝大数林户还处于跟风状态，虽然参加了“三防协会”，但是尚不清楚协会的作用和职能，如大多数“三防协会”不能够将林户有效集中在一起，尤其是组织林户对某些关注的热点问题进行协商或者协调时，也很少像其他的合作组织那样举办经验交流活动、模范人物的表彰活动等，其规模和影响力都是有限的。这样不仅不能为企业信息交流提供平台，还失去了凝聚林户向心力的机会，协会应有的协调和自律的作用没有得到发挥。由此看来，想让林户真正地了解“三防协会”，还有很长的道路需要走，因此必须加强宣传力度，向广大林户宣传林业合作组织的必要性和重要性，同时全心全意地为广大林户提供服务。

（二）作用尚待完善

以目前的情况来看，“三防协会”的功能还较为单一，主要以防火、防虫、防乱砍滥伐、互助等基本服务为主，没有向综合性林业合作组织那样提供多样化服务，而对于林农来说，这恰恰是其最需要的。“三防协会”信息化方面的发展较为滞后，表现为自身对政府、企业和市场等信息的收集、处理和运用缺乏制度和技术保障，难以适应林户的需求。

（三）经费来源较为单一

“三防协会”与一般的林业合作组织一样，主要经费来源于会员的会费，部分“三防协会”的经费还来自于政府的拨款，而无论是会员的会费还是政府的拨款，其数量也是较为有限的，这使得很多“三防协会”常常捉襟见肘。从目前来看，提高会费的收费标准和增加会员的数量虽然是一种办法，但是这同时也加大了林户的负担，因此可以考虑由政府按照“三防协会”的林户数量进行补贴，以此来缓解林业合作组织的经费压力。

（四）政府介入过多

“三防协会”的性质决定了它是介于政府和林农之间的中间组织，也可以成为继市场和政府之后，能够起到调节作用的“第三只手”。因此，无论从成立意义上，还是从职能上讲，都应与政府机构和一般性的机构有较大的不同，但“三防协会”中政府干预过多，70%的协会是由政府现任或原任的政府人员出任协会主要负责人，有的“三防协会”甚至是政府职能部门的一个下属单位。

（五）相关法律不健全

组织机构的发展，离不开相关法律的支持，而我国目前尚无一部关于林业合作组织的法律。相关法律的缺失，严重制约了林业合作组织的健康发展。林业合作组织的法律地位、性质难以得到明确，主管部门不明晰，注册混乱，有的在民政部门注册，有的在农业部门注册，也有的在工商部门注册，还有相当一部分甚至没有经过注册。法律地位没有保障，使得林业合作组织的很多正常经营事物无法顺利进行，也无法享受正常法人可以享受的待遇和政策。

四、结语

“三防协会”作为我国林业合作组织的一种新型模式，发展中不可避免地存在着一定的问题，但是我们也应该看到它在靖安县林业发展中所发挥的重要作用。随着南方集体林区与北方国有林区林权改革的不断推进，类似“三防协会”的林业合作组织会在信息化咨询、规模化经营等方面会发挥出更大作用，同时我们也应当注意培养更多类似的林业合作组织，因为我们在林业产业大发展的背景下，需要越来越多类似于“三防协会”的林业合作组织，它们的出现可以在林业产业大发展的前提和背景下进行不断的探索，不仅可以实实在在地为广大的林户提供服务，也可以为我们今后的林业合作组织的建设和功能的完善提供一定的借鉴和帮助。

（资料来源：李安涛．我国林业合作组织发展研究及国外的借鉴[D]．北京林业大学硕士学位论文．2010）

讨论题：

1．请你运用 SWOT 分析法分析“三防协会”所处的环境。

2．你认为应如何化解“三防协会”存在的问题？

五、主要参考文献

（一）林政管理文献

[1]孔凡斌．中国社会林业政策法律体系研究[M]．北京：中国林业出版社，2004.

[2]李霆．当代中国林业[M]．北京：中国社会科学出版社，1985.

[3]刘德钦．林政管理[M]．上海：上海交通大学出版社，2007.

[4]施荫森，等．林业政策学[M]．哈尔滨：东北林业大学出版社，1995.

[5]杨晓林，陈建华．谈林政管理的内容、职责和特点[J]．林业勘查设计，2006（1）：9-10.

[6]杨晓林，李兆奎．谈林政管理与林业政策[J]．林业勘查设计，2005（2）：5-6.

（二）林业工作站文献

[7]陈飞．林业工作站管理[M]．北京：高等教育出版社，1900.

[8]国家林业局．林业工作站管理办法．2000-3-13.

[9]侯艳．林业工作站管理[M]．北京：中国林业出版社，2007.

[10]贾菁莉．我国基层林业工作站建设历程与发展对策[J]．林业经济，2001（5）：1-25.

[11]罗小华. 新形势下基层林业工作站职能定位探讨[J]. 林业勘察设计，2008（2）：194-195.

[12]谢煜，蔡志坚，丁胜，等．集体林权制度改革后基层林业工作站职能的转变[J]．南京林业大学学报（自然科学版），2007，31（5）：143-146.

[13]张志刚．乡镇林业工作站在现代林业建设中充分发挥了职能作用[J]．中国林业，2009（23）：14-15.

（三）林业合作组织文献

[14]蔡丽丽．加快推进林业合作组织建设的思考——以三明市为例[J]．决策参考，2009（1）：51-52.

[15]第十届全国人民代表大会常务委员会．中华人民共和国农民专业合作社法，2006-10-31.

[16]郭红东，等. 我国农民专业合作经济组织发展的完善与创新——基于对浙江省实践的分析[J]. 中国软科学，2004（12）：1-9.

[17]贺军伟. 新中国农村合作社回顾与展望[J]. 农村合作经济经营管理，1994（10）：3-5.

[18]洪燕真，等. 福建省林权制度改革后的林业经营组织形式探讨[J]. 林业经济问题，2009，29（2）：163-167.

[19]黄勇，尹少华. 基于参与式理论的湖南林业合作组织发展对策探讨[J]. 林业经济问题，2010（5）：406-410.

[20]姜力. 抓住机遇规范发展发挥社会组织在构建和谐社会中的积极作用——在国家林业局社会团体工作会议上的讲话[R]. 中国林业产业，2007（4）：9-10.

[21]孔祥智. 统和分的辩证法——福建省集体林权制度改革与合作经济组织发展[M]. 北京：中国人民大学出版社，2008.

[22]兰思仁，郑天汉. 关于福建省林业合作组织发展的思考[J]. 林业经济，2010（12）：31-34.

[23]那力. 非政府国际组织发展现状[J]. 国际资料信息，2002（3）：24-26.

[24]王登举，李维长，郭广荣. 我国林业合作组织发展现状与对策[J]. 林业经济，2006（5）：65-68.

[25]杨坚白. 合作经济学概论[M]. 北京：中国社会科学出版社，1990.

[26]张正，高岚. 林业合作组织筹资渠道分析[J]. 安徽林业科技，2006（4）：2-4.

（四）林业社团文献

[27]陈斯喜，吴国舫. 我国社团立法的现状与展望[J]. 行政法政学研究，2003（4）：18-25.

[28]褚松燕. 中外非政府组织管理体制比较[M]. 北京：国家行政学院出版社，2008.

[29]冯彩云，刘欣. 美国和加拿大的林业非政府组织建设[J]. 世界林业研究，2007，20（5）：53-56.

[30]官秀玲，王忠成，等. 中国林业 NGO 对外交流面临的机遇和挑战[J]. 林业经济，2008（7）：9-31.

[31]官秀玲. 积极探索林业 NGO 的改革和发展[J]. 绿色中国，2004（12）：22-23.

[32]国家林业局. 国家林业局社会团体管理办法（试行）. 2007-7-17.

[33]贾治邦. 在国家林业局社会团体工作会议上的讲话[R]. 中国林业产业，2007（4）：6-8.

[34]杨继平. 规范社团管理加强社团建设努力为建设现代林业做出积极贡献——在国家林业局社会团体工作会议上的讲话[R]. 中国林业产业，2007（4）：11-16.

[35]杨路平，周兆明，等. 中国社会科学类社团管理体制研究[J]. 山东社会科学，2008（10）：73-79.

[36]曾祥谓. 我国民间林业国际学术交流的现状[J]. 学会，2006（2）：39-40.

（五）林业产权制度文献

[37]Liu Da chang. Tenure and Management of Non-State Forests in China since 1950：A Historical Review[J]. Environmental History, 2001, 6（2）：239-263.

[38] Run sheng Yin, Jintao Xu. A Welfare Measurement of China's Rural Forestry Reform During the 1980s [J]. World Development, 2002, 30 (10): 1755-1767.

[39]陈世清，王佩娟，郑小贤．南方集体林区森林资源产权变动管理对策研究[J]．绿色中国，2005（18）：30-33．

[40]国家林业局．2008年中国林业发展报告[M]．北京：中国林业出版社，2008．

[41]黄李焰，陈少平，陈泉生．论我国森林资源产权制度改革[J]．西北林学院学报，2005（2）：186-192．

[42]集体林区林业改革与发展课题组．集体林区林业改革与发展纪实[M]．北京：中国林业出版社，2002．

[43]柯水发，温亚利．中国林业产权制度变迁进程、动因及利益关系分析[J]．绿色中国，2005（20）：29-32．

[44]刘璨，吕金芝，王礼权，等．集体林产权制度分析——安排、变迁与绩效[J]．林业经济，2006（11）：8-13．

[45]刘于鹤，林进．一场伟大的变革——集体林权制度改革调研报告[J]．林业经济，2007（11）：8．

[46]温铁军，王平，陈学群．国有林区改革的困境和出路[J]．林业经济，2007（9）：25．

[47]徐秀英，吴伟光．南方集体林地产权制度的历史变迁[J]．世界林业研究，2004（3）：40-43．

第十一章　林业投资与融资

林业投融资体系的建立和完善，对于林业产业的持续发展起到了重要的资金保障作用。林业投资是指为发展林业，以直接、间接或资本运营的方式将资金、物质、劳动等硬要素和制度、科技等软要素投入到林业生产中的活动过程。林业融资是指在市场经济条件下，运用财政手段，市场机制和金融创新产品为林业发展融通资金的经济活动，是指一切以林业发展为目的而开展的资金融通活动，其主体包括政府部门、林业组织、其他经济组织和个人居民等。投融资渠道可以概括为两大类：一类是市场渠道，如商业贷款、发行股票、外商投资、林农个人投入等；另一类是政府渠道，即政府通过财政的预算内拨款、财政专项资金、财政贴息等方式提供。

林业投融资扶持政策从本质上讲就是政府为支持林业的发展，采取优惠的财政手段和积极的金融手段而抑制或消除一些不利于林业发展壮大的政策。在此，将林业投融资体系梳理如下：（1）林业财政投资体系，主要包括森林抚育、造林、林木良种、森林保险补贴、森林生态效益补偿、贷款贴息等各类林业财政补贴、林业税费制度、林业国债投资等；（2）政策性融资体系，主要包括国际金融机构优惠贷款、外国政府政策性贷款、我国政策性银行（主要是农业发展银行）优惠贷款等；（3）商业性融资体系，主要包括林权抵押贷款、林业小额信贷、林业联保贷款等林业信贷，林业企业上市股票及债券融资、林业信托融资、商业性森林保险等。（4）合作性融资体系，如农村信用社针对林农发放林权抵押贷款、信用贷款等。本章将重点介绍林业投资政策、林业税费政策、林业贴息贷款政策、森林生态效益补偿政策、林权抵押贷款政策和森林保险政策。

第一节　林业投资政策

一、林业投资政策的相关概念

林业投资是林业再生产顺利进行和不断扩大的必要条件，是其他林业生产要素得以结合的基本前提。林业发展总目标和各个阶段目标的实现，都离不开林业投资。

要规范林业投资政策体系，首先需要建立和完善林业公共财政体制。所谓公共财政是指在市场经济条件下国家提供公共产品或服务的分配活动或分配关系，是满足社会公共需要的政府收支模式或财政运行机制模式，是与市场经济相适应的一种财政类型，是市场经济国家通行的财政体制。2011年，中央财政加大对林业的扶持力度，公共财政支持林业的长效机制逐步建立。全年各类林业建设资金来源合计2 169亿元，比2010年同期增长30.4%。全社会累计完成林业投资2 125亿元，比2010年同期增长36.8%，增速明显。其中生态建设与保护方面投资完成额为984亿元，林业产业发展方面投资完成额为610亿元，林业支撑与保障方面投资完成额为241亿元，林业补助等其他资金完成290亿元。

二、我国林业投资的发展过程及政策沿革

（一）第一阶段（1949—1977年）

在党的十一届三中全会以前，我国林业投资的主要来源是国家基本建设投资、事业费、科技三项费用和集体、林农的劳力投入。育林基金（国有林区20世纪50年代初建立，集体林区1964年起实行）、更新改造资金、折旧基金提取标准偏低，所占比重不大。

1952年，开始采伐天然林，提取育林基金。建立以荒山造林为主的国营林场。此后“以林养林”就基本上成了计划经济时期林业投资的指导方针。这一阶段国家开始对林业全额拨款，建设单位无偿使用资金。林业投资方式还是服务于一个投资主体——政府，投资只是一种扩大生产的手段。

（二）第二阶段（1978—1997年）

在改革开放后，随着三北防护林工程的实施，我国开始尝试以工程建设投资推动林业发展。党的十一届三中全会以来，党和国家陆续出台了一系列政策，颁布了有关的法令、通知，结合财务、物价改革等措施，增加林业资金。其中比较重要的措施有：

1978年11月25日，国务院批转国家林业总局《关于在三北（即东北、华北、西北）地区风沙危害和水土流失重点地区建设大型防护林的规划》（国发[1978]244号），拉开了多渠道筹集资金建设林业生态工程的序幕。

1979年2月6日，国家林业总局、国家建设委员会、铁道部、交通部、水利电力部联合发出《关于大力开展植树造林绿化祖国的联合通知》，揭开了部门造林绿化的新篇章。

1980年3月5日，中共中央、国务院发布了《关于大力开展植树造林的指

示》，提出坚持贯彻社队集体造林为主，积极发展国有造林，并鼓励社员个人植树的方针，号召国家、集体、个人都来兴办林业。

1981年3月8日，中共中央、国务院发出《关于保护森林，发展林业若干问题的决定》（中发[1981]12号），提高稳定山权林权，落实林业生产责任制。并且指出要有计划地有步骤地调整集体林区和国有林区的木材价格，以增强其自我积累能力。适当提高林区育林基金和更改基金征收标准，扩大育林基金征收范围。同时把国家林业投资，财政拨款，银行贷款，按规定提取的育林基金和更改资金，列入林业基金，由中央和地方林业部门，按照规定权限建立国家林业基金制度，分级管理，专款专用。

1981年12月13日，五届人大四次会议通过《关于开展全民义务植树运动的决议》，号召人人动手，年年植树，愚公移山，坚持不懈，为建设我们伟大的社会主义祖国而共同奋斗。

1983年8月17日，林业部和中国农业银行发出《关于发放林业贷款，促进林业发展的联合通知》。

1984年2月18日中央绿化委员会第三次全体会议决定，根据1984年3月中共中央、国务院颁发的《关于深入扎实地开展绿化祖国运动的指示》中的有关规定成立中国绿化基金会，通过多种形式和渠道，筹集绿化资金。

1984年11月，中国政府与世界银行正式签署了贷款协议书。协议规定，世界银行向中国政府提供4 780万个特别提款权（SDR）的贷款，用于支持中国的林业发展项目，开创林业利用外资的先河。

1985年，全国营林和森工基本建设投资全部实行“拨改贷”，其中对生态效益、社会效益显著和林业基础设施等基本建设投资项目实行豁免政策。

1988年，成立了国家林业投资公司，将由林业部管理的森工“拨改贷”投资划归林业投资公司经营管理；1994年，国家开发银行管理的森工非经营性投资划归林业部管理。

1995 年开始，进行林业分类经营改革，明确了分类经营的林业投资政策。国家逐渐减少使用财政力量直接干预商品经济发展，加快了市场体系建设。这阶段的林业投资主体和受益主体出现了多元化趋势。银行贷款、自筹资金、利用外资等非国家投资比例上升，呈现出超越国家投资的发展趋势。林业固定资产投资中的国家投资比例从1979年的65.74%下降到1997年的最低点26.81%。

（三）第三阶段（1998年至今）

1998年以后，国债资金和中央财政专项补助资金大量注入林业投资领域，林业固定资产投资中，国家投资比例又开始逐年上升。1998年，党中央、国务院作出了增发国债用于加快基础设施建设，以刺激国内需求和拉动经济增长的重大决策。2001年中央整合六大林业重点工程，使有限的资金可以发挥更大作用。林业固定资产投资中，国家投资比例恢复到了73.42%。2003年6月党中央、国务院颁发《关于加快林业发展的决定》，建立起“政府对生态型林业进行直接投资，而对产业型林业进行引导”的投资政策框架。2004年10月21日，财政部、国家林业局继《森林生态效益补助资金管理办法（暂行）》（财农[2001]190号）在全国部分省试点取得经验后，正式出台了《中央森林生态效益补偿基金管理办法》（财农[2004]169号）并在全国范围开始实施。2004年，国务院发布了《关于投资体制改革的决定》，全面、系统地提出了深化投资体制改革的指导思想、目标和具体措施。林业资金已不限于国家单一计划来源，而是形成了国家投资、信贷资金、企业和各种社会团体以及个人资金等多渠道共同建设林业的局面。2009年5月，国家林业局联合中国人民银行、财政部、银监会、保监会出台了《关于做好集体林权制度改革与林业发展金融服务工作的指导意见》（银发[2009]32号）。该意见对加大林业信贷投放、开发林业信贷产品、拓宽林业融资渠道、完善财政贴息政策、健全林权抵押贷款制度、建立政策性森林保险制度作出了明确规定。

总体来讲，我国林业投资总量大幅度增加，林业投资渠道逐渐拓宽。国家财政和地方财政对林业的扶持性投资政策是林业发展的重要保障。

三、林业投资状况及特点

（一）林业投资资金来源渠道

目前我国林业投资以政府投资、社会公益性投资为主，市场引导的产业投资为辅，其资金来源渠道通常有以下几种：（1）国家和各级政府的无偿投入，包括财政拨款、专项拨款、基建拨款、专项资金提取、征收和拨入等。（2）林业贷款财政贴息及国债资金，包括林业贴息贷款、治沙贴息贷款、山区综合开发贴息贷款、国家开发银行发放的基本建设项目贷款等。（3）林业基金制度，主要包括育林基金、造林建设基金、绿化基金等。（4）证券融资，如永安林业（福建）、吉林森工（吉林）、景谷林业（云南）等林业上市公司以发行证券融资。（5）外资投入，主要包括对外借款、外商直接投资和外商其他投资。

我国的林业建设资金主要以国家投资为主，虽然利用信贷资金、外资、自筹等多种方式，筹集资金有增加的趋势，但实际上并不稳定，而且比重也较小。

（二）林业投资特点

新中国成立60年来，林业投资主要呈现以下四个特点：

1．投资总量方面

60年来林业各项投资总量翻了近13番。中央财政预算内安排的林业投入，是国家支持林业建设的一项重要政策。1978年以前，我国实行的是高度集中的计划经济管理体制，中央投入的重心是生产建设领域。为了获取木材，国家对林业建设的投入集中在国有林区森工企业局和木材加工厂的建设上，对营造林的投入较少。中央财政对林业的投入与林业的巨大产出相比基本是“重取轻予”。十一届三中全会以后，随着经济体制改革的不断深入和政府职能的转变，政府管理经济的重心逐步从生产经营领域淡出，开始逐步转向社会公共领域及社会公益事业，林业作为重要的社会公益部门及所承担的改善生态的职能作用越来越被社会各界广泛认同，中央先后启动实施了天然林保护、退耕还林、京津风沙源治理、野生动植物保护和自然保护区建设、三北及长江流域重点防护林建设、速生丰产用材林建设等国家林业重点工程，国家林业重点工程覆盖了全国97%以上的县（市、区），仅2008年国家林业重点工程国家投资完成就达到420.24亿元，其中中央财政专项资金312.69亿元。1950年以来的60年，全部林业固定资产投资完成额达到5 030.01亿元，其中2008年投资完成额987.24亿元，比1950年投资完成额0.10亿元翻了13番。2003—2008年的6年间，年均达到568亿元，是林业投资历史最高时期。

2．投资结构方面

林业固定资产投资结构由森工生产转向营造林。进入21世纪，特别是2003年中共中央、国务院作出《关于加快林业发展的决定》后，林业的“三生态”、“三地位”得到全社会认同，林业作为生态建设的主体，一系列国家重点生态工程开始规划并付诸实施，国家对林业的投资方向也由森工生产转向营造林，林业内部投资结构也随之发生重大变化，营造林、种苗、防火、林业有害生物防治、林业科技等成为林业固定资产投资的主要方向。1997年，营林固定资产投资首次超过森工固定资产投资，林业建设实现了由以木材生产向营造林为主的转变。新中国成立60年来，国家对林业固定资产投资完成总额5 030.01亿元，营林固定资产投资4 232.80亿元，森工固定资产797.21亿元，营林固定资产投资与森工固定资产投资在全部林业固定资产投资完成中的比重分别为84.15%和15.85%。1953年与2008年相比，营林与森工固定资产投资比例由0.04∶1变为5.55∶1。

3．投资方式方面

国家由支持常规造林向支持林业重点工程造林转变。以1978年三北防护林工程的启动实施为标志，中国林业陆续以重点工程的方式启动实施了近20项林业重点生态工程，经过30年的林业重点工程实践，林业的营造林组织方式由原来的大规模广泛动员群众性造林、护林开始转变为严格按工程项目进行管理，一些生态项目开始尝试实行项目法人责任制、招投标制、合同制和监理制。对非经营性政府投资项目加快推行“代建制”试点，即通过招标等方式，选择专业化的项目管理单位负责建设组织实施，严格控制项目投资、质量和工期，竣工验收后移交给使用单位。这种造林组织方式的转变，不仅提高了工程的建设质量，保证了工程建设效果，更主要的是改变了长期以来林业建设粗放经营的管理模式，为加快现代林业建设步伐奠定了良好的基础。

4. 投资渠道方面

由高度集中的国家计划管理向投资主体多元化转变。新中国成立以来，林业投资领域最大的变化在于林业投资由国家高度集中的单一计划经济体制转变为逐步形成了适合我国社会主义初级阶段国情、林情的投资主体多元化、资金来源多渠道的格局。对于具有竞争性的林业产业化项目，实现了由市场配置资源的投入机制，对于公益性的营造林项目，由国家公共财政予以扶持建设。

四、美国林业投资状况及政策概览

美国是世界上最兴旺的资本主义国家之一，政府和公民对林业的地位和作用都有很高的认识，特别是对森林的生态效益和社会效益非常注重，因而，美国政府对林业的资金投入金额高且用途广。

（一）对私有林的资金投入和扶持

在市场经济条件下，私有林主要是从事商业性运营，以提供木材、林产品和追求利润为主要目的。私有林资金投入主要靠林主的自有资金和向银行贷款，但政府也给予恰当扶持。其扶持手段主要有以下四个方面：①实行低税率政策。美国私有林交三种税：一是所得税，按利润额的28%交税；二是产品税，每 1 000 m^3 木材交 20 美元；三是财富税。前一种税由联邦政府征收，后两种税由中央政府征收，并且对私有林主的造林实行退税政策。如美国国会通过的鼓励私有林主造林的退税政策规则，每一个征税人能够退 1 万美元的营林投资税，造林当年先退税 900 美元，其他 91%分 7 年平均退还。②实行资金补助政策。联邦政府每年都有一笔预算下拨给州政府，作为对私有林主人工更新造林的补助。如路易斯安那州，每英亩的私有林人工更新，由州政府无偿补助 30 美元，相当于每英亩更新费用的 50%。此外，农业部林务局每年的预算支出中，也有 5%用于对私有林的补助。③无偿提供信息效劳和技术指导，包括立木、木材及林产品市场信息以及火灾控制、病虫害防治和其他林业技术。④对中小家庭农场和小私有林主发放贷款。由农业部农民家政管理局负责发放工作，利率在5%～6.5%之间，低于私人银行的商业贷款，而且贷期较长，普通消费性贷款 1～7 年，紧急贷款（灾祸贷款）20 年。

（二）国有林的资金投入和财务管理

美国国有林的资金投入和财务管理，有以下两个特性：①收支两条线，投入有保证。美国对国有林的资金投入，全部由联邦政府和州政府担任处理，在财务管理上实行“收入全部上交财政，支出全部由政府预算布置”的收支两条线的方法。国有林的财务收支由农业部林务局统一管理，国家对林务局实行预算制，收支全部列入预算。联邦政府对林务局实行报账制。林务局的预算既有长期的，又有年度的。大林区、林区、营林区、林业运营所，依据上一级的预算计划，分别根据本地状况层层制订计划，上报林务局，林务局检查汇总后报总统，由总统提交国会讨论批准后执行，因而在资金上有牢靠的保证。②美国对国有林实行列收列支预算制。主要是由于各地林业资源条件不同，营林任务差异大，有的地域木材、林产品多，得到的收入也多；但营林任务少，收支有余；而有的地域木材、林产品少，营林任务量大，收不抵支，经过统一预算实现调剂均衡，才能保证营林所需的资金。同时美国政府认为林业在很大水平上是一项社会性公益事业。不能单纯以获取木材、林产品和利润为目的，要求在森林应用与生态建立、环境维护之间坚持均衡，因而政府必需通过预算加以调剂。仅农业部林务局管辖的国有林，由国会预算每年布置的支出约 25 亿美元，上缴财政的林业收入共 10 亿美元。另外，在国有林的木材消费和造林、育林、抚育等消费作业中实行招标方式，出卖立木也实行招标。人员精干，效率较高。

第二节 林业税费政策

一、林业税费的基本概念

林业税费问题一直是林业经济界研究的热点问题。林业税费是指就木材、林材及其他衍生品征收的税费，由林业税收和林业收费两部分组成。其中，林业税收是国家为了满足一般的社会共同需要，凭借政治权力，以法规形式加以规定的强制性课征，国家在征税时不需向纳税人直接提供特殊服务和支付任何代价；林业收费则具有相对于缴费义务人的有偿性。林业税费，不仅是国家和地方收入的来源，而且是促进林业经济发展、优化生态环境、保证社会可持续发展的重要手段。

目前我国各地开征和收取的林业税费主要有三个方面：一是国家财税部门征收增值税、所得税、营业税、城建税、教育费附加税、洪水保安费等；二是林业部门收取的育林基金、更改基金、林业保护建设费等十几种费用；三是其他部门或单位收取的各种费用，如工商部门收取的工商交易费和工商管理费。

二、林业税费政策的历史沿革

从新中国成立到改革开放，再到全面推行社会主义市场经济，再到现在的和谐社会的建设，林业经济体制经历了跌宕起伏的改革，林业税费制度也顺应着中国的发展历经数次变化。但是由于林业经济体制改革总是落后于经济的发展，存在一定程度上的滞后性，使得林业税费制度安排成为了阻碍林业发展的重要原因之一。根据中国林业税费政策发展的规律，本文将林业税费政策的历史沿革分为如下几个阶段：

（一）第一阶段：1949—1978年的林业税费政策

新中国成立之后，为了尽快摆脱经济落后的面貌，国家确定重工业优先的国民经济发展战略，这种剪刀差的策略，大量地从林农手中收集资金来发展工业，与这一战略相匹配，逐步形成了一套宏观政策和经济管理体制。其特征：一是组建森工企业集团和大量砍伐天然林资源，不顾价格规律，最大限度地提高工业利润和积累能力；二是价格扭曲的情况下，通过高度集中的计划行政手段来分配资源，实行严格的木材等林产品计划调拨；三是形成采伐业的高度工业化与落后的营林生产的“二元”林业产业格局，严重束缚林业资源的可持续发展；四是建立与公社集体经济制度，实行政社合一，以保证农村林业盛产和经营的高度计划性；五是实行严格的城乡户籍分割管理制度，限制林业区农民的自由流动。这个阶段出台的主要政策文件有：《中华人民共和国农业税条例》（1958）、《集体林育林基金管理暂行办法》（1964）、《育林基金管理暂行办法》（1972）等。

1949—1978年，林业涉及的税种主要是农业税和工商税两个，以及育林基金和维简费两种规费。具体的各项税费的征收办法如下：

1．产品税税率稳步发展

新中国成立以后，把木材视为工业产品征收货物税，后虽经几次税改，木材始终作为工业产品征收工商统一税、产品税，其税率为10%。从1950年开始征收产品税，直到1983年，由于木材已经征收了产品税而没有列入农业征收范围。产品税税率长期保持在10%，这体现了税收的固定性特征。

2．育林基金历经多次变化

育林基金是为了恢复、培育和保护森林资源，本着“以林养林”的原则建立的林业生产性资金，是我国最早建立的林业专项资金。它由林业部门从木竹销售收入中按规定比例提取或征收。育林基金从50年代初开始设立，1950年颁布了国有林育林费征收管理暂行条例，规定在销售环节按木材售价征收20%的育林费。1952年，华东和西南地区出台了育林费征收暂行办法。1954年林业部在总结各地经验的基础上，统一颁布了《育林基金管理办法》。1964年财政部、林业部和中国农业银行联合颁发了《集体林育林基金管理暂行办法》，建立甲种育林基金和乙种育林基金。1972年5月林业部、财政部和中国农业银行联合颁发了《育林基金管理暂行办法》。

3．维简费

维简费最早出现于国有林区，是维持木材简单再生产和发展林区生产建设事业的资金。1952年起在东北、西南等国有林区试行“维持再生产基金”办法，木材产量按5元/m^3从生产成本中提取。

(二)第二阶段：1978—1994年的林业税费政策

这个阶段的林业税费改革又可细分为两个阶段：前一阶段是1983—1987年，计划经济条件下的税费政策。后一阶段是1987—1994年税收体制改革。前一阶段，属于计划经济时期，林业在国民经济发展中处于基础产业部门的地位。国家实行的是计划经济条件下的税费政策。林业税基本实行农业税率，其额度统一按国家下达年度的税收计划数上缴。在此阶段，国家逐步对林业开征农林特产税、所得税和产品税。后一阶段是进行了税收体制改革，中国经济体制由计划经济时期转向市场经济时期。国家对企业普遍实行财务包干办法，森工企业也推出利改税，转为上缴包干利润，同时对木材加工产品包括锯材等，开始按加工增值额的14%开征增值税。为了保护森林资源，扶持林业发展，国家先后出台了一系列税收优惠政策，对促进林业经济发展和保持林区社会安定起了非常重要的作用。

十一届三中全会以后，中国开始改革传统的宏观经济政策，协调工农业关系，提高包括林产品在内的农业产品的价格，缩小工农业产品价格剪刀差；在集体林区推行林业产权属制度改革；全面放开木材市场，改革林产品统派统购政策，实行木材议价销售的新政策；在林区农村发展以木材等林产品为原料的乡镇企业。这个时期出台的主要相关政策文件有：《关于对农林特产收入征收农业税的若干规定》(1983)、《关于进一步做好农林特产农业税征收工作的通知》(1989)、《中华人民共和国增值税暂行条例》(1993)。林业税费的政策内容如下：

1．农林特产税

对农林特产税的征收开始于1983年11月，《关于对农林特产税收入征收农业税的若干规定》。开始考虑林农和企业的负担能力以及公平税负的问题。1983年初始规定税率为5%～10%，在此范围内，各省、自治区、直辖市按照不同农林特产产品的获利情况，在不低于粮田实际负担水平的原则下，分别规定不同产品的税率。但不得超过15%。1989年统一规定征收的税率为8%，1993年又降低为7%。

2．产品税

1984年工商税制全面改革时，将原工商税征收对象的部分工业品和农、林、牧、水产品划作产品税征收对象。国家于1984年实行第二步利改税时开始对木材征收10%的产品税。1993年，将税率减少至5%。

3．所得税

所得税的征收开始于1983年，按企业的隶属关系，相继确立了私营企业、集体企业及国营企业所得税三个税种（表11-1）。同时，为了鼓励国有林场、苗圃实行企业化管理，国家对国有林场和苗圃的多种经营、综合利用项目所得

表 11-1　企业所得税征收税率

	国有大中型企业	国有小型企业	集体企业	私营企业
1983 年	55%统一税率	8 级超额累进税		
1983 年以后	55%比例税率	8 级超额累进税	10%～55%	35%比例税率

利润免征所得税。

4．增值税

1987—1994 年，国家税收体制改革。此时，国家对企业普遍实行财务包干办法，森工企业也推出利改税，转为上缴包干利润，同时对木材加工产品，包括锯材等，开始按加工增值额的 14%开征增值税。为了鼓励和支持林业部门充分利用森林资源，国家于 1993 年对东北、内蒙古国有林区森工企业以“三剩物”和次小薪材为原来生产的综合利用产品免征增值税。

5．育林基金

1986 年林业部、财政部联合印发《南方集体林区木材开放后有关育林基金、更改资金征收使用和管理问题的通知》，将过去按每立方米木材固定金额缴纳，改为由木竹经营单位按集体或林农出售价的 25%，向所在省、自治区林业主管部门缴纳。1988 年国家经委、财政部、林业部、国家物价局、工商局《关于整顿南方集体林区木材费用负担问题的通知》，将育林基金由原规定的按集体成林农出售价 15%计征，改为对产区木竹经营单位按其收购后的第一次销售价的 12%计征。

6．林政管理费

1993 年以前，林政管理费征收标准为 3 元/m^3。党中央、国务院为减轻农民负担，于 1993 年取缔林政管理费。这一期间，税率呈现出的持续走低以及税收优惠政策促进了林业的发展。国家先后出台了一系列的税收优惠政策，如减免税费、降低税费率等以达到保护森林资源、扶持林业发展的目的。这些优惠政策对促进林业发展和保持林区社会安定起了非常重要的作用。

（三）第三阶段：1994—2004 年的林业税费政策

为了适应国家建立社会主义市场经济的需要，国家税收制度进行了重大改革，建立了以增值税为主体的流转税体系和以所得税为主体的所得税体系，并将农林特产税和产品税合并，改为农业特产税。这一阶段，林业的经济危困进一步加剧，森工企业开始出现全面亏损的局面。为了扶持林业发展，国家继续对林业实行税收优惠政策。这个时期出台的主要政策文件有：《国务院关于对农业特产收入征收农业税的规定》（1994）、《关于农业特产税征收具体事项的通知》（1994）、《关于对采伐国有林区原木的企业减免农业特产税问题的通知》（2001）、《关于调整农村税费改革试点地区农业特产税若干政策的通知》(2001)、《关于2003年农村税费改革试点地区农业特产税有关问题的通知》(2003)、《国家税务局关于印发 2004 年农业税收工作意见的通知》(2004)。

1. 农业特产税优惠政策

1994年开始，农林特产税与产品税合并，改为农业特产税，税率从8%～31%不等，区别所有制进行征收，集体、个人等非国有林业单位适用税率为8%，国有林业单位按照收购和生产两个环节，合并适用税率为16%，国有林区为10%，对林产品加工维持增值税的征收，适用低税率13%。

1994年，根据国家税务总局《关于森工企业、林场、苗圃所得税征免问题的通知》对全国森工企业、林场、苗圃从事种植业、养殖业、农林产品初加工所得免征所得税；另外，国家规定，对林业单位和个人自产自销的林产品免征增值税，对在新开荒的土地上发展林业而取得的收入，实行有限期的农业特产税和所得税的减免（表11-2）。

表11-2 1994年后农业特产税征收标准

税目		税率（%）
规定	原木、原竹	8.8
补充规定	国有森工企业竹木	10
	东北、内蒙古国有森林企业	5
	国有林场、苗圃木竹	16
	生漆、天然树脂	10
	天然橡胶	8
	其他林产品	5～10

资料来源：《关于农业特产收入征收农业税的规定》(1994年143号令）和（财税政字[1994]第200号）

2. 所得税税率降低

对各类型内资企业的所得税，从1994年1月1日起，统一按33%的比例征收，体现了简化税制、公平税负的原则。

财政部、国家税务总局《关于林业税收问题的通知》规定，自2001年1月1日起，对包括国有企事业单位在内的所有企事业单位种植林木、林木种子和苗木作物以及从事林木产品初加工取得的所得暂免征收企业所得税。财政部、国家税务总局《关于国有农口企事业单位征收企业所得税问题的通知》规定，对边境贫困的国有林场区的生产经营所得和其他所得暂免征收企业所得税。

3. 林业建设保护费

1994年经国务院批准，国家计委、财政部联合以[1994]138号文规定对木材征收林业保护建设费，标准为5元/m^3，在木材销售环节一次性征收。林业建设保护费主要用于林政管理、林区中幼林抚育、森林防火以及林区道路建设。

4. 林政管理费和林区管理建设费

1994年1月24日根据《财政部、国家计划委员会关于收取林业保护建设费的通知》(财综字[1994]第7号)规定，根据《中共中央办公厅、国务院办公厅关于涉及农民负担项目审核处理意见的通知》(中办发[1993]10号)的精神，对涉及农民负担的由林业部门收取的林政管理费和林区管理建设费等收费项目，决定予以取消。为保证林业部门正常的林政管理和林区建设不受影响，经清理农民负担审核小组研究决定，同意设置“林业保护建设费”收费项目。

(四)第四阶段：2004年至今的林业税费政策

从2004年起，对烟叶仍征收农业特产税。取消其他农业特产品的农业特产税(表11-3)。农业税于2006年在全国范围内予以取消。对于自产自销的增值税，也给予了免征税率的优惠政策。从2009年7月1日起，育林基金由20%下调到10%，具备条件的地区可以将育林基金征收标准确定为零。至此，林业税费负担又有所减轻。集体林权制度改革进程中，林业税费的减少取得了明显的效果，林业税费负担从原来占木材销售价的42%减少到23%左右。随着近年来我国一系列林业税费优惠政策的出台，我国林业的总体税收减少，但是林业收费却成了林业税费的主体。

表11-3 2004年以后增值税征收标准

税 种	税 率	征收对象
增值税	免征	自产自销的原木、木竹
增值税销项税	13%	流通环节的原木、木竹
增值税销项税	17%	以木材、竹材为原料的加工产品
增值税销项税	13%	征收农业特产税的单位和个人生产的农产品
增值税	即征即退	国有森工企业以“三剩物”和次小薪材为原料综合利用产品
增值税销项税	买价13%	购进免税农产品

新中国成立以来，我国林业税费政策也经历了数次改革。我国林业税费制度的变化随国家经济体制的变化而同向变化，我国林业税费体制的建设也朝着更加合理健全的方向发展。新中国成立初期，林业承担着为国家经济发展提供原始积累的角色，因此林业税费比较繁重。随着经济的发展，我国也正在不断考虑着减轻林农的负担，加之环境问题的日益凸显，国家开始着力减免一些林业税费项目。进入2000年以来，减轻林农负担、降低林业税费的呼声也是越来越高，再加之森林资源保护的日益重要，国家通过减免林业税费以及增加林业补贴也成为不可改变的趋势，这样林农的积极性才会被激发出来。

三、林业税费政策现状

在林业税费政策沿革中，按照历史的沿革已经梳理出各个年代我国具体实施的林业税费政策。以下是按照我国征收的各项税种来梳理我国林业税费政策的现状。

1．农业特产税已取消

根据《中共中央、国务院关于促进农民增加收入若干政策的意见》（中发[2004]1 号）有关规定，经国务院批准，从 2004 年起，对烟叶仍征收农业特产税，取消其他农业特产品的农业特产税。

2．农业税已取消

中央 1 号文件出台了 2006 年在全国范围内取消农业税的政策，这标志着在我国延续了 2600 年的农业税从此退出历史舞台。农业税取消后，农民可自行支配用于缴纳农业税的那部分资金，农民的生活无疑会得到一定改善。在某种程度上讲，取消农业税可以再次调动农民积极性，使农民可以更自由、自主地选择和从事他们的增收行为。

3．所得税税率降低，出现减免所得税情况

对各类型的内资企业的所得税，从 1994 年 1 月 1 日起，统一按 33%的比例征收，体现了简化税制，公平税负的原则。自 2007 年起这一比例又降低至 25%。2008 年 1 月 1 日起，《关于发布享受企业所得税优惠政策的农产品初加工范围（试行）通知》（财税[2008]149 号），部分范围可享受林业企业所得税优惠政策。财政部、国家税务总局《关于国有农口企事业单位征收企业所得税问题的通知》规定，对边境贫困的国有林场区的生产经营所得和其他所得暂免征收企业所得税。

4．增值税在降低

现行林业增值税同国家其他行业的生产所征收税率一致。林木产品初级加工，流通环节主要征收 13%的销项税和进项税，但是用以生产加工产品的征收 17%的增值销售税。

根据 2006 年财政部和国家税务总局联合发布的《关于以三剩物和次小薪材为原料生产加工的综合利用产品增值税即征即退政策的通知》（财税[2006]102 号）文件规定：国有森工企业以“三剩物”和次小薪材为原料综合利用产品都享有即征即退的优惠政策。根据国家 2008 年发布的《关于发布享受企业所得税的优惠政策农产品初级加工范围（试行）的通知》（财税[2008]149 号）以及《增值税暂行条例》第十五条第一款规定：自产自销的增值税，给予免征税率的优惠政策。

5．育林基金减少

2009 年财政部和国家林业局联合修订的《育林基金征收使用管理办法》规

定，从 2009 年 7 月 1 日起，育林基金由 20%下调到 10%，具备条件的地区可以将育林基金征收标准确定为零。

6．林政管理费和林区管理建设费取消

根据《中共中央办公厅、国务院办公厅关于涉及农民负担项目审核处理意见的通知》（中办发[1993]10 号）的精神，对涉及农民负担的由林业部门收取的林政管理费和林区管理建设费等收费项目，决定予以取消。

7．林业建设保护费

1994 年经国务院批准，国家计委、财政部联合以《国家计委、财政部关于林业保护建设类收费标准的通知》的规定对木材征收林业保护建设费的标准为 5 元/立方米，在木材销售环节一次性征收。林业建设保护费主要用于林政管理、林区中幼林抚育、森林防火以及林区道路建设。

8．其他费用

当然，上述税费中包含着林业税费的主要组成部分，其他还涉及的费用包括：更新造林预留费、森林病虫害防治专项费、自然保护区管理费、护林防火费、公路维修基金等。

四、国外林业税费政策概况

由于各国的政治、经济、资源等方面的条件不同，各国林业税费政策存在很大差异。在此，重点选择了森林资源由破坏到恢复，恢复速度比较快、做法比较成功的美国和日本进行介绍。

（一）美国林业税费政策

美国有较丰富的森林资源，森林覆盖率为 33%。全国现有森林面积 2.98×10^8 hm^2，人均占有森林面积 1.3 hm^2，用材林活立木蓄积量 200×10^8 m^3。美国的森林所有权比较分散，私有林占 72%，公有林占 28%。美国法律规定，除对国有林实行免税政策以外，任何单位和个人都要上缴财产税。

美国国会 1924 年通过了《克拉克麦克纳利法》，政府开始认识到私有用材林的重要性和相关税制对这些林地所有者的影响。在随后的半个世纪内，联邦政府和州政府相继制定了各种税法，以促进森林经营和对林木投资。1986 年《税务改革法》通过后，许多所有者逐步使他们的林业投资和经营决策适合于森林税法规定的财政条款。美国林业税收制度中最重要的问题不在于税率的高低，也不在于税收的种类，而在于税制的稳定性。

联邦政府和 50 个州对森林资产和资源收入征收各种税款，如对林地和立木征收财产税，对林木的开采征收生产税、采伐税或所得税，对林产品生产和销售征收产品税或销售税，对森林资产转让征收遗产税、继承税或赠予税等。在各州，同林业有关的税种还包括信贷投资税、资本收益税、财产转让税、道路税、许可证税、存货税、汽油及燃料税。州与州之间的征税方式也各不相同，如税收缘起、如何核算和税率大小都存在着差异。因此，相邻州之间的林地所有者面临着不同的税制，对森林经营投资所造成的影响也不同。除资本收益税外，所有其他税项都按营业费用支付。

1. 所得税

美国把企业或个人所得分为资本所得和一般所得两部分，分别以不同税率征收。为了扶持营造林事业，规定林木培育者出售或采伐立木时，可按资本所得的28%征收资本所得税，其他经营所得征收46%的一般所得税。税法还特别强调，只有长期经营和培育林木者方可享受28%的低税率。对于从事商业活动，转手倒卖者不享受此优惠。

对长期资本所得的征税问题在森林资源经营方面有着非常重要的意义。长期资本所得是指销售固定资产所得到的收入，但销售者拥有该项资产的时间必须在1年以上。为了区分长期资本所得和经销活动所得，美国财政税法规定：

① 公民砍伐自己的林木，无论出售或自用，都有享受长期资本所得待遇的资格，但公民必须持有或曾持有过一个即将采伐的契约；

② 公民拥有林木1年以上，且具备该林木的经济权益，即可将出售林木的收入作为长期资本所得。

所得税可分为个人所得税和企业所得税。所得又可分为普遍收益和资本收益，资本收益是从出售资产中所获得的收益，与在生产经营中所获得的收益不同。美国对资本收益征税，一是以现值为基础进行计算，二是以增加额为基础计算。长期资本所得额的计算方法是用林木采伐以前该公民应纳税当年第一天的木材市场价格减去调整后的耗减基数（即资本投资），所得差值为长期资本所得。

美国对年净收益超过2.5万美元的所有企业征收所得税，税率根据收入数量进行分级。所得税税率的公式为：

实际所得税率=（州所得税+联邦所得税）÷税前收益×100%

经过对19个州个人收入税的分析，表明所得税是各州总税收中的基本组成部分，所得税在总税收中所占比重为11.1%～25.6%。森林所有者从林地上获得收益时，要同时交纳联邦和州所得税，州所得税对林业具有重要影响。纳税总额直接影响着纳税人在造林和森林经营等方面的投资计划。

2. 财产税

它是根据财产的价值，以一定税率征收的地方税，由所在地方税务机关计算征收。对于固定财产税，联邦政府规定一般按固定财产的5%上缴。美国国有林的林木和地产估计为400亿～500亿美元，但由于林业生产周期长、资金周转慢，政府免掉了国有林的固定财产税，即相当于在国有林的建设上每年多投入20多亿美元。

对拟征税的林地，有两种估价方法：一是市场价估价法，即在最佳利用时期按照相似林地的市场出售价估价；二是财产使用价值估价法，即根据林地生产木材的经济能力对林地进行估价。

征收森林财产税的主要问题在于估价困难。森林财产税的课税基础是森林财产价值。因此，森林财产的估价就成为税收工作的重要组成部分。在以财产的市场价作为评估价值时，当市场价值发生变化时，就需要重新进行估价。由于森林面积大，林木处于不断生长和变化的过程中，同时立木的市场价格也在不断地变化，要在准确掌握初始估价的基础上，根据林木的年生长量、采伐量和自然枯损量来逐年调整评估价值，以确保课税基础的准确性。

森林的轮伐期越长，从森林中获得收益的时间就会拖得越久，会导致森林财产税的税负也会越来越大。由于财产税是年年征收，人们普遍认为它能起到鼓励开发利用森林的作用，能有效地缩短轮伐期。征收财产税会影响森林所有者的收入水平，但影响的程度主要取决于税率的高低。如果财产税率很低，对木材生产的影响也会很小。但随着税率的不断提高，就会影响企业的长期发展甚至会危及到企业的生存。森林财产税是促进林木开发利用的有效手段，只有通过采伐利用林木，才能免除交纳额度很高的财产税。

3. 产品税

产品税是对生产的木材产品所征的税款，依采伐时的立木价值进行征税。林木产品税只在林木主伐时才纳税，减少了征收森林财产税时出现的时间偏差，有效地克服了森林财产税的缺陷。实行产品税就意味着对林地与立木分别进行征税，即林地依林地价值征税，林地税的确定一般要低于财产税的标准，而立木要在采伐时缴纳产品税，无须年年纳税。征收方式分为以下几种：①林地税和产品税一并征收。如果在森林还未获得收益时（即轮伐期的前几年）就开始征收税款，必然会对森林所有者造成一种负担。因此，每年先分别对林地和林木进行估价，然后再根据两者之和征税。②林地税同产品税或林木采伐税结合进行征税。先征收林地税，到主伐有收入时再征收立木的产品税。这样做时，一般不将林地税计入森林财产税内核算。如在华盛顿州，1971 年前的旧税法规定立木与林地合并在一起征收财产税，致使没有足够资金缴纳税款的林主，不得不采伐尚未成熟的林木。为了确保森林资源的稳步增长，该州于 1971 年修改了税法，把立木与林地分开，对林地继续征收财产税，而对立木则在采伐时按市价计征 6.5%的立木税。③按生产力等级征税。按林地生产力等级征收林地税，一般由财产估价员对每片林地按其生产力等因素进行分级。林地的估价反映了土地的价值，但不包括林木生长及其他改良因素在内。然后，再根据主伐时的立木价值征收产品税。

为了改善经营管理条件，加快迹地更新，增加森林面积，提高经营水平，同时防止一些人利用森林财产税与产品税的不同征税方法逃税漏税，对产品税的强制性征收和可选择性征收制定了一些限制条件。对于开征强制性产品税的州，要求所有林主都必须在森林采伐时缴纳产品税；对于开征可选择性产品税的州规定了最小土地面积数、最小立木蓄积量、林地更新、制订经营管理计划和保证在一定时间内使土地用于生产木材等条件。同财产税相比，产品税的作用恰恰相反，它能起延长轮伐期的作用。对产品税而言，推迟林木的采伐就会使森林所有者缓交产品税，所以说产品税的征收有利于森林资源的保护和永续利用。

4. 采伐税

对美国的森林、石油、天然气和煤炭等资源的开采均需要征税。征税的理由之一，是自然资源属于所有公民，如果不通过缴纳资源开采税来补偿对自然资源构成的损失，任何人均不应从自然资源的开采中获益。理由之二，是在利用自然资源的同时，应对保护自然资源予以鼓励。征收资源开采税有利于阻止森林资源的不合理或过度消耗和为改善森林经营提供潜在的经费来源。在美国，除太平洋沿岸的西北部少数地区外，采伐活动主要在次生林中进行。这些林分要达到成熟龄，需要花费大笔的经营和保护费用。

各州森林采伐税中对纳税人的定义不尽相同。一些州规定采伐者为纳税人；另一些州规定木材加工者或运输者为纳税人；还有的州规定森林培育者为纳税人。大部分州的纳税人为 1 个，而亚拉巴马和新墨西哥州规定的纳税人为 2 个或 2 个以上。

在各州税法中，对采伐税申报和纳税时间的规定差异更大。按月申报和纳税的州有亚利桑那、阿肯色、路易斯安那、密西西比和新墨西哥州。这些州的公民纳税意识较强，因此申报和交款的手续十分简便。按季度申报和纳税的州有亚拉巴马、伊利诺伊、北卡罗来纳、南卡罗来纳和弗吉尼亚州。

美国森林采伐税普遍采用的有两种税率：一是为单位材积或单位产品规定一个税款，按固定税款纳税；另一种是确定一个比例，按采伐木材价值的百分比纳税。许多州的森林采伐税法规定，森林所有者采伐的木材供自己家庭使用时可以免税。

在美国，通过林业税法的实施和森林税款的缴纳，都会不同程度地使森林所有者的收入降低，减少所有者可从林业生产中获得的净收益。综合分析各州税制实施情况的结果表明：佛罗里达州和华盛顿州的税制使该州的森林经营利润减少了 11%～14%；路易斯安那州和加利福尼亚州的税制使其森林经营利润减少了 16%～20%；阿肯色州和阿拉斯加州的税制使其经营利润减少了 23%～26%。

此外，美国还设有更新造林信托基金、造林补助基金制度。更新造林信托基金是从木材产品的进口税中提取的，每年提取 3 000 万美元，主要用于国有林的更新造林和林分改良。造林补助基金主要来源于联邦和州两级政府财政预算拨款，主要用于对符合条件的私有林主给予 50%～75%的更新造林费用补助，并对小林主的防火、防虫及技术推广费用提供无偿补助。

总之，美国的林业税收要受国家经济政策和税收制度的制约。政府总会对林业生产给予必要的税收优惠，以保证林业的正常发展和保护国家的森林资源。在保证国家税收的前提下，通过调整税收政策达到不断完善资源管理和合理利用森林资源的目的。

（二）日本林业税费政策

日本林业历史悠久，森林资源较多，现有森林面积 $2\,521\times10^4\ hm^2$。日本是以所得税为主的国家。现行税制中，税种税目多达 60 余种，最高税率达 70%。与林业密切相关的税种税目有 15 种，其中，国税有山林所得税、转让所得税、法人所得税、继承税、赠予税和登记许可税；地税有居民税、营业税、不动产购置税、原木交易税、固定资产税、特种土地占有税和营业所税。在日本几乎所有的经营活动都要纳税，林业也不例外。但是，考虑到林业的特殊性和公益性，对林业税收采取了一些特殊的优惠政策。日本在税收上规定有减、免、缓交等优惠措施。日本对用材林，从山林所得概算总额的 60%中减去造林费用总额的 25%（作为造林损失费），其差额作为所得税课税对象，税率为 5%左右。对保安林免税，而森林财产继承税则减轻到 4.8%。近些年日本进口木材增多，每年大约 $3\,000\times10^4\ m^3$。为了鼓励国内木材生产，对供应市场的国有林木材实行免税和低税，对私有林的采伐和加工，年所得收入在 3 000 万日元以下的，实行免税。

1．税基构成优惠

在计算纳税金额时，除了从收入总额中扣除一切必要成本外，还可扣除一定的数额予以免征，以此缩小税基，减轻税负。例如，计算山林所得税纳税金额时，在扣除一切必要成本及自然灾害损失后，对按照森林施业计划经营森林者还可扣除相当于立木收入 20%的金额，对每个纳税人均可扣除 50 万日元免征额。在计算转让所得纳税金额时，国家征用的林地可扣除 5 000 万日元免征，出售给国家或地方政府的用于国土保护的林地，可扣除 2 000 万日元予以免征。在计算法人所得时，可将造林头一年 30%的造林成本列入亏损或必要成本予以扣除。

2．减征

日本几乎对所有的林业税收都采取了不同程度的减征政策，其中山林所得税和遗产税的减征幅度最大。日本所得税原则上为综合课税，但考虑到山林所得具有长期投入，一次性实现的特点，其税额的计算采用分离 5 除 5 乘课税方法，即山林所得与其他所得分开征税，并按照应纳税所得额 1/5 部分的适用税率计算税额，所得之积再乘以 5，得出应纳税额。这种计算方法可在很大程度上减轻税负。

计算公式为：

$$应纳税额=应纳税所得额\times 1/5\times 适用税率\times 5$$

3. 免征

日本林业税收的免税政策主要体现在维护国家利益、保护国土和扶持中小型林业企业等方面。例如，在法人所得税中，对从事国家公共事业的法人（地方公共团体、农林渔业金融公库、森林开发公团等）免税；在个人所得税中，对于用国家收购山林后支付的全额补偿金重新购买山林或取代补偿金接收山林者免税；在遗产税中，对于将全部或部分遗产捐赠给国家、地方公共团体或特定公益法人的遗产继承人，其捐赠部分全部免税；在地价税中，对林地免征地价税；在地方税收中，防护林用地的购入免征不动产购置税，防护林及国家公园区域内的特种保护区免征固定资产税，林业企业和个人所购买的林业用轻油的免征轻油交易税，对从事林业生产的法人和个人免征营业税。

4. 延期纳税

在遗产税中，根据不动产价值和立木价值占课税遗产总价值的比例采取延期低息纳税措施。当不动产价值低于课税遗产总价值 50%时，与立木价值超过课税遗产总价值 30%的部分相对应的税额和与防护林等保护区内土地价值相对应的税额，以及超过课税遗产总价值 30%的森林施业计划区内的立木价值相对应的税额，均可延期 5 年分期等额交纳，利息税分别为年息 5.4%、4.8%和 3.6%（与其他财产价值相对应的税额为 6.6%）；当不动产价值超过课税遗产总价值 50%时，与防护林等保护区内土地价值相对应的税额可在 15 年内分期等额缴纳，利息税为 4.8%，与森林施业计划区内超过课税遗产总价值 30%的立木相对应的税额，可在 20 年内分期等额或不等额交纳，利息税为 3.6%。

5. 其他政策

从森林的公共效益出发，日本林野厅于 1985 年创建了绿色和水的森林基金，并于 1987 年在自民党税制改革大纲中明确规定，向水源、河流的受益者征收森林河流维护费。为确保该项基金的落实，日本政府成立了绿色和水的森林基金推进本部，各都道府成立了绿化推进委员会。

日本将国有林的全部收入留给林业部门作育林经费，由林野厅统一管理和核算。如出现赤字，则由国家预算予以补贴；若收入有结余，则可转入下一年度继续使用。

日本设有农林渔业金融公库基金，主要是对原木生产、木材加工等森林所有者提供致力于维持和促进林业生产力发展的长期低息贷款。此外，日本还有林业补助，来源于国家一般会计预算、国有林特别会计预算、森林保险特别会计预算，用于支持林区修建林道和营造林等方面。

第三节　林业贴息贷款政策

一、基本概念

（一）关于林业贴息贷款

贴息贷款是指国家为扶持某行业，对该行业的贷款实行利息补贴。比如：国家为扶持农业，对购买种子、化肥等实行低息贷款（为保证银行的利益，不足的利息部分由国家补足给该银行），农民拿到的此类贷款就是贴息贷款。国家为扶持林业可持续的发展，对一些林业项目贷款给予承担全部或部分贷款利息补贴（为保证银行的利益，不足的利息部分由国家补足给该银行），此类贷款称为林业贴息贷款。

从历史沿革讲，林业贴息贷款分为专项贷款和商业贷款两个阶段。“十五”以前的林业贴息贷款为专项贴息贷款，包括林业项目、森工企业多种经营、治沙、山区综合开发四项专项贴息贷款。专项贷款由银行安排贷款计划，执行农业贷款基准利率，中央和地方两级财政予以部分贴息，贴息率原则上按照中央财政、地方财政和贷款单位各承担 1/3 的贷款利率来确定。“十五”以来的林业贴息贷款为商业贷款和现行的林业贴息贷款，原专项贷款取消。信贷机构对林业贷款按一般商业贷款管理，财政部门符合规定范围的林业贷款予以财政贴息。

中共中央、国务院《关于加快林业发展的决定》高度重视林业产业的发展，坚持全国动员，全民动手，全社会办林业作为加快林业发展的基本方针之一。“十一五”以来，国家对林业的投入大大增加，超过了前 50 年国家对林业的投入总和，但直接用于扶持林业产业发展的资金很少。作为国家扶持林业产业发展的一项重要资金来源，林业贴息贷款有力地支持了林业重点工程建设，促进了林业两大体系建设和农村经济结构调整，带动了更多的社会资本进入林业产业建设领域，扩大了我国林业的发展规律，对推动我国非公有制林业经济发展具有十分重大的意义。

（二）林业贴息贷款项目资金状况

2007 年起，林业信贷资金有了大幅度增加，2007—2010 年，林业贴息贷款项目计划金额分别为：55 亿元、80 亿元、160 亿元、180 亿元，实际贷款金额分别为：55.20 亿元、89.11 亿元、159.90 亿元、162.03 亿元，贷款落实率均在 90%以上，2008 年达到了 111%，贷款金额逐年显著增加（表 11-4）。

表 11-4 2001—2010 年林业贴息贷款项目资金

年份	项目计划资金（亿元）	实际落实资金（亿元）	贷款资金落实率（%）
2001	50	35.3	70.6
2002	50	41.7	83.4
2003	46	41.5	90.2
2004	49	30.8	62.9
2005	46.5	41.3	88.8
2006	48	44.14	91.9
2007	55	55.20	100.4
2008	80	89.11	111.00
2009	160	159.90	99.94
2010	180	162.03	90.02

数据来源：国家林业局网站《2001—2010 年中国林业发展报告》。

二、林业贴息贷款政策沿革

中央财政林业贴息贷款是一项政策性极强、实施要求极高的涉林惠农政策，该政策始于 1985 年，现已经历了 20 多年的发展历程，基本上随着国民经济和社会发展实际情况限定 5 年调整一次。全国贷款控制总规模从当初正式启动时的每年几百万元到 2009 年的 160 亿元，伴随着林业事业的发展变化，管理办法与时俱进，到今天先后进行了数次修订和完善。我国于 1986 年、1987 年、1992 年和 1996 年先后实施了林业项目、森工企业多种经营、治沙和山区综合开发贷款财政贴息政策。1987—2000 年，中央财政予以林业项目贴息 14 107 亿元，森工企业多种经营贴息 5 127 亿元。1992—2000 年，中央财政用于治沙贴息 2 134 亿元。1996—2000 年，中央用于山区综合开发贴息为 2 117 亿元。中央财政用于林业的贴息项目，产生了巨大的经济效益，对我国的林业事业发展做出了巨大的贡献。

（一）第一阶段（1985—1995 年）

1985 年中央决定发放林业项目贷款。1986 年，中国农业银行、林业部、财政部联合发出通知，实施林业项目贴息贷款投入政策。林业项目贷款的利息不分对象和用途，一律按农业贷款基准利率计算，贷款利息每年结算一次。根据当时贷款利息为年息 7.92%的实际，规定借款单位承担 3.5%，其余 4.42%由中央财政和地方财政各承担一半。今后随着利率的调整再作变动。财政贴息期限最长不超过 10 年，超过期限的利息由借款者承担。1987 年，林业部、中国工商银行、财政部联合发出通知，开始实行了国营森工企业多种经营专项贷款贴息政策。按当时的银行利率年息 7.92%计算，中央和地方财政各承担 2.21%的贴息资金。贴息年限一般不超过 3 年，个别项目最长不超过 5 年。随着经济的发展，中央和地方两级财政共承担的贴息率相继调整为1989年的5.02%、1990年的6.34%和1993年的5.28%。

1992年，中国农业银行、中国人民银行、林业部、财政部联合决定，由中国农业银行组织发放治沙贴息贷款。该项贷款由中国人民银行匹配70%以上的信贷资金，中央和地方两级财政共承担61.34%的贴息，规定中央和地方财政对治沙贷款各按3.17%的年贴息率贴息，年限为：营造速生丰产林项目5年，经济林项目3年，其他项目2年。

1995年，林业项目贷款纳入中国农业发展银行的政策性贷款管理体系，并按照贷款时间的不同，规定了不同的贴现率，即1992年以前形成的贷款项目，两级政府按照6.34%进行贴息，各承担一半，1993年以后形成的贷款项目，则按照5.28%进行贴息，各承担一半。

为了切实搞好全国山区综合开发，1996年，中央决定“九五”期间安排山区综合开发专项贴息贷款。1997年，林业部、财政部、中国人民银行、中国农业发展银行联合决定，由中国农业发展银行发放该项贷款，并按政策性贷款进行管理，中央和地方两级财政承担6%的贴息，各承担一半。从2001年开始，该项贷款并入林业治沙贴息贷款，同时，两级财政承担6%的贴息，贴息年限一律缩短为2年。

（二）第二阶段（1996—2004年）

1996年中国农业银行、林业部、财政部联合发出通知，对林业项目贴息贷款投入政策再次进行调整。贴息率调整为2.64%，贴息年限为：营造速生丰产林项目5年，经济林和中幼林抚育项目3年，多种经营项目2年。同年，国务院又出台了山区综合开发贷款贴息政策。规定中央财政、地方财政各按3%的年贴息率，对山区综合开发贷款进行贴息。2001年财政部和国家林业局在整合林业资金投入时，对以前出台的各项林业贷款贴息政策进行了调整，停止了对山区综合开发贷款贴息，在清理了以前贷款规模的基础上，按新贷款规模继续实行林业项目和治沙贷款贴息政策。2002年财政部颁布的《林业治沙贷款财政贴息资金管理规定》（财农[2002]137号）文件，侧重于对林业治沙方面的贴息贷款支持，忽视了后续产业项目的发展和带动效应。这些不足在一定程度上制约了林业产业的发展。

（三）第三阶段（2005—2008年）

2005年5月，由财政部、国家林业局共同颁发实施《林业贷款中央财政贴息资金管理规定》。与以往的政策不同，《规定》取消了5年调整的时间限定，实现了林业贷款贴息政策的延续性和稳定性。目前实行的林业贴息贷款政策与以往政策相比，主要有四方面的改革。

1. 尽量扩大中央财政对于贴息的范围，促进林业产业良性发展

众所周知，我们国家的林业产业是非常庞大的，林业产业发展也涉及方方面面。在国家的不同发展阶段，制定政策的侧重点也是不同的。比如，2002年财政部颁布的《林业治沙贷款财政贴息资金管理规定》（财农[2002]137号）文件，侧重于对林业治沙方面的贴息贷款支持；以往的政策制定只考虑了项目的启动阶段，而忽视了后续产业项目的发展和带动效应。显然这些不足，在一定程度上制约了林业产业的跳跃式增长。而《林业贷款中央财政贴息资金管理规定》则将天然林保护、退耕还林工程后续产业项目，以及森工企业、林场（苗圃）、林农和职工个人多种经营贷款项目纳入贴息范围。这种整体上的政策保证，有效地避免了林业产业的畸形发展和不平衡发展。

2. 取消对造林贴息对象的固有限定，有效地调动了各方面的积极性

此前，中央财政仅限于对林业系统的企事业单位造林项目贴息。显然，这在一定程度上是不科学的。因为毕竟林业产业的发展不仅仅是国家和企事业单位的事情，还需要调动各方面的力量，要尽量多地扶持好的项目而不应过多考虑项目从何而来。只要能对林业产业或者是为子孙后代造福的项目，就应该予以支持和帮助。《林业贷款中央财政贴息资金管理规定》对各类经济实体营造的具有一定规模、集中连片的工业原料林贷款项目给予贴息。这一举措，能够极大地调动社会各方面对林业产业发展的关注、参与的积极性。

3. 对银行政策的放开，降低了银行放贷风险

林业贴息贷款自设立以来，中央财政一直限于对农业银行贷款给予贴息。从中尚可看到计划经济的影子，与市场经济发展要求不相符合。把贴息政策限定在一个银行，既影响了其他银行的积极性，也不能充分利用闲置资金，进而限制了林业产业的扩大发展。再加上林业的特殊性，银行收回资金的周期一般来说很长，无形中增大了银行放贷的风险。因此，解禁是大势所趋。《林业贷款中央财政贴息资金管理规定》取消了对银行的限定，各类银行甚至农村信用社发放的符合贴息条件的林业贷款均可享受贴息。这样做的直接好处就是降低了银行放贷的风险，使银行愿意在遇到合适的项目时，对林业产业提供资金支持，这对林业产业的发展无疑是大有好处的。

4. 尽可能地解决了足额贴息问题，降低林业项目执行者的资金压力

此前的贴息政策虽然明确规定了贴息年限，但由于受贷款项目落实月份早晚的不确定性以及跨预算年度计算贴息等因素的限制，贷款项目实际贴息额往往小于其规定的应贴息额。这无形中增加了林业项目执行者的资金压力，同时也不能使国家的资金百分之百地得到利用，出现了非主观意愿的损失。《林业贷款中央财政贴息资金管理规定》对林业贷款采取了按整年而不再按月贴息的办法，有效地解决了贷款项目足额贴息问题。这样做的好处有三个方面：一是国家的资金能充分利用；二是避免了放贷方不必要的经济损失；三是减轻了项目执行方的压力。这些都大大促进了林业产业的规模、平稳发展。

（四）第四阶段（2009年至今）

2009年5月，中国人民银行、财政部、银监会、保监会、国家林业局联合出台了《关于做好集体林权制度改革和林业发展金融服务工作的指导意见》。《意见》要求在已实行集体林权制度改革的地区，各银行业金融机构要积极开办林权抵押贷款业务、林农小额信用贷款和林农联保贷款等业务同时，支持有条件的林业重点县加快推进组建村镇银行、农村资金互助社和贷款公司等新型农村金融机构，促进林区形成多种金融机构参与的贷款市场体系，合理确定林业贷款的期限，林业贷款期限最长可为10年，明确小额林农贷款的实际利率负担原则上不超过基准利率的1.3倍改进信贷服务，合理扩大林业信贷管理权限，优化审贷程序，简化审批手续，推广金融超市“一站式”服务。国家加大了对林业信贷政策的扶持力度，对推进集体林权制度改革，现代林业的建设和发展，农民增收和农村经济发展均具有十分重要的意义。

2009年10月1日财政部、国家林业局出台了新的《林业贷款中央财政贴息资金管理办法》。与旧政策相比，除继续保留过去已有的各项优惠政策外，新办法着眼于服务林改和现代林业建设，在进一步扩大贴息范围、提高贴息率、延长贴息期限、简化申报程序、保证贴息政策的连续性等方面有了新的突破。具体体现在三个方面。

1．继续扩大贴息对象

新办法规定，除继续对林业龙头企业和林农个人种植业、养殖业和林产品加工贷款以及林场苗圃、森工企业多种经营贷款贴息以外，将各类经济实体营造的木本油料经济林和沙区、石漠化地区的种植业贷款也纳入贴息范围；为大力发展森林旅游新兴产业，新办法还将自然保护区和森林公园开展的森林生态旅游项目纳入贴息范围。

2．鼓励金融机构发放林业贷款

新办法规定除继续对各类银行和农村信用社发放的林业贷款予以贴息以外，首次将非银行业金融机构——小额贷款公司发放的林业贷款纳入贴息范围，以便广大林农在林改后积极利用小额贷款从事林业生产经营。

3．增加中央财政贴息率，提高贴息期限

新办法将林业贷款贴息率由原来的2%提高到了3%，是目前财政部规定的贴息率最高限。同时，明确要求地方财政建立相应的贴息政策，纳入当地财政预算，为各地争取配套贴息资金创造了有利条件。

过去财政部农业司管理的各项贷款（包括扶贫贷款）贴息期限，除林业贷款以外均为 1 年。新办法除继续对造林等种植业林业贷款给予最长贴息 3 年以外，对林业龙头企业加工、养殖项目和林场苗圃、森工企业多种经营项目贷款的贴息期限由原来规定最长 2 年提高到了 3 年。同时，为大力扶持林改后林农积极利用贴息贷款开展造林，新办法将林农和林业职工个人造林贷款的贴息期限最长延长到了 5 年。

此外，为充分调动地方林业和财政部门管好用好林业贴息贷款的积极性，本着从实际出发和责权统一的原则，新办法将具体林业贷款项目的选择权和财政贴息资金的审核管理权下放到省级林业和财政部门，同时，进一步简化了林业小额贴息贷款项目申报管理程序。

第四节　森林生态效益补偿政策

一、相关概念

（一）森林生态价值概念

从经济学角度看，森林的生态价值主要由森林生态系统中生物和非生物的资源性决定的。随着社会生产力的发展，森林资源已无法满足人类的需要，人类需要投入必要的劳动对森林生态系统进行保护，对森林资源进行社会再生产，让它们参与商品的流通和交换。这种社会再生产与凝结在商品中的一般的无差别的人类劳动或抽象的人类劳动一样，使得森林资源具有了经济价值，这就是森林生态系统的经济价值。

从生态学角度看，森林的生态价值是由森林生态系统内在性质决定的。一个完整、健康的森林生态系统通过生产者、消费者（捕食者）、分解者的有机组合，形成了物种和自然物质的更新、演替、再生的良性循环。这种按自然力进行的物质循环或自然再生产保持了生态系统的相对稳定，也为生命有机体的生存、繁衍提供了充足的物质和能量。森林生态系统在维持生命有机体与其赖以生存的环境稳定，完成其自身更新、演替的同时，对人类的生存和发展也具有特殊的生态功能或生态屏障作用。

从法律角度看，森林既具有公共物品的性质，又具有私人物品的性质。林木和林地可以为私人占有，林木和林地所提供的经济效益可以为私人独享，因而可以被视为具有排他性的私人物品；森林生态价值中的保护生物多样性、涵养水源、纳碳吐氧、净化空气等功能以及作为整体的森林往往不能被私人占有，森林的生态价值往往为不特定多数人共享，因而可以视为具有非排他性的公共物品。正因为森林的公共物品性，所以有研究森林生态价值的必要性和重要性。

（二）森林生态效益概念

森林生态效益的概念可谓众说纷纭。日本、韩国及美国等一些国家都认为森林具有经济和公益两方面的效能，森林的公益效能可分为环境效能和文化效能，相关研究主要集中在森林公益效能，包括森林的净化大气、涵养水源、防止水土流失、森林的游憩以及野生动物保护等公益效能的价值。

近年来，我国许多专家也对森林生态效益的内涵作了探讨，但到目前为止尚未形成一个统一的定义。普遍认为森林生态效益是森林生态系统中生命系统的效益，环境系统的效益，生命系统与环境系统相统一的整体提供的效益，以及由上述客体存在而产生的物质和精神方面的所有效益。

通过上述的总结和分析，可以将森林生态效益定义为：是森林资源本身所具有的生态效用性和森林生态功能被利用产生的效果性的效益的总和，包括森林涵养水源、水土保持、防风固沙、纳碳吐氧、净化空气、消除噪音、保护生物多样性、增加旅游效益等方面。

（三）生态效益补偿

国内学者对生态效益补偿概念的理解有广义和狭义之分。广义的生态效益补偿，包括污染环境的补偿和生态功能的补偿，即包括对损害资源环境的行为进行收费或对保护资源环境的行为进行补偿，以提高该行为的成本或收益，达到保护资源的目的。狭义的生态补偿是指生态功能的补偿，即通过制度创新实行生态保护外部性的内部化，让生态保护成果的受益者支付相应的费用；通过制度设计解决好生态产品这一特殊公共产品消费中的“搭便车”现象，激励公共产品的足额供应；通过制度变迁解决好生态投资者的合理回报，激励人们从事生态保护投资并使生态资本增值的一种经济制度。生态补偿制度是自然资源有偿使用制度的重要内容之一。自然资源使用人或生态受益人在合法利用自然资源过程中，对自然资源所有权人或对生态保护付出代价者支付相应费用。该制度是建立在环境资源价值理论、环境经济学与循环经济理论、生态学理论基础上的一种合理的制度模式。

（四）森林生态效益补偿

根据我国林业工作的实际情况，我国对森林生态效益补偿的概念主要存在以下两种理解。

广义概念：指对森林生态环境本身的补偿，对个人或区域保护森林生态环境的行为进行补偿，对具有重要生态环境价值的区域或对象的保护性投入。广义范畴的森林生态效益补偿，不仅包括公益林生态补偿，而且还包括对林业重点工程、森林病虫害防治、森林防火等的补偿。

狭义概念：指目前推行的森林生态效益补偿基金制度所涵盖的内容。中央生态效益补偿基金是对重点公益林管护者的营造、抚育、保护和管理付出给予一定补助的专项资金。中央森林生态效益补偿基金制度，结束了我国长期无偿使用生态效益的历史，开始进入有偿使用的新阶段，意义非常重大。根据研究的目的以及实际情况，我国森林生态效益补偿是指调整利用与保护森林生态效益的主体间利益关系的一种综合手段，是保护森林生态的一种手段和激励方式，其核心内容为国家对森林保护者进行经济补偿。按照这样的理解，天然林保护工程、退耕还林工程、重点生态公益林建设都属于生态效益补偿的范畴。

（五）森林生态效益补偿制度

森林生态效益补偿制度的定义有广义和狭义之分。广义的定义为：国家为保护森林资源、以充分发挥森林在环境保护中的生态效益而建立的，通过国家的财政转移支出及向社会组织或个人收取生态效益补偿费等途径设立的补偿基金，用于提供生态效益的森林的营造、抚育、保护和管理的法律制度。狭义的定义是根据我国目前现行法律法规的相关规定总结出的定义：指我国为保护森林资源，充分发挥森林在环境保护中的生态效益，实现可持续发展，由国家财政（包括中央和地方财政）成立专门补偿基金，用以提供重点公益林的营造、抚育、保护和管理的法律制度。

综上所述，认为森林生态效益补偿制度的定义为，为缓和树木和其他木本植物以及其所生长的自然环境所受到的干扰，国家、社会、森林资源生态效益受益人及其他组织以多种资金方式给予森林资源生态产品与服务的提供者适当的经济补偿，用于提供生态效益的森林的营造、抚育、保护和管理，加强森林资源自我调节的法律制度。

二、森林生态效益补偿政策演进

我国森林生态效益补偿制度的确立走过了一个曲折的过程。从改革开放开始，我国经济由计划经济逐步转向市场经济，森林生态效益补偿问题凸显，这个时期出现了森林生态效益补偿问题。具体来看，可以分为三个阶段。

（一）第一阶段：探索阶段（1978—1992 年）

1978—1992 年为森林生态效益补偿的探索阶段。1978 年起改革开放，由计划经济向市场经济过渡，森林生态效益补偿问题凸显，森林生态效益补偿问题也随之出现。

1978 年中国实行改革开放，由计划经济向市场经济过渡。由于在计划经济下，森林资源的管理由国家统一制定、安排，因此，森林生态补偿问题并没有凸显出来。到了市场经济时期，由于有了价值经济，森林生态效益的外部性凸显。80 年代末 90 年代初，伴随着对森林生态效益价值认识的逐步加深，社会开始讨论森林生态效益补偿机制问题。1984 年，第六届全国人大常委会第七次会议正式通过了《森林法》，该法对林地使用权、林木所有权等问题做出规定，突出强调林地使用者和林木所有者的权益保护问题。1992 年末，林业部邀请有关部委参加对我国 13 个省的林区进行考察，决定建立森林生态效益补偿机制。1993 年，国务院《关于进一步加强造林绿化工作的通知》（国发[1993]115 号）指出要改革造林绿化资金投入机制，逐步实行征收生态效益补偿费制度。

该阶段对森林生态效益补偿问题的讨论还停留在概念确立和区域性讨论上，补偿资金来源、补偿标准等具体问题还未形成统一意见。

（二）第二阶段：发展阶段（1993—1999 年）

进入 20 世纪 90 年代以后，生态环境的恶化使森林环境有偿服务机制在更大范围内得到认可。继 1992 年、1993 年出台上述相关文件之后，1994 年，《中国 21 世纪人口、环境与发展白皮书》中提到要建立森林生态效益有偿使用制度，实行森林资源开发补偿收费。1996 年 12 月，原林业部向国务院、财政部提出森林生态效益补偿收费方案。该方案的主题思想是：根据“谁受益，谁负担”的原则，在全国范围内对受益于生态公益林的单位和个人征收生态效益补偿费以建立森林生态效益补偿基金。经过多年酝酿和实践，1998 年 4 月，九届全国人大常委会第二次会议通过的《森林法》修正案第八条第二款规定：“国家建立森林生态效益补偿基金，用于提供生态效益的防护林和特种用途林的森林资源林木的营造、抚育、保护和管理。森林生态效益补偿基金必须专款专用，不得挪作他用。”这是新中国成立以来第一次以法律的形式明确规定森林生态效益补偿基金制度。1999 年 12 月，国家林业局和财政部向国务院提出政府基金分成方案：建议从现有的养路费、电力建设基金、公路建设基金、铁路建设基金等 14 项政府性基金中提取 3%用于森林生态效益补偿基金，并随着“费改税”逐步规范，纳入政府财政预算安排。但该方案经过两三年的讨论仍然没有被采纳。其主要原因是这种在基金中建基金的做法不符合当时中国财政体制改革的方向；而且这种拆东墙补西墙的做法无法保证森林生态补偿基金有一个长期稳定可靠的资金来源。因此，寻求一个稳妥的、能为各方所接受的方案就变得十分迫切。

（三）第三阶段：确立及正式实施阶段（2000 年至今）

2000 年，国务院颁布的《森林法实施条例》规定：防护林、特种用途林的经营者有获得森林生态效益补偿的权利。2001 年，国家林业局会同中央财政部设立“森林生态效益补助资金”，国家每年拨付资金 10 亿元作为森林生态效益补助资金，选择了 11 个省（自治区）的 685 个县和 24 个国家级自然保护区作为森林生态效益补偿基金的先行试点单位，补助标准为每年 75 元 / hm^2，主要用于国家重点公益林的营造、抚育、保护和管理。2004 年 12 月，《中央财政森林生态效益补偿基金管理办法》正式制定并在全国范围内全面实施，其重点是对公益林管护者发生的营造、抚育、保护和管理支出给予一定补助的专项资金；这项制度的实施结束了中国长期无偿使用森林生态效益的历史，进入有偿使用阶段。2004 年 12 月 10 日国家林业局召开的森林生态效益补偿基金制度电视电话会议宣布，正式建立中央森林生态效益补偿基金。中央森林生态效益补偿基金的建立，标志着森林生态效益补偿基金制度的实质性确立，是我国林业发展史上具有里程碑意义的大事。

2007 年对此办法进行了修改，出台了新的《中央财政森林生态效益补偿基金管理办法》。由此可见，森林生态效益补偿有许多相关的法律法规和政策可依，这些法律法规和政策在不断地健全和完善，为森林生态效益补偿的实现奠定了制度基础。2009 年的中央一号文件中，也进一步提出了要提高中央财政森林生态效益补偿标准。自 2011 年开始对属集体林的国家级公益林，中央财政补偿标准由每年每亩 5 元提高到 10 元。2011 年林业发展的“十二五”规划中提出建立健全生态补偿和林业补贴制度，完善森林生态效益补偿基金制度，建立健全中央财政造林、森林抚育、湿地保护补助、林木良种、林业机具购置等财政补贴制度。

中央财政森林生态效益补偿政策的实施，也带动了地方公益林建设和地方森林生态效益补偿基金制度的建立。各个省份也非常重视森林生态效益补偿法律制度的实施工作，根据 2004 年的国家公益林界定标准，在森林资源调查和规划的基础上，进行了森林分类区划界定工作。各省相继建立了补助资金运行模式和管理机制，制定补助资金管理实施细则，明确补助标准，采用科学合理的资金拨付方式，实行报账制和政府采购办法，建立资金监督管理机制。各地在认真贯彻国家颁布的《森林生态效益补助资金管理办法》的基础上，制定了地方相应的资金管理办法。其中广东省是最早实行森林生态补偿的省份，早在 1994 年就颁布了《广东省森林保护条例》，其中规定各级人民政府每年从地方财政总支出中安排不低于 1%的林业资金，其中用于生态公益林建设不少于 30%。1998 年 10 月广东省政府又通过了《广东省生态公益林建设管理和效益补偿办法》，明确了生态公益林建设资金来源主要是财政预算内拨款和财政预算内的基本建设投资。这使得森林生态补偿制度地方法规化，使保护和建设生态公益林有法可依。其后，云南、山西、辽宁、海南等省也根据各地森林资源的不同特点相继出台补偿的政策、法规，并取得了良好的成效，森林资源的质量、覆盖率都较以前有了明显的提高。我国森林生态效益相关的政策规定详见表 11-5。

表 11-5　森林生态效益相关政策规定

时　　间	颁布机关	政策名称	主要内容
1981 年	全国人大	关于开展全民义务植树运动的决议	征收“绿化费”
1992 年	国务院批准国家体改委文件	关于一九九二年经济体制改革要点的通知	要建立林价制度和森林生态效益补偿制度，实行森林资源有偿使用
1992 年	中共中央办公厅、国务院办公厅转发外交部、国家环保局	关于出席联合国环境与发展大会的情况及有关对策的报告	按照资源有偿使用的原则，要逐步开征资源利用补偿费，并开展对环境税的研究
1993 年	国务院	关于进一步加强造林绿化的通知	要改革造林绿化资金投入机制，逐步实行征收森林生态效益补偿制度
1994 年	国务院第 16 次常务会议	中国 21 世纪人口、环境和发展白皮书	建立森林生态效益补偿使用制度，实行森林资源开发补偿收费
1996 年	中共中央、国务院	关于“九五”时期和今年农村工作的主要任务和政策措施	按照林业分类经营原则，逐步建立森林生态效益补偿费制度和生态公益林建设投入机制，加快森林植被的恢复和发展
1998 年	九届全国人大常委会第二次会议	森林法	国家设立森林生态效益补偿基金，用于提供生态效益的防护林和特种用途林的森林资源、林木的营造、抚育、保护和管理。森林生态效益补偿基金必须专款专用，不得挪作他用。具体办法由国务院规定
1998 年	中共中央、国务院	中发［1998］15 号	封山植树，退耕还林
2001 年	财政部、国家林业局	关于开展森林生态效益补偿资金试点工作的意见	确定了 11 省、自治区的 685 个县（单位）和 24 个国家级自然保护区作为试点对象，涉及 2 亿亩重点防护林和特种用途林，每亩每年补助 5 元。11 个省、自治区包括河北、辽宁、黑龙江、安徽、福建、江西、山西、湖南、广西、新疆和浙江省的千岛湖及钱塘江上游地区
2003 年	中共中央、国务院	关于加快林业发展的决定	“公益林业要按照公益事业进行管理，以政府投资为主”，“凡纳入公益林管理的森林资源，政府将以多种方式对投资者给与合理补偿”；“进一步完善林业产权制度。这是调动社会各方面造林积极性，促进林业更好更快发展的重要基础。要依法严格保护林权所有者的财产权，维护其合法权益。”
2004 年	财政部、国家林业局	中央森林生态效益补偿基金管理办法	森林生态效益补偿范围从试点的 11 个省（自治区）扩大到全国，从 2 亿亩扩大到 4 亿亩，从 10 亿元增加到 20 亿元
2007 年	财政部、国家林业局	中央财政森林生态效益补偿基金管理办法	各级政府按照事权划分建立森林生态效益补偿基金。中央财政安排专项资金建立中央财政森林生态效益补偿基金

三、国外相关政策概述

国外对森林的扶持和补偿主要通过立法形式固定下来，使林主有稳定的预期收入，防止未来不确定性带来的风险，尤其是政策风险；而且国外对公益林补偿的法律规定比较详细，易于操作，这一点值得中国借鉴。日本森林法明确规定，国家对于被划为保安林森林所有者要加以适当补偿，保证其收益不至于因此而降低，国家也要求保安林的受益的团体和个人承担一部分甚至全部的补偿费用。新西兰《造林鼓励法》规定：对小私有林主的造林成本给予45%的补助，1980年以前，政府的补贴标准为每公顷400新元，1980年以后国会把补助费提高到每公顷600新元。对于公司造林费用，可以在当期的收入中抵扣，这样就减少了应纳所得税。德国黑森州森林法规定：如林主的森林被宣布为防护林、禁伐林或游憩林，或者在土地保养和自然保护区范围内，颁布了其他有利于公众的经营规定或限制性措施，因而对林主无限制地按规定经营其林地产生不利，则林主有权要求赔偿。1967年芬兰议会通过的《森林改造法》规定，设定由国家预算拨款的森林改造资金。这项资金只适用于支持小林主进行森林改造等林业活动。森林改造分为两部分，一是资助款，二是贷款和预付款。（李育才，1996）。瑞典森林法规定，如果林地被宣布为自然保护区，那么该地所有者的经济损失有国家给予补偿。英国1945年和1947年先后通过两个法案，规定了私有土地永远用于造林的两种补助办法：一是甲种补助法。二是乙种补助法。以及1974年制定的并重补助法。瑞典森林法也规定，如果某块林地被划分为自然保护区，那么该地所有者的经济损失将由国家给予充分补偿。奥地利森林法第十章规定，对有益于公共利益的森林经营和保护，政府给予资金上的扶持。

第五节 林权抵押贷款政策

一、基本概念

林权是以森林、林木和林地为客体的一项权利，凡是有关森林、林木和林地的占有、使用、收益或者处分的权利都可以归入林权这一范畴中，林权是一项重要的财产权。林权抵押贷款作为林权改革的配套措施，是加快林权改革的最有效措施之一。所谓林权抵押贷款就是从事林业种植、加工和经营的企业或个人，按照《森林资源资产抵押登记办法（试行）》等相关法律和政策规定规定的抵押方式，以林业行政管理部门颁发的《林权证》载明的拥有或有权依法处分的林地使用权和林木所有权一并作抵押经林业行政管理部门确权、评估和办理登记后向金融机构申请贷款的信贷品种。林权抵押贷款利率不超过基准利率的1.5倍。林权抵押贷款包括企业贷款、大户贷款和小额贷款等，其中小额林权抵押贷款是指以中低收入人群为主体的小户林农为对象的林权抵押贷款。小额林权抵押贷款虽然被广大林农认为是十分现实的主要选择，但由于缺少农村金融服务平台和相应的金融产品，目前还无法满足广大群众的需求，需要从国家政策层面帮助解决。

林权抵押贷款政策的实施，打破了长期以来银行贷款抵押以房地产为主的单一格局，引入了林地使用权和林木所有权这一新型抵押物，使“沉睡”的森林资源变成了可以抵押变现的资产，具有划时代的意义。首先，随着林权抵押贷款政策的逐步实施，有效缓解了林农长期遇到的抵押难、融资难的问题。农村的经济近几年呈现出快速发展的趋势，传统的小额贷款早已经不能满足林农的需求，林农业的发展受到制约。在这种情况下，国家林业局等相关部门，因时而变、因需而变，适时促进推出了林权抵押贷款这一划时代的政策，有效的解决了林农融资难的问题。其次，促进了林农致富，调动起了造林育林护林的积极性以及投资林业的热情。一直以来，由于种种原因，金融机构对林业的贷款比率就很低，严重制约了林区农民的投资和扩大生产的能力，林农充分挖掘林地生产力脱贫致富的梦想难以实现。开展林权抵押贷款，盘活了森林资源资产，促进了林农的收入。第三，林权抵押贷款政策的实施，实现了信贷产品的创新，极大地拓宽了银行资金运用的渠道，也提高了信贷资产质量和经营效益。

目前实施林权抵押业务可参照的法律法规主要有：《森林资源资产抵押登记办法（试行）》《物权法》等。根据《森林资源资产抵押登记办法（试行）》，可设置抵押权的森林资源资产可归纳为：用材林、经济林、薪炭林；用材林、经济林、薪炭林的采伐迹地、火烧迹地的林地使用权；国务院规定的其他森林、林木和林地使用权。林木所有权抵押时，其林地使用权须同时抵押，但不改变林地的属性和用途。从林权的法律含义及实践来看，林权抵押贷款应是林权所有人将其拥有的森林、林木的所有权或使用权和林地的使用权作为抵押物，向银行、农村信用社等金融机构借款，或为第三方借款提供担保的行为。

二、林权抵押贷款的主要模式

长期以来，由于林农缺乏有效的抵押物，贷款难成为制约林业发展的一个“瓶颈”。随着林权制度改革的逐步完善，尤其是具有法律效益的林权证的出现，使林农向金融部门贷款有了新的有效的抵押物，也为改善林农贷款难的问题找到了有效途径。林权抵押贷款是一种重要的新兴的林业金融信贷产品，是继林权制度改革后林业发展史上的又一次突破。一直以来，林业经营者一方面拥有森林资源，但是由于森林资源周期长，很难变现，成了不开门的“绿色银行”；另一方面，由于缺乏生产资金，林业经营收到了很大的制约。林权抵押贷款的服务创新，有效地解决了这两个难题。

在林权制度的改革过程中，为了真正的将森林资源资本化，体现林权证的价值，林业部门和相关的金融单位密切配合，使林权抵押贷款迅速发展，辽宁省、福建省等多地已开办了林权抵押贷款。从贷款的对象来看，主要是一些林业企业以及林农，而从开展林权抵押贷款的金融机构来看，则有中国工商银行，中国农业银行，中国建设银行等，以及农村信用社。林权抵押贷款的模式有很多，但是总结起来，主要以商业性信贷，政策性信贷和商业性保险为主。

（一）商业性信贷

在商业性信贷上，一些试点已经探索出了很多有效的方式和方法。以辽宁省丹东市为例，在尝试开办林权抵押贷款的实践中，丹东市农村信用社根据林业生产经营的特点和借款人的具体情况，创造了灵活多样的贷款模式：一是林权直接抵押贷款模式，二是林权反担保贷款模式，三是林农联保贷款模式，四是林业产业化龙头企业承贷模式。

在这些贷款方式里面，主要以林权直接抵押贷款模式为主。林权所有者以林权证和森林资源资产评估机构出具的评估报告为准，直接向金融机构申请贷款。具体流程如图 11-1 所示。该模式中间环节少，手续便捷，融资成本低。此方式适用于农村信用社。

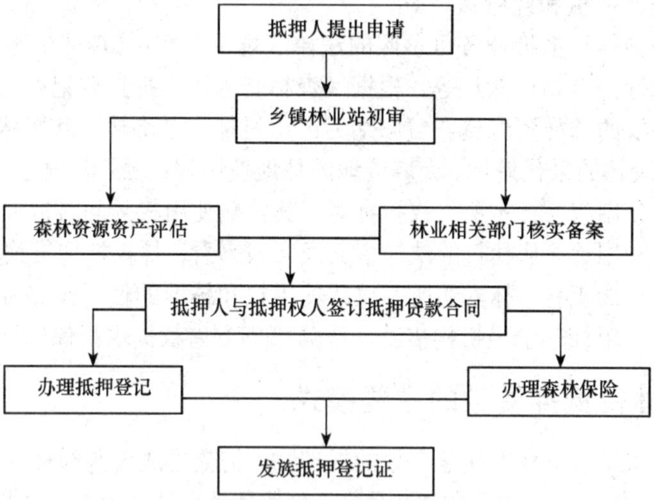

图 11-1 林权抵押贷款登记流程

林权反担保模式是指林农以手中的林权证向专业的担保机构提供反担保，再由担保机构为林农提供贷款保证，银行发放贷款。担保机构在这里起到了一个中介的作用，从中收取一定的担保费用。此方式适用于商业银行和农村信用社。

林农联保贷款是由农村信用社结合村、镇的创建工作，借鉴农产信用小额贷款和农产联保贷款的做法，以林农联保的方式发放贷款。

林业产业化龙头企业贷款是指企业以拥有的林权证为抵押，统一向相关金融机构贷款，然后企业和林农之间开展合作，带动林农。其方式主要适用于商业银行发放的贷款。

（二）政策性信贷

在政策信贷上，主要推行由国家开发银行提供政策性林业开发贷款，包括“构建融资平台”和“政策性资金宜贷”两种模式。

“构建融资平台”是依托地方政府，与国家开发银行签订贷款合作协议，然后将贷款发放到当地的国有资产投资经营公司，然后由其委托中小金融机构向林业中小企业及林农发放贷款，并负责贷后管理和统借统还，承担最后还本付息责任。

“政策性资金宜贷”，由开发银行自行选择项目，直接评审，落实担保，签订合同。贷款企业一般是龙头企业，担保方式主要以企业所拥有的林场产权、控股权或者其他权益作质押。

（三）商业性保险

在商业性保险上，主要鼓励一些试点保险公司，像中国人民保险公司，充分运用政府的相关补贴，通过商业性保险和政策性保险相结合的方式，探索完善森林保险产品，充分发挥保险对林业的金融信贷的保障作用，给相关人员吃一颗定心丸。

三、林权抵押政策历史沿革

我国最早在20世纪90年代建立了农村小额信贷制度，这项制度的推行，对于解决农村启动资金的短缺，发展特色农业经济，推动贫困地区农业的发展发挥了重要的作用。小额信贷是在特定的低收入者相对集中的区域内，按照商业化经营原则，根据项目组成联保小组，主要提供小额、短期的流动资金贷款，以不需要担保和抵押的、分期偿还的方式为符合一定贫困标准的穷人，尤其是贫困妇女提供的信贷服务（附加技术服务、信息服务）。在小额信贷机构亦实现自我生存和发展的前提下，通过直接向贫困农户或家庭经营的小企业提供信贷，达到千千万万个低收入者获得自我就业和发展机会。小额信贷最初由孟加拉国乡村银行（Grameen Bank）开办，因而又被称为GB模式。近年来，国际组织在东南亚、南亚和拉美的一些发展中国家进行推广试验。实践证明，小额信贷能够为贫困者、低收入的家庭经营的小企业提供金融支持，扩展了正规金融信贷体系领域，畅通了农村融资渠道。同时，小额信贷融资形式有利于建立财务自给自足、不用补贴、地方管理的金融信贷机构，并为各国经济发展发挥积极的作用。

从1992年起，我国开始小额信贷模式扶贫。目前我国的小额信贷分为三类：第一类是以国际机构资助为资金来源，以民间或半官半民组织为运作机构的小额信贷试验项目；第二类是以国家财政资金和扶贫贴息贷款为资金来源，以政府机构和农业银行为运作机构的政策性小额贷款扶贫项目；第三类是以农村信用社存款和中央银行再贷款为资金来源，以农村信用社为运作机构的农户小额信用贷款和联保贷款，主要由农村信用社基于农户的信誉，在核定的额度和期限内向农户发放的不需抵押和担保的贷款，具体额度由各地农村信用社、县（市）联社根据当地农村经济的实际状况、农户生产经营的收入等具体确定。并且由农村信用社信贷管理人员、村党支部和村委会负责人以及农户代表共同组织信用评定小组，对农户信用进行评级，并在此基础上开展了信用村、信用乡（镇）创建活动。同国际上的小额信贷活动相比，我国信用社开办的小额信贷有很大不同，而联保贷款更加接近孟加拉小额信贷，联保贷款是根据自愿组合的原则，每 5 户组成一个小组，每 3～8 个小组组成一个中心。

1999 年，世界银行林业贫困地区林业发展项目在全国 21 个省（自治区）启动，项目的贷款对象则是广大农民群众，从而开创了林业贷款项目的小额信贷先例。1998 年中国和荷兰合作在云南、安徽启动的林业子项目也采用了小额信贷的项目资金管理办法，由集体统一贷款，集体与农户之间签订借款合同。在安徽霍山县实施的中荷兰项目，实行集体向政府承担责任，农民向集体负责，形成政府—集体—农民个人之间的贷款资金管理监督体系，大大调动了当地农民开发森林资源的积极性。推行小额信贷，还可以促进林业产业化的发展。在林业产业化的融资体系建设中，小额信贷的承贷主体有别于其他金融业的承贷主体，主要是林业产业化链条上资金实力薄弱的农户或家庭经营的小企业。在林业产业化模式中，可以尝试推行依托龙头企业的“公司＋基地＋林农”小额农贷模式。适应林业国际化发展的新形势，即由农村信用社结合“公司＋基地＋林农”的基地生产模式，充分发挥龙头企业的产业化优势和带动作用，推出“公司＋基地＋林农”小额贷款模式。贷款在信用社考察后，由龙头企业担保，林农承贷，企业负责组织安排营林项目和清收贷款，林农提供货源，实现了“一次贷款三方受益”的目的。还可以推行双层借贷制度，即依据项目的程序先发放给一个中介组织，再由它转贷给林农。向林农放贷的程序是先由中介组织对项目和贷款进行可行性研究、调查、汇总，然后向贷款组织提出申请，贷款组织最终决策。还有一些项目实行了其他借贷方式，与贫困户有项目关联关系的企业或经济大户作为贷款主体，承贷承还。

2003 年 6 月，国务院下发了《关于加快林业发展的决定》，指出要“加快推进森林、林木和林地使用权的合理流转，调动经营者投资开发的积极性。加强对林业发展的金融支持，对林业实行长期限、低利息的信贷扶持政策，并视情况给予一定的财政贴息。有关金融机构对个人造林育林，也要适当放宽贷款条件，扩大面向农户和林业职工的小额贷款和联保贷款。林业经营者可依法对林木抵押申请银行贷款。”

2004年5月25日，国家林业局颁布的《森林资源资产抵押登记办法》第二条定义“森林资源资产抵押是指森林资源资产权利人不转移对森林资源资产的占有，将该资产作为债权担保的行为”；第三条规定“可用于抵押的森林资源资产为商品林中的森林、林木和林地使用权”，第八条明确“可作为抵押物的森林资源资产为：（1）用材林、经济林、薪炭林；（2）用材林、经济林、薪炭林的林地使用权；（3）用材林、经济林、薪炭林的采伐迹地、火烧迹地的林地使用权；（4）国务院规定的其他森林、林木和林地使用权；森林或林木资产抵押时，其林地使用权须同时抵押，但不得改变林地的属性和用途。”《办法》为林权抵押贷款提供了直接法律依据。

2008年6月8日，国务院颁发了《关于全面推进集体林权制度改革的意见》，要求进一步明晰产权、放活经营权、落实处置权、保障收益权。改革给予了林农真正意义上的物权，林权证的发放给农村金融创新带来了契机。此后各地政府纷纷出台相应的管理办法，对林权抵押贷款进行细节规范。福建省制定了《森林资源资产抵押贷款指导意见》等管理办法。对林权抵押贷款操作流程，林权抵押价值的确认、抵押林权登记等进行了详细说明。截至2008年年末，该省累计发放林权抵押贷款46.4亿元，比2002年增加了28.8亿元，同比增长164%；发放林业小额贷款超12亿元，受益农户6万户。浙江省林业厅与农发行联合下发了《森林资源资产抵押贷款管理暂行办法》，并率先成立了全国股份制林业担保公司——浙江信林担保公司，已为80多家林产品加工企业和合作社提供了200多笔贷款担保，金额累计3.8亿元。2009年，根据《中国人民银行 财政部 银监会 保监会 林业局关于做好集体林权制度改革与林业发展金融服务工作的指导意见》（银发[2009]170号），林农小额贷款期限可延长到10年，速生林、油茶、竹林、能源林基地建设等及后续产业发展可达15～20年。至2011年，全国有27个省（自治区、直辖市）开展了林权抵押贷款工作。抵押贷款面积3 850.58万亩，贷款金额529.9亿元，平均每亩贷款1 376元。其中：农民抵押贷款面积2 186.35万亩，抵押贷款金额255.99亿元，平均每亩贷款1 171元。林权抵押政策的进展详见表11-6。

表11-6　林权抵押政策进展

阶段	时间	政策性文件	备注
起步阶段	2003—2008年	国务院下发《关于加快林业发展的决定》； 国家林业局颁布《森林资源资产抵押登记办法》	为林权抵押贷款提供了直接法律依据
发展阶段	2008年至今	国务院颁布《关于全面推进集体林权制度改革的意见》； 福建省制定《森林资源资产抵押贷款指导意见》； 浙江省林业厅与农发行联合下发《森林资源资产抵押贷款管理暂行办法》	改革给予了林农真正意义上的物权，此后各地政府纷纷出台相应的管理办法，对林权抵押贷款进行细节规范

第六节 森林保险政策

一、森林保险的概念及意义

(一) 森林保险的概念

所谓森林保险是森林经营者（被保险人）按照一定的标准缴纳保险费以获得保险企业（保险人）在森林遭受灾害时提供经济补偿的合同行为。森林保险是以林木为保险标的的一种保险，目前有用材林保险、防护林保险、人工松木林保险、混合林保险等具体险种。被保险人投保后，且在保险合同存续期间内，其所经营的林木遇到火灾、水灾、病虫害等自然灾害和其他不可预知的灾害时，可以凭借手中的保险合同向保险人申请理赔，根据保险合同的具体保险金额和理赔比例获得相应的经济补偿。

我国最早的森林保险理论研究始于20世纪80年代初。传统学者普遍把森林保险看成农业保险的一部分，也有学者称森林保险为林业保险。目前，针对森林保险的研究已越来越引起国内学者的重视，学者们普遍认为森林保险是一种经济保险，具有明显的公益性。

(二) 森林保险相关概念

1. 森林保险标的

按林木生成可分为：人工林保险和原始林保险；按使用性质可分为：用材林保险、公益林保险和经济林保险；目前有用材林保险、防护林保险、人工松木林保险、混合林保险等具体险种。

2. 森林保险范围和责任

目前森林保险范围遵循的原则是：①经过最大努力仍然无法抗拒的自然灾害和意外事故；②经营者无法承受；③可以核实。火灾是目前森林保险的首选险种。

3. 森林保险金额

目前确定保额的方法有：①按蓄积量确定保险金额；②按成本确定保险金额；③按林木再植的成本价确定保险金额。目前对于原始森林的保险金额如何确定，仍在探讨中。

4. 保险费和保险费率

所谓保险费是指被保险人参加保险时，根据其投保时所订的保险费率，向保险人交付的费用。所谓保险金额，是指一个保险合同项下保险人承担赔偿或给付保险金责任的最高限额，即投保人对保险标的的实际投保金额；同时又是保险人收取保险费的计算基础。所谓保险费率是保险人按单位保险金额向投保人收取保险费的标准，是应缴纳保险费与保险金额的比率。保险费率一般由纯费率和附加费率两部分组成。

（三）森林保险政策的意义

我国是一个森林灾害频繁的国家，森林的火灾、风灾、雪冻、洪水等灾害频繁发生且日趋严重，尤其是火灾。1950—1979 年成灾竟占造林保存面积的 1/3。70 年代年均达万次，被烧面积达百万公顷，其中以黑龙江、内蒙古、云南最为严重，1987 年，仅大兴安岭森林火灾一次就烧毁 600 多万公顷森林。病虫害也是损失严重的大灾害，有时突然蔓延可以在一个季度中把大片用材林毁掉。我国每年的虫害毁坏木材量达 1 000×10^4 m^3，1976 年以来每年病虫害发生面积达 670×10^4 hm^2，占森林面积的 1/8，其中尤以松毛虫害为最大，遍及各地多达 270×10^4 hm^2，其次是杉白蚁、杉天牛、杉梢小卷蛾等虫害，每年发生虫害都在 133×10^4 hm^2 左右。发展森林保险，对于增强林农对灾害的抵御能力，对于改善森林资源管护薄弱的现状，有效保护森林资源，降低林业经营风险，维护国家生态安全，实现林业可持续发展，维护农村和谐稳定，保障林农增收致富都具有十分重要的意义。

二、森林保险政策的历史沿革

我国的森林保险主要经历了三个发展阶段。

（一）第一阶段：森林保险的试点阶段（1981—1991 年）

20 世纪 80 年代以前我国在森林保险上是一片空白的，我国从 1978 年开始恢复研究森林价格，1981 年，为了加强森林资源管理和减少森林灾害损失，林业部与中国人民保险公司取得联系，与保险部门合作，共同研究森林保险。1982 年拟定了森林保险课题研究计划，在保险公司的配合下，于 1983 年，拟定了我国第一部《森林保险条款》，为森林保险奠定了理论基础和初步的政策依据。1984 年，在中国人民保险公司配合下，在广西灵川县开始了我国首次森林保险的试点工作。1985 年在吉林省汪清林业局进行了国有林区森林保险的试点，取得了较好的效果。1986 年会同福建省林业厅和福建省保险公司在邵武市进行林业与保险公司共保形式的探索，邵武市森林保险的费率为 2.34‰。同期又在辽宁省本溪市试点林业部门自办保险的新形式。先后用 5 年时间进行了 4 种形式的试点与应用，开创了行业或部门办保险的先例。在保险业迅速发展的形势下，中国人民保险公司于 1987 年在《人民日报》首次公布了该公司重点开展的业务项目，将森林保险正式列入业务范围。1989 年，在国务院发布的《森林病虫害防治条例》中，已把在全国重点林区开展森林保险业务列为该条例的第 20 条。从 1984 年试点到 1987 年，据 5 个试点单位的不完全统计，已投保的国有、集体和

个人的森林面积在 33×10^4 hm^2 以上，保额约 3 亿～4 亿元，收取保费 42 万元，理赔 34 万元，赔付率为 81%。实践证明，开展森林保险效果是好的。

（二）第二阶段：森林保险缓慢发展阶段（1992—2003 年）

该阶段，虽然有一些试点取得了成果，但森林保险一直处于起步状态。主要表现为承保深度浅、投保率低、管理粗放、经济效益差等。1989—1994 年，全国森林承保面积仅占森林总面积的 4%，总保费收入仅有 11 860 万元，总赔款支出 8 340 万元，总平均赔付率为 70.3%。作为商业性企业的保险公司必须讲求经济效益，如继续实施现行办法，则困难很大。巨大的市场潜力与低回报率是我国森林保险业发展的一对矛盾。1996 年开始，人保总公司制定了新的森林火灾保险条款，开始独自经营这个险种。

（三）第三阶段：集体林权制度改革催生新一轮的发展（2004 年以来）

为充分发挥保险的功能与作用，促进林业稳定发展，福建、江西等省适时开展了新一轮的森林保险试点工作。2005 年，福建省林业厅与福建保监局等单位签署了《关于推进我省林业保险试点工作备忘录》和《关于建立森林保险风险准备金的备忘录》，并下发了《关于开展森林保险试点工作的通知》。2005 年开始，随着改革开放和社会主义新农村建设特别是林权制度改革的不断推进，人们对发展森林保险必要性有了更加深刻的认识。我国森林保险从业人员经过不懈努力，先后已经有 20 多个省份开展了各种形式的森林保险业务，形成了具有自身特色的单一模式和复合模式，为当地的林业发展提供了帮助，在保障了森林资源生产的稳定运行的同时，促进了经济和资源的协调发展，减轻了国家和企业在财政上的负担和林业生产者的经济压力。

2007 年 10 月，经江西省政府同意，江西省林业厅、财政厅、保监局联合下发《关于印发〈江西省林木火灾保险试点工作方案〉的通知》，决定在全省选择 26 个县开展政策性林木火灾保险试点工作。按照“三个兼顾”（兼顾林农缴费能力、兼顾财政补贴能力、兼顾保险公司风险承受能力）、“两低一保”（低保额、低保费、保成本）的原则，采取“政府引导、林农自愿、市场运作”的模式，确保参保者灾后能迅速恢复生产，保险公司以可持续经营为目标，先试点、后推广，先起步、后完善，逐步建立健全林业风险保障机制。但由于林业保险的复杂性、产权的不明晰以及缺乏扶持政策等原因，1984—2007 年，中国人保平均每年承保的林木只有 86.67×10^4 hm^2，仅占中国森林面积 1.75×10^8 hm^2（全国第六次森林资源连续清查数据）的 0.5%，占人工林保存面积 $5\,325.7\times10^4$ hm^2 的 1.6%。2008 年初的特大雨雪冰冻灾害给林业造成了巨大损失，从这场灾害来看，光有火灾责任保险还远远不够，林农在面对其他自然灾害时仍然非常无力。截至目前，在集体林权制度改革的先行省份如福建和江西等省，已经推行了由地方财政补贴保费，由保险公司为林农提供保险保障的办法。但由于林业生产周期长，林木面积大，森林植被丰富且价值难以确定，在森林保险制度建立的过程中，完全依靠保险公司的商业化运作是不现实的。森林保险制度应该是公益性、政策性补助的一项保险制度。只有通过建立政策性森林保险机制，才能有效降低林业生产风险，减轻林农损失。为深入贯彻《中共中央、国务院关于 2009 年促进农业稳定发展农民持续增收的若干意见》（中发[2009]1 号），积极推进集体林权制度改革，2009 年在部分省份开展了中央财政森林保险保费补贴试点工作。开展森林保险试点工作的具体事项，按照《财政部关于印发〈中央财政种植业保险保费补贴管理办法〉的通知》（财金[2008]26 号）、《财政部关于中央财政森林保险保费补贴试点工作有关事项的通知》（财金[2009]25 号）的有关规定和程序执行。此外，为进一步做好森林保险工作，2009 年 12 月 15 日，财政部、国家林业局、保监会下发了《关于做好森林保险试点工作有关事项的通知》，逐步建立和完善了森林保险制度。

三、我国的森林保险制度及保险状况

我国从 1984 年开始森林保险试点，至 1988 年已经有 20 多个省、自治区、直辖市先后开办了森林保险，承保面积达 133 万多公顷。并创造出了如下 4 种保险类型（表 11-7）：一是中国人民保险公司主办、林业部门代理业务，如广西的桂林、湖南的会同等地；二是林业部门与中国人民保险公司共保，如福建的邵武；三是林业部门自保，如辽宁的本溪；四是农村林木保险合作组织自保，如四川、山东。目前，森林保险的经营现状可总结为“三高三低”，即高风险、高费率、高赔付和低保障、低覆盖、低投入。

表 11-7　四种经营模式的特点概要

经营模式	主要特点	主要优点	主要缺点
协保模式	市场化运作，政府给予财政补贴	能够发挥林业部门在查勘定损方面的技术优势	商业保险公司始终以赢利为目的，追求利益最大化
共保模式	林业部门承保，保费收入和赔付支出由保险公司和林业部门按比例分配	能够有效降低保险公司的经营风险，发挥林业部门的技术优势	受区域限制，风险难以分散，政府财政压力大
自保模式	行政色彩浓厚	能够发挥林业部门在行政和技术方面的优势	受区域限制，风险难以分散，政府财政压力大
共济模式	政府引导建立，自主经营、自负盈亏、风险共担	险种设计因地制宜，能够有效防范道德风险和逆向选择	受区域和资金限制，风险难以分散，技术薄弱

有资料显示，1984—2007 年的 24 年间，平均每年投保的森林面积约为 $86.67\times10^4\ hm^2$。2009 年，中央财政启动了森林保险保费补贴试点工作，同年福建、江西、湖南 3 个试点省投保森林面积达到 $1\ 373.3\times10^4\ hm^2$。中央财政试点

补贴预算 3 亿元，实际支付补贴 4 181 万元（占预算的 13.9%），省级财政补贴 6 372 万元，市县级财政补贴 1 226 万元。中央开展的森林保险试点工作在江西、湖南、福建 3 省试点的基础上，2010 年新增加了浙江、辽宁、云南 3 省，在中央补贴政策的带动下，全国共有 15 个省与当地保险部门共同展开了森林保险工作，保险保费补贴比例由 30%提高到 50%。保险面积 2.7 亿亩，保额 1 141.7 亿元，保费 1.8 亿元，分别比去年同期增长了 13 倍、15 倍和 5.5 倍。其中政策性补贴 1.2 亿元，增长了 16 倍，全国平均每亩保险额 421 元，保险费率 1.6%。福建省投保面积 1 亿亩以上，江西、湖南、广东、浙江、云南投保面积均在千万亩以上。

四、国外森林保险政策概览

森林保险起源于国外，至今已经有近百年历史。从世界范围看，许多国家都开展了森林保险业务。其中，瑞典、芬兰、日本、美国的森林保险开办时间较早，发展水平较高，已经建立了一整套完善的森林保险制度。

（一）芬兰的森林保险制度及政策

芬兰是世界上开办森林保险最早的国家，始于 1914 年。当时只开展了森林火灾保险，承保对象包括国有林、企业财团所有林、教会及个人林场。经过近百年的发展，芬兰森林保险承保的数量和险种都有很大发展，私有林已有 1/3 以上参加了保险，使 $500 \times 10^4\ hm^2$ 的纳税森林受到了保障。芬兰的森林保险在政府林农部领导监督下。由联营保险公司经营，承保对象包括国有林、企业财团所有林、教会及个人林场。在 1972 年前，对损失赔偿定有最高限额，实行定额保险，1972 年 4 月 1 日后，采取足额保险的方式，对全部价值负责赔偿。在芬兰的森林保险赔偿中，保险公司提供损失金额的 1/3，另 2/3 的损失金额由政府补助基金供给，也就是说政府提供基金补助。经营险种有森林火灾保险、森林重大损失保险、森林综合保险和森林附加保险。森林火灾保险承保火灾损失单一责任。森林重大损失保险承保大面积损失限额以上的赔偿责任：森林综合保险承保火灾、暴风、雪灾和虫害损失责任。附加险扩大承保大角鹿、啮齿动物、兽害、真菌和洪水损失责任。全国划分 20 个林区实行差级费率；重大损失险享受费率优待，并由芬兰政府提供相应的基金补贴。各种森林保险综合年平均赔付率为 68%。业务发展比较稳定。另外，芬兰的《森林改良法》（1914 年）还规定，政府应对私有林主提供免费的技术支持，对促进森林保险的开展起到了积极的用。

（二）日本的森林保险制度及政策

日本建有健全的林业保险和林业金融体系，对于促进日本林业的发展，保护国家的森林资源以及防范各种森林灾难起到了非常积极的作用。1937 年，当时的日本议会通过了《森林火灾国营保险法》，并设立了森林火灾保险特别会，专设森林国营保险险种，由政府对森林进行保险。其险种的沿革经历了如下阶段：1937年，政府只承保林龄20年以下的幼树火灾险，民间商业保险公司承保林龄20年以上的森林火灾险；1961年，气象灾害险被列入森林保险险种，改变了单一火灾险种的局面；1978年，为分散火山喷发造成森林山火的损失，增加了喷火险。包含火险、气象险和喷火险3大险种的综合险延续至今。日本森林保险的内容主要包括：①火灾，野火对林木资产的损害；②气象灾，风害、水害、雪害、旱害、冻害和潮害；③喷火灾，火山喷发造成的林木折损、倒伏、火山灰埋没等损害。保险费的数额根据树种、林龄、立地条件的不同而确定。

日本森林保险的投保和索赔手续非常简便。为节约林木资产评估费用，日本林野厅拥有详细的全国林地档案和森林调查资料，还制定了全国统一的林木价值标准和保险费率，投保人自己可计算出林木资产价值和保险费额。其森林保险金的管理方式为，各地林野厅收取保险金并最后上缴总务省金融厅，再按森林灾害发生后的偿付需求划回林野厅。值得一提的是，日本的林业财务制度与相应法律法规的健全对日本林业的发展起到了很好的保障作用，这对于我国正处于发展关键时期的林业和林权抵押市场有很大的启示。日本的林业金融制度以改善林业经营、振兴山村、推动林业健康发展为目的，同时为造林、间伐木材及特种林产物（如幼树）的生产与流通提供必要的事业发展资金、基础设施建设资金、流动资金以及低息优惠贷款。该林业金融制度与森林保险制度相辅相成，对日本振兴林业和充分发挥森林的生态作用意义重大。

（三）国外森林保险发展经验借鉴

综合而言，国外林业发达国家的森林保险发展有如下主要经验可供借鉴。

（1）保险种类较多，在发展过程中业务范围逐渐扩大

各国都是从最初的单一灾害险种尤其是火灾险起步，之后逐渐扩大业务范围，发展到风暴、干旱、鼠害等综合险种以及附加险。森林保险运行机制灵活，经营稳定。各国的森林保险在运行机制上比较灵活，一般来说，他们都根据地理位置、自然环境、气候条件、交通情况等因素将保险费率划分为多个级别，按单位面积林木蓄积量的价格确定保险金额，按森林面积收取保险费，按实际损失赔偿。

（2）森林保险组织多元化，体系比较完整

发达国家的森林保险组织，一般由多种形式构成。多种形式的保险组织之间相互配合、相互协作，构成一个完整的、有机的组织体系。他们以私营商业保险公司为主，同时有国家受理的森林国营保险和林业合作社主办的森林合作保险，分别体现了森林保险及其经营组织的商业性、政策性与合作性。

（3）政府在森林保险发展中发挥着重要作用

各国政府均采取有效措施支持森林保险事业的发展，包括提供财政补贴，运用经济手段支持森林保险发展，发挥间接调控作用。利用法律手段保护和规

范森林保险的发展。发达国家在发展森林保险过程中，重视立法工作，注意用法律来保障森林保险的发展。瑞典、芬兰都以专门的法律对森林保险的地位和运作规则进行了特别规定。日本在1937年森林国营保险开办之初就颁布了《森林国营保险法》，2000年12月又进行了再次修订。

（柯水发 周莉 秦涛）

一、名词解释

林业投资 林业税费 林业融资 贴息贷款 林业补贴 林权抵押贷款 森林生态效益补偿 森林保险

二、思考与讨论

1．林业投资的主体有哪些？
2．林业税费种类有哪些？
3．国外林业税费政策的特点是什么？
4．林业融资的渠道有哪些？
5．林业补贴的类型有哪些？
6．林权贷款与其他实物贷款有何区别？
7．如何合理确定森林生态效益补偿标准？
8．政策性森林保险与一般保险的区别是什么？
9．森林保险经营模式有哪些？
10．国外发展森林保险的政策经验是什么？

三、课外阅读材料

财政部，国家林业局．中央财政森林生态效益补偿基金管理办法．2007．

中国人民银行，财政部，银监会，保监会，国家林业局．关于做好集体林权制度改革与林业发展金融服务工作的指导意见．2009．

财政部，国家林业局．林业贷款中央财政贴息资金管理办法．2009．

中共中央，国务院．关于全面推进集体林权制度改革的意见．2008．

四、案例分析

福建省发展政策性森林保险的实践

为充分发挥保险的功能与作用，促进林业稳定发展，不断改善林业投融资环境，2006年8月福建省政府下发了《关于开展农业保险试点工作的通知》，决定在南平、三明、龙岩三个区市开展政策性森林火灾保险试点。2008年福建省委、省政府再次将森林火灾保险列入为民办实事工作加以推进，并于2009年在全国率先实施森林火灾保险全省统保。福建政策性森林保险的主要做法如下：

经营模式上，采取“政府扶持，市场运作”的模式。建立政策性森林火灾保险制度，不等同于政府在森林火灾防救方面大包大揽，而主要在于发挥政府资金的导向作用，促进缓解商业性保险存在的市场失灵问题，并带动林农提高利用保险等经济手段管理风险的意识，为以后商业性保险业务的开展和森林保险制度的建立完善奠定基础。为此，福建省在政策性森林保险试点初期，便确立了“政府主导、财政扶持、市场运作”的基本指导方针，保险业务由人保财险福建省分公司经营，同时为克服商业性森林火灾保险经营下存在的“林农买不起保险、森林保险经营成本高和经营风险大“等突出问题，政府着力采取如下扶持措施：一是保费补贴，自2006年政策性森林保险试点以来，福建省逐年加大了对散户林农、小型经营者的保费补贴力度，由最初的财政补贴20%保费，调整到投保面积在100亩以下的，财政补贴40%保费；而2009年实行全省统保后，1.15亿亩有林地的森林火灾保险保费主要由财政支付。二是建立风险分担机制，即保险超额赔付的风险准备金制度。为稳定经营，福建省政府出资建立了专项风险补偿基金，对森林保险当年赔付率超过 80%的部分，由补偿基金与保险公司按1∶1比例分摊，目前基金规模已经达到2 000多万元。

险种上，选择单一火灾责任险。福建省政策性森林保险试点选取单一火灾责任险，主要基于以下考虑：一是火灾是福建森林因灾损失的主要因素。据测算，福建森林每年因火灾损失保守估计在4 000万元以上，而诸如病虫害受灾面积虽然较大，但可以通过人为防治等手段得到较好的控制，每年因此致灾损失有限。二是保险公司具有较成熟的森林火灾保险经营管理技术。福建省自1985年恢复开办森林保险以来，险种主要就是火灾责任险，选择最具普遍性的火灾作为政策性森林保险的基本险种具有较强的可操作性，便于森林保险市场的逐步形成。三是财政负担能力。单一火灾保险费率相对较低，不会给财政带来太大压力。据测算，如果投保森林综合保险，费率需达到商品林0.3%、公益林0.2%的标准，而目前实行的火灾保险的费率仅为0.1%，相差幅度较大。

保障水平上，以低保额、保成本为基本原则。考虑到政策性保险的基础保障性质和防范道德风险的需要，福建省政策性森林火灾保险实行低保额、低保费、保成本的原则，保险金额以造林、营林成本为标准确定，主要用以保障林农灾后生产恢复能力。根据2009年最新的政策性森林火灾保险试点方案，每亩保险金额不分树龄和树种，均为 500 元，保险费率为0.1%。在此基础上，对于林农更高程度的风险保障需求，鼓励通过商业性森林火灾保险予以满足，政策性与商业性保险共同作用，构成了福建相对完整的森林火灾保险体系。

保险条款设计和服务上，力求实现便民和降低经营风险的统一。为促进政策性森林保险的可持续发展，实现多方共赢，福建省在保险条款设计和服务方面采取了一系列措施：一是建立鼓励投保人投保的激励机制。主要通过无赔偿优惠措施，鼓励投保户下一年度积极续保，扩大承保面，并降低道德风险。具体做法是，对当年续保时上年未发生火灾赔款的投保户，按年度实交保费给予10%的费率优惠，连续两年没有发生火灾赔偿的给予20%的费率优惠，以此类推，最高优惠至 30%。二是实行绝对免赔额制度。为了降低道德风险，福建省政策性森林火灾保险引入绝对免赔制度，每次火灾事故保险林木损失15亩部分由投保人自负，投保面积在100亩以下的免赔率为10%。三是贴近林农，提供简便快捷的投保理赔服务。如南平顺昌县对办理投保和理赔工作作了明确规定，要求林业站代办具体业务等。

在政策支持下，福建省森林火灾保险部分克服了纯商业化经营下的市场失灵问题，业务规模取得了明显进展。截至 2008 年年末，政策性保险试点三年累计保费收入 937.88 万元，承保森林面积 667 万亩，提供风险保障 31.88 亿元，相比试点初期有了数量级的飞跃。同时，作为增强林业风险抵御能力的重要机制，森林保险在促进林业持续稳定发展和改善林业投融资环境的作用日益显现。但总体来看，此项工作尚处于起步阶段，承保面还比较低。据统计，2006—2008 年三年试点期间，福建省平均每年承保森林 222.33 万亩，仅占全省林地总面积的 1.93%。即便是投保面积最多的 2008 年，森林保险覆盖率也仅为 4%左右。而在 2009 年全省森林统保解决了森林保险覆盖面低的问题后，政策性森林保险依然存在试点政策预期不稳定、试点险种单一等问题，同时森林保险存在的经营成本高、风险大等问题也没有得到有效解决，影响了试点效果和试点的进一步推进。

（资料来源：http://www.cnfinance.cn/magzi/2009-11/23-3781.html）

讨论题：

结合案例分析森林保险在促进森林可持续经营方面的作用？

你认为应该如何解决福建省森林火灾保险目前存在的问题？

五、主要参考文献

（一）林业投资文献

[1]蒋海，张道卫．林业投资的激励机制与产权制度安排[J]．农业技术经济，2001（1）：8-14.

[2]黎祖交，王月华，等．政府投资与林业发展[J]．绿色中国（理论版），2004（10m）：15-18.

[3]李立清，李燕凌．对我国林业资本市场的观察和思考[J]．林业经济，2003（6）：52-55.

[4]李利权．改革和完善我国投融资体制对策研究[D]．东北林业大学，2006.

[5]李树声，韩春明．中国林业投资状况分析[J]．吉林省经济管理干部学院学报，2005（12）：78-81.

[6]李燕，刘捷，齐崇辉．林业投资结构与投融资渠道初探[J]．林业财务与会计，2004（12）：13-15.

[7]刘东生，王月华．“九五”时期林业投资分析[J]．林业经济，2001（12）：23-27.

[8]刘国成．公共财政与林业投资体制改革的探析[J]．财政研究，2002（12）：26-27.

[9]陶宝山，汤燕隽，石道金．林业融资问题研究综述[J]．林业经济，2007（3）：70-73.

[10]王健．国有林业扶持政策问题研究[D]．东北林业大学，2010.

[11]王前进．促进林业投资的政策框架构想[J]．绿色中国（理论版）．2004（10m）：19-21.

[12]王小军，陈晓倩．商品林业利用外资的思考[J]．林业财务与会计，2002（2）：27-28.

[13]王月华，汤晓文．我国各时期林业基本建设投资情况分析[J]．林业经济，2002（6）：33-35.

[14]薛艳．我国林业投融资问题研究[D]．东北林业大学，2006.

[15]于海涛．设立营林投资基金的可行性分析[J]．林业财务与会计，2000（5）：12-13.

[16]张彩虹．林业投资与林业经济增长的研究[M]．北京：中国林业出版社，2001.

[17]张桦．信托在林业投资中的应用——非公有制商品林投资运行机制创新研究[J]．林业经济问题，2004，24（5）：287-290.

[18]张兰，张彩虹．商品林项目融资风险及对策[J]．北京林业大学学报（社会科学版），2006，5（3）：69-72.

[19]张新明，陈汉臻，等．投融资体制改革及其政策取向[J]．统计研究，2004（2）：58-61.

[20]张学勇．我国林业投融资对策的思考[J]．中国林业经济，2007（2）：14-16，61.

[21]钟国昌．论分类经营条件下的林业投融资政策[J]．林业经济问题，2004，24（4）：250-252.

[22]周孝坤．林业企业债券融资探讨[J]．林业经济，2006（10）：58-60.

（二）林业税费文献

[23]司兆东，温晓红．当前林业税费体系存在的问题[J]．林业财务与会计，2003（5）：24.

[24]孙晓梅，孔凡斌．中国林业税费制度的法律原则探析[J]．世界林业研究，2002，23（5）：61-68.

[25]田明华．对林业税费的经济学分析[J]．北京林业大学学报，2002，1（1）：2-3.

[26]王立飞，曹文．再议林业税费改革[J]．中国改革，2009（1）：57-59.

[27]王玉玲．论我国林业税费制度改革[J]．税务与经济，2007（5）：90-93.

[28]吴潇潇．林业税费：制度、影响、趋势[D]．南京林业大学，2004.

[29]徐怡红．国外林业税费制度及其借鉴意义[J]．改革之窗，2004（4）：22-23.

[30]徐怡红．我国林业税费改革研究[D]．东北林业大学，2002.

[31]杨明，支玲，张永洁．我国林业税费体制分析[J]．内蒙古林业调查设计，2007（2）：50-54.

[32]张福荣．我国林业税费存在的问题及应采取的税费政策[J]．林业财务与会计，2004（9）：20-21.

（三）林业贴息贷款文献

[33]陈玲芳．林业企业债券融资探讨[J]．林业财务与会计，2005（7）：3-6.

[34]陈晓倩．可持续生态林业融资论[J]．北京林业大学学报（社会科学版），2002，1（4）：27-31.

[35]焦德泉．利用林业贴息贷款 促进非公有制林业经济发展[J]，林业财务与会计，2005（8）：39-40.

[36]孔明．在全国林业贴息贷款项目管理业务工作会上的讲话[J]．领导论坛，2010（6）：3-4.

[37]李达昌．有中国特色的公共财政探索[M]．成都：西南财经大学出版社，2000.

[38]李红林．做好林业贴息贷款工作的实践与思考[J]．林业财务与会计，2002（1）：11-12.

[39]刘克勇．中国林业财政政策研究[D]．东北林业大学，2005.

[40]马建波．林业贴息贷款政策研究[J]．河北林业，2010（2）：9-12.

[41]秦涛．中国林业金融支持体系研究[D]．北京林业大学，2009.

[42]陶宝山，汤燕隽，石道金．林业融资问题研究综述[J]．林业经济，2007（3）：70-73.

[43]陶传友．绿色与财政[M]．哈尔滨：东北林业大学出版社，1997.

[44]赵鸣骥．重点林业工程建设的财政政策[M]．北京：中国经济出版社，2001.

[45]周莉，苏宁，陈丽荣．林业财政贴息政策的综合效益分析[J]．北京林业大学学报，2004（2）：46-49.

（四）森林生态效益补偿文献

[46]陈钦．公益林生态补偿研究[M]．北京：中国林业出版社，2006.

[47]崔向雨．北京市山区生态公益林补偿政策实施成效分析及评价[D]．北京林业大学，2008.

[48]黄英．我国森林生态效益补偿制度研究[D]．重庆大学，2006.

[49]李芬，李文华，甄霖，等．森林生态系统补偿标准的方法探讨——以海南省为例[J]．自然资源学报，2010，25（5）：735-745.

[50]李文华，李芬，李世东，等．森林生态效益补偿机制与政策研究[J]．生态经济，2007（11）：151-153，159.

[51]刘璨．我国森林生态效益补偿问题研究[J]．绿色中国（理论版），2004（2）：38-43.

[52]刘灵芝，刘东古，郭媛媛．森林生态补偿方式运行实践探讨[J]．林业经济问题，2011，31（4）：310-313.

[53]饶日光．关于完善森林生态效益补偿制度的思考[J]．国家林业局管理干部学院学报，2011（1）：13-16，21.

[54]宋莎，文冰，赵从娟．我国森林生态效益补偿标准研究进展[J]．林业调查规划，2009（5）：69-75.

[55]田淑英，白燕．森林生态效益补偿：现实依据及政策探讨[J]．林业经济，2009（11）：42-45，77.

[56]王明磊．我国森林生态效益补偿制度研究[D]．中山大学，2010.

[57]张涛．森林生态效益补偿机制研究[D]．中国林业科学研究院，2003.

（五）林权抵押贷款文献

[58]冯达，于莫，李红娇．林权抵押贷款促进机制研究[J]．国家林业局管理干部学院学报，2010（3）：52-55，64.

[59]韩立达，王静，李华．中国林权抵押贷款制度中的问题及对策研究[J]．林业经济问题，2009（6）：190-200，205.

[60]李剑平．当前影响林权抵押贷款制约因素及对策[J]．浙江金融，2007（5）：52-58.

[61]李凯英．林权抵押贷款：现状、问题、对策[J]．农村经济，2009（11）：80-81.

[62]宋逢明，黄建兴，高峰．关于开展小额林权抵押贷款的政策建议[J]．林业经济，2009（4）：3-4．

[63]杨丽霞，石道金，华文礼，等．林权抵押贷款的探索与实践[J]．林业经济，2010（4）：50-54．

[64]杨云．林权抵押贷款运行机制及其绩效评价研究——基于福建的案例分析[D]．福建农林大学博士论文，2010．

[65]俞小平，聂影．福建省林业小额抵押贷款的障碍与对策[J]．南京林业大学学报（自然科学版），2007，31（5）：139-142．

（六）森林保险文献

[66]陈绍志．关于我国森林保险政策及运行机制的研究[J]．林业经济，2010（11）：78-81．

[67]度国柱，李军，等．外国农业保险立法的比较与借鉴[J]．中国农村经济，2001（1）：74-80．

[68]金满涛．美国、北欧、日本森林保险比较及其启示[J]．保险职业学院学报，2008（6）：74-77．

[69]孔繁文，刘东生．关于森林保险的若干问题[J]．绿色中国，1985（4）：28-32．

[70]孔繁文，等．森林保险[M]．北京：中国林业出版社，1985．

[71]冷慧卿，王珺，高峰．发展森林保险的政策研究[J]．保险研究，2009（3）：66-70．

[72]李丹，曹玉昆．国外森林保险发展现状及启示[J]．世界林业研究，2008（2）：6-10．

[73]李祖贻．关于森林保险问题的探讨[J]．林业经济问题，1989（4）：20-23．

[74]马菁蕴，王珺，宋逢明．国外森林保险制度综述及对我国的启示[J]．林业经济，2007（11）：73-76．

[75]穆叶久．日本的森林保险[J]．世界林业研究，2003（4）：61-63．

[76]潘家坪，常继锋．关于加快森林保险法律建设的探讨[J]．林业经济，2003（6）：47-48．

[77]潘家坪．林业保险的性质与发展我国林业保险事业[J]．林业资源管理，1997：16-19．

[78]石淼．我国南方集体林区森林保险事业发展对策研究［D]．北京林业大学，2009．

[79]田芸．林业保险浅析[J]．林业经济问题，1996（2）：51-55．

[80]王丹，陈坷，刘军．我国森林保险的现状、问题与对策[J]．沈阳农业大学学报（社会科学版），2005，7（1）：13-16．

[81]许慧娟，张志涛，蒋立．关于构建复合型森林保险体系的探讨[J]．林业经济，2009（4）：30-37．

[82]杨菊红．森林保险机制研究[D]．西北农林科技大学，2008．

[83]张绍强，王丹，李峰．世界森林保险发展及其对我国的借鉴[J]．经济师，2008（6）：85-86．

第十二章　林业立法与执法

第一节　林业立法

一、我国林业立法的发展历程

立法，一般指法律制定，通常是指特定国家机关依照一定程序，制定或者认可反映统治阶级意志，并以国家强制力保证实施的行为规范的活动。新中国林业立法经历了比较曲折的过程，总体上说，经历了起步确立、完善发展以及创新三个基本阶段。

（一）起步阶段

1949—1963 年的 14 年时间里，我国一直没有制定单行的森林法律，但就林业工作制定了许多法规性文件，涉及森林资源的权属、保护管理、植树造林等各个方面。1950 年通过的《土地改革法》，确立了森林的国家所有权性质；同年，还公布了《关于禁止砍伐铁路沿线树木的通令》《各部队不得自行采伐森林的通令》，这就为国有森林经营管理提供了法律保证。1958 年，中共中央、国务院发布了《关于在全国大规模地开展植树造林的指示》。1961 年中共中央制定了《关于确定林权、保护山林和发展林业的若干政策规定（试行草案）》。1963 年，国务院发布了《森林保护条例》，这是新中国成立以来，我国第一部关于森林保护工作的法规。总之，在党的十一届三中全会以前，党中央、国务院制定的这些法规性文件，在当时的历史条件下，实际上起到了林业立法的作用。

（二）发展与完善阶段

党的十一届三中全会以来，随着我国社会主义法制建设的不断加强和完善，林业立法工作进入了新的阶段，林业立法步伐加快。①1979 年 2 月 23 日，第五届全国人民代表大会常务委员会第六次会议原则通过的《森林法（试行）》，是新中国的第一部林业大法。该法的颁布和实施，对促进森林资源管理、保护工作，发展林业起了重大的作用。②1984 年 9 月 20 日第六届全国人民代表大会常务委员会第七次会议正式通过了《森林法》，并于1985年1月1日起开始实施。《森林法》自1985年1月1日实施以来，在保护、管理、培育森林资源，鼓励造林、营林等方面起到了重要的作用。③随着我国社会主义市场经济的建立，《森林法》原有的一些规定已经不能适应社会主义市场经济体制条件下出现的一些新情况、新问题。1998年4月29日第九届全国人民代表大会常务委员会第二次会议通过了《关于修改〈中华人民共和国森林法〉的决定》以下简称《决定》，自1998年7月1日起施行。④配套法律。为大力开展植树造林运动，加速实现绿化祖国的宏伟目标，1981年12月13日第一届全国人民代表大会第四次会议通过了《关于开展全民义务植树运动的决议》。为保护、拯救珍贵、濒危野生动物，保护、发展和合理利用野生动物资源，1988年11月3日第七届全同人民代表大会常务委员会第四次会议通过了《野生动物保护法》，于1989年3月1日起施行。⑤相关法律。与此同时，国家还制定了一些与林业发展有着密切关系的法律、行政法规，主要有：1986年第六届全国人民代表大会常务委员会第十次会议修改通过的《土地管理法》，1993年7月2日第八届全国人民代表大会常务委员会第二次会议通过的《农业法》《农业技术推广法》，1991年6月29日第七届全国人民代表大会常务委员会第二十次会议通过的《水土保持法》。2001年8月31日第九届全国人民代表大会常务委员会第二十三次会议通过的《防沙治沙法》，具有特别重大的历史意义，该法第一次明确了林业在防沙治沙工作中的主导地位，将林业、农业、水利、土地和环境保护部门的防沙治沙管理职能统一起来，开创了生态环境保护综合立法的先例，从而使土地沙化的预防和治理走上了法制化的轨道。

（三）创新阶段

进入21世纪，中国林业发展战略发生了重大调整，林业政策法律进入了一个创新发展阶段。以生态环境建设为核心、提升林业产业现代化水平，开展林业法律制度的创新，重点主要包括：①改革森林资源保护管理方面的法律制度；②自然保护区和生物多样性保护管理方面的法律制度；③林业生态工程建设保障方面的法律制度；④完善与防沙治沙法配套的法律制度；⑤完善与种子法配套的法律制度；⑥规范林业行政管理方面的法律制度；⑦积极参与制定与林业管理相关的法律制度；⑦建立促进林业产业发展与管理方面的法律制度；③完善非公有制林业发展的法律制度；⑨建立森林资源资产评估方面的法律制度；⑩完善木材和林产品市场交易方面的法律制度。

二、我国林业立法体制

（一）全国人民代表大会及其常务委员会的林业立法

全国人民代表大会和全国人民代表大会常务委员会行使国家立法权，有权修改宪法、监督宪法的实施，制定和修改刑事、民事、行政等基本法律和其他法律，撤销国务院制定的同宪法、法律相抵触的行政法规、决定和命令，撤销省、自治区、直辖市权力机关制定的同宪法、法律和行政法规相抵触的地方性法规和决议等。林业立法是国家立法的一个重要方面，关于林业犯罪的法律包括在全国人民代表大会制定的刑事基本法律《中华人民共和国刑法》中，关于森林法院、林业公安机关、林业检察机关、森林武装警察部队、林业主管部门等执法主体的法律包括在全国人民代表大会常务委员会制定的相关法律中，另外还有《森林法》《野生动物保护法》等专门性的林业法律。

（二）国务院的林业立法

国务院根据宪法和法律，规定行政措施，制定行政法规，发布决定和命令，改变或撤销各部委发布的不适当的命令、指示和规章，改变或撤销地方各级国家行政机关的不适当的决定和命令等。国务院根据宪法和法律，已制定了一批林业行政法规，主要有：《风景名胜区管理暂行条例》（1985 年）、《森林防火条例》（1988 年）、《中华人民共和国陆生野生动物保护实施条例》（1992 年）、《城市绿化条例》（1992 年）、《中华人民共和国自然保护区条例》（1994 年）、《中华人民共和国野生植物保护条例》（1996 年）、《中国人民共和国进出境动植物检疫法实施条例》（1996 年）、《中华人民共和国植物新品种保护条例》（1997 年）、《中华人民共和国森林法实施条例》（2000 年）、《退耕还林条例》（2002 年）等。

（三）国务院各部委的林业立法

国务院各部委根据法律和国务院的行政法规、决定、命令、在本部门权限内，发布命令、指示和规章。国务院林业主管部门根据林业法律和国务院林业行政法规，制定了大量的林业部门规章。主要有：《封山育林管理暂行办法》（1988 年）、《林木种子检验管理办法》（1990 年）、《木材运输检查监督办法》（1990 年）、《国家重点保护野生动物驯养繁殖许可证管理办法》（1991 年）、《植物检疫条例实施细则（林业部分）》（1994 年）、《林业行政执法监督办法》（1996 年）、《林业行政处罚程序规定》（1996 年）、《林木林地权属争议处理办法》（1996 年）、《造林质量管理暂行办法》（2002 年）、《林木种子生产经营许可证管理办法》（2002 年）、《林业行政处罚听证规则》（2002 年）、《林业标准化管理办法》（2003 年）等。

（四）地方人民代表大会及其常务委员会的林业立法

省、自治区、直辖市人民代表大会及其常务委员会，可以根据宪法和法律的规定，制定地方性林业法规，报全国人民代表大会常务委员会和国务院备案，在各自管辖的范围内贯彻实施。如《森林法》颁布实施以后，1990 年 10 月 26

日安徽省第七届人民代表大会常务委员会第十九次会议通过并发布了《安徽省实施〈中华人民共和国森林法〉办法》，就属于地方性林业法规。此外，省、自治区的人民政府所在地的市的人民代表大会及其常务委员会，可以结合本市的具体情况，根据宪法、林业法律、林业行政法规以及本省、自治区的地方性林业法规的规定，制定地方性林业法规，报省、自治区的人民代表大会常务委员会批准后施行，并由批准机关报全国人民代表大会常务委员会和国务院备案。

（五）地方人民政府的林业立法

省（自治区、直辖市）人民政府、省（自治区）人民政府所在地的市人民政府、经济特区及经国务院批准的较大的市人民政府，可以根据法律和国务院的行政法规，制定规章。这类规章又称地方规章。地方规章在不与法律、行政法规相抵触的情况下，在人民政府管辖的范围内有效。

（六）民族自治地方的人民代表大会的林业立法

民族自治地方（民族自治区、自治州、自治县）的人民代表大会可以依照当地民族的政治、经济、文化特点制定自治条例和单行条例。自治区制定的，报全国人民代表大会常务委员会批准后生效；自治州、自治县制定的，报省或自治区人民代表大会常务委员会批准后生效，并报全国人民代表大会常务委员会备案。上述条例中关于林业建设的法律规范，也属于林业法规的范畴。

三、林业法规体系概述

林业法律法规的表现形式，一般有两种：一种是“法典式”，另一种是“分离式”。

所谓法典式，是以法典的形式表现林业法律规范，这种法典是相对集中了各种林业法律规范并对它们作了系统性安排的一部完整、全面的法律。其特点在于：林业法律规范既全面集中又协调统一。采用这种方式比较科学，但也比较困难。

所谓分离式，是以分散的法律、法规来表现林业法律规范的形式。目前大多数国家采用这种方式，我国也是如此，即用分散的法律文件来表现林业法律规范。目前我国的林业法律规范的表现形式主要有：法律、法律性决议和决定、行政法规、地方性法规、行政规章（包括部门规章和地方人民政府规章）、自治条例和单行条例、法律解释、我国政府已参加的国际条约和国际协定等，它们共同构成我国的林业法规体系。

（一）法律

此处的法律是就狭义的法律而言，是由国家立法机关根据社会主义革命和建设的实际需要制定，并由国家强制力保证其实施的行为规范。主要的林业法律包括：《中华人民共和国森林法》《中华人民共和国野生动物保护法》《中华人民共和国防沙治沙法》《中华人民共和国种子法》等。

（二）法律性决议和决定

法律性决议和决定，是全国人民代表大会及其常务委员会根据社会实践发展的需要，对确需规范的某项社会事务，或者对现有法律中与现实不相适应的某些条款，或者对现实中已经出现而法律又无明文规定的方面，作出决定或决议，这种决定或决议同样具有法律效力。如 1981 年 12 月 13 日第五届全国人民代表大会第四次会议通过《关于开展全民义务植树运动的决议》。

（三）行政法规

行政法规是国务院为领导和管理国家林业行政工作，根据宪法和法律，按照法定程序制定的有关林业的规范性文件。行政法规的效力仅次于法律。如 1982 年 2 月 27 日国务院颁布《关于开展全民义务植树运动的实施办法》、1996 年 9 月 30 日国务院发布的《中华人民共和国野生植物保护条例》（以下简称《野生植物保护条例》）、1988 年 1 月 16 日国务院发布的《森林防火条例》、2000 年 1 月 29 日国务院第 278 号令发布《森林法实施条例》等。

（四）地方性法规

地方性法规是由省、自治区、直辖市以及省、自治区人民政府所在地的市或经国务院批准的较大的市的人民代表大会及其常务委员会根据本行政区域的具体情况和实际需要，在不与宪法、法律、行政法规相抵触的前提下，按法定程序所制定的规范性文件。如 2009 年 2 月 1 日实施的《新疆维吾尔自治区平原天然林保护条例》。

（五）行政规章

行政规章包括部门规章和地方人民政府规章。

部门规章是指国务院各部门根据法律和国务院行政法规、决定、命令，在本部门的行政管理权限内按照法定程序所制定的规范性文件。

地方人民政府规章是指由省、自治区、直辖市以及省、自治区人民政府所在地的市或经国务院批准的较大的市的人民政府，根据法律、行政法规、和地方性法规，按照规定的程序制定的，普遍适用于本地区行政管理工作的规范性文件。

目前涉及林业的部门行政规章，除了国家林业行政主管部门单独发布的部门规章外，还有国家林业行政主管部门与国家相关行政主管部门联合发布的林业行政规章。如 1996 年 9 月 26 日林业部部长办公会议通过的《林木林地权属争议处理办法》和《林业行政处罚程序规定》等。

（六）自治条例和单行条例

自治条例和单行条例，是民族自治地方的自治机关根据宪法和法律制定的适合本民族自治区域行政管理事务的规范性文件。如 1993 年 4 月 7 日云南省第七届人民代表大会常务委员会第二十九次会议批准生效的《云南省丽江纳西族自治县林业管理条例》。

（七）法律解释

法律解释，是指特定的国家机关对法律规范的含义以及所使用的概念、术语、定义作出的说明和解释。这种解释分为立法解释和司法解释。我国《宪法》规定，全国人大常委会有权“解释法律”。立法解释具有法律效力。另外，最高人民法院和最高人民检察院作为国家的审批机关和法律监督机关，就行政诉讼以及对行政机关的司法监督问题发布的有关批示、批复，是具有法律效力的司法解释。如1987年9月5日最高人民法院、最高人民检察院法（研）发[1987]23号《关于办理盗伐、滥伐林木案件应用法律的几个问题的解释》，1991 年 10 月 17 日最高人民法院、最高人民检察院发（研）发[1991]31 号《关于盗伐、滥伐林木案件几个问题的解答》等。

（八）与林业行政管理有关的国际条约和国际惯例

我国参加的国际条约、签署的国际协定和承认的国际惯例，有的往往要在国内执行。其中与林业行政管理活动有关的一些规定，要由林业行政机关执行。如：《濒危野生动植物种国际贸易公约》《中日保护候鸟及其栖息地环境协定》《中澳候鸟保护协定》等。

第二节 林业行政执法

一、林业行政执法的概念

（一）行政执法的概念及其主要特点

执法，顾名思义，是指掌管法律，手持法律做事，传播、实现法律。执法可以区分广义执法和狭义执法。广义的执法，是指所有国家行政机关、司法机关及其公职人员依照法定职权和程序实施法律的活动。狭义的执法，则专门指国家行政机关及其公职人员依法行使管理职权、履行职责、实施法律的活动。人们把行政机关称为执法机关，就是狭义上的执法。

执法的特点可以概括为：①执法是以国家名义对社会进行全面管理，具有国家权威性；②执法主体，是国家行政机关及其公职人员；③执法具有国家强制性，行政机关执行法律的过程同时是行使执法权的过程；④执法具有主动性和单方面性。

（二）林业行政执法的概念及其特点

林业行政执法有广义和狭义之分。广义的林业行政执法是指林业行政执法主体执行或适用法律、法规和规章，使法律、法规和规章在林业建设过程中得以实施的活动。具体包括行政许可、行政确认、行政奖励、行政裁决、行政处罚、行政强制、行政监督等行为。狭义的林业行政执法是指林业行政处罚。本节所称的林业行政执法，是指广义的林业行政执法，具有以下特点：

（1）林业行政执法的主体

林业行政执法的主体是国家林业行政主管机关、法律法规授权的组织和林业行政主管机关依法委托的组织。除此之外，其他任何单位和个人不得成为林业行政执法的主体。

（2）林业行政执法的内容

林业行政执法的内容是林业行政执法主体依法行政，直接影响或者直接涉及公民、法人或者其他组织的权利义务。它大体可分为两类：一是行政执法主体依法作出行政决定，采取行政措施，直接影响公民、法人或者其他组织的权利义务；二是通过各种形式，对公民、法人或者其他组织是否依法正当行使权利和履行义务的情况实施检查、监督和处理。

（3）林业行政执法的目的

林业行政执法的目的是通过贯彻执行林业法规和林业政策，维护林业行政管理秩序，促进林业建设持续、稳定、健康地发展。

二、林业行政执法体系

（一）林业行政管理体系的组成

1. 国家林业行政管理机构组成

根据第九届全国人民代表大会第一次会议批准的国务院机构改革方案和《国务院关于机构设置的通知》（国发[1998]15 号），设置国家林业局。

国家林业局是主管林业工作的国务院直属机构。国家林业局内设办公室、植树造林司、森林资源管理司、野生动植物保护司、森林公安局（森林防火办公室）、政策法规司、发展计划与资金管理司、科学技术司、国际合作司、人事教育司等行政业务管理机构。

2．省级及省级以下林业行政主管部门

截至2000年5月，全国31个省、自治区、直辖市设林业厅（局）的有29个。上海、江苏为农林厅（局），江苏在农林厅设林业局，上海市在农林局内设林业处。全国各省、自治区、直辖市的绝大多数地（市、州、盟）、县（市、区）都设林业局，但名称不完全一致。

（二）林业行政执法机构

1．森林公安机构

1947年东北解放后，我国政府在森工企业中开始建立公安机构。1953年3月，东北人民政府发出在吉林、辽宁（后未建）、黑龙江、内蒙古东部林区森工局建立林业公安机构的通知。1979年2月《森林法（试行）》规定："省、自治区革命委员会，应当根据实际需要，在重点林区设立公安局、派出所，配备森林警察，加强治安，保护森林。"1980年12月林业部、公安部、司法部、最高人民检察院发出《关于在重点林区建立与健全林业公安、检察、法院组织机构的通知》，要求在重点林区组织建立与健全林业公安机构。1981年3月8日，中共中央、国务院在《关于保护森林发展林业若干问题的决定》文件中明确指出，林区要抓紧建立与健全林业公安机构。1984年国务院批准林业部、公安部《关于解决林业公安体制问题的请示》，同意在林业部设立公安局，列入公安部序列，规定了林业公安的机构建设、管理、着装、工资等，享受人民警察待遇。1984年8月列为公安部第十六局，11月林业部公安局正式建立。1987年5月公安部和林业部批发了《林业公安政治工作会议纪要》，使林业公安队伍建设走上正规化。森林公安机构在1998年6月30日以前一直叫林业公安机构，自1998年7月1日修改后的《森林法》施行后，按法律规定，林业公安机关改为森林公安机关。

2．林政管理机构及职责

全国林政管理工作由国家林业局森林资源管理司负责；各省、自治区、直辖市林业（农林）厅（局）均设有资源处或资源林政处；在地（市、州、盟）林业局设置林政科或资源科；县（市）林业局均设有林政科或林政股。全国有82.5%以上的乡、镇设有林业工作站，少数乡、镇虽然没有设林业工作站，但基本上配备有林业员，作为县（市）级林政管理机构的派出机构或派驻人员，加强基层林政管理工作，使林政管理工作深入到最基层，直接为农民服务。

三、林业行政处罚

（一）林业行政处罚的概念

1．林业行政处罚的概念

林业行政处罚，是指县级以上林业主管部门，法律、林业行政法规授权的组织及林业主管部门依法委托的组织，对违反林业法规又尚未构成犯罪的行政管理相对人实施的行政制裁。

林业行政处罚与林业行政制裁、林业行政处分是不同的。林业行政制裁包括林业行政处罚和林业行政处分，在概念上是隶属关系，前者包括后两者。林业行政处分与林业行政处罚在性质上是根本不同的。林业行政处分只针对林业行政机关的工作人员，是一种内部行政行为；而林业行政处罚是针对林业行政管理相对人，是一种外部行政行为。

2．林业行政处罚的特征

（1）实施林业行政处罚的机关，必须是县级以上林业主管部门，法律、法规授权的组织以及林业主管部门依法委托的组织。其他任何机关和组织，不得实施林业行政处罚。

（2）林业行政处罚针对的是林业行政管理相对人违反林业法规尚未构成犯罪的行为。首先，林业行政处罚是针对林业行政管理相对人的处罚（包括对公民、法人和其他组织的处罚）；其次，只能对林业行政管理相对人违反林业法规尚未构成犯罪的行为实施林业行政处罚。对其他性质的违法行为，如民事违法行为、经济违法行为则不能实施行政处罚。

（3）林业行政处罚具有强制性。林业行政处罚的强制性，是指对违反林业法规，尚未构成犯罪的行为人，由县级以上林业主管部门、法律法规授权的组织以及林业主管部门依法委托的组织依法采取行政制裁，强迫其接受制裁并履行义务。

3．林业行政处罚的原则

林业行政处罚的原则是指对林业行政处罚的设定和实施具有普遍指导意义的准则。根据《行政处罚法》和《林业行政处罚程序规定》的有关规定，林业行政处罚应遵循以下原则：

（1）处罚法定原则

处罚法定原则是依法行政在林业行政处罚中的具体体现和要求。处罚法定原则包括：实施林业行政处罚的主体及其职权必须是法定的；林业行政处罚的种类必须由法律和行政法规设定，地方性法规和规章设定的无效；林业行政处罚的依据是法定的，法定依据的范围包括法律、行政法规、地方性法规、行政规章等；林业行政处罚的程序是法定的，违反法定程序的林业行政处罚无效。

（2）公正、公开原则

公正原则是指实施林业行政处罚必须以事实为依据，决定林业行政处罚必须与违法行为的事实、性质、情节以及社会危害程度相当。公开原则是指实施林业行政处罚的主体及人员的身份公开，作出处罚决定的事实、理由和法定依据公开，举行的听证会公开（涉及国家秘密、商业秘密和个人隐私的除外）。

（3）教育与处罚相结合原则

教育与处罚相结合原则，要求实施林业行政处罚时，必须坚持处罚与教育并行，教育公民、法人及其他组织自觉守法，不得不教而罚、一罚了之，更不能把处罚这一手段当作目的，为处罚而处罚。

（4）处罚救济原则

该原则又称相对人救济权利保障原则，是指相对人因程序上的法定权利受到损害，或受到违法或不当的林业行政处罚而致使其实体上的合法权益受到损害时，有权请求国家予以补救。相对人获得法律救济的权利包括：知情权、陈述权、申辩权、要求听证权、申请行政复议权、提起行政诉讼权和获得行政赔偿权等。

4．林业行政处罚的种类

为了规范行政处罚的种类，我国《行政处罚法》明确列举了警告、罚款、没收非法财物和非法所得、责令停产停业、暂扣或者吊销许可证和执照、行政拘留这六种行政处罚的基本种类。根据林业行政执法主体处以林业行政管理相对人的惩戒性义务为标准，将林业行政处罚分为以下几种。

（1）财产罚

财产罚是指林业行政执法主体对违法者的财产权予以剥夺或科以财产给付义务的处罚类型。财产罚的具体形式主要有：①罚款。罚款是林业行政执法主体强制违法者承担金钱给付义务的处罚形式。它是行政处罚中适用范围较为广泛的一种处罚形式。罚款的特点在于使违法者对其违法行为付出一定代价，在不影响其人身自由及其合法活动的前提下，又能起到惩戒作用。②没收财产。没收财产是指林业行政执法主体对违法所得、非法财物（违禁品、赃款、赃物、非法使用的工具等）强制收归国有的处罚方法。

（2）行为罚

又称能力罚，是指林业行政执法主体限制和剥夺违法者某种行为能力或资格的行政处罚。行为罚的主要形式有：①责令停产停业。责令停产停业是指林业行政执法主体依法强制违法者在一定期限内停止生产经营活动的处罚形式。②暂扣、吊销许可证。许可证是林业行政主体应行政相对人的申请，依法赋予行政相对人从事某种活动的法律资格或实施某种行为的法定权利的凭证。如林木采伐许可证、林木种子生产许可证、林木种子经营许可证、狩猎证、驯养繁殖许可证等。暂扣许可证和吊销许可证的严厉程度不同。前者是中止相对人从事某种活动的资格，待其改正之后或经过一定期限后再发还许可证；后者是取消相对人从事某种活动的法定资格或权利。③治安拘留。森林公安机关对在林区内违反治安管理秩序的行为人可以处以治安拘留（又称行政拘留），这种处罚也是一种行政处罚。治安拘留的期限为 1 日以上 15 日以下。

（二）实施林业行政处罚的程序

实施林业行政处罚的程序，是保障和制约处罚主体合法有效地行使林业行政处罚权的法定步骤和方式。根据《行政处罚法》第三条第三款的规定，违反法定程序的行政处罚无效。可见，处罚程序是否正当合法，是法律评价行政处罚这一类具体行政行为是否合法有效的法定标准之一。林业行政处罚的程序分为简易程序和一般程序，在一般程序中又有听证程序作为其特殊部分。

1．简易程序

又称当场处罚程序。它是实施林业行政处罚的主体对事实清楚，情节简单，后果较轻的违法行为当场进行处罚的程序。法律设置该程序的意义，在于提高行政效率，节约执法成本，有利于当事人从烦琐程序中摆脱出来。

（1）简易程序适用的条件

一是违法事实确凿；二是具有法定依据；三是处罚程度较轻。即该程序仅限于警告和罚款这两种处罚形式。

（2）简易程序的具体步骤

表明执法身份，即执法人员应向当事人出示执法证或委托书；说明处罚理由和依据，即告知当事人违法行为的事实，并指明处罚的法定依据；告知当事人享有的法定权利，如陈述权、申辩权等；制作处罚决定书并当场送达当事人；对当事人决定给以 20 元以下罚款和不当场收缴事后难以执行的，可以当场收缴罚款。对符合《林业行政处罚程序规定》第四十二条规定情形的，林业行政主管部门及其执法人员也可以当场收缴罚款，并于法定期限内交付指定的银行；当场处罚决定书须报所属行政机关备案。

2．一般程序

又称普通程序。是指除了符合适用简易程序案件之外的、内容完整、要求严格、适用广泛的基本程序。一般程序适用于三类案件：处罚较重的案件；情节复杂需经过调查才能弄清主要违法事实的行政处罚案件；当事人对于执法人员给予当场处罚的事实认定有分歧而无法作出行政处罚决定的案件。

一般程序包括立案、调查、决定、送达和执行五个步骤。其中林业行政主管部门在作出责令停产停业、吊销许可证、较大数额罚款等行政处罚决定前，当事人要求听证的，林业行政主管部门应当组织听证。

（1）立案

立案是指林业行政主管部门对来自各种渠道的案件信息材料经过审查，认为需要给予林业行政处罚的违法行为，在法定期限内予以受理的行为。根据《林业行政处罚程序规定》第二十四条的规定，立案必须符合下列条件：有违法行为发生；违法行为是应受处罚的行为；属于本机关管辖；属于一般程序适用范围。立案人应当填写《林业行政处罚立案登记表》，并在 7 日内报行政负责人审批。

（2）调查

调查是指案件调查人员依法全面、客观、公正地收集、调取各种证据，查明案件真实情况的活动。案件承办人员向有关单位和个人调查时，必须出示执法证件，并不得少于 2 人。调查处理林业行政处罚案件的办案人员与当事人有直接利害关系的，应当自行申请回避；当事人认为办案人员与本案有利害关系或其他关系可能影响案件公正处理的，有权申请办案人员回避。办案人员的回避，由行政负责人批准；行政负责人的回避，由集体讨论决定。在回避申请被批准之前，不得停止对案件的调查工作。

证据是用以证明案件真实情况的一切事实材料，它具有合法性、真实性（又称客观性）和关联性三个基本特征。证据的合法性是指证据的主体（拥有、占有或提供证据的自然人和组织）、取得证据的程序、方式以及证据的形式必须符合法律的规定；论据的真实性，是指证据具有能够反映案件事实真相的属性；证据的关联性则是指证据须与案件的待证事实具有法律上的联系。

林业行政处罚案件的证据主要有：①书证。书证是指以文字、符号、图案所记录或表示的内容来证明案件事实的书面材料。②物证。物证是指以实物的形状、特征、质量、规格等证明案件事实的物品。③视听资料。视听资料是指利用录像、录音磁带等反映出来的图像和音响以及电脑储存的数据和资料来证明案件真实情况的一种证据。④证人证言。证人证言是指证人就其直接或间接了解的案件情况向林业行政执法机关所作的口头或书面的陈述。⑤当事人的陈述。当事人的陈述是指当事人对案件有关的事实情况向林业行政执法机关所作的叙述。⑥鉴定结论。鉴定结论是指受林业行政执法机关指派或聘请的鉴定人，运用自己的专门知识或技能，对林业行政处罚案件中的专门性问题进行鉴定后所作的书面结论。⑦勘验笔录、现场笔录。勘验笔录是指林业行政执法人员对林业行政处罚案件有关的场所、物品进行勘查、检验、测量、拍照、录像等活动时所作的笔录。现场笔录是指林业行政执法人员在实施具体行政行为时对有关事项当场所作的记录。

以上各种证据都必须查证属实，才能作为认定案件的根据。

（3）决定

决定是指林业行政主管部门在查清违法行为人的主要违法事实后，依法作出处罚决定的行为。决定对违法行为人实施林业行政处罚，必须符合实施林业行政处罚的四个条件，即实施林业行政处罚的主体资格合法；被处罚对象的具体违法事实已查证属实；法律、法规和规章规定应当给予林业行政处罚；属于查处的机关或组织管辖。

决定给予林业行政处罚的案件，必须制作《林业行政处罚决定书》，处罚决定书是整个行政处罚程序中最重要、最普遍的一项法律文书。处罚决定书的内容包括：①基本情况。包括受处罚人的姓名、性别、年龄、职业、工作单位或者住址（单位的名称、地址、法定代表人的姓名和职务）。②违法事实与证据。要用最为简练的语言阐述违法行为人的基本违法事实。③处罚种类和依据。现行有效的林业法律、法规确定的处罚种类主要有：没收、罚款、承担费用（销毁费用、更新费用、防治费用）、补种树木、吊销证件（经营、加工许可证、狩猎证、驯养繁殖许可证）等。④处罚的履行和期限。⑤不服行政处罚决定申请行政复议或者提起行政诉讼的途径和期限。⑥作出处罚决定的行政机关的名称。这里只是填写行政主管和法律授权的组织。受委托查处案件的单位必须以委托单位的名义实施行政处罚。⑦作出处罚决定的日期。

林业行政主管部门或其委托的组织作出的林业行政处罚，应当在林业行政处罚决定书上加盖林业行政主管部门的印章；法律、法规授权的组织作出的林业行政处罚，应当在林业行政处罚决定书上加盖本组织的印章。

林业行政处罚的办案期限自立案之日起，应当在1个月内办理完毕；需要延长办案期限的，经行政负责人批准可延长2个月；特殊情况下在3个月内仍不能结案还需要延长的，须报上级林业行政主管部门批准。

（4）送达

送达是指实施林业行政处罚的主体依照法定程序和方式，将其制作的林业行政处罚决定书送交被处罚人的行为。处罚单位要使其处罚的内容发生预期的处罚作用，必须依照法定方式将处罚决定书送达被处罚人，使被处罚人及时了解处罚决定书的内容，做好履行法定义务或行使法定权利的准备工作。因此，送达林业行政处罚决定书是林业行政主管部门、法律法规授权的组织和林业行政主管部门依法委托组织的一项法定义务，对执法实践起着重要作用。

送达主要有以下几种方式：①直接送达，又称交付送达，是指作出处罚决定的单位派专人将林业行政处罚决定书送交给被处罚人。②转交送达，是指被处罚人不在时，作出处罚决定的单位将林业行政处罚决定书，交被处罚人所在单位或者其成年家属代收后转交给被处罚人的方式。③留置送达，是指被处罚人或者代收人拒绝接收林业行政处罚决定书时，送达人依法将处罚决定书留在受送达人住处或单位的送达方式。《林业行政处罚程序规定》第三十九条第二款规定：“被处罚人或者代收人拒绝接收或者签名、盖章的，送达人可以邀请其邻居或者其单位有关人员到场，说明情况，把《林业行政处罚决定书》留在其住处或者其单位，并在送达回证上记明拒绝事由、送达的日期，由送达人签名，即视为送达。”这种送达方式与直接送达具有同等的法律效力。④委托送达，是指被处罚人不在本地的，作出处罚决定的单位可以委托被处罚人所在地的林业行政主管部门代为送达。⑤邮寄送达，是林业主管部门使用挂号邮寄的方法，将《林业行政处罚决定书》送达被处罚人的一种送达方式。邮寄送达的送达日期就是挂号回执上注明的日期。

（5）执行

执行又称强制执行，是指人民法院或具有法定执行权的林业行政主管部门，依照法定条件和程序采取的强制义务人履行义务或实现与履行义务相同状态的行为。强制执行的主体是人民法院或享有强制执行权的林业行政主管部门。强制执行依据执行人是否直接取代被执行人应为的行为为标准，分为间接强制执行和直接强制执行。

① 间接强制执行的主要执行方法是代执行和执行罚。代执行是指义务人逾期不履行义务时，林业行政执法主体或授权的单位代为履行，由法定义务人负担代为履行的一切费用。执行罚是指林业行政主管部门对拒不履行生效行政处罚决定书的义务人可处一定数额的金钱给付义务，以促使其履行义务的行政强制方法。

② 直接强制执行是指林业行政执法主体对拒不履行法定义务的相对人的人身或财产自行采取强制手段，迫使其履行义务或实现与履行义务相同状态的方法，如根据法律规定，将查封、扣押的财物拍卖或者将冻结的存款划拨抵缴罚款等。

3. 听证程序

林业行政处罚听证，是指林业行政主管部门对属于听证范围的林业行政处罚案件在作出行政处罚前，依法听取听证参加人的陈述、申辩和质证的程序。为了保障林业行政主管部门正确实施林业行政处罚，保护当事人的合法权益，2002 年国家林业局制定了《林业行政处罚听证规则》。

适用林业行政处罚听证程序必须具备以下条件：①只有林业行政主管部门依法作出责令停产停业、吊销许可证或者执照、较大数额罚款等林业行政处罚决定时，才能适用听证程序。②必须是当事人要求听证，否则不适用听证程序。林业行政主管部门作出责令停产停业、吊销许可证或者执照、较大数额罚款等林业行政处罚决定前，应当告知当事人有要求举行听证的权利，并制作林业行政处罚听证权利告知书。林业行政处罚听证权利告知书应当包括下列内容：当事人的姓名或者名称；当事人的违法事实；拟作出的林业行政处罚决定的理由和依据；当事人享有要求听证的权利、提出听证的期限和组织听证的机关。当事人要求举行听证的，应当在林业行政主管部门告知之日起 3 日内提出书面申请或者口头申请。当事人自林业行政主管部门告知之日起 3 日内未提出听证申请的，视为放弃要求举行听证的权利，由林业行政主管部门记录附卷。

听证程序的具体步骤：①由听证主持人宣布听证开始，宣布听证主持人、书记员、翻译人员名单。②告知听证参加人在听证中的权利和义务；询问当事人是否申请回避；听证主持人的回避由林业行政主管部门行政负责人决定，书记员、翻译人员、鉴定人的回避由听证主持人或首席听证主持人决定。③案件调查人员提出当事人违法的事实、证据，适用的法律、法规或规章，以及拟作出的林业行政处罚决定。④当事人或其代理人就案件事实进行申辩，并提交证据材料。⑤第三人或其代理人进行陈述。⑥询问当事人或其代理人、案件调查人员、证人和其他有关人员，并对有关证据材料进行质证。⑦当事人或其代理人和案件调查人员就本案的事实和法律问题进行辩论。⑧当事人最后陈述。⑨听证主持人宣布听证结束。

听证应当制作林业行政处罚听证笔录，由听证主持人和书记员签字。听证笔录在听证结束后，应当交由听证参加人审核无误或者补正后，由听证参加人当场签字或盖章。听证结束后，听证主持人应当根据听证确定的事实和证据，依照有关法律、法规、规章，对原拟作出的处罚决定及其事实、理由和依据进行复核，向林业行政主管部门行政负责人提出对听证案件处理的听证报告。听证报告中应当包括以下内容：听证的案由；听证主持人和听证参加人的基本情况；听证的时间、地点；听证认定的案件事实、依据；给予处罚的依据；处理意见和建议。

林业行政主管部门应当根据听证报告确定的事实、证据和给予处罚的依据，根据《行政处罚法》第三十八条的规定作出决定。

四、林业行政复议

（一）林业行政复议的概念

1.《行政复议法》与林业行政复议

与林业行政复议直接相关的法律、法规、规章和司法解释，一共有4件：1999年4月29日第九届全国人民代表大会常务委员会第九次会议通过的《行政复议法》，2003年1月9日最高人民法院审判委员会第1263次会议通过的《关于适用〈行政复议法〉第三十条第一款有关问题的批复》，1996年林业部发布的《林业行政执法监督办法》和《林业行政处罚程序规定》等。其中林业行政复议最直接的依据是《行政复议法》。

2. 林业行政复议的概念与特征

林业行政复议是指公民、法人或者其他组织不服林业主管部门的具体行政行为，按照法定的程序或条件，向林业行政复议机关提出申诉，由受理的林业行政复议机关对有争议的具体行政行为进行复查并作出裁决的一种行政活动。

林业行政复议的主要特征表现在以下几方面：

（1）林业行政复议的前提是行政争议的存在。即林业行政管理相对人认为的具体行政行为侵犯其合法权益而提出行政复议申请。

（2）林业行政复议基本上是以具体行政行为为审查对象的行政审查制度。行政复议一般只以具体行政行为为审查对象，抽象行政行为一般不属行政复议的审查对象。

（3）林业行政复议是一种依法申请的行政行为。行政复议是行政机关的一种行政行为，它是基于林业行政管理相对人的申请而开始，以行政主体为被申请人。无行政管理相对人的申请，便无行政复议活动的进行。

（4）林业行政复议主体一般是作出有争议行政决定的上级机关。如果没有法律规定，作为争议一方当事人的行政机关无权审查复议案件。

3. 林业行政复议的基本原则

林业行政复议的基本原则是指在林业行政复议过程中起指导和规范作用

的基本准则。根据《行政复议条例》和有关法律的规定，林业行政复议应遵循以下基本原则。

（1）依法独立行使复议权原则

这一原则包含两方面内容：①林业行政复议机关进行行政复议，是代表国家行使林业行政管理权，任何其他国家机关、团体和个人都不得非法干预林业行政复议机关独立行使复议权。②林业行政复议机关依法独立行使复议权，既要遵守《行政复议条例》等程序法的规定，又要遵守解决争议的有关实体法的规定，要根据所认定的客观真实材料，严格依法裁定，不得徇情枉法、滥用权力。

（2）合法、及时、准确、便民原则

① 合法是指履行林业行政复议职责的主体应当合法，处理复议案件的依据应当合法，审理复议案件的程序应当合法。②及时是指林业行政复议机关受理复议申请应当及时，审查具体行政行为应当及时，作出复议决定应当及时，送达复议决定书应当及时。③准确是指林业行政复议机关在查明与复议申请有关的事实真相的基础上，准确地认定事实的性质，正确地适用有关的法律、法规和规章，作出复议决定。④便民原则是指林业行政复议要尽可能为复议申请人提供便利条件，简化复议程序，减轻当事人的负担。

（3）林业行政复议实行一级复议制原则

一级复议制是指公民、法人或者其他组织对林业行政机关作出的具体行政行为不服时，只能向林业行政复议机关申请复议一次，当事人如果不服该复议机关的复议决定，除了依法提起行政诉讼外，不能再次申请复议。

（4）林业行政复议不适用调解原则

林业行政复议案件中，作为被申请人一方的林业主管部门是代表国家履行行政管理职责的机关，它所享有的行政权是国家赋予的，体现着国家意志，林业主管部门无权处分这种国家赋予的权力。因此，一旦发生林业行政争议提请复议时，复议机关只能对被申请人即林业主管部门作出的具体行政行为的合法性及适当性进行审查，依法作出裁决，而不得以调解的方式解决行政争议。

但是，如果涉及林业行政赔偿，林业行政复议机关可以进行调解，以促使双方当事人互谅互让，达成协议，解决纠纷。

4. 林业行政复议的范围

（1）林业行政复议的范围

林业行政复议的范围是指复议机关受理行政争议的范围，也是法律允许公民、法人和其他组织申请林业行政复议的事项范围。根据《行政复议法》、《森林法》及《森林法实施条例》等法律、法规的规定，林业行政复议的范围主要包括：①对林业行政执法主体作出的罚款、没收财物等行政处罚决定不服的；②对林业行政执法主体作出的查封、扣押、冻结财产等行政强制措施不服的；③认为符合法定条件，申请林业行政主管部门颁发许可证或者申请林业行政主管部门审批、登记有关事项，林业行政主管部门没有依法办理的；④对林业行政主管部门作出的有关林木采伐许可证、木材运输证、批准出口文件、允许进出口证明等证书的变更、中止或者撤销的决定不服的；⑤对林业行政主管部门关于林权归属的决定不服的；⑥认为林业行政主管部门侵犯其合法承包经营权的；⑦认为林业行政主管部门变更或者废止承包造林合同，侵犯其合法权益的；⑧认为林业行政主管部门违法集资、征集财物、摊派费用或者违法要求履行义务的；⑨认为林业行政执法主体的其他具体行政行为侵犯其合法权益的。

公民、法人或者其他组织在针对上述具体行政行为申请复议时，如果认为这些具体行政行为所依据的有关规定不合法，还依法有权一并向复议机关提出对该规定的审查申请。但这些规定仅限于《行政复议法》第七条规定的抽象行政行为，并且对这些抽象行政行为申请复议时，必须与相关联的具体行政行为一并提出，而不得单独提出复议申请。

（2）依法不能申请林业行政复议的情形

① 对林业行政法规、规章或者具有普遍约束力的决定、命令不服的；②对林业行政机关工作人员的奖惩、任免等决定不服的；③对林业主管部门就民事纠纷所作的仲裁、调解或者处理不服的。

5. 林业行政复议的管辖

林业行政复议管辖，是指同级林业主管部门或者上下级林业主管部门受理林业行政复议案件的分工和权限。明确复议机关的管辖，一是便于复议申请人依法申请复议，防止复议申请人投诉无门、争议久拖不决的现象，二是避免复议机关在管辖上的互相推诿和拖延复议现象的发生。

根据《行政复议条例》和有关林业法规的规定，林业行政复议管辖主要有以下特殊规定：

（1）对两个或两个以上的林业主管部门以共同的名义作出的具体行政行为不服申请复议的，由它们的共同上一级林业主管部门管辖。

（2）对林业派出机构根据法律、行政法规和规章的规定以自己的名义作出的具体行政行为不服申请复议的，由设立该派出机构的林业主管部门管辖。

（3）对林业法律、行政法规和规章授权的组织作出的具体行政行为不服申请复议的，由直接主管该组织的林业主管部门管辖。

（4）对林业主管部门委托的组织作出的具体行政行为不服申请复议的，由该委托机关的上一级林业主管部门管辖。

（5）对被撤销的林业主管部门在其被撤销前作出的具体行政行为不服申请复议的，由继续行使其职权的林业主管部门的上一级林业主管部门管辖。

（6）对法律、行政法规规定需要上级林业主管部门批准的具体行政行为不服申请复议的，由最终批准的林业主管部门管辖。

（7）对国务院林业主管部门作出的具体行政行为不服申请复议的，由国务院林业主管部门管辖。

由于上述特殊管辖所涉及的行政执法主体情况比较复杂，其隶属关系有时难以被行政管理相对人所熟知，为了方便行政相对人行使复议申请权，《行政复议法》第十八条明确指出，对上述特殊复议管辖，申请人也可以向具体行政行为发生地的县级地方人民政府提出复议申请，由接受申请的该地方人民政府在 7 日内负责转送有关行政复议机关，并将转送的情况告知申请人。

（二）林业行政复议的程序

林业行政复议程序是指林业行政复议申请人向复议机关申请复议和复议机关作出复议决定的各项步骤、形式、顺序和期限的总和。它是林业行政复议合法、高效进行的重要保证。林业行政复议程序一般包括以下六个阶段。

1．申请

复议申请包括申请复议的方式、内容和条件等。

（1）申请的方式和内容

申请实行书面申请和口头申请并以书面申请方式为主要方式。对口头申请的，复议机关应当当场记录申请人的基本情况、行政复议请求、申请行政复议的主要事实、理由和时间。

（2）申请行政复议的条件

申请行政复议应当同时符合下列条件：①申请人必须是认为具体行政行为侵犯其合法权益的公民、法人或者其他组织。②有明确的被申请人。③有具体的复议请求和事实根据。④属于申请复议的范围和受案复议机关管辖。⑤必须在法定申请期限内申请复议。《行政复议法》规定："公民、法人或者其他组织认为具体行政行为侵犯其合法权益的，可以自知道该具体行政行为之日起 60 日内提出行政复议申请；但是法律规定的申请期限超过 60 日的除外。"此外，行政管理相对人如果由于不可抗力或者其他特殊情况耽误法定申请期限的，申请期限自障碍消除之日起继续计算。

2．受理

受理是指复议机关对符合条件的复议申请决定立案的行为。复议机关在收到复议申请书后，应当在 5 日内进行审查并分别情况作出以下处理：①对符合受理条件的，复议机关应当受理。这里的"受理条件"即申请人申请复议的条件。②复议机关对不符合申请复议条件的复议申请，决定不予受理并告知申请人不予受理的理由。

公民、法人或其他组织依法提出行政复议申请，林业行政复议机关无正当理由不予受理的，上级行政机关应责令其受理；必要时，上级行政机关可直接受理。法律、法规规定应先经行政复议、对行政复议决定不服才可向人民法院提起行政诉讼的，林业行政复议机关不予受理或者受理后超过行政复议期限不作答复的，公民、法人或其他组织可自收到不予受理决定书之日起或者行政复议期满之日起 15 日内，依法向人民法院提起行政诉讼。

3. 审理

（1）审理的方式

林业行政复议案件，同其他行政复议案件一样，采用以书面审理方式为主、以开庭审理方式为辅的原则。所谓书面审理，是在审理复议案件过程中，不开庭、不通知复议参加人和证人、鉴定人等共同到场，而由复议机关通过对复议申请人提交的申请书和被申请人提交的答辩书及有关材料进行审理认定，在此基础上，依法作出复议决定。

（2）审理期限

作为行政复议机关的林业主管部门应当自受理申请之日起 60 日内作出行政复议；但是法律规定的行政复议期限少于 60 日的除外。情况复杂，不能在规定期限内作出行政复议决定的，经行政复议机关的负责人批准，可以适当延长，并告知申请人和被申请人；延长期限最长不超过 30 日。

4. 决定

林业行政复议决定，是指林业行政复议机关通过对林业行政复议案件进行审查，在查明争议事实的基础上，依据法律、法规、规章等规范性文件，对被申请人的具体行政行为是否合法、适当作出结论性的判断行为。复议决定主要有以下六种：

（1）维持决定

复议机关认为被申请人作出的具体行政行为事实清楚，证据确凿充分，适用法律正确，内容适当，程序合法的，决定维持。

（2）限期履行决定

行政复议机关认为被申请人确有不履行法定职责的，责令其在一定期限内履行。

（3）变更决定

复议机关认为原具体行政行为认定的事实清楚，证据充分确凿，但适用法律不当、越权或者滥用职权的，作出变更原具体行政行为的决定。

（4）确认决定

复议机关对被申请人的不作为行为、不能成立的行政行为或者无效的行政行为，确认该行为违法的复议决定。

（5）撤销决定

复议机关认为被申请人作出的具体行政行为主要事实不清、证据不足，适用法律错误，程序违法的，决定撤销该具体行政行为。

（6）责令赔偿决定

申请人在申请行政复议时一并提出行政赔偿请求的（当然也可单独提出赔

偿请求），复议机关经审查确认被申请人的具体行政行为违法并造成了申请人合法权益实际损害的，依法作出责令被申请人赔偿损失的复议决定。责令赔偿的决定，可以单独作出，也可以同其他决定一并作出。对行政赔偿的复议，依法可以调解。

复议机关的复议决定具有确定力、拘束力和执行力。复议决定一经作出就被推定为合法有效，其内容不可随意否认和变更，在未被有权机关确认违法或撤销之前，其内容对有关人员和组织具有法律上的拘束力，复议决定所确定的义务人必须依法履行。即使复议申请人不服复议决定提起行政诉讼、在行政诉讼期间复议决定通常也不停止执行（符合法定条件停止执行的除外）。行政复议决定书是行政复议机关对具体行政行为审查后作出的结论性书面法律文件。行政复议决定书的内容应当包括复议申请人、被申请人、复议申请人的主张、被申请人的主张、复议机关认定的事实和复议决定等。

5. 送达

同林业行政处罚中关于林业行政处罚决定书的送达。

6. 执行

发生法律效力的行政复议决定分为终局决定和非终局决定。终局的复议决定一经送达即发生法律效力。终局的复议决定主要包括：国务院依照《行政复议法》所作出的最终裁决；根据国务院或者省级人民政府对行政区划的勘定、调整或征用土地的决定；省级人民政府确认的土地、矿藏、水流等自然资源的所有权或者使用权的行政复议决定。

对终局复议决定，当事人必须服从，依法不得向人民法院提起行政诉讼。对于非终局的复议决定，如果申请人对复议决定不服的，可以在接到复议决定书之日起 15 日内，或者法律、法规规定的其他期限内向人民法院提起行政诉讼。申请人逾期对非终局决定既不履行又不起诉的，或者对终局复议决定不履行的，则将被依法强制执行。如果法律赋予行政机关强制执行权的，该行政机关可以直接依法强制执行；不享有强制执行权的，则可以依法申请人民法院强制执行。

五、林业行政诉讼

（一）林业行政诉讼概述

1. 林业行政诉讼的概念和特征

林业行政诉讼是指公民、法人或者其他组织认为林业行政主体的具体行政行为侵犯其合法权益，依法向人民法院提起诉讼，由人民法院进行审理并作出裁判的活动。林业行政诉讼是我国行政诉讼的一种，其诉讼活动必须依照行政诉讼法的规定进行。所谓行政诉讼法，是指人民法院据以审理公民、法人或者其他组织不服行政机关具体行政行为而形成的行政案件的一系列程序方面的法律规范的总称。1989 年 4 月 4 日第七届全国人民代表大会第二次会议通过，于 1990 年 10 月 1 日起施行的《中华人民共和国行政诉讼法》(以下简称《行政诉讼法》) 以及 1999 年 11 月 24 日最高人民法院审判委员会第 1088 次会议通过，2000 年 3 月 10 日起施行的《关于执行〈中华人民共和国行政诉讼法〉若干问题的解释》(以下简称《 若干解释》)，是最主要的两个关于行政诉讼的规范性文件。林业行政诉讼具有以下法律特征。

(1) 林业行政诉讼中的原告、被告具有恒定性。林业行政诉讼中的原告，是对林业行政执法主体作出的具体行政行为不服，依法向人民法院提起行政诉讼的公民、法人或者其他组织。林业行政诉讼中的被告，是针对行政管理相对人作出具体行政行为的林业行政执法主体。

(2) 林业行政诉讼的标的是林业行政执法主体作出的行政行为。林业行政执法主体即各级林业行政主管部门，法律、法规授权的组织。这里的“行政行为”，主要是具体行政行为；其次是某些具体行政行为所依据的规章以下的特定范围内的抽象行政行为，即《行政复议法》第七条规定的抽象行政行为。

(3) 林业行政诉讼案件只限于相对人就林业行政执法主体作出的具体行政行为的合法性和适当性所发生的争议。

(4) 林业行政诉讼是人民法院运用国家审判权监督林业行政执法主体依法行使职权和履行职责，保护公民、法人和其他组织合法权益不受违法行政行为损害的司法活动。

由于行政复议和行政诉讼都是解决行政争议的法律制度，二者存在密切的联系。单就林业行政诉讼和林业行政复议而言，两者之间的联系主要表现为以下三个方面：①当事人自行选择申请行政复议或者提起行政诉讼。即是先向行政复议机关申请行政复议，对行政复议决定不服再向人民法院提起行政诉讼，还是直接向法院提起行政诉讼，由当事人自由选择。②行政复议前置。即法律、法规规定当事人只能在经过行政复议之后，才可以向人民法院提起行政诉讼。③行政复议决定是终局的。即法律、法规规定，在特殊情况下，复议机关的行政复议决定为最终裁决，当事人一旦选择了行政复议在法定复议期间内就不得再向人民法院提起行政诉讼。

2. 林业行政诉讼的受案范围与管辖

(1) 林业行政诉讼的受案范围

林业行政诉讼的受案范围是指人民法院受理林业行政案件的范围。根据《行政诉讼法》《若干解释》《森林法》及《森林法实施条例》的有关规定，人民法院受理林业行政案件的范围主要包括：①对林业行政执法主体作出的行政处罚不服的；②对林业行政执法主体作出的扣押等行政强制措施不服的；③认为林业行政执法主体侵犯法定承包经营权的；④认为符合法定条件，申请林业行政主管部门颁发许可证或者给予行政批准，林业行政主管部门拒绝颁发、批准或者不予答复的；⑤认为林业行政执法主体违法要求履行义务的；⑥认为林业行政执法主体的具体行政行为侵犯其人身权、财产权的。

根据《行政诉讼法》和《若干解释》的规定，公民、法人或者其他组织对下列行为不服提起诉讼的，不属于人民法院行政诉讼的受案范围：①行政法规、规章或者林业行政主管部门制定、发布的具有普遍约束力的决定、命令；②林业行政主管部门对林业行政主管部门工作人员的奖惩、任免等决定；③森林公安机关依照《刑事诉讼法》的明确授权实施的行为；④林业行政执法主体的调解行为；⑤林业行政主管部门作出的不具有强制力的行政指导行为；⑥林业行政主管部门驳回当事人对行政行为提起申诉的重复处理行为；⑦林业行政执法主体作出的对公民、法人或者其他组织的权利义务不产生实际影响的行为。

（2）林业行政诉讼的管辖

行政诉讼的管辖依据便于当事人诉讼，合理分工和均衡法院审理案件的负担以及法院公正、有效地行使审判权的原则，分为级别管辖、地域管辖和裁定管辖。

级别管辖是指上下级人民法院管辖第一审行政案件的分工和权限。我国人民法院的设置分为普通法院和专门人民法院，专门人民法院不受理行政案件。普通人民法院分为四级：基层人民法院、中级人民法院、高级人民法院和最高人民法院。根据《行政诉讼法》的规定：基层人民法院管辖第一审林业行政案件，即基层人民法院管辖除法律规定由上级人民法院管辖的案件以外的第一审林业行政案件。中级人民法院管辖的第一审林业行政案件包括：一是对国务院林业行政主管部门或者省级人民政府作出的具体行政行为提起诉讼的案件；二是本辖区内重大、复杂的案件。高级人民法院管辖本辖区内重大、复杂的第一审林业行政案件。最高人民法院管辖全国范围内重大、复杂的林业行政案件。

地域管辖是指以行政区域辖区范围为标准或法律的特别规定，对同级法院之间受理第一审林业行政案件的分工和权限。我国行政案件的地域管辖划分为一般地域管辖、特殊地域管辖和共同地域管辖。①一般地域管辖是以被告所在地为标准确定的诉讼管辖。行政案件由最初作出具体行政行为的行政机关所在地的人民法院管辖。经复议的案件，复议机关改变原具体行政行为的，也可以由复议机关所在地人民法院管辖。②特殊地域管辖是不考虑一般地域管辖的原则，而按法律特别规定所确定的管辖。《行政诉讼法》规定了两种特殊地域管辖的情况：对限制人身自由的强制措施不服提起的行政诉讼，由被告所在地或原告所在地（原告户籍所在地、经常居住地和被限制人身自由地）人民法院管辖；因不动产提起的行政诉讼，由不动产所在地法院管辖。③共同地域管辖是指在两个以上人民法院对同一案件都有管辖权的情况下，原告可以选择其中一个人民法院起诉。

裁定管辖是指在特殊情况下，基于人民法院的内部裁定而确定的管辖。裁定管辖主要包括以下三种：①移送管辖是指人民法院决定将自己已受理但无管辖权的行政案件，移送给有管辖权的人民法院管辖。②转移管辖又称管辖权的转移，是指基于上级人民法院的决定或同意，将下级人民法院享有管辖权的林业行政诉讼案件转交给上级人民法院受理，或者上级人民法院将有管辖权的林业行政诉讼案件交给下级人民法院审理而确定的管辖。③指定管辖是指上级人民法院以裁定方式，指定下级人民法院审理某林业行政诉讼案件时而确定的管辖。

此外，《若干解释》规定：法律、法规未规定行政复议为提起行政诉讼必经程序，公民、法人或者其他组织既提起诉讼又申请行政复议的，由先受理的机关管辖；同时受理的，由公民、法人或者其他组织选择。

3. 林业行政诉讼参加人

林业行政诉讼参加人，是指在林业行政诉讼中为保护自己或他人的合法权益而参加诉讼的当事人和类似当事人诉讼地位的人。其中诉讼当事人是指原告、被告、共同诉讼人和第三人；与当事人诉讼地位相似的人，是指诉讼代理人，包括法定代理人、指定代理人和委托代理人。

（1）诉讼当事人的概念和种类

诉讼当事人是指与被诉具体行政行为具有法律上的利害关系，以自己名义起诉、应诉和参加诉讼，并受人民法院裁判拘束的公民、法人或者其他组织。诉讼当事人包括原告、被告、共同诉讼人和第三人。

① 原告。原告是指认为与被诉具体行政行为具有法律上的利害关系，依法向人民法院提起诉讼的公民、法人或其他组织。“与被诉具体行政行为具有法律上的利害关系”，是指被诉的具体行政行为对相对人权利义务产生实际影响，包括已经产生和将会产生不利的影响。

② 被告。被告是指被原告诉称侵犯其合法权益，被法院通知应诉的林业行政执法主体（林业行政主管部门以及法律、法规授权的组织）。

③ 共同诉讼人。共同诉讼人是指原告或者被告为两个以上的诉讼当事人。共同诉讼人分为必要的共同诉讼人和普通的共同诉讼人。必要的共同诉讼人是指诉讼标的是同一具体行政行为、原告或被告为两个以上的诉讼当事人。普通的共同诉讼人是指诉讼标的为数个同类的具体行政行为，由法院决定合并审理的共同诉讼中的共同原告和共同被告。

④ 第三人。第三人是指与被诉具体行政行为有利害关系、申请参加或者由人民法院通知其参加诉讼的公民、法人或者其他组织。行政诉讼的第三人是原告、被告之外的，具有独立诉讼地位，并参加到原告和被告之间已经开始、尚未结束的诉讼中的人。第三人有权提出与本案有关的诉讼主张，对法院的一审判决不服，有权提起上诉。

（2）诉讼代理人的概念和种类

诉讼代理人是指根据法律规定、人民法院指定或者当事人、法定代理人的委托，在代理权限内以当事人名义代理进行行政诉讼活动的人。根据代理权产生的依据不同，行政诉讼代理人分为以下三种：

① 法定代理人。法定代理人是指根据法律规定而享有代理权、代替无诉讼行为能力的人进行行政诉讼的人。法定代理人只适用于没有诉讼行为能力的未成年人和精神病人。法定代理人所为的一切诉讼行为，与被代理人本人所为的诉讼行为具有同等效力，即代理权限为全权代理。

② 指定代理人。指定代理人是指基于法院指定而享有代理权，代替无诉讼能力的人进行行政诉讼的人。指定代理人制度的设立，是在法定代理人互相推楼代理责任时，由人民法院在法定代理人范围中指定其中一人代为诉讼。它是对法定代理人制度的补充。

③ 委托代理人。委托代理人是指受当事人、法定代理人的委托代理进行行政诉讼活动的人。当事人、法定代理人委托的诉讼代理人，应当向法院提交由委托人签名或者盖章的授权委托书。委托书应当载明委托事项和具体权限。公民在特殊情况下无法书面委托的，也可以口头委托。口头委托的，人民法院应当核实并记录在卷。

4．林业行政诉讼证据

（1）证据种类

证据，是指用以证明待证事实是否客观存在的材料。行政诉讼中的证据一般分为以下七种：①书证。是指以文字、符号所记录或表示的，以证明待证事实的文书。②物证。是指用物品的外形、特征、质量等说明待证事实的一部分或全部的物品。③视听资料。是指用录音、录像等方法记录下来的有关的事实材料。④证人证言。是指证人以口头或书面方式向人民法院提供的对案件事实的陈述。⑤当事人的陈述。指诉讼当事人在诉讼过程中就案件存在的事实向人民法院所作的说明。⑥鉴定结论。指鉴定人运用其专门知识，或者同时利用专门材料和设备对有关案件事实的专门技术性问题进行分析鉴别所作出的科学判断和结论。⑦勘验笔录、现场笔录。人民法院或者行政机关对有关案件事实的现场或物品进行就地检验、测量、勘查和分析所作的书面记录。

以上七种证据，无论何种形式，人民法院都应审查其真实性；合法性。同时应对各种证据之间的相互联系以及与待证事实的关系进行审查。只有经过法庭质证的证据才能作为人民法院裁判的根据。

（2）举证责任

举证责任，是指当事人对法律直接规定的事项或者当事人自己提出的主张，向人民法院提出证据证明其真实性的责任，否则将承担不利的法律后果。

与民事诉讼实行“谁主张、谁举证”的一般举证责任原则不同，行政诉讼实行严格的被告举证责任原则，辅之以必要的原告举证责任。根据《行政诉讼法》和《若干解释》的有关规定，被告应当在收到原告起诉状副本之日起 10

日内，向受案法院提交答辩状和提供作出具体行政行为时的证据、依据，被告不提供或者无正当理由逾期提供的视为没有证据。行政诉讼中原告应对下列事项要承担举证责任，即：①证明起诉符合法定条件，但被告认为原告起诉超过起诉期限的除外；②在起诉被告不作为的案件中，证明其提出申请的事实；③在一并提起的行政赔偿诉讼中，证明因受被诉人行为而造成损失的事实。

（二）林业行政诉讼的程序

林业行政诉讼程序是指人民法院受理林业行政案件之后至终审裁判之前所适用的法定步骤和方式。我国的行政诉讼程序分为第一审程序、第二审程序、审判监督程序和执行程序。第一审程序是所有行政诉讼案件的法定必经程序；第二审程序、审判监督程序和执行程序并非是行政诉讼的必经程序，这些程序的启动取决于当事人或者司法机关的法定诉讼行为。

行政案件在审理的过程中除法律另有规定以外，不停止具体行政行为的执行。因为具体行政行为是行政机关代表国家进行管理适用法律的活动。出于国家公共利益和执行法律的需要，许多具体行政行为需要在作出决定后立即执行。如果因当事人一起诉，在还没有确定其违法时就停止执行了，那么社会秩序就会处于不稳定状态，影响行政管理的效能，国家和社会公共利益就可能受到损害。另外行政诉讼不适用调解是行政诉讼案件审理中的一个极富特点的原则。行政机关行使的国家管理职权是法律赋予的，行政机关只有负担实施的义务，而没有随意处分的权利，不能放弃、交换和转让。

1. 第一审程序

第一审程序是人民法院首次审理行政案件所适用的程序。它分为起诉、受理、审理前的准备工作、开庭审理四个阶段：

（1）起诉

行政诉讼起诉是指公民、法人或者其他组织认为行政机关和行政机关工作人员的具体行政行为侵犯其合法权益，向人民法院提起诉讼，请求人民法院对具体行政行为的合法性进行审查，以保护自己合法权益的行为。

原告起诉必须符合以下条件：原告是认为具体行政行为侵犯其合法权益的公民、法人或者其他组织；有明确的被告；有具体的诉讼请求和事实根据；属于人民法院受案范围和受诉人民法院管辖。

（2）受理

行政诉讼受理是人民法院对起诉人的起诉进行审查后，确认其符合法律的规定，决定立案予以受理，或认为其不符合起诉条件而作出不予受理的裁定。原告对不受理的裁定，可以提起上诉。

（3）审理前的准备工作

审理前的准备，是人民法院自案件受理后至开庭审理前所进行的各项诉讼活动的总称。这个阶段的主要活动和顺序是：①组成合议庭；②通知被告应诉和发送诉讼文书；③审查诉讼材料和调查收集证据；④确认、更换和追加当事人；⑤确定具体行政行为是否需要停止执行；⑥确定是否进行财产保全和先行给付；⑦确定开庭审理的方式，若为公开开庭审理则要进行准备等。

（4）开庭审理

所有的第一审行政诉讼案件都应当开庭审理，不得进行书面审理。开庭审理与公开审理并非同一概念，开庭审理的对称是书面审理。开庭审理包括了公开和不公开审理两种方式。公开审理包括两层含义：首先，审判活动向群众公开，允许群众旁听；其次，审判活动向社会公开，允许新闻媒体报道开庭审理情况。根据《行政诉讼法》第四十五条规定，除涉及国家秘密、个人隐私和法律另有规定的以外，人民法院一律公开审理行政案件。

一般开庭审理主要包括以下阶段：庭审准备、庭审开始、调查、法庭辩论、合议庭评议、宣告判决。

人民法院对行政诉讼案件经过审理，可以作出以下六种判决形式。①维持判决，适用于行政机关作出的具体行政行为事实清楚、证据确凿充分、适用法律正确、程序合法；②撤销判决，适用于行政机关作出具体行政行为的全部内容或部分内容依据的主要证据不足，适用法律法规错误、程序违法、超越职权或滥用职权；③变更判决，适用于行政机关实施的行政处罚行为显失公正；④履行判决，适用于行政机关依法负有职责，具有法定义务而消极不作为的案件；⑤驳回判决，适用于下列情形之一：起诉被告不作为理由不能成立的，被诉具体行政行为合法，但因法律、政策变化需要变更或废止的，其他应当判决驳回诉讼请求的情形；⑥确认判决，适用于下列情形之一：被告不履行法定职责，但判决责令其履行法定职责已无实际意义的；被诉具体行政行为违法，但不具有可撤销内容的；被诉的具体行政行为依法不成立或无效的。

人民法院作出的判决，如果当庭宣判的应当在 10 日内送达判决书；定期宣判的，应当在宣判后立即送达判决书。判决书应当告知当事人不服一审判决的上诉权，上诉期限和上诉的人民法院。

人民法院对第一审行政案件的审理期限为 3 个月，自立案之日起至作出判决之日止。有特殊情况需延长的，由高级人民法院批准，高级人民法院审理第一审案件需要延长的由最高人民法院批准。

2. 第二审程序

第二审程序又称上诉审程序，是指当事人对第一审人民法院作出的未生效判决或裁定不服时，依法向上一级人民法院提起上诉，请求上一级人民法院对案件重新进行审理和裁判的程序。二审程序为终审程序，当事人不服，不得上诉。

第二审程序的意义在于：及时纠正一审的错误判决，保护当事人的合法权益；有利于上级人民法院对下级人民法院的监督、检查。

（1）上诉成立的要件

根据我国《行政诉讼法》和行政审判实践，上诉一般必须具备以下要件：①上诉人必须具备上诉资格。凡是法律规定当事人可以对某些判决和裁定提起上诉的，当事人才享有对该判决和裁定提起上诉的权利。享有上诉权的人一般包括一审程序中的原告、被告、共同诉讼人、第三人以及他们的继承人。②必须有符合法律规定条件的被上诉人。③必须在法律规定的上诉期限内提起上诉。根据《行政诉讼法》第五十八条的规定，对判决提出上诉的期限为15日，对裁定提起上诉的期限为10日。④必须提交上诉状。

（2）上诉案件的审理

根据《行政诉讼法》及其《若干解释》的规定，第二审人民法院审理上诉案件，应当对原审人民法院的裁判和被诉具体行政行为是否合法进行全面审查。与第一审程序不同，第二审程序在事实清楚的情况下，可以进行书面审理，但若当事人对原审人民法院认定的事实有争议的，或者第二审人民法院认为原审人民法院认定事实不清楚的，人民法院应当开庭审理。

（3）上诉案件的裁判

第二审人民法院审理终结，针对不同情况，作出不同的判决裁定。一般包括：驳回上诉的判决；依法变更原审判决；撤销原判发回重审的裁定。第二审人民法院对不服第一审人民法院裁定的上诉案件的处理，一律使用裁定。

3. 审判监督程序

审判监督程序是指人民法院对已经发生法律效力的判决、裁定认为确有错误而决定再次进行审理的程序。它不是通常必经的诉讼程序和审判程序。行政诉讼案件中，能够提起再审的，是依法享有审判监督权和法律监督权的机构和组织。具体包括：各级人民法院院长对本院已生效的判决、裁定发现违法，认为需要再审的，提交审判委员会讨论决定；上级人民法院对下级人民法院已生效的判决、裁定发现违法的，有权提审或者指令其再审；人民检察院对人民法院已生效的判决、裁定发现违法的，有权按照审判监督程序提起抗诉。当事人申请再审，应当在判决、裁定发生法律效力后2年内提出。

凡是决定再审的行政案件，不管通过哪条途径进入再审，均应作出中止原判决、裁定执行的裁定。依照审判监督程序进行再审的案件，应另行组成合议庭，原合议庭成员不得参加新组成的合议庭。

再审的程序主要应由原审级决定。原来只经第一审人民法院审理就终结而生效的判决裁定，无论是自行再审还是指令再审，应按照第一审程序重新审理。原来是经第二审人民法院审理而生效的判决、裁定，无论是自行再审还是指令再审，都只能适用第二审程序，所作出的新的判决、裁定，为终审的判决、裁定。再审案件是由最高人民法院、上级人民法院提审的案件，适用第二审程序，作出的判决、裁定为终审判决、裁定。

4. 执行程序

执行程序是指人民法院根据申请人的申请，对拒不履行生效行政法律文书、行政裁判文书的义务人，采取强制措施，使生效行政法律文书、行政裁判文书的内容得以实现的程序。

行政执行案件因执行根据的不同分为两类：一类是对行政机关作出的具体行政行为的执行（又称非诉行政行为），其执行根据为：行政处罚决定书、行政复议决定书或行政裁决书等行政法律文书；另一类是对人民法院生效行政裁判文书的执行，其执行根据为：行政判决书、行政裁定书、行政赔偿判决书或者行政赔偿调解书等行政裁判文书。

执行程序主要分为申请、审查和执行三个主要阶段。

（1）申请

① 对生效具体行政行为的申请执行　林业行政执法主体申请执行其具体行政行为，必须同时具备下列条件：具体行政行为依法可以由人民法院执行；被申请执行的具体行政行为已经生效并具有可执行内容；申请人是作出具体行政行为的行政机关或者法律、法规授权的组织；被申请人是该具体行政行为所确定的义务人；被申请人在具体行政行为确定的期限内或者行政执法主体另行指定的期限内未履行义务；申请人在法定期限内提出申请。法定期限是指自被执行人的法定起诉期限届满之日起 6 个月内；被申请执行的行政案件属于申请执行的人民法院管辖。

根据《若干解释》的规定，行政裁决的具体行政行为中确定的权利人享有向法院申请强制执行该具体行政行为的权利。其申请应当符合以下四个条件：申请人是生效具体行政行为确定的权利人或其继承人、权利承受人；权利人申请执行的具体行政行为，仅限于法律（不包括行政法规、地方性法规）授权行政主体对平等主体之间的民事争议作出的行政裁决；只有在行政机关申请执行的期限（6 个月）内，未提出申请执行的情况下，申请人方可提出强制执行申请；申请人申请强制执行的期限为 3 个月，自行政机关强制执行期限届满之日起计算。

申请人民法院强制执行生效具体行政行为时，应当提交申请执行书，据以执行的行政法律文书和被执行人财产状况以及其他必须提交的材料。

② 对生效行政裁判文书的申请执行　行政管理相对人等申请人民法院强制执行生效裁判文书的，除参照行政机关申请强制执行的条件外，还须符合以下条件。

申请执行的期限：申请人是公民的，申请执行生效的行政判决书、行政裁定书、行政赔偿判决书和行政赔偿调解书的期限为 1 年；申请人是行政机关、法人或者其他组织的，申请执行生效行政裁判文书的期限为 6 个月，申请执行的期限从法律文书规定的履行期间最后一日起计算；法律文书没有规定履行期限的，从该法律文书送达当事人之日起计算。

申请执行的人民法院：发生法律效力的行政裁判文书，由第一审人民法院执行；第一审人民法院认为情况特殊需要由第二审人民法院执行的，可报请第二审人民法院决定执行的人民法院；第二审人民法院可决定由其执行，也可以决定由第一审人民法院执行。

（2）审查

人民法院受理行政机关申请执行其具体行政行为的案件后，应当在 30 日内由行政审判庭组成合议庭对具体行政行为的合法性进行审查，并就是否准予强制执行作出裁定。被申请执行的具体行政行为有下列情形之一的，人民法院应当裁定不予执行：明显缺乏事实根据的；明显缺乏法律依据的；其他明显违法并损害被执行人合法权益的。

对于行政管理相对人和行政机关申请执行人民法院生效的行政裁判文书的，可直接向人民法院的执行机构申请。

（3）执行

《行政诉讼法》针对不同的被执行人规定了不同执行措施。大致分为：①对公民、法人或者其他组织的执行措施，包括查询、冻结、划拨被执行人的存款；扣留、提取被执行人的收入；查封、扣押、拍卖、变卖被执行人的财产；强制被执行人迁出房屋、强制拆除违章建筑、强制退出土地等。②对行政机关的执行措施，包括划拨行政机关账户内存款、罚款等。

六、林业违法责任制度

我国森林法对违反森林保护法律规定者规定了比较具体的法律责任。其责任种类有行政责任、民事责任和刑事责任。

（一）行政责任

对象是违反国家关于林业行政审批许可制度规定的行为进行的处理，其主体是国家工作人员。具体处分行为有越权审批、多批木材采伐指标和发放采伐许可证、不履行采伐迹地更新任务以及森林保护失职行为等。林业的行政处罚。适用于盗伐、滥伐森林或者其他林木、伪造或倒卖林术采伐许可证、违反规定造成森林、林木毁坏的生产活动、买卖各种林业行政许可证件以及故意收购盗伐和滥伐的林木、违反森林保护的法律规定等尚未构成犯罪的行为。行政处罚的形式有：警告、罚款、责令补种树木；责令限期更新造林；没收违法买卖的证件和违法所得；拘留。《森林法》中规定了一种“惩罚性损害赔偿”的行政处罚方式，责令违法造成林木损坏的行为人补种毁坏树木的 1 倍以上的树木。

（二）民事责任

1984 年的《森林法》并没有规定民事责任，而是规定了“责令赔偿损失”

这种行政处罚形式。1998年修改的《森林法》对此作了变动。对盗伐森林或其他林木的，违反规定进行开垦、采石、采沙、采土、采种、采脂和其他活动致使森林、林木受到毁坏的，违规在幼林地和特种用途林内砍柴、放牧致使森林、林木受到毁坏的，都规定了赔偿责任。这种赔偿责任实际上是依照损害赔偿的民事责任进行赔偿，当事人承担的是民事责任。

（三）刑事责任

《森林法》规定的刑事责任，适用的对象和刑法条款包括：盗伐、滥伐森林或者其他林木，在林区非法收购明知是盗伐、滥伐的林木，构成犯罪的，依照《刑法》第三百四十五条的规定追究刑事责任；非法采伐、毁坏珍贵树木，构成犯罪的，依照《刑法》第三百四十四条的规定追究刑事责任；违反法律规定，超过批准的年采伐限额发放林木采伐许可证或超越职权发放林木采伐许可证、木材运输证、批准出口文书、允许出口证明书，构成犯罪的，依照《刑法》第四百零七条或第三百九十七条的规定追究刑事责任；违反法律规定，伪造、买卖林木采伐许可证、木材运输证件、批准出口文书、允许进出口证明书构成犯罪的，依照（刑法）第二百八十条第一款的规定追究刑事责任；从事森林资源保护、林业监督管理工作的林业主管部门的工作人员和其他国家机关工作人员滥用职权、玩忽职守、徇私舞弊，构成犯罪的，依照《刑法》第三百九十七条的规定追究刑事责任；对于放火烧毁森林的，依照《刑法》第一百一十四条的规定追究刑事责任；对于失火烧毁森林的，依照《刑法》第一百一十五条第二款的规定追究刑事责任；对于违反《土地管理法》的规定，非法倒卖林地使用权以及批准征用、占用林地构成犯罪的行为，分别依照《刑法》第二百二十八条、第三百四十二条、第四百一十条的规定追究刑事责任。

七、林业犯罪

（一）林业犯罪的概念与特征

目前，关于破坏环境资源保护犯罪方面的研究已经成为法学研究的新热点。在这类罪的名称上，1997年3月14日第八届全国人民代表大会第五次会议修订的《中华人民共和国刑法》（以下简称《刑法》）第二编分则的第六章第六节确定为破坏环境资源保护罪。

1．林业犯罪的概念

关于什么是犯罪，我国《刑法》第十三条规定："一切危害国家主权、领土完整和安全，分裂国家、颠覆人民民主专政的政权和推翻社会主义制度，破坏社会秩序和经济秩序，侵犯国有财产或集体所有的财产，侵犯公民私人所有的财产，侵犯公民的人身权利、民主权利和其他权利，以及其他危害社会的行为，依照法律应当受到刑罚处罚的，都是犯罪，但是情节显著轻微危害不大的，不认为是犯罪。”这是我们认定犯罪、划分罪与非罪的基本依据。

林业犯罪，是指违反林业法律法规，侵犯国家森林资源管理制度和国家对野生动植物资源的保护制度，损害林业生态环境和人体健康，造成林业资源破坏和损失，破坏生态平衡，依照刑法的规定应当受到刑罚处罚的行为。但是，情节显著轻微危害不大的，不认为是林业犯罪。

2．林业犯罪的特征

（1）林业犯罪是严重危害社会的行为，即具有严重的社会危害性，这是林业犯罪的本质特征。这一特征包括三层含义：①林业犯罪是一种行为，而不是单纯的思想活动。任何思想如果未表现为外部的行为，就不可能构成犯罪。②林业犯罪是危害社会的行为，即对社会造成了或可能造成一定的危害。这种危害主要体现为侵犯国家森林资源管理制度和国家对野生动植物资源的保护制度，损害林业生态环境和人体健康，造成林业资源破坏和损失，破坏生态平衡。如果行为对社会没有造成也不可能造成任何危害，国家就没有必要、也不应该把它规定为犯罪而予以刑事处罚。③林业犯罪的社会危害性必须达到严重的程度。情节显著轻微危害不大的，不认为是林业犯罪。

（2）林业犯罪是触犯刑法的行为，具有刑事违法性，这是林业犯罪的法律特征。违法行为有多种多样。有的违反民法，属于民事违法行为，如对他人的林地使用权的行使构成妨碍的行为；有的违反行政法，属于行政违法行为，如拒不缴纳森林植被恢复费的行为。林业犯罪当然也是违法行为，但它是违反刑法的行为，属于刑事违法行为。

（3）林业犯罪是应当受到刑罚处罚的行为，具有应受刑罚惩罚性。刑罚是国家强制方法中最严厉的一种，是国家用以同犯罪行为作斗争的重要手段。应受刑罚惩罚性是严重的社会危害性和刑事违法性派生出来的法律后果。由于某种严重危害社会的行为为刑法所禁止，如果行为人触犯刑法，其当然后果就是受到刑罚的制裁。

（二）林业犯罪的犯罪构成

1．犯罪构成的概念

违反林业法规的行为是否构成林业犯罪，要根据犯罪构成来判定。犯罪构成是刑法规定的、决定某一具体行为的社会危害性及其程度、而为该行为成立犯罪所必须具备的一切客观要件和主观要件的有机整体。犯罪构成是衡量某个行为是否构成犯罪的标准，不符合犯罪构成的行为，就不是犯罪行为。

2．林业犯罪构成的要件

构成林业犯罪的要件，是指某一行为构成林业犯罪所必须具备的事实特征。

根据我国犯罪构成的一般理论，各种具体犯罪的构成要件虽然不尽相同，但是都必须同时具备以下四个方面的要件，犯罪才能成立。林业犯罪的犯罪构成，当然也必须具备以下四个方面的要件：

（1）犯罪客体

犯罪客体是指我国刑法所保护的、被犯罪行为所侵犯的社会关系。任何犯罪都会侵犯一定的社会关系。如果一个行为没有侵犯任何社会关系，该行为就不可能是犯罪。

犯罪客体与犯罪对象不同。犯罪客体是我国刑法所保护的而被犯罪行为所侵犯的社会关系，犯罪对象是犯罪行为直接作用的具体物和人。犯罪行为的实质并不在于侵犯了某一犯罪对象本身，而在于侵犯了该对象所体现的社会关系。

（2）犯罪的客观方面

犯罪的客观方面是指构成犯罪所必须具备的客观事实特征。这些事实特征包括危害行为、危害结果、犯罪的时间、地点、方法等。其中，危害行为是一切犯罪构成的必要要件，没有危害行为，不可能构成犯罪；危害结果是大多数犯罪构成的必要要件，但有些犯罪不一定有危害结果出现，如犯罪未遂；犯罪时间、地点、方法只是某些特定犯罪构成的必要要件，如在禁猎区、禁猎期实施的非法狩猎就构成犯罪。

① 危害行为　危害行为的表现形式多种多样，但概括起来其基本形式只有两种：作为与不作为。作为是指行为人用积极的行为实施我国刑法所禁止的行为。多数犯罪行为采取的是作为的形式。不作为，是指负有特定义务实施某种行为而又能够履行这种义务的人，消极地不去实施这种行为，因而造成某种危害社会的结果。

② 危害结果　危害结果是指危害行为在客观上已经造成或可能造成危害社会的结果。所谓已经造成危害社会的结果，是指对社会造成了实际危害结果；所谓可能造成危害社会的结果，是指危害行为本来有可能造成危害社会的结果，只是由于某种主客观原因，而没有造成直接的危害结果。

③ 危害行为与危害结果之间的因果关系　当一个人实施了某种危害行为，产生了某种危害结果，行为人是否应负刑事责任，还必须查明行为和结果之间是否存在着因果关系。如果不存在因果关系，行为人就不对这一危害结果负刑事责任。

④ 犯罪的时间、地点和方法　一般情况下，犯罪的时间、地点和方法不是构成所有犯罪的共同条件，也不决定犯罪的性质，只对量刑具有意义。但在法律有明文规定时，时间、地点、方法对行为是否构成犯罪就具有了决定性的作用。例如《刑法》第 341 条第 2 款对非法狩猎罪是这样规定的：“违反狩猎法规，在禁猎区、禁猎期或者使用禁用的工具、方法进行狩猎，破坏野生动物资源，情节严重的，处三年以下有期徒刑、拘役、管制或者罚金。”在这里，“禁猎区、禁猎期或者使用禁用的工具、方法”就是特定的时间、地点、方法，是

区分罪与非罪的标准。

（3）犯罪主体

犯罪主体是指达到刑事责任年龄，具备刑事责任能力，实施了严重危害社会行为的人。犯罪主体有一般主体与特殊主体之分。特殊主体除了要达到刑事责任年龄、具备刑事责任能力以外，还要求具有特定的职务或身份。例如，违法发放林木采伐许可证罪，犯罪主体是特殊主体，要求具有“林业工作人员”这种特殊身份。

① 刑事责任年龄 刑事责任年龄是指刑法所规定的，行为人对自己实施的严重危害社会行为负刑事责任必须达到的年龄。可分为完全不负刑事责任年龄、相对负刑事责任年龄、完全负刑事责任年龄3个阶段。不满14周岁的人，不论实施了何种危害社会的行为，都不负刑事责任；已满14周岁但不满16周岁的人，犯故意杀人、故意伤害致人重伤或者死亡、强奸、抢劫、贩卖毒品、放火、爆炸、投毒罪的，应当负刑事责任，但对除此之外的其他危害社会行为一律不负刑事责任；已满16周岁的人，实施刑法规定的任何犯罪，都应当负刑事责任。但是，已满14周岁不满18周岁的未成年人犯罪，应当从轻或减轻处罚；因不满16周岁不予刑事处罚的，责令他的监护人加以管教，必要时也可由政府收容教养。

② 刑事责任能力 刑事责任能力是指行为人辨认和控制自己行为的能力。凡年满18周岁、精神和生理功能健全、智力与知识发展正常的人，都具有完全的刑事责任能力，对其实施的犯罪行为应当依法负全部的刑事责任。无刑事责任能力的人，即使实施了危害社会的行为，也不负刑事责任，如完全的精神病人、行为时正在发病的间隙性精神病人和不满14 周岁的人。除自然人外，单位也可作为犯罪主体，实施刑法分则有明文规定的犯罪行为。单位的刑事责任能力始于成立，终于撤销或解散。单位犯罪常常表现为单位集体或单位负责人为了本单位的利益所作出的决定、授权等。在林业犯罪中，大多数犯罪行为都可以由单位实施。单位可以成为哪些林业犯罪的主体，由刑法分则明文规定。

（4）犯罪的主观方面

犯罪的主观方面是指犯罪主体对自己所实施的危害行为及其危害结果所持的心理态度。它包括故意、过失、犯罪的目的和动机。其中，犯罪的故意或过失又称罪过，是一切犯罪构成的要件；犯罪目的和动机则不是一切犯罪构成的要件。

① 犯罪故意 犯罪故意是指明知自己的行为会发生危害社会的结果，并且希望或放任这种结果发生的心理态度。犯罪故意包括直接故意和间接故意。直接故意是指明知自己的行为会发生危害社会的结果，并且希望这种结果发生的心理态度。间接故意是指明知自己的行为会发生危害社会的结果，并且放任这种结果发生的心理态度。所谓放任，就是对危害结果的发生与否持听之任之的态度。

② 犯罪过失 犯罪过失是指应当预见自己的行为可能会发生危害社会的结果，因为疏忽大意而没有预见，或者预见了而轻信可以避免，以致发生这种结果的心理态度。犯罪过失包括疏忽大意的过失和过于自信的过失。疏忽大意的过失是指应当预见自己的行为可能发生危害社会的结果，因为疏忽大意而没有预见，以致发生这种结果的心理态度。过于自信的过失是指已经预见自己的行为可能发生危害社会的结果，但轻信能够避免，以致发生这种结果的心理态度。

③ 犯罪目的和犯罪动机 犯罪目的是指行为人希望通过实施危害行为实现某种危害结果的心理态度，它只存在于直接故意中。例如盗伐林木罪，其犯罪目的是非法占有国家、集体或个人所有或经营管理的森林或其他林木。犯罪动机是指推动或促使行为人实施犯罪行为的内心起因。犯罪动机一般不是犯罪构成的必要要件，不影响犯罪的性质，但影响犯罪的社会危害性程度，从而影响量刑。

（三）刑法对林业犯罪的具体规定

1．盗伐林木罪

盗伐林木罪是指行为人以非法占有为目的，违反《森林法》和其他保护森林法规，未取得林木采伐许可证，擅自砍伐国家、集体、他人所有的或者他人承包经营管理的森林或者其他林木，或者擅自砍伐本单位或者本人承包经营管理的国家、集体所有的森林或者其他林木，数量较大的行为。

2．滥伐林木罪

滥伐林木罪，是指违反森林法的规定，未经林业主管部门及其他主管部门批准并核发采伐许可证，或者虽持有采伐许可证，但违背采伐许可证所规定的地点、数量、树种、方式等任意采伐本单位所有或经营管理的森林或其他林木，数量较大的行为。

3．非法收购、运输盗伐、滥伐的林木罪

非法收购、运输盗伐、滥伐的林木罪，是指非法收购、运输明知是盗滥伐的林木，情节严重的行为。

4．非法采伐、毁坏珍贵树木或者国家重点保护的其他植物和非法收购、运输、加工、出售珍贵树木或者国家重点保护其他植物及其制品罪

非法采伐、毁坏珍贵树木或者国家重点保护的其他植物和非法收购、运输、加工、出售珍贵树木或者国家重点保护其他植物及其制品罪，是指行为人违反森林法和植物保护法律法规，非法采伐、毁坏珍贵树木或者国家重点保护的其他植物和非法收购、运输、加工、出售珍贵树木或者国家重点保护其他植物及其制品的行为。

5．违法发放林木采伐许可证罪

违法发放林木采伐许可证罪，是指林业主管部门的工作人员违反森林法的规定，超过批准的年采伐限额发放林木采伐许可证或者违反规定滥发林木采伐许可证，情节严重，致使森林遭受严重破坏的行为。

6. 伪造、变造、买卖国家机关公文、证件罪

林业上伪造、变造、买卖国家机关公文、证件罪是根据最高人民法院《关于审理破坏森林资源刑事案件具体应用法律若干问题的解释》中规定，对于伪造、变造、买卖林木采伐许可证、木材运输证件，森林、林木、林地权属证书，占用或者征用林地审核同意书、育林基金等缴费收据以及其他国家机关批准的林业证件构成犯罪的，以伪造、变造、买卖国家机关公文、证件罪定罪处罚。

7. 非法占用农用地罪

非法占用农用地罪，是指违反国家土地管理法规，非法占用耕地、林地等农用地，改变被占用土地用途，数量较大，造成耕地、林地等农用地大量毁坏的行为。

8. 非法猎捕、杀害珍贵、濒危野生动物及非法收购、运输、出售珍贵、濒危野生动物及其制品罪

非法猎捕、杀害珍贵、濒危野生动物及非法收购、运输、出售珍贵、濒危野生动物及其制品罪是指违反国家野生动物保护法规，捕杀国家重点保护的珍贵、濒危野生动物，或收购、运输、出售国家重点保护的珍贵、濒危野生动物及其制品的行为。

9. 非法狩猎罪

非法狩猎罪，是指违反狩猎法规，在禁猎区、禁猎期或者使用禁用的工具、方法进行狩猎，破坏野生动物资源、情节严重的行为。

10. 走私珍稀植物及其制品罪

走私珍稀植物及其制品罪，是指违反海关法规，逃避海关监管，运输、携带、邮寄国家禁止进出口的珍稀植物及其制品的行为。

11. 走私珍贵动物及其制品罪

走私珍贵动物及其制品罪，是指违反海关法规，逃避海关监管，运输、携带、邮寄珍贵动物及其制品进出境的行为。

12. 逃避动植物检疫罪

逃避动植物检疫罪，是指违反进出境动植物检疫法的规定，逃避动植物检疫，引起重大动植物疫情的行为。逃避动植物检疫罪属于危害公共卫生罪。

13. 动植物检疫失职罪

动植物检疫失职罪，是指动植物检疫机关的检疫人员严重不负责任，对应当检疫的检疫物不检疫，或者延误检疫出证、错误出证，致使国家利益遭受重大损失的行为。

14. 滥用职权罪、玩忽职守罪

林业主管部门工作人员滥用职权罪、玩忽职守罪是指《森林法》第四十六条规定："从事森林资源保护、林业监督管理工作的林业主管部门的工作人员和其他国家机关的有关工作人员滥用职权、玩忽职守、徇私舞弊，构成犯罪的，依法追究刑事责任。”

15.《关于审理破坏森林资源刑事案件具体应用法律若干问题的解释》中规定的涉及破坏森林、林木的其他犯罪行为

① 盗窃罪。将国家、集体、他人所有并已经伐倒的树木窃为己有，以及偷砍他人房前屋后、自留地种植的零星树木，应当以侵犯他人财产所有权论处，数额较大、构成犯罪的，依照《刑法》第二百六十四条的规定，以盗窃罪定罪处罚。

② 聚众哄抢罪。聚众哄抢林木 5 m^3 以上的，属于聚众哄抢“数额较大”；聚众哄抢林木 20 m^3 以上的，属于聚众哄抢“数额巨大”。对首要分子和积极参加的，依照《刑法》第二百六十八条的规定，以聚众哄抢罪定罪处罚。

③ 非法实施采种、采脂、挖笋、掘根、剥树皮等行为，牟取经济利益数额较大的，依照《刑法》第二百六十四条的规定，以盗窃罪定罪处罚。同时构成其他犯罪的，依照处罚较重的规定定罪处罚。

（杨桂红　柯水发　周建华）

一、名词解释

林业法规　林业立法　林业行政执法　林业行政处罚　林业行政复议　林业行政诉讼　林业犯罪

二、思考与讨论

1. 我国林业立法的一般程序是什么？
2. 哪些主体拥有林业立法权？
3. 我国林业执法主体有哪些？
4. 林业行政处罚的种类有哪些？
5. 林业行政复议的基本程序是什么？
6. 林业行政诉讼的受案范围有哪些？
7. 林业违法责任有哪几种？
8. 林业犯罪的构成要素有哪些？

三、课外阅读材料

全国人民代表大会．中华人民共和国森林法．1998．

国务院．中华人民共和国森林法实施条例．2000．

全国人民代表大会．中华人民共和国行政复议法．1999．

林业部．林业行政执法监督办法．1996．

林业部．林业行政处罚程序规定．1996．

全国人民代表大会．中华人民共和国行政诉讼法．1990．

全国人民代表大会．中华人民共和国刑法．2011．

四、案例分析

行业阵痛缘于何处

合作造林行业是一个新兴行业，其发展源于2003年6月25日的中共中央、国务院《关于加快林业发展的决定》（9号文件）出台，该文件提出，国家鼓励各种形势的社会主体从事林业开发，从而将原来严重制约非公有制林业发展的铁链松解。一时间，众多的造林公司如雨后春笋般纷纷涌现出来。

然而近年来，“托管造林”的违规事件频繁曝光，众多媒体的跟踪报道，将这个行业迅猛发展中的诸多问题暴露了出来，公司信誉扫地，大量客户流失，新兴行业受到了巨大打击。据媒体报道，除亿霖、万里大造林之外，先后有云南美联木业有限公司假造林圈钱案、山西璞真集团涉嫌非法集资、辽宁省中天集团涉嫌非法集资案等。2007年 4月被北京警方认定为“北京有史以来最大传销案”，亿霖木业18名高管中有9人被批捕，另有9人被刑事拘留。亿霖案涉案资金高达16亿元，其中4.5亿元被作为提成发给了各级营销人员。亿霖的投资者中，最多的购买了200亩，投资80万元。大多数投资者倾家荡产。

为什么“托管造林”这个看起来利于各方面的大工程，最后竟成为过街老鼠？有专家认为，主要原因有如下几个方面：

首先，合作造林是个新兴行业，无论是林木生长，还是合作模式，众多国人对此还并不了解。由于目前的林业科技水平，同人们日常生活中的传统经验已经大不一样，所以当林业公司向投资者们展示他们的树木生长水平时，缺乏相关知识的普通投资者自然无法判断宣传内容中的真伪，从而给造林公司的虚假宣传留下了机会。而且，由于这样的合作模式在我国的经济活动中还不常见，与之相配的风险规避、监督、财务等措施都不完善。多数投资者将钱一交就万事大吉，却忽视了建立对公司的监督、查询等机制，导致公司在经营中出现“黑箱操作”的情况。

其次，政府监督部门的缺失，也是导致该行业无序发展的重要原因。随着我国经济社会的发展，造林主体的多元化是大势所趋，但这个市场一旦放开之后如何规范，相关的责任部门似乎并未准备好。其他部门认为是林业部门的事，而林业部门认为是市场的事情。例如，在国家鼓励林业发展的9号文出台后，并没有出台对造林市场起到规范作用的相关法规政策，这就为造林公司留下了人为操作的空间。记者注意到，几乎所有的造林公司在其宣传过程中，都不约而同的将国家有关部门鼓励商业造林的文件或通知放在显眼处，以证明其经营同法规政策相符。国家林业局虽在11月2日就一些问题进行了权威解答，时间上却显得较晚。如果国家有关部门能在早期针对性地提供有关内容，普通消费者就可能得到全面的信息。

另外，合作造林中涉及大量的资金流动，如万里大造林公司声称要造林1 500万亩，以每亩收款2 000元计，该公司就可能涉及300亿元的资金流动，这么大规模的资金流动，难道相关的金融部门不应该对此进行监督和调查吗？

最后，我国的市场经济依然处在完善过程中，普通民众还缺乏风险概念，经营者缺乏自律意识。市场经济社会中，一条重要的原理就是风险同收益相匹配，高收益零风险的事情不可能发生。民间总结为：天上掉馅饼，不是圈套，就是陷阱。但众多投资者却的确轻信了造林公司的宣传，相信一夜暴富的神话。另外，经营者急于求成，急功近利的做法也损害了整个行业。不少公司在经营过程中，重点都放在了“将地卖出去”的销售和宣传业务，而忽略了造林、护林、分散风险等方面，即使主观上未有欺骗客户的意图，事实上却造成了虚假宣传、经营混乱的结果。

（资料来源：http://www.ce.cn/cysc/agriculture/gdxw/200612/04/t20061204_9658835.shtml）

讨论题：

该案例反映出我国林业立法和执法中存在哪些问题？

你认为应该如何进一步规范托管造林工作？

五、主要参考文献

[1]边秀琴．对我国林业行政执法改革的思考[J]．中国林业，2005（18）：41-43.

[2]储跃进．林业行政执法存在问题及综合执法模式分析[J]．安徽林业，2008（2）：55.

[3]高风英．林业行政执法存在的问题及解决对策[J]．中国林业，2008（9）：58.

[4]金霞．加强林业行政执法问题初探[J]．云南行政学院学报，2008（4）：154-156.

[5]孔凡斌．中国社会林业政策法律体系研究[M]．北京：中国林业出版社，2004.

[6]李海峰．林业行政复议案件如何确定复议机关[J]．安徽林业，2000（1）：16.

[7]李学术．林业政策法律法规实用全书[M]．北京：中国农业大学出版社，2000.

[8]刘宏明．林业立法有关问题的思考[J]．中国林业，2007（4A）：17.

[9]刘宗仁，王宏生．涉林犯罪种种[J]．河南林业，2003（4）：41-42.

[10]刘宗仁，吴国新．林业执法理论与实务[M]．郑州：黄河水利出版社，2006.

[11]宋学哲，党岗利．林业行政执法工作现状、存在问题及对策[J]．陕西林业，2009（4）：20.

[12]汪绚．林业法治及林业政策走向[J]．中国林业产业，2005（1）：14-16.

[13]王兆衡，展洪德．完善林业行政执法内容的研究[J]．中国林业经济，2011（4）：42-44.

[14]许岚，陈玲．林业行政诉讼应诉对策[M]．江苏绿化，2001（11）：13-14.

[15]尹三旺．林业执法管理之浅见[J]．政府法制，2010（8）：56.

[16]于成江．论破坏林木资源案件侦查[J]．林业资源管理，2009（6）：102-106.

[17]张力．林业法规与执法实务[M]．北京：中国林业出版社，2007.

[18]张志军．加强林业法制建设的着力点[J]．中国林业，2007（11）：35.

[19]赵亭．试论我国的依法治林[J]．国家林业局管理干部学院学报，2009（4）：40-42.

[20]周生贤．以法律保障林业发展[J]．瞭望新闻周刊，2004（38）：57.

[21]周训芳．林业法学[M]．北京：中国林业出版社，2003.

附：

1949—2011 年中国林政大事记

1949 年中国林政大事记

9 月 29 日，在中国人民政治协商会议第一届全体会议上通过的《中国人民政治协商会议共同纲领》第三十四条规定林业政策："保护森林，并有计划地发展林业"。

1950 年中国林政大事记

6 月 30 日，毛泽东主席发布《关于实施〈中华人民共和国土地改革法〉的命令》。该法第十八条规定："大森林、大水利工程，大荒地、大荒山、大盐田和矿山及湖、沼、河、港等均收归国有，由人民政府管理经营之，其原由私人投资经营者，仍由原经营者按照人民政府颁布之法令继续经营之。"

1954 年中国林政大事记

3 月 31 日，林业部颁发《育林基金管理办法》。

1956 年中国林政大事记

11 月 20 日，国务院发布《关于新辟和移植桑园、茶园、果园和其他经济林木减免农业税的规定》。

1961 年中国林政大事记

6 月 26 日，中共中央颁布《关于确定林权、保护山林和发展林业的若干政策规定（试行草案）》。《规定》分 18 条，对山林所有权、山林的经营管理和收益分配、木材的采伐和收购，以及群众造林等有关政策作出了明确规定。

9 月 1 日至 20 日，林业部在北京召开南方 11 省、自治区林业厅局长会议，根据中共中央关于《农村人民公社六十条》《林业政策十八条》规定，总结几年来林业工作的经验和教训，着重研究人民公社的林业生产问题。会议指出：必须迅速确定林权，调动社队和群众发展林业的积极性；在林区既保证粮食生产，又搞好林业生产和多种经营；普遍加强山林管理，积极恢复和扩大森林资源，依靠群众造林，并积极发展国营造林；木材生产实行社队经营和国家经营同时并举的方针；加快林区基本建设，保证木材生产稳定增长。

1965 年中国林政大事记

7 月 15 日，颁发《关于国有林区建立营林村若干问题的暂行规定》和《关于营林村建村经费开支标准的具体规定》。

5月27日，国务院颁发《森林保护条例》，分为总则、护林组织、森林管理、预防和扑救火灾、防治病虫害、奖励和惩罚、附则等7章43条。

1973年中国林政大事记

10月10日，农林部颁发《森林采伐更新规程》。规程分总则、森林采伐、森林更新、采伐更新管理、附则共5章24条。

1979年中国林政大事记

2月17日至23日，第五届全国人民代表大会常务委员会第六次会议原则通过《中华人民共和国森林法（试行）》；根据国务院的提议，决定3月12日为我国的植树节。

1982年中国林政大事记

2月27日，国务院颁发《关于开展全民义务植树运动的实施办法》。

6月4日，国务院发布《中华人民共和国进出口动植物检疫条例》。

1983年中国林政大事记

1月3日，国务院颁发《植物检疫条例》。

1984年中国林政大事记

1月13日，国务院常务委员会议审议通过《森林法（修改草案）》。

2月18日，中央绿化委员会在北京召开第三次全体会议，表彰221个全国义务植树先进单位，审定和通过中国植树节徽和《中国绿化基金会章程》。

9月20日，第六届全国人民代表大会常务委员会第七次会议通过《中华人民共和国森林法》，自1985年1月1日起施行。

1985年中国林政大事记

1月1日，《中华人民共和国森林法》开始施行。

6月8日，林业部颁发《制定年森林采伐限额暂行规定》。

6月10日，林业部颁发《森林资源档案管理办法》。

6月21日，国务院批准《森林和野生动植物类型自然保护区管理办法》。

7月6日，经国务院批准，林业部公布《森林和野生动物类型自然保护区管理办法》。

1988年中国林政大事记

1月16日，国务院、中央军委以国发[1988]4号文批准森林警察列入武警序列，全部实行现役。

1月16日，国务院发布《森林防火条例》。

1989年中国林政大事记

3月1日，《中华人民共和国野生动物保护法》自1989年3月1日起施行。

3月13日，国务院总理李鹏签发中华人民共和国国务院第31号令，颁布《中华人民共和国种子管理条例》，自1989年5月1日起施行。

12月18日，国务院总理李鹏签发中华人民共和国国务院第46号令，发布施行《森林病虫害防治条例》。

1990 年中国林政大事记

11 月 1 日，林业部颁发《木材运输检查监督办法》和《木材检查站管理办法》。

11 月 12 日，林业部批准政策法规司成立法律事务处，对外称林业部行政复议办公室。

11 月 19 日，林业部颁布《林木种子检验管理办法》。

1991 年中国林政大事记

12 月 16 日，林业部发布《长江中上游防护林体系建设工程管理办法》，对“长防林”工程的计划、资金和组织管理等作出了具体规定。

1992 年中国林政大事记

3 月 1 日，经国务院批准、林业部发布实施《中华人民共和国陆生野生动物保护实施条例》。

9 月 7 日，林业部印发《沿海防护林体系建设“八五”计划》《1992—2000 年全国沿海防护林体系建设达标规划》和《沿海防护林体系建设达标检查验收办法》。

1993 年中国林政大事记

8 月 30 日，林业部发布实施《林地管理暂行办法》。

1996 年中国林政大事记

9 月 30 日，国务院总理李鹏签发《中华人民共和国野生植物保护条例》。该条例从 1997 年 1 月 1 日起施行。

1998 年中国林政大事记

2 月 18 日，林业部印发《林业部森林病虫害工程治理管理暂行办法》。

4 月 29 日，第九届全国人大常委会第二次会议审议通过了《全国人民代表大会常务委员会关于修改〈中华人民共和国森林法〉的决定》，并于同日由中华人民共和国主席江泽民签署第三号主席令予以公布，自 1998 年 7 月 1 日起施行。同时，还公布了根据《决定》修正的《中华人民共和国森林法》。

6 月 23 日，国务院以国办发[1998]81 号文件印发《国家林业局职能设置、内设机构和人员编制规定》。

8 月 5 日，国务院发出《国务院关于保护森林资源制止毁林开垦和乱占林地的通知》。通知要求必须采取严厉措施，坚决制止毁林开垦和乱占林地的行为，抢救和保护森林资源，并提出 7 项具体要求。

1999 年中国林政大事记

3 月 25 日，国家林业局印发《全国人工造林更新实绩核查管理办法（试行）》和《全国人工造林、更新实绩核查技术规定（试行）》。

8 月 10 日，国家林业局第 3 号令发布《中华人民共和国植物新品种保护条例实施细则（林业部分）》。

2000年中国林政大事记

1月29日，国务院总理朱镕基签署第278号国务院令，发布《中华人民共和国森林法实施条例》。

3月13日，国家林业局局长王志宝签署国家林业局第6号令，发布《林业工作站管理办法》。

3月22日，国家林业局印发《国家林业局关于重点林业工程资金稽查工作的暂行规定》。

7月8日，九届全国人大常委会第十六次会议审议通过《中华人民共和国种子法》。国家主席江泽民签署第34号主席令予以公布，自2000年12月1日起施行。

9月4日，国家林业局印发《森林病虫害国家级工程治理项目检查验收办法》。

12月5日，国家林业局发布《公益林与商品林分类技术指标》（林业行业标准）。

12月31日，国家林业局局长周生贤签署国家林业局第1号令，发布《林木和林地权属登记管理办法》。

2001年中国林政大事记

1月4日，国家林业局局长周生贤签署国家林业局第2号令，发布《占用征用林地审核审批管理办法》。

2月2日，国家林业局、国务院西部地区开发领导小组办公室联合印发《退耕还林还草工程建设检查验收办法（试行）》。

3月13日，国家林业局印发《国家公益林认定办法（暂行）》。

4月9日，国家质量技术监督局发布公告：《生态公益林建设——导则》《生态公益林建设——技术规程》《生态公益林建设——规划设计通则》系列标准颁布实施。

4月16日，国家林业局、公安部联合印发《森林和陆生野生动物刑事案件管辖及立案标准》。

4月17日，国家林业局印发《国家林业局立法工作管理规定》。

5月8日，国家林业局印发《天然林资源保护工程管理办法》和《天然林资源保护工程核查验收办法》。

8月31日，九届全国人大常委会第二十三次会议审议通过《中华人民共和国防沙治沙法》。同日，国家主席江泽民签署第55号主席令予以发布，自2002年1月1日起施行。

9月24日，国家林业局印发《关于造林质量事故行政责任追究制度的规定》。

11月27日，国家林业局、铁道部、交通部、民航总局、国家邮政局印发《关于国内托运、邮寄森林植物及其产品实施检疫的联合通知》，明确对国内托运、邮寄森林植物及其产品实施检疫制度。

12月16日，国家林业局印发《关于违法森林资源管理规定造成森林资源破坏的责任追究制度的规定》和《关于破坏森林资源重大行政案件报告制度的规定》。

12月26日，国家林业局、外经贸部、海关总署印发《进口原木加工锯材出口试点管理办法》。

2002年中国林政大事记

3月15日，国家林业局印发《林业重点工程资金违规责任追究暂行规定》。

4月17日，国家林业局印发《造林质量管理暂行办法》和《林木种苗质量监督抽查暂行规定》。

4月23日，国家计委、国家林业局、农业部、水利部联合印发《京津风沙源工程建设管理办法》。

7月4日，国家计委正式批复实施《重点地区速生丰产用材林基地建设工程规划》。

10月25日，财政部、国家林业局印发《森林植被恢复费征收使用管理暂行办法》。

11月2日周生贤局长签署第4号、第5号国家林业局令，公布《林业行政处罚听证规则》和《林木种子生产、经营许可证管理办法》。

11月11日，财政部印发《林业治沙贷款财政贴息资金管理规定》。

12月14日，国务院总理朱镕基签署第367号国务院令，公布《退耕还林条例》，自2003年1月20日起施行。

2003年中国林政大事记

5月30日，国家林业局印发《引进林木种子苗木及其他繁殖材料检疫审批和监管规定》。

6月25日，中共中央国务院关于加快林业发展的决定。

8月12日，国家林业局颁布《主要林木品种审定办法》，自2004年9月1日起，未经审（认）定通过的林木品种不能作为林木良种推广。

8月14日，周生贤局长签署第9号国家林业局令，公布《林业标准化管理办法》，自2004年9月1日施行。

8月21日，最高人民法院和最高人民检察院联合发布《关于执行〈中华人民共和国刑法〉确定罪名的补充规定（二）》，公布了7项新确立的罪名，其中有3项新罪名与林业相关。

8月21日，国家林业局出台《退耕还林工程建设监理规定（试行）》。

12月23日，国家林业局印发《全国荒漠化和沙化监测管理办法（试行）》。

2004年中国林政大事记

5月10日，经劳动和社会保障部同意，国家林业局印发林木种苗工、营造林工程监理员和木材检验师3个首批林业行业《国家职业标准》。

7月1日，国家林业局局长周生贤签署国家林业局第11号令，发布《营利性治沙管理办法》，自2004年9月1日起施行。

12月10日，财政部、国家林业局联合印发《中央森林生态效益补偿基金管理办法》。

2005年中国林政大事记

3月23日，国家标准化管理委员会和国家质量监督检验检疫总局联合发布《飞播造林技术规程》，自2005年9月1日施行。

5月23日，国家林业局局长周生贤签署国家林业局第13号令，公布《突发林业有害生物事件处置办法》。

5月25日，财政部、国家林业局印发《林业有害生物防治补助费管理办法》。

5月27日，国家林业局局长周生贤签署国家林业局第14号令，公布《林业行政处罚案件文书制作管理规定》。

6月1日，国家林业局局长周生贤签署国家林业局第15号令，公布《林业统计管理办法》。

6月16日，财政部、国家林业局出台《林业贷款中央财政贴息资金管理规定》。财政部原《林业治沙贷款财政贴息资金管理规定》同时废止。

6月16日，国家林业局局长周生贤签署国家林业局第16号令，公布《国家级森林公园设立、撤销、合并、改变经营范围或者变更隶属关系审批管理办法》。

7月4日，财政部、国家林业局联合印发《国有贫困林场扶贫资金管理办法》(财农[2005]104号)。

7月14日，国家林业局印发《国家林业局林木种子经营行政许可监督检查办法》(林策发[2005]98号)。

9月23日，国家林业局局长周生贤签署国家林业局第17号令，公布《普及型国外引种试种苗圃资格认定管理办法》。

9月23日，国家林业局局长周生贤签署国家林业局第18号令，公布《松材线虫病疫木加工板材定点加工企业审批管理办法》。

9月27日，国家林业局局长周生贤签署国家林业局第19号令，公布《引进陆生野生动物外来物种种类及数量审批管理办法》。

12月19日，最高人民法院审判委员会第1374次会议通过《最高人民法院关于审理破坏林地资源刑事案件具体应用法律若干问题的解释》(法释[2005]15号)，于2005年12月30日起施行。

2006年中国林政大事记

4月29日，国务院总理温家宝签署第465号国务院令，公布《中华人民共和国濒危野生动植物进出口管理条例》，自2006年9月1日起施行。

4月29日，国家林业局印发《国家林业局行政许可违规行为责任追究办法》(林人发[2006]78号)。

5 月 11 日，国家林业局局长贾治邦签署第 20 号令，公布《开展林木转基因工程活动审批管理办法》，自 2006 年 7 月 1 日起施行。

11 月 13 日，国家林业局局长贾治邦签署第 21 号令，公布《林木种子质量管理办法》，自 2007 年 1 月 1 日起施行。

11 月 21 日，国家林业局印发《中国森林可持续经营指南》（林造发[2006]226 号）、《森林经营方案编制与实施纲要（试行）》（林资发[2006]227 号）。

12 月 21 日，国家林业局印发《国家林业局关于加快森林公园发展的意见》（林场发[2006]261 号）、《退耕还林工程质量评估办法（试行）》（林退发[2006]265 号）。

2007 年中国林政大事记

1 月 1 日，《林木种子质量管理办法》开始施行。

3 月 15 日，财政部、国家林业局联合出台新修订的《中央财政森林生态效益补偿基金管理办法》（财农[2007]7 号）。

4 月 6 日，国务院办公厅印发《国务院办公厅关于发布河北塞罕坝等 19 处新建国家级自然保护区名单的通知》（国办发[2007]20 号），林业部门新增国家级自然保护区 15 处，从而使林业部门管理的国家级自然保护区达到 213 处，占全国国家级自然保护区数量的 75%。

4 月 8～14 日，国家林业局局长贾治邦率中国林业代表团访问韩国。4 月 10 日，贾治邦和韩国环境部长官李圭用签署了《中华人民共和国和大韩民国政府关于候鸟保护的协定》，正在韩国访问的温家宝总理和韩国总统卢武铉出席了签字仪式。

5 月 2 日，国家林业局印发《中国森林防火科学技术研究中长期发展纲要（2006—2020 年）》（林科发[2007]112 号）。

5 月 25 日，经国务院批准，国家发改委和国家林业局等 8 部（委、局）共同下发《国家文化和自然遗产地保护“十一五”规划纲要》（发改社会[2007]1139 号），国家级森林公园作为国家文化和自然遗产地列入其中，山西管涔山、广西大瑶山等 25 处国家级森林公园被列入“十一五”期间国家拟重点支持的遗产地保护名单。

8 月 9 日，国务院印发《关于完善退耕还林政策的通知》（国发[2007]25 号）。

8 月 14 日，国家林业局、国家发改委、财政部、商务部、国家税务总局、中国银监会、中国证监会七部门联合印发《林业产业政策要点》（林计发[2007]173 号）。

8 月 27 日，国家林业局、商务部联合编制的《中国企业境外可持续森林培育指南》正式发布。

9 月 3～14 日，《联合国防治荒漠化公约》第 8 次缔约方会议在西班牙召开。

9 月 5 日，国家林业局副局长张建龙与德国联邦食品、农业和消费者保护部国务秘书穆勒签署《中华人民共和国国家林业局和德意志联邦共和国食品、农业和消费者保护部关于林业、木材业和野生动物管理合作的协议》。协议确定两国林业部门将在林业、木材业和野生动物的 10 个专业领域开展广泛合作。

9 月 8 日，国家林业局贾治邦局长签署国家林业局令第 22 号，发布《林木种质资源管理办法》，该办法自 2007 年 11 月 1 日起施行。

11 月 9 日，最高人民检察院、国家林业局第一次联席会议在北京召开。会议审议通过了《关于人民检察院与林业主管部门在查处和预防渎职等职务犯罪工作中加强联系和协作的意见》。最高人民检察院党组成员、副检察长王振川，国家林业局党组成员、中央纪委驻局纪检组组长杨继平出席会议并讲话，副局长雷加富主持会议。

2008 年中国林政大事记

1 月 30 日，国家林业局发布 2008 年第 2 号公告，公告林业有害生物防治标识图案。

2 月 12 日，国家林业局发布《南方雨雪冰冻灾害地区林业科技救灾减灾技术要点》。

2 月 26 日，国家林业局、中国科学院、国家环保总局协调合作，并组织国内数百名专家历时 5 年完成的《中国植物保护战略》中英文本正式对外公布。

2 月 28 日，国家林业局以林资发[2008]37 号印发《雨雪冰冻灾害受害林木清理指南》。

3 月 19 日，国家林业局以林沙发[2008]56 号印发《京津风沙源治理工程区人工造林特大灾害损失面积核定办法（试行）》。

3 月 24 日，经国务院同意，国家发展改革委、国家林业局等 6 部委局联合印发《岩溶地区石漠化综合治理规划大纲》，并启动岩溶地区石漠化综合治理试点项目。

同日，国家林业局以林护发[2008]63 号印发《促进野生动植物资源和自然保护区生态系统灾后恢复的指导意见》。

4 月 30 日，国家林业局以林办发[2008]95 号印发《国家林业局政府信息公开指南》及《国家林业局政府信息 2003 年至 2007 年面向社会公开目录》。

6 月 1 日，国家林业局、商务部联合制定的《中国企业境外可持续森林培育指南》中英文版正式出版发行。

6 月 5 日，国务院办公厅以国办发[2008]43 号印发《国务院办公厅关于调整全国绿化委员会组成人员的通知》。

6 月 8 日，中共中央以中发[2008]10 号印发《中共中央　国务院关于全面推进集体林权制度改革的意见》。

7 月 10 日，国务院办公厅以国办发[2008]93 号印发《国务院办公厅关于印发国家林业局主要职责内设机构和人员编制规定的通知》。

8月1日，国家林业局局长贾治邦签署第25号令，公布《林业行政许可听证办法》，自2008年10月1日起施行。

9月3日，国家林业局发布2008年第13号公告，公布《荒漠生态系统定位观测技术规范（LY/T 1752—2008）等82项林业行业标准，自2008年12月1日起施行。

10月29日，《中国应对气候变化的政策与行动》白皮书正式对外发布，充分肯定了植树造林对控制温室气体排放、提高适应气候变化能力的作用。

11月19日，国家林业局以林计发[2008]232号印发《防护林造林工程投资估算指标（试行）》。

12月1日，新修订的《森林防火条例》以国务院令第541号公布，自2009年1月1日起施行。

2009年中国林政大事记

1月8日，国家林业局、公安部联合印发《森林公安机关领导干部实行双重管理暂行规定》，明确林业主管部门是本级森林公安机关领导干部管理的主管方，本级地方公安机关和上一级森林公安机关是协管方。

1月20日，国家林业局印发《关于公布首批森林经营示范国有林场的通知》，确定北京西山林场等国有林场作为首批森林经营示范林场。

2月3日，国家林业局印发《全国林业信息化建设纲要》和《全国林业信息化建设技术指南》。

3月12日，国家林业局印发《关于开展森林经营试点工作的通知》。7月30日，印发《关于公布全国森林经营试点单位的通知》。

3月18日，国务院总理温家宝主持召开国务院常务会议，审议通过《全国森林防火中长期发展规划》。

3月23日，国务院办公厅以国办发[2009]29号印发《国务院办公厅关于转发林业局等部门省级政府防沙治沙目标责任考核办法的通知》。

同日，国家林业局、商务部联合发布《中国企业境外森林可持续经营利用指南》。

3月27日，国家林业局印发《关于命名国家级林业科技示范县（第一批）的通知》，决定命名全国70个县（市、区）为第一批国家级林业科技示范县。

4月8日，国家林业局印发《国家生态文明教育基地管理办法》。

4月20日，国家林业局印发《关于进一步加强松材线虫病防治工作的意见》。

4月27日，国家林业局决定成立“国家林业局亚太森林网络管理中心”。

5月21日，国家林业局印发《陆地生态系统定位研究网络中长期发展规划（2008—2020年）》。

5月25日，财政部、国家林业局联合发出《财政部、国家林业局关于印发〈育林基金征收使用管理办法〉的通知》（财综[2009]32号）。

5 月 26 日，中国人民银行、财政部、中国银行业监督管理委员会、中国保险监督管理委员会、国家林业局联合印发《关于做好集体林权制度改革与林业发展金融服务工作的指导意见》。

7 月 16 日，国家林业局印发《关于贯彻落实中央林业工作会议精神的通知》和《关于改革和完善集体林采伐管理的意见》。

7 月 21 日，国家林业局印发《岩溶地区石漠化综合治理工程效益评价指标框架》。

8 月 15 日，国务院办公厅以国办发[2009]52 号文印发《国务院办公厅关于进一步推进三北防护林体系建设的意见》。

8 月 18 日，国家林业局以林改发[2009]190 号文印发《关于促进农民林业专业合作社发展的指导意见》。

9 月 28 日，国家林业局发布 2009 年第 5 号公告，公布象牙制品实行中国野生动物经营利用管理专用标识制度。

10 月 15 日，国家林业局印发《关于切实加强集体林权流转管理工作的意见》。

10 月 19 日，经国务院批准，国家林业局和国家发展改革委员会联合印发《全国森林防火中长期发展规划》。

10 月 29 日，国家林业局、国家发改委、财政部、商务部、国家税务总局联合印发《林业产业振兴规划（2010—2012 年）》（林计发[2009]253 号）。

10 月 30 日，国家林业局、财政部印发《国家级公益林区划界定办法》。

11 月 6 日，国家林业局发布《应对气候变化林业行动计划》。

11 月 9 日，国家发展改革委、财政部、国家林业局联合发布《全国油茶产业发展规划（2009—2020 年）》。

11 月 10 日，经国家认监委批准书，国家林业局委托中国林业产业协会筹建的中林天合森林认证中心正式成立。

2010 年中国林政大事记

1 月 1 日，农业部、国家林业局发布 2010 年第 1 号，公布《农村土地承包经营仲裁规则》，自 2010 年 1 月 1 日起施行。

同日，农业部、国家林业局发布 2010 年第 2 号令，公布《农村土地承包仲裁委员会示范章程》，自 2010 年 1 月 1 日起施行。

1 月 12 日，国家林业局召开电视电话会议，正式启动全国森林抚育试点工作。财政部和国家林业局决定：从 2009 年底起开展森林抚育补贴试点，拨付试点补贴资金 5 亿元，安排试点任务 500 万亩，每亩补助 100 元。这是我国继建立生态补偿基金制度后林业政策的又一重大突破，标志着我国森林经营补贴机制正式建立。

2 月 11 日，国家林业局发布 2010 年第 3 号公告，对符合规定的 55 项申请授予植物新品种权，并颁发植物新品种权证书。

3月2日，国家林业局发布2010年第4号公告，公告注销林木种子经营许可证的2家企业名单。

5月31日，财政部、国家林业局联合印发《关于2010年湿地保护补助工作的实施意见》(财农[2010]114号)，决定从2010年起开展湿地保护补助工作。2010年湿地保护补助资金补助范围为20个国际重要湿地、16个湿地类型自然保护区和7个国家湿地公园。

6月9日，国务院总理温家宝主持召开国务院常务会议，审议并原则通过《全国林地保护利用规划纲要（2010—2020年）》。会议指出，林地是国家重要的自然资源和战略资源，是森林赖以生存发展的根基。编制实施全国林地保护利用规划纲要，加强林地保护、提高林地利用效率，对于发展现代林业、保障国土生态安全、建设生态文明和应对全球气候变化，具有重要意义。

7月23日，国家林业局印发《关于支持新疆加快林业发展的意见》，明确“十二五”期间支持新疆林业发展的总体思路，提出从七个方面对新疆给予重点支持，全力推进新疆林业生态建设。

10月18日，《中共中央关于制定国民经济和社会发展第十二个五年规划的建议》把生态环境质量明显改善，确定为“十二五”时期经济社会发展的主要目标内容之一。

11月1日，国家林业局、国家发展改革委、财政部联合印发《全国林木种苗发展规划（2011—2020年）》。

12月30日，《中国林业信息化发展报告2010》由中国林业出版社出版。这是首部中国林业信息化发展年度报告。

2011年中国林政大事记

1月25日，贾治邦局长签署国家林业局令第26号，公布《国家林业局关于废止和修改部分部门规章的决定》，废止《林业系统内部审计工作规定》，对《植物检疫条例实施细则（林业部分）》等部门规章的部分条款作出修改。

1月26日，财政部、国家林业局印发《中央财政林业科技推广示范资金绩效评价暂行办法》。

2月14日，国家林业局印发《全国木材（林业）检查站建设规划（2011—2015年）》。

2月15日，国家林业局发布《能源林可持续培育指南》及《小桐子可持续培育指南》。

3月9日，国家林业局印发《全国防沙治沙综合示范区建设规划（2011—2020年）》。

3月11日，财政部印发《关于整合和统筹资金支持木本油料产业发展的意见》（财农[2011]19号），决定从2011年起整合和统筹资金支持木本油料产业发展，当年实施范围包括21个省（自治区、直辖市）。

3月25日，国家林业局印发《全国林业信息化发展“十二五”规划（2011—2015年）》。

5月4日，国家林业局印发《林业生物能源原料基地检查验收办法》（林造发[2011]114号）。

5月11日，国家林业局、国家旅游局在北京举行《关于推进森林旅游发展的合作框架协议》签字仪式。

5月20日，贾治邦局长签署国家林业局第27号令，公布《国家级森林公园管理办法》，自2011年8月1日起施行。同日，国家林业局印发《履行濒危野生动植物种国际贸易公约发展规划（2011—2015年）》。

5月30日，国家林业局印发《国家重点林木良种基地管理办法》（林场发[2011]138号）。

6月10日，国家林业局发布2011年第9号公告，公布《油茶低产林改造技术》等91项行业标准。

6月16日，全国绿化委员会、国家林业局联合印发《全国造林绿化规划纲要（2011—2020年）》（全绿字[2011]6号）。

6月24日，国家林业局印发《核桃示范基地建设指南》（林造发[2011]159号）。

7月25日，国家林业局贾治邦局长签署国家林业局令第28号，发布《大熊猫国内借展管理规定》，自2011年9月1日起施行。

7月29日，国家林业局发布《中国野生虎恢复计划》。

8月15日，国家林业局印发《国家林业局关于进一步加强林业有害生物防治工作的意见》（林造发[2011]183号）。

8月30日，国家林业局印发《林业发展“十二五”规划》（林规发[2011]194号）。

9月21日，国家林业局印发《国家林业局关于加强林业系统廉政风险防控机制建设的意见》（林监发[2011]210号）。

9月26日，财政部、国家税务总局印发《关于天然林保护工程（二期）实施企业和单位房产税、城镇土地使用税政策的通知》，明确2011—2020年国家对用于天然林保护工程的房产、土地，以及实施天然林保护工程闲置一年以上不用的房产和土地，免征房产税、城镇土地使用税。

10月17日，国家林业局、国家发展改革委联合发出通知，在河北、浙江、安徽、江西、山东、湖南、甘肃7省开展全国国有林场改革试点。试点工作原则上在2年内完成。

10月30日，中国绿色能源发展基金在北京成立。

10月31日，国家林业局印发《全国林业“十二五”利用国际金融组织贷款项目发展规划》。

11 月 2 日，国家林业局正式启动森林资源可持续经营管理试点工作，拟在全国200个单位开展以森林采伐管理改革为核心的森林资源可持续经营管理试点工作。

11 月 9 日，国务院总理温家宝主持召开国务院常务会议，讨论通过《"十二五"控制温室气体排放工作方案》，明确了我国控制温室气体排放的总体要求和重点任务。其中，努力增加森林碳汇成为该方案的重要内容之一。

同日，国家林业局、国家旅游局印发《关于加快发展森林旅游的意见》，提出共同把发展森林旅游上升为国家战略，作为建设生态文明的重要任务，实现兴林富民战略支撑点，推动绿色低碳发展的重点领域，促进旅游业发展的新的增长极。

11 月 10 日，财政部、国家林业局印发《中央财政湿地保护补助资金管理暂行办法》（财农[2011]423 号）。

11 月 21 日，经国务院批准，财政部、国家税务总局印发《关于调整完善资源综合利用产品及劳务增值税政策的通知》，明确对以三剩物、次小薪材和农作物秸秆为原料生产的综合利用产品将继续实行增值税即征即退等优惠政策。

11 月 22 日，国务院新闻办公室发布《中国应对气候变化的政策与行动（2011）》白皮书，提出我国应对气候变化的主要目标，其中包括 3 项重要林业指标："十二五"时期我国新增森林面积 $1\,250\times10^4$ hm^2，森林覆盖率提高到 21.66%，森林蓄积量增加 6×10^8 m^3。

12 月 1 日，中共中央、国务院印发《中国农村扶贫开发纲要（2011—2020 年）》，提出农村扶贫开发工作的总体要求和目标任务。其中，林业和生态扶贫目标任务是：到 2015 年，贫困地区森林覆盖率比 2010 年底增加 1.5 个百分点；到 2020 年，森林覆盖率比 2010 年底增加 3.5 个百分点。

12 月 28 日，国家林业局印发《全国林业人才发展"十二五"规划》和《全国林业教育培训"十二五"规划》。

（柯水发　赵铁珍）